U0904033

གངས་ལྗོངས་རིག་གནས་གཉེར་མཛོད།

ཤེས་བྱའི་གཏེར་ཁ།། ②

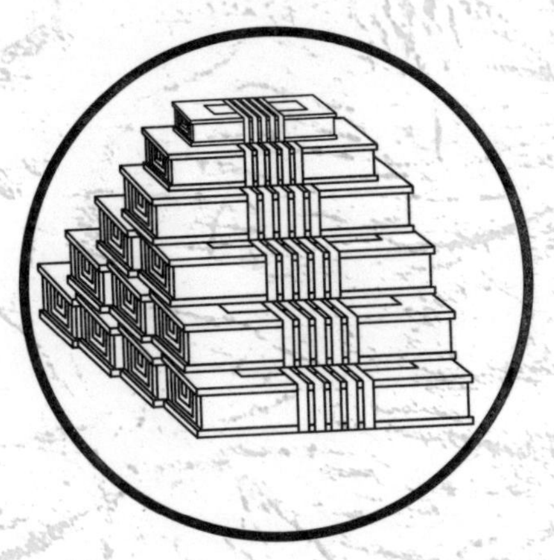

༄། །གྲུབ་པའི་དབང་ཕྱུག་ལེགས་པ་དོན་གྲུབ་ཀྱིས་
མཛད་པའི་འདུལ་བའི་སྤྱི་དོན་རིན་པོ་ཆེ་
ནོར་བུའི་འཕྲེང་བ་བཞུགས་སོ། །

དཔལ་བརྩེགས་བོད་ཡིག་དཔེ་རྙིང་ཞིབ་འཇུག་ཁང་ནས་བསྒྲིགས།

སི་ཁྲོན་དཔེ་སྐྲུན་ཚོགས་པ། སི་ཁྲོན་མི་རིགས་དཔེ་སྐྲུན་ཁང་།

图书在版编目（CIP）数据

毗奈耶概论 / 勒布邓珠著.—成都：四川民族出版社，2005.12

（藏文古籍著译宝典. 知识宝瓶）

ISBN 7-5409-3214-7

I.毗… II.勒… III.佛教 —古籍 —藏语

IV. B94

中国版本图书馆 CIP 数据核字（2005）第 146137 号

全国少数民族优秀图书出版资金资助项目

毗奈耶概论

藏文古籍著译宝典--知识宝瓶之二

出 版 人：罗 勇
策 划：土登尼玛 罗勇 央娜 西绕桑波 嘎玛德勒
责任编辑：赵茂林 白玛次成
封面设计：扎 西 白玛次成
技术设计：白玛次成
搜集整理：百慈藏文古籍研究室
出版发行：四川出版集团 四川民族出版社（成都盐道街3号）
印 刷：成都蜀通印务有限责任公司
成品尺寸：148mm×210mm
印 张：11.75
字 数：190 千
版 次：2005 年 12 月第一版
印 次：2006 年 8 月第二次印刷
印 数：3001~ 5000 册

书 号：ISBN 7-5409-3214-7/B·87
定 价：20.00 元

མ་ལུས་སྐྱེ་དགུའི་མགོན་གྱུར་བཅོམ་ལྡན་འདས། །
མ་རིག་མུན་སེལ་སྨྲ་བའི་སེང་གེ་ལ། །
མ་གཡེངས་སེམས་ཀྱིས་གུས་པས་གསོལ་འདེབས་ཀྱིས། །
མ་དག་བློ་ཅན་བདག་ཅག་རབ་ཏུ་སྐྱོངས། །

རྣམ་མང་གཞུང་ལུགས་དགོངས་པ་རབ་རྫོགས་ནས། །
ལེགས་པར་བཤད་པའི་གསུང་གིས་འདོམས་མཁས་པ། །
གདུལ་བྱའི་དོན་ཉིད་ལྷུན་གྱིས་གྲུབ་མཛད་པ། །
བཤེས་གཉེན་བཟང་པོའི་ཞབས་ལ་གསོལ་བ་འདེབས། །

༄༅། །སྔོན་འགྲོའི་ཞུ་ཚིག །

དེ་ལ་འདིར། རང་ཅག་ཁ་བ་ཅན་གྱི་ཞིང་འདིར་ཆོས་རྒྱལ་ལོ་པཎ་རྣམས་དང་། ས་དགེ་བཀའ་རྙིང་སོགས་ཀྱི་མཁས་ཤིང་གྲུབ་པ་བརྙེས་པའི་དམ་པའི་སྐྱེས་བུ་རྣམ[illegible] བཤད་སྒྲུབ་ཀྱི་ཤིང་རྟ་ཆེན་པོ་བཅོ་བརྒྱད་རྗེས་འབྲང་དང་བཅས[illegible]འ་སྲོལ་མཐའ་དག་དང་། དེ་དང་རྗེས་སུ་འབ[illegible]ནས་སུམ་རྟགས་སྔོན་ངག མངོན་བརྗོད[illegible]ར་རྩིས། སྒྲ་ཚད་བཟོ་གསོ་སོགས་མདོ་སྔགས་རིག་གན[illegible]འི་གཞུང་ལུགས་ཟབ་ཅིང་རྒྱ་ཆེ་བ་ཚང་ལ་མ་ནོར་བ་བསམ་གྱིས་མི་ཁྱབ་པ་ཞིག་འཆད་ཉན་འགྱུར་གསུམ་དང་། བཤད་སྒྲུབ་ལས་གསུམ་གྱི་སྒོ་ནས་ཐོག་མར་སྲོལ་གཏོད། བར་དུ་གདན་ལ་ཕབ། རིམ་བཞིན་དར་རྒྱས་བཏང་བ་སོགས་འཛིན་སྐྱོང་སྤེལ་བར་མཛད་པའི་བཀའ་དྲིན་བདག་རྐྱེན་ལ་བརྟེན་ནས། དབུས་གཙང་ཁམས་གསུམ་དུ་བཞུགས་སོ་ཚོག་གི་གླིགས་བམ་ཐམས་ཅད་གཅིག་ཏུ་སྤུངས་ན་རི་རབ་ལྷུན་པོའི་གདོས་དང་མཉམ་ཞིང་། ཆོས་ཚན་གྱི་རྣམ་དབྱེ་ཇི་སྙེད་ཡོད་པ་གྲངས་སུ་བགྲངས་ན་ནམ་མཁའི་གཟའ་སྐར་ཚོགས་ཀྱང་སྐྱེངས་པར་བྱེད་པ་ཞིག་མཆིས་པ་ཙམ་དུ་མ་ཟད། རྒྱ་བལ་ཧོར་སོགས་ཀྱི་ཡུལ་གྲུ་ཀུན་ཏུའང་དར་ཁྱབ་ཆེ། །

ད་ལྟའི་ཆར་བོད་རིག་པའམ་བོད་ཀྱི་ཤེས་རིག་ཅེས་སུ་གྲགས་པ་འདི་ཉིད་འཛམ་གླིང་ཤར་ནུབ་ཀྱི་ཡུལ་གྲུ་དག་ཏུ་འང་མཆེད་དེ། དཔེར་ན། ཨོ་ཀ་སི་ཕོར་ཊ་དང་། ཧར་ཕེད་ལྷ་བྲུ་ཡོ་རོབ་དང་། ཨ་རི་སོགས་སུ་གྲགས་ཆེན་གྱི་སློབ་གྲྭ་ཆེན་མོ་རྣམས་སུ་བོད་ཡིག་གི་དཔེ་མཛོད་ཆེན་པོ་ཡོད་པར་མ་ཟད། བོད་ཀྱི་ཆོས་དང་རིག་གཞུང་སློབ་གཉེར་བྱེད་སའི་སྡེ་ཚན་དང་སློབ་མ་ཡང་མི་ཉུང་བ་ཡོད། །

ད་ནི་གོང་དུ་སྨོས་པའི་བཤད་སྒྲུབ་ཤིང་རྟ་ཆེན་པོ་བཅོ་བརྒྱད་ཅེས་པ་དེ་གང་དང་གང་ཡིན་པའི་ངོ་སྤྲོད་མདོ་ཙམ་ཞུ་ན། དེ་ཡང་ཇི་སྐད་དུ། འཛམ་མགོན་ཀོང་སྤྲུལ་རིན་པོ་ཆེའི་ཞལ་ནས། ཆོས་བློན་ཐོན་མི་བི་རོ་སྣ་ཅིག་ཞང་།། གཉུབས་ཆེན་རིན་བཟང་རྡོག་ལོ་ས་སྐྱ་པ། །བུ་སྟོན་བཤད་རྒྱུད་འདེགས་པའི་ཀ་ཆེན་བཅུ། །ཞེས་དང་། བོད་ཡུལ་སྒྲུབ་བརྒྱུད་ཤིང་རྟ་ཆེན་པོ་བརྒྱད། །རྙིང་མ་བཀའ་གདམས་ལམ་འབྲས་བཀའ་བརྒྱུད་པ། །ཤངས་པ་ཞི་བྱེད་སྦྱོར་དྲུག་བསྙེན་སྒྲུབ་པོ། །ཞེས་གསུངས་པ་ལྟར། ཤེས་བྱའི་གཞུང་ལུགས་སྣ་ཚོགས་ཀྱི་འགྱུར་ཁྱད་དང་འཆད་ཚུལ་གྱི་དབྱེ་བས་བཤད་རྒྱུད་འདེགས་པའི་ཀ་ཆེན་བཅུ་དང་། སྒྲུབ་པ་ཉམས་སུ་ལེན་ཚུལ་ལ་བརྒྱུད་པའི་ཁྱད་པར་དང་མན་ངག་གི་དབྱེ་བས་སྒྲུབ་བརྒྱུད་འཛིན་པའི་ཤིང་རྟ་བཅུ་སྟེ། བཤད་སྒྲུབ་ཤིང་རྟ་ཆེན་པོ

བཅོ་བརྒྱད་རྗེས་འབྲང་དང་བཅས་པའི་གསུང་རབ་རྒྱ་མཚོ་ལྟ་བུ་ཞིག བདག་ཅག་གི་ཡབ་མེས་གོང་མ་རྣམས་ཀྱིས་གཅེས་པའི་ལུས་སྲོག་ལོངས་སྤྱོད་ཐམས་ཅད་ཕངས་པ་མེད་པར་བཏང་སྟེ། ཕྱི་རབས་རང་རེའི་བརྒྱུད་འཛིན་རྣམས་ལ་འཕྲལ་ཡུན་ཕན་བདེའི་དཔལ་ལ་དམིགས་ནས་བཞག་པའི་ནོར་བུ་རིན་པོ་ཆེ་ཡིད་བཞིན་དབང་གི་རྒྱལ་པོ་མཐའ་ཡས་པ་ཞིག་མཆིས། །

དེ་དག་ལས་མང་ཆེ་བ་རིག་གསར་ལོ་བཅུའི་གོད་ཆག་ཆེན་པོ་སོགས་དུས་ཀྱི་རྐྱེན་པའི་དབང་གིས་སེམས་མེད་འབྱུང་བཞིའི་འཇིག་པ་དང་། སེམས་ལྡན་མི་དང་མི་མིན་གྱི་གནོད་པས་ཉམས་ཉེས་ཆེན་པོར་གྱུར་པ་ནི་རྒྱ་བོད་ཡོངས་གྲགས་ལྟར་ལགས། །

རིག་གནས་གསར་བརྗེ་མཇུག་སྒྲིལ་བ་དང་ཆབས་ཅིག ཏང་གི་ཡང་དག་པའི་སྲིད་ཇུས་ཀྱི་ཉི་འོད་སླར་ཡང་འཕྲོས་ཏེ། ཏང་དང་རྒྱལ་ཁབ་ཀྱིས་འགོ་ཁྲིད་དང་རྩ་འཛུགས་གནང་ནས། དཔེ་རྙིང་འཚོལ་བསྡུ་དང་། ལེགས་སྒྲིག་དཔེ་སྐྲུན། སྒྱུར་སྤེལ་སོགས་ཀྱི་སྒོ་ནས་རང་རིགས་ཀྱི་རིག་གནས་ཉམས་པ་སོར་ཆུད་དང་། མི་ཉམས་གོང་འཕེལ་གྱི་བྱ་བར་སོ་སོའི་འབོས་བསྟུན་གྱི་སྲི་ཞུ་སྒྲུབ་པའི་སྐལ་བ་བཟང་པོའི་དཔལ་ལ་ལོངས་སུ་སྤྱོད་དུ་ཡོད་པའི་སྐབས་འདི་ར། རང་རེའི་ཡབ་མེས་རྣམས་ཀྱིས་བཞག་པའི་ཕ་ནོར་མང་པོ་ཞིག་ད་དུང

ཡང་ངེད་ཅག་གི་བསོད་ནམས་ཀྱི་བགོ་སྐལ་དུ་ལྷག་ཡོད་པ་རྣམས་ ལ་ གཅེས་སྤྲས་ཆེན་པོས་སྲུང་སྐྱོབ་དང་དར་སྤེལ་བྱེད་རྒྱུ་ནི་མེས་རྒྱལ་གྱིས་གནང་བའི་ལས་འགན་ཡིན་པར་མ་ཟད། ཞུ་ཅག་བོད་ཀྱི་རིག་གནས་སློབ་གསོའི་བྱ་བར་ལེགས་སྐྱེས་འབུལ་མཁན་གྱི་རྒན་དར་འབྲིང་གསུམ་གྱི་ ཤེས་ ཡོན་ ཅན་ ལ་ མཚོན་ན། རང་རེའི་ཕྲག་པར་བབ་པའི་གཞན་དྲིང་མི་འཇོག་པའི་གཟི་འོད་བླ་ན་འབར་བའི་འོས་འགན་མཆོག་ཏུ་གྱུར་པ་ཞིག་ཀྱང་ཡིན་པར་སེམས། །

དེར་བརྟེན། ངེད་དཔལ་བརྩེགས་བོད་ཡིག་དཔེ་རྙིང་ཞིབ་འཇུག་ཁང་གིས། ཤེས་བྱའི་གཏེར་བུམ་ཞེས་པའི་དཔེ་དེབ་ཀྱི་མེ་ཏོག་ཕྲེང་བ་རྒྱ་ཆེའི་གཟིགས་པ་པོ་རྣམས་ཀྱི་སྤྱན་ཟུར་ཡངས་པའི་བབས་སྟེགས་སུ་འབུལ་རྩིས་ཡིན། །

ད་ལན་ཕྱོགས་དང་རིས་སུ་མ་ཆད་པའི་སྐྱེས་བུ་ དམ་ པ་ རྣམས་ ཀྱིས་ཐུགས་རྩོམ་གནང་བའི་གསུང་རབ། བཤད་སྒྲུབ་ཤིང་རྟ་བཅོ་བརྒྱད་ལས་གྲུབ་པའི་མདོ་སྔགས་ཀྱི་གཞུང་བཤད་དང་། ཆོས་འབྱུང་དང་གདན་རབས། རྣམ་ཐར་དང་གསན་ཡིག བརྡ་སྤྲོད་དང་སྙན་ངག རྩིས་དང་གསོ་རིག་སོགས་དཔེ་དཀོན་འཕྲོར་བ་རྣམས་བསྡུས། ཆད་པ་རྣམས་བསབ། ཉམས་པ་རྣམས་གསོས། འཁྲུགས་པ་རྣམས་བསྒྲིགས་ཏེ་དཔེ་ཚོགས་ཤིག་རིམ་པ་

བསྟར་ཚུགས་སུ་པར་དུ་བསྒྲུན་རྩིས་ཡོད་པ་ལས། །

འདི་ར་ད་ལན་བཀྲ་ཤིས་ལྷུན་པོ་དགོན་གྱི་ཁྲི་རབས་དྲུག་པ་ཀུན་མཁྱེན་ལེགས་པ་དོན་གྲུབ་ཀྱི་འདུལ་བའི་སྤྱི་དོན་ནོར་བུ་རིན་པོ་ཆེའི་འཕྲེང་བ་དང་ཁྲི་རབས་དགུ་པ་ཀུན་མཁྱེན་བློ་གྲོས་ལེགས་བཟང་གི་དབུ་མ་ལ་འཇུག་པའི་སྤྱི་དོན་དགོངས་པ་རབ་གསལ་གྱི་རྒྱན། ཡང་འདི་པས་མཛད་པའི་དུས་ཚིགས་ཀྱི་རྣམ་གཞག་སླ་བའི་རྒྱན་བཅས་པ་འདི་གསུམ་དཔེ་རྒྱུན་ཤིན་ཏུ་དཀོན་པ་སྟར་ནས་དཔེ་འཕོར་ལྷ་བུར་བསྐྱེ་མོད་ལ། སྟར་གྱི་དཔེ་རྙིང་ཤིན་ཏུ་གཙིགས་ཆེ་བ་འདི་ཉེ་ལམ་གཙུག་ལག་ཁང་ཉམས་གསོ་བྱེད་སྐབས་སྐྱི་རྒྱུའི་བསོད་ནམས་ཀྱི་རྟེན་དུ་རྩིག་གསེབ་ནས་བྱོན་འདུག་པ་མ་ཕྱི་དབུ་མེད་བྲིས་མ་སྐྱུང་ཡིག་ཤིན་ཏུ་མང་བས་བཅིངས་པ་ཞིག་འདུག་པར་དཀའ་ཆེན་རྡོ་རྗེ་རྒྱལ་མཚན་མཆོག་ནས་ཞུས་དག་གི་གཙོ་འགན་བཞེས་ཤིང་། སྦྱིན་བདག་དཀའ་ཆེན་དགེ་སློང་ཕུན་ཚོགས་ཆོས་འཕེལ་གཙོས་པས་དཔར་སྐྲུན་ཞུ་རྒྱུར་ མཐུན་རྐྱེན་སྒྲུབ་རོགས་ཞུས་ནས་རྒྱ་ཆེའི་ཀློག་པ་པོ་རྣམས་ཀྱི་སྤྱན་ལམ་དུ་ཕུལ་བ་ལགས་སོ། །

འབྱུང་ཆར་ང་ཚོའི་དཔེ་ཚོགས་དཔར་སྐྲུན་ཞུ་རྒྱུའི་སྐོར་ལ་ལྷག་བསམ་ལྡན་ཞིང་མཁྱེན་སྤྱན་ཡངས་པའི་མཁས་དབང་རྣམས་ཀྱིས་དགོངས་འཆར་གྱི་བཀའ་སློབ་སྩོལ་གནང་དང་། དཔེ་དཀོན་གྱི་ཕྱི་མོ་གཡར་གནང་གི་སྐྱབས

འཇུག་ཡོང་བ་མཁྱེན་མཁྱེན།། །

ཞོར་འཕྲོས་གསལ་འདེབས་ཞུ་བ། ལྷག་པར་དུ་ད་ལྟ་ལུས་ཀྱི་ལང་ཚོ་རྒྱས་ཤིང་། སེམས་ཀྱི་བློ་གྲོས་བཀྲ་བའི་གཞོན་སྐྱེས་རྣམས་ལ་མཚོན་ན། སློང་པོས་དཔེན་པའི་ཁ་ཕོ་འདོན་པ་ལས། ཟོལ་མེད་ཀྱི་ལྷག་བསམ་དཀར་པོ་སློང་ལ་འཆང་། དོན་ལྡན་གྱི་རྣམ་དཀར་བྱ་བ་དང་དུ་ལེན། ལྷད་མེད་ཀྱི་ཆོས་དང་རིག་གནས་སློབ་གཉེར་བྱེད། ཕོས་བསྟུན་གྱི་སྲི་ཞུའི་ལས་ཀ་ཅུང་ཟད་རེ་སྒྲུབ་ནུས་ན། མེས་རྒྱལ་ལ་ཞབས་ཏོག་འགྲུབ། རང་རིགས་ལ་ལེགས་སྐྱེས་འབུལ། རང་ཉིད་ཀྱི་ལ་རྒྱ་མངོན་ཐུབ་པ་ཞིག་ཀྱང་འོང་བ་ནི་མཐོང་ཆོས་མངོན་གྱུར་ལགས་པས། དེ་བཞིན་དགོངས་དབྱིངས་སུ་ཆུབ་པར་ཞུའོ།། །

ཕྲན་འབྲོག་རྐན་འཇམས་པོ་ཐུབ་བསྟན་ཉི་མས།
སྤྱི་ལོ་༢༠༠༥ པའི་ཟླ་ཚེས་ལ་གྲུས་ཕུལ།

༄། །ཀུན་མཁྱེན་ལེགས་པ་དོན་གྲུབ་ཀྱི་རྣམ་ཐར་སྙིང་པོ་དངོས་གྲུབ་ཀུན་འབྱུང་བཞུགས་སོ། །

མདོ་སྔགས་གཞུང་ལུགས་དགོངས་དོན་རབ་རྟོགས་ནས། །
སྐལ་ལྡན་འགྲོ་ལ་ལེག༷ས་བཤད་འདོམས་མཁས་པ༷། །
ཟབ་དོན༷་རྟོགས་ནས་གྲུབ༷་པའི་དབང་ཕྱུག་བརྙེས། །
བསྟན་པའི་གསལ་བྱེད་ཁྱོད་ལ་གུས་པས་འདུད། །

འདིར་བདག་ཅག་གི་འགྲོ་བ་ཐམས་ཅད་ཀྱི་སྐྱབས་གནས་དམ་པ་རྗེ་བླ་མ་ཀུན་མཁྱེན་ལེགས་པ་དོན་གྲུབ་ནི། སྐུ་སྐྱེ་སྔ་མ་དེ་བཞིན་གཤེགས་པ་ཤཱཀྱ་ཐུབ་པ་དང་རྒྱལ་སྲས་པདྨའི་ངང་ལྡན་རྒྱ་གར་འཕགས་ཡུལ་དུ་བྱོན་པའི་དུས་བླ་མ་འདི་ཉིད་ཀུང་དགའ་བའི་ཏོག་ཅེས་བྱ་བར་གྱུར་ནས། སངས་རྒྱས་དང་པདྨའི་ངང་ལྡན་གྱི་དྲུང་དུ་ཐེག་ཆེན་ཐུན་མོང་དང་ཐུན་མོང་མ་ཡིན་པའི་ཐུགས་བསྐྱེད་རླབས་ཆེན་སྤྱོད་པ་རྣམས་བཟུང་བ་ལ་བརྟེན་པ་དེ་ནས་བཟུང་སྐུ་སྐྱེ་འདི་ཡན་དུ། རྒྱ་གར་རྒྱ་ནག་ཨོ་རྒྱན་ལི་ཡུལ་བལ་པོ་གངས་ཅན་རྣམས་སུ་ཆོས་སྤྱོད་པར་གྱུར་པའི་དཔལ་འབྱོར་གྱི་རྟེན་ཕུན་སུམ་ཚོགས་པའི་ཁྱིམ་པ་དང་རབ་བྱུང་བསྙེན་རྫོགས་ཀྱི་རྟེན་ཅན་རྣམས་སུ་འཁྲུངས་ཤིང་། ཁྱད་པར་གངས་ཅན་གྱི་ལྗོངས་འདིར་ཀེཙུ་ཡེ་ཤེས་འབྱུང་གནས་ཞེས་པ་དང་།

རྣལ་འབྱོར་གྱི་དབང་ཕྱུག་དགོན་པ་བ་ཞེས་པ་དང་། ལུང་རིགས་སྨྲ་བ་ཚ་ཁོ་བ་དག་དབང་གྲགས་པ་རྣམས་སུ་འཁྲུངས་ནས་དགེ་འདུན་བརྒྱ་ཕྲག་མང་པོ་ལ་མདོ་སྔགས་ཀྱི་ཆོས་མང་པོ་གསུངས་པ་ལ་བརྟེན་ནས། སངས་རྒྱས་ཀྱི་བསྟན་པ་ལ་ཕན་པ་རྒྱ་ཆེར་མཛད་དོ། །ཁྱད་པར་མཁས་གྲུབ་དུ་མ་བྱོན་པའི་གངས་ཅན་གྱི་སའི་ཆར་གྱུར་པ་བ་སོ་པཎྜི་ཏ་ཞེས་ཉིན་ཞག་རེ་ལ་བརྒྱད་སྟོང་པ་ཚར་རེ་ཐུགས་དམ་གྱི་རིམ་པར་དག་འདོན་དུ་མཛད་པའི་མཁས་གྲུབ་དེ་ཉིད་ཀྱི་བཞུགས་གནས། ༼རབ་བྱུང་བརྒྱད་པའི་ནང་དང་སྤྱི་ལོ་༡༥༠༥སྐོར་ལ་༽ཤངས་མདའ་བྱེ་ཕུ་བྱ་བར་རིགས་རུས་ཕུན་སུམ་ཚོགས་པའི་ཡུམ་ལས་བསམ་བཞིན་དུ་སྐུ་སྐྱེ་བཞེས་ནས། དད་བརྩོན་ཤེས་རབ་དང་ལྡན་པའི་སྐུ་ཕུན་སུམ་ཚོགས་པ་འཁྲུངས་པ་ལ་བརྟེན་སངས་རྒྱས་ཀྱི་བསྟན་པ་རིན་པོ་ཆེའི་དཔལ་དུ་གྱུར་པ་ཡིན་ནོ། །དེ་ནས་འཇམ་དབྱངས་ལེགས་པའི་བློ་གྲོས་ཞེས་པའི་བླ་མ་དམ་པ་དེའི་དྲུང་དུ་རབ་ཏུ་བྱུང་བར་མཛད་ཅིང་བླ་མ་དེ་ཉིད་དང་གཞན་ཡང་པཎ་ཆེན་ཡེ་ཤེས་རྩེ་མོ། མཁས་བཙུན་ཡོན་ཏན་རྒྱ་མཚོ། ཐམས་ཅད་མཁྱེན་པ་དགེ་འདུན་རྒྱ་མཚོ། རྗེ་བློ་གྲོས་རྒྱ་མཚོ་ལ་སོགས་པའི་བླ་མ་དམ་པ་རྣམས་ཀྱི་དྲུང་དུ་སྡོམ་པ་གསུམ་གྱི་བརྟུལ་ཞུགས་ལེགས་པར་བཞེས་ཤིང་བཅོལ་ལྡན་འདས་ཀྱིས་གསུངས་པའི་འཁོར་ལོ་གསུམ་གྱི་ཆོས་ཕལ་ཆེ་བ་རྣམས་དང་། དེ་དག་གི་དགོངས་འགྲེལ་

དུ་གྱུར་པའི་ཕར་ཚད་དབུ་གསུམ་འདུལ་མཛོད་སྤྱོད་འཇུག་ལ་སོགས་པའི་གསུང་རབ་རྣམས་ལེགས་པར་གསན་ཅིང་ཐུགས་སུ་ཆུད་པར་མཛད། ཁྱད་པར་ཐུབ་པ་ཆེན་པོས་གསུངས་པའི་ཆོས་རྣམས་ཀྱི་མཆོག་ཏུ་གྱུར་པ་དུས་ཀྱི་འཁོར་ལོ། གསང་འདུས། བདེ་མཆོག ཀྱཻ་རྡོར་ལ་སོགས་པའི་ཆོས་ཐམས་ཅད་ལེགས་པར་གསན་ཅིང་ཐུགས་སུ་ཆུད་པར་མཛད་ནས་དེ་དག་ཐམས་ཅད་ཀྱི་དོན་ཐུགས་ཉམས་སུ་བཞེས་པས་རང་ཉིད་ཀྱི་ས་ལམ་གྱི་རྟོགས་པ་ཕུལ་དུ་ཕྱིན་པ་བརྙེས། དཔལ་ལྡན་འབྲས་སྤུངས་དགོན་དང་བཀྲ་ཤིས་ལྷུན་པོ་ལ་སོགས་པའི་དབུས་གཙང་གི་ཆོས་སྡེ་རྣམས་སུ་དགེ་འདུན་དཔག་ཏུ་མེད་པ་རྣམས་ལ་ཡང་རང་ཉིད་ཀྱི་ཇི་ལྟར་དགོངས་པའི་ཆོས་ཀྱི་བདུད་རྩིས་དེ་ཐམས་ཅད་ཚིམ་པར་མཛད་དེ་སྨིན་གྲོལ་གྱི་ལམ་ལ་བཀོད། རྗེ་འདི་ཉིད་བཀྲ་ཤིས་ལྷུན་པོར་བཞུགས་དུས་ཤར་རྩེ་གྲྭ་ཚང་ཁོངས་ལྷ་ཁང་མི་ཚན་ཡིན། བཀྲས་ལྷུན་ཤར་རྩེ་གྲྭ་ཚང་གི་ཁྲི་ཐོག་དང་པོ་ཀུན་མཁྱེན་དགེ་འདུན་་བསམ་གྲུབ་དང་རིམ་པར་ཀུན་མཁྱེན་སྟོབས་ལྡན་འོད་ཟེར། རྗེ་ཆོས་གྲགས་གཉིས་པ་མཁས་པའི་དབང་པོ་བློ་གྲོས་རྒྱ་མཚོ་བཅས་དང་། རྗེ་ལེགས་པ་དོན་གྲུབ་ཀྱིས་ཁྲི་འཛིན་ལྔ་པ་གནང་། རྗེ་འདིའི་སློབ་མའི་གཙོ་བོ་ནི་ཀུན་མཁྱེན་བློ་གྲོས་ལེགས་བཟང་ལ་སོགས་པའི་མང་པོ་མཆིས་དེ་ནས་རྗེ་འདིས་བསྟན་པ་སྤྱི་དང་བྱེ་བྲག་གྲྭ་ཚང་འདི་གའི་

འཆད་རྩོད་རྩོམ་གསུམ་སོགས་སྤྱིལ་ཆེད་བསྡུས་གཞུང་ཐུན་མོང་བསྡུས་ཚན་ནས་བཟུང་བསྡུས་ཚན་མཚན་མཚོན་རྣམ་གཞག་དང་། རྒྱུ་འབྲས་རྣམ་གཞག རྫས་ལྡོག་རྣམ་གཞག་སོགས་བསྡུས་ཚན་ཉེར་གཅིག་དང་། རྣམ་འགྲེལ་མཐའ་དཔྱོད་ལེའུ་བཞི་ག་དང་། ཏོག་དྲའི་ཟུར་བཀོལ་དང་། ཕྱོགས་སྔྲའི་ཟུར་བཀོལ། འབྲེལ་པ་ངེས་འབྱེད་སོགས་དང་། ཕར་ཕྱིན་སྐབས་བརྒྱད་ཀའི་མཐའ་དཔྱོད། དྲངས་ངེས་མཐའ་དཔྱོད་དང་། དགེ་འདུན་ཉི་ཤུ། རྟེན་འབྲེལ་མཐའ་དཔྱོད་གཉིས། དབུ་མའི་མཐའ་དཔྱོད། མཛོད་ཀྱི་སྐོར། འདུལ་བའི་མཐའ་དཔྱོད། རྣམ་འགྲེལ་ལེའུ་བཞིའི་གཞུང་འགྲེལ་ ཊཱི་ཀ་ཆུང་སོགས་བཀའ་རྩོམ་གནང་བ་བཅས་དང་། དེ་བཞིན་བཀྲས་ལྷུན་དུ་གྲུབ་པའི་དབང་ཕྱུག་རྗེ་དབེན་ས་བློ་བཟང་དོན་གྲུབ་དང་རྗེ་འདི་གཉིས་མཇལ་འཕྲད་མཛད་པའི་གསང་གསུམ་གྱི་རྣམ་པར་ཐར་པ་མང་པོ་ཞིག་མཆིས་ཀྱང་འདིར་བྲི་བྱ་སྐབས་སུ་མ་བབས་པ་ཡིན་པས་བཞག དེ་ནས་རྗེ་བླ་མ་འདི་ཉིད་རང་ཉིད་དགའ་ལྡན་མཁའ་སྤྱོད་དུ་བྱོན་ནས་རྒྱལ་བ་མི་ཕམ་པ་དང་འཇམ་དཔལ་སྙིང་པོ་ཧེ་རུ་ཀ་ལས་ཆོས་ཀྱི་བདུད་རྩིའི་ཆུ་ལེགས་པར་བླངས་ནས་བཞེས་པ་ལ་བརྟེན་ནས་སྒྲིབ་གཉིས་ཟད་པར་སྤྱངས་པའི་ཡོངས་སྤྱོད་རྫོགས་སྐུ་མངོན་དུ་མཛད་དོ། །ད་ལྟ་བཀྲས་ལྷུན་དུ་སྐྱེ་བདུན་རིལ་བུ་ཞེས་གྲགས་པ་དེ་རྗེ་འདིའི་སྐུ་ལུས་ལས་མཆེད་པའི་སྐྱེ་བདུན་རིལ་

བུ་དེ་ཡིན་ནོ། །སྐྱེ་བདུན་རིལ་བུ་ལ་སྐྱེ་བདུན་རིལ་བུ་ཙམ་དང་། སྐྱེ་བདུན་རིལ་བུ་ཁྱད་པར་བ་དང་། ཁྱད་པར་ལས་ཀྱང་ལྷག་པའི་སྐྱེ་བདུན་གསུམ་ཡོད་པ་ལས་རྗེ་ཀུན་མཁྱེན་ལེགས་པ་དོན་གྲུབ་འདི་ཉིད་ཀྱི་སྐུ་ལུས་ལས་མཆེད་པའི་སྐྱེ་བདུན་རིལ་བུ་འདི་ནི་ཁྱད་པར་ལས་ཀྱང་ལྷག་པའི་སྐྱེ་བདུན་རིལ་བུ་བྱིན་རླབས་ཅན་དེ་ཡིན། དེ་ལྟ་བུའི་རིལ་བུ་གཅིག་ཙམ་བཟོས་པས་ཀྱང་ངན་འགྲོའི་སྐྱེ་བ་ཁེགས་པ་ལ་སོགས་པའི་ཕན་ཡོན་བསམ་གྱིས་མི་ཁྱབ་པ་ཡོད་དོ། །

གོང་གསལ་ཤར་རྗེ་ཀུན་མཁྱེན་ལེགས་པ་དོན་གྲུབ་ཡབ་སྲས་ཀྱིས་མཛད་པའི་བསྟུས་གཞུང་ལ་སོགས་པ་རྣམས་ཀྱི་གཙོ་བོའི་ཡིག་ཆའི་ཁྱད་ཆོས་ནི་རྗེ་ཡབ་སྲས་རྣམས་ཀྱི་གཞུང་ཁུངས་གཏུགས་ཤིང་ལུང་འདྲེན་མང་པོ་མེད་པར་རིགས་ལམ་གྱི་སྟེང་ནས་གཞུང་དོན་བསྟན་ལ་འབེབས་པ་སོགས་ཀྱི་ཁྱད་ཆོས་མཆིས་བཀའ་རྩོམ་རྣམས་དཔར་དུ་བཀྲོས་པ་རེ་གཉིས་མ་གཏོགས་མང་ཆེ་བ་དབུ་ཆུང་བྲིས་མ་དང་བསྟུས་ཡིག་གིས་བཅིངས་པ་ཤ་སྟག་ཡིན་པས་སྤྱིར་དཔེ་རྒྱུན་ཤིན་ཏུ་དཀོན་ཅིང་ཕལ་ཆེར་རྨིག་མེད་དུ་འགྲོ་བར་ཉེ་བའི་སྐབས་བཀྲས་ལྷུན་གནས་སར་མི་ཚན་གྱི་མཁྱེན་རབ་ཡངས་པ་དཀའ་ཆེན་བསྟན་འཛིན་ལགས་ཀྱིས་སྨོན་ལམ་དང་ཐུགས་བསྐྱེད་བཙན་པོས་རྗེ་འདིའི་བཀའ་རྩོམ་སོགས་མང་པོ་ཞིག་སྐྲུ་དང་སྐྲུ་འབྲེལ་དབར་སྒྲས་སྐྲུངས་མཛད། ཕྱིས་

དགོན་པ་ཞིག་བཟོའི་སྐབས་རྙེད་པ་ལ་བརྟེན་ནས་ད་ལྟ་གསར་དུ་དཔར་འདེབས་བྱེད་བཞིན་པའི་རྗེ་འདིའི་འདུལ་བ་དང་ཀུན་མཁྱེན་བློ་གྲོས་ལེགས་བཟང་གི་དབུ་མའི་མཐའ་དཔྱོད་འདི་གཉིས་ཀྱི་མ་དཔེ་འཛམ་གླིང་འདིར་འདི་གཉིས་ལས་མེད་པ་ལྟ་བུར་བརྟེན་མཆོག་གསུམ་ལ་སྐྱབས་གནས་མཐའ་གཅིག་ཏུ་འཆའ་བ་འཛུངས་སེམས་བྲལ་བ་རྣམ་དཀར་ལས་ལ་གཏོང་ཕོད་ཆེ་བ་སྦྱིན་པའི་བདག་པོ་རྣམས་ཀྱིས་གཞུང་ཆེན་འདི་གཉིས་གསར་དུ་དཔར་འདེབས་ཀྱི་མཐུ་ལ་བརྟེན་ནས་སྦྱིན་པའི་བདག་པོས་གཙོས་མ་རྒྱན་སེམས་ཅན་ཐམས་ཅད་ཀྱི་གནས་སྐབས་དང་མཐར་ཐུག་གི་འདོད་དོན་མ་ལུས་པ་འགྲུབ་པ་དང་། ཕན་བདེ་འབྱུང་གནས་འདུལ་བའི་བསྟན་པ་རིན་པོ་ཆེ་ཉི་མ་ལྟར་གསལ་བར་གྱུར་ཅིག །

ད་ལམ་གཞུང་ཆེན་འདི་གཉིས་ཀྱི་མ་དཔེ་བགྲེས་ཟད་ཆེ་བ་དང་དབུ་ཅང་བྲིས་མ་བསྐྱུས་ཡིག་གིས་བཅིངས་པ་ཤ་སྟག་ཡིན་གཤིས། རིག་པའི་གནས་ལ་མཁྱེན་པའི་སྦྱུན་མངའ་བ་དང་། ལུང་རིགས་སྨྲ་བའི་ཁྱུ་མཆོག་བློ་གསར་བ་མང་པོ་ཞིག་བསྐྱུས་ཏེ། གཅིག་ནས་བསྐྱུས་ཡིག་བཀྲོལ་བ་དང་། གཉིས་ནས་བརྗོད་བྱེད་ཀྱི་ཚིག་དང་བརྗོད་བྱའི་དོན་ལ་འབྲུལ་ནོར་ཡོད་མེད་ཀྱི་དཔྱད་ཞིབ་ཐེངས་མང་བགྱིས་པའི་ཁྱུལ་ལགས་སོ།། །།

དཀར་ ཆག

འདུལ་བའི་སྤྱི་དོན་ནོར་བུའི་འཕྲེང་བ།

ད་ལྟར་གྱི་ཚིག་བཤད་པ།

ཐོབ་པ་མི་ཉམས་པར་བསྲུང་བའི་ཐབས།

ལྟུང་བ་སྡེ་ལྔ་བཤད་པ་དངོས།

འདུལ་བའི་དུས་ཚིགས་ཀྱི་རྣམ་གཞག་སྨྲ་བའི་རྒྱན།

{ཀུན་མཁྱེན་བློ་གྲོས་ལེགས་བཟང་}

༄། །གྲུབ་པའི་དབང་ཕྱུག་ལེགས་པ་དོན་གྲུབ་ཀྱི་
མཛད་པའི་འདུལ་བའི་སྤྱི་དོན་རིན་པོ་ཆེ་
ནོར་བུའི་འཕྲེང་བ་བཞུགས་སོ། །

༄། ཀླད་ཀྱི་དོན།

(༡ན)སྟོབས་བཅུ་མངའ་བ་ཐུབ་དབང་ཤཱཀྱའི་གཙོ། །ས་བཅུའི་ཚུལ་བཟུང་རྗེ་བཙུན་མ་ཕམ་པ། །རྒྱལ་སྲས་མཆོག་གྱུར་འཕགས་པ་ཐོགས་མེད་ཞབས། །རྒྱལ་དང་དེ་སྲས་རྣམས་ལ་གུས་ཕྱག་འཚལ། །ཀུན་མཁྱེན་གཉིས་པ་རྒྱལ་སྲས་དབྱིག་གཉེན་དང་། །ས་གསུམ་བརྙེས་པ་མཁས་མཆོག་ཡོན་ཏན་འོད། །གནས་ལྔ་རིགས་པའི་པཎ་ཆེན་ཤཱཀྱ་འོད། །ཆོས་ཀྱི་བཤེས་གཉེན་རྣམ་གསུམ་བཤེས་གཉེན་སོགས། །འདུལ་བ་འབུམ་སྡེའི་དགོངས་དོན་མ་ནོར་བར། །གསལ་བར་མཛད་པའི་འཕགས་ཡུལ་མཁས་མཆོག་དང་། །མཁས་བཙུན་བཟང་གསུམ་ཀླུ་ཡི་རྒྱལ་མཚན་སོགས། །ལོ་པཎ་ཚོགས་དང་བཅས་ལ་གུས་པས་འདུད། །མཁྱེན་རབ་དབང་ཕྱུག་རྗེ་བཙུན་འཇམ་པའི་དབྱངས། །ཟུར་ཕུད་དོར་ནས་གདུལ་བྱ་འདུལ་ཕྱིར་དུ། །ངུར་སྨྲིག་འཛིན་པའི་གར་གྱིས་རོལ་གྱུར་པའི། །བཀའ་དྲིན་མཚུངས་མེད་ཙོང་ཁ་པ་ལ་འདུད། །མཐའ་བྲལ་ཟབ་མོའི་དོན་རྟོགས་རྒྱལ་ཚབ་རྗེ། །ལུང་རྟོགས་ཀུན་གྱི་དབང་ཕྱུག་མཁས་གྲུབ་རྗེ། །འབྲོམ་སྟོན་རྒྱལ་བའི་འབྱུང་གནས་དགེ་འདུན་གྲུབ། །མ་རིག་མུན་སེལ་སྒྲོན་མེ་གསུམ་ལ་འདུད། །ཀུན་མཁྱེན་གཉིས་པ་སྟོབས་ལྡན་འོད་ཟེར་དང་། །གྲུབ་མཆོག་བརྙེས་པ་ཆོས་ཀྱི་གྲགས་པ་

དང་། །གནས་ལྔ་རིགས་པའི་མང་ཐོས་བློ་གྲོ་ལ། །སྙིང་ནས་འདུད་དོ་བརྩེ་བའི་ལྷུགས་ཀྱིས་བཟུངས། །མདོ་སྔགས་གཞུང་ལུགས་དགོངས་དོན་རབ་རྟོགས་ནས། །སྐལ་ལྡན་འགྲོ་ལ་ལེགས་བཤད་འདོམས་མཁས་པ། །ཟབ་དོན་རྟོགས་ནས་གྲུབ་པའི་དབང་ཕྱུག་བརྙེས། །བསྟན་པའི་གསལ་བྱེད་ཚོགས་ལ་གུས་པས་འདུད། །རྒྱལ་བའི་གསུང་རབ་ལྷ་ལམ་ཡངས་(༢༩)པ་ལ། །དྲི་མེད་བློ་གྲོས་དཀྱིལ་འཁོར་རབ་རྒྱས་ཤིང་། །ལེགས་བཤད་ལུང་རིགས་ཚ་ཟེར་སྟོང་འཕྲོ་བའི། །སྐལ་བཟང་པདྨོའི་གཉེན་ལ་སྤྱི་བོས་འདུད། །དེ་དག་རྣམས་ཀྱི་གསུང་རྒྱུན་ལེགས་བཤད་འདི། །དཀར་འཛམ་ཡིད་འོང་ཤོག་བུའི་ངོས་དག་ལ། །ལག་པའི་འདུ་བྱེད་མཁས་པས་འདིར་བཀོད་ཀྱི། །གཟུར་གནས་བློ་གྲོས་ལྡན་རྣམས་འདི་ལ་གཟིགས། ། ༄ དེ་ལ་འདིར་ལྷག་པའི་ཚུལ་ཁྲིམས་རྣམ་པར་དག་པའི་ཐབས་འདུལ་བ་མདོ་རྩ་བ་བམ་པོ་དགུ་པའི་བདག་ཉིད་ཅན་འདི་འཆད་པར་བྱེད་པ་ལ། བདག་ཅག་གི་སྟོན་པ་དེ་ཉིད་ཀྱིས་དང་པོར་བྱང་ཆུབ་མཆོག་ཏུ་ཐུགས་བསྐྱེད། བར་དུ་བསྐལ་པ་གྲངས་མེད་གསུམ་དུ་ཚོགས་བསགས། མཐར་རྡོ་རྗེ་གདན་དུ་མངོན་པར་རྫོགས་པ་སངས་རྒྱས་ནས་ཆོས་ཀྱི་ཕུང་པོ་ཇི་སྙེད་གཅིག་བཀའ་སྩལ་པ་ཐམས་ཅད་གདུལ་བྱ་ཐར་པ་དང་ཐམས་ཅད་མཁྱེན་པ་ཐོབ་པའི་ཐབས་སུ་གསུངས་པ་ཡིན་ལ། དེ་ཡང་ཐར་འདོད་རྣམས་ཀྱིས་རྒྱལ་བའི་བསྟན་པ་

ཁོ་ན་ལ་ཐོས་སོགས་ཀྱིས་འཇུག་རིགས་ཏེ། གནས་སྐབས་དང་མཐར་ཐུག་གི་དགོས་པ་འགྲུབ་པ་དང་། རྒྱུད་པ་སེལ་བ་རྒྱལ་བའི་བསྟན་པ་ཁོ་ན་ལ་རག་ལས་པའི་ཕྱིར། དེ་ཡང་ཚུལ་ཁྲིམས་རྣམ་པར་དག་པའི་གཞི་བཟུང་བའི་སྒོ་ནས་དེ་ལ་ཐོས་སོགས་ཀྱིས་འཇུག་རིགས་ཏེ། མཛོད་ལས། ཚུལ་གནས་ཐོས་དང་བསམ་ལྡན་པས། །བསྒོམ་པ་ལ་ནི་རབ་ཏུ་སྦྱོར། །ཞེས་གསུངས་པའི་ཕྱིར། དེ་ཡང་ཁས་བླངས་པའི་ཚུལ་ཁྲིམས་ལ་གུས་པར་བྱས་པའི་སྒོ་ནས་འདུལ་བའི་སྡེ་སྣོད་དགོངས་འགྲེལ་དང་བཅས་པ་ལ་ཐོས་སོགས་ཀྱིས་འཇུག་རིགས་ཏེ། དབུ་མ་རིན་ཆེན་འཕྲེང་བ་ལས། དེས་ན་རབ་ཏུ་བྱུང་བ་ཡིས། །དང་པོར་བསླབ་ལ་རབ་གུས་བྱ།། སོ་སོ་ཐར་པ་འདུལ་བཅས་པ། །མང་ཐོས་དོན་ལྡན་དབབ་ལ་སྦྲིན། །ཞེས་གསུངས་པའི་ཕྱིར། དེའི་ནང་ནས་ཀྱང་འདུལ་བ་མདོ་རྩ་བ་ལ་ཐོས་སོགས་ཀྱིས་འཇུག་རིགས་པའི་ཕྱིར་ཏེ། (༢བ) དེ་ལ་ཐོས་སོགས་ཀྱིས་ཞུགས་པ་ལ་བརྟེན་ནས་འདུལ་བའི་སྡེ་སྣོད་དགོངས་འགྲེལ་དང་བཅས་པའི་ཚིག་དོན་རྣམས་བདེ་བླག་ཏུ་རྟོགས་ནུས་པའི་ཕྱིར། འདོད་ན། འདུལ་བ་མདོ་རྩ་བ་ལ་ཐོས་སོགས་ཀྱིས་འཇུག་རིགས་ན། འདུལ་བ་ལ་དབྱེ་ན་དུ་ཡོད་ཅེ་ན། དངོས་བཏགས་མ་ཕྱེ་བའི་སྒོ་ནས་དབྱེ་ན། བརྗོད་བྱ་དོན་གྱི་འདུལ་བ་དང་། བརྗོད་བྱེད་ཚིག་གི་འདུལ་བ་གཉིས་ཡོད། སོ་ཐར་གྱི་ཚུལ་ཁྲིམས་དེ་དང་པོ་ཡིན་ཏེ། དེས་གདུལ་བྱའི་ཉོན་

མོངས་པ་འདུལ་བར་བྱེད་པའི་ཕྱིར། །ཕྱི་མ་དེ་འདུལ་བ་བཏགས་པ་བ་ཡིན་ཅིང། དེ་ལ་འདུལ་བའི་མདོ་དང་དེའི་དགོང་འགྲེལ་གྱི་བསྟན་བཅོས་གཉིས་ཡོད། འདུལ་བ་མདོ་རྩ་བ་ལ་དེ་ལྟར་བརྗོད་པའི་རྒྱུ་མཚན་ཡོད་དེ། འདིས་འདུལ་བའི་མདོ་སྡེའི་བརྗོད་བྱ་རྣམས་སྡོམ་པ་མ་ཐོབ་པ་ཐོབ་པར་བྱེད་པའི་ཐབས། ཐོབ་པ་མི་ཉམས་པ་བསྲུང་བར་བྱེད་པའི་ཐབས། ཉམས་ན་ཕྱིར་བཅོས་པའི་ཐབས་རྣམས་སུ་བསྡུས་ནས་སྟོན་པའི་ཕྱིར། །འདི་འཆད་པ་ལ། །

༄ སྔོན་དུ་འགྲོ་བ་སྤྱིའི་རྣམ་གཞག

སྔོན་དུ་འགྲོ་བ་སྤྱིའི་རྣམ་གཞག་དང་། སོ་སོའི་དོན་གཉིས། དང་པོ་ལ། འདིའི་བཤད་བྱ་རྩ་བའི་མདོ་ངོས་བཟུང་བ། དེའི་དགོངས་འགྲེལ་གྱི་བསྟན་བཅོས་ངོས་བཟུང་བ། འདུལ་བའི་ཆེ་བ་བཤད་པ་དང་གསུམ། དང་པོ་ལ། སྟོན་པས་ཆོས་འཁོར་བསྐོར་བའི་ཚུལ། བར་དུ་བཀའ་བསྡུ་མཛད་ཚུལ། འདིའི་བཤད་བྱ་རྩ་བའི་མདོ་ངོས་བཟུང་ཚུལ་དངོས་བཤད་པ་གསུམ། དང་པོ་ནི། དགའ་ལྡན་གྱི་རྟེན་ཅན་གྱི་ལྷའི་བུ་དམ་པ་ཏོག་དཀར་པོ་དེ་སྐྱེ་བ་གཅིག་ཐོགས་དང་། རྒྱལ་པོ་གཞོན་ནུ་དོན་གྲུབ་དེ་སྲིད་པ་ཐ་མ་པ་ཡིན་ཞིང་། དེ་སེམས་བསྐྱེད་པ་ནས། མའི་མངལ་དུ་སྐུ་བལྟམས་པ་ནས་བཟུང་སྟེ། དགུང་ལོ་སུམ་ཅུ་རྩ་ལྔར་བབ་ཚུན་དུ་བྱང་སེམས་ཚོགས་ལམ་པ་ཡིན། སུམ་ཅུ་རྩ་ལྔའི་སྟེང་དུ་ས་ག་ཟླ་བའི་ཚེས་

བཅོ་ལྔའི་སྲོད་ལ་བདུད་བཏུལ། ཐོ་རངས་བསམ་གཏན་བཞི་པའི་དངོས་གཞིའི་སེམས་ལ་བརྟེན་ནས་སྦྱོར་ལམ་དྲོད་སོགས་བཞི། མཐོང་ལམ་ཤེས་བཟོད་སྐད་ཅིག་མ་བཅུ་དྲུག །སྒོམ་ལམ་བར་ཆད་མེད་ལམ་དགུ་རྣམས་རིམ་གྱིས་མངོན་དུ་བྱས་ནས་སངས་རྒྱས་པ་ཡིན། དེ་ནས་འཁོར་ལྔ་སྡེ་བཟང་པོ་དང་། ལྔ་མང་པོ་ལ་བདེན་པ་བཞིའི་ཆོས་འཁོར་ལ་སོགས་པ་ཆོས་ཕུང་བརྒྱད་ཁྲི་གསུངས། དགུང་ལོ་བརྒྱད་ཅུ་པ་ལ་བབས་པ་ན། སྐུག་བདེན་གྱིས་བསྡུས་པའི་ཕུང་པོ་སྤྱངས་ཏེ། ཐེམ་རིག་གྱི་འཇུག་པ་རྒྱུན་ཆད་དེ་མྱ་ངན་ལས་འདས་པ་ཡིན། (༢ན)ལུགས་འདི་ལ་ཆོས་ཕུང་བརྒྱད་ཁྲིར་འབྱེད་ཀྱིས་བརྒྱད་ཁྲི་བཞི་སྟོང་དུ་མི་འབྱེད་དེ། བཀའ་བར་པ་ཁས་ལེན་མི་རིགས་པའི་ཕྱིར་ཏེ། ཐེག་ཆེན་གྱི་སྡེ་སྣོད་ཁས་ལེན་མི་རིགས་པའི་ཕྱིར། དེས་ན་སངས་རྒྱས་ཀྱི་བཀའ་ལ་ཐེག་ཆེན་གྱི་སྡེ་སྣོད་དང་ཐེག་དམན་གྱི་སྡེ་སྣོད་གཉིས་སུ་མི་འབྱེད་ཅིང་། དེ་ལ་ཉན་ཐོས་ཀྱི་སྡེ་སྣོད་དང་བྱང་སེམས་ཀྱི་སྡེ་སྣོད་གཉིས་སུ་བྱེད་དོ། །གཉིས་པ་ནི། ཀུན་དགའ་བོས། དགྲ་བཅོམ་པའི་འབྲས་བུ་ཐོབ་ནས་དགེ་སློང་མང་པོའི་དབུས་སུ། འདི་སྐད་བདག་གིས་ཐོས་པའི་དུས་གཅིག་ན། ཞེས་བཙུག་ནས་མདོ་སྡེའི་སྡེ་སྣོད་ངག་ནས་ཚར་གཅིག་བསྒྲགས་ནས་མདོ་སྡེའི་སྡེ་སྣོད་བསྡུས། དེ་རྗེས་དགྲ་བཅོམ་པ་ཉེ་བར་འཁོར་གྱིས་དེ་ལྟ་བུའི་ཚུལ་གྱིས་འདུལ་བའི་སྡེ་སྣོད་བསྡུས། དེ་རྗེས་

འོད་སྲུངས་ཆེན་པོས་དེ་ལྟ་བུའི་ཚུལ་གྱིས་མངོན་པའི་སྡེ་སྣོད་བསྡུས་པ་ཡིན། གསུམ་པ་བཤད་བྱ་རྩ་བའི་མདོ་ངོས་བཟུང་བ་ནི། འདིའི་བཤད་བྱའི་མདོ་ལ་རྩ་བའི་མདོ་དང་། བཤད་པའི་མདོ་གཉིས། དང་པོ་ལ། ཕའི་སོ་ཐར་གྱི་མདོ་དང་། མའི་སོ་ཐར་གྱི་མདོ་གཉིས་ཡོད། འདིའི་བཤད་བྱའི་མདོ་ལ་ལུང་སྡེ་བཞིར་ཡོད། སྤྱིར་རྣམ་འབྱེད་འདི་ལ། ཕའི་རྣམ་འབྱེད་དང་། མའི་རྣམ་འབྱེད་གཉིས་ཡོད་ཅིང་། ཕའི་དེས་ཕ་ལ་དངོས་བཅས་ཀྱི་ཁྲིམས་ཉིས་བརྒྱ་ལྔ་བཅུ་རྩ་གསུམ། བསླབ་པ་འཆའ་བའི་གླེང་གཞི། དེ་འཆའ་བའི་རྒྱུ་མཚན། དེ་བཅས་པའི་ཕན་ཡོན། བཅས་པ་དངོས། ལྟུང་བའི་རྣམ་གཞག །ལྟུང་མེད་དུ་འགྱུར་ཚུལ་རྣམས་བསྟན། མའི་རྣམ་འབྱེད་ཀྱིས་མ་ལ་དངོས་བཅས་ཀྱི་ཁྲིམས་སུམ་བརྒྱ་དྲུག་ཅུ་རྩ་བཞི། བསླབ་པ་འཆའ་བའི་གླེང་གཞི་ལ་སོགས་པ་སྔར་ཕའི་རྣམ་འབྱེད་ལས་བཤད་པ་ལྟར་བསྟན། ལུང་གཞིས་ནི་རྣམ་འབྱེད་ཀྱི་བརྗོད་བྱར་གྱུར་པའི་དོན་རྟོགས་དཀའ་བ་འགའ་ཞིག་སྟོན་ལ། སྟོན་ཚུལ་ནི། དགེ་སློང་གང་དགེ་སློང་རྣམས་དང་བསླབ་པ་ཚངས་པར་མཚུངས་པར་སྤྱོད་གཅིག ཅེས་པ་ནི་ལུང་བཞིའི་ནང་གི་རབ་བྱུང་གི་གཞིས་འཆད། ཚེ་དང་ལྡན་པ་དག་གསོ་སྦྱོང་བྱའོ། །ཞེས་པ་ནི་གསོ་སྦྱོང་གི་གཞིས་འཆད། དགག་དབྱེ་ཡང་གསོ་སྦྱོང་གི་ཡན་ལག་ཡིན་པས། དེར་དགག་དབྱེ་གསུངས་པ་ཡང་གསོ་སྦྱོང་གི་གཞིས་འཆད། དབྱར་གྱི་

གོས་རས་ཆེན་བཙལ་བར་བྱའོ། །ཞེས་པ་ནི་དབྱར་གྱི་གཞིས་འཆད། སྲ་བརྐྱང་དབྱུང་ངོ། ཞེས་པ་ནི། སྲ་བརྐྱང་གི་གཞིས་འཆད། གོས་གྲུབ་ཟིན་པའོ། །ཞེས་པ་ནི། གོས་ཀྱི་གཞིས་འཆད། ཀོ་ལྤགས་ཡང་གོས་ཀྱི་ཡན་ལག་ཡིན་པས། དེར་ཀོ་ལྤགས་གསུངས་པ་ཡང་གོས་ཀྱི་གཞིས་འཆད། དགེ་སློང་ན་བ་རྣམས་ལ་སོ་སོར་སྨན་བསྟན་པར་བྱ་བའི་སྨན་གང་དག་བཀའ་སྩལ་པ། ཞེས་པ་ནི་སྨན་གྱི་གཞིས་འཆད། དགེ་འདུན་དབྱེ་བའི་གཞི་དང་། ཞེས་པ་ནི། དབྱེན་གྱི་གཞིས་འཆད། དགེ་འདུན་དབྱེན་བྱེད་ལ་ཞུགས་པ་ནི་(༣བ)བཞམས་སྒོ་སྟོན་དུ་བཏང་བའི་སྒོ་ནས་གསོལ་བཞིའི་ལས་ཀྱིས་ཟློག་དགོས་སོ། །ཞེས་པ་ནི། ལས་ཀྱི་གཞིས་འཆད། ཇི་སྲིད་དུ་ལྟུང་བ་རྣམ་པར་དག་པ་དེ་འོག་ཏུ་སྤོ་བ་དང་། ཞེས་པ་ནི། སྤོ་གཞིས་འཆད། ཚེ་དང་ལྡན་པ་དག་མ་ལྷག་པ་རྣམས་ལ་འདུན་པ་དང་ཡོངས་སུ་དག་པ་དྲིས་ཤིག །ཅེས་པ་ནི་ཀཽ་ཤམྦིའི་གཞིས་འཆད། གང་དག་ལྟུང་བ་རྣམ་པར་དག་པའི་སླད་དུ་དེའི་བྱེད་པ་བསྟན་པ། ཞེས་པ་ནི། གསོ་སྦྱོང་བཞག་པའི་གཞིས་འཆད། གཙུག་ལག་ཁང་ཆེན་པོ་བརྩིག་ཏུ་བཞུགས་པ། ཞེས་པ་ནི། གནས་མལ་གྱི་གཞིས་འཆད། ལྟུང་བ་དེ་གསོ་བར་བྱེད་པའི་ལས་རྣམ་པར་དག་པ། ཞེས་པ་ནི། རྩོད་པའི་གཞིས་འཆད། འཆད་ཚུལ་དེ་རྣམས་འགྲེལ་པ་ནས་བཤད་པ་ལྟར་ཡིན་ནོ། །དེས་ན་ལུང་གཞི་འདི་ལ་དོན་ཚན་བཅུ་བདུན་སྟོན་པར་བྱེད་

པའི་གཞུང་ཚན་བཅུ་བདུན་ཡོད་དེ། ལུང་གི་བར་སྡོམ་ལས། རབ་བྱུང་གསོ་སྦྱོང་གཞི་དང་ནི། །དགག་དབྱེ་དབྱར་དང་ཀོ་ལྤགས་དང་། །སྨན་དང་གོས་དང་སྲ་བརྒྱད་དང་། །ཀཽ་ཤམྦྷི་དང་ལས་ཀྱི་གཞི། །དམར་སེར་ཅན་དང་གང་ཟག་དང་། །སྤོ་དང་གསོ་སྦྱོང་བཞག་པ་དང་། །གནས་མལ་དང་ནི་རྩོད་པ་དང་། །དགེ་འདུན་དབྱེན་རྣམས་བསྡུས་པ་ཡིན། །ཞེས་གསུངས་པའི་ཕྱིར། དེ་ཡང་ཀཽ་ཤམྦྷི་ཞེས་པས་ལས་དབྱེ་བའི་གཞི་དེ་བསྟན། དམར་སེར་ཅན། ཞེས་པས་ནན་ཏུར་གྱི་གཞི་དེ་འཆད། གང་ཟག་དང་། ཞེས་པས་དུས་དང་དུས་མིན་པ་བསྡུས་པ་འབྱུང་བའི་གཞི་དེ་བསྟན། དེ་བསྟན་པའི་གཞུང་ལ་གང་ཟག་དང་ཞེས་སྟོན་པའི་རྒྱུ་མཚན་ཡོད་དེ། གཞུང་དེས་གང་ཟག་གང་ལ་བསླབ་པ་འཆའ་བ་དང་མི་འཆའ་བའི་དུས་སྟོན་པར་བྱེད་པ་ཡིན་པའི་ཕྱིར། སྤོ་དང་། ཞེས་པས། ས་གཞན་ལ་གནས་པ་སྤྱོད་པའི་གཞི་དེ་བསྟན། དེ་ལྟར་སྟོན་པ་ནི། ས་གཞན་ན་གནས་པ་སྤྱོད་པའི་གཞི་དེ་ལ། སྤོ་བའི་གཞི་ཞེས་ཕྱོགས་གཅིག་གི་མིང་གིས་བསྟན། གསོ་སྦྱོང་གཞག་པ། ཞེས་པས་གསོ་སྦྱོང་གི་གཞི་དེ་བསྟན་ཏེ། དེས་ལྟུང་བ་གླེང་བྲན་དང་། གཞམས་སྒོ་དང་། བརྗོད་པ་དང་པོ་སོགས་ཀྱི་སྒོ་ནས་བསླབ་པ་ཡོངས་སུ་སྦྱོང་བའི་ཚུལ་དེ་བསྟན་པའི་ཕྱིར། དགེ་འདུན་དབྱེན། ཞེས་པས་ལས་དབྱེ་བའི་གཞི་དང་། འཁོར་ལོ་དབྱེ་བའི་གཞི་དེ་བསྟན། གཞན་རྣམས་སྡོམ་ཚིགས་དང་མདོ་ནས

བསྟན་པ་གཉིས་སྟོན་ཚུལ་འདྲའོ། །ཕྲན་ཚེགས་ཀྱི་རྣམ་འབྱེད་གཉིས་དང་ལུང་བཞིས་མ་བསྟན་པའི་བསླབ་པའི་གནས་ཕྲ་མོ་འགའ་ཞིག་ཁ་བསྐངས་ནས་སྟོན་པར་བྱེད་དོ། གཞུང་དམ་པ་འདི་ལ་ལེའུ་བཅུ་ཡོད་དེ། བར་སྡོམ་ལས། །ཞུ་བ་འདུལ་བྱེད་གཅིག་ལས་འཕྲོས། །ལྔ་པ་དང་ནི་བཅུ་དྲུག་ཚན། །གླེང་གཞི་དང་ནི་རྐྱང་པ་དང་། །གཏམ་གཞི་མ་ན་འཔི་ཀྲ་དང་། །མ་མོ་དག་ནི་ལུང་ཚོགས་རྣམས། །ལུང་ནི་དམ་པ་ཡིན་པར་འདོད། ཞེས་གསུངས་པའི་ཕྱིར། དེ་ཡང་ལུང་(༤ན)ཞུ་བས་ནི། རྣམ་འབྱེད་གཉིས་ནས་བཤད་པའི་ཕམ་པ་ནས། སོར་བཤགས་ཀྱི་བར་དང་། གཞི་ནས་བཤད་པའི་གཞི་བཅུ་བདུན་སོ་སོའི་ངོ་བོ་བསྟན། འདུལ་བྱེད་ཀྱི་རྣམ་འབྱེད་གཉིས་ནས་བཤད་པའི་ཕམ་པ་ནས། སྨྱན་བྱེད་ཀྱི་བར་གྱི་ལྟུང་བ་རྣམས་བསྟན། གཅིག་ལས་འཕྲོས་ཀྱི་ལྟུང་བའི་རབ་དབྱེ་དང་། ལྕི་ཡང་གི་ཁྱད་པར་རྣམས་བསྟན། ལྔ་ཚན་པས་ནི་བསླབ་པ་ཡོངས་སུ་སྦྱོང་བའི་གཞི་དེ་བསྟན། བཅུ་དྲུག་ཚན་པས་ནི་རྩོད་པ་ཞི་བྱེད་ཀྱི་ཆོས་དེ་བསྟན། ལུང་གླེང་གཞི་དང་རྐྱང་པས་ནི། སྐབས་ཀྱི་ཉེས་བྱས་ཕྲ་མོ་རྣམས་བསྟན། ལུང་གཏམ་གཞིས་ནི་ཉེས་བྱས་ཕྲ་མོ་སོ་སོའི་ངོ་བོ་བསྟན། མ་ན་པི་ཀྲས་ནི་ཉེས་བྱས་ཕྲ་མོ་སོ་སོའི་ཁྱད་ཆོས་དེ་བསྟན། མ་མོས་ནི། སྔར་གྱི་དོན་དེ་རྣམས་ཅི་རིགས་པར་བསྟན་ཏོ། །

༄ གཉིས་པ་དགོངས་འགྲེལ་གྱི་བསྟན་བཅོས་ངོས་བཟུང་བ་ལ། འདུལ་

བའི་མདོ་སྡེ་སྤྱིའི་དགོངས་འགྲེལ་གྱི་བསྟན་བཅོས་ངོས་བཟུང་བ་དང་། སོ་སོའི་དགོངས་འགྲེལ་གྱི་བསྟན་བཅོས་ངོས་བཟུང་བ་གཉིས། དང་པོ་ནི། དགྲ་བཅོམ་པ་ཉེ་སྦས་ཀྱིས་འདུལ་བ་འབུམ་སྡེའི་སྤྱིའི་དགོངས་པ་འགྲེལ་བ་ལ། བྱེ་བྲག་བཤད་མཛོད་ཆེན་མོའི་ལེའུར་གྱུར་པའི་འདུལ་བ་བྱེ་བྲག་ཏུ་བཤད་པ་མཛད། འདུལ་བ་འབུམ་སྡེའི་སྤྱིའི་དགོངས་པ་འགྲེལ་བ་ལ་སློབ་དཔོན་ཡོན་ཏན་འོད་ཀྱིས་འདུལ་བ། མདོ་རྩ་བ། ལས་བརྒྱ་རྩ་གཅིག་སྟོན་པའི་ཀརྨ་ཤ་ཏམ་མཛད། དགྲ་བཅོམ་པ་ས་ག་ལྷས་དགེ་སློང་གི་བསླབ་བྱ་གཙོ་བོར་སྟོན་པའི་འདུལ་བ་མེ་ཏོག་ཕྲེང་རྒྱུད་མཛད། སློབ་དཔོན་ཤཱཀྱ་འོད་ཀྱིས་དགེ་ཚུལ་གྱིས་བསླབ་བྱ་གཙོ་བོར་སྟོན་པའི་འདུལ་བ་གསུམ་བརྒྱ་པ་དེའི་རང་འགྲེལ་འོད་ལྡན་རྣམས་མཛད། ཁ་ཆེ་འདུན་བཟང་གིས་འདུལ་བ་ཚིག་ལེའུར་བྱས་པ་ལྔ་བཅུ་པ་མཛད། དེར་མ་ཟད་འདུལ་བ་འབུམ་སྡེའི་སྤྱིའི་དགོངས་པ་འགྲེལ་བ་ལ་སློབ་དཔོན་པདྨས་མཛད་པའི་དགེ་སློང་གི་ལོ་དྲི་བ་དང་། དགེ་ཚུལ་གྱི་ལོ་དྲི་བ་གཉིས་ཡོད་དོ། །གཉིས་པ་ནི། སློབ་དཔོན་དགེ་ལེགས་བཤེས་གཉེན་གྱིས་མཛད་པའི་འགྲེལ་པ་ཚིག་གི་དགའ་བསྐྱེད། སློབ་དཔོན་དྲི་མེད་བཤེས་གཉེན་གྱིས་མཛད་པའི་འདུལ་བ་ཀུན་བཏུས། སློབ་དཔོན་ཁྱད་པར་བཤེས་གཉེན་གྱི་མཛད་པའི་འདུལ་བ་བསྡུས་པ་རྣམས་ནི་རྩ་བའི་མདོའི་དགོངས་འགྲེལ་གྱི་བསྟན་བཅོས་ཡིན། སློབ་དཔོན་དགེ་

ལེགས་བཤེས་གཉེན་གྱིས་མཛད་པའི་གཞུང་འགྲེལ་དང་གཞི་འགྲེལ་གཉིས། སློབ་དཔོན་དུལ་བ་ལྷས་མཛད་པའི་རྣམ་འབྱེད་འགྲེལ་པ། སློབ་དཔོན་ཚུལ་ཁྲིམས་སྐྱོངས་ཀྱིས་མཛད་པའི་ཕྲན་ཚེགས་ཀྱི་འགྲེལ་པ་རྣམས་ནི། བཤད་པའི་མདོའི་དགོངས་འགྲེལ་གྱི་བསྟན་བཅོས་ཡིན། སློབ་དཔོན་རང་ཉིད་ཀྱིས་མཛད་པའི་འགྲེལ་པ་ཉིད་ཀྱི་རྣམ་བཤད་སློབ་དཔོན་ཆོས་ཀྱི་བཤེས་གཉེན་གྱིས་མཛད་པའི་རྒྱ་ཆེར་འགྲེལ། སློབ་དཔོན་ཤེས་རབ་བྱེད་པས་མཛད་པའི་འགྲེལ་པ་ཤེས་རབ་བྱེད་པ་དང་། འགྲེལ་ཆུང་རྣམས། འདུལ་བ་མདོ་རྩ་བའི་དགོངས་འགྲེལ་གྱི་བསྟན་བཅོས་ཡིན་ཞིང་། འགྲེལ་པ་ཕྱི་མ་གཉིས་བོད་འགྲེལ་དུ་རྗེ་བུ་སྟོན་བཞེད་པ་ལྟར་ཁས་ལེན་ནོ། །གསུམ་པ་(༤བ)འདུལ་བའི་ཚེ་བ་བཤད་པ་ནི། འདུལ་བའི་མདོ་ལ་ཐོས་སོགས་ཀྱིས་འཇུག་རིགས་ན། དེ་ཡོན་ཏན་ཇི་ལྟ་བུ་དང་ལྡན་པ་ཡིན་ཞེ་ན། དེ་ཡོན་ཏན་དུ་མ་དང་ལྡན་ཏེ། སྡེ་སྣོད་ཕྱི་མ་གཉིས་པོ་ཡང་མི་ཉམས་ཤིང་གོང་ནས་གོང་དུ་འཕེལ་བའི་རྟེན་བྱེད་པ་ཡིན་ཏེ། དེ་ལྟར་ཡང་འདུལ་བ་ལ་བསྔོད་པ་ལས། ཇི་ལྟར་འདི་ནི་ཤིང་རྩ་གཙོ་བོ་སྟེ། རྣམ་པར་འཕེལ་དང་ཀུན་འཛིན་གཉིས་ཀྱི་གཞི། དེ་བཞིན་དམ་ཆོས་ཚོགས་རྣམས་ཀུན་གྱི་ཡང་། རྒྱུ་དང་རྩ་བ་འདུལ་བ་ཡིན་པར་གསུངས། ཞེས་གསུངས་པའི་ཕྱིར། གཞན་ཡང་། དེ་ཡོན་ཏན་ཁྱད་པར་ཅན་དང་ལྡན་པ་ཡིན་ཏེ། དེས་ཚུལ་ཁྲིམས་དེ་གཙོ་

བོར་སྟོན་ཅིང་། ཚུལ་ཁྲིམས་དེ་མངོན་མཐོ་དང་ངེས་ལེགས་ཀྱི་ཡོན་ཏན་ཀུན་གྱི་རྩ་བ་ཡིན་པའི་ཕྱིར་ཏེ། དེ་ཉིད་ལས། དེ་ཕྱིར་ཡོན་ཏན་རྣམས་ཀྱི་གནས་སུ་དགོངས། དེ་ཡི་གནས་ནི་འདུལ་བ་ཡིན་པར་གསུངས། འདི་ལ་གནས་པར་གྱུར་ན་མཐར་ཕྱིན་འགྱུར། འདི་ལ་མི་གནས་མཐར་ཕྱིན་ག་ལ་འགྱུར། ཞེས་གསུངས་པའི་ཕྱིར། གཞན་ཡང་། རྒྱལ་བའི་བསྟན་པ་གནས་མི་གནས་འདུལ་བའི་སྡེ་སྣོད་ལ་རག་ལས་ཏེ། དེ་ཉིད་ལས། ཇི་སྲིད་འགྲོ་འདི་རྒྱལ་བ་ཐམས་ཅད་ཀྱི། །མཛོད་མཆོག་འདུལ་བ་རྫོགས་པ་འདི་གནས་པ། །དེ་སྲིད་ཆོས་སྒྲོན་འདི་ནི་གནས་འགྱུར་ཞིང་། །བཟློག་པར་གྱུར་ན་ཞི་བ་ཐོབ་མི་འགྱུར། །ཞེས་གསུངས་པའི་ཕྱིར། གཞན་ཡང་། སྡེ་སྣོད་ཕྱི་མ་གཉིས་པོ་བསྟན་པ་ཁོ་ན་ཡིན་ཞིང་། འདིས་སྟོན་པའི་གོ་ཡང་ཚོད་དེ། འདིས་གདུལ་བྱ་ལ་བྱ་བའི་འཇུག་ལྡོག་སྟོན་པར་བྱེད་པའི་ཕྱིར་ཏེ། རྣམ་འབྱེད་ལས། །རྒྱལ་བ་སྟོན་པ་དེ་ཡིས་བསྟན་བཅོས་དག །མདོ་དང་ཆོས་མངོན་ཡིན་གསུངས་འདུལ་བ་ནི། །སྟོན་དང་བསྟན་བཅོས་དངོས་ཡིན་དེ་ཡི་ཕྱིར། །གཉིས་གྱུར་ཕྱུག་བྱ་སངས་རྒྱས་ཆོས་གཅིག་བཞིན། །ཞེས་གསུངས་པའི་ཕྱིར། དེས་ན་ཐར་འདོད་རྣམས་ཀྱིས་འདུལ་བའི་སྡེ་སྣོད་ལ་ཐོས་སོགས་ཀྱིས་འཇུག་རིགས་ཏེ། འདིས་ཚུལ་ཁྲིམས་ཀྱི་བསླབ་པ་གཙོ་བོར་སྟོན་ཞིང་། ཚུལ་ཁྲིམས་ཀྱི་བསླབ་པའི་ཉམས་ལེན་ལ་བརྟེན་ནས་བསླབ་པ་ཕྱི་མ་གཉིས་ཀྱི་ཉམས་ལེན་

འབྱུང་བའི་ཕྱིར། དེ་ཡང་ཡིན་ཏེ། སྒོ་གསུམ་མི་མཐུན་པའི་ཕྱོགས་ལས་སྡོམ་པའི་ཚུལ་ཁྲིམས་ལ་བརྟེན་ནས་བླང་དོར་གྱི་གནས་འབྱུང་མི་འབྱུང་རྟོགས་པའི་དྲན་པ་དང་། ལྡང་བ་འབྱུང་མི་བྱུང་རྟོགས་པའི་ཤེས་བཞིན་འབྱུང་། དེ་ལ་བརྟེན་ནས་སེམས་དམིགས་པ་ལ་རྩེ་གཅིག་ཏུ་བཞག་པའི་ཏིང་ངེ་འཛིན་འབྱུང་། དེ་ལ་བརྟེན་ནས་དམིགས་པ་ལ་ཇི་ལྟར་འདོད་འདོད་དུ་འཇུག་པའི་ཤེས་རབ་འབྱུང་བའི་ཕྱིར་ཏེ། ལུང་སྨན་གྱི་གཞི་ལས། དགེ་སློང་དག་ཚུལ་ཁྲིམས་ཡུན་རིང་དུ་གོམས་པར་བྱས་ན། ཏིང་ངེ་འཛིན་ཡུན་རིང་དུ་གནས་པར་འགྱུར་རོ། །ཏིང་ངེ་འཛིན་ཡུན་རིང་དུ་གོམས་པར་བྱས་ན་ཤེས་རབ་ཡུན་རིང་དུ་གནས་པར་འགྱུར་རོ།། ཤེས་རབ་ཡུན་རིང་དུ་གནས་པར་བྱས་ན། འདོད་ཆགས་དང་། ཞེ་སྡང་དང་། གཏི་མུག་དག་ལས་སེམས་རྣམ་པར་གྲོལ་བར་འགྱུར་རོ། །ཞེས་གསུངས་པའི་ཕྱིར། །

༈ སྤྱིའི་བསྡུ་བ་བཤད་པ།

གཉིས་པ་ལ། སྤྱིའི་བསྡུ་བ་བཤད་པ། སོ་སོའི་དོན་བཤད་པ་དངོས་གཉིས། དང་པོ་ནི། བསྟན་བཅོས་འདི་ལ་ཀླཽ་ག་སུམ་བརྒྱ་སུམ་བརྒྱ་ལ་བམ་པོ་རེ་བྱས་པའི་བམ་པོ་དགུ་ཡོད་ཅིང་། འདིར་བམ་གྲངས་སྨོས་པ་ལ་དགོས་པ་ཡོད་དེ། གཞུང་ཚད་བདེ་བླག་(ཡན)ཏུ་རྟོགས་པའི་ཆེད་

ཡིན་པའི་ཕྱིར། དེས་ན་འདི་བསྒྱུར་བའི་ཐོག་མར་ལོ་ཙཱ་བ་རྣམས་ཀྱིས་ཐམས་ཅད་མཁྱེན་པ་ལ་ཕྱག་འཚལ་བ་ལ་དགོས་པ་ཡོད་དེ། འདི་འདུལ་བའི་སྡེ་སྣོད་ཀྱི་དགོངས་འགྲེལ་དུ་རྟོགས་པར་འགྱུར་བའི་ཕྱིར། དེ་ཡང་འགྱུར་ཏེ། འདུལ་བའི་སྡེ་སྣོད་དགོངས་འགྲེལ་དང་བཅས་པ་བསྒྱུར་བའི་ཐོག་མར་ལོ་ཙཱ་བ་རྣམས་ཀྱིས་ཐམས་ཅད་མཁྱེན་པ་ལ་ཕྱག་འཚལ་བར་བཀའ་བཅས་མཛད་པ་ཡིན་པའི་ཕྱིར། དེ་མཛད་པའི་རྒྱུ་མཚན་ཡོད་དེ། བསླབ་པའི་བཅས་འཚམས་ཕྲ་མོ་ལ་ཐམས་ཅད་མཁྱེན་པ་ཁོ་ན་དབང་བཙན་པ་ཡིན་པའི་ཕྱིར། ༈ དེས་ན་བསྟན་བཅོས་འདི་འཆད་པ་ལ། བསྟན་བཅོས་རྩོམ་པ་ལ་འཇུག་པའི་ཡན་ལག་དང་། བསྟན་བཅོས་ཀྱི་ལུས་དངོས་བཤད་པ་གཉིས། དང་པོ་ནི། ངེས་པར་འབྱུང་བ་ཚུལ་ཁྲིམས་ཀྱི་དབང་དུ་བྱས་ཏེ། ཞེས་པས་བསྟན་ཏེ། འདིས་བསྟན་བཅོས་འདིའི་དགོས་སོགས་ཆོས་བཞི་སྟོན་པའི་ཕྱིར། གཉིས་པ་ལ་འདིའི་བརྗོད་བྱ་རྣམས་བསྡུ་ན། སྡོམ་པ་མ་ཐོབ་པ་ཐོབ་པར་བྱེད་པའི་ཐབས། ཐོབ་པ་མི་ཉམས་པ་བསྲུང་བའི་ཐབས། ཉམས་ན་ཕྱིར་བཅོས་པའི་ཐབས་གསུམ་དུ་འདུ་ལ། དང་པོ་ནི་རབ་བྱུང་གི་གཞིས་འཆད། གཉིས་པ་ལ། གང་ཟག་གཞན་ལ་བརྟེན་ནས་བསྲུང་བ། རང་ཉིད་ཀྱི་བསམ་སྦྱོར་ཕུན་ཚོགས་ཀྱི་སྒོ་ནས་བསྲུང་བ། མི་མཐུན་ཕྱོགས་ངོ་ཤེས་པའི་སྒོ་ནས་བསྲུང་བ། བསླབ་པ་ཡོངས་སུ་སྦྱོང་བའི་སྒོ་ནས་

བསྲུང་བ། བདེ་བར་གནས་པའི་རྐྱེན་བསྟེན་པའི་སྒོ་ནས་བསྲུང་བ་དང་ལྔ། དང་པོ་ནི། གནས་པ་སློབ་མའི་འཇུག་ལྡོག་རྣམས་གནས་བླ་མ་ལ་ཞུས་ནས་སྒྲུབ་དགོས་པ་ཡིན་ཞིང་། དེའི་ཚུལ་ཡང་། གནས་པས་གནས་ལ་མ་ཞུས་པར་བྱ་བ་མི་བྱའོ། །ཞེས་སོགས་ཀྱིས་འཆད། གཉིས་པ་ལ། བསམ་པ་ཕུན་ཚོགས་ཀྱི་སྒོ་ནས་བསྲུང་བ། སྦྱོར་བ་ཕུན་ཚོགས་ཀྱི་སྒོ་ནས་བསྲུང་བ་གཉིས། དང་པོ་ནི། བག་ཡོད་པ། ངོ་ཚ་ཤེས་པ། ཁྲེལ་ཡོད་པ། དྲན་ཤེས་བཞིན་དད་པ་ཕུན་ཚོགས་ཀྱི་སྒོ་ནས་བསྲུང་བ་ཡིན་ལ། དེའི་ཚུལ་ཡང་། ལྟུང་བའི་སྒོར་གྱུར་པའི་འཇུག་པ་ཐམས་ཅད་ལ་དྲན་པས་རབ་ཏུ་བསྒྲུབ་པར་བྱའོ། །ཞེས་སོགས་ཀྱིས་འཆད། གཉིས་པ་ནི། བསླབ་པའི་བཅས་མཚམས་རྣམས་སྦྱོར་བ་ལག་ལེན་གྱི་སྒོ་ནས་བསྲུང་བ་ཡིན་ལ། དེའི་ཚུལ་ནི། བསྟན་བཅོས་འདིའི་གཞུང་ཐམས་ཅད་ཀྱིས་སྟོན། གསུམ་པ་ནི་ཕམ་པ་ལ་སོགས་པའི་རྩ་བའི་ལྟུང་བ་དང་། ཡན་ལག་གི་ལྟུང་བ་རྣམས་ངོ་ཤེས་པའི་སྒོ་ནས་བསྲུང་བ་ཡིན་ལ། དེའི་ཚུལ་ནི། རྣམ་འབྱེད་གཉིས་ཀྱི་དོན་སྟོན་པའི་གཞི་སྟོད་ཀྱི་གཞུང་རྣམས་དང་། ཞུ་བ་ནས་འབྱུང་བའི་གཞུང་རྣམས་ཀྱིས་འཆད། བཞི་པ་ནི། གསོ་སྦྱོང་། དགག་དབྱེ། དབྱར་ཁས་ལེན་རྣམས་ཀྱི་སྒོ་ནས་བསྲུང་བ་ཡིན་ལ། དེའི་ཚུལ་ཡང་། གསོ་སྦྱོང་གི་གཞིའི་གཞུང་། དགག་དབྱེའི་གཞིའི་གཞུང་། དབྱར་གྱི་གཞིའི་གཞུང་རྣམས་ཀྱིས་འཆད། ལྔ་པ་ནི། སྨན་གོས་གནས་

མཐའ་གསུམ་པོ་མཐའ་གཉིས་སུ་མ་ལྷུང་བའི་སྒོ་ནས་བསྒྲུང་བ་ཡིན་ལ། དེའི་ཚུལ་ནི། སྣང་གཞི། གོས་གཞི །གནས་མཐའ་གྱི་གཞིའི་གཞུང་རྣམས་ཀྱིས་འཆད། དེ་ཡང་གོས་གཞི་དངོས་ཀྱི་གོས་ལ་བརྟེན་པའི་སྒྲུབ་པའི་(༥བ)བསླབ་བྱ་དེ་བསྟན། ཀོ་ལྤགས་ཀྱི་གཞིའི་གཞུང་གི་གོས་ལ་བརྟེན་པའི་དགག་པའི་བསླབ་བྱ་དེ་བསྟན། སྲ་བརྒྱུད་གི་གཞིའི་གཞུང་གི་གོས་ལ་བརྟེན་པའི་བག་ཡངས་དང་འབྲེལ་བའི་བསླབ་བྱ་དེ་བསྟན་ཏོ། ། ༼ གསུམ་པ་ལ་ལྟུང་བ་ཕྱིར་བཅོས་དང་། རྟོད་པ་ཕྱིར་བཅོས་གཉིས། དང་པོ་ནི། ཕྱིར་བཅོས་ཀྱི་གཞིའི་གཞུང་དངོས། དུས་དང་། དུས་མིན་པ་བསྡུས་པ་འབྱུང་བའི་གཞི། ས་གཞན་ལ་གནས་པ་སྤྱོད་པའི་གཞི། གསོ་སྦྱོང་གི་གཞིའི་གཞུང་རྣམས་ཀྱིས་འཆད། གཉིས་པ་ལ། དབྱེན་ཕྱིར་བཅོས་དང་། རྟོད་པ་ཕྱིར་བཅོས་དངོས་གཉིས། དང་པོ་ནི། ལས་དབྱེའི་གཞི་དང་། འཁོར་ལོ་དབྱེ་བའི་གཞི་གཉིས་ཀྱིས་འཆད། དེས་ན་ཚུལ་ཁྲིམས་རྣམ་པར་དག་པའི་ཐབས་དེ་ཡང་ལས་ཀྱི་གཞིས་འཆད་དེ། སྡོམ་པ་མ་ཐོབ་པ་ཐོབ་པར་བྱེད་པའི་ཐབས། ཐོབ་པ་མི་ཉམས་པ་བསྲུང་བའི་ཐབས། ཉམས་ན་ཕྱིར་བཅོས་པའི་ཐབས་རྣམས་ལ་རག་ལས་པའི་ཕྱིར། གཉིས་པ་སོ་སོའི་དོན་དངོས་བཤད་པ་ནི། ཐོག་མར་ངེས་པར་འབྱུང་བའི་ཚུལ་ཁྲིམས་ཀྱི་དབང་དུ་བྱས་ཏེ། ཞེས་པར། སྤྱི་དོན་དང་། གཞུང་དོན་གཉིས། དང་པོ་ལ། བསྡུས་དོན་དང་། དགོངས

དོན་གཉིས། དང་པོ་ནི། གཞུང་འདིས་བསྟན་བཅོས་འདིའི་དགོས་སོགས་ཆོས་བཞི་སྟོན་ཞིང་། བསྟན་བཅོས་འདི་རྩོམ་པའི་ཐོག་མར་དགོས་སོགས་ཆོས་བཞི་བསྟན་པ་ལ་དགོས་པ་ཡང་ཡོད་དེ། འདིའི་གདུལ་བྱ་འདི་ལ་ཐོས་སོགས་ཀྱིས་འཇུག་པའི་ཆེད་ཡིན་པའི་ཕྱིར། འཇུག་ཚུལ་ཡང་ཡོད་དེ། གདུལ་བྱ་དབང་རྣོན་ཁ་ཅིག་འདི་ལ་དགོས་སོགས་ཆོས་བཞི་མེད་པར་འཛིན་པའི་ལོག་རྟོག་བསལ་བའི་སྒོ་ནས་འདི་ལ་ཐོས་སོགས་ཀྱིས་འཇུག །དབང་འབྲིང་ཁ་ཅིག་འདི་ལ་དེ་བཞི་པོ་མེད་དམ་སྙམ་པའི་དོན་མི་འགྱུར་གྱི་ཐེ་ཚོམ་བསལ་ཏེ། དེ་ཡོད་དམ་སྙམ་པའི་དོན་འགྱུར་གྱི་ཐེ་ཚོམ་རང་རྒྱུད་ལ་སྐྱེས་པའི་སྒོ་ནས་འདི་ལ་ཐོས་སོགས་ཀྱིས་འཇུག །དབང་བརྟུལ་ཁ་ཅིག་འདི་ལ་དེ་བཞིར་ཡོད་པར་་གོ་བའི་ཡིད་དཔྱོད་རང་རྒྱུད་ལ་སྐྱེས་པའི་སྒོ་ནས་འདི་ལ་ཐོས་སོགས་ཀྱིས་འཇུག་རིགས་པའི་ཕྱིར་ཏེ། རྒྱ་ཆེར་འགྲེལ་ལས། འདི་ལྟར་རྟོགས་པ་སྔོན་དུ་གཏོང་བ་དག་ནི་འགྲེལ་པ་མེད་པ་དང་། བརྗོད་པར་བྱ་བ་མེད་པ་དང་། དགོས་པ་མེད་པའི་ཚིག་ཀྱང་ཁས་ལེན་པར་མི་བྱེད་ན། གཞན་བསྟན་བཅོས་ལ་སོགས་པ་ལྟ་སྨོས་ཀྱང་ཅི་དགོས། དེ་བས་ན་འདུལ་བའི་མདོ་ལ་བརྗོད་པར་བྱ་བ་མེད་པར་དོགས་པ་བསལ་བའི་ཕྱིར་བརྗོད་པར་བྱ་བ་བཤད་དོ། །འབྲས་བུ་མེད་པར་དོགས་པ་བཟློག་པའི་ཕྱིར་དགོས་པ་བསྟན་ཏོ། །ཐབས་མེད་པར་དོགས་པ་སྤང་བའི་ཕྱིར་

འགྲེལ་པ་བཤད་དོ། །མངོན་པར་འདོད་པའི་དོན་འགྲུབ་པའི་ཕྱིར་དགོས་པའི་ཡང་དགོས་པ་བསྟན་ཏོ། །ཞེས་གསུངས་པའི་ཕྱིར། འདིའི་ཚིག་ཟུར་གྱི་འདི་ལྟར་རྟོགས་པ་སྟོན་དུ་གཏོང་བ་དག་ནི། ཞེས་པས། བློ་གྲོས་ཀྱི་རྟོགས་པ་དང་ལྡན་པའི་སྐྱེས་བུ་དམ་པ་དེ་བསྟན། དེ་མན་སླི། གཉིས་པ་ལ། དགོས་འབྲེལ་ངག་གི་དགོས་སོགས་ཆོས་བཞི་བཤད་པ་དང་། བསྟན་བཅོས་ངག་གི་དགོས་སོགས་ཆོས་བཞི་བཤད་པ་གཉིས། དང་པོ་ནི། བསྟན་བཅོས་འདིའི་དགོས་སོགས་ཆོས་བཞི་པོ་འདི་དགོས་འབྲེལ་ངག་འདིའི་བརྗོད་བྱ་ཡིན། ངག་འདི་ལ་བརྟེན་ནས་བསྟན་བཅོས་འདི་ལ། ཐོས་སོགས་(༥ན)ཀྱིས་བཞུགས་པ་ལ་བརྟེན་ནས་འདི་ལ་དགོས་སོགས་ཆོས་བཞི་ཡོད་པར་རྟོགས་པའི་ཚད་མ་འདིའི་གནས་སྐབས་ཀྱི་དགོས་པ་ཡིན། དགོས་འབྲེལ་ངག་འདི་ལ་བརྟེན་ནས་བསྟན་བཅོས་འདི་ལ་ཐོས་སོགས་ཀྱིས་ཞུགས་པ་ལ་བརྟེན་ནས་ཐོབ་པའི་སངས་རྒྱས་ཀྱི་སའི་ལྷག་མེད་མྱང་འདས་དེ་འདིའི་ཉིང་དགོས་ཡིན། འདིའི་ཉིང་དགོས་འདིའི་གནས་སྐབས་ཀྱི་དགོས་པ་ལ་འབྲེལ། དེ་ངག་འདི་ལ་འབྲེལ་བའི་འབྲེལ་པ་དེ། འདིའི་དགོས་སོགས་ཆོས་བཞིའི་ནང་ཚན་དུ་གྱུར་པའི་འབྲེལ་པ་ཡིན། དེས་ན་འདིའི་ཉིང་དགོས་ཡིན་ན་མཐར་ཐུག་གི་ཡོན་ཏན་ཡིན་དགོས་ཏེ། དེ་ཡིན་ན་འདིའི་དགོས་པ་མཐར་ཐུག་ཡིན་དགོས་པའི་ཕྱིར། ༈ གཉིས་པ་ལ། དངོས་དང་། གཞུང་

གི་བསྟན་ཚུལ། བརྗོད་བྱ་ཚུལ་ཁྲིམས་བྱེ་བྲག་ཏུ་བཤད་པ་གསུམ། དང་པོ་ནི། དགེ་སློང་གི་ཚུལ་ཁྲིམས་ཐོབ་བྱེད་ཀྱི་ཐབས་ཉམས་ལེན་དང་བཅས་པ་དེ་འདིའི་བརྗོད་བྱ་ཡིན་ཏེ། ཊཱིཀཱ་ལས། འདིར་བརྗོད་པར་བྱ་བ་ནི་ཆོས་འདི་པ་དག་གི་ཚུལ་ཁྲིམས་སོ། ཞེས་གསུངས་པའི་ཕྱིར། ལུང་འདིའི་ཚིག་ཟུར་གྱི་འདི་པ་དག་གི་ཚུལ་ཁྲིམས་སོ། ཞེས་པ་དགེ་སློང་གི་ཚུལ་ཁྲིམས་ཀྱིས་མཚོན་པའི་ངེས་འབྱུང་གི་ཚུལ་ཁྲིམས་རྣམས་ནང་པའི་རྒྱུད་ལ་ཡོད་ཅིང་། ཕྱི་རོལ་པའི་རྒྱུད་ལ་མེད་ཅེས་བསྟན། འདི་ལ་བརྟེན་ནས་འདིའི་བརྗོད་བྱ་བདེ་བླག་ཏུ་རྟོགས་པའི་ཚད་མ་དེ་འདིའི་གནས་སྐབས་ཀྱི་དགོས་པ་ཡིན་ཏེ། དེ་ཉིད་ལས། དགོས་པ་འདི་ནི་བཅོམ་ལྡན་འདས་ཀྱིས་ཚུལ་ཁྲིམས་བསྟན་པས་ཏེ། ཞེས་གསུངས་པའི་ཕྱིར། དེ་ལ་བརྟེན་ནས་ཐོབ་པའི་སངས་རྒྱས་སའི་ལྷག་མེད་མྱང་འདས་དེ་དེའི་ཉིང་དགོས་ཡིན་ཏེ། དེ་ཉིད་ལས། དགོས་པའི་དགོས་པ་ནི་འདིའི་ངེས་པར་འབྱུང་བའི་མྱང་ངན་ལས་འདས་པའོ། །ཞེས་གསུངས་པའི་ཕྱིར། འདིའི་ཉིང་དགོས་འདིའི་གནས་སྐབས་ཀྱི་དགོས་པ་ལ་འབྲེལ། དེ་བསྟན་བཅོས་འདི་ལ་འབྲེལ་བའི་འབྲེལ་པ་དེ་འདིའི་དགོས་སོགས་ཆོས་བཞིའི་ནང་ཚན་དུ་གྱུར་པའི་འབྲེལ་པ་ཡིན། འདི་ལ་བརྟེན་ནས་ཐོབ་པའི་དགྲ་བཅོམ་པའི་རྒྱུད་ཀྱི་མཁྱེན་པ་དེ་འདིའི་ཉིང་དགོས་མ་ཡིན་ཏེ། དེ་མཐར་ཐུག་གི་ཡོན་ཏན་མ་ཡིན་པའི་ཕྱིར། ཁྱབ་སྟེ། ངེས་པར་འབྱུང་

བའི་ཚུལ་ཁྲིམས་ཀྱི་དབང་དུ་བྱས་ཏེ་ཞེས་པའི་ཚིག་ཟུར་གྱི་ངེས་པར་འབྱུང་བ་དེ་ངེས་པར་གནོན་མི་ཟ་བར་ཐོབ་པར་བྱེད་པ་མཐར་ཐུག་ལ་འདུག་པའི་ཕྱིར་ཏེ། དེ་ཉིད་ལས། ཅིའི་ཕྱིར་ཟག་པ་མེད་པའི་ལམ་མི་བཟུང་ཞེ་ན་དེ་ནི་གཙོ་བོ་མ་ཡིན་པའི་ཕྱིར། ཞེས་གསུངས་པའི་ཕྱིར། ཁོ་ན་རེ། དོན་གང་གི་ཕྱིར་རབ་ཏུ་འབྱུང་བ་དང་བསྙེན་པར་རྫོགས་པའི་དགེ་སློང་གི་ཚུལ་ཁྲིམས་ཞེས་པ་དང་འགལ་ལོ། །ཞེ་ན་མི་འགལ་ཏེ། དེས་འདིའི་གནས་སྐབས་ཀྱི་དགོས་པར་གྱུར་པའི་དགེ་སློང་གི་ཚུལ་ཁྲིམས་ཡོད་པར་བསྟན་པའི་ཕྱིར། དེས་ན་འདི་ལ་བརྟེན་ནས་ཐོབ་པའི་སངས་རྒྱས་ཀྱི་ སའི་ལྷག་མེད་མྱང་འདས་ཀྱི་ཐོབ་པ་དེ་འདིའི་ཉིང་དགོས་ཡིན་ཏེ། དེ་འདིའི་གནས་སྐབས་ཀྱི་དགོས་པར་འགྱུར་པའི་མངོན་པར་རྟོགས་པ་ལ་འབྲེལ། དེ་བསྟན་བཅོས་འདི་ལ་འབྲེལ་བའི་འབྲེལ་པ་དེ་འདིའི་དགོས་སོགས་ཆོས་བཞིའི་ནང་ཚན་དུ་གྱུར་པའི་འབྲེལ་པ་ཡིན་པའི་ཕྱིར་ཏེ། འདིའི་འབྲེལ་པར་གྱུར་པའི་དེ་བྱུང་གི་འབྲེལ་པ་ཡོད་པའི་ཕྱིར་ཏེ། དེ་ཉིད་ལས། འདུལ་བའི་མདོ་ལས། དགོས་པ་དང་། ཐབས་དང་ཐབས་ལས་བྱུང་བའི་མཚན་ཉིད་ཀྱི་འབྲེལ་པ་རྒྱུ་དང་འབྲས་བུའི་མཚན་ཉིད་ཅེས་བྱ་བའི་ཐ་ཚིག་གོ །ཞེས་གསུངས་པའི་ཕྱིར། དེས་ན་ལྷག་མེད་མྱང་འདས་འདུས་མ་བྱས་ཡིན་ཀྱང་། དེའི་ཐོབ་པ་འདུས་བྱས་ཡིན་ཏེ། ཐོབ་པ་དང་། མ་ཐོབ་པ་ (༤བ)སྐལ་མཉམ་

རྣམས་ལྡན་མིན་འདུ་བྱེད་དུ་མཛོད་ལས་བཤད་པའི་ཕྱིར་ཏེ། མཛོད་ལས། མི་ལྡན་པ་ཡི་འདུ་བྱེད་རྣམས། །ཐོབ་དང་མ་ཐོབ་སྐལ་མཉམ་དང་། །ཞེས་གསུངས་པའི་ཕྱིར། དེས་ན་འདུས་མ་བྱས་ལ་ནམ་མཁའ་དང་འགོག་བདེན་གཉིས་སུ་ཡོད་དེ། དེ་ཉིད་ལས། འདུས་མ་བྱས་རྣམས་གསུམ་ཡང་སྟེ། །ནམ་མཁའ་དང་ནི་འགོག་པ་གཉིས། །ཞེས་གསུངས་པའི་ཕྱིར། འགོག་བདེན་འབྲས་བུ་ཡིན་ཏེ། འབྲས་བུ་ལ་འདུས་བྱས་དང་བྲལ་འབྲས་གཉིས་སུ་ཡོད་པར་མཛོད་ལས་བཤད་པའི་ཕྱིར་ཏེ། དེ་ཉིད་ལས། འདུས་བྱས་བྲལ་བཅས་འབྲས་བུ་ཡིན། །ཞེས་གསུངས་པའི་ཕྱིར། འགོག་བདེན་རྫས་གྲུབ་ཡིན་ཏེ། འདོད་པའི་སས་བསྡུས་ཀྱི་སྡུག་བསྔལ་མཐོང་སྤངས་ཉོན་མོངས་སྤང་པའི་འགོག་བདེན་ནས། ཁམས་གོང་མའི་སས་བསྡུས་ཀྱི་ལམ་མཐོང་སྤངས་ཉོན་མོངས་སྤང་པའི་འགོག་བདེན་རྣམས་རྫས་ཐ་དད་ཡིན་པའི་ཕྱིར་ཏེ། དེ་ཉིད་ལས། །བྲལ་བའོ་སོ་སོ་སོ་སོ་ཡིན། །ཞེས་གསུངས་པའི་ཕྱིར། འགོག་བདེན་གྱི་རྒྱུ་ཡོད་ཀྱང་དེའི་སྐྱེད་བྱེད་ཀྱི་རྒྱུ་མེད་དེ། དེ་འདུས་མ་བྱས་ཡིན་པའི་ཕྱིར། ཁྱབ་སྟེ། མཛོད་ལས། འདུས་མ་བྱས་ལ་དེ་དག་མེད། །ཞེས་གསུངས་པའི་ཕྱིར། འགོག་བདེན་རྒྱུད་ལ་ལྡན་པའི་སྐྱེས་བུ་ནི་མེད་དེ། སྐྱེས་བུའི་རྒྱུད་ཀྱི་བསྡུས་ན་འདུས་བྱས་ཡིན་པས་ཁྱབ་པ་མཛོད་ལས་བཤད་པའི་ཕྱིར་ཏེ། དེ་ལས་ཐོབ་བྱའི་ཆོས་སྐྱེས་བུའི་རྒྱུད་ཀྱིས་

བསྡུས་པར་བཤད་ཀྱང་། འགོག་བདེན་གྱིས་ཐོབ་པའི་ཐོབ་བྱའི་ཆོས་སྐྱེས་བུའི་རྒྱུད་ཀྱིས་མ་བསྡུས་པར་དམིགས་ཀྱིས་བཀར་ནས་བཤད་པའི་ཕྱིར་ཏེ། དེ་ཉིད་ལས། ཐོབ་དང་མ་ཐོབ་རང་རྒྱུད་དུ། །གཏོགས་པ་རྣམས་ཀྱིའོ་འགོག་གཉིས་ཀྱིས། །ཞེས་གསུངས་པའི་ཕྱིར། ལྷག་མེད་མྱང་འདས་ཐོབ་པའི་སྐྱེས་བུ་ནི་མེད་དེ། དེ་མངོན་དུ་བྱེད་ཁ་མའི་གང་ཟག་དེས། དེ་མངོན་དུ་བྱས་པ་དང་ཐེམ་རིག་རྒྱུན་ཆད་པའི་ཕྱིར་ཏེ། མཛོད་ལས། མར་མེ་འཆི་བར་གྱུར་པ་ལྟར།། དེའི་ཡིད་ཀྱང་ངེས་པར་མཐར། །ཞེས་གསུངས་པའི་ཕྱིར། དེ་ལ་ཁོ་ན་རེ། དེ་ཐོབ་པའི་གང་ཟག་ཡོད་པར་ཐལ། དེ་ཐོབ་པའི་འཕགས་པ་ཡོད་པའི་ཕྱིར་ཏེ། དེའི་ཐོབ་པ་འཕགས་པ་ཡིན་པའི་ཕྱིར་ཏེ། འགོག་བདེན་གྱི་ཐོབ་པ་འཕགས་པ་ཡིན་པའི་ཕྱིར་ཏེ། ལམ་བདེན་གྱི་ཐོབ་པ་འཕགས་པ་ཡིན་པའི་ཕྱིར་ཏེ། དེ་མ་ཐོབ་པ་སོ་སྐྱེ་ཡིན་པའི་ཕྱིར་ན་མ་ཁྱབ། རྟགས་གྲུབ་སྟེ། མཛོད་ལས། ལམ་མ་ཐོབ་པ་སོ་སོ་ཡི། །སྐྱེ་བོར་འདོད། །ཞེས་གསུངས་པའི་ཕྱིར། ཁོ་ན་རེ། འདིར་ངེས་འབྱུང་གི་ཚུལ་ཁྲིམས་སྟོན་ན། འདིར་དེ་བསྟན་པ་དང་། གཞི་ལས་དེ་བསྟན་པ་ལ་མི་འདྲ་བའི་དགོས་པ་ཡོད་དམ། ཞེ་ན། དེ་གཉིས་ལ་དེ་ཡོད་དེ། འདིར་དེ་བསྟན་པ་ནི་གཞི་ལ་བརྟེན་ནས་བརྗོད་བྱའི་དོན་འགའ་ཞིག་རྟོགས་ནུས་པའི་དགོས་པ། གཞིའི་བརྗོད་བྱ་འགའ་ཞིག་ལ་ལོག་པར་རྟོག་པ་བསལ་བའི་སྒོ་ནས་ཚིག་གི་སྦྲོས་པ་

མདོར་བསྡུས་ལ་དགའ་བའི་གདུལ་བྱ་རྗེས་སུ་བཟུང་བའི་དགོས་པ་རྣམས་སུ་ཡོད་པའི་ཕྱིར་ཏེ། ཊཱི་ཀཱ་ལས། གཞུང་རྒྱས་པ་ཉན་པ་འཇིགས་པ་རྣམས་ཀྱི་དོན་དང་རྣམ་པར་འབྱེད་པ་ལ་སོགས་པ་དེ་དག་ཉིད་ཡང་དག་པར་བསྟན་པའི་ཕྱིར་ཏེ། ལོག་པར་རྟོག་པ་བསལ་བའི་དོན་དུ་སློབ་དཔོན་གྱིས་འདི་བརྩམས་སོ། །ཞེས་གསུངས་པའི་ཕྱིར། གཉིས་པ་ནི། གཞུང་འདིས་འདིའི་བརྗོད་བྱ་དང་ཉིང་དགོས་དངོས་སུ་བསྟན་ནས། འབྲེལ་པ་དང་། གནས་སྐབས་ཀྱི་དགོས་པ་ཤུགས་ལ་བསྟན་ཏེ། དེ་ཉིད་ལས། ཁ་ཅིག་ཏུ་ནི་དངོས་སུ་བསྟན། ཁ་ཅིག་ཏུ་ནི་བརྒྱུད་པས་སོ། །ཞེས་གསུངས་པའི་ཕྱིར། དེ་ཡང་ངེས་པར་འབྱུང་བ་ཞེས་པས་ཉིང་དགོས་དང་། ཚུལ་ཁྲིམས་དང་། ཞེས་པས་བརྗོད་བྱ་བསྟན་ཏེ། དེ་ཉིད་ལས། ངེས་པར་འབྱུང་བ་དང་ཚུལ་ཁྲིམས་ཀྱིས་ནི་བརྗོད་པར་བྱ་བ་དང་ཉིང་དགོས་བསྟན་ཏེ་ཞེས་དམ་བཅའོ། །ཞེས་གསུངས་པའི་ཕྱིར།

༄། བརྗོད་བྱ་ཚུལ་ཁྲིམས་བྱེ་བྲག་ཏུ་བཤད་པ།

གསུམ་པ་བརྗོད་བྱ་ཚུལ་ཁྲིམས་བྱེ་བྲག་ཏུ་བཤད་པ་ལ། སྡོམ་པའི་རྣམ་གཞག་བཤད་པ་དང་། མ་བསྲུང་བའི་ཉེས་དམིགས། བསྲུང་(༧ན)པའི་ཕན་ཡོན། སྡོམ་པའི་གཏོང་རྒྱུ་བཤད་པ་དང་བཞི། དང་པོ་ལ་དབྱེ་བ། བསྡུ་བ། མཚན་ཉིད། རྒྱུ་རྐྱེན་འབྲས་བུ་གསུམ་ལ་དཔྱད་པ་

དང་བཞི། དང་པོ་ནི། སྡོམ་པ་ཐོབ་བྱེད་ཀྱི་ཐབས་དང་བསྲུང་ཚུལ་འོག་ནས་འཆད། འདིར་བྱང་སེམས་ཀྱི་ཚུལ་ཁྲིམས་ཁས་ལེན་ཀྱང་དེའི་སྡོམ་པ་ཁས་མི་ལེན་ཏེ། འདིར་སྡོམ་པ་ལ་སྨྲས་བརྗོད་རིགས་ཀྱི་སྒོ་ནས་དབྱེ་ན། སོ་ཐར་གྱི་སྡོམ་པ། བསམ་གཏན་གྱི་སྡོམ་པ། ཟག་མེད་ཀྱི་སྡོམ་པ་གསུམ་དུ་བཤད་པའི་ཕྱིར་ཏེ། མཛོད་ལས། །སྡོམ་པ་སོ་སོར་ཐར་ཅེས་བྱ། །དེ་ནི་ཟག་མེད་བསམ་གཏན་སྐྱེས། །ཞེས་གསུངས་པའི་ཕྱིར། དེས་ན་བསམ་གཏན་གྱི་དངོས་གཞི་དག་པ་པ་ལ་བརྟེན་ནས་འཆལ་ཚུལ་ཀུན་ནས་སློང་བའི་ཀུན་སློང་འགོག་པའི་ས་དེའི་སེམས་དཔའ་དེ། བསམ་གཏན་གྱི་སྡོམ་པའི་མཚན་ཉིད་ཡིན། ཟག་མེད་ཀྱི་དངོས་གཞི་ལ་བརྟེན་ནས་འཆལ་ཚུལ་ཀུན་ནས་སློང་བའི་ཀུན་སློང་འགོག་པའི་སེམས་པ་དེ། ཟག་མེད་ཀྱི་སྡོམ་པའི་མཚན་ཉིད་ཡིན། དེ་གཉིས་གང་རུང་ཡིན་ན་གཟུགས་ཅན་ཡིན་མི་དགོས་ཏེ། གཟུགས་མེད་ཀྱི་སྐྱེ་བུའི་རྒྱུད་ལ་དེ་གཉིས་ཀ་ཡོད་པའི་ཕྱིར། དེ་ལྟར་མ་ཡིན་ན། དེ་གཟུགས་ཁམས་པའི་སྐྱེ་བུའི་རྒྱུད་ལ་མེད་དགོས་པའི་ཕྱིར་ཏེ། དེ་གཉིས་གང་རུང་ཡིན་ན་སྡོམ་པ་མ་ཡིན་དགོས་པའི་ཕྱིར་ཏེ། སྡོམ་པ་ཡིན་ན་སོ་ཐར་གྱི་སྡོམ་པ་ཡིན་དགོས་པའི་ཕྱིར། དེ་ལ་དབྱེ་ན། དགེ་སློང་། དགེ་ཚུལ། དགེ་བསྙེན་རྣམས་ལ་ཕ་མ་གཉིས་གཉིས་ཀྱི་སྡོམ་པ། དགེ་སློབ་མའི་སྡོམ་པ། བསྙེན་གནས་ཀྱི་སྡོམ་པ་རྣམས་སུ་ཡོད་པའི་ཕྱིར་ཏེ། མཛོད་ལས། སོ་སོ་

ཐར་ཅེས་བྱ་རྣམས་བརྒྱད། །ཞེས་གསུངས་པའི་ཕྱིར། ཁོ་ན་རེ། གཞན་གསུམ་པོ་དེ་ལ་ཡ་མ་གཉིས་གཉིས་འབྱེད། བསྙེན་གནས་ལ་དེ་ལྟར་མི་འབྱེད་པའི་རྒྱུ་མཚན་གང་ཞེ་ན། ཁ་ཅིག་དེ་ཡོད་དེ། བསྙེན་གནས་ཀྱི་སྡོམ་པ་སྐྱེ་བའི་རྟེན་ལ་ཡ་མ་གཉིས་སུ་མ་ངེས་པའི་ཕྱིར་ཏེ། མ་ནིང་གི་རྟེན་ལ་དེ་གསར་དུ་སྐྱེ་བ་ཡོད་ཞེ་ན། རྟགས་མ་གྲུབ་སྟེ། དེའི་རྟེན་ལ་སོ་ཐར་གྱི་སྡོམ་པ་གསར་དུ་སྐྱེ་བ་མེད་པའི་ཕྱིར་ཏེ། འདུལ་བ་རྒྱ་མཚོའི་སྙིང་པོ་ལས། མ་ནིང་མཚན་གཉིས་སོགས་ལ་མེད། ཅེས་གསུངས་པའི་ཕྱིར། རང་ལུགས་ལ། དེའི་རྒྱུ་མཚན་ཡོད་དེ། བསྙེན་གནས་ཀྱི་སྡོམ་པ་དེ་སྡོམ་པ་གཞན་རྣམས་ལས་རྒྱུན་ཐུང་བའི་རྒྱུ་མཚན་གྱིས་ཡིན་པའི་ཕྱིར། ཁ་ཅིག །དགེ་སློབ་མའི་སྡོམ་པ་དེ་སོ་ཐར་རིགས་བརྒྱད་ཀྱི་ནང་ཚན་མ་ཡིན་ཏེ། དེ་སྤོང་བདུན་འཁོར་བཅས་ཀྱི་སྡོམ་པ་ཡང་མིན། སྤོང་བཞི་འཁོར་བཅས་ཀྱི་སྡོམ་པ་ཡང་མ་ཡིན་པའི་ཕྱིར་ན་མ་ཁྱབ། དེའི་ལུགས་ལ་ཚངས་སྤྱོད་ཉེར་གནས་ཀྱི་ཚུལ་ཁྲིམས་དེའི་ནང་ཚན་ཡིན་ཟེར་བ་མི་འཐད་དེ། དེའི་དོན་སྐལ་གྱི་སྤང་བྱ་གང་ནས་ཀྱང་མ་བཤད་པའི་ཕྱིར། དེས་ན་དགེ་སློབ་མའི་སྡོམ་པ་དེའི་ནང་ཚན་ཡིན་ཏེ། འདི་ཉིད་ལས། བུད་མེད་ལ་ནི་དགེ་སློབ་མ་ཞེས་བྱ་བའི་ཚིག་གཞན་ཡང་ཡོད་དོ། །ཞེས་གསུངས་པའི་ཕྱིར་དང་། གཞན་ཡང་། དེའི་རིགས་བརྒྱད་འདྲེན་པ་ན། ཀུན་བཏུས་ལས། སོ་སོ་ཐར་པའི་སྡོམ་པས་བསྡུས་པའི་

ལས་གང་ཞེ་ན། དགེ་སློང་གི་སྡོམ་པ་དང་། དགེ་སློང་མའི་སྡོམ་པ་དང་། དགེ་སློབ་མའི་སྡོམ་པ་དང་། ཞེས་གསུངས་པའི་ཕྱིར་དང་། འདུལ་བ་རྒྱ་མཚོའི་སྙིང་པོ་ལས། དགེ་སློང་ཕ་མ་དགེ་སློབ་མ། །ཞེས་གསུངས་པའི་ཕྱིར། གཉིས་པ་བསྡུ་བ་ནི། སོ་ཐར་རིགས་བརྒྱད་པོ་འདི་བསྡུ་ན། བསྙེན་གནས་ཀྱི་སྡོམ་པ། དགེ་བསྙེན་གྱི་སྡོམ་པ། དགེ་ཚུལ་གྱི་སྡོམ་པ། དགེ་སློང་གི་སྡོམ་པ་དང་བཞིར་འདུ་སྟེ། དགེ་སློབ་མའི་སྡོམ་པ་དགེ་ཚུལ་གྱི་སྡོམ་པར་འདུ་བའི་ཕྱིར་ཏེ། དེ་མཚན་གྱུར་པ་ན་དགེ་ཚུལ་ཕར་འགྱུར་བའི་ཕྱིར། འོ་ན་དགེ་སློང་ཕའི་སྡོམ་པ་དེ་མའི་སྡོམ་པར་འདུ་བ་དང་། དགེ་སློང་མའི་སྡོམ་པ་དེ་དགེ་སློང་ཕའི་སྡོམ་(༧བ)པར་འདུ་བར་ཐལ། དགེ་སློང་མ་མཚན་གྱུར་པ་ན་དེ་ཕར་འགྱུར། དགེ་སློང་ཕ་ཚན་གྱུར་པ་ན་དེ་མར་འགྱུར་བའི་ཕྱིར་ཞེ་ན་མི་མཚུངས་ཏེ། དགེ་ཚུལ་མའི་སྡོམ་པའི་སྟེང་དུ་རྩ་བའི་ཆོས་དྲུག་དང་། རྗེས་མཐུན་གྱི་ཆོས་དྲུག་ཁས་བླངས་པ་ཙམ་གྱིས་དགེ་སློབ་མར་འགྱུར། དགེ་སློང་ཕ་མ་གཉིས་ཀྱི་སྡོམ་པ་གསོལ་བཞིའི་ཆོ་ག་ལ་བརྟེན་ནས་ལེན་དགོས་པའི་ཕྱིར། དེས་ན་དགེ་སློབ་མའི་སྡོམ་པ་དང་འགལ་བའི་རྩ་ལྟུང་ཕམ་འདྲ་མ་ཡིན་ཏེ། དགེ་ཚུལ་གྱི་རྩ་ལྟུང་མ་ཡིན་པའི་ཕྱིར་ཏེ། ཕམ་པ་མ་ཡིན་ཏེ། དགེ་སློང་གི་རྩ་ལྟུང་མ་ཡིན་པའི་ཕྱིར། གསུམ་པ་མཚན་ཉིད་ལ། ཁ་ཅིག་འདོད་པའི་སེམས་བསྡུས་ཀྱི་ཚུལ་ཁྲིམས་སོ་ཐར་གྱི་སྡོམ་པའི་མཚན་ཉིད་ཟེར་ན་མི་

འཐད་དེ། འདོད་པའི་སས་བསྡུས་ཀྱི་ལེགས་སྨོན་གྱི་ཚུལ་ཁྲིམས་དང་། འཇིགས་སྐྱོབས་ཀྱི་ཚུལ་ཁྲིམས་ཡོད་པའི་ཕྱིར། ཁ་ཅིག་འདོད་པའི་སས་བསྡུས་ཀྱི་ངེས་འབྱུང་གི་ཚུལ་ཁྲིམས་དེའི་མཚན་ཉིད་ཟེར་ན་མི་འཐད་དེ། ངེས་འབྱུང་གི་ཚུལ་ཁྲིམས་སུ་གྱུར་པའི། བར་མའི་ཚུལ་ཁྲིམས་ཡོད་པའི་ཕྱིར་ཏེ། ངེས་འབྱུང་གི་བསམ་པས་ཟིན་པའི་དེ་ཡོད་པའི་ཕྱིར། ཁ་ཅིག དེ་ཡིན་ན་རྣམ་པར་རིག་བྱེད་མ་ཡིན་པའི་གཟུགས་ཡིན་པས་ཁྱབ་ཟེར་ན་མི་འཐད་དེ། རྣམ་པར་རིག་བྱེད་ཀྱི་གཟུགས་སུ་གྱུར་པའི་སོ་ཐར་གྱི་སྡོམ་པ་ཡོད་པའི་ཕྱིར་ཏེ། མཛོད་ལས། །དང་པོའི་རྣམ་རིག་རྣམ་རིག་མིན། །ཞེས་དང་། འཆལ་བའི་ཚུལ་ཁྲིམས་མི་དགེའི་གཟུགས། །དེ་སྤོང་ཚུལ་ཁྲིམས་རྣམ་གཉིས་སོ། །ཞེས་གསུངས་པའི་ཕྱིར། ཁ་ཅིག །སྤང་བྱ་ལྔ་སྤོང་བའི་རབ་ཏུ་ཕྱེ་བའི་སྡོམ་པ། དགེ་བསྙེན་གྱི་སྡོམ་པའི་མཚན་ཉིད་ཟེར་ན། དགེ་བསྙེན་ཡིན་ན། དེ་སྤོང་བའི་རབ་ཏུ་ཕྱེ་བའི་སྐྱེས་བུ་ཡིན་དགོས་པར་ཐལ། དམ་བཅའ་དེའི་ཕྱིར། འདོད་ན། ཉན་ཐོས་ཀྱི་ཚོགས་ལམ་པར་གྱུར་པའི་དགེ་བསྙེན་དེ་ཆོས་ཅན། དེར་ཐལ་དེའི་ཕྱིར། འདོད་མི་ནུས་ཏེ། མཐོང་སྤངས་བརྒྱད་བཅུ་རྩ་དགུ་སྤོང་བའི་ཕྱིར། དེ་ལ་བརྟེན་ནས་སྤང་བྱ་བཅུ་སྤོང་བའི་རབ་ཏུ་ཕྱེ་བའི་སྡོམ་པ་དེ་དགེ་ཚུལ་གྱི་སྡོམ་པའི་མཚན་ཉིད་ཟེར་བ་ལ་ཡང་སྐྱོན་རིགས་འདྲེའོ། །རང་ལུགས་ལ། འདོད་པའི་སས་བསྡུས་ཀྱི་ངེས་འབྱུང་གི་ཚུལ་ཁྲིམས་གང་ཞིག བར་

མའི་ཚུལ་ཁྲིམས་ལས་མཆོག་ཏུ་གྱུར་པ་དེ། སོ་ཐར་གྱི་སྡོམ་པའི་མཚན་ཉིད་ཡིན། དེའི་མཚན་ཉིད་ཀྱི་ཟུར་དུ་འདོད་པའི་སས་བསྡུས་སློས་པས། བསམ་གཏན་དང་ཟག་མེད་ཀྱི་སྡོམ་པ་དེ་ཡིན་པར་གཙོད། ངེས་འབྱུང་གི་ཚུལ་ཁྲིམས་སློས་པས། ལེགས་སྨོན་གྱི་ཚུལ་ཁྲིམས་དང་འཇིགས་སྐྱོབས་ཀྱི་ཚུལ་ཁྲིམས་དེ་ཡིན་པར་གཙོད། མདོ་སྡེ་པ་ནི་སོ་ཐར་གྱི་ཚུལ་ཁྲིམས་སྲུང་བའི་སེམས་པར་འདོད་ཀྱང་། འདིར་དེ་ལ་རྣམ་པར་རིག་བྱེད་ཀྱི་གཟུགས་དང་། དེ་མ་ཡིན་པའི་གཟུགས་གཉིས་ཡོད་པར་སྟར་བཤད་པ་ལྟར་ཡིན། སེམས་ཙམ་པ་ཡན། དེ་གང་དུ་ན་དཔྱད་མི་རིགས་ཏེ། དེ་ཡན་གྱིས་གྲུབ་མཐའ་ཁས་ལེན་མི་རིགས་པའི་ཕྱིར་ཏེ། ཐེག་ཆེན་གྱི་མདོ་དང་ཡུམ་གྱི་མདོ་ཁས་ལེན་མི་རིགས་པའི་ཕྱིར། མདོ་སྡེ་པ་ནི་སྦྱིན་སོགས་ཆོས་བཅུ་པོའི་ནང་ཚན་གྱིས་ཚུལ་ཁྲིམས་ཞེས་པར་འདོད་ལ། འདིར་དེ་ཡང་གཟུགས་ཅན་དུ་འདོད་དོ། །ཁོ་ན་རེ། ཕྱི་རོལ་པའི་རྒྱུད་ལ་སོ་ཐར་གྱི་སྡོམ་པ་ཡོད་པར་ཐལ། རྟེན་དེ་ལ་ཕྱི་རོལ་པའི་གྲུབ་མཐའ་ལ་འཇུག་པའི་སོ་ཐར་གྱི་སྡོམ་ལྡན་ཡོད་པའི་ཕྱིར། དེ་འདྲའི་ངེས་འབྱུང་གི་ཚུལ་ཁྲིམས་རྒྱུད་ལྡན་ཡོད་པའི་ཕྱིར་ཏེ། དེ་འདྲའི་ལེགས་སྨོན་གྱི་དེ་དང་། འཇིགས་སྐྱོབས་ཀྱི་ཚུལ་ཁྲིམས་རྒྱུད་ལྡན་ཡོད་པའི་ཕྱིར་ན་མ་ཁྱབ། འོ་ན་ཕྱི་རོལ་པའི་རྒྱུད་ལ་དགེ་སློང་གི་སྡོམ་པ་ཡོད་པར་ཐལ། རྟེན་དེ་ལ་ཕྱི་རོལ་པའི་གྲུབ་མཐའ་ལ་འཇུག་པའི་དགེ་སློང་ཡོད་པའི་

ཕྱིར་ཏེ། དེ་འདྲའི་(༢༤)སོ་ཐར་གྱི་སྡོམ་པ་ཡོད་པའི་ཕྱིར། རྟགས་ཁས་འདོད་མི་ནུས་སོ། །སོ་སོའི་ངོ་བོ་ནི། སོ་ཐར་རིགས་བརྒྱད་པོ་གང་རུང་གང་ཞིག རང་གི་ངོས་སྐལ་གྱི་སྤང་བྱ་ལྔ་པོ་ཙམ་རང་གི་ངོས་སྐལ་གྱི་སྤང་བྱར་བྱས་ནས་སྤོང་བའི་རིགས་ཅན་དེ། དགེ་བསྙེན་གྱི་སྡོམ་པའི་མཚན་ཉིད་ཡིན། དེ་གང་རུང་གང་ཞིག རང་གི་ངོས་སྐལ་གྱི་སྤང་བྱ་བརྒྱད་པོ་རང་གི་ངོས་སྐལ་གྱི་སྤང་བྱར་བྱས་ནས་སྤོང་བའི་རིགས་ཅན་གྱི་སྡོམ་པ་དེ། བསྙེན་གནས་ཀྱི་སྡོམ་པའི་མཚན་ཉིད་ཡིན། དེ་གང་རུང་གང་ཞིག རང་གི་ངོས་སྐལ་གྱི་སྤང་བྱ་བཅུ་པོ་རང་གི་ངོས་སྐལ་གྱི་སྤང་བྱར་བྱས་ནས་སྤོང་བའི་རིགས་ཅན་དེ། དགེ་ཚུལ་གྱི་སྡོམ་པའི་མཚན་ཉིད་ཡིན། དེ་བཅུ་པོ་དང་རྗེ་བའི་ཆོས་དྲུག་དང་། རྗེས་མཐུན་གྱི་ཆོས་དྲུག་རང་གི་ངོས་སྐལ་གྱི་སྤང་བྱར་བྱས་ནས་སྤོང་བའི་རིགས་ཅན་དེ། དགེ་སློབ་མའི་སྡོམ་པའི་མཚན་ཉིད་ཡིན། དེ་གང་རུང་གང་ཞིག རང་གི་ལུས་ངག་གི་ཁ་ན་མ་ཐོ་བ་ཐམས་ཅད་རང་གི་ངོས་སྐལ་གྱི་སྤང་བྱར་བྱས་ནས་སྤོང་བའི་རིགས་ཅན་དེ། དགེ་སློང་གི་སྡོམ་པའི་མཚན་ཉིད་ཡིན་ཅིང་། དེ་ལྟར་ཡང་མཛོད་ལས། །སྤང་བྱ་ལྔ་བརྒྱད་བཅུ་དང་ནི། །ཐམས་ཅད་སྤོང་བར་མནོས་པ་ལས། །དགེ་བསྙེན་དང་ནི་བསྙེན་གནས་དང་། །དགེ་ཚུལ་ཆེད་དང་དགེ་སློང་ཉིད། །ཞེས་གསུངས་པའི་ཕྱིར། དེས་ན་ལོག་གཡེམ་སོགས་རྗེ་བ་བཞི་དང་། ཆང་འཐུང་བ་ནི་དགེ་བསྙེན་གྱི་

སྡོམ་པའི་ངོས་སྐལ་གྱི་སྲུང་བྱ་དང་། རྩ་བ་བཞིའི་སྟེང་དུ་ཆང་འཐུང་བ་དང་། གར་སོགས་འཕྲེང་སོགས་གཅིག་ཏུ་འདྲེན་པ། ཕྱི་དྲོའི་ཁ་ཟས། མལ་སྟན་ཆེ་མཐོ་རྣམས་བསྙེན་གནས་ཀྱི་སྡོམ་པའི་ངོས་སྐལ་གྱི་སྲུང་བྱ་དང་། གཞན་རྣམས་སྔར་ལྟར་ལ། གར་སོགས་ཕྲེང་སོགས་སོ་སོར་འདྲེན་པ། རིན་པོ་ཆེ་འཆང་བ་རྣམས་དགེ་ཚུལ་གྱི་སྡོམ་པའི་ངོས་སྐལ་གྱི་སྲུང་བྱ་ཡིན། གར་སོགས་འཕྲེང་སོགས་བསྙེན་གནས་ཀྱི་སྡོམ་པའི་ངོས་སྐལ་གྱི་སྲུང་བྱ་ལ་གཅིག་ལ་འདྲེན། དགེ་ཚུལ་ལ་སོ་སོར་འདྲེན་པའི་རྒྱུ་མཚན་ཡོད་དེ། དེ་ཁྱིམ་པ་ལ་དགག་བྱ་ཆུང་། རབ་བྱུང་ལ་དགག་བྱ་ཆེ་བའི་རྒྱུ་མཚན་གྱིས་ཡིན་པའི་ཕྱིར། རིན་པོ་ཆེ་འཆང་བ་སྡོམ་པ་དང་པོ་གཉིས་ཀྱི་ངོས་སྐལ་གྱི་སྲུང་བྱར་མི་འདྲེན། དགེ་ཚུལ་གྱི་དེར་འདྲེན་པའི་རྒྱུ་མཚན་ཡོད་དེ། དེ་འཆང་བ་གསོག་འཇོག་གི་གཙོ་བོ་ཡིན་པས། ཁྱིམ་པ་ལ་གསོག་འཇོག་དགག་བྱ་ཆུང་ཞིང་། རབ་བྱུང་ལ་དེ་ཆེ་བའི་རྒྱུ་མཚན་གྱི་ཡིན་པའི་ཕྱིར། དགེ་ཚུལ་གྱི་སྲུང་བྱ་མཐའ་དག་བཅུ་པོ་དེར་བསྡུས་ནས་སྟོན་པའི་རྒྱུ་མཚན་ཡོད་དེ། དགེ་ཚུལ་གྱི་བསླབ་བྱ་རྒྱ་ཆེན་པོ་སློབ་མི་ནུས་སྙམ་པའི་ཞུམ་པ་དགག་པའི་ཆེད་ཡིན་པའི་ཕྱིར། རྩ་བ་བཞི་སྲུང་བ་ནི་ཚུལ་ཁྲིམས་ཀྱི་ཡན་ལག་ཡིན་ཏེ། དེ་ལས་ཉམས་ན་ཚུལ་ཁྲིམས་རྣམ་དག་ལས་ཉམས་པར་འགྱུར་བའི་ཕྱིར། ཆང་འཐུང་བ་སྲུང་བ་བག་ཡོད་ཀྱི་ཡན་ལག་ཡིན་ཏེ། དེ་འཐུང་ན་དྲན་པ་ཉམས་

ནས་བག་མེད་དུ་འགྱུར་བའི་ཕྱིར། གར་སོགས་ཁྲེང་སོགས་སྤྱོང་བ་བརྟུལ་ཞུགས་ཀྱི་ཡན་ལག་ཡིན་ཏེ། དེ་བྱས་ན་དྲེགས་པ་སྐྱེས་ཏེ་རབ་བྱུང་གི་སྤྱོད་པ་རྣམ་དག་ལས་ཉམས་པར་འགྱུར་བའི་ཕྱིར། དེ་ལྟར་ཡང་། མཛོད་ལས། །ཚུལ་ཁྲིམས་ཡན་ལག་བག་ཡོད་པའི། །ཡན་ལག་བརྟུལ་ཞུགས་ཡན་ལག་ཏེ། །བཞི་གཅིག་དེ་བཞིན་གསུམ་རིམ་བཞིན།། དེ་ཡི་དྲན་ཉམས་དྲེགས་པར་འགྱུར། །ཞེས་གསུངས་པའི་ཕྱིར། སོ་ཐར་གྱི་སྡོམ་པ་དང་། སོ་སོར་ཐར་པའི་(༢བ)སྡོམ་པ་དོན་གཅིག་ཏེ། སོ་ཐར་གྱི་སྒྲ་བཤད་ལ་གཉིས་ཡོད་པ་ལས། སོ་སོར་ཐར་པའི་སྐད་དོད་དུ། པྲ་ཏི་མོཀྵ་ཞེས་འབྱུང་ཞིང་། པྲ་ཏི་ནི་དང་པོ་དང་སོ་སོ་ལ་འཇུག་ དང་པོའི་དབང་དུ་བྱས་ན་སོ་ཐར་གྱི་སྡོམ་པ་སྐད་གཅིག་དང་པོ་དེ་ལ་སོ་སོར་ཐར་པ་དང་། དང་པོར་ཐར་པ་ཞེས་བརྗོད་དེ། དེ་སྡོམ་མིན་ལས་ཐར་མ་ཐག་པ་ཡིན་པའི་ཕྱིར། གཉིས་པ་ལ་འཇུག་པའི་དབང་དུ་བྱས་ན། སོ་ཐར་གྱི་སྡོམ་པ་མཐའ་དག་ལ་སོ་སོར་ཐར་པ་ཞེས་བརྗོད་རིགས་ཏེ། དེ་རྣམས་བསྲུང་བ་པོ་རྣམས་མྱུར་དུ་འཁོར་བ་ལས་གྲོལ་བར་འགྱུར། མ་བསྲུངས་ན་དེ་ལྟར་མི་འགྱུར་བའི་ཕྱིར། དེས་ན་སོ་ཐར་གྱི་སྡོམ་པ་སྐད་ཅིག་གཉིས་པ་ཕན་ཆད་སོ་སོར་ཐར་པ་ཡིན་ཀྱང་། དང་པོར་ཐར་བ་མ་ཡིན་དགོས་པའི་ཕྱིར། ༈ བཞི་པ་རྒྱུ་རྐྱེན་འབྲས་གསུམ་ཀྱི་རྣམ་གཞག་བཤད་པ་ལ། རྒྱུའི་རྣམ་གཞག་སྤྱིར་བསྟན་པ་དང་། སོ་

ཐར་གྱི་སྨོན་པའི་རྒྱུའི་རྣམ་གཞག་བྱེ་བྲག་ཏུ་བཤད་པ་གཉིས། དང་པོ་ནི་སྤྱིར་རྒྱུ་དེ་ལ་དྲུག་ཡོད་དེ། མཛོད་ལས། བྱེད་རྒྱུ་ལྷན་གཅིག་འབྱུང་བ་དང་། །སྐལ་མཉམ་མཚུངས་པར་ལྡན་པ་དང་། །ཀུན་ཏུ་འགྲོ་དང་རྣམ་སྨིན་ཏེ། །རྒྱུ་ནི་རྣམ་པ་དྲུག་ཏུ་འདོད། །ཞེས་གསུངས་པའི་ཕྱིར། ཁ་ཅིག འདུས་བྱས་དེ་ལས་གཞན་པའི་ཆོས་འདུས་བྱས་དེའི་བྱེད་རྒྱུའི་མཚན་ཉིད་ཡིན་ཟེར་བ་མི་འཐད་དེ། སྐད་ཅིག་མ་གཉིས་རྒྱུ་འབྲས་མ་ཡིན་པའི་ཕྱིར། ཁ་ཅིག དེ་མ་ཐག་རྐྱེན་ཡིན་ན། རང་གི་ཉེ་འབྲས་སུ་གྱུར་པའི་ཤེས་པ་ཡོད་དགོས་ཟེར་བ་མི་འཐད་དེ། འགོག་སྙོམས་དང་འདུ་ཤེས་མེད་པའི་སྙོམས་འཇུག་གང་རུང་ལ་གནས་པའི་སྐྱེས་བུའི་རྒྱུད་ལ་ཤེས་པ་མེད་པ་གང་ཞིག དེ་གང་རུང་མངོན་དུ་བྱེད་ཁ་མའི་སྐྱེས་བུའི་རྒྱུད་ཀྱི་ཤེས་པ་དེ་དེ་མ་ཐག་རྐྱེན་ཡིན་པའི་ཕྱིར། དང་པོ་གྲུབ་སྟེ། འགོག་སྙོམས་དེ་འདུ་ཤེས་མེད་པའི་སྙོམས་འཇུག་བཞིན་དུ་རང་ཉིད་ལ་གནས་པའི་གང་ཟག་གི་རྒྱུད་ལ་སེམས་བྱུང་གི་རྒྱུ་བ་འགོག་བྱེད་ཡིན་པའི་ཕྱིར་ཏེ། མཛོད་ལས། འགོག་པ་ཤེས་པའང་དེ་བཞིན་ཉིད། །ཞེས་གསུངས་པའི་ཕྱིར། རྩ་རྟགས་གཉིས་པ་གྲུབ་སྟེ། དགྲ་བཅོམ་ཐ་མའི་ཤེས་པ་མ་གཏོགས་པའི་ཤེས་པ་རྣམས་དེ་མ་ཐག་རྐྱེན་ཡིན་ཏེ། མཛོད་ལས། སེམས་དང་སེམས་བྱུང་སྐྱེས་པ་རྣམས། །ཐ་མ་མེད་མཚུངས་དེ་མ་ཐག །ཞེས་གསུངས་པའི་ཕྱིར། རང་ལུགས་ལ། འབྲས་བུ་དེ་ལས་གཞན་པའི་

སྔོ་ནས་འབྲས་བུ་དེ་སྐྱེས་པ་ལ་གེགས་མི་བྱེད་པའི་ཆར་གྱུར་པའི་དངོས་པོ་དེ། འབྲས་བུ་དེའི་བྱེད་རྒྱུ་ཡིན་ཏེ། དེ་ཉིད་ལས། རང་ལས་གཞན་པ་བྱེད་རྒྱུའི་རྒྱུ། །ཞེས་གསུངས་པའི་ཕྱིར། འདུས་བྱས་དེ་ དང་དུས་མཉམ་པའི་སྔོ་ནས་དེ་སྐྱེས་པ་ལ་གེགས་མི་བྱེད་པའི་ཆར་གྱུར་པའི་དངོས་པོ་དེ། འདུས་བྱས་དེའི་ལྷན་ཅིག་འབྱུང་བའི་རྒྱུ་ཡིན་ཏེ། འདུས་བྱས་ཡིན་ན། རང་ཉིད་རང་གི་སྐྱེ་གནས་འཇིག་གསུམ་གྱི་ལྷན་ཅིག་འབྱུང་བ་ཡིན་དགོས། དེ་ཡིན་ན་རང་ཉིད་དེ་གསུམ་རང་ཉིད་ཀྱི་ལྷན་ཅིག་འབྱུང་རྒྱུ་ཡིན་དགོས་པའི་ཕྱིར་ཏེ། མཛོད་ལས། ལྷན་ཅིག་འབྱུང་གང་ཕན་ཚུན་འབྲས། ཞེས་གསུངས་པའི་ཕྱིར། འདུས་བྱས་དེ་རང་དང་རིགས་འདྲ་བར་སྐྱེད་བྱེད་ཀྱི་དངོས་པོ་དེ། འདུས་བྱས་དེའི་སྐལ་མཉམ་གྱི་རྒྱུ་ཡིན་ཏེ། དེ་ཉིད་ལས། སྐལ་མཉམ་རྒྱུ་ནི་འདྲ་བའོ། །ཞེས་གསུངས་པའི་ཕྱིར། མཐོང་ལམ་སྐད་ཅིག་དང་པོའི་སྐལ་མཉམ་གྱི་རྒྱུ་ནི་མེད་དེ། སྦྱོར་ལམ་སྐད་ཅིག་ཐ་མ་དེའི་རིགས་འདྲ་མ་ཡིན་ཏེ། དེ་ཚུར་མཐོང་གི་ཤེས་པ་དང་། མཐོང་ལམ་སྐད་ཅིག་དང་པོ་འཕགས་རྒྱུད་ཀྱི་ཤེས་པ་ཡིན་པའི་ཕྱིར། གཙོ་སེམས་རྣམས་རང་གི་འཁོར་དུ་བྱུང་བའི་སེམས་བྱུང་དང་མཚུངས་ལྡན་གྱི་རྒྱུ་དང་། སེམས་བྱུང་རྣམས་རང་གི་གཙོ་བོ་སེམས་དང་མཚུངས་ལྡན་གྱི་རྒྱུ་ཡིན་ཏེ། དེ་(༧ན)ཉིད་ལས། མཚུངས་ལྡན་རྒྱུ་ནི་སེམས་དག་དང་། སེམས་བྱུང་ཧེན་མཚུངས་ཅན་རྣམས་སོ། །ཞེས་

གསུངས་པའི་ཕྱིར། ཉོན་མོངས་ཀྱི་ཤེས་པ་དེའི་སྔ་ལོགས་སུ་བྱུང་ཞིང་། དེ་དང་ས་མཚུངས་པའི་སྒོ་ནས་དེ་བསྐྱེད་བྱེད་ཀྱི་དངོས་པོ། དེའི་ཀུན་འགྲོའི་རྒྱུ་ཡིན་ཏེ། དེ་ཉིད་ལས། །ཀུན་འགྲོ་ཞེས་བྱ་ཉོན་མོངས་ཅན། །རྣམས་ཀྱི་རང་ས་ཀུན་འགྲོ་ལྔ། །ཞེས་གསུངས་པའི་ཕྱིར། ཡང་སྲིད་འཕེན་བྱེད་ཀྱི་ལས་དང་འགྲུབ་བྱེད་ཀྱི་ལས་རྣམས་རྣམ་སྨིན་གྱི་རྒྱུ་ཡིན། དེས་ན་འདུས་བྱས་ཡིན་ན། རང་གི་བྱེད་རྒྱུ་དང་ལྷན་གཅིག་འབྱུང་རྒྱུ་དང་བཅས་པས་ཁྱབ་ཀྱང་། རྒྱུ་ཕྱི་མ་རྣམས་དང་བཅས་པས་མ་ཁྱབ་སྟེ། སྐལ་མཉམ་གྱི་རྒྱུ་དང་བཅས་པའི་འདུས་བྱས་ཡིན་ན། རང་གི་རིགས་འདྲ་སྔ་མ་ཡོད་དགོས། མཚུངས་ལྡན་གྱི་རྒྱུ་དང་བཅས་པའི་འདུས་བྱས་ཡིན་ན་ཤེས་པ་ཡིན་དགོས། ཀུན་འགྲོའི་རྒྱུ་དང་བཅས་པའི་འདུས་བྱས་ཡིན་ན་ཉོན་མོངས་ཅན་ཡིན་དགོས་པའི་ཕྱིར། དེས་ན་རྒྱུ་ཡིན་ན་འདུས་བྱས་ཡིན་མི་དགོས་ཏེ། འདུས་བྱས་དེ་ལས་གཞན་པའི་དངོས་པོ་འདུས་བྱས་དེའི་བྱེད་རྒྱུ་ཡིན་པའི་ཕྱིར། ༈ གཉིས་པ་རྐྱེན་བཤད་པ་ལ། དེ་ལ་བཞི་ཡོད་ཅིང་། བྱེད་རྒྱུ་མ་གཏོགས་པའི་རྒྱུ་རྣམས་རྒྱུའི་རྐྱེན་ཡིན་ཏེ། དེ་ཉིད་ལས། རྒྱུ་ཞེས་བྱ་བ་རྒྱུ་ལྔ་ཡིན། །ཞེས་གསུངས་པའི་ཕྱིར། བྱེད་རྒྱུ་བདག་པོའི་རྐྱེན་ཡིན་ཏེ། དེ་ཉིད་ལས། བྱེད་རྒྱུ་ཞེས་བྱ་བདག་པོར་བཤད། །ཞེས་གསུངས་པའི་ཕྱིར། ཆོས་ཐམས་ཅད་དམིགས་རྐྱེན་ཡིན་ཏེ། རང་འཛིན་ཤེས་པའི་དམིགས་རྐྱེན་ཡིན་པའི་ཕྱིར་ཏེ། དེ་ཉིད་ལས། །

དམིགས་པ་ཆོས་རྣམས་ཐམས་ཅད་དོ། །ཞེས་གསུངས་པའི་ཕྱིར། དགྲ་བཅོམ་ཐ་མའི་ཤེས་པ་མ་ཡིན་པའི་ཤེས་པ་རྣམས་དེ་མ་ཐག་རྐྱེན་ཡིན་ནོ། །གསུམ་པ་འབྲས་བུ་ལ། རྣམ་སྨིན་གྱི་འབྲས་བུ། རྒྱུ་མཐུན་གྱི་འབྲས་བུ། བདག་པོའི་འབྲས་བུ། བྲལ་བའི་འབྲས་བུ། སྐྱེས་བུ་བྱེད་པའི་འབྲས་བུ་རྣམས་སུ་ཡོད། གཉིས་པ་ནི། སོ་ཐར་གྱི་སྡོམ་པ་དེ། རང་གི་བྱེད་རྒྱུ་ལས་བྱུང་ངེ། དེའི་རྒྱུར་གྱུར་པའི་འབྱུང་བ་དང་། དེའི་རྒྱུར་གྱུར་པའི་རྣམ་པར་རིག་བྱེད། དེའི་རྒྱུར་གྱུར་པའི་སེམས་རྣམས་དེའི་བྱེད་རྒྱུ་ཡིན་པའི་ཕྱིར། དེའི་རྒྱུ་དང་པོ་ཡོད་དེ། འདི་འབྱུང་འགྱུར་ཡིན་པའི་ཕྱིར། གཉིས་པ་ཡོད་དེ། དེར་གྱུར་པའི་མཁན་སློབ་ཀྱི་རྣམ་པར་རིག་བྱེད་ཡོད་པའི་ཕྱིར། གསུམ་པ་ཡོད་དེ། དེ་དེའི་རྒྱུའི་ཀུན་སློང་ཐོབ་འདོད་ཀྱི་བསམ་པ་ལས་བྱུང་བའི་ཕྱིར། དེ་ལྷན་ཅིག་འབྱུང་རྒྱུ་ལས་བྱུང་ངེ། དེ་རང་གི་སྐྱེ་གནས་འཇིག་གསུམ་ལས་བྱུང་བའི་ཕྱིར། དེ་སྐལ་མཉམ་གྱི་རྒྱུ་ལས་བྱུང་ངེ། དེ་རང་གི་རིགས་འདྲ་སྔ་མ་ལས་བྱུང་བའི་ཕྱིར། དེ་རྣམ་སྨིན་གྱི་རྒྱུ་ལས་མ་བྱུང་ངེ། དེ་རྣམ་སྨིན་གྱི་འབྲས་བུ་མ་ཡིན་པའི་ཕྱིར་ཏེ། དགེ་བ་ཡིན་པའི་ཕྱིར།རྒྱུ་གཞན་གཉིས་ལས་མ་བྱུང་བ་གོང་གི་རིགས་པས་ཤེས་སོ། །དེ་རྒྱུའི་རྐྱེན་ལས་བྱུང་ངེ། སྐལ་མཉམ་གྱི་རྒྱུ་དང་ལྷན་ཅིག་འབྱུང་བའི་རྒྱུ་ལས་བྱུང་བའི་ཕྱིར། དེ་བདག་རྐྱེན་ལས་བྱུང་ངེ། རང་གི་བྱེད་རྒྱུ་ལས་བྱུང་བའི་ཕྱིར། རྐྱེན་ཕྱི་མ་གཉིས་ལས་མ་བྱུང་ངེ། ཤེས་པ་

མ་ཡིན་པའི་ཕྱིར། དེ་རྣམ་སྨིན་གྱི་འབྲས་བུ་མ་ཡིན་ཏེ། དགེ་བ་ཡིན་པའི་ཕྱིར། རྒྱུ་མཐུན་གྱི་འབྲས་བུ་ཡིན་ཏེ། མཐོང་ལམ་སྐད་ཅིག་དང་པོ་མ་ཡིན་པའི་འདུས་བྱས་ཡིན་པའི་ཕྱིར། དེ་བདག་པོའི་འབྲས་བུ་དང་། སྐྱེས་བུ་བྱེད་པའི་འབྲས་བུ་ཡིན་ཏེ། འདུས་བྱས་ཡིན་པའི་ཕྱིར། བྲལ་འབྲས་མ་ཡིན་ཏེ། འདུས་བྱས་ཡིན་པའི་ཕྱིར། གཉིས་པ་སོ་ཐར་གྱི་སྡོམ་པའི་རྒྱུ་དངོས་ནི། དེ་འགལ་རྐྱེན་ལྔ་དང་བྲལ་བ། མཐུན་རྐྱེན་ལྔ་ཚང་བ་ལ་བརྟེན་ནས་ལེན་དགོས་ཤིང་། དང་པོ་འོག་ནས་འཆད། ༈ གཉིས་པ་ལ། ཡུལ་མཐུན་པ། རྒྱུད་མཐུན་པ་དང་། རྟགས་མཐུན་པ། བསམ་པ་མཐུན་པ། ཆོ་ག་མཐུན་པ་དང་ལྔ་། (༩བ)དང་པོ་ནི། དགེ་བསྙེན་གྱི་སྡོམ་པ་དང་། གཉེན་གནས་ཀྱི་སྡོམ་པ་གཉིས། རབ་དགེ་ཚུལ་ཡན་གྱི་སྐྱེས་བུ། དེ་མ་བྱུང་ན་དགེ་བསྙེན་གྱི་སྡོམ་ལྡན་གཅིག་ལས་ལེན་དགོས། ཉེས་མེད་ཕུན་ཚོགས་ཀྱི་དགེ་ཚུལ་གྱི་སྡོམ་པ་ནི་མཁན་སློབ་ལ་བརྟེན་ནས་ལེན་དགོས་ཏེ། ཉེས་མེད་ཕུན་ཚོགས་ཀྱི་དགེ་ཚུལ་གྱི་སྡོམ་པ་ཐོབ་པ་ལ་བར་མ་རབ་བྱུང་གི་ཚུལ་ཁྲིམས་སྔོན་དུ་འགྲོ་དགོས་ཤིང་། བར་མ་རབ་བྱུང་གི་ཚུལ་ཁྲིམས་མཁན་པོ་ལ་བརྟེན་ནས་ལེན་དགོས་པའི་ཕྱིར། དམིགས་བསལ་ནི། དགེ་སློང་གཅིག་ལ་བརྟེན་ནས། དགེ་ཚུལ་གྱི་སྡོམ་པ་སྐྱེ་བ་ཡོད་དེ། མཁན་པོ་མེད་པར་དེ་སྐྱེ་བ་ཡོད་པའི་ཕྱིར། གཉིས་པ་ནི། དགེ་བསྙེན་གྱི་སྡོམ་པ་ནི། མཚམས་ནང་གཅིག་ཏུ་ཡུལ་གཅིག་ལ་ཆོ་

ག་གཅིག་ལ་བླངས་པས་སྐྱེ་བ་ཡོད་ཀྱང་། དགེ་ཚུལ་ཡན་གྱི་སྡོམ་པ་ནི་དེ་ལྟར་སྐྱེ་བ་མེད་པ་དང་། མཚམས་བཅད་ནས་དེ་ཡོད་པར། དུ་མ་མཁན་པོ་གཅིག་པ་ཞེས་པའི་ཐད་དུ་འཆད་དོ། །གསུམ་པ་ནི། རྟགས་ལ་བསྙེན་གནས་ཀྱི་སྡོམ་པ་ལེན་པའི་ཚེ། རྒྱན་གསར་པས་མ་བརྒྱན་པ་དགོས་ཞིང་། དགེ་ཚུལ་གྱི་སྡོམ་པ་ཡན་ལེན་ན་རབ་བྱུང་གི་རྟགས་ཆ་ལུགས་དང་ལྡན་པ། ཁྱིམ་པའི་ཐུན་མོང་མ་ཡིན་པའི་རྟགས་ཆ་ལུགས་དང་མི་ལྡན་པ་གཅིག་དགོས་སོ། །བཞི་པ་ནི། བསླབ་པའི་ཡན་ལག་རྣམས་ཡུལ་འདིར་བསྲུང་གཞན་དུ་མི་བསྲུང་སྙམ་པའི་ཡུལ་ངེས་པ། དུས་འདི་ཙམ་དུ་བསྲུང་། ཐམས་ཅད་དུ་མི་བསྲུང་སྙམ་པའི་དུས་ངེས་པ། གནས་སྐབས་འདིའི་ཚེ་བསྲུང་། ཐམས་ཅད་དུ་མི་བསྲུང་སྙམ་པའི་གནས་སྐབས་ངེས་པ། སེམས་ཅན་འདི་ལྟ་བུ་ལ་བསྲུང་ཐམས་ཅད་ལ་མི་བསྲུང་སྙམ་པའི་སེམས་ཅན་ངེས་པ། བསླབ་པའི་ཡན་ལག་འདི་ལྟ་བུ་བསྲུང་། ཐམས་ཅད་མི་བསྲུང་སྙམ་པའི་ཡན་ལག་ངེས་པ་ཏེ་ངེས་པ་ལྔ་དང་བྲལ་བའི་བསམ་པ་ལ་བརྟེན་ནས་ཐོབ་པར་བྱེད་དོ། །དེས་ན་བསྙེན་གནས་ཀྱི་སྡོམ་པ་འདི་ཉིན་ཞག་གཅིག་པའི་མཐའ་ཅན་གྱི་སྡོམ་པ་ཡིན་པའི་རྒྱུ་མཚན་གྱིས་བསླབ་པའི་ཡན་ལག་རྣམས་དུས་འདི་ནས་བཟུང་སྟེ་སང་ཉིན་ཉི་མ་མ་ཤར་ཙམ་དུ་བསྲུང་སྙམ་པའི་བསམ་པ་ལ་བརྟེན་ནས་ཐོབ་པར་བྱེད། དེ་ལྟར་བྱེད་པའི་རྒྱུ་མཚན་ཡོད་དེ། དེ་ལེན་

པའི་ཚེ་བསླབ་པའི་ཡན་ལག་རྣམས་འདི་ནས་བཟུང་ཏེ་སང་ཉི་མ་མ་ཤར་ཚུན་དུ་བསྲུང་སྙམ་པའི་བསམ་པས་ཀུན་ནས་སླངས་ཏེ་དེ་ལྟར་བསྲུང་བར་ཁས་བླངས་པའི་སྡོམ་པ་ཡིན་པའི་ཕྱིར། སྡོམ་པ་གཞན་རྣམས་ཇི་སྲིད་འཚོའི་བར་དུ་སྦྱོར། དེས་ན་སོ་ཐར་གྱི་སྡོམ་པ་རྣམས་འཁོར་བ་ལས་འབྲལ་འདོད་དང་། ཐར་པ་ཐོབ་འདོད་ཀྱི་ངེས་འབྱུང་གི་བསམ་པས་ཀུན་ནས་བསླངས་བའི་སྒོ་ནས་ཐོབ་པར་བྱེད་པ་ཡིན་ཏེ། དེ་རྣམས་ངེས་འབྱུང་གི་ཚུལ་ཁྲིམས་ཡིན་པའི་ཕྱིར། ཁ་ཅིག །དེ་རྣམས་རྩོལ་མེད་ཀྱི་ངེས་འབྱུང་གི་བསམ་པ་ལ་བརྟེན་ནས་ཐོབ་པར་བྱེད་དགོས་ཟེར་བ་མི་འཐད་དེ། དེ་རྣམས་མཁན་སློབ་ཀྱིས་འཁོར་བའི་ཉེས་དམིགས་བཤད་དེ་བརྫ་སྦྲད་པ་བརྟེན་ནས་འཁོར་བ་ལ་དམིགས་པའི་རྩོལ་བཅས་ཀྱི་ངེས་འབྱུང་གི་བསམ་པ་ལ་བརྟེན་ནས་ཐོབ་པ་ཡོད་པར་རྗེ་ཉིད་ཀྱི་བསླབ་བྱ་དང་འདུལ་ཊཱི་ཀ་ཆེན་པོ་ནས་གསུངས་པའི་ཕྱིར། ཁ་ཅིག སློབ་དཔོན་ཡོན་ཏན་འོད་དེས་སོ་ཐར་གྱི་སྡོམ་པ་སྤྱོང་སེམས་ས་བོན་དང་བཅས་པ་ལ་བཞེད་པ་ཡིན་ཏེ། དེ་ས་གསུམ་པ་བ་ཡིན་པའི་ཕྱིར། ཟེར་བ་མི་འཐད་དེ། འདིར་སའི་རྣམ་གཞག་ཁས་ལེན་མི་རིགས་པའི་ཕྱིར་དང་། སོ་ཐར་གྱི་སྡོམ་པ་གཟུགས་ཅན་ཡིན་(༡༠ན)པའི་ཕྱིར། དེ་ལ་ཁོ་ན་རེ། བྱང་སེམས་ཀྱི་ཚུལ་ཁྲིམས་ཤེས་པ་མ་ཡིན་པར་ཐལ། ངེས་འབྱུང་གི་ཚུལ་ཁྲིམས་ཤེས་པ་མ་ཡིན་པའི་ཕྱིར། མ་གྲུབ་ན། སྡོམ་པ་

གཟུགས་ཅན་ཡིན་པར་འགྱུར། འདོད་ན། ཚུལ་ཁྲིམས་ཡིན་ན་ཤེས་པ་མ་ཡིན་དགོས་པར་ཐལ། འདོད་པའི་ཕྱིར། འདོད་ན། སྦྱིན་པ་ཡིན་ན་ཤེས་པ་མ་ཡིན་དགོས་པར་ཐལ། འདོད་པའི་ཕྱིར་ན་མ་ཁྱབ། ཁ་ཅིག ཆོ་འཕྲུལ་ཟླ་བའི་ཆོས་གཅིག་གི་ཉིན་དེའི་ཆོས་བཅོ་ལྔ་ཚུན་གྱི་བསྙེན་གནས་ཀྱི་སྡོམ་པ་འབོག་པའི་ཚོ་ག་བྱས་པ་ལ་བརྟེན་ནས་དེའི་ཆོས་བཅོ་ལྔ་ཚུན་གྱི་བསྙེན་གནས་ཀྱི་སྡོམ་པ་སྐྱེ་བ་ཡོད་ཟེར་བ་མི་འཐད་དེ། དེ་ལྟར་བྱས་པ་ལ་བརྟེན་ནས་དེའི་ཆོས་བཅོ་ལྔ་ཚུན་གྱི་བསྙེན་གནས་ཀྱི་སྡོམ་པ་དེ་དེའི་ཆོས་གཅིག་ཉིན་ཐོབ་པ་ཡང་མ་ཡིན་དེའི་ཆོས་བཅོ་ལྔ་ཚུན་གྱིས་བསྙེན་གནས་ཀྱི་ཞག་ཕྱི་མ་གྲུབ་རེས་ཀྱིས་དེ་གསར་དུ་ཐོབ་པར་འགྱུར་བ་ཡང་མ་ཡིན་པའི་ཕྱིར། དང་པོ་གྲུབ་སྟེ། དེ་ཉིན་ཞག་གཅིག་པའི་སྡོམ་པ་ཡིན་པའི་ཕྱིར། གཉིས་པ་མ་གྲུབ་ན། ལོ་སྔ་མ་དེ་དེར་འབོག་པའི་ཚོ་ག་བྱས་པས་ལོ་ཕྱི་མ་དེ་དེར་སྐྱེས་པར་ཐལ་བའི་སྐྱོན་ཡོད་དོ། །དེའི་རྣམ་གཞག་ཇོ་བོ་རྗེ་དང་རྒྱུད་བླ་མའི་དར་ཊཱི་ཀ་ཏུ་གསུངས་པ་ནི་ཐེག་ཆེན་པའི་ལུགས་ཀྱི་དབང་དུ་བྱས་ནས་གསུངས་པ་ཡིན་ཞིང་། དེའི་ལུགས་ལ་ཟླ་བ་གཅིག་གི་ཆོས་བཅོ་ལྔ་པ་གཅིག་ལ་ཟླ་བ་བྱུང་ངོ་ཅོག་གི་ཆོས་བཅོ་ལྔའི་ཉིན་དེའི་སྡོམ་པ་ལེན་པའི་ཚོ་ག་བྱས་པ་ལ་བརྟེན་ནས། དེ་ལྟ་བུའི་སྡོམ་པ་སྐྱེ་བ་ཡང་བཞེད་དེ། དེའི་ཉིན་ཟླ་བ་བྱུང་ངོ་ཅོག་གི་ཆོས་བཅོ་ལྔའི་ཉིན་དེ་ལེན་པ་དེའི་ཚེ་ཀུན་སློང་གི་

བསམ་པ་ལ་བརྟེན་ནས་ལེན་པར་བྱེད་པའི་ཕྱིར། དེས་ན་དེའི་ལུགས་ལ་བསྙེན་གནས་ཀྱི་སྡོམ་པ་ལ་ཉིན་ཞག་གཅིག་པའི་སྡོམ་པས་མ་ཁྱབ་བོ། །འདིར་ཡང་དེ་ལྟ་བུའི་རྣམ་གཞག་བྱས་པ་ལ་དགོས་པ་ཡོད་དེ། ལེགས་སྤྱོད་ཀྱི་ཚུལ་ཁྲིམས་ལ་དགོངས་པའི་ཕྱིར། ལྔ་པ་ཚིག་མཐུན་པ་ནི། སྤྱིར་དངོས་ཀྱི་ཚིག་ལ་བརྟེན་ནས་འགྲུབ། འཇུག་གི་ཚིག་ལ་བརྟེན་ནས་རྫོགས་པར་བྱེད་དོ། །གཉིས་པ་མ་བསྲུང་བའི་ཉེས་དམིགས་ནི། སོ་ཐར་གྱི་སྡོམ་པ་སྲོག་དང་བསྡོས་ཏེ་བསྲུང་དགོས་ཏེ། དེ་མ་བསྲུངས་ན་སྟོན་པ་སངས་རྒྱས་དང་། ལྷ་དང་མཁན་སློབ་དང་། གྲོགས་དམ་པ་རྣམས་ཀྱིས་སྨད་པ་དང་། ཆོས་ཉིད་ཀྱི་སྟོབས་ཀྱི་སྨད་པ་དང་། ཚུལ་བཞིན་ཡིད་ལ་བྱེད་པའི་ཚེ་རང་ཉིད་ཀྱིས་སྨད་པ་དང་། སྐྱེ་བོ་ཕལ་པོ་ཆེ་རྣམས་ཀྱིས་སྨད་པ་དང་། དེས་རྗེད་བཀུར་མི་བྱེད་པ་དང་། ཡོན་ཏན་མ་ཐོབ་པ་རྣམས་མི་ཐོབ་པ་དང་། ཐོབ་ཟིན་པ་རྣམས་བརྗེད་པར་འགྱུར་བ་དང་། འགྱོད་པ་དང་བཅས་ཏེ་འཆི་བ་ནི་མཐོང་ཆོས་ཀྱི་ཉེས་དམིགས་ཡིན་ལ། སྐྱེ་བ་ཕྱི་མའི་ཉེས་དམིགས་ནི། སྐྱེ་བ་ཕྱི་མ་ངན་འགྲོར་སྐྱེ་བར་བྱེད་དོ། །དེ་ནི་བམ་པོ་ལྔ་བཅུ་པ་ལས་སོ་ཐར་གྱི་སྡོམ་པ་བསྲུང་བའི་ཕན་ཡོན་བཅུ་གསུངས་པའི་སྐབས་ལ་བསྟན་ཏོ། །གསུམ་པ་བསྲུང་བའི་ཕན་ཡོན་བཅུ་གསུངས་པ་ནི། དེ་ཚུལ་བཞིན་དུ་བསྲུངས་ན་གོང་མ་རྣམས་ཀྱི་ཡོན་ཏན་ཐོབ་པར་འགྱུར་བ་དང་། འགྱོད་པ་མེད་པར་འཆི

བའི་དུས་བྱེད་པ་དང་། ཕྱོགས་དང་ཕྱོགས་མཚམས་རྣམས་སུ་སྟོན་པའི་གྲགས་པས་ཁྱབ་པ་དང་། བདེ་བར་གཉིད་ལོག་ཅིང་སད་(༡༠བ)པ་དང་། གཉིད་ལོག་པའི་ཚེ་ལྷ་རྣམས་ཀྱིས་བསྲུང་བ་དང་། སྐྱེས་བུ་དམ་པ་རྣམས་ཀྱི་དྲུང་དུ་བག་མི་ཚ་བ་དང་། ཉམ་ང་བ་དང་། འཇིགས་པ་མེད་པ་དང་། དགྲ་བོ་རྣམས་ཀྱིས་གླགས་བཙལ་ཀྱང་གླགས་མི་རྙེད་པར་བསྲུང་བ་དང་། གནོད་སྦྱིན་དང་། མི་མ་ཡིན་པ་རྣམས་ཀྱིས་གླགས་རྙེད་ཀྱང་གླགས་མི་ལྷ་བར་བསྲུང་བ་དང་། ཆོས་གོས་སོགས་ཚོགས་ཆུང་ངུས་རྙེད་པ་རྣམས་དང་། གང་དུ་སྐྱེ་བའི་སྨོན་ལམ་བཏབ་པས་འགྲུབ་པ་རྣམས་ཡིན་ནོ། །ཁ་ཅིག ཇི་སྲིད་འཚོའི་བར་གྱི་སྡོམ་པ་ཡིན་ན། རང་གི་རྟེན་བཅས་ཀྱི་གང་ཟག་ཚེ་ཇི་སྲིད་འཚོའི་བར་དུ་གནས་པས་ཁྱབ་ཟེར་བ་མི་འཐད་དེ། བསླབ་པ་འབུལ་བ་ལ་མངོན་དུ་ཕྱོགས་པའི་སྐྱེས་བུའི་རྒྱུད་ཀྱི་དགེ་སློང་གི་སྡོམ་པ་དེ། དེས་བསླབ་པ་ཕུལ་བ་དང་སྡོམ་པ་དེ་གཏོང་བའི་ཕྱིར། ཁ་ཅིག ཉིན་ཞག་གཅིག་ཙམ་དུ་གནས་པའི་སྡོམ་པ་ཉིན་ཞག་གཅིག་གི་སྡོམ་པ་ཡིན་པས་ཁྱབ་ཟེར་བ་མི་འཐད་དེ། ཉིན་ཞག་གཅིག་ཙམ་ནས་ཚེའི་དུས་བྱེད་པའི་དགེ་སློང་གི་སྡོམ་པ་དེ་ཇི་སྲིད་འཚོའི་བར་གྱི་སྡོམ་པ་ཡིན་པའི་ཕྱིར། དེས་ན་སྡོམ་པ་ལ་ཇི་སྲིད་འཚོ་བར་གྱི་སྡོམ་པ་དང་ཉིན་ཞག་གཅིག་པའི་སྡོམ་པ་གཉིས་སུ་ཡོད་དེ། བྱང་ཆུབ་བར་གྱི་སྡོམ་པ་མེད་པའི་ཕྱིར་ཏེ། བྱང་སེམས་ཀྱི་སྡོམ་པ་

མེད་པའི་ཕྱིར། བཞི་པ་སྡོམ་པའི་གཏོང་རྒྱུ་འོག་ཏུ་འཆད། །

༄ གཉིས་པ་གཞུང་དོན་ནི། སྤྱིར་ངེས་པ་ཞེས་པའི་ཚིག་ནི་དོན་དུ་མ་ལ་འཇུག་ཀྱང་འདིའི་ངེས་པར་ཞེས་པའི་ཚིག་ནི་ཐོབ་བྱ་མཐར་ཐུག་ལ་འཇུག་སྟེ། དེ་ལྷག་མེད་མྱང་འདས་ལ་འཇུག་པའི་ཕྱིར། འབྱུང་བ་ནི་ལམ་གང་ནས་འབྱུང་། བཞོན་པ་གང་ནས་འབྱུང་། གནས་གང་ནས་འབྱུང་བའི་ཐ་སྙད་ཡོད་པས། དེ་ལམ། གནས། བཞོན་པ་སོགས་ལ་འཇུག་ཀྱང་། འདིའི་འབྱུང་བ་ནི་འདོན་མི་ཟ་བ་ལ་འཇུག་སྟེ། དེ་ངེས་པར་ཞེས་པའི་ཚིག་དང་འབྲེལ་བའི་ཕྱིར། ཚུལ་ཁྲིམས་ཞེས་པས་དགེ་སློང་གི་ཚུལ་ཁྲིམས་བསྟན། དབང་དུ་བྱས་ཞེས་པས་དེ་ལ་རག་ལས་པ་བསྟན་པ་ཡིན་ཏེ། ཐར་པ་ཐོབ་པ་ཚུལ་ཁྲིམས་ལ་རག་ལས་པ་ཞེས་བསྟན་པ་ཡིན། དེ་ན་ངེས་པར་འབྱུང་བ་ཞེས་བཤད་པའི་གཞིར་དྲངས། གང་ནས་ངེས་པར་འབྱུང་ན་འཁོར་བ་ལས་སོ། །གང་དུ་ན་ཐར་པའི་གྲོང་ཁྱེར་དུའོ། །གང་གི་སྒོ་ནས་ཀྱིས་ངེས་པར་འབྱུང་ན། ཚུལ་ཁྲིམས་རྣམ་དག་གི་སྒོ་ནས་ཀྱིས་སོ། །ངག་དོན་ནི། ཐར་འདོད་རྣམས་ཀྱིས་ཚུལ་ཁྲིམས་རྣམ་པར་དག་པ་བསྲུངས་པ་ལ་དགོས་པ་ཡོད་དེ། ཐར་པ་ཐོབ་པ་ཚུལ་ཁྲིམས་ལ་རག་ལས་པའི་ཕྱིར། བསྟན་བཅོས་འདི་ཆོས་ཅན། ཁྱོད་ཀྱི་བརྗོད་བྱ་ཡོད་དེ། དགེ་སློང་གི་ཚུལ་ཁྲིམས་ཁྱོད་ཀྱི་བརྗོད་བྱ་ཡིན་པའི་ཕྱིར། ངེས་དགོས་སོགས་ཕྱི་མ་རྣམས་ལ་ཡང་རིགས་བསྒྲེ་སྟེ

སྦྱོར་བ་འགོད། བསྟན་བཅོས་འདི་རྩོམ་པའི་ཐོག་མར་རྩོམ་པར་དམ་བཅའ་མཛད་པ་ལ་ཆོས་ཅན། དགོས་པ་ཡོད་དེ། རྩོམ་པ་མཐར་ཕྱིན་པའི་ཆེད་ཡིན་པའི་ཕྱིར། །

༄། བསྟན་བཅོས་ཀྱི་ལུས་དངོས་བཤད་པ།

བསྟན་བཅོས་ཀྱི་ལུས་དངོས་བཤད་པ་ལ། འདིའི་བརྗོད་བྱ་རྣམས་བསྡུ་ན། རྟེན་གྱི་གང་ཟག་རབ་བྱུང་དུ་སྒྲུབ་པའི་ཚུལ་དང་། དེའི་བསླབ་བྱ་གཉིས་སུ་འདུ། དང་པོ་ལ། ལུང་གཞི་ལས་བྱུང་བའི་ཚུལ། ཕྲན་ཚེགས་ནས་འབྱུང་བའི་ཚུལ། ཞུ་བ་ནས་འབྱུང་བའི་ཚུལ་དང་གསུམ་ཡོད། དང་པོ་ལ། ཚིགས་ཆུང་དུ་སྔོན་ཚིག་གི་སྒོ་ནས་བསྙེན་པར་རྫོགས་པའི་ཚུལ་དང་། ཚིགས་ཆེན་པོ་ད་ལྟར་ཀྱི་ཆོ་གའི་སྒོ་ནས་བསྙེན་པར་རྫོགས་པའི་ཚུལ་གཉིས། དང་པོ་སྔོན་པར(༡༡ན)བྱེད་པ་ལ། དགེ་འདུན་ཐམས་ཅད་འདུས་པ་ན། ཞེས་སོགས་གསུངས། འོ་ན་གཞི་བཅུ་བདུན་གྱི་ནང་ནས་རབ་བྱུང་གི་གཞི་དང་པོར་འཆད་པའི་རྒྱུ་མཚན་གང་ཞེ་ན། དེའི་རྒྱུ་མཚན་ཡོད་དེ། ལུང་ལས་དང་པོར་གསུངས་པ་དང་། འདི་ནས་འབྱུང་བའི་ བསླབ་ པའི་ གནས་ རྣམས་ རབ་ བྱུང་ ཁོ་ ནའི་ དབང་ དུ་བྱས་ ནས་གསུངས་པའི་ཕྱིར། འོ་ན་སྔོན་ཚིག་དང་པོར་གསུངས་པའི་རྒྱུ་མཚན་དེ་གང་ཞེ་ན། དེའི་རྒྱུ་མཚན་ཡོད་དེ། ལུང་ལས་དང་པོར་གསུངས་པ་དང་བརྗོད་བྱ་རྒྱ་ཆུང་བའི་རྒྱུ་མཚན་གྱིས་ཡིན་པའི་ཕྱིར། འོ་ན་དེ་དུས་ནམ

གྱི་ཚེ་ན་གནང་བ་ཡིན་ཞེ་ན། སྟོན་པ་སངས་རྒྱས་ནས་ཡུན་རིང་པོ་མ་ལོན་པར་ཐལ་ཆེར་ཚུར་ཤོག་གི་སྒོ་ནས་བསྙེན་པར་རྫོགས་པ་ཡིན་ཅིང་། དེའི་སྒོ་ནས་བསྙེན་པར་རྫོགས་པ་ཡང་སྟོན་པ་སངས་རྒྱས་ཁོ་ནའི་དྲུང་དུ་བསྙེན་པར་རྫོགས་པ་ཡིན་ཅིང་། སྒྲུབ་བྱ་ཐག་རིང་ནས་དེའི་དྲུང་དུ་བསྙེན་པར་རྫོགས་དུ་འོངས་པ་ན་ལམ་བར་དུ་ཚེའི་བར་ཆད་དུ་གྱུར་པ་ལ་བརྟེན་ནས། དེང་ཕྱིན་ཆད་དགེ་འདུན་རྣམས་འདུས་ནས་རབ་ཏུ་བྱུང་བ་དང་བསྙེན་པར་རྫོགས་པ་བྱའོ། །ཞེས་སོགས་སྒོ་ནས་སྟོན་ཆོག་གནང་བ་ཡིན་ནོ། །

༈ སྟོན་ཆོག་དང་ད་ལྟར་གྱི་ཆོ་གའི་ཁྱད་པར་བཤད་པ།

དགེ་འདུན་ཐམས་ཅད་ཞེས་སོགས་སྐབས་སུ་དགོས་འགྲེལ་ནི་ངེས་པར་འབྱུང་བའི་ཚུལ་ཁྲིམས་ཀྱི་དབང་དུ་བྱས་ཏེ། ཞེས་པར་དགེ་སློང་གི་ཚུལ་ཁྲིམས་ཀྱི་རྣམ་གཞག་དེ་བསྟན་ནས་དེ་ཐོབ་བྱེད་ཀྱི་ཐབས་ལ་གཉིས་ཡོད་པ་ལས་སྟོན་ཆོག་དེ་འཆད་པ་ལ་འདི་གསུངས། ངག་དོན་ནི། གཞུང་འདི་ནས་དངོས་སུ་བསྟན་པའི་ཁྱད་ཆོས་བཞི་ལྡན་གྱི་གསོལ་བཞིའི་ལས་ཀྱི་ཆོ་ག་ཆོས་ཅན། སྟོན་ཆོག་གི་ངོ་བོ་ཡིན་ཏེ། དེའི་འཇོག་བྱེད་ཡིན་པའི་ཕྱིར། །

༈ སྤྱི་དོན་ལ། བསྙེན་རྫོགས་ཀྱི་དབྱེ་བ་སྤྱིར་བསྟན་པ་དང་། སྟོན་ཆོག་བྱེ་བྲག་ཏུ་བཤད་པ་གཉིས། དང་པོ་ནི། ལུང་མ་མོ་ལས། བསྙེན་

པར་རྫོགས་པ་ནི་རྣམ་པ་བཅུའོ། །བདེ་བར་གཤེགས་པ་རང་བྱུང་དང་རང་སངས་རྒྱས་སློབ་དཔོན་མེད་པར་བསྙེན་པར་རྫོགས་པ་དང་། ལྔ་པོ་ཡེ་ཤེས་ཁོང་དུ་ཆུད་པ་དང་། འོད་སྲུང་ཆེན་པོ་སྟོན་པར་ཁས་བླངས་པ་དང་། འཆར་ལྡན་དྲི་བས་ཐུགས་བསྒྲུབ་པ་དང་། དགེ་སློང་ཆུར་ཤོག་ཅེས་བྱ་བ་དང་། སྐྱབས་སུ་འགྲོ་བའི་ཚིག་གསུམ་པ་དང་། ཡུལ་མཐའ་ཁོབ་ཏུ་འདུལ་བ་འཛིན་པ་ལྔའི་དགེ་འདུན་གྱི་ལས་དང་། དབུས་སུ་བཅུ་འདུས་པའམ། དེ་ལས་ལྷག་པ་ལས་དང་། བླ་མའི་ཆོས་ཁས་བླངས་པ་དང་། ཕོ་ཉས་དང་། དགེ་འདུན་སྡེ་གཉིས་ཀྱིས་བསྙེན་པར་རྫོགས་པའོ།། ཞེས་གསུངས། མཛོད་འགྲེལ་ལས་ཀྱང་། རང་བྱུང་གིས་ནི་སངས་རྒྱས་དང་། རང་སངས་རྒྱས་རྣམས་སོ། །ངེས་པ་ལ་འཇུག་པ་ནི་ལྔ་པོ་རྣམས་སོ། །ཆུར་ཤོག་ཅེས་བྱ་བ་ནི་གྲགས་པ་ལ་སོགས་པ་རྣམས་སོ། །སྟོན་པར་ཁས་བླངས་པ་ནི་འོད་སྲུང་ཆེན་པོའོ། །དྲི་བས་མཉེས་པར་བྱས་པ་ནི་ལེགས་བྱིན་ནོ། །བླ་མའི་ཆོས་ཁས་བླངས་པས་ནི་སྐྱེ་དགུའི་བདག་མོ་ཆེན་མོའོ། །ཕོ་ཉས་ནི་མཆོད་སྦྱིན་མའོ། །འདུལ་བ་འཛིན་པར་གདོགས་པ་ལྔས་ནི་མཐའ་ཁོབ་ཀྱི་མི་རྣམས་སོ། །བཅུའི་ཚོགས་ཀྱིས་ནི་དབུས་ཀྱི་མི་རྣམས་སོ། །སྐྱབས་སུ་འགྲོ་བ་ཚིག་གསུམ་གྱིས་ནི་སྡེ་བཟང་དྲུག་ཅུའི་ཚོགས་བསྙེན་པར་རྫོགས་པའོ། །ཞེས་གསུངས། དེ་ཡང་བདག་ཅག་གི་སྟོན་པ་དེ་མཆོད་བརྟེན་རྣམ་དག་གི་དྲུང་དུ་རང་གི་དབུ་སྐྲ་རང་གིས

བཅད་ནས་རབ་ཏུ་བྱུང་བ་དང་བསྙེན་པར་རྫོགས་པ་ཐུགས་གཏད་པ་ཙམ་གྱིས་རང་བྱུང་དང་བསྙེན་རྫོགས་ཀྱི་སྡོམ་པ་ཐོབ་(༡༡བ)པ་ན་རང་བྱུང་གི་བསྙེན་རྫོགས་དང་། རང་རྒྱལ་དགྲ་བཅོམ་པ་ཟད་མི་སྐྱེ་ཤེས་པའི་ཡེ་ཤེས་ཐོབ་པ་དང་བསྙེན་རྫོགས་ཀྱི་སྡོམ་པ་ཐོབ་པ་དུས་མཉམ་པས་རང་བྱུང་གི་བསྙེན་པར་རྫོགས་པ་ཡིན་ནོ། །གྲགས་པ་ལ་སོགས་པ་སྟོན་པའི་དྲུང་དུ་བསྙེན་རྫོགས་སྒྲུབ་ཏུ་འོངས་པ་ན། སྟོན་པས་དགེ་སློང་ཚུར་ཤོག་ཚངས་པར་མཚུངས་པར་སྤྱོད་ཅིག་ཞེས་བཀའ་སྩལ་བ་དང་། སྒྲ་དང་ཁ་སྤུ་རང་བྱི་ལ་སོང་བ་བྲེགས་ནས་ཞག་བདུན་ལོན་པའི་ཚོད་དུ་གྱུར་ཤིང་རྒྱབ་ལ་རྣམ་སྦྱར་དང་ལྷ་གོས་གྱོན། ལག་ཏུ་སྤྱི་བླུགས་དང་ལྷུང་བཟེད་ཐོགས་ནས་བསྙེན་པར་རྫོགས་ནས་ལོ་བརྒྱ་ལོན་པའི་ན་ཚོད་དུ་གྱུར་པ་ན་དེ་ཚུར་ཤོག་གི་སྒོ་ནས་བསྙེན་པར་རྫོགས་པ་ཡིན། འཁོར་ལྔ་སྡེ་ནི་སྟོན་པ་སངས་རྒྱས་ཀྱིས་བདེན་བཞིའི་ཆོས་འཁོར་བསྐོར་བ་ལ་བརྟེན་ནས་མཐོང་ལམ་ཐོབ་པའི་ཞར་ལ་བསྙེན་པར་རྫོགས་པའི་སྡོམ་པ་ཐོབ་པས་ན་དེ་རྣམས་ཡེ་ཤེས་ཁོང་ཚུད་ཀྱི་བསྙེན་པར་རྫོགས་པ་ཡིན། འོད་སྲུང་ཆེན་པོས་སྟོན་པའི་དྲུང་དུ། ཁྱོད་ནི་ངའི་སྟོན་པའོ། །ང་ནི་ཁྱོད་ཀྱི་ཉན་ཐོས་སོ། །ཞེས་ཁས་བླངས་པ་དང་བསྙེན་རྫོགས་ཀྱི་སྡོམ་པ་ཐོབ་པས་ན་དེ་སྟོན་པར་ཁས་བླངས་པའི་སྒོ་ནས་བསྙེན་པར་རྫོགས་པ་ཡིན། ལེགས་བྱིན་ལ་སྟོན་པས་ལེགས་

བྲིན་གཅིག་ཏུ་ཕན་པ་གང་། ཞེས་བཀའ་སྩལ་པའི་ལན་དུ། ཐར་པའོ། །དེ་ལ་མཐོ་བ་གང་། ཞེས་བཀའ་སྩལ་པའི་ལན་དུ། དད་པའོ། །ཞེས་ཞུས་པ་དང་བསྙེན་རྫོགས་ཀྱི་སྡོམ་པ་ཐོབ་པས་ན་དེ་དྲི་བས་བསྙེན་པར་རྫོགས་པ་ཡིན་ནོ། །དགེ་སློང་མ་སྐྱེ་རྒུའི་བདག་མོ་ནི་ཀུན་དགའ་བོ་ལ་བསྙེན་པར་རྫོགས་པར་གསོལ་བ་བཏབ་པ་ན། ཀུན་དགའ་བོས། ལྕི་བའི་ཆོས་བརྒྱད་སྒྲུབ་ནུས་སམ། ཞེས་བརྗོད་པས། ནུས་སོ། །ཞེས་ཞུས་པའི་འཕྲལ་དུ་བསྙེན་རྫོགས་ཀྱི་སྡོམ་པ་ཐོབ་པས་ན་དེ་ལ་ལྕི་བའི་ཆོས་བརྒྱད་ཁས་ལེན་གྱི་བསྙེན་པར་རྫོགས་པ་ཞེས་བརྗོད། དགེ་སློང་མ་མཆོད་སྦྱིན་མ་འཕྲིན་གྱིས་བསྙེན་པར་རྫོགས་པ་ཡིན་ཞིང་། དེའི་ཚུལ་ནི་སྒྲུབ་བྱ་འགའ་ཞིག་མཁན་སློབ་དགེ་འདུན་དང་བཅས་པའི་དྲུང་དུ་འདུག་མ་ཐུབ་པ་ན། དེའི་དྲུང་དུ་དགེ་སློང་གཅིག་གིས་སྒྲུབ་བྱ་དེའི་དོན་བྱས་ནས་དེ་ལ་སྒྲུབ་བྱ་དེའི་མིང་གི་སྒོ་ནས་བསྙེན་པར་རྫོགས་པའི་སྡོམ་པ་འབོག་པའི་ཚིག་བྱས། སླར་དགེ་སློང་དེས་སྒྲུབ་བྱ་དེའི་གན་དུ་ཕྱིན་ནས་སྔར་གྱི་ཚིག་དེ་བརྗོད་པ་ན་དེའི་རྒྱུད་ལ་སྡོམ་པ་སྐྱེས་པ་ཡིན་ཞིང་། དགེ་སློང་དེ་ལ་སྒྲུབ་བྱ་དེའི་འཕྲིན་གྱི་སློབ་དཔོན་ཞེས་བརྗོད། དེས་ན་འཕྲིན་ཚིག་གི་སྒོ་ནས་དགེ་བསྙེན་དགེ་ཚུལ་སོགས་སྒྲུབ་རུང་ངེ། དེ་མཁན་སློབ། དགེ་འདུན་དང་བཅས་པའི་ཚིག་ཡིན་པས་ན་ལྟར་གྱི་ཚིག་ཡིན་པའི་ཕྱིར། སྡེ་བཟང་དྲུག་ཅུའི་ཚིགས་ནི་བསྙེན་པར་རྫོགས

པའི་འདུན་པ་བཏང་ནས་སྐྱབས་འགྲོའི་ཚིག་ལན་གསུམ་བརྗོད་པ་དང་བསྙེན་རྫོགས་ཀྱི་སྡོམ་པ་ཐོབ་པ་ཡིན་པས་དེ་རྣམས་སྐྱབས་གསུམ་ཁས་ལེན་གྱི་བསྙེན་པར་རྫོགས་པ་ཡིན། དེས་ན་བྱང་སེམས་ཀྱི་ཚོགས་ལམ་སྐད་ཅིག་མཐའ་མ་ཐོབ་པའི་སྐྱེས་བུ་ཡིན་ན། བསྙེན་རྫོགས་ཀྱི་སྡོམ་པ་མ་ཐོབ་པས་མ་ཁྱབ་སྟེ། སྟོན་པ་བྱང་སེམས་ཚོགས་ལམ་གྱི་གནས་སྐབས་སུ(༡༢ན)བསྙེན་པར་རྫོགས་པ་ཡིན་པའི་ཕྱིར། རང་རྒྱལ་དགྲ་བཅོམ་ལ་བསྙེན་རྫོགས་ཀྱི་ཁྱབ་ཀྱང་། དེ་སློབ་པ་ལ་བསྙེན་རྫོགས་ཀྱི་མ་ཁྱབ་སྟེ། དེ་སློབ་པ་དེ་རྣམས་ཀྱིས་དེ་དགྲ་བཅོམ་གྱི་རྟོགས་པ་ཐོབ་པ་དང་བསྙེན་རྫོགས་ཀྱི་སྡོམ་པ་ཐོབ་པ་དུས་མཉམ་པའི་ཕྱིར། ལྔ་སྡེས་མཐོང་ལམ་ཐོབ་པ་དང་བསྙེན་རྫོགས་ཀྱི་སྡོམ་པ་ཐོབ་པ་དུས་མཉམ་ཀྱང་མཐོང་ལམ་ཐོབ་པའི་ཉན་ཐོས་ལ་བསྙེན་རྫོགས་ཀྱིས་མ་ཁྱབ་སྟེ། ཁྱིམ་པའི་རྟེན་ཅན་གྱི་ཉན་ཐོས་དགྲ་བཅོམ་པ་དང་རྒྱུན་ཞུགས་ཀྱང་ཡོད་པའི་ཕྱིར་ཏེ། ལྔ་སྡེ། སྡེ་བཟང་དྲུག་ཅུ། ལེགས་འབྱིན། སྐྱེ་རྒུའི་བདག་མོ་རྣམས་ཀྱིས་བསྙེན་པར་རྫོགས་ཚུལ་དེ་རྣམས་ཕྱིས་ཀྱི་གདུལ་བྱ་རྣམས་ལ་འབྱུང་བ་མ་ཡིན་ཏེ། དེ་རྣམས་རང་རང་གི་སྔོན་གྱི་སྨོན་ལམ་དང་བསོད་ནམས་ཀྱི་དབང་གིས་ཡིན་པའི་ཕྱིར། ལྔ་ཚོགས་དང་བཅུ་ཚོགས་ཀྱི་བསྙེན་པར་རྫོགས་ཚུལ་ནི། ད་ལྟར་གྱི་ཆོ་ག་ཁོ་ནའི་དབང་དུ་བྱས། ཚུར་ཤོག་གི་སྒོ་ནས་བསྙེན་པར་རྫོགས་པའི་དགེ་སློང་

ཕ་མ་ཡོད་ཀྱང་། དེའི་སྒོ་ནས་དགེ་སློབ་མ་མན་གྱི་སྡོམ་པ་ཐོབ་པ་ནི་མེད་དེ། དེ་ཡོད་པར་ལུང་ཚད་ལྡན་གང་ལས་ཀྱང་མ་བཤད་པའི་ཕྱིར། ཚུར་ཤོག་གི་སྒོ་ནས་བསྙེན་པར་རྫོགས་ཚུལ་ནི། སྟོན་པ་སངས་རྒྱས་ནས་མྱ་ངན་ལས་འདས་པའི་སྔ་རོལ་ཚུན་དུ་ཡོད། རང་བྱུང་གི་བསྙེན་རྫོགས་ནི་སངས་རྒྱས་འཇིག་རྟེན་དུ་མ་བྱོན་གོང་དུ་ཡོད་དེ། སྟོན་པ་སྟོན་སློབ་པ་ལམ་གྱི་གནས་སྐབས་སུ་བསྙེན་རྫོགས་ཀྱི་སྡོམ་པ་ཐོབ་པ་ཡིན་པའི་ཕྱིར་དང་། རང་རྒྱལ་སློབ་པ་རྣམས་ཀྱིས་རང་རྒྱལ་དགྲ་བཅོམ་གྱི་རྟོགས་པ་ཐོབ་པ་དང་བསྙེན་རྫོགས་ཀྱི་སྡོམ་པ་ཐོབ་པ་དུས་མཉམ་པའི་ཕྱིར། ཁ་ཅིག བསྙེན་པར་རྫོགས་ཚུལ་བཅུ་པོ་འདི་སྟོན་ཆོག་ཡིན་ཟེར་བ་མི་འཐད་དེ། ཡེ་ཤེས་ཁོང་ཆུད་དང་། རང་བྱུང་གི་བསྙེན་པར་རྫོགས་པ་རྣམས་ཆོ་ག་ལ་མི་ལྟོས་པའི་ཕྱིར། རང་བྱུང་དང་ཡེ་ཤེས་ཁོངས་ཆུད་དེ་རྣམས་མདོ་སྡེ་པ་སོགས་ཀྱིས་ཁས་མི་ལེན་ཏེ། དེ་རྣམས་ཀྱིས་སངས་འཕགས་དང་རང་རྒྱལ་དགྲ་བཅོམ་གང་རུང་ལ་དགེ་སློང་གིས་ཁྱབ་པ་ཁས་མི་ལེན་པའི་ཕྱིར། དེ་རྣམས་ཀྱིས་དགེ་སློང་མ་མཚོད་སྦྱིན་མ་འཕྲིན་གྱི་བསྙེན་པར་རྫོགས་པ་ཁས་ལེན་ཀྱང་། འཕྲིན་ཆོག་གི་སྒོ་ནས་དགེ་ཚུལ་སློང་གི་སྡོམ་པ་ཐོབ་པ་ཁས་མི་ལེན་ནམ་སྙམ་ཏེ། དེ་ཡོད་ན་འཕྲིན་གྱི་སྒོ་ནས་བྱང་སེམས་ཀྱི་སྡོམ་པ་ཐོབ་པ་ཡོད་དེ་སྙམ་ཏེ་དཔྱད་པར་བྱའོ། །༄ གཉིས་པ་ནི། དེ་དང་དེ་ལྟར་གྱི་ཆོ་ག་ལ་ཁྱད་པར་

ཅེ་ཡོད་ཞེ་ན། དེ་ཡོད་དེ་ཡུལ་གྱི་ཁྱད་པར། རྟེན། ཚོག འབྲས་བུའི་ཁྱད་པར་དང་བཞི་ཡོད་པའི་ཕྱིར། དང་པོ་འཆད་པ་ལ། དགེ་འདུན་ཐམས་ཅད་འདུས་པ་ན། ཞེས་གསུངས་པའི་ཕྱིར། གཉིས་པ་ལ། ཆ་ལུགས་གསུམ་པས་འཇུག་ཚུལ། སྤྱོད་ལམ། གསོལ་བ་འདེབས་ཚུལ་གྱི་ཁྱད་པར་རིམ་པ་བཞིན་སྟོན་པ་ལ། ཆ་ལུགས་འདི་བཞིན་བྱས། ཀུན་རིམ་ལ་ཕྱག་འཚལ་ཏེ། ཐལ་མོ་སྦྱར་ཙོག་ཙོག་པོར་འདུག་ཅིང་། གསོལ་བ་བཏབ་པར་གྱུར་པ་གསུམ་དང་ཞེས་པ་རྣམས་གསུངས། གསུམ་པ་སྟོན་པ་ལ། གསོལ་བ་དང་བཞིའི་ལས་ཀྱི། ཞེས་གསུངས། བཞི་པ་སྟོན་པ་ལ། གཅིག་ཅར། ཞེས་སོགས་གསུངས། གྱུར་པ་ལྔ་བུ་ནི། ཞེས་སོགས་ཀྱི། སྟོན་ཚོག་ད་ཚོག་ལས་གཞན་ཡིན། ཞེས་བསྟན། དེས་ན་དེ་ཉིད་ལ་ཡུལ་གྱི་ཁྱད་ཡོད་དེ། དང་པོའི་ཚེ་མཚམས་ནང་དེ་ན་གནས་པའི་དགེ་སློང་ཐམས་ཅད་འདུ་དགོས། ཕྱི་མའི་ཚེ་འདུ་བར་(༡༢བ)འོས་ཤིང་འདུ་མ་ནུས་པའི་དགེ་སློང་ལ་འདུན་པ་དང་ཡོངས་དག་བླང་བའི་སྒོ་ནས་བསྙེན་རྫོགས་སྒྲུབ་ཏུ་རུང་བའི་ཕྱིར། དེ་གཉིས་ལ་རྟེན་གྱི་ཁྱད་པར་ཡོད་དེ། དང་པོ་དེ་སྦྱང་སྟོབས་ཀྱིས་རྒྱུད་སྨིན་པ། སྐྱེས་སྟོབས་ཀྱིས་ཤེས་རབ་ཆེ་བས་ཤེས་རབ་སྨིན་པ། དད་སོགས་དབང་པོ་རྣོ་བས་དབང་པོ་སྨིན་པ་རྣམས་སྟེ་སྨིན་པ་གསུམ་ཤས་ཆེ་བ། ཉོན་མོངས་པ། ལས། རྣམ་སྨིན་གྱི་སྒྲིབ་པ་གསུམ་ཤས་ཆུང་བའི་གདུལ་བྱ་ལ་གནང་། ཕྱི་མ་དེ་

ལས་ལྡོག་པའི་གདུལ་བྱ་ལ་གནང་བའི་ཕྱིར། དེ་གཉིས་ཆ་ལུགས་ལ་མི་འདྲ་བའི་ཁྱད་པར་ཡོད་དེ། དང་པོའི་ཚེ་ཆོས་གསུམ་མཁན་པོས་མ་གནང་བར་སྒྲུབ་བྱ་རང་ཉིད་ཀྱིས་གྱོན་པས་ཆོག ཕྱི་མའི་ཚེ་མཁན་པོས་བྱིན་རླབས་བྱས་ནས་གྱོན་དགོས་པའི་ཕྱིར། དེ་གཉིས་ལ་གུས་པས་འདུད་པའི་ཁྱད་པར་ཡོད་དེ། དང་པོའི་ཚེ་སྒྲུབ་བྱ་དགེ་འདུན་ལ་ཕྱག་ཚན་གཅིག་གིས་ཆོག ཕྱི་མའི་ཚེ་ཕྱག་ཚན་བཅུ་གཅིག་དགོས་པའི་ཕྱིར། དེ་གཉིས་ལ་སྤྱོད་ལམ་གྱི་ཁྱད་པར་ཡོད་དེ། དང་པོའི་ཚེ་ཐལ་མོ་སྦྱར། ཙོག་ཙོག་པོར་ཡུན་ཐུང་དུས་བསྡད་ཆོག ཕྱི་མའི་ཚེ་རྩ་ཕ་གུའི་སྟེང་དུ་ཐལ་མོ་སྦྱར་ཙོག་ཙོག་པོར་ཡུན་རིང་པོར་གནས་དགོས་པའི་ཕྱིར། དེ་གཉིས་ལ་གསོལ་བ་འདེབས་ཚུལ་གྱི་ཁྱད་པར་ཡོད་དེ། དང་པོའི་ཚེ་སྒྲུབ་བྱ་རང་ཉིད་ཀྱིས་གསོལ་བ་འདེབས་པས་ཆོག །ཕྱི་མའི་ཚེ་མཁན་པོས་ངོ་ཆེན་བྱས། ལས་སློབ་ཀྱིས་བརྡ་སྦྲད་ནས་གསོལ་བ་འདེབས་དགོས་པའི་ཕྱིར། དེ་གཉིས་ལ་ཚོ་གའི་ཁྱད་པར་ཡོད་དེ། དང་པོའི་ཚེ་འགལ་རྐྱེན་བཞི་དང་བྲལ་བར་དྲི་མི་དགོས་ཤིང་། མཐུན་རྐྱེན་ལྔ་ཚང་བ་ཡང་མི་དགོས། ཕྱི་མའི་ཚེ་དེ་ལྟར་དགོས་པའི་ཕྱིར། དེ་གཉིས་ལ་འབྲས་བུའི་ཁྱད་པར་ཡོད་དེ། དང་པོའི་ཚེ། དགེ་བསྙེན། དགེ་ཚུལ། བར་མ་རབ་བྱུང་གི་ཚུལ་ཁྲིམས་གསུམ་སྔོན་དུ་མ་སོང་བར་རབ་བྱུང་བསྙེན་རྫོགས་གཅིག་ཅར་དུ་སྒྲུབ་པའི་ཆོག ཕྱི་མ་ལ་བརྟེན་ནས་ཉེས་མེད་ཕུན་

ཚོགས་ཀྱི་བསྙེན་རྫོགས་བསྒྲུབ་པའི་ཚེ་དེ་གསུམ་སྔོན་དུ་འགྲོ་དགོས་པའི་ཕྱིར་ཏེ། འདི་ཉིད་ལས། དགེ་བསྙེན་ཉིད་དང་། ཞེས་སོགས་གསུངས་པའི་ཕྱིར། དེས་ན་སྔོན་ཆོག་ལ་བརྟེན་ནས་ཐོབ་པའི་རབ་བྱུང་གི་ཚུལ་ཁྲིམས་ལ་བར་མའི་ཚུལ་ཁྲིམས་ཞེས་བརྗོད་མི་རིགས་ཏེ། དེ་དགེ་བསྙེན་གྱི་སྡོམ་པ་དང་། དགེ་ཚུལ་གྱི་སྡོམ་པའི་བར་དུ་ཐོབ་པ་མ་ཡིན་པའི་ཕྱིར། དེས་ན་སྔོན་ཆོག་ཡིན་ན་གསོལ་བཞིའི་ཆོ་ག་ཡིན་དགོས་ཏེ། ཊཱི་ཀཱ་ལས། སྔོན་གྱི་ཆོ་ག་ནི་རྣམ་པ་དེ་ལྟར་དུ་རིག་པར་བྱ་བ་ཡིན་གྱི་གཞན་ནི་མ་ཡིན་ནོ། །ཞེས་གསུངས་པའི་ཕྱིར། དེས་ན་སྔོན་ཆོག་ལ་བརྟེན་ནས་དགེ་བསྙེན་དང་དགེ་ཚུལ་གྱི་སྡོམ་པ་ནི་མེད་དེ། དེ་བསྙེན་རྫོགས་ཁོ་ན་སྒྲུབ་པའི་ཆོག་ཡིན་པའི་ཕྱིར།

༄ ད་ལྟར་གྱི་ཆོ་ག་བཤད་པ།

གཉིས་པ་ལ། སྡོམ་པ་མ་ཐོབ་པ་ཐོབ་པར་བྱེད་པའི་ཐབས། ཐོབ་པ་མི་ཉམས་པར་བསྲུང་བའི་ཐབས། འགལ་རྐྱེན་བར་ཆད་ཀྱི་སྤྲོས་པ་བསལ་བ་དང་གསུམ།

༄ སྡོམ་པ་མ་ཐོབ་པ་ཐོབ་པར་བྱེད་པའི་ཐབས་ལ་གཉིས་ལས་ཚོགས་སྔ་མ་དགེ་ཚུལ་དུ་སྒྲུབ་པའི་ཆོ་ག

དང་པོ་ལ་ཚོགས་སྔ་མ་དགེ་ཚུལ་དུ་སྒྲུབ་པའི་ཆོ་ག་དང་། ཚོགས་ཕྱི་

མ་བསྙེན་རྫོགས་དུ་སྒྲུབ་པའི་ཚོ་ག་གཉིས། དང་པོ་ལ་སྦྱོར་བའི་ཚོ་ག་དང་། དངོས་གཞིའི་ཚོ་ག་མཇུག་ཐ་མའི་རྣམ་གཞག་འཆད་པ་དང་གསུམ། དང་པོ་འཆད་པ་ལ་རབ་ཏུ་འབྱུང་བ་དང་། བསྙེན་པར་རྫོགས་པ། ཞེས་སོགས་གསུངས། འོ་ན་ད་ཆོག་དུས་ནམ་གྱི་ཚེ་བྱུང་ཞེ་ན། ཁ་ཅིག་སྟོན་པ་(༡༣ན)སངས་རྒྱས་ནས་ལོ་བཅུ་གསུམ་ནས་བྱུང་ཏེ། དེ་ཚུན་བསྟན་པ་སྐྱོན་མེད་དུ་གནས་པའི་ཕྱིར། ཟེར་ན། རང་ལུགས་ནི། དེ་སངས་རྒྱས་ནས་ལོ་དྲུག་ནས་བྱུང་ཏེ། དེའི་དུས་ཤ་རིའི་བུས་མཁན་པོ་མཛད་ནས་འཆར་ཀ་ད་ཆོག་གི་རབ་ཏུ་བྱུང་བ་དང་བསྙེན་པར་རྫོགས་པ་ལུང་ལས་བཤད་པའི་ཕྱིར། དགེ་བསྙེན་ཉིད་དང་། ཞེས་སོགས་ཀྱི་དགོངས་འགྲེལ་ནི་དགེ་འདུན་ཐམས་ཅད་འདུས་པ་ན། ཞེས་སོགས་ཀྱི་སྐབས་སུ་སྟོན་ཆོག་ལ་བརྟེན་ནས་བསྙེན་རྫོགས་སྒྲུབ་ཚུལ་བསྟན་པ་ལ་ཁོ་ན་རེ། ད་ཆོག་ལ་བརྟེན་ནས་བསྙེན་རྫོགས་སྒྲུབ་ཚུལ་དེ་ཇི་ལྟ་བུ་ཞེ་ན། དེ་ལ་བརྟེན་ནས་ཉེས་མེད་ཕུན་ཚོགས་ཀྱི་སྒོ་ནས་བསྙེན་རྫོགས་ཀྱི་སྡོམ་པ་ཐོབ་པ་ལ་མཁན་སློབ་ལ་བལྟོས་དགོས་སོ་ཞེས་འཆད་པ་ལ། རབ་ཏུ་བྱུང་བ་དང་། ཞེས་སོགས་གསུངས། བསྒྲུབ་བྱ་དེའི་མཁན་པོར་འོས་པའི་དགེ་སློང་དེའི་བྱ་བ་དེ་ཇི་ལྟ་བུ་ཞེ་ན། དེས་རང་གི་སྒྲུབ་བྱ་བར་ཆད་དང་ལྡན་མི་ལྡན་དྲིས་ནས་མི་ལྡན་ན་ཁོ་བོས་ཁྱོད་རབ་ཏུ་འབྱུང་ངོ་ཞེས་བརྗོད་དགོས་ཞེས་འཆད་པ་ལ། དང་པོའི་མཁན་པོ་ཉིད་

ཀྱིས་ཞེས་སོགས་གསུངས། ད་ཆོག་ལ་བརྟེན་ནས་ཉེས་མེད་ཕུན་ཚོགས་ཀྱི་དགེ་སློང་གི་སྡོམ་པ་ཐོབ་པ་ལ་དགེ་བསྙེན་དང་དགེ་ཚུལ་གྱི་སྡོམ་པ་སྔོན་དུ་འགྲོ་དགོས་སོ་ཞེས་འཆད་པ་ལ། དགེ་བསྙེན་ཉིད་དང་། ཞེས་སོགས་གསུངས། དགེ་བསྙེན་དང་དགེ་ཚུལ་གྱི་སྡོམ་པ་སྦྱིན་པའི་སྔོན་དུ་སྐྱབས་འགྲོ་འགྲོ་དགོས་ཞེས་འཆད་པ་ལ། སྐྱབས་སུ་འགྲོ་བར། ཞེས་སོགས་གསུངས། དེ་གཉིས་ཀྱི་སྡོམ་པ་སྦྱིན་པའི་འོག་ཏུ་བསླབ་བྱ་བརྗོད་དགོས་ཞེས་འཆད་པ་ལ། དེ་ཡི་འོག་ཏུ། ཞེས་སོགས་གསུངས། ངག་དོན་ནི། ད་ཆོག་ལ་བརྟེན་ནས་སྡོམ་པ་གསུམ་པོ་སྔ་མ་སྔ་མ་སྔོན་དུ་མ་སོང་བར་ཕྱི་མ་ཕྱི་མ་སྦྱིན་དུ་མི་རུང་སྟེ། སྦྱིན་ན་བསྟན་པ་ལ་རིམ་གྱི་མ་བསླབ་པའི་ཉེས་བྱས་སུ་འགྱུར་བའི་ཕྱིར། སྤྱི་དོན་ལ། དགོས་དོན་དང་། བསྡུས་དོན་གཉིས། དང་པོ་ནི། ད་ཆོག་ལ་བརྟེན་ནས་སྡོམ་པ་གསུམ་རིམ་གྱིས་སྦྱིན་པ་ལ་དགོས་པ་ཡོད་དེ། བསྟན་པ་ལ་རིམ་གྱིས་མ་བསླབ་པའི་ཉེས་བྱས་མི་འབྱུང་བ་དང་། མཁན་སློབ་དགེ་འདུན་དང་བཅས་པ་ལ་ཡང་ཆོག་དང་འགལ་བའི་ཉེས་བྱས་མི་འབྱུང་བ་དང་། སློབ་བྱའི་རྒྱུད་ལ་སྡོམ་པ་བརྟན་པའི་ཆེད་ཡིན་པའི་ཕྱིར། གཉིས་པ་ལ། སྡོམ་པ་གསུམ་སྔ་མ་སྔ་མ་སྔོན་དུ་མ་སོང་བར་ཕྱི་མ་ཕྱི་མ་སྦྱིན་ན་སྐྱེ་མི་སྐྱེ་དཔྱད་པ། དེ་གསུམ་སྔ་མ་སྔ་མ་སྦྱིན་མ་ཐག་ཏུ་ཕྱི་མ་ཕྱི་མ་སྦྱིན་དུ་རུང་མི་རུང་དཔྱད་པ། སྡོམ་པ་གསུམ་ལ་གནས་པའི་གང་ཟག་བཤད་པ

དང་གསུམ། དང་པོ་ནི། ད་ཆོག་ལ་བརྟེན་ནས་དེ་གསུམ་སྔ་མ་སྔ་མ་སྔོན་དུ་མ་སོང་བར་ཕྱི་མ་ཕྱི་མ་སྦྱིན་ན་སྐྱེས་ལ་ཉེས་བྱས་སུ་འགྱུར་ཏེ། འདི་ཉིད་ལས། ཆོག་སྔ་མེད་པ་ཉིད་ནི་ཉེས་བྱས་ཙམ་དུ་ཟད་དོ། །ཞེས་དང་། ཊཱི་ཀཱ་ལས། ཉེས་བྱས་ཙམ་དུ་ཟད་ཀྱི་སྡོམ་པ་ནི་སྐྱེའོ། ཞེས་དང་། དེས་ན་དགེ་བསྙེན་དང་དགེ་ཚུལ་གྱི་སྡོམ་པ་ལ་བསྙེན་རྫོགས་ཀྱི་སྐབས་སྔོན་པའི་རྒྱུ་མཚན་ཡོད་དེ། བསྙེན་རྫོགས་ཀྱི་ཆོག་ཟུར་གྱི་རྫོགས་པ་ནི་མྱང་འདས་ལ་འཇུག་ཅིང་། བསྙེན་པ་ནི་དེ་ལ་ཉེ་བར་འཇུག་པ་གང་ཞིག སྡོམ་པ་དེ་གཉིས་མྱང་འདས་ལ་ཉེ་བའི་རྒྱུ་མཚན་གྱིས་དེ་ལྟར་བརྗོད་པའི་ཕྱིར། དེ་ཡང་བར་མ་རབ་བྱུང་གི་ཚུལ་ཁྲིམས་སྔོན་དུ་མ་སོང་བར་དགེ་ཚུལ་གྱི་སྡོམ་པ་ཐོབ་པ་ཡོད་དེ། མཁན་(༡༣བ)པོ་མེད་པར་དེ་གཉིས་ཐོབ་པ་ཡོད་པ་གང་ཞིག   བར་མ་རབ་བྱུང་གི་ཚུལ་ཁྲིམས་ཐོབ་པ་མཁན་པོ་ལ་རག་ལས་པའི་ཕྱིར། དང་པོ་གྲུབ་སྟེ། འདི་ཉིད་ལས། དེ་དང་ལྡན་པ་ལྟར་མཁན་པོ་མེད་པ་ཉིད་ལ་ཡང་ངོ་། །ཞེས་གསུངས་པའི་ཕྱིར། གཉིས་པ་ནི། དེ་གསུམ་སྔ་མ་སྔ་མ་སྦྱིན་མ་ཐག་ཏུ་ཕྱི་མ་ཕྱི་མ་སྦྱིན་ཏུ་རུང་སྟེ། སྔ་མ་སྔ་མ་སྦྱིན་པས་སྔ་མ་སྔ་མའི་དུས་གོ་དང་བསླབ་བྱ་མ་བརྗོད་པར་ཕྱི་མ་ཕྱི་མ་སྦྱིན་དུ་རུང་བའི་ཕྱིར་ཏེ། ཕྲན་ཚེགས་ལས། ཡོ་བྱད་དྲུག་པོ་དག་ཚོགས་ན་རབ་ཏུ་བྱུང་བ་དང་བསྙེན་པར་རྫོགས་པར་གནང་ངོ་། །ཞེས་གསུངས་པའི་ཕྱིར་དང་། དེ་གསུམ་དཀྱུས་ཐོག་གཅིག་

ལ་ལེན་པའི་ཚེ་དགེ་སློང་གི་བསླབ་བྱ་དང་དུས་གོ་བརྗོད་པ་ལས་ལོགས་སུ་རབ་བྱུང་གཞན་གཉིས་ཀྱི་དེ་བརྗོད་མི་དགོས་པའི་ཕྱིར། རབ་བྱུང་གི་བསླབ་བྱ་རྣམས་ཀྱི་ནང་ནས་དགེ་སློང་གི་དེ་གཙོ་ཆེ། རབ་བྱུང་གི་སྡོམ་པ་ཐོབ་པའི་དུས་མཚམས་རྣམས་ཀྱི་ནང་ནས་དགེ་སློང་གི་དེ་ཐོབ་པའི་དུས་མཚམས་གཙོ་ཆེ་བའི་ཕྱིར་ཏེ། དགེ་བསྙེན་གྱི་སྡོམ་པ་ལ་ཁྲིམ་པའི་སྡོམ་པས་ཁྱབ་ཀྱང་། དེའི་རྟེན་ཅན་གྱིས་མ་ཁྱབ་པ་དང་། དགེ་ཚུལ་གྱི་སྡོམ་པ་ལ་ཡང་དེའི་རྟེན་ཅན་གྱིས་མ་ཁྱབ་སྟེ། སྡོམ་གསུམ་རིམ་གྱིས་བླངས་པའི་དགེ་སློང་རྒྱུད་ལ་སྡོམ་པ་དེ་གཉིས་ཡོད་པའི་ཕྱིར། དེས་ན་ཁྲིམ་པའི་རྒྱུད་ལ་དགེ་ཚུལ་ཡན་གྱི་སྡོམ་པ་མེད་ཅིང་། དགེ་ཚུལ་གྱི་རྒྱུད་ལ་དགེ་སློང་གི་སྡོམ་པ་མེད་དེ། དགེ་སློང་ཁྲིམ་པར་འབབ་པ་ན་དགེ་སློང་གི་སྡོམ་པ་འབུལ་དགོས། དགེ་ཚུལ་ཁྲིམ་པར་འབབ་པ་ན་དེའི་སྡོམ་པ་འབུལ་དགོས་པའི་ཕྱིར། ཁ་ཅིག ཉེས་མེད་ཕུན་ཚོགས་ཀྱི་དགེ་སློང་གི་སྡོམ་པ་ཡིན་ན། སྡོམ་པ་སྔ་མ་སྔོན་དུ་སོང་བས་ཁྱབ་ཟེར་བ་མི་འཐད་དེ། ཚུར་ཞོག་གི་བསྙེན་རྫོགས་ཀྱི་སྡོམ་པ་ཡིན་ན། ཉེས་མེད་ཕུན་ཚོགས་ཀྱི་སྡོམ་པ་ཡིན་དགོས། དེ་ཡིན་ན་སྡོམ་པ་སྔ་མ་སྔོན་དུ་མ་སོང་བའི་ཁྱབ་པའི་ཕྱིར། ད་ཚོག་ལ་བརྟེན་ནས་བུད་མེད་ཉེས་མེད་ཕུན་ཚོགས་ཀྱི་དགེ་སློང་མར་སྒྲུབ་པའི་ཚེ་དགེ་ཚུལ་མའི་སྡོམ་པ་སྦྱིན་མ་ཐག་ཏུ་དགེ་སློང་མའི་སྡོམ་པ་སྦྱིན་དུ་མི་རུང་ཏེ། དེ་ལོ་གཉིས་བར་དུ་

དགེ་སློབ་མའི་སྡོམ་པ་སྦྱིན་དགོས་པའི་ཕྱིར་ཏེ། འདི་ཉིད་ལས། བུད་མེད་ལ་ནི་དགེ་སློབ་མ་ཞེས་བྱ་བའི་ཚོགས་གཞན་ཡོད་དོ། །ཞེས་གསུངས་པའི་ཕྱིར། ཉེས་མེད་ཕུན་ཚོགས་ཀྱི་དགེ་སློང་མའི་སྡོམ་པ་ཡིན་ན། དགེ་སློབ་མའི་སྡོམ་པ་སྔོན་དུ་སོང་བས་མ་ཁྱབ་སྟེ། ཚུར་ཞོག་དང་སྔོན་ཆོག་གི་སྒོ་ནས་དགེ་སློང་མའི་སྡོམ་པ་ཐོབ་པ་ཡོད་པའི་ཕྱིར། ཁ་ཅིག ད་ཆོག་ལ་བརྟེན་ནས་ཐོབ་པའི་ཉེས་མེད་ཕུན་ཚོགས་ཀྱི་དགེ་སློང་མའི་སྡོམ་པ་ཡིན་ན། དེ་ལྟར་ཁྱབ་ཟེར་བ་མི་འཐད་དེ། ད་ཆོག་ལ་བརྟེན་ནས་ཉེས་མེད་(༡༩ན)ཕུན་ཚོགས་ཀྱི་དགེ་སློང་གི་སྡོམ་པ་ཐོབ་པའི་དགེ་སློང་ཕ་དེ་མར་མཚན་གྱུར་པའི་དགེ་སློང་མ་དེས་ད་ཆོག་ལ་བརྟེན་ནས་ཉེས་མེད་ཕུན་ཚོགས་ཀྱི་དགེ་སློང་མའི་སྡོམ་པ་ཐོབ་པའི་ཕྱིར་ཏེ། དེས་དེ་ལ་བརྟེན་ནས་ཉེས་མེད་ཕུན་ཚོགས་ཀྱི་དེའི་སྡོམ་པ་ཐོབ་པའི་ཕྱིར། རིགས་པ་དེ་ལ་བརྟེན་ནས་བུད་མེད་ཀྱི་རྟེན་ལ་དགེ་བསྙེན་དང་དགེ་ཚུལ་གྱི་སྡོམ་པ་ཐོབ་ཅིང་། ད་ཆོག་ལ་བརྟེན་ནས་ཉེས་མེད་ཕུན་ཚོགས་ཀྱི་དགེ་སློང་མའི་སྡོམ་པ་ཡིན་ན། དགེ་སློབ་མའི་སྡོམ་པ་སྔོན་དུ་སོང་བ་ཁྱབ་ཟེར་བ་མི་འཐད་དེ། བུད་མེད་ཀྱི་རྟེན་ལ་དགེ་བསྙེན་དང་དགེ་ཚུལ་གྱི་སྡོམ་པ་ཐོབ། དེ་རྗེས་སྐྱེས་པར་མཚན་གྱུར་ནས། དེའི་རྟེན་ལ་ད་ཆོག་ལ་བརྟེན་ནས་ཉེས་མེད་ཕུན་ཚོགས་ཀྱི་དགེ་སློང་གི་སྡོམ་པ་ཐོབ་པའི་དགེ་སློང་ཕ་དེ་མར་མཚན་གྱུར་པ་ཡོད་པའི་ཕྱིར། ༈ གསུམ་པ་

ལ། དགེ་བསྙེན། དགེ་ཚུལ། དགེ་སློང་བཤད་པ་དང་གསུམ། དང་པོ་ནི། དགེ་བསྙེན་དང་། དགེ་ཚུལ་གང་རུང་གང་ཞིག ལོག་གཡེམ་ལ་སོགས་པའི་རྩ་བ་བཞི་དང་། ཆང་ལ་སོགས་པ་རང་གི་ངོ་སྐལ་གྱི་སྤང་བྱའི་གཙོ་བོར་བྱས་ནས་སྤོང་བའི་རབ་ཏུ་མ་བྱུང་བའི་ཁྱིམ་པའི་རིགས་ཅན་གྱི་སྡོམ་བརྩོན་གྱི་སྐྱེ་བུ་དེ། དགེ་བསྙེན་གྱི་མཚན་ཉིད། དེ་ལ་སྒྲུབ་བརྗོད་རིགས་ཀྱི་སྒོ་ནས་དབྱེ་ན། མདོ་ལས་བཤད་གསུངས་ཏེ། སྐྱབས་འགྲོ་ཙམ་ལ་གནས་པའི་དགེ་བསྙེན་གྱི་མིང་ཅན་གྱི་སྐྱེས་བུ་དེ། སྐྱབས་གསུམ་འཛིན་པའི་དགེ་བསྙེན་ཡིན། དགེ་བསྙེན་གྱི་སྤང་བྱ་ལྔའི་ནང་ནས་སྣ་གཅིག་ཙམ་སྤོང་བའི་དེའི་མིང་ཅན་གྱི་སྐྱེས་བུ་དེ། སྣ་གཅིག་སྤྱོད་པའི་དེ་ཡིན། དེ་གཉིས་ཙམ་སྤོང་བའི་དེའི་མིང་ཅན་གྱི་སྐྱེས་བུ་དེ། སྣ་འགའ་སྤྱོད་པའི་དེ་ཡིན། དེ་གསུམ་ཙམ་བཞི་ཙམ་སྤོང་བའི་དེའི་མིང་ཅན་གྱི་སྐྱེས་བུ་དེ། ཕལ་ཆེར་སྤྱོད་པའི་དེ་ཡིན། དེ་རྣམས་དགེ་བསྙེན་བཏགས་པ་བ་ཡིན། མི་ཚངས་སྤྱོད་མི་སྤོང་ལོག་གཡེམ་སྤོང་བའི་དགེ་བསྙེན་དེ། ཡོངས་རྫོགས་དགེ་བསྙེན་ཡིན། མི་ཚངས་སྤྱོད་སྤོང་བའི་དེ། ཚངས་སྤྱོད་དགེ་བསྙེན་ཡིན། དགེ་བསྙེན་གྱི་སྡོམ་པ་འཕེལ་ཞིང་བརྟན་པའི་ཕྱིར་དུ་བསྙེན་གནས་ཡན་ལག་བརྒྱད་པ་ཇི་སྲིད་འཚོའི་བར་དུ། བསྲུང་བར་ཁས་བླངས་པའི་རབ་བྱུང་གི་ཆ་ལུགས་བཟུང་བའི་དགེ་བསྙེན་དེ། གོ་མིའི་དགེ་བསྙེན་ཡིན། དེ་རྣམས་ཀྱིས་བསྙེན་གནས་བསྲུངས་པ་ལ་བརྟེན་ནས་དགེ་བསྙེན་གྱི་

སྡོམ་པ་འཕེལ་ཞིང་བརྟན་པ་ཡིན་ཏེ། བསྙེན་གནས་དེ་རྣམས་ལ་གསོ་སྦྱོང་དུ་བཤད་པའི་ཕྱིར། དེས་ན་ཕྱི་མ་གསུམ་དགེ་བསྙེན་མཚན་ཉིད་པ་ཡིན། མི་ཚངས་སྤྱོད་དང་ལོག་གཡེམ་གྱི་ཁྱད་པར་ནི། སྐྱེས་པ་རང་གིས་བདག་ཏུ་བཟུང་བའི་བུད་མེད་ལ་ལོངས་སྤྱོད་པ་ནི་མི་ཚངས་སྤྱོད་ཡིན་གྱིས་ལོག་གཡེམ་མ་ཡིན། སྐྱེས་པ་གཞན་གྱིས་བདག་ཏུ་བཟུང་བའི་བུད་མེད་དང་། བུད་མེད་སྦྲུམ་མ་དང་། རྟེན་གསུམ་གྱི་དྲུང་དུ་ལོངས་སྤྱོད་པ་ནི་ལོག་གཡེམ་ཡིན། གཉིས་པ་ནི། རབ་བྱུང་སྡེ་ལྔ་གང་རུང་གང་ཞིག རྩ་བ་བཞི་པོ་སོགས་སྤང་བྱ་བཅུ་པོ་རང་གི་ངོ་སྐལ་གྱི་སྤང་བྱའི་གཙོ་བོར་བྱས་ནས་སྤངས་པས་རབ་ཏུ་ཕྱེ་ བའི་རབ་བྱུང་སྡོམ་ལྡན་གྱི་སྐྱེས་བུ་དེ། དགེ་ཚུལ་གྱི་མཚན་ཉིད་ཡིན། མིག་མཆི་མས་གང་བའི་སྐྱེས་བུ་དང་འདྲ་བའི་དགེ་ཚུལ་ཞེས་བརྗོད་ཅིང་། དེ་འདྲའི་རྒྱུ་མཚན་ཡང་ཡོད་དེ། དེ་འདྲའི་སྐྱེས་བུས་ཐག་ཉེའི་གཟུགས་མཐོང་། རིང་བའི་གཟུགས་མི་མཐོང་བ་ལྟར། དགེ་ཚུལ་ཡང་རང་གི་བསླབ་བྱ་ཉན་པའི་སྣོད་དུ་རུང་། དགེ་སློང་ཐུན་མོང་མ་ཡིན་པའི་བསླབ་བྱ་ཉན་པའི་སྣོད་དུ་མི་རུང་བའི་རྒྱུ་མཚན་གྱིས་ཡིན་པའི་ཕྱིར། གསུམ་པ་ནི། རབ་བྱུང་སྡེ་ལྔ་པོ་གང་རུང་གང་ཞིག རབ་བྱུང་གི་ཁ་ན་མ་ཐོ་བ་མཐའ་དག་རང་གི་ངོ་སྐལ་གྱི་སྤང་བྱའི་གཙོ་བོར་བྱས་ནས་སྤོང་བའི་བསྟན་པ་ལ་ཞུགས་པ་ཡོངས་རྫོགས་ཀྱི་སྐྱེས་བུ་དེ། དགེ་སློང་གི་མཚན་ཉིད་ཡིན། དོན་དམ་

པའི་དགེ་བར་བྱེད་པའི་མྱང་འདས་སྒྲུབ་ཅིང་། ཆོས་དང་ལྡན་པའི་བསོད་སྙོམས་སློང་བས་དགེ་སློང་ཞེས་བརྗོད་དོ། །དགེ་སློང་གི་སྡོམ་པ་དེས་རབ་བྱུང་གི་ཁ་ན་མ་ཐོ་བ་མཐའ་དག་སྤང་བྱའི་གཙོ་བོར་བྱེད་པས་ན་དགེ་སློང་ལ་བསྙེན་པ་ལ་ཞུགས་པ་ཡོངས་རྫོགས་ཀྱི་སྐྱེས་བུ་དང་། དགེ་སློབ་མ་མན་གྱི་སྡོམ་པས་དེ་ལྟར་མི་བྱེད་པས་དེ་མན་གྱི་སྐྱེས་བུ་ལ་བསྙེན་པ་ལ་ཞུགས་པ་ཡོངས་སུ་རྫོགས་པའི་སྐྱེས་བུ་ཞེས་མི་བརྗོད་དོ།།

འོ་ན་སྐབས་འགྲོ་སྔོན་དུ་བཏང་ནས་(༡༩བ)དགེ་བསྙེན་བསྒྲུབ་ན་དེ་སྒྲུབ་ཚུལ་དེ་ཇི་ལྟ་བུ་ཞེ་ན། རབ་བྱུང་གི་དྲུང་དུ་སྒྲུབ་ན། བཙུན་པ་དགོངས་སུ་གསོལ། ཞེས་པ་ནས། བརྗོད་པ་དང་པོ་གཉིས་ལ། བདག་དགེ་བསྙེན་དུ་བཙུན་པས་བཟུང་དུ་གསོལ། ཞེས་བརྗོད། བརྗོད་པ་གསུམ་པའི་འཇུག་ཏུ། བདག་དགེ་བསྙེན་དུ་སློབ་དཔོན་གྱིས་བཟུང་དུ་གསོལ། ཞེས་བརྗོད་དགོས་ཏེ། དེ་གསུམ་པའི་འཇུག་ཏུ་དགེ་བསྙེན་དུ་ཞེས་པའི་ཚིག་རྫོགས་འཚམས་སུ་སྒྲུབ་བྱ་དེའི་རྒྱུད་ལ་དགེ་བསྙེན་གྱི་སྡོམ་པ་སྐྱེས་པ་ནས་ཡུལ་དེ་སྒྲུབ་བྱ་དེའི་སློབ་དཔོན་གྱུར་པ་ཡིན་པའི་ཕྱིར། རིགས་པ་དེ་ལ་བརྟེན་ནས་བསྙེན་གནས་དང་དགེ་ཚུལ་གྱི་སྡོམ་པ་འབོག་པའི་ཚོ་ག་དང་། ཐོབ་པའི་དུས་མཚམས་སྒྲུབ་ཚུལ་རྣམས་ཀྱང་ཤེས་པར་བྱའོ། །བསྙེན་གནས་ཀྱི་སྡོམ་པ་ལེན་པའི་དུས་མཚམས་ལ་མི་འདྲ་བའི་ཁྱད་པར་ནི། དེ་ལེན་པའི་ཚེ་གཞན་རྣམས་འདྲ་བ་ལ་ཇི་སྲིད་

འཆོའི་བར་དུ་ཞེས་པའི་ཚབ་ཏུ་དུས་འདི་ནས་བཟུང་སྟེ་སང་ཉི་མ་མ་ཤར་རྟུན་དུ་ཞེས་བརྗོད་དོ། །ཁོ་ན་རེ། ད་ཆོག་ལ་བརྟེན་ནས་ཉེས་མེད་ཕུན་ཚོགས་ཀྱི་དགེ་སློང་མའི་སྡོམ་པ་ཐོབ་པའི་མ་དེ་ཕར་མཚན་གྱུར་པའི་ཕའི་སྡོམ་པ་དེ་ད་ཆོག་ལ་བརྟེན་ནས་ཐོབ་པར་ཐལ། ད་ཆོག་ལ་བརྟེན་ནས་ཉེས་མེད་ཕུན་ཚོགས་ཀྱི་ཕའི་སྡོམ་པ་ཐོབ་པའི་ཕ་དེ་མར་མཚན་གྱུར་པའི་མའི་སྡོམ་པ་དེ་ད་ཆོག་ལ་བརྟེན་ནས་ཐོབ་པའི་ཕྱིར། འདོད་ན། དེ་འདྲའི་དགེ་སློང་ཕ་དེ་ད་ཆོག་ལ་བརྟེན་ནས་བསྙེན་རྫོགས་ཀྱི་སྡོམ་པ་ཐོབ་པར་ཐལ། འདོད་པའི་ཕྱིར། འདོད་ན། དེ་མ་ཆོག་ལ་བརྟེན་ནས་དེ་ཐོབ་པར་ཐལ་ལོ། །འདོད་མི་ནུས་ཏེ། དེ་ཕ་ཡིན་པའི་ཕྱིར་ན་མ་ཁྱབ་སྟེ། གསལ་བ་དེར་ཐལ། དེ་འདྲའི་དེ་རྟེན་དེ་ལ་མ་ཆོག་ལ་བརྟེན་ནས་དགེ་སློང་གི་སྡོམ་པ་ཐོབ་པ་སྔོན་དུ་སོང་ཞིང་། དེ་ལས་མ་ཉམས་པའི་གང་ཟག་ཡིན་པའི་ཕྱིར་དང་། སྔོན་ཆོག་ལ་བརྟེན་ནས་དེ་མའི་སྡོམ་པ་ཐོབ་པའི་དེ་མ་དེ་མཚན་དུ་གྱུར་པའི་ཕ་དེ་སྔོན་ཆོག་ལ་བརྟེན་ནས་དགེ་སློང་གི་སྡོམ་པ་ཐོབ་པའི་ཕྱིར་དང་། ད་ཆོག་ལ་བརྟེན་ནས་དགེ་ཚུལ་མའི་སྡོམ་པ་ཐོབ་པའི་མ་དེ་མཚན་གྱུར་པའི་ཕ་དེ་བུད་མེད་ཀྱི་རྟེན་ལ་དགེ་ཚུལ་གྱི་སྡོམ་པ་འབོག་པའི་ཆོ་ག་ལ་བརྟེན་ནས་དགེ་ཚུལ་གྱི་སྡོམ་པ་ཐོབ་པའི་ཕྱིར། ཁ་ཅིག དགེ་བསྙེན་གྱི་སྡོམ་པ་དགེ་བསྙེན་ཡིན། དེས་དགེ་ཚུལ་ལ་ཡང་མཚོན་ཟེར་ན་མི་འཐད་དེ། དགེ་

སློང་ཕ་མ་དགེ་སློང་ཡིན་པའི་ཕྱིར་ཏེ། དགྲ་བཅོམ་ཕ་མ་དགྲ་བཅོམ་ཡིན་པའི་ཕྱིར། དེ་ལ་ཁོ་ན་རེ། སློབ་པ་དང་། མི་སློབ་པ་གང་རུང་ཡིན་ན་སྐྱེས་བུ་ཡིན་དགོས་པར་ཐལ། དགེ་བསྙེན་དང་དགེ་ཚུལ་སློང་གང་རུང་ཡིན་ན། སྐྱེས་བུ་ཡིན་དགོས་པའི་ཕྱིར་ན་མ་ཁྱབ། འདོད་ན། འོག་ཏུ་འཆད། སྐྱབས་སུ་འགྲོ་བ་རྫོམ་པས་རབ་ཏུ་འབྱུང་བ་ཉེ་བར་སྒྲུབ་པར་བྱའོ། །ཞེས་པའི་སྐབས་སུ། འགྲེལ་ནི། སྐྱབས་སུ་འགྲོ་བར། ཞེས་སོགས་སུ་དགེ་ཚུལ་སྒྲུབ་པའི་སྦྱོར་བའི་ཆོ་གའི་སྔོན་དུ་སྐྱབས་འགྲོ་དགོས་པར་བསྟན་ནས། རབ་བྱུང་གི་སྒྲུབ་པའི་སྦྱོར་བའི་ཆོ་ག་འཆད་པར་བྱེད་པ་ལ། རང་གི་དགེ་བསྙེན་ཉིད་དུ། ཞེས་པ་ནས། མཚན་མ་ཆོར་བར་བརྟག་གོ །ཞེས་པའི་བར་གསུངས། དེ་སྒྲུབ་པའི་དངོས་གཞིའི་ཆོ་ག་འཆད་པ་ལ་རྒྱ་བའི་གཞུང་གསུངས། ངག་དོན་ནི། རབ་བྱུང་སྒྲུབ་པའི་ཚུལ་ཡོད་དེ། སྐྱབས་འགྲོ་སྔོན་དུ་བཏང་ནས། དེ་སྒྲུབ་པར་བྱེད་པའི་ཕྱིར། ༑ སྤྱི་དོན་ལ། སོ་ཐར་གྱི་སྡོམ་པ་དང་བར་མའི་ཚུལ་ཁྲིམས་ཀྱི་སྔོན་དུ་སྐྱབས་འགྲོ་འགྲོ་དགོས་པར་བསྟན་པ་དང་། སྐྱབས་འགྲོའི་(༡༥ན)རྣམ་བཞག་བཤད་པ་དངོས་གཉིས། དང་པོ་ནི། དེའི་སྔོན་དུ་སྐྱབས་འགྲོ་འགྲོ་དགོས་པའི་རྒྱུ་མཚན་ཡོད་དེ། དེ་གཉིས་གང་རུང་ཡིན་ན། འཁོར་བ་ལས་འབྲལ་འདོད་ཀྱི་ངེས་འབྱུང་གི་བསམ་པས་ཟིན་པའི་ཚུལ་ཁྲིམས་ཡིན་དགོས། སྐྱབས་འགྲོས་ངེས་འབྱུང་གི་བསམ་པ་སྒྲུབ་པར་

བྱེད་པའི་ཕྱིར། དང་པོ་གྲུབ་སྟེ། འདི་ཉིད་ལས། ངེས་པར་འབྱུང་བ་ཚུལ་ཁྲིམས་ཀྱི་དབང་དུ་བྱས་ཏེ་ཞེས་དང་། ཊིཀྐཱ་ལས། མྱ་ངན་ལས་འདས་པའི་བསམ་པ་བརྟན་པོ་མེད་པར་སྡོམ་པ་མི་སྐྱེ་ཞེས་དང་། གཞི་ཊི་ཀ་ལས། ཐར་པའི་བསམ་པ་མེད་པར་སྡོམ་པ་མི་སྐྱེའོ། །ཞེས་དང་། མཛོད་འགྲེལ་ལས། ཕྱི་རོལ་པ་རྣམས་ལ་ཡང་དག་པར་བླང་བའི་ཚུལ་ཁྲིམས་མེད་དམ་ཞེ་ན་ཡོད་མོད་ཀྱིས། སོ་སོ་ཐར་པའི་སྡོམ་པ་ནི་མ་ཡིན་ནོ།། ཅིའི་ཕྱིར་ན་དེ་ནི་སྲིད་པ་ལ་བརྟེན་པའི་ཕྱིར་གཏན་དུ་སྡིག་པ་ལས་སོ་སོ་ཐར་བར་བྱེད་པ་མ་ཡིན་ནོ། །ཞེས་གསུངས་པའི་ཕྱིར། དེ་ཡང་། དེ་ནི་སྲིད་པ་ལ་བརྟེན་པའི་ཕྱིར། ཞེས་པས་ཕྱི་རོལ་པའི་རྒྱུད་ལ་འཁོར་བ་མཐའ་དག་ལ་འབྲལ་འདོད་ཀྱི་བསམ་པ་མེད་པར་བསྟན་པ་ཡིན་ཞིང་། དེ་དེའི་རྒྱུད་ལ་མེད་དེ། དེའི་རྒྱུད་ལ་ཁམས་གོང་མའི་སས་བསྡུས་ཀྱི་ཟག་བཅས་ཀྱི་བདེ་བ་ལ་འབྲལ་འདོད་ཀྱི་བློ་མེད་པའི་ཕྱིར་ཏེ། དེས་ཁམས་གོང་མའི་རྒྱུད་ལ་ཁྱབ་པ་འདུ་བྱེད་ཀྱི་སྡུག་བསྔལ་ཁས་མི་ལེན་པའི་ཕྱིར། རྩ་རྟགས་གཉིས་པ་གྲུབ་སྟེ། སྐྱབས་འགྲོས་ངེས་འབྱུང་གི་བསམ་པ་སྐྱབ་པར་བྱེད་དེ། ཊིཀྐཱ་ལས། སྐྱབས་སུ་འགྲོ་བས་ངེས་འབྱུང་གི་བསམ་པ་སྐྱབ་པར་བྱེད་དོ། །ཞེས་དང་། སྡོམ་པ་ལེན་པའི་ཚེ་འཁོར་བའི་ཉེས་དམིགས་བཤད་ནས་དེ་ལས་སྐྱོབས་པའི་ཕྱིར་དུ་དཀོན་མཆོག་གསུམ་ལ་སྐྱབས་སུ་འགྲོ་ཞིང་འདོད་ཆགས་དང་བྲལ་བ་རྣམས་

ཀྱི་མཆོག་ཆོས་ལ་སྐྱབས་སུ་མཆིའོ། །ཞེས་པའི་ཚིག་འདིས་ངེས་འབྱུང་གི་བསམ་པ་དངོས་བསྟན་པ་ཡིན་ཞིང་། ཚིག་དེས་སྐྱབས་སུ་འགྲོ་བའི་སྒྲུབ་བྱ་དེའི་ཐོབ་བྱར་གྱུར་པའི་མྱང་འདས་དོན་དུ་གཉེར་བའི་འབྲས་སྐྱབས་དེ་བསྟན་པའི་ཕྱིར། གཉིས་པ་ནི། འདིའི་སངས་རྒྱས་དཀོན་མཆོག་ལ་སྐྱབས་སུ་འགྲོ་བའི་ཚིག་འདིས། སྐྱབས་སུ་འགྲོ་བ་པོའི་རྒྱུའི་སྐྱབས་སུ་གྱུར་པའི་སངས་རྒྱས་དཀོན་མཆོག་དེ་བསྟན་ཏེ། དེ་ལ་ལམ་སྟོན་པའི་སངས་རྒྱས་དཀོན་མཆོག་དེ་བསྟན་པའི་ཕྱིར། གཉིས་པ་སྦྱར་དང་འདྲ། འདིའི་དགེ་འདུན་དཀོན་མཆོག་ལ་སྐྱབས་སུ་འགྲོ་བའི་ཚིག་དེས་སྒྲུབ་བྱ་དེའི་མྱང་འདས་སྒྲུབ་པའི་ཟླ་གྲོགས་སུ་གྱུར་པའི་དགེ་འདུན་དེ་བསྟན་པའི་ཕྱིར། ཁ་ཅིག གཟུགས་སྐུ་འདིར་སྐབས་ཀྱི་སྐྱབས་ཡུལ་མ་ཡིན་ཟེར་བ་མི་འཐད་དེ། འདིའི་སངས་རྒྱས་དཀོན་མཆོག་ལ་སྐྱབས་སུ་འགྲོ་བའི་ཚིག་དེས་གཟུགས་སྐུ་དང་དེའི་རྒྱུད་ཀྱི་སངས་རྒྱས་དཀོན་མཆོག་གཉིས་ཀ་བསྟན་པའི་ཕྱིར་ཏེ། དེས་གཟུགས་སྐུ་དེ་སྐྱབས་སུ་འགྲོ་བ་པོའི་སྐྱེས་བུ་དེ་ལ་ལམ་སྟོན་པ་པོར་བསྟན་པའི་ཕྱིར། གཟུགས་སྐུ་འདིར་སྐབས་བསྟན་གྱི་སྐྱབས་ཡུལ་ཡིན་ཏེ། གཟུགས་སྐུའི་རྒྱུད་ཀྱི་སངས་རྒྱས་དཀོན་མཆོག་ལ་སྐྱབས་སུ་སོང་བས་གཟུགས་སྐུ་ལ་སྐྱབས་སུ་སོང་བར་གྲུབ་པའི་ཕྱིར། དེ་ལ་བརྟེན་ནས་ཞུགས་གནས་བརྒྱད་པོ་འདིར་སྐབས་ཀྱི་སྐྱབས་ཡུལ་མ་ཡིན་ཟེར་བ་མི་འཐད་དེ།

འདིར་སྐབས་ཀྱི་དགེ་འདུན་དཀོན་མཆོག་ལ་སྐྱབས་སུ་འགྲོ་བའི་ཚིག་དེས་ཞུགས་གནས་བརྒྱད་པོ་བསྟན་པའི་ཕྱིར་ཏེ། དེ་ལ་མྱང་འདས་ཐོབ་བྱེད་ཀྱི་ཐབས་སུ་གྱུར་པའི་ལམ་སྒྲུབ་པའི་ཟླ་གྲོགས་བསྟན་པའི་ཕྱིར། དེ་ན་ཞུགས་གནས་བརྒྱད་ཀྱི་རྒྱུད་ཀྱི་དགེ་འདུན་དཀོན་མཆོག་ལ་སྐྱབས་སུ་སོང་བས་ཞུགས་གནས་བརྒྱད་པོ་ལ་ཡང་སྐྱབས་སུ་སོང་བར་གྲུབ། (༡༥བ)ཁ་ཅིག སྐྱབས་འགྲོས་ངེས་འབྱུང་གི་བསམ་པ་འདྲེན་པར་བྱེད་ན། ད་ཆོག་ལ་བརྟེན་ནས་བསྙེན་རྫོགས་སྒྲུབ་པའི་ཆོ་ག་ལ་སྐྱབས་འགྲོ་མེད་པས་ངེས་བྱུང་གི་བསམ་པ་མེད་པར་འགྱུར་རོ་ཞེ་ན། སྐྱོན་མེད་དེ། དེའི་སྦྱོར་བའི་ཆོ་གའི་ཚིག་ཟུར་གྱི་བསྙེན་པར་རྫོགས་པ་ཞེས་པའི་ཚིག་དེས་ངེས་བྱུང་གི་བསམ་པ་བསྟན་པའི་ཕྱིར་ཏེ། དེས་རྫོགས་པ་ནི་གནོད་འཚེ་ཐམས་ཅད་དང་བྲལ་བའི་མྱང་འདས་ལ་འཇུག བསྙེན་པ་ནི་དེ་ལ་ཉེ་བ་ལ་འཇུག་པའི་ཕྱིར། ཁ་ཅིག ངེས་བྱུང་གི་བསམ་པ་ལ་བརྟེན་ནས་སྡོམ་པ་ལེན་ན་ཀུན་དགའ་བོའི་ཚ་བོ་གཉིས་དང་། ཙུང་མཛེས་དགའ། ཉེ་དགའ། ཉེར་སྡེ་རྣམས་རབ་ཏུ་བྱུང་བའི་ཚེ་དེ་རྣམས་ཀྱི་རྒྱུད་ལ་སོ་ཐར་གྱི་སྡོམ་པ་མེད་པར་ཐལ། དེ་རྣམས་ཀྱི་རྒྱུད་ལ་ངེས་བྱུང་གི་བསམ་པ་མེད་པའི་ཕྱིར་ཏེ། དང་པོ་གཉིས་ལྟོ་ཕྱིར་རབ་ཏུ་འབྱུང་། བར་པ་གཉིས་སྟོན་པའི་ངོ་མ་ཆོག་པར་རབ་ཏུ་བྱུང་། ཕྱི་མ་སྲོག་གི་འཇིགས་པ་སྐྱོབས་པའི་ཕྱིར་དུ་རབ་ཏུ་འབྱུང་བའི་ཕྱིར་ན་མི་འཐད་

དེ། དེ་རྣམས་རབ་བྱུང་སྒྲུབ་པའི་ཚེ་སྲིད་པ་མཐའ་མ་པ་ཡིན་པའི་ཕྱིར། ཁ་ཅིག སྐྱབས་འགྲོ་ལ་བརྟེན་ནས་བར་མ་རབ་བྱུང་སྒྲུབ་ན་བར་མ་གསུམ་པོ་དེ་གང་ཞེ་ན། ཁ་ཅིག མཁན་པོར་གསོལ་བ་འདེབས་པའི་བར་མའི་དགེ་བ་དེ་དེའི་ནང་ཚན་ཡིན་ཟེར་བ་མི་འཐད་དེ། དེ་བར་མའི་ཚུལ་ཁྲིམས་ཐོབ་པའི་སྔ་རོལ་དུ་ཐོབ་ཟིན་པའི་ཕྱིར་ཏེ། དེའི་ཚུལ་ཁྲིམས་ཐོབ་པའི་སྔ་རོལ་དུ་མཁན་པོར་གསོལ་བ་འདེབས་དགོས་པའི་ཕྱིར་དང་། མཁན་པོར་གསོལ་བ་འདེབས་པ་ལས་འདས་པའི་ཉེས་བྱས་དེ་ཉམས་པ་རྣམ་གསུམ་གྱི་ནང་ཚན་མ་ཡིན་པའི་ཕྱིར། རང་ལུགས་ནི། ཤཱཀྱའི་རྒྱལ་པོ་གཙོ་བོ་དེ་རབ་ཏུ་བྱུང་བའི་རྗེས་སུ་བདག་རབ་ཏུ་བྱུང་བར་ཁས་བླངས་པའི་བར་མའི་དགེ་བ་དེའི་ནང་ཚན་ཡིན་པའི་ཕྱིར་ཏེ། བར་མ་རབ་བྱུང་སྒྲུབ་པའི་ཆོ་གའི་སྐབས་ཚིག་ལས། ཤཱཀྱའི་རྒྱལ་པོ་གཙོ་བོ་དེ་རབ་ཏུ་བྱུང་བའི་རྗེས་སུ་བདག་རབ་ཏུ་འབྱུང་ངོ་། །ཞེས་འབྱུང་བའི་ཕྱིར། དེ་སྒྲུབ་པའི་ཆོ་ག་ནི། སྡོམ་ལས། དེ་བཞིན་གཤེགས་པ་དགྲ་བཅོམ་པ་ཡང་དག་པར་རྫོགས་པའི་སངས་རྒྱས་ཤཱཀྱ་སེང་གེ་ཤཱཀྱ་ཐུབ་པ་ཤཱཀྱའི་རྒྱལ་པོ་གཙོ་བོ་དེ་རབ་ཏུ་བྱུང་བའི་རྗེས་སུ་བདག་རབ་ཏུ་འབྱུང་ངོ་། །ཁྱིམ་པའི་རྟགས་རྣམས་སྤོང་ངོ་། །རབ་ཏུ་བྱུང་བའི་རྟགས་ཡང་དག་པར་བླང་ངོ་། །ཞེས་པའི་སྐབས་ཚིག་ལན་གསུམ་བརྗོད་པའི་གསུམ་པའི་རྗེས་སུ་བདག་རབ་ཏུ་འབྱུང་ངོ་ཞེས་པའི་ཚིག་

རྫོགས་འཚམས་སུ་སྒྲུབ་བྱའི་རྒྱུད་ལ་བར་མའི་ཚུལ་ཁྲིམས་སྐྱེས་པ་ཡིན་ནོ། །ཁྲིམ་པའི་ཐུན་མོང་མ་ཡིན་པའི་རྟགས་སྤྱོང་བ་རབ་ཏུ་བྱུང་བའི་རྟགས་བླངས་པ། དཀོན་མཆོག་གསུམ་ལ་སྐྱབས་སུ་འགྲོ་བ་རྣམས་བར་མ་རབ་བྱུང་གི་བསླབ་བྱ་ཡིན། འཇིགས་པ་ལས་སྐྱབས་པའི་ཕྱིར་དུ་དཀོན་མཆོག་གསུམ་གྱི་སྐྱབས་འོག་ཏུ་ཚུད་པར་ཁས་ལེན་གྱི་ཚིག་དེ། དཀོན་མཆོག་གསུམ་ལ་སྐྱབས་སུ་འགྲོ་བའི་སྐྱབས་འགྲོ་ཡིན། འཇིགས་པ་ལས་སྐྱོབ་པའི་ཕྱིར་དུ་དེ་གསུམ་ལ་ཕྱག་འཚལ་བའམ་བསྐོར་བ་སོགས་ལུས་ཀྱི་ལས། དེ་ལ་རེ་ལྟོས་འཆའ་བ་སོགས་ཀྱིས་སེམས་སེམས་བྱུང་རྣམས་སྐྱབས་འགྲོའི་ཡན་ལག་ཡིན། དེས་ན་སྐྱབས་འགྲོ་ལ་ཚིག་གིས་ཁྱབ་བོ། །སྐྱབས་ཡུལ་གྱི་དཀོན་མཆོག་གང་ཞེ་ན། གཟུགས་སྐུའི་རྒྱུད་ཀྱི་ཟད་པ་དང་མི་སྐྱེ་བར་ཤེས་(༡༨ན)པའི་ཡེ་ཤེས་སོགས་སངས་རྒྱས་ཀྱི་མི་སློབ་པ་རྣམས་སངས་རྒྱས་དཀོན་མཆོག་དང་། བྱང་འཕགས་ཀྱི་རྒྱུད་ཀྱི་མཁྱེན་པ་སོགས་བྱང་སེམས་སློབ་པ་རྣམས་དང་། ཉན་རང་དགྲ་བཅོམ་པའི་རྒྱུད་ཀྱི་མཁྱེན་པ་སོགས་ཉན་རང་གི་མི་སློབ་པ་རྣམས་དང་། ཉན་རང་སློབ་པ་འཕགས་པའི་རྒྱུད་ཀྱི་མཁྱེན་པ་སོགས་ཉན་རང་གི་སློབ་པ་རྣམས་དགེ་འདུན་དཀོན་མཆོག་ཡིན་པའི་ཕྱིར་ཏེ། དང་པོ་དེ་གཟུགས་སྐུ་སངས་རྒྱས་སུ་བྱེད་པའི་བྱེད་ཆོས་ཡིན། ཕྱི་མ་དེ་རྣམས་རང་གང་ལ་གནས་པའི་སྐྱེས་བུ་དེ་འཕགས་པའི་དགེ་འདུན་དུ་

བྱེད་པའི་བྱེད་ཆོས་ཡིན་པའི་ཕྱིར་ཏེ། མཛོད་ལས། །གང་ཞིག་གསུམ་ལ་སྐྱབས་འགྲོ་ཞིང་། །སངས་རྒྱས་དགེ་འདུན་བྱེད་པའི་ཆོས། །མི་སློབ་པ་དང་གཉིས་ཀ་དང་། །མྱ་ངན་འདས་ལ་སྐྱབས་སུ་འགྲོ། ཞེས་དང་། གཞི་འགྲེལ་ལས། སངས་རྒྱས་ལ་ཞེས་བྱ་བ་ནི་མི་སློབ་པ་ལ་སྟེ། སངས་རྒྱས་སུ་བྱེད་པ་ཟད་པ་དང་མི་སྐྱེ་བ་ཤེས་པ་ལའོ། །ཆོས་ལ་ཞེས་བྱ་བ་ནི་མྱང་ངན་ལས་འདས་པ་ལའོ། །དགེ་འདུན་ལ་ཞེས་བྱ་བ་ནི་སློབ་པ་དང་མི་སློབ་པ་ལ་སྟེ། དགེ་འདུན་དུ་བྱེད་པ་ལའོ། །ཞེས་གསུངས་པའི་ཕྱིར། མྱང་འདས་ལ་སོགས་པའི་འགོག་བདེན་རྣམས་ཆོས་དཀོན་མཆོག་ཡིན། སོ་སྐྱེའི་སྐྱེས་བུར་གྱུར་པའི་དགེ་འདུན་ཡིན་ན། དགེ་སློང་བཞི་ཚོགས་ཡིན་ཞིང་། དགེ་འདུན་ལ་དེ་ཡིན་མི་དགོས་ཏེ། རྒྱུན་ཞུགས་ཞུགས་པ་དགེ་འདུན་ཡིན་པའི་ཕྱིར་ཏེ། དེའི་རྒྱུད་ཀྱི་མཁྱེན་པ་དེ་དགེ་འདུན་དུ་བྱེད་པའི་བྱེད་ཆོས་ཡིན་པའི་ཕྱིར། སྐབས་འདིར། ལོངས་སྐུ་དང་། མཆོག་གི་སྤྲུལ་སྐུ་ཁས་མི་ལེན་ཏེ། ཐེག་ཆེན་ཁས་མི་ལེན་པའི་ཕྱིར། དེས་ན་གཟུགས་སྐུ་ལ་རྫུ་བའི་སྤྲུལ་སྐུ་དང་། ཡན་ལག་གི་སྤྲུལ་སྐུ་གཉིས་སུ་ཡོད་ཅིང་། དང་པོར་སངས་རྒྱས་པའི་སྟོན་པ་སངས་རྒྱས་དང་པོ་དང་། དེས་སྤྲུལ་པའི་རི་དྭགས་རུ་རུའི་རྣམ་པ་ཅན་གྱི་སངས་རྒྱས་འཕགས་པ་གཉིས་པ་ཡིན། གཟུགས་སྐུ་སངས་རྒྱས་དཀོན་མཆོག་ནི་མ་ཡིན་ཏེ། དེ་སྡུག་བསྔལ་བདེན་པ་ཡིན་པའི་ཕྱིར་ཏེ། དེ་ལྟར་སོ་སོ་སྐྱེ་

བོའི་གནས་སྐབས་ཀྱི་རྣམ་སྨིན་གྱི་ཕུང་པོ་མ་དོར་བ་ཡིན་པའི་ཕྱིར་ཏེ། གཟུགས་སྐུ་མངོན་དུ་བྱེད་པའི་སྲིད་པ་ཐ་མ་པའི་བྱང་སེམས་སྦྱོར་ལམ་པ་དེ་ལས་ཉོན་གྱི་སྐྱེ་བ་བླང་བའི་གང་ཟག་ཡིན་པའི་ཕྱིར། དེས་ན་གཟུགས་སྐུའི་རྒྱུད་ལ་བསྒོམ་སྤང་ཡོད་དེ། གཟུགས་ཅན་གྱི་ཁམས་བཅུ་དང་། དབང་ཤེས་ལྔ་བསྒོམ་སྤང་ཡིན་པའི་ཕྱིར་ཏེ། མཛོད་ལས། བཅུ་ནི་བསྒོམ་པས་སྤང་བྱ་ཞིང་། ལྔ་ཡང་། ཞེས་གསུངས་པའི་ཕྱིར། འཕགས་པའི་གང་ཟག་རྣམས་དགེ་འདུན་དཀོན་མཆོག་མ་ཡིན་ཏེ། དེ་རྣམས་སྡུག་བསྔལ་བདེན་པ་ཡིན་པའི་ཕྱིར་ཏེ། ཟག་བཅས་ཡིན་པའི་ཕྱིར་ཏེ། ལམ་བདེན་དུ་མ་གཏོགས་པའི་འདུས་བྱས་ཡིན་པའི་ཕྱིར། ཁྱབ་སྟེ། མཛོད་ལས། །ལམ་མ་གཏོགས་པའི་འདུས་བྱས་རྣམས། །ཟག་བཅས། ཞེས་གསུངས་པའི་ཕྱིར། སློབ་པ་དང་མི་སློབ་པ་གང་རུང་ལ་ལམ་བདེན་གྱིས་ཁྱབ་སྟེ། དེ་གང་རུང་ལ་ཟག་མེད་ཀྱི་འདུས་བྱས་ཀྱིས་ཁྱབ་པའི་ཕྱིར། དེས་ན་སློབ་པའི་ཐོབ་པ་སློབ་པ་དང་། མི་སློབ་པའི་ཐོབ་པ་མི་སློབ་པ་ཡིན་ཀྱང་། འགོག་བདེན་གྱིས་ཐོབ་པ་ལ་དེར་གྱུར་པའི་སློབ་པ་དང་། མི་སློབ་པ་དང་། དེ་གང་རུང་མ་ཡིན་པ་གསུམ་ཡོད་ཅིང་། སློབ་པའི་སྐྱེས་བུའི་འགོག་བདེན་གྱི་ཐོབ་པ་ཟག་མེད་སློབ་པ་དང་། མི་སློབ་པའི་སྐྱེས་བུའི་འགོག་བདེན་གྱི་ཐོབ་པ་ཟག་མེད་མི་སློབ་པ་ཡིན་ཏེ། འགོག་བདེན་གྱི་ཐོབ་པ་ཟག་བཅས་སློབ་མི་སློབ་གང་རུང་མ་ཡིན་ཏེ། མཛོད་

ལས། སློབ་དང་མི་སློབ་མིན་གྱི་གསུམ། །ཞེས་གསུངས་པའི་ཕྱིར། དེས་ན་གཟུགས་སྐུའི་རྒྱུད་ཀྱི་མཐྱེན་པའི་ཐོབ་པ་སངས་རྒྱས་ཀྱི་མི་སློབ་པ་དང་། བྱང་འཕགས་ཀྱི་རྒྱུད་ཀྱི་མཐྱེན་པའི་ཐོབ་པ་བྱང་འཕགས་ཀྱི་སློབ་པ་དང་། ཉན་ཐོས་དགྲ་བཅོམ་པའི་རྒྱུད་ཀྱི་མཐྱེན་པའི་ཐོབ་པ་ཉན་ཐོས་ཀྱི་མི་སློབ་པ་དང་། ཉན་ཐོས་སློབ་པ་འཕགས་པའི་རྒྱུད་ཀྱི་མཐྱེན་པའི་ཐོབ་པ་ཉན་ཐོས་ཀྱི་སློབ་པ (༡༥བ)ཡིན། དེས་རང་རྒྱལ་ལ་ཡང་རིགས་འགྲེའོ། །དགྲ་བཅོམ་ལ་མི་སློབ་པའི་སྐྱེས་བུས་ཁྱབ་སྟེ། ཉན་ཐོས་ཀྱི་དགྲ་བཅོམ་རྟོགས་པ་སྨོན་དུ་སོང་བའི་སློབ་པ་མེད་པའི་ཕྱིར་ཏེ། ཉན་ཐོས་ཀྱི་སྦྱོར་ལམ་དྲོད་རྩེ་ནས་ལམ་གཞན་དུ་འཇུག་པ་ཡོད་ཀྱང་། ཆོས་མཆོག་ཐོབ་ནས་ལམ་གཞན་དུ་འཇུག་པ་མེད་ཅིང་། ཉན་ཐོས་དགྲ་བཅོམ་ཤི་འཕོས་པ་ནས་ཐེམ་རིག་རྒྱུནཆད་པའི་ཕྱིར་ཏེ། མཛོད་ལས། གཉིས་སློབ་རིག་ལས་ལོག་ནས་ནི། །སངས་རྒྱས་སུ་འགྱུར། ཞེས་གསུངས་པའི་ཕྱིར། ཁོ་ན་རེ། གཟུགས་སྐུ་སྐྱོན་ཀུན་ཟད་མ་ཡིན་པར་ཐལ། དེ་སངས་རྒྱས་དཀོན་མཆོག་མ་ཡིན་པའི་ཕྱིར། འདོད་ན། དེ་ཡིན་པར་ཐལ། སངས་འཕགས་ཡིན་པའི་ཕྱིར་ན་མ་ཁྱབ་སྟེ། སྤྱངས་བྱ་མཐའ་དག་སྤངས་པའི་སྐྱེས་བུ་མེད་པའི་ཕྱིར། ཡང་ཁོ་ན་རེ། སངས་རྒྱས་དཀོན་མཆོག་ལ་སྐྱབས་སུ་འགྲོ་བའི་སྐྱབས་འགྲོ་དེ། སངས་འཕགས་ལ་སྐྱབས་སུ་འགྲོ་བའི་སྐྱབས་འགྲོ་མ་ཡིན་པར་ཐལ།

གཟུགས་སྐུ་སངས་རྒྱས་དཀོན་མཆོག་མ་ཡིན་པའི་ཕྱིར་ན་སྐྱོན་མེད་དེ། སངས་རྒྱས་འཕགས་པ་ལ་སྐྱབས་སུ་སོང་བས་དེའི་རྒྱུད་ཀྱི་སངས་རྒྱས་དཀོན་མཆོག་ལ་སྐྱབས་སུ་སོང་བ་གྲུབ། གཅིག་ཤོས་ལ་སྐྱབས་སུ་སོང་བས་དང་པོ་ལ་སྐྱབས་སུ་སོང་བར་གྲུབ་པའི་ཕྱིར། ཁོ་ན་རེ། ཉན་རང་དགྲ་བཅོམ་པ་གཉིས་དང་གཟུགས་སྐུ་མི་སློབ་པའི་སྐྱེས་བུར་མཚུངས་ན། སྤངས་བྱའི་ཁྱད་པར་ཇི་ལྟ་བུ་ཞེ་ན། དེ་ཡོདདེ། དང་པོ་གཉིས་ཀྱིས་གང་ཟག་གི་བདག་འཛིན་ཙམ་སྤངས། ཕྱི་མས་ཆོས་ཐམ་ཅད་ལ་རྨོངས་པའི་མ་རིག་པ་སྤངས་པའི་ཕྱིར་ཏེ། མཛོད་ལས། གང་ཞིག་ཀུན་ལ་མུན་པ་གཏན་བཅོམ་ཞིང་། །ཞེས་གསུངས་པའི་ཕྱིར། ཁོ་ན་རེ། གཟུགས་སྐུ་སངས་རྒྱས་དཀོན་མཆོག་མ་ཡིན་ན། གཟུགས་སྐུ་ལ་གནོད་པ་བྱས་པས་སངས་རྒྱས་དཀོན་མཆོག་ལ་གནོད་པ་བྱས་པར་མི་འགྱུར་ཞིང་། དེ་ལྟར་ན་དེ་བཞིན་གཤེགས་པ་ལ་ངན་སེམས་ཀྱིས་ཁྲག་ཕྱུངས་པའི་མཚམས་མེད་ཀྱི་ལས་མ་ཚང་བར་འགྱུར་རོ། །ཞེ་ན་སྐྱོན་མེད་དེ། གཟུགས་སྐུ་ལ་གནོད་པ་བྱས་པས་སངས་རྒྱས་དཀོན་མཆོག་ལ་གནོད་པ་བྱས་པར་འགྱུར་ཏེ། མིག་དབང་ལ་གནོད་པ་བྱས་པས་མིག་ཤེས་ལ་གནོད་པ་བྱས་པར་འགྱུར་བའི་དཔེ་འདི་བཞིན་ཡིན་པའི་ཕྱིར། དགེ་ཚུལ་ཉིད་དུ་ཉེ་བར་སྒྲུབ་པར་བྱེད་པའི་དགེ་སློང་ལ་གཏད་པར་བྱའོ། །ཞེས་པའི་འགྲེལ་ནི། གོང་དུ་དགེ་ཚུལ་དུ་སྒྲུབ་པའི་སྦྱོར་བའི་ཆོ་ག

བསྟན་ནས་དངོས་གཞིའི་ཆོ་ག་འཆད་པ་ལ་རྒྱ་བའི་གཞུང་འདི་གསུངས། དེ་ཡང་སྒྲུབ་བྱ་བར་མ་རབ་བྱུང་དུ་སྒྲུབ་པའི་མཁན་པོས་སྒྲུབ་བྱ་བར་མ་རབ་བྱུང་དུ་སྒྲུབས་ཟིན་པའི་རྗེས་སུ་དེའི་དགེ་ཚུལ་གྱི་སློབ་དཔོན་དུ་འོས་པའི་དགེ་སློང་ལ་འདི་དགེ་ཚུལ་དུ་སྒྲུབ་ཅིག་ཅེས་བཏད་དགོས། ཞེས་འཆད་པ་ལ་འདི་གསུངས། དེ་ལྟར་དགོས་ཏེ། དེ་འདྲའི་མཁན་པོས་སྒྲུབ་བྱ་དེ་དགེ་ཚུལ་དུ་སྒྲུབ་མི་རུང་བའི་ཕྱིར། སྤྱི་དོན་ནི། རྟེན། ཡུལ། ཆོ་གའི་ཁྱད་པར་བཤད་པ་དང་གསུམ། རྟེན་ནི་ཁྱད་ཆོས་བཞི་དང་ལྡན་པ་དགོས་ཏེ། ལུས། བསླབ་ཚིགས། རྟགས། བསམ་པའི་ཁྱད་པར་དང་ལྡན་པ་དགོས་པའི་ཕྱིར། དང་པོ་ནི། སྒྲ་མི་སྙན་པ་མ་གཏོགས་གླིང་གཞན་གསུམ་གྱི་སྐྱེས་པ་བུད་མེད་གང་རུང་གི་མཚན་དོན་བྱེད་ནུས་པ་ལོ་བདུན་ལོན་པ་བྱ་རོག་བསྐྲོད་ནུས་པ་དགོས། བསླབ་ཚིགས་ནི། དགེ་བསྙེན་གྱི་སྡོམ་པ་དང་། བར་མ་རབ་བྱུང་གི་ཚུལ་ཁྲིམས་ཐོབ་ལ་མ་ཉམས་པ་དགོས། རྟགས་ནི། ཁྱིམ་པའི་ཐུན་མོང་མིན་པའི་རྟགས་དང་མི་ལྡན་པ། རབ་བྱུང་གི་རྟགས་དང་ལྡན་པ་དགོས། བསམ་པ་ནི། སྡིག་དག་པ་ནས་དགེ་ཚུལ་གྱི་སྡོམ་པ་ཐོབ་འདོད་དང་ལྡན་པ། རྒྱུའི་ཀུན་སློང་འཁོར་བ་ལས་འབྲལ་འདོད་ཀྱི་ངེས་འབྱུང་གི་བསམ་པས་ཟིན་པ། (༡༧ན)དུས་ཀྱི་ཀུན་སློང་སྡོམ་པ་ཐོབ་པའི་དུས་མཚམས་ཤེས་པའི་བསམ་པ་སྐྱེ་རུང་དགོས་ཏེ། གཞི་ལས། གང་ཟག་

འདི་གསུམ་ནི་བསྙེན་པར་མ་རྫོགས་ཞེས་བྱ་སྟེ། གསུམ་གང་ཞེ་ན། རང་ཉིད་ཀྱི་མིང་མ་བརྗོད་པ་དང་མཁན་པོས་མིང་མ་བརྗོད་པ་དང་སྡོམ་པ་ཐོབ་པའི་དུས་མཚམས་མི་ཤེས་པའོ། །ཞེས་གསུངས་ཤིང་། ལུང་དེས་དགེ་སློང་གི་སྡོམ་པ་ཐོབ་པ་ལ་བཞི། དགེ་སློང་གི་སྡོམ་པ་ཐོབ་པའི་དུས་མཚམས་ཤེས་དགོས་པར་བསྟན་པ་ནས། སྡོམ་པ་གཞན་རྣམས་ལ་ཡང་མཚོན་པར་བསྟན་པའི་ཕྱིར། རང་ཉིད་ཀྱིས་མིང་མ་བརྗོད་པ་དང་མཁན་པོའི་མིང་མ་བརྗོད་པ་དང་། ཞེས་པས། ད་ཆོག་ལ་བརྟེན་ནས་བསྙེན་རྫོགས་སུ་སྒྲུབ་པའི་དང་པོའི་ཆོ་ག་ལ་རང་ཉིད་དང་མཁན་པོའི་མིང་བརྗོད་དགོས་པར་བསྟན། གཉིས་པ་ཡུལ་གྱི་ཁྱད་པར་ནི། དགེ་ཚུལ་གྱི་སློབ་དཔོན་དུ་འོས་པའི་དགེ་སློང་ལ་ཁ་སྐོང་གི་ཆོས་བཅུ་གཅིག་དང་ལྡན་པ་དགོས་ཏེ། དེ་འོག་ནས་འཆད། གསུམ་པ་ཆོ་གའི་ཁྱད་པར་ལ། སྦྱོར་དངོས་འཇུག་གསུམ་ལས། དགེ་བསྙེན་དུ་སྒྲུབ་པ་དང་། བར་མ་རབ་བྱུང་དུ་སྒྲུབ་པའི་ཆོ་ག་རྣམས་དགེ་ཚུལ་དུ་སྒྲུབ་པའི་སྦྱོར་བའི་ཆོ་ག་ཡིན། དངོས་གཞི་ལ། སྐྱབས་འགྲོ་སྔོན་དུ་བཏང་ནས་སྔགས་ཚིག་ལན་གསུམ་དགེ་བསྙེན་དུ་སྒྲུབ་པ་ལ་ཇི་ལྟ་བ་བརྗོད་པར་བྱའོ། །མི་འདྲ་བའི་ཁྱད་པར་ལ་དགེ་བསྙེན་དུ་ཞེས་པའི་ཚིག་གི་ཚབ་ཏུ། དགེ་ཚུལ་དུ་བཙུན་པས་བཟུང་དུ་གསོལ། ཞེས་བརྗོད་དོ། །མཇུག་ཆོག་ལ་དུས་སྒོ་བརྗོད་པ་དང་། བསླབ་བྱ་བརྗོད་པ་གཉིས་ཡོད། དུས་གོ་དགེ་ཚུལ་དུ་

སྨྲ་བ་ཟིན་མ་ཐག་ཏུ་བརྗོད་པ་ཡིན། དེ་བརྗོད་པ་ལ་དགོས་པ་ཡོད་དེ། དེ་ཐོབ་པའི་དུས་མཚམས་ཤེས་པའི་སྒོ་ནས་བསྙེན་བཀུར་གྱི་གནས་དང་བསྙེན་བཀུར་མ་ཡིན་པའི་གནས་ཤེས་པའི་ཆེད་ཡིན་པའི་ཕྱིར། དགེ་ཚུལ་དུ་སྨྲ་བ་ཟིན་མ་ཐག་པའི་རྗེས་སུ་དུས་གོ་ནི་ལས་སློབ་ལས་གཞན་པའི་དགེ་སློང་གཅིག་གི་བརྗོད་དགོས་པ་ཡིན་ཏེ། དུས་གོ་བརྗོད་པ་ལ་སྟོན་ལས་ལང་དགོས་ཞིང་ལས་སློབ་ཀྱིས་གདམས་ངག་མ་བརྗོད་པར་སྟོན་ལས་ལང་མི་རིགས་ཤིང་ལས་སློབ་ཀྱི་གདམས་ངག་བརྗོད་དགོས་པའི་ཕྱིར། གདམས་ངག་ནི་རགས་ལོག་བཅུ་སྤོང་བ་ལ་འདོམས་པའི་གདམས་ངག་བརྗོད་པ་ཡིན་ནོ། །དེ་བརྗོད་པ་ལ་དགོས་པ་ཡོད་དེ། དགེ་ཚུལ་གྱི་སྤང་བྱ་རགས་རིམ་ཤེས་པའི་ཆེད་ཡིན་པའི་ཕྱིར། དགེ་ཚུལ་དུ་སྐྱབས་ཟིན་མ་ཐག་པའི་རྗེས་སུ་དུས་གོ་བརྗོད་པ་ནི། དེར་སྐྱབས་ཟིན་མ་ཐག་པའི་རྗེས་སུ་དགེ་སློང་དུ་མི་སྨྲ་བའི་དབང་དུ་བྱས་པ་ཡིན་ཞིང་། དེར་སྨྲ་བ་ཟིན་མ་ཐག་ཏུ་དགེ་སློང་དུ་སྨྲ་བའི་ཚེ་ན་དེར་སྨྲ་བ་ཟིན་མ་ཐག་ཏུ་དུས་གོ་བརྗོད་མི་དགོས་ཏེ། དེའི་ཚེ་དགེ་སློང་དུ་སྨྲ་བ་ཟིན་མ་ཐག་ཏུ་དུས་གོ་བརྗོད་པས་ཆོག་པའི་ཕྱིར་ཏེ། བསྟན་པ་ལ་རིམ་གྱི་བསླབ་པའི་དགེ་སློང་རྣམས་དགེ་སློང་གི་སྡོམ་པ་ཐོབ་དུས་ཀྱི་སྒོ་ནས་བསླབ་པ་བཅྭ་བ་ཡིན་པའི་ཕྱིར། དོན་གྲུབ་ན་གྲུར་པ་ཉིད་དོ། །

ཞེས་པའི་འགྲེལ་ནི། དགེ་ཚུལ་ཉིད་དུ་ཉེ་བར་སྨྲ་བར་བྱེད་པའི་དགེ་

སློང་ལ་གཏད་པར་བྱའོ། །ཞེས་འཆད་པ་ལ། སྒྲུབ་བྱ་དེ་ལ་དགེ་ཚུལ་གྱི་སྡོམ་པ་སྦྱིན་པར་བྱེད་པའི་དགེ་སློང་དེ་ (༡༧བ)སྒྲུབ་བྱ་དེའི་གང་ཡིན་ཞེ་ན། དེ་དེའི་སློབ་དཔོན་ཡིན་ཞེས་འཆད་པ་ལ། དེ་ནི་སློབ་དཔོན་ཡིན་ནོ། །ཞེས་གསུངས། འོ་ན། སློབ་དཔོན་ལ་དུ་ཡོད་ཞེ་ན། ལྟ་ཡོད་ཞེས་འཆད་པ་ལ། གསང་སྟེ་སྟོན་པ་དང་། ཞེས་སོགས་གསུངས། སློབ་དཔོན་ལྟ་ཡོད་དེ། ཡུལ་དེ་དང་དེའི་སློབ་དཔོན་དེ་དང་དེར་གྱུར་པའི་ཚུལ་མདོར་བསྟན་གྱི་ཚུལ་དུ་འཆད་པ་ལ། རྒྱ་བའི་གཞུང་འདི་གསུངས། སྒྲུབ་བྱ་དེས་རང་གི་མཁན་པོར་འོས་པའི་དགེ་སློང་ལ་མཁན་པོར་གསོལ་བ་ལན་གསུམ་བཏབ་པའི་ཐར་ཙང་མི་སླུ་བའི་ཚུལ་གྱིས་ཁས་བླངས་པ་ན། དེ་འདྲའི་དགེ་སློང་དེ་སྒྲུབ་བྱ་དེའི་མཁན་པོར་གྱུར་པ་ཡིན་ཞེས་མཁན་པོར་གྱུར་དུས་མདོར་བསྟན་གྱི་ཚུལ་གྱིས་འཆད་པ་ལ། མཁན་པོར་གསོལ་བ། ཞེས་སོགས་གསུངས། བསྙེན་རྫོགས་སྒྲུབ་པའི་ཚིག་ལ། ངོ་བོ་བརྗོད་པ། བྱ་བ་བརྗོད་པ། བྱེད་པ་བརྗོད་པ་དང་གསུམ་ཡོད་པའི་བརྗོད་པ་མཐའ་མའི་དུས་སུ་སྒྲུབ་བྱ་དེའི་སློབ་དཔོན་དུ་འོས་པའི་དགེ་སློང་དེ་སྒྲུབ་བྱ་དེའི་ལས་སློབ་དུ་གྱུར་པ་ཡིན་ཏེ། དགེ་ཚུལ་གྱི་སྡོམ་པ་འབོག་པའི་ཚིག་ལ་སྐྱབས་བརྗོད་བདག་བརྗོད་གཞན་བརྗོད་གསུམ་ཡོད་པའི་གཞན་བརྗོད་ཀྱི་དུས་སུ་སྒྲུབ་བྱ་དེའི་དགེ་ཚུལ་གྱི་སློབ་དཔོན་དུ་འོས་པའི་དགེ་སློང་དེ་སྒྲུབ་བྱ་དེའི་དགེ་ཚུལ་གྱི་སློབ་དཔོན་དུ་

གྱུར་པའི་དཔེ་འདི་བཞིན་ཞེས་གྱུར་དུས་རྒྱས་པར་འཆད་པ་ལ། བརྗོད་པ་ཐ་མ་ཞེས་སོགས་གསུངས། མཁན་པོར་གྱུར་དུས་རྒྱས་པར་འཆད་པ་ལ། འདིར་ཐ་མ་ལ་མཁན་པོའི་དོན་ཏོ། །ཞེས་གསུངས། གནས་སྦྱིན་པའི་སློབ་དཔོན་དུ་གྱུར་པའི་དུས་རྒྱས་པར་འཆད་པ་ལ། གནས་སྦྱིན་པ་ནི། ཞེས་སོགས་གསུངས། ཀློག་པའི་སློབ་དཔོན་དུ་གྱུར་དུས་རྒྱས་པར་འཆད་པ་ལ། ཀློག་པ་ནི། ཞེས་སོགས་གསུངས། ཕན་ཚུན་དཔོན་སློབ་ཏུ་བསྙེན་འདོད་ཀྱི་བསམ་པ་མེད་པར་བཀའམ་བཀའི་དགོངས་འགྲེལ་ཇི་སྙེད་གཅིག་བརྗོད་ཀྱང་། འཆད་པ་པོ་དེ་ཉན་པ་པོའི་ཀློག་པའི་སློབ་དཔོན་དུ་མི་འགྱུར་ཞེས་འཆད་པ་ལ། ཀློག་པའི་བསམ་པ་མེད་པའི་བརྗོད་པ་ནི་ཀློག་པ་ཉིད་མ་ཡིན་ནོ། །ཞེས་གསུངས། རང་གི་མཁན་པོ་ལ་མཁན་པོ་ལས་གཞན་དང་། སློབ་དཔོན་ལ་སློབ་དཔོན་ལས་གཞན་དུ་བརྗོད་མི་རིགས་ཞེས་འཆད་པ་ལ། དེ་གཉིས་ལ་གཞན་དུ་ཉེ་བར་མི་བརྗོད་དོ། །ཞེས་གསུངས། རང་གི་མཁན་པོ་མ་ཡིན་པ་ལ་མཁན་པོ་དང་། སློབ་དཔོན་མ་ཡིན་པ་ལ་སློབ་དཔོན་ཞེས་བརྗོད་མི་རིགས་ཞེས་འཆད་པ་ལ། གཞན་ལ་མི་བྱའོ། །ཞེས་གསུངས། འོ་ན་རང་གི་མཁན་པོ་ལ་མཁན་པོ་ཞེས་བརྗོད་པས་ཆོག་གམ་སྙམ་ན་མི་ཆོག་སྟེ། དོན་གྱི་སྐད་དུ་མཚན་ནས་སྨོས་ཏེ་ཞེས་པའི་ཉེ་ཚིག་སྦྱར་དགོས་ཞེས་འཆད་པ་ལ། དོན་གྱི་སྐད་དུ་ཞེས་སོགས་གསུངས། ངག་དོན་ནི། སྒྲུབ་བྱ་དགེ་ཚུལ་དུ

སླུབ་པར་བྱེད་པའི་དགེ་སློང་དེ་སླུབ་བྱ་དེའི་དགེ་ཚུལ་གྱི་སློབ་དཔོན་དུ་གྱུར་པའི་དུས་ཡོད་དེ། སླུབ་བྱ་དེ་ལ་དགེ་ཚུལ་གྱི་སྡོམ་པ་འབོག་པའི་ཆོ་ག་བྱས་ནས་སླུབ་བྱ་དེའི་རྒྱུད་ལ་དགེ་ཚུལ་གྱི་སྡོམ་པ་སྐྱེ་བ་ན་དེ་དགེ་ཚུལ་གྱི་སློབ་དཔོན་དུ་གྱུར་པའི་ཕྱིར། དེ་ལ་བརྟེན་ནས་སླུབ་བྱ་དེ་ལ་དགེ་སློང་གི་སྡོམ་པ་འབོག་པའི་དགེ་སློང་དེ་སླུབ་བྱ་དེའི་ལས་སློབ་ཏུ་གྱུར་པའི་དུས་དང་། སློབ་དཔོན་གཞན་རྣམས་ཀྱང་དེ་དང་དེར་གྱུར་པའི་དུས་ལ་སྦྱར（༡༤ན）ནས་སྦྱོར་བ་འགོད་ཚུལ་ཤེས་པར་བྱ་བ་ཡིན་ཏེ། གཞུང་འདིས་སློབ་དཔོན་ལྔ་པོ་དེའི་སློབ་དཔོན་དེ་དང་དེར་གྱུར་པའི་དུས་བསྟན་པའི་ཕྱིར། །

༡ སྤྱི་དོན་ལས་བླ་མའི་རྣམ་གཞག་སོགས་བཤད་པ།

སྤྱི་དོན་ལ། བླ་མའི་རྣམ་གཞག་སྤྱིར་བསྟན་པ། འདིར་བསྟན་བླ་མའི་རྣམ་གཞག་བྱེ་བྲག་ཏུ་བཤད་པ་གཉིས། དང་པོ་ནི། སྤྱིར་རབ་བྱུང་གིས་ཕྱག་བྱའི་འོས་དེ་ལ། རང་ལས་བསླབ་པ་རྒན་པ། མཁན་པོ་སློབ་དཔོན་རྣམས་སུ་ཡོད། སྤྱིར་སློབ་དཔོན་ལ། དགེ་བསྙེན་གྱི་སློབ་དཔོན། བསྙེན་གནས་ཀྱི་སློབ་དཔོན། དགེ་ཚུལ་གྱི་སློབ་དཔོན། ལས་སློབ། གསང་སྟོན། འཕྲིན་གྱི་དེ། ཀློག་པའི་དེ། གནས་སྦྱིན་སློབ་དཔོན་རྣམས་སུ་ཡོད་པའི་ཕྱིར། དེ་རྣམས་རེ་རེ་ལ་རྟེན་ཕ་མ་གཉིས་གཉིས་ཡོད། དང་པོ་གཉིས་པོ་ཁྲིམ་པའི་སློབ་དཔོན་དང་། ཀློག་པའི་སློབ་དཔོན་མ་

གཏོགས་ལྷག་མ་ལྔ་པོ་རབ་བྱུང་གི་སློབ་དཔོན་དང་། ཀློག་པའི་སློབ་དཔོན་དེ་ལ་དེར་གྱུར་པའི་རབ་བྱུང་གི་དེ་དང་། ཁྲིམ་པའི་དེ་གཉིས་ཡོད། ༈ གཉིས་པ་ལ། འདིར་དངོས་སུ་བསྟན་པའི་བླ་མ་ལ་བདུན་ཡོད་དེ། རབ་ཏུ་བྱུང་བ་དང་། བསྙེན་པར་རྫོགས་པ་དེའི་ཕྱིར། ཞེས་སོགས་ཀྱི་བསྟན་པའི་རབ་བྱུང་དང་། དགེ་སློང་གི་མཁན་པོ་གཉིས། དེ་ནི་སློབ་དཔོན་ཡིན་ནོ། །ཞེས་སོགས་ཀྱི་བསྟན་པའི་སློབ་དཔོན་ལྔ་རྣམས་སུ་ཡོད་པའི་ཕྱིར། དེ་རྣམས་ལ་སོ་སོའི་ངོ་བོ། གྲངས་ངེས། གོ་རིམ། བླ་མ་དེ་དང་དེར་གྱུར་པའི་དུས། མཚན་སྨོས་ཀྱི་རིམ་པ་བཤད་པ་དང་ལྔ། དང་པོ་ནི། མཁན་པོར་གསོལ་བ་ལན་གསུམ་བཏབ་པའི་མཐར་ཁས་བླངས་པའི་དགེ་སློང་མཁན་པོའི་ངོ་བོ་ཡིན། ཡོན་ཏན་ནི། བརྩུན་ཞིང་བརྟན་པའི་ཡན་ལག་ཏུ་བསྙེན་པར་རྫོགས་ནས་སོམ་རྒྱུན་བར་མ་ཆད་དུ་ལོ་བཅུ་ལོན་པ། མཁས་ཤིང་ཕན་ཐོགས་ཀྱི་ཡན་ལག་ལྔ་ཕྲུག་ཉེར་གཅིག་པོ་གང་རུང་དང་ལྡན་པ་དགོས། ཅིའི་ཕྱིར་མཁན་པོ་ཞེ་ན། རང་གི་མཁན་བུ་ལ་ལུང་འབོགས་པས་དེ་ལྟར་བརྗོད་པ་ཡིན་ཏེ། དེས་རང་གི་མཁན་བུ་ལ་དགག་སྒྲུབ་གནང་གསུམ་གྱི་བསླབས་པའི་བཅས་མཚམས་སྟེར་བར་བྱེད་པའི་ཕྱིར། བསླབ་པ་གསུམ་ལ་སྦྱོར་བར་བྱེད་པས་ན་མཁན་པོ་ཞེས་བརྗོད་དོ། །ཉེ་བར་འཛིན་པས་ན་དེ་ལྟར་བརྗོད་དེ། དམན་པའི་གནས་ནས་མཆོག་གི་གནས་སུ་འཛིན་པར་བྱེད་པའི་

ཕྱིར་ཏེ། སྡོམ་པ་དང་མི་ལྡན་པའི་གནས་ནས་དེ་དང་ལྡན་པའི་གནས་སུ་འཛིན་པར་བྱེད་པའི་ཕྱིར། མཁན་པོ་ལ། བར་མ་རབ་བྱུང་གི་མཁན་པོ། དགེ་སློབ་མའི་དེ། བསྙེན་རྫོགས་ཀྱི་དེ་དང་གསུམ་ཡོད། དགེ་སློབ་མའི་དེ་རྟེན་མ་ཕོ་ནར་ངེས་ཏེ་གཞན་གཉིས་ལ་རྟེན་ཕ་མ་གཉིས་གཉིས་ཡོད། སྐབས་འདིར་དགེ་སློབ་མའི་སློབ་དཔོན་དངོས་སུ་མི་སྟོན་པའི་རྒྱུ་མཚན་ཡོད་དེ། དེ་འོག་ནས་འཆད་པར་འགྱུར་པའི་རྒྱུ་མཚན་གྱིས་ཡིན་པའི་ཕྱིར། བསྙེན་གནས་ཀྱི་སློབ་དཔོན་འདིར་དངོས་སུ་མི་སྟོན་པའི་རྒྱུ་མཚན་ཡོད་དེ། འདིར་རབ་བྱུང་ཁོ་ནའི་སློབ་དཔོན་དངོས་སུ་བསྟན་པ་ཡིན་པའི་ཕྱིར། དགེ་བསྙེན་གྱི་སློབ་དཔོན་འདིར་དངོས་སུ་མི་སྟོན་པའི་རྒྱུ་མཚན་ཡོད་དེ། འདིར་བར་མ་རབ་བྱུང་གི་མཁན་པོ་དངོས་སུ་སྟོན་པ་གང་ཞིག སྡོམ་གསུམ་རིམ་གྱི་བླངས་པའི་ཚེ་བར་མ་རབ་བྱུང་གི་མཁན་པོ་དེ་སྔར་གྱི་དགེ་བསྙེན་གྱི་སློབ་དཔོན་ཡིན་པའི་ཕྱིར། བསྒྲུབ་བྱ་དེ་ལ་དགེ་ཚུལ་གྱི་སྡོམ་པ་འབོགས་པའི་སྒོ་ནས་བསྒྲུབ་བྱ་དེའི་སློབ་དཔོན་དུ་སོང་བ། བསྒྲུབ་བྱ་དེའི་དགེ་ཚུལ་གྱི་སློབ་དཔོན་གྱི་མཚན་ཉིད་ཡིན། དེ་ལ་ཡོན་ཏན་ནི། བསྙེན་རྫོགས་ཀྱི་སྡོམ་པ་རྣམ་དག་དང་ལྡན་པ་བསྒྲུབ་བྱ་དང་ལྟ་བ་མཐུན་པ། མཚན་མཐུན་པ། ལུས་ཐ་མལ་དུ་གནས་པ། ས་རང་བཞིན་དུ་གནས་པ། ཐ་སྙད་གསུམ་དང་ལྡན་པ། བྱ་བ་ནི་ཆོས་མིན་པའི་ཕྱོགས་སུ་མ་སོང་བ། མཁན་པོའི་ཚིག་གིས་བསྐོས་པ། བྱམས་སྙིང་

རྗེ་དང་ལྡན་པ། བསྒྲུབ་བྱ་དད་པ་སོང་བ། དགེ་ཚུལ་(༡༢བ)གྱི་སྡོམ་པ་འབོགས་པའི་ཆོ་ག་ལ་མཁས་པ་དགོས། བསྒྲུབ་བྱ་ལ་ལྐོག་ཏུ་བར་ཆད་དྲིས་ཤིང་དགེ་འདུན་ལ་ནང་དུ་འོང་བའི་གནང་བ་ཞུ་བའི་སྒོ་ནས་སྒྲུབ་བྱ་དེའི་སློབ་དཔོན་དུ་སོང་བ། བསྒྲུབ་བྱ་དེའི་གསང་སྟོན་གྱི་མཚན་ཉིད་ཡིན། ཡོན་ཏན་ནི་སྔར་བཤད་པའི་མཁན་པོའི་ཚིག་གིས་བསྙོས་པ་ཡན་གྱི་སྟེང་དུ་དགེ་འདུན་གྱི་དབུས་སུ་ལས་སློབ་ཏུ་འོས་པའི་དགེ་སློང་གིས་གསོལ་བ་འབའ་ཞིག་པའི་ལས་ཀྱིས་བསྙོས་པ། བསྒྲུབ་བྱ་ལ་ལྐོག་ཏུ་བར་ཆད་དྲི་བ་དང་། དགེ་འདུན་ལ་ནང་དུ་འོང་བའི་གནང་བ་ལ་མཁས་པ་གཅིག་དགོས། ལས་སློབ་ལ་བསྙེན་རྫོགས་ཀྱི་ལས་སློབ། དགེ་སློབ་མའི་ལས་སློབ། ཚངས་སྤྱོད་ཉེར་གནས་ཀྱི་ལས་སློབ་གསུམ་ཡོད། བསྒྲུབ་བྱ་དེ་ལ་གསོལ་བཞིའི་ལས་ཀྱི་བསྙེན་རྫོགས་ཀྱི་སྡོམ་པ་སྦྱིན་པའི་སྒོ་ནས་དེའི་སློབ་དཔོན་དུ་སོང་བ། བསྒྲུབ་བྱ་དེའི་བསྙེན་རྫོགས་ཀྱི་ལས་སློབ་ཀྱི་མཚན་ཉིད་ཡིན། བསྒྲུབ་བྱ་དེ་ལ་གསོལ་གཉིས་ཀྱི་ལས་ཀྱི་དགེ་སློབ་མའི་སྡོམ་པ་སྦྱིན་པའི་སྒོ་ནས་དེའི་སློབ་དཔོན་དུ་སོང་བ། བསྒྲུབ་བྱ་དེའི་དགེ་སློབ་མའི་ལས་སློབ་ཀྱི་མཚན་ཉིད་ཡིན། བསྒྲུབ་བྱ་དེ་ལ་གསོལ་གཉིས་ཀྱི་ལས་ཀྱི་ཚངས་སྤྱོད་ཉེར་གནས་ཀྱི་ཚུལ་ཁྲིམས་སྦྱིན་པའི་སྒོ་ནས་དེའི་སློབ་དཔོན་དུ་སོང་བ། བསྒྲུབ་བྱ་དེའི་ཚངས་སྤྱོད་ཉེར་གནས་ཀྱི་ལས་ཀྱི་སློབ་དཔོན་གྱི་མཚན་ཉིད་ཡིན།

བསླབ་བྱ་དེའི་ལས་སློབ་ཡིན་ན། དེ་ལ་སྡོམ་པ་སྦྱིན་བྱེད་ཡིན་པས་ནི་མ་ཁྱབ་སྟེ། ཚངས་སྤྱོད་ཉེར་གནས་ཀྱི་ཚུལ་ཁྲིམས་སྡོམ་པ་མ་ཡིན་པའི་ཕྱིར། ཉེས་མེད་ཕུན་ཚོགས་ཀྱི་དགེ་ཚུལ་གྱི་སློབ་དཔོན་དང་ལས་སློབ་ལ་སྨྲར་བཤད་པའི་ཡོན་ཏན་དེ་རྣམས་དང་ལྡན་པ་དགོས་ཀྱང་། སྤྱིར་དགེ་ཚུལ་གྱི་སློབ་དཔོན་སོགས་ལ་ཡོན་ཏན་དེ་རྣམས་དང་ལྡན་པ་མི་དགོས་ཏེ། ཡུལ་དེ་རབ་བྱུང་གི་སྡོམ་པ་རྣམ་དག་དང་མི་ལྡན་ཀྱང་ལྡན་པར་འདུ་ཤེས་ན་སྡོམ་པ་སྐྱེ་ཞིང་། ལྡན་པ་ཡང་མི་ལྡན་པར་འདུ་ཤེས་ན་སྡོམ་པ་མི་སྐྱེ་བའི་ཕྱིར། དེས་ན་དགེ་ཚུལ་གྱི་སློབ་དཔོན་ལ་དེའི་སློབ་དཔོན་དུ་འོས་པས་མ་ཁྱབ། དེས་གསང་སྟོན། ལས་སློབ། མཁན་པོ་སོགས་ལ་ཡང་རིགས་འགྲེ། གནས་པ་སློབ་མ་དེས་རང་ཉིད་ལ་གནས་འཆའི་ཆོ་ག་བྱས་པའི་སྒོ་ནས་དེ་དང་ལྷན་ཅིག་ཏུ་དེའི་ཞག་གཅིག་གི་གནས་མེད་ཀྱི་ཉེས་པ་ཁེགས་པའི་སྒོ་ནས་དེའི་སློབ་དཔོན་དུ་སོང་བ། དེའི་གནས་ཀྱི་སློབ་དཔོན་གྱི་མཚན་ཉིད་ཡིན། དེའི་གནས་སྦྱིན་པའི་སློབ་དཔོན་ཡིན་ན། དེའི་གནས་ཀྱི་སློབ་དཔོན་ཡིན་པས་ཁྱབ་ཀྱང་དེའི་གནས་ཀྱི་སློབ་དཔོན་ཡིན་ན། དེའི་གནས་སྦྱིན་པའི་སློབ་དཔོན་ཡིན་པས་མ་ཁྱབ། ཕྱི་མ་ལ་དང་པོས་མ་ཁྱབ་སྟེ། དེའི་གནས་སྦྱིན་གྱི་སློབ་དཔོན་ཡིན་ན། དེས་རང་ཉིད་ལ་གནས་ཆའི་ཆོ་ག་བྱ་དགོས་ཤིང་། དེས་རང་གི་མཁན་པོ་ལ་གནས་འཆའི་ཆོ་ག་མ་བྱས་པར་ཡང་གནས་བཅས

པའི་ཆོག་པའི་ཕྱིར། སློབ་མ་དེ་དང་ཕན་ཚུན་ཡོན་ཏན་སློབ་འདོད་ཀྱི་བསམ་པའི་སྒོ་ནས་བཀའ་འམ་དེའི་དགོངས་འགྲེལ་ཚིགས་སུ་བཅད་པ་གཅིག་ལན་གསུམ་བཟླས་པའི་སྒོ་ནས་དེའི་སློབ་དཔོན་དུ་སོང་བ། དེའི་ཀློག་པའི་སློབ་དཔོན་གྱི་མཚན་ཉིད་ཡིན། དེའི་ཀློག་པའི་སློབ་དཔོན་ཡིན་ན། དེ་ལ་ཆོས་སྟོན་པའི་སློབ་དཔོན་ཡིན་དགོས་ཀྱང་ཕྱི་མ་ལ་དང་པོ་དེ་ཡིན་མི་དགོས་ཏེ། དེ་ལ་ཕན་ཚུན་ཡོན་ཏན་སློབ་འདོད་ཀྱི་བསམ་པས་ཚིགས་སུ་(༡༩ན)བཅད་པ་གཅིག་ལན་གཅིག་བཟླས་པས་ཀྱང་དེའི་ཆོས་སྟོན་པའི་སློབ་དཔོན་དུ་འགྱུར་ཞིང་། དེའི་ཀློག་པའི་སློབ་དཔོན་ཡིན་ན་ཚིགས་སུ་བཅད་པ་གཅིག་ལན་གསུམ་བཟླས་དགོས་པའི་ཕྱིར། གཉིས་པ་ནི། འདིར་བསྟན་གྱི་སློབ་དཔོན་ལ་ལྔར་གྲངས་ངེས་འཛོག་པའི་རྒྱུ་མཚན་ཡོད་དེ། སློབ་དཔོན་ལ་སྡོམ་པ་ཐོབ་པར་བྱེད་པའི་སློབ་དཔོན། ཐོབ་ཟིན་གནས་པར་བྱེད་པའི་སློབ་དཔོན། གནས་པ་གོང་འཕེལ་གྱི་སློབ་དཔོན་གསུམ་ཡོད་ཅིང་། དང་པོ་ལ་ཡང་དགེ་ཚུལ་གྱི་སྡོམ་པ་ཐོབ་པར་བྱེད་པའི་སློབ་དཔོན་དང་། དགེ་སློང་གི་སྡོམ་པ་ཐོབ་པར་བྱེད་པའི་སློབ་དཔོན་གཉིས་ཡོད་པ་ལས། དང་པོའི་དབང་དུ་བྱས་ནས་དགེ་ཚུལ་གྱི་སློབ་དཔོན་བཞག གཉིས་པ་ལ། རྒྱུད་ཡོངས་སུ་དག་པར་བྱེད་པའི་སློབ་དཔོན་དང་། སྡོམ་པ་དངོས་སུ་སྟེར་བའི་སློབ་དཔོན་གཉིས་ཡོད་པ་ལས། དང་པོའི་དབང་དུ་བྱས་ནས

གསང་སྟོན། གཉིས་པའི་དབང་དུ་བྱས་ནས་ལས་སློབ་བཞག་གོ། གཉིས་པ་ཐོབ་ཟིན་གནས་པར་བྱེད་པའི་སློབ་དཔོན་གྱི་དབང་དུ་བྱས་ནས་གནས་སྦྱིན་པའི་སློབ་དཔོན་བཞག་ཅིང་། དེ་འཇོག་པའི་རྒྱུ་མཚན་ཡོད་དེ། གནས་པ་སློབ་མ་རྣམས་ཀྱི་སྡོམ་པ་ཐོབ་ནས་སྡོམ་པའི་གཏོང་རྒྱུ་རྣམས་ཀྱིས་མ་བཏང་བ་དང་། རྩ་ལྟུང་གིས་མ་ཉམས་པ་དང་། ཡན་ལག་གི་ལྟུང་བ་རྣམས་ཀྱིས་རྒྱུད་ལ་མ་གོས་པར་བྱེད་པ་ལ་འབད་དགོས་པའི་ཕྱིར། གསུམ་པའི་དབང་དུ་བྱས་ནས་ཀློག་པའི་སློབ་དཔོན་བཞག་པ་ཡིན་ཞིང་། དེ་འཇོག་པའི་རྒྱུ་མཚན་ཡོད་དེ། གནས་པ་སློབ་མ་རྣམས་ཀྱིས་ཐོས་བསམ་བསྒོམ་གསུམ་གྱི་ཤེས་རབ་ལ་བརྟེན་ནས་སྡོམ་པ་འཕེལ་བར་བྱེད་དགོས་པའི་ཕྱིར། དེ་ལ་བརྟེན་ནས་སྡོམ་པ་འཕེལ་བར་ཡང་འགྱུར་ཏེ། དེ་འདྲའི་ཤེས་རབ་འཕེལ་བ་ལ་བརྟེན་ནས་སྡོམ་པ་འཕེལ་བར་འགྱུར་བའི་ཕྱིར། གསུམ་པ་གོ་རིམ་ནི། འདིར་སློབ་དཔོན་རྣམས་ཀྱིས་གོ་རིམ་འདི་ལྟར་སྟོན་པའི་རྒྱུ་མཚན་ཡོད་དེ། སྡོམ་གསུམ་རིམ་གྱིས་སྦྱིན་པའི་དགེ་བསྙེན་གྱི་སྡོམ་པ་དང་། བར་མ་རབ་བྱུང་གི་ཚུལ་ཁྲིམས་སྦྱིན་པའི་རྗེས་སུ་རབ་བྱུང་གི་སྡོམ་པ་རྣམས་ཀྱི་ནང་ནས་དགེ་ཚུལ་གྱི་སྡོམ་པ་སྦྱིན་དགོས་པའི་རྒྱུ་མཚན་གྱིས་དང་པོར་དགེ་ཚུལ་གྱི་སློབ་དཔོན་བཞག དེ་རྗེས་བསྙེན་རྫོགས་སུ་སྒྲུབ་དགོས་ཤིང་། དེ་ལ་ཡང་དང་པོར་གསང་སྟོན་གྱིས་བར་ཆད་དྲི་དགོས་པས་ན་གསང་སྟོན་

བཞག །དེ་རྗེས་ལས་སློབ་ཀྱིས་སྡོམ་པ་དངོས་སུ་སྦྱིན་དགོས་པས་ན་ལས་སློབ་བཞག དེ་རྗེས་གནས་ལ་བརྟེན་དགོས་པས་ན་གནས་ཀྱི་སློབ་དཔོན་བཞག དེ་རྗེས་ཀློག་པའི་སློབ་དཔོན་བསྟེན་ནས་ཐོས་བསམ་བསྒོམ་གསུམ་ལ་འབད་དགོས་པས་ཀློག་པའི་སློབ་དཔོན་བཞག་པ་ཡིན་པའི་ཕྱིར། བཞི་པ་ནི། བསླབ་བྱ་དེའི་མཁན་པོར་འོས་པའི་དགེ་སློང་དེ་ལ་བསླབ་བྱ་དེས་མཁན་པོར་གསོལ་བ་ལན་གསུམ་བཏབ་པའི་མཐར་ཅང་མི་སྨྲ་བའི་ཚུལ་གྱིས་ཁས་བླངས་པས་ན། དེ་འདྲའི་དགེ་སློང་དེ་བསླབ་བྱ་དེའི་མཁན་པོར་གྱུར་པ་ཡིན། བསླབ་བྱ་དེའི་དགེ་ཚུལ་གྱི་སློབ་དཔོན་དུ་འོས་པའི་དགེ་སློང་དེས་བསླབ་བྱ་དེ་ལ་དགེ་ཚུལ་གྱི་སྡོམ་པ་འབོག་པའི་ཆོ་ག་བྱས་ནས་བསླབ་བྱ་དེའི་རྒྱུད་ལ་དགེ་ཚུལ་གྱི་སྡོམ་པ་སྐྱེས་པ་ན་དེ་དེའི་དགེ་ཚུལ་གྱི་སློབ་དཔོན་དུ་གྱུར་པ་ཡིན། བསླབ་བྱ་དེའི་གསང་སྟོན་དུ་འོས་པའི་དགེ་སློང་དེས་བསླབ་བྱ་དེ་ལ་ལྐོག་ཏུ་བར་ཆད་དྲིས་ཤིང་། དགེ་འདུན་ལ་ནང་དུ་འོང་བའི་གནང་བ་ཞུས་ཟིན་པ་ན། དེ་དེའི་གསང་སྟོན་དུ་གྱུར་པ་ཡིན། བསླབ་བྱ་དེའི་ལས་སློབ་ཏུ་འོས་པའི་དགེ་སློང་དེས་བསླབ་བྱ་དེ་ལ་བསྙེན་རྫོགས་ཀྱི་སྡོམ་པ་སྟེར་བའི་གསོལ་བཞིའི་ལས་ཀྱི་(༡༩བ)ཆོ་ག་བྱས་ཏེ། བསླབ་བྱ་དེའི་རྒྱུད་ལ་བསྙེན་རྫོགས་ཀྱི་སྡོམ་པ་སྐྱེས་པ་ན། དེ་དེའི་ལས་སློབ་ཏུ་གྱུར་པ་ཡིན། གནས་པ་སློབ་མ་དེའི་གནས་ཀྱི་སློབ་དཔོན་དུ་འོས་པའི་དགེ་སློང་དེ་ལ

གནས་འཆའི་ཚིག་བྱས་པའི་སྒོ་ནས་གནས་པ་སློབ་མ་དེའི་ཞག་གཅིག་གི་གནས་མེད་ཀྱི་ཉེས་པ་ཁེགས་པ་ན། དེ་གནས་པ་སློབ་མ་དེའི་གནས་སྦྱིན་པའི་སློབ་དཔོན་དུ་གྱུར་པ་ཡིན། སློབ་མ་དེའི་ཀློག་པའི་སློབ་དཔོན་དུ་འོས་པའི་དགེ་སློང་དང་ཕན་ཚུན་དཔོན་སློབ་ཏུ་འཛིན་པའི་སྒོ་ནས་དེས་སློབ་མ་དེ་ལ་ཆོས་ཚིགས་བཅད་གཅིག་ལན་གསུམ་བཟླས་པ་ན། དེ་དེའི་ཀློག་པའི་སློབ་དཔོན་དུ་གྱུར་པ་ཡིན། ༈ ལྔ་པ་མཚན་སྨོས་ཀྱི་རིམ་པ་བཤད་པ་ལ། ཉེ་ཚིག་གི་རྣམ་གཞག་དང་། མཚན་སྨོས་ཀྱི་རིམ་པ་གཉིས། དང་པོ་ལ། དེ་ཆེན་པོ་དང་ཆུང་དུ་གཉིས་ལས། བླ་མ། མཁན་པོ། བཙུན་པ། དེ་བཞིན་གཤེགས་པ་ཞེས་པའི་ཚིག་རྣམས་དང་པོ་དང་། འདུལ་བ་འཛིན་པ། ཚེ་དང་ལྡན་པ། དགེ་སློང་། གནས་བརྟན་ཞེས་པའི་ཚིག་རྣམས་གཉིས་པ་ཡིན། གཉིས་པ་ནི། རང་གི་མཁན་པོ་ལ་དོན་གྱི་སྐད་དུ་མཚན་ནས་སྨོས་ཏེ་མཁན་པོ་རིན་པོ་ཆེ་ཞེས་དང་། སློབ་དཔོན་ལ་སློབ་དཔོན་པའི་ཞལ་སྔ་ནས་ཞེས་བརྗོད་དོ། །རང་གི་དེ་གཉིས་མ་ཡིན་པ་དེ་ལ་དེ་གཉིས་ཀྱི་མིང་ནས་མི་སྨོས་ཤིང་། གང་ཟག་དེའི་དེ་དང་དེ་ཞེས་བརྗོད། ཡུལ་དེར་མཁན་པོ་དང་སློབ་དཔོན་དུ་གྲགས་པ་ལ་དེ་དང་དེ་ཞེས་སྨོས་པ་ལ་ཉེས་པ་མེད། བསླབ་པ་རྒན་པ་ལ་བཙུན་པ་ཞེས་སྨོས་རིགས་ཤིང་། བསླབ་པ་གཞོན་པ་ལ་དེ་ལྟར་མི་རིགས་ཏེ། བཙུན་པའི་སྐད་དོད་ནི་བནྡྷེ་ཡིན་ལ། བནྡྷེ་ཕྱག་བྱ་བའི་འོས་ཡིན་པས་རང་

ལས་བསླབ་པ་གཞོན་པ་དང་མཉམ་པ་ལ་ཕྱག་བྱ་བའི་འོས་མ་ཡིན་པའི་ཕྱིར། རབ་བྱུང་གི་མཁན་སློབ་གཉིས་ཀ་ཡིན་པ་ལ་མཁན་པོ་ཞེས་བརྗོད་དགོས་ཏེ། མཁན་པོ་གཙོ་ཆེ་བ་ཡིན་པའི་ཕྱིར། རབ་བྱུང་རང་ལས་བསླབ་པ་གཞོན་པ་ཐམས་ཅད་ལ་ཚེ་དང་ལྡན་པ་གནས་བརྟན་ཞེས་བརྗོད་རིགས་ཏེ། སུམ་བརྒྱ་པ་ལས། རྒན་ལ་བཙུན་པ་ཉེ་བའི་ཚིག་གིས་བརྗོད། །གཞོན་ལའང་ཚེ་དང་ལྡན་པའི་ཉེ་ཚིག་གིས། །དེ་བཞིན་གནས་བརྟན་ཞེས་པའི་ཉེ་ཚིག་བརྗོད། །དེ་ལྟར་འདི་ནི་མིང་སློས་རིམ་པ་ཡིན། །ཞེས་དང་། དེའི་འགྲེལ་པ་འོད་ལྡན་ལས། འང་གི་སྒྲས་ནི་རྒན་པ་ལའང་བྱའོ། །དེ་བཞིན་དུ་རྒན་པ་ལའང་རུང་ངོ་། །གཞོན་པ་ལའང་རུང་ངོ་། གནས་བརྟན་ཞེས་བྱ་ཉེ་བའི་ཚིག་གིས་བརྗོད་དོ། །ཞེས་གསུངས་པའི་ཕྱིར། ཚེ་ཁྱད་པར་ཅན་དང་ལྡན་པས་ན་ཚེ་དང་ལྡན་པ་ཞེས་བརྗོད་དེ། ཕྲན་ཚེགས་འགྲེལ་པ་ལས། མངོན་པར་འདོད་པའི་ཚེ་དང་ལྡན་པའི་ཕྱིར། ཞེས་གསུངས་པའི་ཕྱིར། གནས་བླ་མ་ལ་མི་བསྟེན་ཞིང་། བརྟན་མཁས་ཀྱི་ཡོན་ཏན་དང་ལྡན་པས་ན་གནས་བརྟན་ཞེས་བརྗོད་དགོས་ཏེ། རྣམ་འབྱེད་འགྲེལ་པ་ལས། གཞན་ལ་མི་བརྟེན་པས། ཞེས་གསུངས་པའི་ཕྱིར། མཚན་སློས་དེ་དག་ལས་འདས་ན། དགེ་སློང་ལ་བཤགས་བྱའི་ཉེས་བྱས་དང་། དགེ་ཚུལ་ལ་བསྡམ་བྱའི་ཉེས་བྱས་འབྱུང་ངོ་། །མཆོད་པ་དང་ཕྱག་འཚལ་བའི་གནས་ཡིན་པས་བཙུན་པ་

ཞེས་བརྗོད་དགོས་ཏེ། གཞི་འགྲེལ་ལས། བཙུན་པ་ཞེས་བྱ་བ་ནི་མཆོད་པའི་ཚིག་ཏེ། ཤིན་ཏུ་དགེ་བ་དང་བདེ་བ་སྐྱེས་པའི་ཕྱིར། ཞེས་གསུངས་པའི་ཕྱིར། དེས་ན་དགེ་སློང་ལ་གནས་བརྟན་གྱིས་མ་ཁྱབ་སྟེ། ད་ཆོག་ལ་བརྟེན་ནས་བསྙེན་པར་རྫོགས་པའི་གནས་བརྟན་ལ་བརྟན་པའི་ཡོན་ཏན་དང་ལྡན་དགོས་པའི་ཕྱིར། གནས་བརྟན་ལ་གནས་བརྟན་མཁས་པ་དང་། དེ་བྲིས་པ་གཉིས། བརྟན་པའི་ཡོན་ཏན་དང་ལྡན་ཞིང་(༢༠ན)མཁས་པའི་ཡོན་ཏན་དང་ལྡན་པ་དེ་དང་པོ་ཡིན། བརྟན་པའི་ཡོན་ཏན་དང་ལྡན་ཞིང་མཁས་པའི་ཡོན་ཏན་དང་མི་ལྡན་པ་དེ་གཉིས་པ་ཡིན། གནས་བརྟན་ལ་བརྟན་པའི་ཡོན་ཏན་དང་ལྡན་པས་མ་ཁྱབ་སྟེ། རང་བྱུང་གིས་བསྙེན་པར་རྫོགས་པའི་བྱང་སེམས་རྣམས་གནས་བརྟན་ཡིན་པའི་ཕྱིར་ཏེ། དེ་རྣམས་གནས་བླ་མ་ལ་བསྟེན་མི་དགོས་ཏེ། བདག་ཅག་གི་སྟོན་པས་ཀྱང་རང་བྱུང་གི་བསྙེན་པར་རྫོགས་ནས་གནས་བླ་མ་ལ་མ་བསྟེན་པའི་ཕྱིར། བརྟན་པའི་ཡོན་ཏན་དང་མི་ལྡན་ཞིང་ད་ཆོག་ལ་བརྟེན་ནས་བསྙེན་པར་རྫོགས་པའི་དགེ་སློང་དགྲ་བཅོམ་པ་རྣམས་གནས་བླ་མ་ལ་བསྟེན་དགོས་ཏེ། བརྟན་མཁས་ཀྱི་ཡོན་ཏན་དང་མི་ལྡན་ཞིང་། ད་ཆོག་ལ་བརྟེན་ནས་བསྙེན་པར་རྫོགས་པའི་འདས་མ་འོངས་ད་ལྟར་གསུམ་ཤེས་པའི་མངོན་ཤེས་རྒྱུད་ལ་ལྡན་པའི་དགེ་སློང་དགྲ་བཅོམ་པ་རྣམས་ཀྱང་གནས་བླ་མ་ལ་མ་བསྟེན་པར་ལྗོངས་རྒྱུར་མི་

རུང་བའི་ཕྱིར་ཏེ། འདི་ཉིད་ལས། གཞན་དུ་ན་གསུམ་རིག་པ་ཡིན་ཡང་མ་དམིགས་པའོ། །ཞེས་གསུངས་པའི་ཕྱིར། ལུང་དེས་དགྲ་བཅོམ་པའི་རྒྱུད་ལ་ཉེས་པ་ཡོད་པར་བསྟན་ཏེ། དེའི་རྒྱུད་ལ་གནས་མེད་ཀྱི་ཉེས་པ་ཡོད་པར་བསྟན་པའི་ཕྱིར་ཏེ། དེས་བརྟན་མཁས་ཀྱི་ཡོན་ཏན་གཉིས་དང་མི་ལྡན་པའི་དགེ་སློང་དགྲ་བཅོམ་པ་རྣམས་གནས་བླ་མ་ལ་བསྟེན་དགོས་པར་བསྟན་པའི་ཕྱིར། ཁོ་ན་རེ། ཉན་ས་ལས། དགྲ་བཅོམ་པ་ལ་ཉེས་པ་མེད་དེ། །ཉོན་མོངས་ཅན་གྱི་ལྟུང་བ་མེད་པའི་ཕྱིར། །ཞེས་གསུངས་པ་དང་འགལ་ལོ་ཞེ་ན། མི་འགལ་ཏེ། ལུང་དེས་དེའི་རྒྱུད་ལ་རང་བཞིན་གྱིས་ལྟུང་བ་མེད་པར་བསྟན་པའི་ཕྱིར། དེའི་རྒྱུད་ལ་རང་བཞིན་གྱི་ལྟུང་བ་མེད་དེ། དེའི་རྒྱུད་ལ་མི་དགེ་བར་གྱུར་པའི་ལྟུང་བ་མེད་པའི་ཕྱིར་ཏེ། དེའི་རྒྱུད་ཀྱི་ལྟུང་བ་ཡིན་ན་ལུང་མ་བསྟན་གྱི་ལྟུང་བ་ཡིན་དགོས་པའི་ཕྱིར་ཏེ། ཊཱི་ཀ་ཀར། དགྲ་བཅོམ་པས་ཉེས་པ་བྱས་ན་ཐམས་ཅད་དུ་ལུང་དུ་མ་བསྟན་པར་འགྱུར་རོ། །ཞེས་གསུངས་པའི་ཕྱིར། དེས་ན། སྟོན་ཚིག རང་བྱུང་། ཡེ་ཤེས་ཁོང་ཆུད་ཀྱིས་བསྙེན་པར་རྫོགས་པའི་དགེ་སློང་རྣམས་གནས་བླ་མ་ལ་བསྟེན་མི་དགོས་ཏེ། དེ་རྣམས་སྙིན་པ་གསུམ་ཤས་ཆེ་བ་དང་། ད་ཚོག་གི་སྤྱ་རོལ་ཏུ་གནས་བླ་མ་བསྟེན་པའི་བཅས་པ་མ་མཛད་པའི་ཕྱིར་དང་། སྟོན་ཚིག་གི་སྒོ་ནས་བསྙེན་པར་རྫོགས་པ་རྣམས་མཁན་སློབ་ལ་མ་བསྟེན་པའི་ཕྱིར། འོ་ན་

གནས་སྒྲིན་པའི་བླ་མར་གྱུར་པ་གནས་འཆའི་ཆོ་ག་ལ་ལྟོས་ན། གནས་འཆའི་ཆོ་ག་ཇི་ལྟ་བུ་ཞེ་ན། གནས་པ་སློབ་མར་འོས་པའི་རབ་བྱུང་དེས་གནས་བླ་མར་འོས་པའི་དགེ་སློང་ལ་ཕྱག་འཚལ། ཐལ་མོ་སྦྱར། ཙོག་ཙོག་པོར་འདུག་སྟེ། བཙུན་པ་དགོངས་སུ་གསོལ། བདག་མིང་འདི་ཞེས་བགྱི་བ་བཙུན་པ་ལ་གནས་འཆའ་བར་གསོལ་ན་བཙུན་པས་བདག་ལ་གནས་སྩོལ་ཅིག བདག་བཙུན་པ་ལ་གནས་པ་འཆའ་ཞིང་མཆིའོ། །ཞེས་ལན་གསུམ་བརྗོད་པའི་རྗེས་སུ་ཐབས་ལེགས་བྱ་བ་ཡིན་ནོ། །གནས་བླ་མ་བསྟེན་པའིདགོས་པ་ནི། སྐྱེ་རབས་ལས། དེ་དང་ཉེ་ན་དེ་ཡི་ཡོན་ཏན་འབྱུང་། ཆེད་དུ་མ་གོས་པར་ཡང་གོས་པར་འགྱུར། ཞེས་གསུངས་པ་ལྟར་ཡིན། གནས་འཆའི་ཆོ་ག་འཇིག་པའི་ཚུལ་ནི། གནས་པ་སློབ་མ་དེ་བརྟན་མཁས་ཀྱི་ཡོན་ཏན་གཉིས་དང་ལྡན་པ་ན་དེ་འཇིག་པ་ཡིན་ཏེ། དེའི་ཚེ་གནས་པ་སློབ་མ་དེ་གནས་བླ་མ་བསྟེན་མི་དགོས་པའི་ཕྱིར། གཞན་ཡང་། གནས་པ་སློབ་མ་དེའི་རྒྱུད་ལ་གནས་བླ་མ་ལ་བླ་མ་མི་འཚལ་སྙམ་པའི་བསམ་པ་དང་། དེ་འདྲའི་བླ་མའི་རྒྱུད་ལ་སློབ་མ་དེའི་བླ་མ་མི་བྱེད་སྙམ་པའི་བསམ་པ་སྐྱེས་པ་ན་ཆོ་ག་དེ་འཇིག་པ་ཡིན། དེ་རྗེས་སློབ་(༢༠བ)མ་དེས་དེ་ལ་གནས་འཆའ་བ་ན་སླར་ཡང་གནས་འཆའི་ཆོ་ག་བྱ་དགོས་སོ། །ཁ་ཅིག བསྙེན་རྫོགས་ཀྱི་སློབ་དཔོན་ཡིན་ན། དེའི་མཁན་སློབ་ཡིན་པས་ཁྱབ་ཟེར་བ་མི་འཐད་དེ། སྟོན་པ་སངས་

རྒྱུས་དེ་ཙམ་ཞིག་གི་སྒོ་ནས་བསྙེན་རྫོགས་ཀྱི་སྡོམ་པ་ཐོབ་པའི་དགེ་སློང་དེའི་བསྙེན་རྫོགས་ཀྱི་སློབ་དཔོན་ཡིན་ཞིང་། ལས་སློབ་ཏུ་གྱུར་པ་ལ་གསོལ་བཞིའི་ཆོ་ག་བྱ་དགོས་པའི་ཕྱིར། དང་པོ་གྲུབ་སྟེ། སྟོན་པ་སངས་རྒྱས་དེ་དེ་ལ་དགེ་སློང་གི་སྡོམ་པ་སྦྱིན་པ་པོ་ཡིན་དགོས་པའི་ཕྱིར་ཏེ། དེ་འདྲའི་གང་ཟག་དེ་སྟོན་པ་སངས་རྒྱས་ལས་བསྙེན་རྫོགས་ཀྱི་སྡོམ་པ་ཐོབ་པའི་གང་ཟག་ཡིན་པའི་ཕྱིར། དེ་ལྟར་ཡིན་ཀྱང་། སྟོན་པ་སངས་རྒྱས་དེ་རང་གི་བདེན་བཞིའི་ཆོས་འཁོར་བསྐོར་བ་ལ་བརྟེན་ནས་ཡེ་ཤེས་ཁོང་ཆུད་ཀྱི་བསྙེན་རྫོགས་ཀྱི་སྡོམ་པ་ཐོབ་པའི་དགེ་སློང་གི་བསྙེན་རྫོགས་ཀྱི་སློབ་དཔོན་མ་ཡིན་ཏེ། དེ་འདྲའི་དགེ་སློང་དེ་མཐོང་ལམ་ཐོབ་པའི་ཞར་ལ་བསྙེན་རྫོགས་ཀྱི་སྡོམ་པ་ཐོབ་པ་ཡིན་པའི་ཕྱིར། དེས་ན་སྟོན་པ་སངས་རྒྱས་ལས་དགེ་སློབ་མ་མན་གྱི་རབ་བྱུང་གི་སྡོམ་པ་ཐོབ་པ་མེད་དེ། དེ་ལས་རབ་བྱུང་གི་སྡོམ་པ་ཐོབ་པའི་གང་ཟག་ཡིན་ན། བསྙེན་རྫོགས་ཀྱི་སྡོམ་པ་ཐོབ་པའི་གང་ཟག་ཡིན་དགོས་པའི་ཕྱིར། དེས་ལས་སློབ་དང་མཁན་པོ་བྱས་ནས་རབ་བྱུང་གི་སྡོམ་པ་ཐོབ་པ་ཡང་མེད་དེ། དེ་ལ་ད་ལྟར་གྱི་ཆོ་ག་དང་། སྔོན་ཆོག་གང་ཡིན་གྱི་སྒོ་ནས་ཀྱང་དེ་ཐོབ་པ་མེད་པའི་ཕྱིར་དང་། རྒྱལ་བ་རྣམས་ལས་ཀྱི་ཁ་སྐོང་དུ་མི་འོས་པའི་ཕྱིར་ཏེ། འདི་ཉིད་ལས། རྒྱལ་བ་རྣམས་ལས་ཀྱི་ཁ་སྐོང་དུ་འོས་པ་མ་ཡིན་ནོ། །ཞེས་གསུངས་པའི་ཕྱིར། སྐྱེས་བུ་དེའི་གློག་པའི་སློབ་དཔོན་

དང་། གནས་ཀྱི་སློབ་དཔོན་ལ་སྐྱེས་བུ་དེའི་སློབ་དཔོན་གྱིས་ཁྱབ་ཀྱང་། དགེ་ཚུལ་གྱི་དེ་གཉིས་གང་རུང་ལ། དགེ་ཚུལ་གྱི་སློབ་དཔོན་དང་། དགེ་བསྙེན་གྱི་གྲོག་པའི་སློབ་དཔོན་ལ་དགེ་བསྙེན་གྱི་སློབ་དཔོན་གྱིས་མ་ཁྱབ་སྟེ། དགེ་ཚུལ་གྱི་སློབ་དཔོན་ཡིན་ན། དགེ་ཚུལ་གྱི་སྡོམ་པ་སྟེར་བ་པོ་ཡིན་དགོས་པའི་ཕྱིར། དགེ་བསྙེན་གྱི་སློབ་དཔོན་ཡིན་ན་ཡང་དགེ་བསྙེན་གྱི་སྡོམ་པ་སྟེར་བ་པོ་ཡིན་དགོས་པའི་ཕྱིར། དེས་ན་སྐྱེས་བུ་གཅིག་གི་དགེ་ཚུལ་གྱི་སློབ་དཔོན་དང་། བསྙེན་རྫོགས་ཀྱི་སློབ་དཔོན་གཉིས་མི་འགལ་ཏེ། བསྟན་པ་ལ་རིམ་གྱིས་ཞུགས་པའི་དགེ་སློང་གི་སྡོམ་པ་སྟེར་བ་པོའི་ལས་སློབ་དེ་དེའི་དགེ་ཚུལ་གྱི་སློབ་དཔོན་ཡིན་པའི་ཕྱིར།

༄ ཚོགས་ཕྱི་མ་བསྙེན་རྫོགས་སུ་བསྒྲུབ་ཚུལ།

གཉིས་པ་ཚོགས་ཕྱི་མ་བསྙེན་རྫོགས་སུ་སྒྲུབ་པའི་ཚོ་ག་ལ། སྦྱོར་དངོས་མཇུག་གསུམ་ལས། དང་པོ་སྟོན་པ་ལ། དགེ་འདུན་ལས་བསྙེན་པར་རྫོགས་པར་བྱའོ། །ཞེས་པ་ནས། དགེ་འདུན་ལ་གསོལ་ནས་བར་ཆད་དྲི་བར་བྱའོ། །ཞེས་པའི་བར་གསུངས། གཉིས་པ་སྟོན་པ་ལ། བསྙེན་པར་རྫོགས་པ་ཉེ་བར་སྒྲུབ་པར་བྱའོ། །ཞེས་གསུངས། གསུམ་པ་ལ། དུས་གོ་དང་། གདམས་ངག་བརྗོད་པ་གཉིས། དང་པོ་སྟོན་པ་ལ། དེ་

མ་ཐག་ཏུ་དུས་ཚོད་རིགས་པར་བྱའོ། །གཉིས་པ་སྟོན་པ་ལ། གནས་རྣམས་བརྗོད་པར་བྱའོ། །ཞེས་གསུངས། དེ་ལའང་ད་ཆོག་ལ་བརྟེན་ནས་བསྙེན་རྫོགས་སུ་སྒྲུབ་ཚུལ། དགེ་འདུན་ལ་བརྟེན་ནས་སྒྲུབ་དགོས་འཆད་པ་ལ། དགེ་འདུན་ལས་བསྙེན་པར་རྫོགས་པར་བྱའོ། །ཞེས་གསུངས། དེའི་དངོས་གཞིའི་ཆོ་ག་འཆད་པ་ལ། བསྙེན་པར་རྫོགས་པ་ཉེ་བར་སྒྲུབ་པར་བྱའོ། །ཞེས་གསུངས། ངག་དོན་ནི། ད་ཆོག་ལ་བརྟེན་ནས་བསྙེན་རྫོགས་སྒྲུབ་པའི་ཚུལ་ཡོད་དེ། མངོན་གྱུར་བཅུ་བརྗོད་པ་སྟོན་དུ་བཏང་བའི་སྒོ་ནས་གསོལ་བཞིའི་ལས་ཀྱི་ཆོ་གའི་སྒོ་ནས་སྒྲུབ་པར་བྱེད་པའི་ཕྱིར། ༈ སྤྱི་དོན་ལ། ཡུལ། རྟེན། ཆོ་གའི་ཁྱད་པར་གསུམ། དང་པོ་ནི། མཁན་པོ། གསང་སྟོན། ལས་སློབ། དགེ་འདུན་དང་བཅས་པ་དགོས་(༢༡ན)དགེ་འདུན་གྲངས་ཚང་བ། མཚམས་ནང་དེར་གནས་ཤིང་ཁ་སྐོང་གི་ཆོས་དང་ལྡན་ཡང་ལས་གྲལ་དེར་མ་འདུས་པའི་མི་མཐུན་པ་དང་། ལས་གྲལ་དེར་འདུས་ཀྱང་ཆོ་ག་དེ་ལྟ་བུ་བྱ་མི་རིགས་ཞེས་འགོག་པ་འདུས་པ་ཕྱིར་ཟློག་གི་མི་མཐུན་པ་སྟེ་མི་མཐུན་པ་གཉིས་དང་བྲལ་བ། ཁ་སྐོང་གི་ཆོས་དང་ལྡན་པ་དགོས། དགེ་འདུན་གྲངས་ཚང་ནི་ད་ཆོག་ལ་བརྟེན་ནས་བསྙེན་རྫོགས་སྒྲུབ་པ་ལ་ཡུལ་དབུས་སུ་དགེ་སློང་བཅུ་ཚོགས། མཐའ་འཁོབ་ཏུ་ལྔ་ཚོགས་དགོས་པར་གསུངས་པ་ལ། དེ་ལྟར་གསུངས་པ་ནི་ཆོས་ཚིག་གི་ཕྱི་བའི་དབང་དུ་བྱས་

པ་ཡིན་ཞིང་། དེའི་དབང་དུ་བྱས་པའི་ཡུལ་དབུས་སུ་དེ་བཅུ་ཚོགས་སྒྲུབ་སླ་ཞིང་། མཐའ་འཁོབ་ཏུ་དེ་སྒྲུབ་དཀའ་བ་ཡིན་། དགེ་སློང་ཕ་མ་གཉིས། དགེ་བསྙེན་ཕ་མ་གཉིས། རྒྱུ་བའི་ཡུལ་ནི། ཆོས་ཀྱི་ཕྱེ་བའི་ཡུལ་དབུས་དང་། དེ་ལྟར་མི་རྒྱུ་བའི་ཡུལ་ནི། དེའི་དབང་དུ་བྱས་པའི་ཡུལ་མཐའ་འཁོབ་ཡིན། ཤར་དུ་ལི་ཁ་རའི་ཤིང་ཚང་ཚིང་ཅན། ལྷོ་ན་ཆུ་ཀླུང་དེ་ནགས་ཅེས་བྱ་བ་དང་། ནུབ་ཏུ་བྲམ་ཟེའི་གྲོང་ཀ་བ་དང་ཉེ་བའི་ཀ་བ། བྱང་དུ་ཨུ་ཤི་རའི་རིའི་ཁོངས་སུ་འདུས་པའི་ཡུལ་རྣམས་ས་ཚིགས་ཀྱི་དབང་དུ་བྱས་པའི་ཡུལ་དབུས་ཡིན། དེ་རྣམས་ཀྱི་ཁོངས་སུ་མ་འདུས་པའི་ཡུལ་རྣམས་དེའི་དབང་དུ་བྱས་པའི་ཡུལ་མཐའ་འཁོབ་ཡིན། དེས་ན་བོད་འདི་ཆོས་ཀྱི་ཕྱེ་བའི་ཡུལ་མཐའ་འཁོབ་ཡིན་ཀྱང་། འདིར་བསྙེན་ཚོགས་སྒྲུབ་པའི་ཚེ་དགེ་སློང་བཅུ་ཚོགས་དགོས་ཏེ། འདིར་དགེ་སློང་གྲངས་ཚང་བས་ཆོས་ཀྱི་ཕྱེ་བའི་ཡུལ་དབུས་དང་མཉམ་པར་བཞུགས་ཤིང་། ཡུལ་མཐའ་འཁོབ་ཏུ་ཡང་དགེ་སློང་བཅུ་ཚོགས་སྒྲུབ་ནུས་བཞིན་དུ་ལྔ་ཚོགས་ཀྱི་སྒྲུབ་ན་ཉེ་བྱས་འབྱུང་བར་གསུངས་པའི་ཕྱིར། དགེ་སློང་བཞི་ཚོགས་ཙམ་ལ་བསྙེན་ནས་ད་ཆོག་གི་སྐྱེས་ལ་ཉེས་བྱས་ཀྱི་བསྙེན་རྫོགས་ཀྱི་སྡོམ་པ་སྐྱེ་ཏེ། ཞུ་བ་ལས། བཅུ་མཆིས་བཞིན་དུ་བཞི་ཁོ་ན་ལས་བསྙེན་པར་རྫོགས་པར་བྱས་ན་བསྙེན་པར་རྫོགས་པ་ཞེས་བྱ་སྟེ་བསྙེན་པར་རྫོགས་པ་དེ་ཡང་འདས་པ་དང་བཅས་པར་འགྱུར་རོ། །ཞེས་

གསུངས་པའི་ཕྱིར་དང་། དགེ་སློང་བཞི་ཚོགས་ཙམ་ལ་བརྟེན་ནས་དགེ་སློང་གི་ཐུན་མོང་བའི་ལས་ཀྱང་ཆགས་པའི་ཕྱིར། གསང་སྔོན་མེད་པར་ད་ཆོག་ལ་བརྟེན་ནས་བསྙེན་རྫོགས་ཀྱི་སྡོམ་པ་སྐྱེ་བ་ཡོད་དེ། གསང་སྔོན་དེ་ད་ཆོག་ལ་བརྟེན་ནས་ཉེས་མེད་ཕུན་ཚོགས་ཀྱི་བསྙེན་རྫོགས་སུ་སྒྲུབ་པ་ལ་མེད་མི་རུང་བ་ཡིན་ཀྱང་ཕྱིར་ད་ཆོག་ལ་བརྟེན་ནས་བསྙེན་རྫོགས་སྒྲུབ་པ་ལ་མེད་མི་རུང་བ་མ་ཡིན་པར་མཁན་པོ་མེད་པར་ད་ཆོག་ལ་བརྟེན་ནས་བསྙེན་རྫོགས་ཀྱི་སྡོམ་པ་སྐྱེ་བ་ཡོད་དེ། འདི་ཉིད་ལས། དེ་དང་ལྡན་པའི་ལྟར་མཁན་པོ་མེད་པ་ཉིད་ལ་ཡང་ངོ་། །ཞེས་གསུངས་པའི་ཕྱིར། ལས་སློབ་མེད་པར་དེ་ལྟར་སྐྱེ་བ་ནི་མེད་དེ། ད་ཆོག་ལ་བརྟེན་ནས་བསྙེན་ཚོགས་སུ་སྒྲུབ་པ་ལ་གསོལ་བཞིའི་ལས་ཀྱི་ཆོ་ག་བརྗོད་དགོས་པའི་ཕྱིར། དགེ་འདུན་མེད་པར་དེ་ལྟར་སྐྱེ་བ་ཡང་མེད་དེ། ད་ཆོག་ལ་བརྟེན་ནས་བསྙེན་རྫོགས་སྒྲུབ་པ་དགེ་འདུན་ལ་ལྟོས་དགོས་པའི་ཕྱིར། ཕྱིར་ནི་ལས་སློབ་མེད་པར་བསྙེན་རྫོགས་ཀྱི་སྡོམ་པ་སྐྱེ་བ་ཡོད་དེ། ཡེ་ཤེས་ཁོང་རྒྱུད་ཀྱི་བསྙེན་རྫོགས་ཀྱི་སྡོམ་པ་སྐྱེ་བ་ལ་སོགས་པ་ཡོད་པའི་ཕྱིར། དེ་མེད་པར་བསྙེན་རྫོགས་ཀྱི་སྡོམ་པ་སྐྱེ་བའང་ཡོད་དེ། སྔོན་ཆོག་ལ་བརྟེན་ནས་དེ་སྐྱེ་བ་ཡོད་པའི་ཕྱིར། བུད་མེད་ཀྱི་རྟེན་ལ་བསྙེན་རྫོགས་ད་ཆོག་ལ་བརྟེན་ནས་སྒྲུབ་པའི་ཡུལ་དབུས་དང་མཐའ་འཁོབ་ཏུ་དགེ་འདུན་གྱི་གྲངས་ཐོག་ཏུ་འཆད་དོ། ། ༈ གཉིས་པ་རྟེན་ལ།

ལུས། ཚ་ལུགས། བསམ་པ། བསླབ་ཚོགས་ཕུན་སུམ་ཚོགས་པ་དང་བཞི། དང་པོ་ནི། སྒྲ་མི་སྙན་(༢༡བ)མ་གཏོགས་པའི་གླིང་གསུམ་སྐྱེས་པ་བུད་མེད་གང་ཡང་རུང་བ། ཟ་མ་དང་མ་ནིང་སོགས་མ་ཡིན་པའི་སྒོ་ནས་ལུས་ཀྱི་སྐྱོན་དང་བྲལ་བ་དགོས་ཏེ། མཛོད་ལས། ཟ་མ་མ་ནིང་སྒྲ་མི་སྙན། མཚན་གཉིས་མ་གཏོགས་མི་རྣམས་ལ། ཞེས་དང་། འདི་ཉིད་ལས། མི་མ་ཡིན་པའི་འགྲོ་བ་དང་། བྱང་གི་སྒྲ་མི་སྙན་པ་གཉིས་ནི་སྡོམ་པའི་ཞིང་ཉིད་མ་ཡིན་ནོ། །ཞེས་གསུངས་པའི་ཕྱིར། ན་ཚོད་ལ། ཁྱིམ་བཟོ་མ་ཟིན་པའི་བུད་མེད་དང་། སྐྱེས་པ་ད་ཚོག་ལ་བརྟེན་ནས་བསྙེན་རྫོགས་སྒྲུབ་པ་ན། དངོས་བསམ་གང་རུང་གི་སྒོ་ནས་མངལ་གསོལ་གྱི་ཟླ་བ་དང་བཅས་པའི་ཚེ་ལོ་ཉི་ཤུ་ལོན་པ་དགོས། ཁྱིམ་བཟོ་བཟུང་བའི་བུད་མེད་བསྙེན་རྫོགས་སུ་སྒྲུབ་པའི་ཚེ་མངལ་གྱི་ཟླ་བ་དང་བཅས་པའི་ཚེ་ལོ་བཅུ་གཉིས་ལོན་པ་དགོས། དེས་ན་བསྙེན་རྫོགས་སུ་སྒྲུབ་ཏུ་རུང་བའི་ལོ་ནི་ཚེ་ལོའི་གྲངས་ངེས་ནས་བརྩི་བ་ཡིན་གྱི། ཁྱིམ་ལོའི་གྲངས་ངེས་བརྩི་བ་མ་ཡིན་ཏེ། དེ་སྒྲུབ་ཏུ་རུང་བའི་ལོ་ལོན་པ་ལ་གསོལ་ཟླ་བརྩི་བར་བཤད་པ་གང་ཞིག ཁྱིམ་ལོ་ལ་གསོལ་ཟླ་མི་རུང་བའི་ཕྱིར་ཏེ། ཁྱིམ་ལོ་གཅིག་རྫོགས་པ་ལ་ལོ་གཅིག་གི་དུས་བཞི་ཚང་བར་རྫོགས་དགོས་པའི་ཕྱིར། གཉིས་པ་ནི། ཆོས་གོས་གསུམ་དང་ལྷུང་བཟེད་གདིང་བ་མཁན་པོས་བྱིན་གྱིས་བརླབ་ནས་གནང་བ། རྒྱུ་ཚགས་སོགས་མཁན་

པོའི་གསུང་གིས་གནང་བ། དགེ་སློང་གི་རྟགས་ཆ་ལུགས་དང་ལྡན་པ། ཁྱིམ་པའི་ཐུན་མོང་མིན་པའི་རྟགས་ཆ་ལུགས་དང་མི་ལྡན་པ་དགོས། དེས་ན་རབ་བྱུང་གི་རྟགས་ཆ་ལུགས་དང་མི་ལྡན་པའི་སྦྲིན་མོ་དང་ཁྱིམ་པ། མུ་སྟེགས་ཀྱི་རྟེན་ལ་སྡོམ་པ་མི་སྐྱེ་སྟེ། འདི་ཉིད་ལས། ཁྱིམ་པ། མུ་སྟེགས་ཅན་གྱི་རྒྱལ་མཚན་ལ་ཡང་མི་སྐྱེའོ། །སྦྲིན་མོ་ལ་ཡང་མི་སྐྱེའོ།། ཞེས་གསུངས་པའི་ཕྱིར། གསུམ་པ་ནི། སྙིང་ཐག་པ་ནས་སྡོམ་པ་ལེན་འདོད་དང་ལྡན་པ། སྡོམ་པ་ཐོབ་དུས་ཤེས་པའི་བསམ་པ་སྐྱེ་རུང་དང་ལྡན་པ། མཁན་པོ་སྦྱོང་འདོད་དང་། དེ་དགེ་སློང་མ་ཡིན་པར་འདུ་ཤེས་པའི་བསམ་པ་སོགས་མི་མཐུན་པ་དང་བྲལ་བ། ངེས་པ་ལྔའི་བསམ་པ་དང་བྲལ་བ། ངེས་འབྱུང་གི་བསམ་པ་རྣམ་དག་དང་ལྡན་པ་དགོས་ཏེ། དེ་དག་གང་དང་ཡང་མི་ལྡན་པའི་བསྙེན་རྫོགས་ཀྱི་སྡོམ་པ་མི་སྐྱེ་བའི་ཕྱིར། བཞི་པ་ནི། སྐྱེས་པའི་རྟེན་ལ་ད་ཆོག་ལ་བརྟེན་ནས་ཉེས་མེད་ཕུན་ཚོགས་ཀྱི་བསྙེན་རྫོགས་སྒྲུབ་པའི་ཚེ། དགེ་བསྙེན། དགེ་ཚུལ་གྱི་སྡོམ་པ་དང་། བར་མ་རབ་བྱུང་གི་ཚུལ་ཁྲིམས་སྔོན་དུ་འགྲོ་དགོས་ཏེ། འདི་ཉིད་ལས། ཚོགས་སྔ་མ་མེད་པ་ཉིད་ལ་ནི་ཉེས་བྱས་ཙམ་དུ་ཟད་དོ། །ཞེས་གསུངས་པའི་ཕྱིར། བུད་མེད་ཀྱི་རྟེན་ལ་དེ་ལྟར་སྒྲུབ་པའི་ཚེ་དེ་གསུམ་གྱི་སྟེང་དུ་དགེ་སློབ་མའི་སྡོམ་པ་སྔོན་དུ་འགྲོ་དགོས་ཏེ། འདི་ཉིད་ལས། བུད་མེད་ལ་ནི་དགེ་སློབ་མ་ཞེས་བྱ་བའི་ཚོགས་གཞན་ཡོད་དོ། །ཞེས་

གསུངས་པའི་ཕྱིར། ༈ གསུམ་པ་ཆོ་གའི་ཁྱད་པར་བཤད་པ་ནི། ད་ཆོག་ལ་བརྟེན་ནས་བསྙེན་རྫོགས་སྒྲུབ་པ་ལ། སྦྱོར་བའི་ཆོ་ག་སོགས་གསུམ་ལས། དང་པོ་ནི། དགེ་བསྙེན་རབ་བྱུང་དགེ་ཚུལ་སྒྲུབ་པའི་ཆོ་ག་རྣམས་ནི་དེའི་སྦྱོར་བའི་ཆོ་ག་ཡིན། གཉིས་པ་ནི། དངོས་གཞིའི་ཚེ་མངོན་གྱུར་བཅུ་ཚང་དགོས་ཤིང་། དེ་བཅུ་ནི། སངས་རྒྱས་མངོན་དུ་གྱུར་པ་ནས། ལས་མངོན་དུ་གྱུར་པའི་བར་གྱིས་འགྲུབ། དེ་ཡང་སངས་རྒྱས་མངོན་དུ་གྱུར་པ་ནི། སྟོན་པ་ཤཱཀྱའི་རྒྱལ་པོའི་སྐུ་གཟུགས་བཞུགས་པའི་བསྟན་པ་འདི་ལ་འདིས་འགྲུབ། ཆོས་མངོན་དུ་གྱུར་པ་ནི། ཚུལ་ཁྲིམས་ཀྱི་སླབ་པ་ལ་སློབ་པ་དང་ལས་ཚིག་མ་ཉམས་པས་འགྲུབ། དགེ་འདུན་མངོན་དུ་གྱུར་པ་ནི། དགེ་འདུན་གྲངས་ཚང་བ་དང་། ཁ་སྐོང་གི་ཆོས་དང་ལྡན་པས་འགྲུབ། མཁན་པོ་མངོན་དུ་གྱུར་པ་ནི། བརྟན་མཁས་ཀྱི་ཡོན་ཏན་གཉིས་དང་ལྡན་པའི་དགེ་སློང་ལ་མཁན་པོར་གསོལ་བ་ལན་གསུམ་བཏབ་པའི་མཐར་(༢༢ན)ཁས་བླངས་པས་འགྲུབ། སློབ་དཔོན་མངོན་དུ་གྱུར་པ་ལ་གཉིས་ལས། ལས་སློབ་ནི། མཁན་པོས་ཚིག་གིས་བསྐོས་ཤིང་མཁན་སློབ་ཀྱི་ཆོ་ག་ཚིག་ཕྱེད་གཅིག་ཀྱང་མ་འཁྲུལ་བར་དག་ནས་ཐོན་པས་འགྲུབ། གསང་སྟོན་མངོན་དུ་གྱུར་པ་ནི། དགེ་འདུན་གྱི་དབུས་སུ་གསོལ་བ་གཉིས་ཀྱི་ལས་ཀྱི་བསྐོས་ནས་ཕྱོག་ཏུ་བར་ཆད་དྲི་བའི་ཆོ་ག་ལ་མཁས་པས་གྲུབ། བསྙེན་པར་རྫོགས་འདོད་ཀྱི་བསམ་པ་མངོན་

དུ་གྱུར་པ་ནི། སྙིང་ཐག་པ་ནས་མྱང་འདས་ཐོབ་པའི་ཕྱིར་དུ་བསྙེན་རྫོགས་དོན་གཉེར་གྱི་བསམ་པ་ཡོད་པས་གྲུབ། ཡོ་བྱད་མཐོན་དུ་གྱུར་པ་ནི། དགེ་སློང་གི་རྟགས་ཆ་ལུགས་དང་ལྡན་པ། ཁྱིམ་པའི་ཐུན་མོང་མིན་པའི་རྟགས་ཆ་ལུགས་དང་བྲལ་བས་འགྲུབ། ཡོངས་དག་མཐོན་དུ་གྱུར་པ་ནི། གསང་སྟོན་གྱིས་ལྐོག་ཏུ་བར་ཆད་དྲིས་ནས། བར་ཆད་དང་མི་ལྡན་པས་འགྲུབ། གསོལ་བ་མཐོན་དུ་གྱུར་པ་ནི། བསྙེན་པར་རྫོགས་པར་གསོལ་བ་ལན་གསུམ་བསྒྲུབ་བྱ་རང་ཉིད་ཀྱིས་བཏབ་པས་འགྲུབ། ལས་མཐོན་དུ་གྱུར་པ་ནི། གསོལ་བཞིའི་ལས་ད་ལྟ་ཉིད་དུ་བྱེད་པས་འགྲུབ་བོ། །དངོས་གཞིའི་ཆོ་ག་དངོས་ནི། མཐོན་གྱུར་བཅུ་བརྗོད་པ་སྔོན་དུ་བཏང་བའི་སྒོ་ནས་གསོལ་བཞིའི་ལས་ཀྱི་ཆོ་ག་ལ་བརྟེན་ནས་བསྙེན་རྫོགས་སྒྲུབ་པ་ཡིན་ནོ། །གསུམ་པ་མཇུག་ཆོག་ལ། དུས་གོ་བརྗོད་པ་དང་། གདམས་ངག་བརྗོད་པ་གཉིས། དང་པོ་འཆད་པ་ལ། དེ་མ་ཐག་ཏུ་གྲིབ་ཚོད་རིག་པར་བྱའོ། །ཞེས་སོགས་གསུངས། གཉིས་པ་འཆད་པ་ལ། གནས་རྣམས་བརྗོད་པར་བྱའོ། །ཞེས་སོགས་གསུངས། དེ་ཡང་བསྙེན་པར་རྫོགས་པ་ཉེ་བར་སྒྲུབ་པར་བྱའོ། །ཞེས་པའི་སྐབས་སུ་བསྙེན་རྫོགས་སྒྲུབ་ཚུལ་དེ་བསྟན་ནས་སྡོམ་པ་ཐོབ་དུས་ཤེས་པའི་ཕྱིར་དུ་དེ་ཐོབ་པའི་གྲིབ་ཚོད་བརྗོད་དགོས་ཞེས་འཆད་པ་ལ། དེ་མ་ཐག་ཏུ། ཞེས་སོགས་གསུངས། གྲིབ་ཚོད་དེ་ཡང་ཐུར་མ་སོར་བཞི་པས་གཞལ་

དགོས་ཞེས་འཆད་པ་ལ། དེ་ནི་ཕྱུར་མ། ཞེས་སོགས་གསུངས། ཕྱུར་མ་སོར་བཞི་པ་དང་། དེའི་ཕྱིབ་མ་གཉིས་ལ་སྐྱེས་བུ་ཞེས་པའི་ཐ་སྙད་གདགས་དགོས་ཞེས་འཆད་པ་ལ། དེ་ནི་སྐྱེས་བུ་ཉིད་ཅེས་ཐ་སྙད་དུ་བྱའོ། །ཞེས་སོགས་གསུངས། ཕྱིབ་ཚོད་བརྗོད་པར་མ་ཟད། ཉིན་ཚན་གྱི་ཆ་ཉེར་གཉིས་དང་། དུས་ཚོད་ཀྱང་བརྗོད་དགོས་ཞེས་འཆད་པ་ལ། ཉིན་མཚན་གྱི་ཆ། ཞེས་སོགས་གསུངས། དུས་ཚིགས་ཀྱི་དབྱེ་བ་འཆད་པ་ལ། དེ་དག་ནི་ལྔའོ། །ཞེས་གསུངས། དེ་དག་སོ་སོའི་ཡུན་ཚད་འཆད་པ་ལ། དང་པོ་གཉིས་ནི་ཟླ་བ་བཞི་བཞིའོ། །ཞེས་སོགས་གསུངས། དུས་གོ་བརྗོད་པའི་འོག་ཏུ་ཚངས་པའི་གནས་པ་བཞི་བརྗོད་དགོས་ཞེས་འཆད་པ་ལ། གནས་རྣམས་བརྗོད་པར་བྱའོ། །ཞེས་གསུངས། ཐམ་པ་བཞི་དང་དགེ་སློང་དུ་བྱེད་པའི་ཆོས་རྣམས་ཀྱང་བརྗོད་དགོས་ཞེས་འཆད་པ་ལ། ལྟུང་བར་འགྱུར་པའི་ཆོས་རྣམས་དང་། དགེ་སྦྱོང་དུ་བྱེད་པའི་ཆོས་རྣམས་ཀྱང་ངོ་། །ཞེས་གསུངས། དགག་དོན་ནི། རིམ་བཞིན། བསྙེན་རྫོགས་སུ་བསྒྲུབས་ཟིན་མ་ཐག་པའི་རྗེས་སུ་དུས་གོ་བརྗོད་པ་ལ་དགོས་པ་ཡོད་དེ། སྡོམ་པ་ཐོབ་དུས་ཤེས་པའི་ཆེད་ཡིན་པའི་ཕྱིར། དུས་ཚིགས་ལ་ལྔ་ཡོད་དེ། དགུན་དུས་ནས་དབྱར་རིང་པོའི་བར་དུ་ཡོད་པའི་ཕྱིར། དུས་གོ་བརྗོད་པའི་རྗེས་སུ་ཚངས་པའི་གནས་པ་བཞི་བརྗོད་པ་ལ་དགོས་པ་ཡོད་དེ། འདོད་པ་བསོད་ཉམས་ཀྱི་མཐའ་དང་དལ་ཞིང་

དུབ་པའི་མཐའ་སྤངས་པའི་ཆེད་ཡིན་པའི་ཕྱིར། ༈ འདིའི་སྐབས་སུ་སྤྱི་དོན་ལ་དུས་གོ་བརྗོད་པ་དང་། གདམས་ངག་བརྗོད་པ་གཉིས། དང་པོ་ནི། ཡུལ་གང་ལ་རྟེན་གྱི་གང་ཟག་གང་གིས་བརྗོད་པ། དངོས་པོ་གང་བརྗོད་པ། ཚུལ་ཇི་ལྟར་བརྗོད་པ་དང་གསུམ། དང་པོ་ནི། ཡུལ་ནི་དགེ་སློང་དུ་སྒྲུབ་ཟིན་མ་ཐག་པའི་དགེ་སློང་ལ་བརྗོད་དོ། རྟེན་ནི། ལས་སློབ་ལས་གཞན་པའི་དགེ་སློང་གཅིག་གིས་བརྗོད་ཅིང་། ལས་སློབ་ཀྱི་བརྗོད་མི་རིགས་ཏེ། (༡༡བ)དུས་གོ་བརྗོད་པ་ལ་གྲིབ་ཚོད་གཞལ་དགོས་ཤིང་། དེ་གཞལ་བ་ལ་སྟན་ནས་ལང་དགོས་ལ། ལས་སློབ་ཀྱི་གདམས་ངག་བརྗོད་དགོས་ཤིང་། དེ་མ་བརྗོད་པར་སྟན་ལས་ལང་མི་རིགས་པའི་ཕྱིར། གཉིས་པ་ནི། འདིར་བསྟན་གྱི་དངོས་པོ་བདུན་ཡོད་དེ། ལོ། དུས་ཚིགས། ཚོ་ཟླ། ཚེས། ཟླ་བའི་ངོ་། ཚེས་གྲངས་ཉིན་མཚན་གྱི་ཆ། གྲིབ་ཚོད་རྣམས་སུ་ཡོད་པའི་ཕྱིར། དང་པོ་ནི། བྱི་བ་ལོ་ནས་ཕག་ལོའི་བར་རོ། །གཉིས་པ་ནི། སྤྱིར་དུས་ཚིགས་ལ་དྲུ་མ་ཡོད་ཀྱང་འདིར་བརྗོད་རྒྱུའི་དུས་ཚིགས་ལ་དགུན་དུས་ནས་དབྱར་རིང་པོའི་བར་རོ།། གསུམ་པ་ནི། དགུན་ཟླ་ར་བ་ནས་སྟོན་ཟླ་ཐ་ཆུང་གི་བར་རོ། བཞི་པ་ནི། ཡར་ངོ་དང་མར་ངོ་གཉིས་སོ། །ལྔ་པ་ནི། དང་པོ་ནས་བཅོ་ལྔའི་བར་རོ།། དྲུག་པ་ནི། འདིར་བརྗོད་རྒྱུའི་ཉིན་མཚན་གྱི་ཆ་ལ། སྔ་དྲོ། ཉི་མའི་གུང་། ཕྱི་དྲོ། ས་སྲོད། ཐུན་དང་པོ། དེའི་ཕྱེད། གུང་ཐུན་དང་པོ། དེའི་ཕྱེད། ཐོར་

ཐུན་དང་པོ། དེའི་ཕྱེད། སྐྱ་རེངས་མ་ཤར་བ། དེ་ཤར་བ། ཉི་མ་མ་ཤར་བ། དེ་ཤར་བ། ཉི་མའི་བརྒྱད་ཆ་ཤར་བ། དེའི་བཞི་ཆ་ཤར་བ། ཉི་མའི་གུང་མ་ཡོལ་བ། ཉི་མའི་བཞི་ཆ་ལུས་པ། དེའི་བརྒྱད་ཆ་ལུས་པ། ཉི་མ་མ་ནུབ་པ། དེ་ནུབ་པ། རྒྱ་སྐར་མ་ཤར་བ། དེ་ཤར་བ་རྣམས་ལ་བརྗོད་དགོས་པར་བཤད་ཅིང་། དེའང་ཉི་མའི་བརྒྱད་ཆ་ཤར་བ་དང་། དེའི་བཞི་ཆ་ཤར་བ་ནི་གླིང་དེའི་ཉིན་མོའི་དུས་སུ་ཉི་མའི་དཀྱིལ་འཁོར་གྱི་བགྲོད་པའི་ནམ་མཁའི་ཕྱོགས་ཀྱི་བརྒྱད་ཆ་ཉི་མའི་དཀྱིལ་འཁོར་གྱིས་ཆོད་པ་དང་། དེའི་བཞི་ཆ་ཆོད་པ་ལ་བྱེད་དེ། དེ་གཉིས་ཀྱི་ཁུངས་པར་སྟོན་པ་ན། ཀརྨ་ཤ་ཏམ་ལས། ཉི་མ་ དྲོད་ བུ་ཆུང་ དང་ དྲོད་ བུ་ཆེ། །ཞེས་གསུངས་པའི་ཕྱིར། དེས་ནི་ཉི་མའི་བརྒྱད་ཆ་ཤར་བ་ལ་དྲོད་བུ་ཆུང་བ་དང་། བཞི་ཆ་ཤར་བ་ལ་དྲོད་བུ་ཆེ་བའི་མིང་གིས་བསྟན་པ་ཡིན་ཞིང་། རྣམ་འབྱེད་འགྲེལ་པ་ལས། ཉི་མའི་བརྒྱད་ཆ་ཤར་བ་ཞེས་གསུངས་པ་ནི་ནམ་མཁའི་ཕྱོགས་ལ་བགྲོད་པའི་ལམ་གྱི་བརྒྱད་ཆ་ཆོད་པའོ། །ཞེས་གསུངས་པའི་ཕྱིར། བརྒྱད་ཆ་ལུས་པ་དང་། བཞི་ཆ་ལུས་པ་ནི་གླིང་དེའི་ཕྱི་དྲོའི་བརྒྱད་ཆ་ལུས་པ་དང་། བཞི་ཆ་ལུས་པ་ལ་བྱེད་དེ། དེ་གཉིས་ཀྱི་ཁུངས་པར་སྟོན་པ་ནི། ཕྲན་ཚེགས་ལས། ཕྱི་དྲོའི་བརྒྱད་ཆ་དང་བཞི་ཆ། ཞེས་གསུངས་པའི་ཕྱིར། བདུན་པ་ནི། སྐྱེས་བུའི་མིང་གིས་བཏགས་པའི་གྲིབ་ཚོད་དང་། རྐང་པའི་མིང་གིས་བཏགས་པའི་དེ་གཉིས་ལས། ཐུར་

མ་སོར་བཞི་པ་དང་དེའི་གྲིབ་མ་ལ་སྐྱེས་བུའི་ཐ་སྙད་དང་། དེ་སོར་གཅིག་པ་དང་། གཉིས་པ་དང་། གསུམ་པ་དང་། དེ་རྣམས་ཀྱི་གྲིབ་མ་ལ་རྐང་པ་ཞེས་པའི་ཐ་སྙད་འདོགས་ཅིང་། དེ་སོར་བཞི་པ་ལ་སྐྱེས་བུ་ཞེས་པའི་ཐ་སྙད་འདོགས་པའི་རྒྱུ་མཚན་ཡོད་དེ། སྐྱེས་བུའི་སྐད་དོད་དུ་པུ་རུ་ཁ་ཞེས་འབྱུང་ཞིང་། པུ་རུ་ཁ་ནི་ནུས་པ་དང་ལྡན་པ་ལ་འཇུག་ལ། དེ་སོར་བཞི་ལས་ཀྱང་། རང་གི་གྲིབ་མ་སྐྱེད་པའི་ནུས་པ་དང་ལྡན་པའི་ཕྱིར། དེས་ན་ཐུར་མ་སོར་བཞི་པ་དེ་དང་དེའི་གྲིབ་མ་གཉིས་ལ་སྦྱར་བཤད་པའི་སྐྱེས་བུ་ཞེས་པའི་ཐ་སྙད་བཏགས་པའི་སྒོ་ནས་སྡོམ་པ་ཐོབ་དུས་ཤེས་པའི་ཕྱིར་དུ་གྲིབ་ཚོད་གཞལ་བ་ལ་དགོས་པ་ཡོད་དེ། སྡོམ་པ་ཐོབ་དུས་ཕྱི་རོལ་པ་རྣམས་ཀྱིས་མི་རྟོགས་པར་བྱ་བའི་ཆེད་ཡིན་པའི་ཕྱིར། དེ་ཕྱི་རོལ་པ་རྣམས་ཀྱིས་མི་རྟོགས་པར་བྱས་པ་ལ་དགོས་པ་ཡོད་དེ། ཕྱི་རོལ་པ་རྣམས་ཀྱིས་རབ་བྱུང་གི་གྲལ་ལ་བཞུགས་ནས་རྐུ་ཐབས་སུ་གནས་པ་དེ་སྤང་བར་བྱ་བའི་ཆེད་ཡིན་པའི་ཕྱིར། གསུམ་པ་གྲིབ་(༡༣ན)ཚོད་བརྗོད་ཚུལ་ལ། གཞུང་རྩ་བ་དང་། ཀརྨ་ཤ་ཏམ་གཉིས་ལས། ཐོག་མར་གྲིབ་ཚོད། དེར་རྗེས་ཉིན་མཚན་གྱི་ཆ་ལ་སོགས་པ་ཕྲ་རིམ་ནས་གསུངས་ཀྱང་། འདིར་དུས་གོ་བརྗོད་པའི་ཚེ། ཐོག་མར་ལོ་དང་། མཐའ་མར་སྐྱེས་བུ་འདི་དང་སྐབས་འདིའི་ཚེ་སྡོམ་པ་ཐོབ་པ་ཡིན་ཞེས་གྲིབ་ཚོད་བརྗོད་དེ་རགས་རིམ་ནས་བརྗོད་དགོས་པ་ཡིན་ཏེ། སྡོམ་

པ་ཐོབ་དུས་གོ་སླ་བའི་ཆེད་ཡིན་པའི་ཕྱིར། དེས་ན་དུས་གོ་བརྗོད་པའི་སྒོ་ནས་སྡོམ་པ་ཐོབ་པའི་དུས་མཚམས་ཤེས་པ་ལ་དགོས་པ་ཡོད་དེ། བསླབ་པ་རྒན་གཞོན་གྱི་རིམ་པ་དང་། རྙེད་བཀུར་གྱི་གནས་དང་གནས་མ་ཡིན་པ་ཤེས་པའི་སྒོ་ནས། སངས་རྒྱས་ཀྱི་བཅས་པ་ལས་མི་འདའ་བའི་ཆེད་ཡིན་པའི་ཕྱིར། རྙེད་བཀུར་གྱི་གནས་ནི་སྤྱིར་རབ་བྱུང་བསླབ་པ་རྒན་པ་རྣམས་རབ་བྱུང་བསླབ་པ་གཞོན་པ་རྣམས་ཀྱི་རྙེད་བཀུར་གྱི་གནས་ཡིན། རབ་བྱུང་བསླབ་པ་མཉམ་པ་རྣམས་ཕན་ཚུན་གཅིག་་གི་གཅིག་རྙེད་བཀུར་བའི་གནས་མ་ཡིན། བྱེ་བྲག་ཏུ་དགེ་སློང་ཕ་རྣམ་དག་རྣམས་རང་ལས་བསླབ་པ་གཞོན་པའི་ཕ་མན་ཆད་དང་། དགེ་སློང་མ་ཐམས་ཅད་ཀྱི་རྙེད་བཀུར་གྱི་གནས་ཡིན། དགེ་ཚུལ་ཕ་རྣམ་དག་རྣམས་རང་ལས་བསླབ་པ་གཞོན་པའི་ཕ་མན་ཆད་དང་། དགེ་ཚུལ་མ་ཐམས་ཅད་ཀྱི་རྙེད་བཀུར་གྱི་གནས་ཡིན་ཀྱང་། དགེ་སློབ་མ་དང་དགེ་སློང་མའི་རྙེད་བཀུར་གྱི་གནས་མ་ཡིན་ཏེ། དེ་དེ་གཉིས་ལས་བསླབ་པ་དམན་པའི་ཕྱིར། དེ་གཉིས་ཀྱང་དགེ་ཚུལ་ཕའི་རྙེད་བཀུར་གྱི་གནས་མ་ཡིན་ཏེ། དེ་གཉིས་དགེ་ཚུལ་ཕ་ལས་རྟེན་དམན་པའི་ཕྱིར། བསླབ་པ་ལས་ཉམས་པའི་སྡོམ་པ་མཆོག་དམན་གང་ཡང་རབ་བྱུང་རྣམས་ཀྱི་རྙེད་བཀུར་གྱི་གནས་མ་ཡིན་ཏེ། བསླབ་པ་ལས་ཉམས་པའི་རབ་བྱུང་དང་། རབ་བྱུང་རྣམ་དག་གཉིས་པོ་ཆོས་དང་ཟང་ཟིང་གི་ལོངས་སྤྱོད་ལྡན་

ཅིག་ཏུ་བྱ་མི་རུང་བའི་ཕྱིར་དང་། རབ་བྱུང་ཕྱི་མ་དེས་སྔ་མ་ལ་ཕྱག་དང་བསྐོར་བ་དང་འདུག་ཛྫས་སྟོན་པ་སོགས་བྱ་མི་རུང་བའི་ཕྱིར། དེས་ན་ཕྱག་དང་བསྐོར་བ་དང་ལྡང་བ་དང་རྙེད་པ་འབུལ་བ་རྣམས་རྙེད་བཀུར་གྱི་ངོ་བོ་ཡིན། རབ་བྱུང་བསླབ་པ་རྒན་གཞོན་མཉམ་པ་རྣམས་སྔོན་ལ་སླེབས་པ་རྣམས་གྲལ་གྱི་དང་པོར་འདུག་རིགས་ཅིང་། རྙེད་པ་གྲལ་རིམ་ནས་ལེན་པར་བྱེད་དེ། འདི་ཉིད་ལས། སྔར་འོང་བ་ནི་དང་པོ་ཡིན། ཞེས་གསུངས་པའི་ཕྱིར། གཉིས་པ་གདམས་ངག་བརྗོད་པ་ལ། དེ་བརྗོད་ཚུལ་གྱི་ངོ་བོ་དང་། འཕྲོས་དོན། སྤྱངས་ཡོན་བཤད་པ་དང་གསུམ། དང་པོ་ནི། ཁྲིབ་ཚོད་བརྗོད་མ་ཐག་པའི་རབ་བྱུང་ལ་བརྗོད་པར་བྱེད། བརྗོད་ཚུལ་ནི་དགེ་ཚུལ་ལ་རགས་རྫོགས་བཙུ་སྦྱོང་བ་ལ་འདོམས་པའི་གདམས་ངག་བརྗོད་ཅིང་། དགེ་སློང་ལ་ཚངས་པའི་གནས་པ་བཞི་ལ་འདོམས་པའི་གདམས་ངག་སོགས་འདིར་བསྟན་གྱི་གདམས་ངག་རྣམས་བརྗོད་པར་བྱེད་དེ། བརྗོད་པ་པོ་ནི་སློབ་དཔོན་གྱིས་བརྗོད། བརྗོད་ཚུལ་ནི། ལྟུང་བར་གྱུར་པའི་ཆོས་རྣམས་སྤྱོང་བ་དང་། དགེ་སྦྱོང་གིས་ཉམས་སུ་བླངས་པའི་ཆོས་རྣམས་བསྟེན་ཅིག་ཅེས་བརྗོད་དོ། ། ༄ གཉིས་པ་ལ། དབྱེ་བ། གྲངས་ངེས། གོ་རིམ་དང་གསུམ། དང་པོ་ནི། གདམས་ངག་ལ་ཕྲ་རིམ་ནས་དབྱེ་ན་ཉི་ཤུ་ཡོད་ཀྱང་། འདིར་རགས་རིམ་གྱི་དབང་དུ་བྱས་ནས་བཅུ་གཅིག་ཡོད་ཅིང་། དེ་རྣམས་

བསྡུས་ན་ཚངས་པའི་གནས་པ་བཞི་ལ་འདོམས་པའི་གདམས་ངག །ལྷུང་བར་འགྱུར་བའི་ཆོས་སྤྱོང་བ་ལ་འདོམས་པའི་གདམས་ངག དགེ་སློང་གིས་ཉམས་སུ་བླངས་པའི་ཆོས་བསྟེན་པ་ལ་འདོམས་པའི་གདམས་ངག་རྣམས་སུ་འདུའོ། གཉིས་པ་ནི། འདིར་བསྟན་གྱི་གདམས་ངག་ལ་བཅུ་གཅིག (༡༡བ)ཏུ་གྲངས་ངེས་སྟོན་པའི་རྒྱུ་མཚན་ཡོད་དེ། འདིར་བསྟན་གྱི་གདམས་ངག་བཅུ་གཅིག་པོའི་དོན་ཤེས་ཤིང་ཉམས་སུ་བླངས་པ་ན། དགེ་སློང་གི་བསླབ་བྱ་རགས་རིམ་གཅིག་ཤེས་པའི་ཆེད་ཡིན་པའི་ཕྱིར། གསུམ་པ་ནི། དང་པོར་ཚངས་པའི་གནས་པ་བཞི་ལ་འདོམས་པའི་གདམས་ངག་སྟོན་པ་ལ་སོགས་པའི་གོ་རིམ་འདི་ལྟར་སྟོན་པའི་རྒྱུ་མཚན་ཡོད་དེ། ལུང་ལས་བཤད་པ་དང་མཐུན་པར་བསྟན་པའི་ཆེད་ཡིན་པའི་ཕྱིར། གསུམ་པ་སྦྱངས་ཡོན་བཤད་པ་ལ། འདོད་ཆུང་ཆོག་ཤེས་ལ་གནས་པར་བྱ་བའི་ཕྱིར་འདིར་བསྟན་གྱི་ཡོན་ཏན་བཅུ་གཉིས་པོ་གང་རུང་ལ་བརྟེན་པའི་ཡི་དམ་དེ། འདིར་བསྟན་སྦྱངས་ཡོན་གྱི་ཡོན་ཏན་གྱི་ངོ་བོ་ཡིན། དེ་ལ་དབྱེ་ན། ཟས་གོས་གནས་གསུམ་ལ་བརྟེན་པའི་གསུམ་གསུམ། སྤྱོད་ལམ་ལ་བརྟེན་པའི་གཉིས། ཡོ་བྱད་ལ་བརྟེན་པའི་གཅིག་རྣམས་སུ་ཡོད། དང་པོ་ཟས་ལ་བརྟེན་པའི་སྦྱངས་པའི་ཡོན་ཏན་ལ་གསུམ་ཡོད་དེ། ཟས་བསོད་སྙོམས་པ་ལ་བརྟེན་པའི་དེ། སྟན་གཅིག་ལ་བརྟེན་པའི་དེ། ཟས་ཕྱིས་མི་ལེན་པ་ལ་བརྟེན་པའི་དེ་

རྣམས་སུ་ཡོད་པའི་ཕྱིར། ཟས་བཟང་པོ་ལ་སྲེད་པ་སྤྱང་བའི་ཕྱིར། ཟས་བསོད་སྙོམས་པ་ལ་བརྟེན་པའི་ཡིད་དམ་དེ། དང་པོའི་ངོ་བོ་ཡིན། ཟས་མང་པོ་ལ་སྲེད་པ་སྤྱང་བའི་ཕྱིར་ཟས་གཅིག་ཟོས་ནས་སྟན་དེ་ལས་ལངས་ནས་ཉི་མ་དེ་ལ་དུས་རུང་གི་ཟས་གཞན་མི་ཟ་བའི་ཡི་དམ་དེ། གཉིས་པའི་ངོ་བོ་ཡིན། ཟས་བཟང་པོ་དང་མང་པོ་གཉིས་ཀ་ལ་སྲེད་པ་སྤྱང་བའི་ཕྱིར། ཟས་དེ་ཟ་བའི་འགོ་རྩོམ་པ་ན་ཉི་མ་དེ་ལ་ཟས་གཞན་ཕྱིས་མི་ལེན་པའི་ཡི་དམ་དེ། གསུམ་པའི་ངོ་བོ་ཡིན། གཉིས་པ་གོས་ལ་བརྟེན་པའི་སྦྱངས་ཡོན་ནི། ཆོས་གོས་གསུམ་པོ་ལ་བརྟེན་པའི་དེ། གོས་ཕྱིང་བ་ལ་བརྟེན་པའི་དེ། གོས་ཕྱགས་དར་ཁྲོད་པ་ལ་བརྟེན་པའི་དེ་གསུམ་ལས། གོས་མང་པོ་ལ་སྲེད་པ་སྤྱང་བའི་ཕྱིར། རབ་བྱུང་གི་གོས་སུ་བྱིན་གྱིས་བརླབས་པའི་གོས་ཙམ་ལ་བརྟེན་པའི་ཡི་དམ་དེ། དང་པོའི་ངོ་བོ་ཡིན། དེ་འདྲའི་ཡི་དམ་ལ་གནས་པའི་རབ་བྱུང་དེས་ཆོས་གོས་གསུམ་པོ་ལས་གཞན་པའི་གོས་བརྟེན་དུ་རུང་སྟེ། དེས་དབྱར་གྱི་གོས་རས་ཆེན་དང་། གདིང་བ་དང་། རྟུལ་གཟན་རྣམས་བརྟེན་པས་ཆོག་པའི་ཕྱིར། དེ་ལྟར་རུང་ཡང་སྔར་གྱི་ཡི་དམ་དེ་ལ་ཆོས་གོས་གསུམ་པོ་ལ་བརྟེན་པའི་སྦྱངས་ཡོན་ཞེས་བརྗོད་པའི་རྒྱུ་མཚན་ཡོད་དེ། ཆོས་གོས་གསུམ་པོ་དེ་རབ་བྱུང་གི་གོས་ཀྱི་གཙོ་བོ་ཡིན་པའི་རྒྱུ་མཚན་གྱིས་དེ་ལྟར་བརྗོད་པའི་ཕྱིར། གོས་འཇམ་པོ་ལ་སྲེད་པ་སྤྱང་བའི་ཕྱིར། ལུག་

ཐལ་ལ་འཚོས་པའི་གོས་ཙམ་ལ་བརྟེན་པའི་ཡི་དམ་དེ། གཉིས་པའི་ངོ་བོ་ཡིན། གོས་བཟང་པོ་དང་མང་པོ་གཉིས་ཀ་ལ་སྲེད་པ་སྤང་བའི་ཕྱིར། ཕྱུགས་དར་ཁྲོད་ཀྱི་གོས་ཙམ་ལ་བརྟེན་པའི་ཡི་དམ་དེ། གསུམ་པའི་ངོ་བོ་ཡིན། དེ་འདྲའི་གོས་ལ་དམན་པ་ཕྱུགས་དར་ཁྲོད་པའི་གོས་དང་། དོར་བ་ཕྱུགས་དར་ཁྲོད་པའི་གོས་གཉིས་ལས། ཁྱིམ་པས་བླ་བ་བཞི་ཡོངས་སྤྱད་ནས་དོར་བའི་གོས་དེ་དང་པོ་ཡིན། ཁྱིམ་པས་ཕྱུགས་དར་ཁྲོད་དུ་དོར་བའི་གོས་དེ་གཉིས་པ་ཡིན། གསུམ་པ་གནས་ལ་བརྟེན་པའི་སྦྱངས་ཡོན་ལ། དགོན་པ་ལ་བརྟེན་པའི་དེ། ཤིང་དྲུང་ལ་བརྟེན་པའི་དེ། བླ་གབ་མེད་པར་བརྟེན་པའི་དེ་གསུམ་ལས། འདུ་འཛི་ལ་སྲེད་པ་སྤངས་པའི་ཕྱིར། གྲོང་ལས་རྒྱང་གྲགས་གཅིག་གིས་ཆོད་པའི་དགོན་པ་ལ་བརྟེན་པའི་ཡི་དམ་དེ། དང་པོའི་ངོ་བོ་ཡིན། གནས་བཟང་པོ་ལ་སྲེད་པ་སྤང་བའི་ཕྱིར། ཤིང་དྲུང་ལ་བརྟེན་པའི་ཡི་དམ་དེ། གཉིས་པའི་ངོ་བོ་ཡིན། གནས་ཙམ་ལ་སྲེད་པ་སྤང་བའི་ཕྱིར། བླ་གབ་མེད་པ་ལ་བརྟེན་པའི་ཡི་དམ་དེ། གསུམ་པའི་ངོ་བོ་ཡིན། གཉིས་པ་སྤྱོད་ལམ་ལ་བརྟེན་པའི་སྦྱངས་ཡོན་ལ། ཙོག་པུ་ལ་བརྟེན་པའི་སྦྱངས་ཡོན་དང་། གཞི་ཇི་བཞིན་པ་ལ་བརྟེན་པའི་སྦྱངས་ཡོན་གཉིས། དང་པོ་ནི། བག་ཕབ་ནས་གནས་པའི་བདེ་བ་ལ་སྲེད་པ་སྤང་བའི་ཕྱིར། ཙོག་པུ་ལ་བརྟེན་པའི་ཡི་དམ་དེ། དང་པོའི་ངོ་བོ་ཡིན། ཙོག་པུ་ལ་དབྱེ་ན། ཙོག་ཆེན་

པོ། ཚོག་འབྲིང་བ། ཚོག་ཆུང་བ་དང་གསུམ་ལས། ཕྱོགས་བཞི་ཀ་ལ་བརྟེན་པ་མེད་པར་གནས་པའི་ཚོག་ཕྱུ་པ་དེ་དང་པོ་དང་། རྒྱབ་ཙམ་ལ་བརྟེན་པ་དང་བཅས་ཤིང་ཕྱོགས་གཞན་གསུམ་པོ་ལ་བརྟེན་པ་མེད་པར་གནས་པའི་ཚོག་ཕྱུ་པ་དེ་གཉིས་པ་ཡིན། མདུན་མ་གཏོགས་པའི་ཕྱོགས་གཞན་གསུམ་པོ་ལ་བརྟེན་པ་དང་བཅས་པར་གནས་པའི་ཚོག་ཕྱུ་པ་དེ་གསུམ་པ་ཡིན། གཉིས་པ་ནི། གནས་མལ་ལ་སྲིད་པ་སྤང་བའི་ཕྱིར། སྔར་གཏིང་བའི་སྟན་ལ་སོགས་པ་ལ་ཡང་ཡང་དུ་བརྗེ་ལེན་མི་བྱེད་པ་ལ་བརྟེན་པའི་ཡི་དམ་དེ། གཞི་ཇི་བཞིན་(༡༩ན)པ་ལ་བརྟེན་པའི་སྦྱངས་པའི་ཡོན་ཏན་གྱི་ངོ་བོ་ཡིན། གསུམ་པ་ནི། རྫས་ལ་སྲིད་པ་སྤང་བའི་ཕྱིར། དུར་ཁྲོད་ཀྱི་རྫས་ལ་བརྟེན་པའི་ཡི་དམ་དེ། ཡོ་བྱད་ལ་བརྟེན་པའི་སྦྱངས་ཡོན་གྱི་ངོ་བོ་ཡིན། སྔར་བཤད་པའི་དེ་རྣམས་ལ་སྦྱངས་ཡོན་ཞེས་བརྗོད་པའི་རྒྱུ་མཚན་ཡོད་དེ། སེམས་ཀྱི་སྙིང་གི་ཉོན་མོངས་པ་སྦྱངས་ཤིང་ཡོན་ཏན་འཕེལ་བར་འགྱུར་བའི་རྒྱུ་མཚན་གྱིས་ཡིན་པའི་ཕྱིར། སྦྱངས་ཡོན་དེ་རྣམས་ཉམས་སུ་བླངས་པ་ལ་དགོས་པ་ཡོད་དེ། ཟས་གོས་སོགས་ལ་སྲིད་པ་དང་། འདོད་པ་བསོད་ཉམས་ཀྱི་མཐའ་སྤང་བའི་སྒོ་ནས་འདོད་ཆུང་ཆོག་ཤེས་ལ་གནས་པའི་ཆེད་ཡིན་པའི་ཕྱིར། ཟས་གོས་སོགས་ལ་སྲིད་པ་དང་བཅས་ཤིང་། དེ་དག་འབད་པས་སྒྲུབ་པ་ནི་འདོད་པ་བསོད་ཉམས་ཀྱི་མཐའ་ཡིན། དེ་དག་ལ་སྲིད་

ཞེན་མངོན་གྱུར་པ་དང་བྲལ་ཞིང་དེ་དག་ལ་འབད་པ་ཆེན་པོ་ལ་མ་ལྟོས་པར་འབྱུང་ཡང་དེ་དག་ལ་ལོངས་སྤྱོད་མི་ནུས་ཤིང་བག་ཁུམ་པ་དེ། ངལ་ཞིང་དུབ་པའི་མཐའ་ཡིན། དེ་དག་ལ་སྲིད་ཞེན་མངོན་གྱུར་པ་དང་བྲལ་ཞིང་ཐར་པ་ཐོབ་འདོད་ཀྱི་བསམ་པ་དང་ལྡན་པའི་རབ་བྱུང་རྣམས་ཀྱིས་ཁང་པ་བརྩིགས་པ་ལྟ་བཀྲ་བ། ཁ་ཟས་རོ་བཀྲ་བ། གོས་གསེར་སྲང་སྟོང་རི་བ་ལ་ལོངས་སྤྱོད་རུང་སྟེ། གཞན་རྒྱུད་ལ་བསོད་ནམས་འཕེལ་བའི་ཆེད་ཡིན་པའི་ཕྱིར། །

༄ ཐོབ་པ་མི་ཉམས་པ་བསྲུང་བའི་ཐབས།

གཉིས་པ་ཐོབ་པ་མ་ཉམས་པ་བསྲུང་བའི་ཐབས་ལ། གང་ཟག་གཞན་ལ་བརྟེན་ནས་བསྲུང་བ་སོགས་ལྔ་ཡོད་པ་ལས།

༄ གནས་པ་སློབ་མའི་རྣམ་གཞག

དང་པོ་ལ་གནས་པ་སློབ་མའི་རྣམ་གཞག གནས་བླ་མའི་རྣམ་གཞག དེ་དག་གི་ངོ་བོ་དང་གསུམ། དང་པོ་འཆད་པ་ལ། གནས་པས་གནས་ལ་མ་ཞུས་པར་བྱ་བ་མི་བྱའོ། །ཞེས་པ་ནས། དབྱུང་བར་བྱའོ།། ཞེས་པའི་བར་གསུངས། གཉིས་པ་འཆད་པ་ལ། དེས་ཀྱང་དེ་ལ་དེ་བྱ་སྟེ། ཞུ་བ་ནི་མ་གཏོགས་སོ། །ཞེས་གསུངས། གསུམ་པ་ནི། གནས་སྦྱིན་པའི་བླ་མ་ལ་ཚང་དགོས་པའི་བརྟན་མཁས་ཀྱི་ཡོན་ཏན་གཉིས་དང་ལྡན་པའི་སྒོ་ནས་གནས་སྦྱིན་པའི་བླ་མ་དང་། གནས་པ་སློབ་མའི་ངོ་བོ

སྟོན་པ་ལ། བསྙེན་པར་རྫོགས་ནས་ལོ་བཅུ་མ་ལོན་པར་མཁན་པོ་ཉིད་དང་། ཞེས་པ་ནས། གནས་ཀྱི་སྐབས་སོ་ཞེས་པའི་བར་གསུངས། ཉེར་འཕྲོས་ནི། གནས་རྣམས་བརྗོད་པར་བྱའོ། །ཞེས་པའི་སྐབས་སུ། བསྙེན་རྫོགས་སྒྲུབ་ཟིན་མ་ཐག་པའི་རབ་བྱུང་ལ་གདམས་ངག་བརྗོད་དགོས་ཞེས་སྟོན་པ་ལ་དེའི་བྱ་བ་ཇི་ལྟ་བུ་ཞེ་ན། དེའི་བྱ་བ་རྣམས་གནས་བླ་མ་ལ་ཞུ་དགོས་ཞེས་འཆད་པ་ལ། གནས་པས་གནས་ལ་མ་ཞུས་པར་བྱ་བ་མི་བྱའོ། །ཞེས་གསུངས། བྱ་བ་མཐའ་དག་ཞུ་དགོས་སམ་ཞེ་ན། གཤང་གཅི་འདོར་བ་སོགས་ཞུ་མི་དགོས་ཞེས་འཆད་པ་ལ། གཤང་བ་དང་། གཅི་བ་དང་། ཞེས་སོགས་གསུངས། ངག་དོན་ནི། དེ་རྣམས་ཀྱི་ལྷུང་བཟེད་ཁ་སྦྱར་བ་སོགས་གནས་བླ་མ་ལ་ཞུས་དགོས་ཏེ། དེ་མ་ཞུས་ན་བྱ་བ་རྣམས་གནས་བླ་མ་ལ་མ་ཞུས་པས་ཉེས་པར་འགྱུར་བའི་ཕྱིར། ༈

སྤྱི་དོན་ལ། དགོས་དོན་དང་། བསྡུས་དོན་གཉིས། དང་པོ་ནི། གནས་པ་སློབ་མས་གནས་བླ་མ་ལ་བྱ་བ་རྣམས་ཞུས་པ་ལ་ཆོས་ཅན། དགོས་པ་ཡོད་དེ། ངོ་ཚ་ཁྲེལ་ཡོད་ཀྱི་བསམ་པའི་སྒོ་ནས་བྱ་བ་དང་བྱ་བ་མ་ཡིན་པ་ཤེས་ཤིང་། བྱ་བ་མ་ཡིན་པ་ལ་མི་འཇུག་པ་དང་། དེ་ཡིན་པ་རྣམས་བླ་མའི་བཀའ་བཞིན་བསྒྲུབས་པས་བསོད་ནམས་འཕེལ་བར་བྱ་བའི་ཆེད་ཡིན་པའི་ཕྱིར། གཉིས་པ་ལ་ཡུལ་གང་ལ་རྟེན་གྱི་གང་ཟག་གང་གིས་ཞུ་བ། དངོས་པོ་གང་ཞུ་བ། ཚུལ་ཇི་ལྟར་དུ་ཞུ་བ། དེ་དག་གི་

དམིགས་གསལ་(༢༩བ)བཤད་པ་དང་བཞི། དང་པོ་ནི། གནས་པ་སློབ་མས་གནས་བླ་མ་ལ་ཞུ་ཞིང་། གནས་བླ་མ་དེ་ཡང་བརྟན་མཁས་ཀྱི་ཡོན་ཏན་གཉིས་དང་ལྡན་པ། གནས་པ་སློབ་མ་དེ་དང་ལྟ་བ་དང་མཚན་མཐུན་པ། དེ་དང་མཚམས་ནང་གཅིག་ཏུ་གནས་པ། ཐ་སྙད་གསུམ་དང་ལྡན་པ། ལུས་ཐ་མལ་དུ་གནས་པ། ས་རང་བཞིན་དུ་གནས་པ། ནད་པ་ལ་སྙིང་བརྩེ་བ། བཟོད་པ་ཆེ་བ། ཉེ་འཁོར་དག་པ། ཆོས་དང་ཟང་ཟིང་ཕན་འདོགས་ལ་བརྩོན་པ་རྣམས་དགོས་ཏེ། སུམ་བརྒྱ་པ་ལས། ཚུལ་ཁྲིམས་ལྡན་ཞིང་འདུལ་བའི་ཆོ་ག་ཤེས། ནད་པར་སྙིང་བརྩེ་འཁོར་ནི་དག་པ་དང་། ཆོས་དང་ཟང་ཟིང་ཕན་འདོགས་ལ་བརྩོན་པ། དུས་སུ་འདོམས་པ་དེ་ལྟར་བླ་མར་བསྟགས། ཞེས་གསུངས་པའི་ཕྱིར། དེ་ཡང་ཚིག་དང་པོ་གཉིས་ཀྱིས་བརྟན་མཁས་ཀྱི་ཡོན་ཏན་བསྟན་ཏོ། རྟེན་གྱི་གང་ཟག་གང་གིས་ཞུ་བ་ནི། གནས་པ་སློབ་མས་ཞུ་བ་ཡིན་ཞིང་། དེ་ཡང་ཡོན་ཏན་བླ་མ་ལ་གུས་པ། ཁས་བླངས་པའི་ཚུལ་ཁྲིམས་དག་པ། སྒོ་གསུམ་བག་མེད་ལས་སྡོམ་པའི་དྲན་ཤེས་བཞིན་དང་ལྡན་པ། ཁ་བཏོན་སོགས་དགེ་སྦྱོར་ལ་བརྩོན་པའི་བརྩོན་འགྲུས་དང་ལྡན་པ། དུལ་བ། བཟོད་པ་ཆེ་བ་གཅིག་དགོས་ཏེ། དེ་ཉིད་ལས། སློབ་དཔོན་ལ་གུས་ཚུལ་ཁྲིམས་ཡོངས་དག་དང་། བསམ་གཏན་དང་ནི་འདོན་ལ་རྟག་ཏུ་བརྩོན། སྲིམས་ཤིང་དུལ་ལ་བཟོད་དང་ལྡན་པའི་ཕྱིར། སྟོན་བརྩོན་

གནས་པའི་ཆོས་ལྡན་ཤེས་པར་བྱ། ཞེས་གསུངས་པའི་ཕྱིར། གཉིས་པ་དངོས་པོ་གང་ཞུ་བ་ནི། སྤྱིར་བྱ་བ་ཕྲན་ཚེགས་རྣམས་ཞུ་མི་དགོས་ཤིང་། དམིགས་བསལ་ནི། སྒྲུབ་རུང་མི་རུང་ཐེ་ཚོམ་ཟ་བའི་བྱ་བ་ཕྲན་ཚེགས་རྣམས་དང་བྱ་བ་གཙོ་ཆེ་བ་རྣམས་ཞུ་དགོས་ཏེ། བཅས་པའི་དབང་གིས་ཡིན་པའི་ཕྱིར། སྒྲུབ་མི་རུང་བར་ངེས་པའི་བྱ་བ་རྣམས་ཞུ་མི་དགོས་ཏེ། ཞུས་ཀྱང་དགོས་པ་མེད་པའི་ཕྱིར། གསུམ་པ་ནི། གནས་བླ་མ་ཉེ་འཁོར་ན་བཞུགས་ན་ཞག་རེ་ལ་ལན་གསུམ་ཞུ་ཞིང་། ཉིན་གུང་ཚུན་སྔ་དྲོ་ཉི་མ་མ་ནུབ་ཚུན་གུང་ཡོལ་ནས་མཚན་མོའི་བྱ་བ་ཉི་མ་ནུབ་ནས་ཞུ། རྒྱང་གྲགས་ལས་འདས་ན་རྒྱང་གྲགས་རེ་ལ་ཞག་རེ་ཞུ། དཔག་ཚད་ཕྱེད་དང་གསུམ་འདས་པ་ན་གསོ་སྦྱོང་ཚེ་ཞུ་སྟེ། འོད་ལྡན་ལས། དཔག་ཚད་ཕྱེད་དང་གསུམ་དག་ན་གསོ་སྦྱོང་གི་ཚེའོ། །ཞེས་གསུངས་པའི་ཕྱིར། ཁ་ཅིག །དེ་རྣམས་སྤྱིར་སྡོམ་ནས་ཞུས་ཆོག་སྟེ། དེ་ཉིད་ལས། ཀུན་ཏུ་དཔྱད་པ་རུང་བ་རྣམས་བགྱིའོ། །ཞེས་གསུངས་པའི་ཕྱིར། ཟེར་ན། དེས་ནི་བྱ་བ་སྒྲུབ་རུང་དུ་ངེས་ཤིང་སྒྲུབ་དགོས་པར་མ་ངེས་པའི་བྱ་བ་ཞུ་ཚུལ་བསྟན་པ་ཡིན་ཞིང་། དེ་གློ་བུར་བ་རྣམས་རང་མིང་ནས་སྨོས་ཏེ་ཞུ་དགོས་ཏེ། དེ་ལྟར་མ་ཞུས་ན་བྱ་བ་དེ་སྒྲུབ་རུང་དུ་མ་ངེས་པའི་ཕྱིར་ཏེ། རྣམ་འབྱེད་ལས། སྣམ་སྦྱར་འཆོམས་པར་ཞུ། ཉིན་མོ་སྤྱོད་ལམ་ལ་མཆིས་པར་ཞུ། ཞེས་གསུངས་པའི་ཕྱིར། སྒྲུབ་རུང་དང་སྒྲུབ་དགོས་པར་

ངེས་པའི་གཙོ་བོའི་བྱ་བ་གློ་བུར་བ་རྣམས་ཞུ་དགོས་ཏེ། ལོ་དྲི་བ་ལས།
ཕྱག་དང་གློག་དང་ཁ་བཏོན་དང་། དགེ་བའི་ཕྱོགས་ཀྱི་ཀུན་ཏུ་སྤྱོད་པ་
རུང་བ་རྣམས་བགྱིའོ། །ཞེས་གསུངས་པའི་ཕྱིར། ཞུ་བའི་ཚེ་བླ་མའི་དྲུང་
དུ་ཕྱག་འཚལ་ཙོག་ཙོག་པོར་འདུག་སྟེ། མཁན་པོ་ཡིན་ན་མཁན་པོ། དེ་
མ་ཡིན་ན་སློབ་དཔོན་དགོངས་སུ་གསོལ། བདག་མིང་འདི་ཞེས་བགྱི་བ་
དུས་ འདི་ ནས་ བཟུང་ འདིའི་ བར་ གྱི་ ཆོས་ ལྡན་ གྱི་ བྱ་ བ་ འདི་ དང་
(༡༥ན)འདི་བགྱིད་དུ་རུང་ངམ། ཞེས་ཞུ། དེ་ལངས་ནས་ཞུ་མི་རིགས་
ཏེ། དེ་ཞུ་བའི་སྟགས་ཚིགས་རང་དོན་དུ་ཞུ་བའི་སྟགས་ཚིགས་ཡིན་པའི་
ཕྱིར། ༈ བཞི་པ་དེ་དག་གི་དམིགས་བསལ་བཤད་པ་ལ། ཡུལ། རྟེན། བྱ་
བའི་དམིགས་བསལ་གསུམ། དང་པོ་ནི། གནས་བླ་མ་ལ་མ་ཞུས་པར་
གཙོ་བོའི་བྱ་ བ་ སྒྲུབ་ ཏུ་ རུང་ བ་ ཡོད་ དེ། གནས་ བླ་ མ་ ཞིང་ གཞན་ དུ
གཤེགས་པའམ་བཙལ་ཡང་མ་རྙེད་པ་ན། དགེ་སློང་མཁས་པ་གཞན་ལ་
ཞུས་ཆོག་པའི་ཕྱིར། གནས་བླ་མ་མེད་པར་དབྱར་ཟླ་མ་ཁས་ལེན་དང་
གསོ་སྦྱོང་ཕྱི་མ་དགག་མི་རུང་ཏེ། དེ་ལས་གནས་བླ་མ་བསྟེན་པ་བསོད་
ནམས་ ཆེ་ ཞིང་ ། དབྱར་ ཕྱི་ མ་ ཡང་ ཁས་ བླངས་ པས་ ཆོག་ པའི་ ཕྱིར།
དབྱར་ཟླ་མ་ཁས་བླངས་ནས་གནས་བླ་མ་མེད་པར་སོང་བ་ན་དེ་དོར་
ནས་ གནས་ བླ་ མ་ འཚོལ་ དགོས་ ཏེ། དེ་ བསྲུང་ བ་ ལས་ གནས་ བླ་ མ་
བསྟེན་པ་དགོས་པ་ཆེ་ཞིང་། དབྱར་ཕྱི་མ་ཡང་བསྲུངས་ཆོག་པའི་ཕྱིར།

དབྱར་སྔ་མ་ཁས་མ་བླངས་པར་ཕྱི་མ་ཁས་བླངས་ནས་གནས་བླ་མ་མེད་པར་སོང་བ་ན། དབྱར་ཕྱི་མ་ཟླ་བ་གཉིས་བསྲུང་རིགས་ཏེ། དེ་མ་བསྲུངས་ན་ལོ་གཅིག་གི་དེ་མ་ཚང་བའི་སྐྱོན་ཡོད་པའི་ཕྱིར་ཏེ། ལོ་གཅིག་ལ་དེ་གསུམ་པ་ཁས་བླངས་དུ་མེད་པའི་ཕྱིར། དེ་ཟླ་བ་གཉིས་བསྲུངས་ནས་གནས་བླ་མ་བསྟེན་དགོས་ཏེ། དེ་ཟླ་བ་གཉིས་བསྲུངས་པས་ལོ་གཅིག་གི་དེ་ཁས་ལེན་གྲུབ་ཅིང་། དེ་ཟླ་བ་གསུམ་བསྲུང་བ་ལས་གནས་བླ་མ་བསྟེན་པ་དགོས་པ་ཆེ་བའི་ཕྱིར། དེའི་ཚེ་དེའི་བྱ་བ་རྣམས་རང་ལས་བསླབ་པ་རྒན་པའི་དགེ་སློང་ལ་ཞུ། དེ་མེད་ན་རང་ལས་བསླབ་པ་གཞོན་པའི་འདུལ་བའི་དོན་ལ་མཁས་པའི་དགེ་སློང་ལ་ཞུ། དེ་ལ་གནས་བླ་མ་འཚོལ་མི་རིགས་ཏེ། དེ་ལ་ཕྱག་བྱ་མི་རིགས་པའི་ཕྱིར་ཏེ། དེ་ཉིད་ལས། འདུད་པ་ནི་མ་གཏོགས་སོ། །ཞེས་གསུངས་པའི་ཕྱིར། གནས་བླ་མ་གཞན་ན་གནས་པ་ན་བྱ་བ་རྣམས་ཞུ་མི་དགོས་ཏེ། ས་གཞན་ན་གནས་པ་རབ་བྱུང་རྣམ་དག་གི་སྙེད་བཀུར་གྱི་གནས་མ་ཡིན་པའི་ཕྱིར། གཉིས་པ་རྟེན་གྱི་དམིགས་བསལ་ནི། བསྙེན་པར་རྫོགས་ནས་སྡོམ་རྒྱུན་བར་མ་ཆད་དུ་ལོ་ལྔ་ལོན་ཞིང་ལྔ་ཕྲུགས་མཐའ་མའི་ཡོན་ཏན་དང་ལྡན་པའི་རབ་བྱུང་གི་གནས་བླ་མ་ལ་མ་ཞུས་པར་ལྡོངས་རྒྱུར་རུང་། དགེ་སློང་གསར་བུ་བ་རྣམས་ཀྱིས་ཀྱང་ཞག་དྲུག་དེ་ལ་མ་ཞུས་པར་བྱ་བ་རྣམས་བྱར་རུང་། དགེ་སློང་གློ་བུར་དུ་ལྷགས་པ་

རྣམས་ཀྱང་ངལ་གསོ་བའི་ཕྱིར། ཞག་གཉིས་གནས་བླ་མ་ལ་མ་ཞུས་པར་བྱ་བ་རྣམས་བྱར་རུང་ངོ་། །བསྙེན་པར་རྫོགས་ནས་སྐོམ་རྒྱུན་བར་མ་ཆད་དུ་ལོ་ལྔ་ལོན་པ་དང་། ལྔ་དྲུག་མཐའ་མའི་ཡོན་ཏན་གཉིས་དང་མི་ལྡན་པའི་མངོན་ཤེས་གསུམ་ལྡན་གྱི་དགྲ་བཅོམ་པ་རྣམས་ཀྱང་གནས་བླ་མ་ལ་མ་ཞུས་པར་ལྷོངས་རྒྱུར་མི་རུང་ཏེ། འདི་ཉིད་ལས། གཞན་དུ་གསུམ་རིག་པ་ཡིན་ཡང་མི་བྱའོ། །ཞེས་གསུངས་པའི་ཕྱིར། གསུམ་པ་བྱ་བའི་དམིགས་བསལ་ནི། གཤང་གཅི་དང་སོ་ཤིང་དོར་བ་དང་། ཞར་ལ་ཉེ་འཁོར་ན་ཡོད་པའི་མཆོད་རྟེན་ལ་ཕྱག་བྱ་བ་དང་། གཙུག་ལག་ཁང་ནས་འདོམ་བཞི་བཅུ་རྩ་དགུའི་བར་འགྲོ་བ་དང་། གནས་སུ་བག་ཡངས་སུ་གནས་པ་རྣམས་གནས་བླ་མ་ལ་ཞུ་མི་དགོས་ཏེ། དེ་དག་བྱ་བ་གློ་བུར་བ་ཡིན་པའི་ཕྱིར། དེས་ན་གནས་པ་སློབ་མ་ཡིན་ན་དེར་འོས་པས་མ་ཁྱབ་སྟེ། དེར་འོས་པའི་རབ་བྱུང་ཡིན་ན་རབ་བྱུང་རྣམ་དག་ཡིན་དགོས་(༢༥བ)ཤིང་། དེ་རྣམ་དག་དང་ཚུལ་ཁྲིམས་འཆལ་བའི་རབ་བྱུང་རྣམས་ལྷན་ཅིག་ཏུ་ཆོས་དང་ཟང་ཟིང་ལ་ལོངས་སྤྱོད་དུ་མི་རུང་བའི་ཕྱིར། དེ་ལ་བརྟེན་ནས་གནས་བླ་མ་ཡིན་ན་དེ་འོས་པས་ཀྱང་མ་ཁྱབ་བོ། བརྟན་མཁས་ཀྱི་ཡོན་ཏན་གཉིས་དང་མི་ལྡན་པའི་རབ་བྱུང་ཡིན་ན་གནས་པ་སློབ་མར་འོས་པས་མ་ཁྱབ་སྟེ། ད་ཆོག་གི་ཆོ་ག་བཅས་གོང་དུ་གནས་པ་སློབ་མའི་རྣམ་གཞག་མེད་པའི་ཕྱིར། དེ་

བཅས་གོང་གི་བརྟན་མཁས་ཀྱི་ཡོན་ཏན་གཉིས་དང་ལྡན་པའི་དགེ་སློང་རྣམས་མཁན་པོ་དང་གནས་བླ་མར་མི་འོས་ཏེ། དེ་བཅས་གོང་དུ་དེ་གཉིས་ཀྱི་རྣམ་གཞག་མེད་པའི་ཕྱིར། དེ་བཅས་གོང་དུ་ཚུར་ཤོག་དང་སྟོན་ཆོག་གི་སྒོ་ནས་བསྙེན་པར་རྫོགས་པའི་བརྟན་མཁས་ཀྱི་ཡོན་ཏན་གཉིས་དང་ལྡན་པའི་དགེ་སློང་མེད་ཀྱང་། དེ་བཅས་གོང་དུ་དེ་འདྲའི་ཡོན་ཏན་གཉིས་དང་ལྡན་པའི་དགེ་སློང་ནི་ཡོད་དེ། སྟོན་པ་སངས་རྒྱས་འཇིག་རྟེན་དུ་མ་བྱོན་གོང་དུ་རང་སངས་རྒྱས་སུ་གྱུར་པའི་དགེ་སློང་ཡོད་པའི་ཕྱིར་རོ། །

༈ གནས་བླ་མའི་རྣམ་གཞག

སྡེ་སྣོད་མཛོན་པར་ཤེས་པ་ཉིད་དོ། །ཞེས་པའི་སྐབས་སུ། སྤྱི་དོན་དང་། གཞུང་དོན་གཉིས། དང་པོ་ལ། ལྔ་ཕྲུགས་ཀྱི་དབྱེ་བ། ཆེ་བ་སོ་སོའི་ངོ་བོ། བསྡུ་བ། རང་དབང་ཅན་ཡིན་མིན་གྱི་དོན་ལ་དཔྱད་པ་དང་བཞི། དང་པོ་ནི། ལུང་གི་བར་སྟོམ་ལས། ལོ་བཅུ་ལོན་དང་འཛིན་དང་མཁས། །རིག་དང་གསལ་དང་འཛིན་འཇུག་དང་། །སློབ་དང་སློབ་འཇུག་རྣམ་པ་གཉིས། །ཕུན་སུམ་ཚོགས་གཉིས་རྣམ་པར་གསུམ། །སློབ་དང་མི་སློབ་བྱུང་ཤེས་དང་། །གནས་འཆའ་འཆར་འཇུག་ལྡང་བ་ཤེས། །ལྔ་ཡི་རི་ལ་བརྒྱུ་བ་ཡི། །སྡེ་ཚན་ཡང་དག་བསྡུས་པ་ཡིན། །ཞེས་གསུངས། དེ་ཡང་སློབ་དང་སློབ་འཇུག་རྣམ་པ་གཉིས། ཞེས་པས། ལྷག་པའི་སྤྱོད

པ་ལ་སློབ་པའི་ལྔ་པ་དང་། དེ་ལ་སློབ་དུ་འཇུག་པའི་ལྔ་པ་བསྟན། རྣམ་པ་གསུམ་ཞེས་པས། དྲན་ལྡན་གྱི་ལྔ་པ། ནང་དུ་ཡང་དག་པར་འཇོག་པའི་ལྔ་པ། མཉམ་པར་བཞག་པའི་ལྔ་པ་སྟེ་གསུམ་བསྟན། ལྷོ་ཡི་རི་ལ་རྒྱུ་བ་ཡི། ཞེས་པས་ལུང་གི་བར་སྒོམ་རྩོམ་པའི་གནས་བསྟན་ཏོ། །

གཉིས་པ་ལ་ཉེར་གཅིག་ལས། དང་པོ་བསྙེན་པར་རྫོགས་ནས་སྒོམ་རྒྱུན་བར་མ་ཆད་དུ་ལོ་བཅུ་ལོན་པ། གཞན་གྱི་ནད་གཡོག་རང་ཉིད་ཀྱིས་བྱེད་ནུས་པ། གཞན་བྱེད་དུ་འཇུག་ནུས་པ། ལྟུང་བ་ཡིད་ལ་བྱེད་ཅིང་འགྱོད་པ་བསལ་བ་རང་ཉིད་ཀྱིས་བྱེད་ནུས་ཤིང་གཞན་བྱེད་དུ་འཇུག་ནུས་པ། སྡིག་ལྟ་སྤོང་བ་རང་ཉིད་ཀྱིས་བྱེད་ནུས་ཤིང་གཞན་བྱེད་དུ་འཇུག་ནུས་པ། གནས་པ་སློབ་མ་གནས་བླ་མ་ལ་མི་དགའ་བ་འདོར་བ་རང་ཉིད་ཀྱིས་བྱེད་ནུས་ཤིང་གཞན་བྱེད་དུ་འཇུག་ནུས་པ་ལྔ་ཚོགས་པའི་ལྔ་པ་དེ་ལོ་བཅུ་ལོན་པའི་ལྔ་པ་ཡིན། དེའི་ཡན་ལག་གཉིས་པ་དེ་དང་ལྡན་པས་སྙིང་རྗེ་ཆེ་བ་དང་བཟོད་པ་ཆེ་བ་དང་ལྡན་པར་གྲུབ་པ་ཡིན་ཏེ། དེ་གཉིས་དང་མི་ལྡན་ན་ཡན་ལག་གཉིས་པ་དེ་དང་མི་ལྡན་དགོས་པའི་ཕྱིར། ཡན་ལག་གསུམ་པ་དེ་དང་ལྡན་པས་འདུལ་བའི་དོན་ཤེས་པར་འགྱུར་ཏེ། ཡན་ལག་དེ་དང་ལྡན་པས་ལྟུང་བའི་ངོ་བོ་དང་། དེ་ཕྱིར་བཅོས་ཀྱི་འདག་ཚུལ་ཤེས་པར་འགྱུར་བའི་ཕྱིར། ཡན་ལག་བཞི་པ་དེ་དང་ལྡན་པས་མདོན་པའི་དོན་ཤེས་པར་འགྱུར་ཏེ། འདིར་བསྟན་

སྡིག་ལྔ་སྤོང་བ་ལ་མཚོན་པའི་དོན་ཤེས་དགོས་པའི་ཕྱིར། ཡན་ལག་ལྔ་པ་དེ་དང་ལྡན་པས་འཁོར་ལ་མ་ཆགས་པ་དང་འཁོར་གྱི་བསམ་པ་ཤེས་པར་འགྱུར་ཏེ། དེ་དང་ལྡན་པས་དེའི་བསམ་པ་ཤེས་དགོས། གནས་པ་སློབ་མ་དེས་གནས་བླ་མ་རང་ཉིད་ཀྱི་གནས་སུ་སྡོད་མི་འདོད་ན་གནས་བླ་མ་(༢༨ན)གཞན་ལ་སྦྱོར་རིགས་པའི་ཕྱིར། དེས་ན་ལྔ་པ་དང་པོ་དང་ལྡན་པས་གཞན་གྱི་མཁན་པོ་སོགས་གསུམ་བྱར་རུང་བའི་ཡོན་ཏན་དང་ལྡན་པར་གྲུབ་པ་ཡིན་ཏེ། དེ་དང་ལྡན་པས་བརྟན་མཁས་ཀྱི་ཡོན་ཏན་གཉིས་དང་ལྡན་པ་འགྲུབ་པ་ཡིན་པའི་ཕྱིར། དེས་ན་ལྔ་ཕྲུགས་ཉེར་གཅིག་པོ་གང་རུང་གཅིག་དང་ལྡན་པས་མཁས་པའི་ཡོན་ཏན་དང་ལྡན་པ་གྲུབ་པ་ཡིན་ཏེ། དེ་ཉེར་གཅིག་པོ་དེ་བརྟན་མཁས་གཉིས་ཀྱི་ཡོན་ཏན་གྱི་ནང་ཚན་དུ་གྱུར་པའི་མཁས་པའི་ཡན་ལག་ཡིན་པའི་ཕྱིར། དེས་ན་དེ་ཉེར་གཅིག་པོ་གང་རུང་གཅིག་དང་། བསྙེན་པར་རྫོགས་ནས་སྡོམ་རྒྱུན་བར་མ་ཆད་དུ་ལོ་བཅུ་ལོན་པ་གཉིས་དང་ལྡན་ན་གཞན་གྱི་མཁན་པོ་སོགས་སུ་བྱར་རུང་བའི་ཡོན་ཏན་དང་ལྡན་པར་གྲུབ་པ་ཡིན་ནོ། །གཉིས་པ་སྡེ་སྣོད་གསུམ་འཛིན་པ་དང་། ཚུལ་ལྡན་དང་། ཕྱི་རོལ་པ་དང་ཐུན་མོང་བའི་བསྟན་བཅོས་མང་དུ་ཐོས་པ་དང་། ལྔ་ཚོགས་པའི་ལྔ་པ་ནི་སྡེ་སྣོད་གསུམ་འཛིན་པའི་ལྔ་པ་ཡིན། སྡེ་སྣོད་གསུམ་འཛིན་པའི་ཚད་ཡོད་དེ། ཤོ་ལོ་ཀ་འབུམ་ཕྲག་གསུམ་འཛིན་པ་དེའི་ཚད་ཡིན་པའི་

ཕྱིར། གསུམ་པ་སྡེ་སྣོད་གསུམ་གྱིས་ཚིག་དོན་མ་འདྲེས་པར་འཛིན་པའི་སྙིང་དུ་སྦྱར་བཤད་པའི་ཡོན་ཏན་གཉིས་པོ་དེ་དང་ལྡུ་ཚོགས་པའི་ལྡུ་བ་ནི་སྡེ་སྣོད་གསུམ་ལ་མཁས་པའི་ལྡུ་བ་ཡིན། དེའི་ཚིག་མ་འདྲེས་པ་ནི། སྡིག་པ་ཅི་ཡང་མི་བྱ་སྟེ། ཞེས་སོགས་ཤོ་ལོ་ཀ་འདི་ལ་སྡེ་སྣོད་གསུམ་ཀ་ཚང་ངོ། དེ་ཡང་། སྡིག་པ་ཅི་ཡང་མི་བྱ་སྟེ། ཞེས་པ་འདི་འདུལ་བའི་སྡེ་སྣོད་ཡིན་ཏེ། འདིས་ལྷག་པ་ཚུལ་ཁྲིམས་ཀྱི་བསླབ་པ་གཙོ་བོར་བསྟན་པ་ཡིན་པའི་ཕྱིར། དགེ་བ་ཕུན་སུམ་ཚོགས་པར་སྤྱོད། ཞེས་པ་འདི་མདོ་སྡེའི་སྡེ་སྣོད་ཡིན་ཏེ། འདིས་ལྷག་པ་ཏིང་ངེ་འཛིན་གྱི་བསླབ་པ་ལ་སོགས་པའི་དགེ་བའི་ཕྱོགས་ཀྱི་བྱ་བ་རྣམས་གཙོ་བོར་བསྟན་པ་ཡིན་པའི་ཕྱིར། རང་གི་སེམས་ནི་ཡོངས་སུ་དུལ། ཞེས་པ་ནི་མངོན་པའི་སྡེ་སྣོད་ཡིན་ཏེ། འདིས་བདག་མེད་རྟོགས་པའི་ཤེས་རབ་དེས་རང་གི་རྟེན་གྱི་གང་ཟག་གི་རྒྱུད་ཀྱི་ཉོན་མོངས་འགོག་པའི་ཚུལ་བསྟན་པའི་ཕྱིར། བཞི་པ་སྡེ་སྣོད་གསུམ་གྱི་དགོངས་པ་ལུང་རིགས་དང་མི་འགལ་བར་རྩོམ་ནུས་ཤིང་། སྦྱར་བཤད་པའི་ཡོན་ཏན་གཉིས་ཏེ་ལྡུ་ཚོགས་པའི་ལྡུ་པ་ནི་སྡེ་སྣོད་གསུམ་རིག་པའི་ལྡུ་བ་དེ་ཡིན། དེ་ལ་དེ་ཞེས་པའི་རྒྱུ་མཚན་ཡོད་དེ། དེ་གསུམ་གྱི་དོན་ལུང་རིག་དང་མི་འགལ་བར་རྩོམ་པ་ལ་དེ་གསུམ་གྱི་དགོངས་པ་རང་ཉིད་ཀྱིས་རིག་དགོས་པའི་ཕྱིར། ལྡུ་བ་དེ་གསུམ་གྱི་དོན་གཞན་ལ་ཕྱིན་ཅི་མ་ལོག་པར་སྟོན་པར་ནུས་པའི་སྙིང་

དུ་སྔར་བཤད་པའི་ཡོན་ཏན་གཉིས་ཏེ་ལྷ་ཚོགས་པའི་ལྷ་པ་ནི་སྡེ་སྣོད་གསུམ་གསལ་བའི་ལྷ་པ་ཡིན། དེ་ལ་དེ་ལྟར་བརྗོད་པའི་རྒྱུ་མཚན་ཡོད་དེ། དེ་གསུམ་གྱི་དོན་གཞན་ལ་ཕྱིན་ཅི་མ་ལོག་པར་སྟོན་པར་བྱེད་པ་ལ་དེ་གསུམ་གྱི་དོན་རང་ཉིད་ཀྱིས་ངེས་དགོས་པའི་ཕྱིར། དྲུག་པ་དེ་གསུམ་རང་ཉིད་ཀྱིས་འཛིན་ནུས་ཤིང་། གཞན་འཛིན་དུ་འཇུག་ནུས་པའི་སྒོང་དུ་སྔར་བཤད་པའི་ཡོན་ཏན་གཉིས་ཏེ་ལྷ་ཚོགས་པའི་ལྷ་པ་ནི་དེ་གསུམ་འཛིན་དུ་འཇུག་ནུས་པའི་ལྷ་པ་ཡིན། དེས་ན་འདུལ་བའི་སྡེ་སྣོད་དེ་ཁྱད་ཆོས་བརྒྱད་དང་ལྡན་པ་ཡིན་ཏེ། ལྟུང་བ་སྡེ་ལྔ་པོ་སོ་སོའི་ངོ་བོ། བག་མེད་པ་ལ་སོགས་པ་ལྟུང་བའི་རྒྱུ་བཞི་དང་། ལྟུང་བ་ལས་ལྡང་བ་དང་། ལྟུང་བ་ལས་ངེས་པར་འབྱུང་བའི་ཚུལ་དང་། གང་ཟག་གང་ལ་བསླབ་པ་གང་འཆའ་བ། བཅས་རྗེས་གཉིས། ལྟུང་བའི་རབ་དབྱེ་དང་། རྣམ་པར་ངེས་པའི་ཐབས་རྣམས་ཕྱིན་ཅི་མ་ལོག་པར་སྟོན་པའི་མདོ་ཡིན་པའི་ཕྱིར། དེ་ལྟར་ཡང་མདོ་སྡེ་རྒྱན་ལས། ལྟུང་དང་འབྱུང་དང་ལྡང་བ་དང་། །ངེས་པར་འབྱུང་དང་གང་ཟག་དང་། །བཅས་པ་དང་ནི་རབ་དབྱེ་དང་། །རྣམ་པར་ངེས་ཕྱིར་འདུལ་བ་ཉིད། །ཞེས་གསུངས་པའི་ཕྱིར། ལྟུང་བ་ལས་ལྡང་བ་ནི། སྔར་བྱས་ལ་འགྱོད་སེམས་དང་། ཕྱིན་ཆད་ལ་སྡོམ་སེམས་བྱེད། ལྟུང་བ་ལས་ངེས་པར་(༣༨བ)འབྱུང་བའི་ཚུལ་ནི། སྔར་བྱས་བཤགས་པ་དང་། ཕྱིན་ཆད་སྡོམ་སེམས་བྱེད་པ་ཡིན། ལྟུང་བ་ལས

ངེས་པར་འབྱུང་བའི་ཚུལ་དེ་ལ་དྲུག་ཏུ་ཡོད་དེ། བཤགས་བྱའི་སྟོབས་ཀྱི་ལྟུང་བ་ལས་ངེས་པར་འབྱུང་བའི་ཚུལ་དང་། ཆད་ལས་སྡུད་པའི་སྟོབས་ཀྱི་ལྟུང་བ་ལས་ངེས་པར་འབྱུང་བའི་ཚུལ་དང་། མཚན་གྱུར་པ་ལས་ཐུན་མོང་བའི་ལྟུང་བ་ལས་ངེས་པར་འབྱུང་བའི་ཚུལ་དང་། ཆོས་ཀྱི་སྡོམ་པ་སོ་སོར་རྟོགས་པའི་སྟོབས་ཀྱིས་ལྟུང་བ་ལས་ངེས་པར་འབྱུང་བའི་ཚུལ་དང་། ཕྱིས་འདག་དགོས་ལ་ལྟོས་ཏེ་ལྟུང་བ་ལས་ངེས་པར་འབྱུང་བའི་ཚུལ་དང་། བག་ཡངས་སུ་གནང་བའི་དབང་གིས་ལྟུང་བ་ལས་ངེས་པར་འབྱུང་བའི་ཚུལ་རྣམས་སུ་ཡོད་པའི་ཕྱིར། བདུན་པ་སོ་ཐར་གྱི་བསླབ་པས་བསྡུས་པའི་ལྷག་པ་ཚུལ་ཁྲིམས་ཀྱི་བསླབ་པ་དང་། ལྷག་མེད་མྱང་འདས་ཐོབ་བྱེད་ཀྱི་ཐབས་སུ་གྱུར་པའི་ལྷག་པ་ཏིང་ངེ་འཛིན་གྱི་བསླབ་པ་དང་། ཤེས་རབ་ཟག་མེད་ཀྱི་བསྡུས་པའི་ལྷག་པ་ཤེས་རབ་ཀྱི་བསླབ་པ་གསུམ་ལ་སློབ་པའི་སྟེང་དུ་ཚུལ་ལྡན་མང་ཐོས་གཉིས་ཏེ་ལྔ་ཚོགས་པའི་ལྔ་པ་དེ་བསླབ་པ་གསུམ་ལ་སློབ་པའི་ལྔ་པ་ཡིན། བརྒྱད་པ་སྔར་གྱི་བསླབ་པ་གསུམ་པོ་དེ་ལ། རང་སློབ་པར་མ་ཟད་གཞན་སློབ་ཏུ་འཇུག་ནུས་པའི་སྟེང་དུ་སྔར་བཤད་པའི་ཡོན་ཏན་གཉིས་ཏེ་ལྔ་ཚོགས་པའི་ལྔ་པ་དེ་དེ་གསུམ་ལ་སློབ་ཏུ་འཇུག་ནུས་པའི་ལྔ་པ་ཡིན། སྡེ་སྣོད་གསུམ་འཛིན་པའི་ལྔ་པ་ནས་བསླབ་པ་གསུམ་ལ་སློབ་ཏུ་འཇུག་ནུས་པའི་ལྔ་པའི་བར་གྱི་ལྔ་པ་བདུན་པོ་དེའི་ཡན་ལག་ཏུ་གྱུར་པའི་མང་

ཐོས་ལ་ཕྱི་རོལ་པ་དང་ཐུན་མོང་བའི་བསྟན་བཅོས་དང་། ནང་པའི་བསྟན་བཅོས་མང་དུ་ཐོས་པ་འདྲེན་པའི་རྒྱུ་མཚན་ཡོད་དེ། དེ་བདུན་གྱི་ནང་ནས་སྡེ་སྣོད་གསུམ་འཛིན་པའི་ལྟ་བ་སོགས་དང་པོ་ལྔའི་ཡན་ལག་དང་པོ་གསུམ་ལ། སྡེ་སྣོད་གསུམ་མང་དུ་ཐོས་པ་ཚང་། ལྟ་བ་ཕྱི་མ་གཉིས་ཀྱི་ཡན་ལག་དང་པོ་གསུམ་ལ་སྡེ་སྣོད་གསུམ་གྱི་དོན་ཤེས་པ་ཚང་བའི་ཕྱིར་ཏེ། དེ་ལ་ལྷག་པའི་བསླབ་པ་གསུམ་གྱི་དོན་ཤེས་པ་ཚང་བའི་ཕྱིར། འདིར་བསྟན་གྱི་བསླབ་པ་དེ་ལ་ལྷག་པའི་བསླབ་པ་ཞེས་བརྗོད་པའི་རྒྱུ་མཚན་ཡོད་དེ། ལྷག་མེད་མྱང་འདས་ཐོབ་འདོད་ཀྱི་བསམ་པས་ཟིན་པ་ན་ཕྱི་རོལ་པའི་ཆོས་ལས་ལྷག་པའི་རྒྱུ་མཚན་གྱིས་དེ་ལྟར་བརྗོད་པའི་ཕྱིར། བསླབ་པ་གསུམ་ལ་སློབ་པའི་ལྟ་བའི་ཡན་ལག་ཏུ་གྱུར་པའི་ལྷག་པའི་ཚུལ་ཁྲིམས་དང་། དེའི་ཡན་ལག་ཏུ་གྱུར་པའི་ཚུལ་ལྡན་གཉིས་པོ་དེ་ལ་མི་འདྲ་བའི་ཁྱད་པར་ཡོད་དེ། དང་པོ་རྒྱ་ཆེ་ཞིང་ཕྱི་མ་རྒྱ་ཆུང་བའི་ཕྱིར། ཕྱིར་ཟག་མེད་ཀྱི་ཤེས་རབ་ཡིན་ན། འཕགས་རྒྱུད་ཀྱི་ཤེས་རབ་ཡིན་པས་ཁྱབ་ཀྱང་། བསླབ་པ་གསུམ་ལ་སློབ་པ་དང་། དེ་ལ་སློབ་ཏུ་འཇུག་ནུས་པའི་ལྟ་བའི་ཡན་ལག་ཏུ་གྱུར་པའི་ཤེས་རབ་ཟག་མེད་དེ་སོ་སྐྱེ་སྐྱེས་བུའི་རྒྱུད་ལ་ཡོད་དེ། དེའི་ཡན་ལག་ཏུ་གྱུར་པའི་ཟག་མེད་ཀྱི་ཤེས་རབ་ལ་སློབ་པ་དང་ལྡན་པའི་སོ་སྐྱེའི་སྐྱེས་བུ་ཡོད་པའི་ཕྱིར་ཏེ། ཟག་མེད་ཀྱི་ཤེས་རབ་ཀྱི་དོན་ཤེས་ནས

ཉམས་སུ་ལེན་པའི་སོ་སྐྱེའི་སྐྱེས་བུ་ཡོད་པའི་ཕྱིར། ཁ་ཅིག་བསྙེན་རྫོགས་ཀྱི་སྡོམ་པ་ལ་སློབ་པ་ཙམ་དེ་བསླབ་པ་གསུམ་ལ་སློབ་པ་དང་། དེ་གསུམ་ལ་སློབ་ཏུ་འཇུག་ནུས་པའི་ལྟ་བའི་ཡན་ལག་ཏུ་གྱུར་པའི་ལྷག་པའི་ཚུལ་ཁྲིམས་ལ་སློབ་པ་ཡིན་ཞིང་། བསྙེན་རྫོགས་ཀྱི་སྡོམ་པ་དེ་དགེ་ཚུལ་གྱི་སྡོམ་པ་ལས་ལྷག་པས་ན་ལྷག་པའི་ཚུལ་ཁྲིམས་ཞེས་བརྗོད་པ་ཡིན་ནོ། །ཟེར་ན་དང་པོ་མི་འཐད་དེ། དེ་དེ་ཡིན་ན། དེའི་ཡན་ལག་ཏུ་གྱུར་པའི་ལྷག་པའི་ཚུལ་ཁྲིམས་ལ་སློབ་པ་དང་། དེའི་ཡན་ལག་ཏུ་གྱུར་པའི་ཚུལ་ལྡན་གཉིས་པོ་དེ་ལ་མི་འདྲ་བའི་ཁྱད་པར་མེད་པར་ཐལ་བའི་སྐྱོན་ཡོད་པའི་ཕྱིར། འདུལ་བའི་སྡེ་སྣོད་ནས་བཤད་པའི་ཚུལ་དང་ལྡན་པའི་འགྲོ་འོངས་སོགས་ནི་ལྷག་པའི་སྤྱོད་པ་དང་། ལྷག་པའི་འདུལ་བའི་སྒྲས་བསྟན་པའི་འདུལ་བ་ལུང་སྡེ་བཞི་དང་ལྷག་པའི་སོ་ཐར་གྱི་སྒྲས་བསྟན་པའི་དགེ་སློང་ཕ་མའི་སོ་ཐར་གྱི་མདོ་གསུམ་ལ་(༡༧ན)སློབ་པའི་སྟེང་དུ་ཚུལ་ལྡན་དང་། སྡེ་སྣོད་ཕྱི་མ་གཉིས་མང་དུ་ཐོས་པ་སྟེ་ལྟ་ཚོགས་པའི་ལྟ་བ་སྟེ་ལྷག་པའི་སྤྱོད་པ་སོགས་ལ་སློབ་པའི་ལྟ་བ་ཡིན། སྔར་གྱི་ཡན་ལག་དང་པོ་གསུམ་ལ་རང་སློབ་པར་མ་ཟད་གཞན་སློབ་ཏུ་འཇུག་ནུས་པའི་སྟེང་དུ་སྔར་གྱི་ཡན་ལག་ཕྱི་མ་གཉིས་ཚོགས་པའི་ལྟ་བ་དེ། དེ་ལ་སློབ་ཏུ་འཇུག་ནུས་པའི་ལྟ་བ་ཡིན། དེའི་ཡན་ལག་ཏུ་གྱུར་པའི་འདུལ་བའི་སྡེ་སྣོད་ནས་བཤད་པའི་ཚུལ་དང་

མཐུན་པའི་འགྲོ་འོང་སོགས་ཀྱི་སྤྱོད་པ་དེ་ལ་ལྷག་པའི་སྤྱོད་པ་ཞེས་བརྗོད་པའི་རྒྱུ་མཚན་ཡོད་དེ། ལྷག་མེད་མྱང་འདས་ཐོབ་འདོད་ཀྱི་བསམ་པས་ཟིན་པས་ན་ཕྱི་རོལ་པའི་སྤྱོད་པ་ལས་ལྷག་པའི་རྒྱུ་མཚན་གྱིས་དེ་ལྟར་བརྗོད་པ་ཡིན་པའི་ཕྱིར། འདུལ་བ་ལུང་སྡེ་བཞི་པོ་དེ་ལ་ལྷག་པའི་འདུལ་བ་ཞེས་བརྗོད་པའི་རྒྱུ་མཚན་ཡོད་དེ། ཕྱི་རོལ་པའི་བསྟན་པ་ལས་ལྷག་ཅིང་གདུལ་བྱའི་སེམས་འདུལ་བར་བྱེད་པས་ན་དེ་ལྟར་བརྗོད་པ་ཡིན་པའི་ཕྱིར། ཡན་ལག་གསུམ་པ་དེ་ལ་སོ་ཐར་ཞེས་བརྗོད་པའི་རྒྱུ་མཚན་ཡོད་དེ། ངེས་ཐར་པ་ཐོབ་བྱེད་ཀྱི་ཐབས་སྟོན་པའི་རྒྱུ་མཚན་གྱིས་དེ་ལྟར་བརྗོད་པ་ཡིན་པའི་ཕྱིར། ཁ་ཅིག འདུལ་བ་ལུང་སྡེ་བཞི་པོ་དེ་ལྷག་པའི་འདུལ་བ་ཡིན་ཞིང་། གཅིག་ཤོས་དེ་ལྷག་པའི་སོ་ཐར་ཡིན་ཟེར་བ་མི་འཐད་དེ། འདུལ་བ་ཡིན་ན་བརྗོད་བྱ་དོན་གྱི་འདུལ་བ་ཡིན་པས་ཁྱབ། སོ་ཐར་ཡིན་ན་བརྗོད་བྱ་དོན་གྱི་སོ་ཐར་ཡིན་པས་ཁྱབ་པའི་ཕྱིར། འདི་གཉིས་ཀྱི་ཡན་ལག་ཏུ་གྱུར་པའི་མང་ཐོས་ལ་སྡེ་སྣོད་ཕྱི་མ་གཉིས་མང་དུ་ཐོས་པ་འདྲེན་པའི་རྒྱུ་མཚན་ཡོད་དེ། དེ་གཉིས་ཀྱི་ཡན་ལག་དང་པོ་གསུམ་ལ་འདུལ་བའི་སྡེ་སྣོད་ཀྱི་དོན་ཤེས་པ་ཚང་བའི་ཕྱིར། དཀོན་མཆོག་ལ་དམིགས་པའི་དད་པ་ཕུན་སུམ་ཚོགས་པ། བཅས་རང་གི་ཁ་ན་མ་ཐོ་བ་སྤྱོང་བའི་ཚུལ་ཁྲིམས་ཕུན་སུམ་ཚོགས་པ། འདུལ་བའི་སྡེ་སྣོད་ཀྱི་དོན་ཤེས་པའི་མང་ཐོས་ཕུན་སུམ་ཚོགས་པ།

གང་ལ་ཡང་མ་ཆགས་པའི་གཏོང་བ་ཕུན་སུམ་ཚོགས་པ། ཆོས་རབ་ཏུ་རྣམ་འབྱེད་ཀྱི་ཤེས་རབ་ཕུན་སུམ་ཚོགས་པ། ལྔ་ཚོགས་པའི་ལྔ་པ་དེ་ཕུན་ཚོགས་གོང་མའི་ལྔ་པ་ཡིན། མི་སློབ་པའི་སྐྱེས་བུ་དབང་རྣོན་གྱི་རྒྱུད་ཀྱི་ཚུལ་ཁྲིམས་ཀྱི་མིང་གིས་བསྟན་པའི་འདུལ་བའི་སྡེ་སྣོད་ཀྱི་དོན་ཤེས་པའི་ཐོས་པ་ཕུན་སུམ་ཚོགས་པ། སེམས་དམིགས་པ་ལ་རྩེ་གཅིག་ཏུ་འཛོག་པའི་ཏིང་ངེ་འཛིན་ཕུན་སུམ་ཚོགས་པ། ཆོས་རབ་ཏུ་རྣམ་འབྱེད་ཀྱི་ཤེས་རབ་དེ། ཉོན་མོངས་སྤངས་པའི་རྣམ་གྲོལ་ལམ་དེ། ཟད་མི་སྐྱེ་ཤེས་པའི་ཡེ་ཤེས་ཀྱི་བསྡུས་པའི་རྣམ་གྲོལ་ལམ་དེ་ཤེས། དེ་འདྲའི་ཡེ་ཤེས་ལས་གཞན་པར་གྱུར་པའི་ཤེས་རབ་ཟག་མེད་ཀྱི་བསྡུས་པའི་དེ་མཐོང་ཕུན་སུམ་ཚོགས་པ་སྟེ་ལྔ་ཚོགས་པའི་ལྔ་པ་དེ་ཕུན་ཚོགས་འོག་མའི་ལྔ་པ་ཡིན། རང་ཉིད་ལ་གནས་པའི་རྟེན་གྱི་གང་ཟག་གི་རྒྱུད་ལ་ཉོན་མོངས་ཟད་པར་ཤེས་པའི་ཡེ་ཤེས་དེ། ཟད་པ་ཤེས་པའི་ཡེ་ཤེས་དང་། དེའི་རྒྱུད་ལ་སྡུག་བསྔལ་སླར་མི་སྐྱེ་བར་ཤེས་པའི་ཡེ་ཤེས་དེ་མི་སྐྱེ་བར་ཤེས་པའི་ཡེ་ཤེས་ཡིན། ཚོགས་ལམ་པའི་རྒྱུད་ཀྱི་དྲན་པ་ཉེར་བཞག་གིས་བསྡུས་པའི་དྲན་པ་དང་། ཡང་དག་སྤོང་བས་བསྡུས་པའི་བརྩོན་འགྲུས། སྡེ་སྣོད་ཕྱི་མ་གཉིས་མང་དུ་ཐོས་པའི་ཤེས་རབ་ཚུལ་ལྡན། འདུལ་བའི་སྡེ་སྣོད་མང་དུ་ཐོས་པའི་མང་ཐོས་ཕུན་སུམ་ཚོགས་པ་སྟེ་ལྔ་ཚོགས་པའི་ལྔ་པ་དེ་དྲན་ལྡན་གྱི་ལྔ་པ་ཡིན། ཚོགས་སྦྱོར་གྱི་རང་

རྒྱལ་སྦྱོར་ལམ་པ་དང་། ཉན་ཐོས་སྦྱོར་ལམ་པ་གང་རུང་དུ་གྱུར་པའི་སྐྱེས་བུའི་རྒྱུད་ཀྱི་བྱིང་རྒོད་དང་མ་བྲལ་བའི་སེམས་དམིགས་པ་ལ་རྩེ་གཅིག་ཏུ་བཞག་པའི་སྟེང་དུ་དེའི་རྒྱུད་ཀྱི་ཡང་དག་སྤོང་བས་བསྡུས་པའི་བརྩོན་འགྲུས། སྔར་བཤད་པའི་ཡན་ལག་ཕྱི་མ་གསུམ་ཏེ་ལྔ་ཚོགས་པའི་ལྔ་པ་དེ་ནང་དུ་ཡང་དག་པར་འཛོག་པའི་ལྔ་པ་ཡིན། དེའི་རྒྱུད་ཀྱི་བྱིང་རྒོད་དང་བྲལ་བའི་སེམས་དམིགས་པ་ལ་རྩེ་གཅིག་ཏུ་མཉམ་པར་བཞག་པའི་སྟེང་དུ་སྔར་བཤད་པའི་ཡན་ལག་ཕྱི་མ་བཞི་སྟེ་ལྔ་ཚོགས་པའི་ལྔ་པ་སྟེ་མཉམ་པར་བཞག་པའི་ལྔ་པ་ (༡༧བ) ཡིན། དེས་ན་དྲན་ལྡན་གྱི་ལྔ་པ་དེ་ཚོགས་ལམ་པའི་རྒྱུད་ཀྱི་ཡོན་ཏན་དང་། ཕྱི་མ་གཉིས་པོ་དེ་སྦྱོར་ལམ་པའི་རྒྱུད་ཀྱི་ཡོན་ཏན་ཡིན་ཏེ། དེ་གཉིས་སྦྱོར་ལམ་པའི་ཡོན་ཏན་དང་དྲན་ལྡན་གྱི་ལྔ་པ་དེ་ཚོགས་ལམ་པའི་རྒྱུད་ཀྱི་ཡོན་ཏན་དུ་འདུལ་ཊིཀ་ལས་བཤད་པའི་ཕྱིར། དེས་ན་དྲན་ལྡན་གྱི་ལྔ་པ་དེ་ཚོགས་ལམ་པའི་ཡོན་ཏན་དང་། ཕྱི་མ་གཉིས་པོ་དེ་སྦྱོར་ལམ་པའི་ཡོན་ཏན་དང་། སློབ་པའི་ལྔ་པ་དེ་སློབ་པ་འཕགས་པའི་རྒྱུད་ཀྱི་ཡོན་ཏན་དང་། མི་སློབ་པའི་ལྔ་པ་དང་། ཕུན་ཚོགས་འོག་མའི་ལྔ་པ་དེ་མི་སློབ་པའི་སྐྱེས་བུའི་རྒྱུད་ཀྱི་ལྔ་པར་བསྟན་པ་ལ་དགོས་པ་ཡོད་དེ། འདིར་བསྟན་ལྔ་ཕྲུགས་ཉེར་གཅིག་པོ་ལ་ཚོགས་ལམ་ནས་མི་སློབ་ལམ་གྱི་བར་ཚང་བར་བཞག་པར་བྱ་བའི་ཆེད་ཡིན་པའི་ཕྱིར། ལྔ་པ་ཕྱི་

མ་གཉིས་པོ་གང་རུང་ཡིན་ན་ཚོགས་སྤྱོད་ཀྱི་རང་རྒྱལ་སྦྱོར་ལམ་པ་དང་ཉན་ཐོས་སྦྱོར་ལམ་པ་གང་རུང་དུ་གྱུར་པའི་སློབ་བུའི་ཡོན་ཏན་ཡིན་དགོས་ཏེ། དེ་ཡིན་ན་སྦྱོར་ལམ་པའི་རྒྱུད་ཀྱི་ཡོན་ཏན་ཡིན་དགོས་པ་གང་ཞིག འདིར་བསྟན་ལྟ་ཞུགས་ཉེར་གཅིག་པོ་གང་རུང་རྒྱུད་ལྡན་གྱི་བསེ་རུ་ལྟ་བུའི་རང་རྒྱལ་སྦྱོར་ལམ་པ་ཡང་མེད། དེ་འདྲའི་བྱང་སེམས་སྦྱོར་ལམ་པ་ཡང་མེད་པའི་ཕྱིར་ཏེ། བསྙེན་པར་རྫོགས་ནས་སྡོམ་རྒྱུན་བར་མ་ཆད་དུ་ལོ་བཅུ་ལོན་པའི་དེ་གཉིས་གང་རུང་མེད་པ་གང་ཞིག དེ་ཉེར་གཅིག་པོ་གང་རུང་ཡིན་ན་བསྙེན་པར་རྫོགས་ནས་སྡོམ་རྒྱུན་བར་མ་ཆད་དུ་ལོ་བཅུ་ལོན་པའི་སློབ་བུའི་རྒྱུད་ལ་ལྡན་པའི་རིགས་ཅན་ཡིན་དགོས་པའི་ཕྱིར། དང་པོ་དེ་འདྲའི་བྱང་སེམས་མེད་དེ། བདག་ཅག་གི་སྟོན་པས་ཚོགས་ལམ་གྱི་གནས་སྐབས་སུ་རང་བྱུང་གི་བསྙེན་པར་རྫོགས་ཤིང་། བསྙེན་པར་རྫོགས་ནས་སྡོམ་རྒྱུན་བར་མ་ཆད་དུ་ལོ་བཅུ་མ་ལོན་པར་སངས་རྒྱས་པའི་ཕྱིར། དེ་འདྲའི་བསེ་རུ་ལྟ་བུ་དེ་མེད་དེ། བསེ་རུ་ལྟ་བུའི་རང་རྒྱལ་གྱི་སྦྱོར་ལམ་ནས་དེའི་བྱང་ཆུབ་ཀྱི་བར་མཉམ་བཞག་སྟན་གཅིག་ལ་གྲུབ་པ་གང་ཞིག དེས་རང་རྒྱལ་དགྲ་བཅོམ་གྱི་རྟོགས་པ་ཐོབ་པ་དང་བསྙེན་རྫོགས་ཀྱི་སྡོམ་པ་ཐོབ་པ་དུས་མཉམ་པའི་ཕྱིར། རྩ་རྟགས་ཕྱི་མ་གྲུབ་སྟེ། འདིར་བསྟན་དེ་ཉེར་གཅིག་པོ་གང་རུང་དང་བསྙེན་པར་རྫོགས་ནས་ལོ་བཅུ་ལོན་པ་གཉིས་ཚོགས་པ་དེ། གཞན་

གྱི་མཁན་སོགས་གསུམ་བྱར་རུང་བའི་ཡོན་ཏན་ཡིན་པའི་ཕྱིར་ཏེ། དེ་ཉེར་གཅིག་པོ་དེ་བརྟན་མཁས་གཉིས་ཀྱི་ནང་ཚན་དུ་གྱུར་པའི་མཁས་པའི་ཡོན་ཏན་ཡིན་པའི་ཕྱིར། སྐབས་འདིར་བསྟན་གྱི་ཞི་གནས་ཐོབ་པ་ལ་བྱིང་རྒོད་དང་བྲལ་མི་དགོས་ཏེ། དྲན་སོགས་ཀྱི་ལྟ་བ་གཉིས་པ་འདི་བྱིང་རྒོད་དང་མ་བྲལ་བས་བསྒྲིང་པ་གཉིས་ལྡན་གྱི་ཡོན་ཏན་དང་། དེའི་ལྟ་བ་གསུམ་པ་དེ་དེ་དང་བྲལ་བའི་ལྟ་བ་ཡིན་པས་ན་སྐྱོན་དང་བྲལ་བའི་ལྟ་བར་འདུལ་ཊཱི་ཀ་ལས་བཤད་པའི་ཕྱིར། དེས་ན་དྲན་སོགས་ཀྱི་ལྟ་བའི་ཡན་ལག་ཏུ་གྱུར་པའི་མང་ཐོས་ནི་འདུལ་བའི་སྡེ་སྣོད་ཀྱི་དོན་ཤེས་པ་ལ་བྱེད་དེ་དེའི་ཡན་ལག་གཞན་རྣམས་ལ་འདུལ་བའི་སྡེ་སྣོད་ཀྱི་དོན་ཤེས་པ་མ་ཚང་བའི་ཕྱིར། སྡེ་སྣོད་གསུམ་འཛིན་པའི་ལྟ་བ་ལ་སོགས་པའི་ལྟ་ཕྲུགས་ཀྱི་ཡན་ལག་ཏུ་གྱུར་པའི་ཚུལ་ལྡན་ཡིན་ན། ཕམ་ལྷག་གང་རུང་གིས་མ་ཉམས་པའི་དགེ་སློང་གི་སྡོམ་པ་རྣམ་དག་ཡིན་དགོས་ཏེ། ཤེས་རབ་འབྱེད་པ་ལས། ཕམ་ལྷག་རྣམས་ཀྱི་མ་ཉམས་པ་སྟེ་དགེ་སློང་དུ་ཚུད་པ་ལ་བྱའོ། །ཞེས་གསུངས་པའི་ཕྱིར། དེ་ཡིན་ན་ཕམ་ལྷག་གི་ལྟུང་བས་མ་གོས་པ་གཅིག་དགོས་ཏེ། ལྟ་ཕྲུགས་ཉེར་གཅིག་པོ་འདི་གཞན་གྱི་མཁན་སོགས་སུ་བྱར་རུང་བའི་ཡོན་ཏན་ཡིན་པ་གང་ཞིག ཕམ་ལྷག་ལྟུང་བ་དང་བཅས་ཏེ་གཞན་གྱི་མཁན་པོ་བྱར་མི་རུང་བའི་ཕྱི་ཏེ། འོད་ལྡན་ལས། ཕམ་པའི་ལྟུང་བ་བཞི་པོ་དག་གང་ཡང་

རྟུང་བ་གཅིག་མ་བྱུང་བ་སྟེ། ཞེས་གསུངས་པའི་ཕྱིར། ཉན་ཐོས་སློབ་པ་འཕགས་པའི་རྒྱུད་ཀྱི་ཟག་མེད་ཀྱི་ཚུལ་ཁྲིམས། ཟག་མེད་ཀྱི་ཏིང་ངེ་འཛིན། དེའི་རྒྱུད་ཀྱི་དེ་ཤེས་དེ་མཐོང་གང་རུང་ལས་གཞན་པར་གྱུར་པའི་དེའི་རྒྱུད་ཀྱི་ཤེས་རབ་ཟག་མེད། དེའི་རྒྱུད་ཀྱི་བསྒོམ་ལམ་རྣམ་གྲོལ་ལམ། མཐོང་ལམ་རྣམ་གྲོལ་གྱིས་བསྡུས་པར་གྱུར་པའི་དེ་ཤེས། བར་ཆད་མེད་ལམ་གྱིས་བསྡུས་པའི་དེ་མཐོང་ཕུན་སུམ་ཚོགས་པ་ལྔ་ཚོགས་པའི་ལྔ་པ་(༢༤ན)སློབ་པའི་ལྔ་པ་ཡིན། དེའི་ཡན་ལག་ཏུ་གྱུར་པའི་དེ་ཤེས། དེ་མཐོང་གཉིས་གཅིག་ཏུ་འདྲེན་ནོ། །དེས་ན་སློབ་པའི་ལྔ་པ་ཡིན་ན། ཉན་ཐོས་སློབ་པ་འཕགས་པའི་རྒྱུད་ཀྱི་ཡོན་ཏན་ཡིན་དགོས་ཏེ། དེ་ཡིན་ན། སློབ་པ་འཕགས་པའི་རྒྱུད་ཀྱི་ཡོན་ཏན་ཡིན་དགོས་པ་གང་ཞིག འདིར་བསྟན་ལྔ་ཕྲུགས་ཉེར་གཅིག་པོ་གང་རུང་རྒྱུད་ལྡན་གྱི་བྱང་སེམས་འཕགས་པ་ཡང་མེད། དེ་འདྲའི་རང་རྒྱལ་སློབ་པ་འཕགས་པ་ཡང་མེད་པའི་ཕྱིར་ཏེ། བསྙེན་པར་རྫོགས་ནས་སོམ་རྒྱུན་བར་མ་ཆད་དུ་ལོ་བཅུ་ལོན་པའི་དེ་གང་རུང་མེད་པའི་ཕྱིར། དེས་ན་འདུལ་ཊཱིཀ་འདིས་སློབ་པའི་ལྔ་པ་གཞུགས་གནས་བརྒྱད་ཀྱི་ཡོན་ཏན་དང་སྦྱར་ནས་བཤད་དོ། །དྲན་སོགས་ཀྱི་ལྔ་པ་སློབ་པའི་སྐྱེས་བུའི་རྒྱུད་ཀྱི་ལྔ་པ་ཡིན་ཡང་སློབ་པའི་ལྔ་པ་ནི་མ་ཡིན་ནོ། །དགྲ་བཅོམ་པའི་རྒྱུད་ཀྱི་ཟག་མེད་ཀྱི་ཚུལ་ཁྲིམས། དེའི་རྒྱུད་ཀྱི་ཟག་མེད་ཀྱི་ཏིང་ངེ་འཛིན། དེའི་རྒྱུད་

ཀྱི་ཟག་མེད་ཀྱི་ཤེས་རབ། དེའི་རྒྱུད་ཀྱི་རྣམ་གྲོལ་ལམ། དེའི་རྒྱུད་ཀྱི་ཟད་མི་སྐྱེ་ཤེས་པའི་ཡེ་ཤེས་ཀྱིས་བསྡུས་པའི་རྣམ་གྲོལ་ལམ་དེ་ཤེས། དེ་འདྲའི་ཡེ་ཤེས་ལས་གཞན་པར་གྱུར་པའི་དེའི་རྒྱུད་ཀྱི་ཡང་དག་པའི་ལྟ་བས་བསྡུས་པའི་དེ་མཐོང་སྟེ་ལྟ་ཚོགས་པའི་ལྟ་བ་དེ་མི་སློབ་པའི་ལྟ་བ་ཡིན། དེས་ན་མི་སློབ་པའི་ལྟ་བ་དང་། ཕྱུན་ཚོགས་འོག་མའི་ལྟ་བ་གཉིས་པོ་དེ་མི་སློབ་པའི་སྐྱེས་བུའི་རྒྱུད་ཀྱི་ལྟ་བར་མཚུངས་ཀྱང་དེ་གཉིས་ལ་ཁྱད་པར་ཡོད་དེ། དང་པོའི་ཡན་ལག་དང་པོ་དེ་ཟག་མེད་ཀྱི་ཚུལ་ཁྲིམས་ལ་བྱེད། ཕྱི་མའི་ཡན་ལག་དང་པོ་དེ་འདུལ་བའི་དོན་ཤེས་པའི་ཐོས་པ་ལ་བྱེད་པའི་ཕྱིར་ཏེ། ལྟ་བ་དང་པོ་དེ་ཡིན་ན་ཡན་ལག་ཕྱུན་ཚོགས་ལྟ་དང་ལྡན་པས་མ་ཁྱབ། ཕྱི་མ་དེ་ཡིན་ན་དེ་དང་ལྡན་པས་ཁྱབ་པའི་ཕྱིར། སློབ་པའི་ལྟ་བ་དང་མི་སློབ་པའི་ལྟ་བ་གཉིས་དང་ལྡན་ན་འདུལ་བའི་དོན་ཤེས་པར་གྲུབ་སྟེ། དེ་གཉིས་བསྙེན་པར་རྫོགས་ནས་སོམ་རྒྱུན་བར་མ་ཆད་དུ་ལོ་བཅུ་ལོན་པའི་དགེ་སློང་གི་རྒྱུད་ལ་ལྡན་པའི་འཕགས་པའི་ཡོན་ཏན་ཡིན་པ་ནི་གང་ཞིག དེ་འདྲའི་འཕགས་པ་ཡིན་ན་འདུལ་བའི་དོན་ཤེས་པའི་སྐྱེས་བུ་ཡིན་དགོས་པའི་ཕྱིར་ཏེ། དེ་ཡིན་ན་འདུལ་བའི་དོན་ལ་སྦྱངས་པའི་སྐྱེས་བུ་ཡིན་དགོས་པའི་ཕྱིར། འདིར་བསྟན་ལྟ་ཕྱུགས་ཉེར་གཅིག་པོ་དེ་བསྙེན་པར་རྫོགས་ནས་སོམ་རྒྱུན་བར་མ་ཆད་དུ་ལོ་བཅུ་ལོན་པའི་དགེ་སློང་གི་རྒྱུད་ལ་ལྡན་ཏེ། སློབ་

པ་དང་མི་སློབ་པའི་ལྟ་བ་གཉིས་པོ་དེ་འདྲའི་སྐྱེས་བུའི་རྒྱུད་ལ་ལྡན་པའི་རྒྱུ་མཚན་གྱིས་དེ་གཉིས་དང་ལྡན་པས་འདུལ་བའི་དོན་ཤེས་པར་གྲུབ་པར་འདུལ་ཊཱི་ཀ་ལས་བཤད་པའི་ཕྱིར་ཏེ། དེ་ཉིད་ལས། གཉིས་པོ་འདིའི་སྐབས་སུ་འདུལ་བ་ཤེས་པ་གང་གི་བསྟན་ཅེ་ན། ལོ་བཅུ་ལོན་པ་མེད་མི་རུང་དུ་བསྟན་པས་འགྲུབ་སྟེ། ཞེས་གསུངས་པའི་ཕྱིར། དེ་ན་འདིར་བསྟན་ལྔ་ཕྲུགས་ཉེར་གཅིག་པོ་གང་རུང་ཡིན་ན། བསྙེན་པར་རྫོགས་ནས་སྐོམ་རྒྱུན་བར་མ་ཆད་དུ་ལོ་བཅུ་ལོན་པའི་སྐྱེས་བུའི་རྒྱུད་ལ་ལྡན་པས་མ་ཁྱབ་སྟེ། དེ་ཕྱི་མ་ཉི་ཤུ་པོ་དེ་བསྙེན་པར་རྫོགས་ནས་ལོ་བཅུ་མ་ལོན་པའི་སྐྱེས་བུའི་རྒྱུད་ལ་ཡང་ཡོད་པའི་ཕྱིར། བརྟན་མཁས་གཉིས་ཀྱི་ནང་ཚན་དུ་གྱུར་པའི་མཁས་པའི་ཡོན་ཏན་ཐོབ་ན། དེའི་ནང་ཚན་དུ་གྱུར་པའི་བརྟན་པའི་ཡོན་ཏན་ཐོབ་པས་མ་ཁྱབ་སྟེ། ཕྱི་མ་དེས་དང་པོ་ལ་ཡང་མ་ཁྱབ་པའི་ཕྱིར། ༈ བརྒྱད་པ་བསླབ་པ་འཆའ་བ་གང་ལས་བྱུང་བའི་གླེང་གཞི། དེ་འཆའ་བའི་རྒྱུ་མཚན། དེ་འཆའ་བའི་རྒྱུ་ཚོགས་ཀྱིས་བསྡུས་པའི་འབྱུང་བ་མངོན་པར་ཤེས་པ། དགག་སྒྲུབ་གནང་གསུམ་གྱི་བསླབ་པའི་བཅས་པ་མངོན་པར་ཤེས་པ། དེའི་རྗེས་བཅས་མངོན་པར་ཤེས་པ། སྒྲིག་བསྲུང་བའི་ཕྱིར་བྱ་བ་འགའ་ཞིག་ལ་ཞུགས་པ་བཀག་པའི་བཀག་པ་མངོན་པར་ཤེས་པ། བྱ་བ་འགའ་ཞིག་སྒྲུབ་མ་བསྒྲུབས་ཇི་ལྟར་བཅད་ཀྱང་ཉེས་མེད་དུ་གནང་བའི་གནང་བ་

མངོན་པར་ཤེས་པ་ཏེ་ལྟ་ཚོགས་པའི་ལྟ་བ་ནི་བྱུང་ཤེས་ཀྱི་ལྟ་བ་ཡིན། དེས་ན་ལྟ་བ་དེའི་ཡན་ལག་ཏུ་གྱུར་པའི་བཀག་པ་ཤེས་པ་ལ་སྒྲོག་བསྒྲུང་བའི་ཕྱིར་བྱ་བ་འགའ་ཞིག་ལ་ཞུགས་པ་བཀག་པའི་བཀག་པ་ཤེས་པ་དགོས་ཏེ། བྱ་བ་འགའ་ཞིག་ལ་ཞུགས་པ་བཀག་པར་ཤེས་པ་ནི་ལྟ་བ་དེའི་ཡན་ལག་(༡༨བ)ཏུ་གྱུར་པའི་བསླབ་བྱ་ཤེས་པ་ལ་ཚང་བའི་ཕྱིར་ཏེ། དེའི་ཡན་ལག་ཏུ་གྱུར་པའི་བསླབ་བྱ་ཤེས་པ་ལ་དགག་པའི་བསླབ་བྱ་ཚང་བའི་ཕྱིར། ལྟ་བ་དེའི་ཡན་ལག་ཏུ་གྱུར་པའི་གནང་བ་ཤེས་པ་ལ་བྱ་བ་འགའ་ཞིག་སྐྱབ་མ་བསྐྱབས་ཇི་ལྟར་དཔྱད་ཀྱང་ཉེས་མེད་དུ་གནང་བའི་གནང་བ་ཤེས་པ་དགོས་ཏེ། བྱ་བ་འགའ་ཞིག་བསྐྱབས་པས་ཉེས་མེད་དུ་ཤེས་པ་ནི་ལྟ་བ་དེའི་ཡན་ལག་ཏུ་གྱུར་པའི་བསླབ་བྱ་ཤེས་པ་ལ་ཚང་བའི་ཕྱིར་ཏེ། དེའི་ཡན་ལག་ཏུ་གྱུར་པའི་བསླབ་བྱ་ཤེས་པ་ལ་གནང་བའི་བསླབ་བྱ་ཚང་བའི་ཕྱིར། བསླབ་པ་འཆའ་བའི་གླིང་གཞི་ནི། ཡུལ་དེ་དང་དེར། གང་ཟག་དེ་དང་དེས། ཉོན་མོངས་པ་དེ་དང་དེ་ལ་བརྟེན་ནས་མི་རུང་བའི་བྱ་བ་དེ་དང་དེ་སྤྱད་པ་དེ་བསླབ་པ་འཆའ་བའི་གླིང་གཞི་ཡིན། དཔེར་ན་ཡུལ་སྤོང་བྱེད་དུ་གང་ཟག་བཟང་བྱིན་གྱིས་ཉོན་མོངས་པ་འདོད་ཆགས་ལ་བརྟེན་ནས་མི་ཚངས་པར་སྤྱད་པས་མི་ཚངས་སྤྱོད་སྤོང་བའི་བསླབ་པ་འཆའ་བའི་དཔེ་འདི་བཞིན་ཡིན་པའི་ཕྱིར། དེས་ན་མི་རིགས་པའི་བྱ་བ་དེ་དང་དེ་བྱས་

པས། ཉེས་པ་དེ་དང་དེ་འབྱུང་བ་ནི་བསླབ་པ་འཆའ་བའི་རྒྱུ་མཚན་ཡིན་ཏེ། སྲོག་གཅོད་ལ་བརྟེན་ནས་གང་ཟག་འགའ་ཞིག་གིས་སྲོག་ལ་གནོད་པ་དང་། ཕྱི་མ་ངན་འགྲོར་སྐྱེ་བའི་ཉེས་དམིགས་མཐོང་ནས་སྲོག་གཅོད་སྤོང་བའི་བསླབ་པ་འཆའ་བའི་དཔེ་འདི་བཞིན་ཡིན་པའི་ཕྱིར། དེ་འཆའ་བའི་རྒྱུ་ཚོགས་ལ་གཞིའི་ཡན་ལག བསམ་པའི་ཡན་ལག སྦྱོར་བའི་ཡན་ལག མཐར་ཐུག་གི་ཡན་ལག་དང་བཞི་ཡོད་དེ། དེ་རྣམས་ནི་རང་རང་གི་ལྟུང་བའི་ཐད་དུ་འཆད་པའི་ཕྱིར། སྲོག་གཅོད་སྤོང་བའི་བསླབ་པ་འཆའ་བའི་གཞིར་གྱུར་པའི་སྐྱེས་བུའི་རྒྱུད་ཀྱི་ཞེ་སྡང་ལ་བརྟེན་ནས་དེ་སྤོང་བའི་བསླབ་པ་བཅས་པ་ཡིན། མི་ཚངས་སྤྱོད་སྤོང་བའི་བསླབ་པ་འཆའ་བའི་གཞིར་གྱུར་པའི་སྐྱེས་བུའི་རྒྱུད་ཀྱི་ཞེ་སྡང་ལ་བརྟེན་ནས་དེ་སྤོང་བའི་བསླབ་པ་བཅས་པ་ཡིན། མི་ཚངས་སྤྱོད་སྤོང་བའི་བསླབ་པ་འཆའ་བའི་གཞིར་གྱུར་པའི་སྐྱེས་བུའི་རྒྱུད་ཀྱི་ཉོན་མོངས་པ་འདོད་ཆགས་ལ་བརྟེན་ནས་དེ་སྤོང་བའི་བསླབ་པ་བཅས་པ་ཡིན་ཏེ། དགྲ་བཅོམ་པའི་རྒྱུད་ལ་ཉོན་མོངས་པ་མེད་པས་དེའི་རྒྱུད་ཀྱི་ཉོན་མོངས་པའི་བག་ཆགས་ལ་བརྟེན་ནས་དགྲ་བཅོམ་པའི་རྟེན་ལ་བཅས་པའི་བསླབ་པ་བཅས་པ་ཡིན། ཕས་རྒོལ་ཚར་བཅད་པའི་ཕྱིར་ཉིན་མོའི་གསུམ་ཆ་ཙམ་ལ་ཕྱི་རོལ་པའི་བསྟན་བཅོས་ཀློག་པར་གནང་བ་མངོན་པར་ཤེས་པ་ནི་ལྔ་པ་དེའི་ཡན་ལག་ཏུ་གྱུར་པའི་གནང་བ་

མངོན་པར་ཤེས་པ་ཡིན། སྤྱིར་བཅས་པ་ནི། དགག་སྒྲུབ་གནང་གསུམ་གྱི་བསླབ་པའི་གཞི་སྟོན་པར་བྱེད་པའི་བཀའ་དེ་བཅས་པ་ཡིན། རབ་བྱུང་སོགས་ལ་སྲོག་གཅོད་སོགས་ཀྱི་བྱ་བ་མི་རིགས་པར་སྟོན་པར་བྱེད་པའི་སངས་རྒྱས་ཀྱི་བཀའ་དེ་དགག་པའི་བསླབ་བྱ་དང་དེའི་བཅས་པ་ཡིན། རབ་བྱུང་རྣམས་ལ་དབྱར་ཁས་ལེན་བྱར་རུང་བའི་སྟོན་པའི་སངས་རྒྱས་ཀྱི་བཀའ་དེ་སྒྲུབ་པའི་བསླབ་བྱ་དང་དེའི་བཅས་པ་ཡིན། རབ་བྱུང་རྣམས་ལ་མཚིལ་ལྷམ་གནང་བའི་སངས་རྒྱས་ཀྱི་བཀའ་དེ་གནང་བའི་བསླབ་བྱ་དང་དེའི་བཅས་པ་ཡིན། བྱ་བའི་རིགས་གཅིག་ལ་བཅས་པ་སྔོན་ལ་མཛད་པའི་རྗེས་སུ་བཅས་པ་སྔོན་མ་ལ་དོགས་པ་བཅད་པའི་ཕྱིར་བཅས་པ་གཉིས་པ་མཛད་པའི་བཅས་པ་ནི་རྗེས་བཅས་ཡིན། རྗེས་བཅས་པ་ལ་མུ་དགུ་ཡོད་དེ། སྒྲུབ་པའི་བཅས་པའི་རྗེས་སུ་དེའི་བཅས་པ་མཛད་པས་རྗེས་བཅས། དེའི་རྗེས་སུ་གནང་བའི་བཅས་པ་མཛད་པའི་རྗེས་བཅས། དེའི་རྗེས་སུ་དགག་པའི་བཅས་པ་མཛད་པའི་རྗེས་བཅས་གསུམ། གནང་བའི་བཅས་པའི་རྗེས་སུ་དེའི་བཅས་པ་མཛད་པའི་རྗེས་བཅས། དེའི་རྗེས་སུ་སྒྲུབ་པའི་བཅས་པ་མཛད་པའི་རྗེས་བཅས། དེའི་རྗེས་སུ་དགག་པའི་བཅས་པ་མཛད་པའི་རྗེས་བཅས་དང་གསུམ། (༡༩ན)དགག་པའི་བཅས་པའི་རྗེས་སུ་དེའི་བཅས་པ་མཛད་པའི་རྗེས་བཅས། དེའི་རྗེས་སུ་གནང་བའི་བཅས་པ་

མཛད་པའི་རྗེས་བཅས། དེའི་རྗེས་སུ་སྒྲུབ་པའི་བཅས་པ་མཛད་པའི་རྗེས་བཅས་རྣམས་སུ་ཡོད་པའི་ཕྱིར། དེ་རྣམས་ཀྱི་མཚན་གཞི་ནི། དབྱར་སྟ་མ་ཁས་ལེན་དགོས་པར་བསྟན་ནས། དེ་མ་གྲུབ་ན་དབྱར་ཕྱི་མ་ཁས་ལེན་དགོས་པར་སྟོན་པའི་སངས་རྒྱས་ཀྱི་བཀའ་དེ། སྒྲུབ་པའི་བཅས་པའི་རྗེས་སུ་སྒྲུབ་པའི་བཅས་པ་མཛད་པའི་རྗེས་བཅས་ཡིན། ཆོས་བརྒྱད་དང་བཅོ་ལྔ་སོགས་ཀྱི་མཚན་མོ་ཆོས་འཆད་ཉན་བྱེད་དགོས་པར་བསྟན་ནས། ནད་པ་རྣམས་ལ་དེ་ལྟར་མ་བསྒྲུབ་ན་ཉེས་མེད་དུ་སྟོན་པའི་སངས་རྒྱས་ཀྱི་བཀའ་དེ་དེའི་རྗེས་སུ་གནང་བའི་བཅས་པ་མཛད་པའི་རྗེས་བཅས་ཡིན། གསོ་སྦྱོང་ཕྱི་མ་དགག་པ་དང་དབྱར་སྟ་མ་ཁས་ལེན་དགོས་པར་བསྟན་ཀྱང་། གནས་བླ་མ་བསྙེན་པ་དང་འདོམས་པ་ན། གསོ་སྦྱོང་དགག་པ་དང་དབྱར་སྟ་མ་ཁས་ལེན་བསྲུང་མི་དགོས་པར་སྟོན་པའི་སངས་རྒྱས་ཀྱི་བཀའ་དེ་དེའི་རྗེས་སུ་དགག་པའི་བཅས་པ་མཛད་པའི་རྗེས་བཅས་ཡིན། སྟར་ལྷམ་སྣའི་སྒྲུ་གུ་ཅན་གནང་ཕྱིས་ཡུ་རིང་དང་ཡུ་ཐུང་གནང་བའི་སངས་རྒྱས་ཀྱི་བཀའ་དེ་གནང་བའི་བཅས་པའི་རྗེས་སུ་གནང་བའི་བཅས་པ་མཛད་པའི་རྗེས་བཅས་ཡིན། སྟར་ལམ་དུ་གྲོགས་དང་བཅས་ཏེ་འགྲོ་བར་གནང་ནས་ལམ་བར་དུ་གྲོགས་ན་བ་ན། ནད་གཡོག་བྱེད་དགོས་པར་སྟོན་པའི་སངས་རྒྱས་ཀྱི་བཀའ་དེ་དེའི་རྗེས་སུ་སྒྲུབ་པའི་བཅས་པ་མཛད་པའི་རྗེས་བཅས་ཡིན།

སྔར་མཆིལ་ལྷམ་གནང་ནས་ཕྱིས་ཀྲོག་ཀྲོག་གི་སྒྲ་འབྱུང་བའི་མཆིལ་ལྷམ་བཀག་པའི་སངས་རྒྱས་ཀྱི་བཀའ་དེ་དེའི་རྗེས་སུ་དགག་པའི་བཅས་པ་མཛད་པའི་རྗེས་བཅས་ཡིན། སྔར་གྱི་མི་ཚངས་སྤྱོད་བཀག་ནས། ཕྱིས་སྲུ་མོ་ལ་མི་ཚངས་སྤྱོད་བཀག་པའི་སངས་རྒྱས་ཀྱི་བཀའ་དེ། དགག་པའི་བཅས་པའི་རྗེས་སུ་དགག་པའི་བཅས་པ་མཛད་པའི་རྗེས་བཅས་ཡིན། སྔར་མཁན་སློབ་སོགས་ཀྱི་མདུན་དུ་འགྲོ་བ་བཀག་ནས་ཕྱིས་ཁྲི་ལ་སོགས་པའི་འཇིག་པ་བྱུང་བ་ན་དེའི་མདུན་དུ་འགྲོ་དགོས་པར་བསྟན་པའི་སངས་རྒྱས་ཀྱི་བཀའ་དེ། དེའི་རྗེས་སུ་སྒྲུབ་པའི་བཅས་པ་མཛད་པའི་རྗེས་བཅས་ཡིན། སྔར་ཕྱི་དྲོའི་ཁ་ཟས་བཀག་ནས་ཕྱིས་ནད་པ་རྣམས་ལ་ཕྱི་དྲོའི་ཁ་ཟས་ཉེས་མེད་དུ་གནང་བའི་སངས་རྒྱས་ཀྱི་བཀའ་དེ། དེའི་རྗེས་སུ་གནང་བའི་བཅས་པ་མཛད་པའི་རྗེས་བཅས་ཡིན། དེས་ན་སྔར་བཅས་ཕལ་ཆེར་སྤྱིར་སྟངས་དང་། རྗེས་བཅས་ཕལ་ཆེར་དམིགས་གསལ་ཡིན། རྗེས་བཅས་དེ་རྣམས་རང་རང་གི་བཅས་པ་སྔོན་མ་དང་བཅས་རིགས་གཅིག་མི་གཅིག་ཅི་རིགས་སུ་ཡོད། དེ་ཡང་སྒྲུབ་པའི་བཅས་པའི་རྗེས་སུ་སྒྲུབ་པའི་བཅས་པ་མཛད་པའི་རྗེས་བཅས་དང་། དགག་པའི་བཅས་པའི་རྗེས་སུ་དགག་པའི་བཅས་པ་མཛད་པའི་རྗེས་བཅས་དང་། གནང་བའི་བཅས་པའི་རྗེས་སུ་གནང་བའི་བཅས་པ་མཛད་པའི་རྗེས་བཅས་རྣམས་རང་གི་བཅས་པ་སྔ་མ་

དང་རིགས་གཅིག་ཀྱང་། དེ་རྣམས་རང་གི་གདུལ་བྱའི་ལོག་རྟོག་སེལ་བའི་ཕྱིར་དུ་གསུངས། བདག་ཉིད་ཡུལ་གཞན་དུ་འགྲོ་བ་སོགས་ཀྱི་ཚེ་གནས་པ་སློབ་མ་དེ་གནས་བླ་མ་གཞན་ལ་གནས་བརྟན་དུ་གནས་འཆར་འཇུག་པ་དང་། སྲོག་གཅོད་སོགས་མི་དགེ་བས་བསྡུས་པའི་མངོན་མཐོ་དང་ངེས་ལེགས་ཐོབ་པ་ལ་བར་དུ་གཅོད་པའི་མངོན་པར་ཤེས་པ་དང་སྒྲུབ་པར་བྱ་བའི་བྱ་བ་དང་། གནང་བའི་བྱ་བས་བསྡུས་པའི་དེ་གཉིས་ཐོབ་པ་ལ་བར་དུ་མི་གཅོད་པ་མངོན་པར་ཤེས་པ་དང་། དེ་གཉིས་ཀྱི་དོན་གདུལ་བྱ་ལ་ཕྱིན་ཅི་མ་ལོག་པར་སྟོན་པའི་སྨྲ་བ་པོ་ཉིད་དང་། བྱ་བའི་འཇུག་ལྡོག་སྟོན་པ་དེ་ལྔ་ཚོགས་པའི་ལྔ་པ་(༢༩བ)དེ་བརྟན་དུ་གནས་འཆར་འཇུག་པའི་ལྔ་པ་ཡིན། བདག་ཉིད་སྤོ་མགུ་སོགས་སྤྱོད་པའི་ཚེ་གནས་པ་སློབ་མ་དེ་རེ་ཞིག་གནས་བླ་མ་གཞན་ལ་གནས་འཆར་འཇུག་པའི་སྐེང་དུ་སྟར་བཤད་པའི་ཡན་ལག་ཕྱི་མ་བཞི་སྟེ་ལྔ་ཚོགས་པའི་ལྔ་པ་དེ། རེ་ཤིག་གནས་འཆར་འཇུག་པའི་ལྔ་པ་ཡིན། ལྟུང་བ་སྟེ་ལྔ་མངོན་པར་ཤེས་པ། གང་བྱས་ལྟུང་བར་མི་འགྱུར་བའི་བྱ་བ་མངོན་པར་ཤེས་པ། ལྟུང་བ་ལྕི་ཡང་གི་ཁྱད་པར་མངོན་པར་ཤེས་པ། སོ་ཐར་གྱི་མདོ་ཁ་བཏོན་དུ་བྱེད་པ་དང་། ལུང་སྡེ་བཞི་ཁ་འདོན་དུ་བྱེད་པ་སྟེ་ལྔ་ཚོགས་པའི་ལྔ་པ་དེ། ལྟུང་ཤེས་ཀྱི་ལྔ་པ་ཡིན། ལྔ་པ་དེ་ལ་འདུལ་བའི་ཚིག་དོན་གཉིས་ཀ་ཤེས་པ་ཡན་ལག་ཏུ་ལྡན་ཏེ།

ཡན་ལག་དང་པོ་གཉིས་ལ་དོན་ཤེས་པ་ཚང་། ཕྱི་མ་གཉིས་ལ་དེའི་ཚིག་ཚང་བར་ཤེས་པའི་ཕྱིར། ལྟུང་བའི་ལྕི་ཡང་གི་ཁྱད་པར་བསྡུ་བ་ནས་ལྟ་བཤད་དེ། དེ་ཉིད་ལས། ངོ་བོ་ཉིད་དང་བྱེད་པ་དང་། གཞི་དང་བསམ་པ་ཚོགས་པའོ། ཞེས་གསུངས་པའི་ཕྱིར། དེ་ཡང་ངོ་བོ་ཉིད་ཀྱི་སྒོ་ནས་ལྕི་ཡང་གི་ཁྱད་པར་ནི། ལྟུང་བ་སྡེ་ལྔ་སྔ་མ་སྔ་མ་ལྕི་བ་དང་། ཕྱི་མ་ཕྱི་མ་ཡང་བ་ཡིན། ཕམ་པ་དེ་ངོ་བོ་ཉིད་ཀྱི་སྒོ་ནས་ལྕི་བ་དང་། ལྷག་མ་དེའི་སྒོ་ནས་འབྲིང་བ་དང་། ལྟུང་བྱེད་སོགས་ལྷག་མ་གསུམ་པོ་དེའི་སྒོ་ནས་ལྟུང་བ་ཆུང་ངུ་ཡིན། བྱེད་པའི་སྒོ་ནས་དེའི་ཁྱད་པར་ནི་སྦྱོར་བའི་སྒོ་ནས་ཡིན་ཏེ། མི་ཤེས་པའི་གཏི་མུག་དང་། བག་མེད་པའི་སྒོ་ནས་བྱས་པའི་ལྟུང་བ་ནི་དེའི་སྒོ་ནས་དེ་ཆུང་ངུ་དང་། ཉོན་མོངས་མང་བའི་སྒོ་ནས་བྱས་པའི་ལྟུང་བ་དེ་ནི་དེའི་སྒོ་ནས་ལྟུང་བ་འབྲིང་དང་། བསླབ་པ་ལ་མ་གུས་པའི་སྒོ་ནས་བྱས་པའི་ལྟུང་བ་དེ་ནི་དེའི་སྒོ་ནས་ལྟུང་བ་ཆེན་པོ་ཡིན་པའི་ཕྱིར། གཞིའི་སྒོ་ནས་ལྟུང་བ་ལྕི་ཡང་གི་ཁྱད་པར་ནི་ཡུལ་གྱི་སྒོ་ནས་ཡིན་ཏེ། ཡུལ་ཁྱད་པར་ཅན་ལ་བརྟེན་པའི་ལྟུང་བ་ནི་དེའི་སྒོ་ནས་ལྟུང་བ་ལྕི་བ་དང་། ཡུལ་ཕལ་པ་ལ་བརྟེན་པའི་ལྟུང་བ་ནི་དེའི་སྒོ་ནས་ཡང་བ་ཡིན་པའི་ཕྱིར། དཔེར་ན་མི་བསད་པས་ལྟུང་བ་ལྕི་བ་དང་། དུད་འགྲོ་བསད་པས་ལྟུང་བ་ཡང་བ་ཡིན་ཏེ། བཅས་ལྡན་དགེ་སློང་གིས་མི་བསད་པ་ལ་ཕམ་པ་དང་། དུད་འགྲོ་བསད་པ་ལ་ལྟུང་བྱེད་དུ་འགྱུར་བ

ཡིན་པའི་ཕྱིར། བསམ་པའི་སྒོ་ནས་ལྟུང་བ་ལྕི་ཡང་གི་ཁྱད་པར་ནི་ཀུན་སློང་གི་སྒོ་ནས་ཡིན་ཏེ། སྦྱོར་བ་ཤུགས་དྲག་གིས་ཀུན་ནས་བསླངས་པའི་ལྟུང་བ་དེ་དེའི་སྒོ་ནས་ལྕི་བ་དང་། སྦྱོར་བ་ཤུགས་ཆུང་ངུས་ཀུན་ནས་བསླངས་པའི་ལྟུང་བ་དེ་དེའི་སྒོ་ནས་ཡང་བ་ཡིན་པའི་ཕྱིར། ཚོགས་པའི་སྒོ་ནས་ལྟུང་བ་ལྕི་ཡང་གི་ཁྱད་པར་ནི་གྲངས་ཀྱི་སྒོ་ནས་ཡིན་ཏེ། ལྔ་ཚུན་གྱི་ལྟུང་བ་རྣམས་དེའི་སྒོ་ནས་དེ་ཡང་བ་དང་། དྲུག་ནས་གྲངས་ཤེས་ཚུན་གྱི་ལྟུང་བ་རྣམས་དེའི་སྒོ་ནས་དེ་འབྲིང་དང་། གྲངས་ཀྱི་མི་ཚོད་པའི་ལྟུང་བ་རྣམས་དེའི་སྒོ་ནས་ལྕི་བ་ཡིན་པའི་ཕྱིར། དེར་མ་ཟད་ཉེན་གྱི་སྒོ་ནས་ལྕི་ཡང་གི་ཁྱད་པར་ནི། འདུལ་བའི་དོན་ཤེས་པའི་མཁས་པའི་སྐྱེས་བུས་སྤྱད་པའི་ལྟུང་བ་ནི། ཉམ་སློན་ཡང་བ་དང་། དེ་མི་ཤེས་པའི་མི་མཁས་པའི་སྐྱེས་བུས་སྤྱད་པའི་ལྟུང་བ་ནི་ཉམ་སློན་ལྕི་བ་ཡིན་ཏེ། དང་པོ་དེས་དེ་བཤགས་སྡོམ་གྱིས་འདག་པར་བྱེད་ནུས་ཤིང་། ཕྱི་མ་དེས་དེ་ལྟར་མི་ནུས་པའི་ཕྱིར་ཏེ། མདོ་ལས། མི་མཁས་པས་ནི་སྡིག་པ་ཆུང་ངུ་བྱས་ཀྱང་འོག་ཏུ་འགྲོ། །མཁས་པས་ཆེན་པོ་བྱས་ཀྱང་གནོད་པ་རབ་ཏུ་སྤོང་བར་འགྱུར། །ལྕགས་ཀྱི་གོང་བུ་ཆུང་ཡང་ཆུའི་གཏིང་དུ་འབྱིང་བར་འགྱུར། །དེ་ཉིད་སྣོད་དུ་བྱས་ན་ཆེ་ཡང་སྟེང་དུ་འཕྱོ་བར་འགྱུར། །ཞེས་གསུངས་པའི་ཕྱིར། ལྟུང་བ་ལྕི་ཡང་གི་ཁྱད་པར་དེ་རྣམས་ཀྱི་ནང་ནས་ངོ་བོ་ཉིད་ཀྱི་སྒོ་ནས་དེའི་ལྕི་ཡང་ཁྱད་པར་གཙོ་ཆེ་

བ་ཡིན་ཏེ། བྱེད་པ་སོགས་ཀྱི་སྒོ་ནས་ལྟུང་བ་ལྕི་བའི་གོ་ཡང་མི་ཆོད། དེ་སོགས་ཀྱི་སྒོ་ནས་ཡང་བས་དེ་ཡང་བའི་གོ་ཡང་མི་ཆོད་པ་གང་ཞིག །ངོ་བོ་ཉིད་ཀྱི་(༣༠ན)སྒོ་ནས་དེ་ལྕི་བས་དེ་ལྕི་བའི་གོ་ཡང་ཆོད། ཡང་བ་ལ་ཡང་དེ་ལྟར་ཆོད་པའི་ཕྱིར། མཁས་པས་བཤགས་སྡོམ་གྱིས་འདག་པར་བྱེད་པས་ན། དེའི་རྒྱུད་ཀྱི་ལྟུང་བ་རྣམ་སྨིན་ཡང་བ་ཡིན་ཞིང་། གཅིག་ཤོས་དེས་ཤེས་བཞིན་དུ་ལྟུང་བ་ལ་སྤྱོད་ནས་བཤགས་སྡོམ་གྱིས་འདག་པར་མ་ནུས་པས་ན་རྣམ་སྨིན་ལྕི་བ་ཡིན་ཏེ། འདུལ་བ་ལ་བསྟོད་པ་ལས། ཐུབ་པའི་བཀའ་ལུང་ཚུལ་མིན་འདའ་བྱེད་ན། །དུད་འགྲོར་སྐྱེ་འགྱུར་ཨེ་ལའི་འདབ་ཀླུ་བཞིན། །ཞེས་གསུངས་པའི་ཕྱིར། གསུམ་པ་བསྡུ་བ་ལ། དེ་རྒྱས་པ་དང་། དེ་བསྡུས་པ་གཉིས། དང་པོ་ལ་སྡེ་སྣོད་གཉིས་ཙམ་ཤེས་པ་ཡན་ལག་ཏུ་ལྡན་པ་དང་། དེ་གསུམ་ཤེས་པ་ཡན་ལག་ཏུ་ལྡན་པ་དང་། འདུལ་བའི་སྡེ་སྣོད་ཙམ་ཤེས་པ་ཡན་ལག་ཏུ་ལྡན་པའི་ཡོན་ཏན་དང་གསུམ། དང་པོ་ལོ་བཅུ་ལོན་པའི་ལྔ་པ་དེ་དང་པོ་ཡིན་ཏེ། དེ་ལ་འདུལ་བའི་སྡེ་སྣོད་དང་མདོའི་སྡེ་སྣོད་ཤེས་པ་ཡན་ལག་ཏུ་ལྡན་པའི་ཕྱིར། གཉིས་པ་ལ་དེའི་ཚིག་ཤེས་པ་ཡན་ལག་ཏུ་ལྡན་པའི་ཡོན་ཏན་དང་། དེའི་དོན་ཙམ་ཤེས་པ་ཡན་ལག་ཏུ་ལྡན་པའི་ཡོན་ཏན་གཉིས། སྡེ་སྣོད་གསུམ་འཛིན་པའི་ལྔ་པ་ནས་བཟུང་སྟེ་དེ་འཛིན་དུ་འཇུག་པའི་ལྔ་པའི་བར་གྱི་ལྔ་པ་རྣམས་དང་པོ་ཡིན། ཕྱི་མ་དེ་ལ་ཡང་

བསླབ་པ་གསུམ་ལ་སློབ་པ་ཡན་ལག་དང་ལྡན་པའི་ཡོན་ཏན། ལྷག་པའི་སྤྱོད་པ་ལ་སློབ་པའི་ཡན་ལག་ཏུ་ལྡན་པའི་ཡོན་ཏན། ཕུན་ཚོགས་ཀྱི་ཡོན་ཏན། ཚོགས་སྦྱོར་བའི་ཡོན་ཏན། འཕགས་པ་ཁོ་ནའི་ཡོན་ཏན་དང་ལྔ། བསླབ་པ་གསུམ་ལ་སློབ་པའི་ལྔ་པ་དང་པོ་ཡིན། ལྷག་པའི་སྤྱོད་པ་ལ་སློབ་པའི་ལྔ་པ་གཉིས་པ་ཡིན། གསུམ་པ་དེ་ལ་ཡང་སྐྱེ་འཕགས་ཐུན་མོང་བའི་ཡོན་ཏན་དང་། མི་སློབ་པ་ཁོ་ནའི་ཡོན་ཏན་གཉིས། ཕུན་ཚོགས་གོང་མའི་ལྔ་པ་དེ་དང་པོ་དང་། དེ་འོག་མའི་ལྔ་པ་གཉིས་པ་ཡིན། བཞི་པ་དེ་ལ་ཡང་། ལྷག་མཐོང་ལ་ཤས་ཆེར་སྤྱོད་པ་ཡན་ལག་ཏུ་ལྡན་པའི་ཡོན་ཏན། ཞི་གནས་ལ་ཤས་ཆེར་སྤྱོད་པ་ཡན་ལག་ཏུ་ལྡན་པའི་ཡོན་ཏན་གཉིས། དྲན་ལྡན་གྱི་ལྔ་པ་དང་པོ་ཡིན། མཉམ་བཞག་དང་ནང་བཞག་གི་ལྔ་པ་གཉིས་གཉིས་པ་ཡིན། སློབ་པའི་ལྔ་པ་དང་མི་སློབ་པའི་ལྔ་པ་གཉིས་འཕགས་པ་ཁོ་ནའི་ཡོན་ཏན་ཡིན། མི་སློབ་པའི་ལྔ་པ་དེ་དགེ་སྦྱོང་ཚུལ་གྱི་ཡོན་ཏན་ནི་མ་ཡིན་ཏེ། དེ་འདྲའི་ཚུལ་ཡིན་ན་སློབ་པ་ཡིན་དགོས་པའི་ཕྱིར། གསུམ་པ་འདུལ་བའི་སྡེ་སྣོད་ཙམ་ཤེས་པ་ཡན་ལག་དང་ལྡན་པའི་ཡོན་ཏན་དེ་ལ་ཡང་། དེའི་དོན་ཙམ་ཤེས་པ་ཡན་ལག་ཏུ་ལྡན་པའི་ཡོན་ཏན་དང་། དེའི་ཚིག་དོན་གཉིས་ཀ་ཤེས་པའི་ཡན་ལག་ཏུ་ཡོད་པའི་ཡོན་ཏན་གཉིས། གནས་འཆའ་འཇུག་གི་ལྔ་པ་གཉིས་དང་། བྱུང་ཤེས་ཀྱི་ལྔ་པ་དང་པོ་ཡིན། ལྟུང་

ཞེས་ཀྱི་ལྟ་བ་གཉིས་པ་ཡིན། གཉིས་པ་བསྡུ་བའི་བསྡུ་བ་ནི། འདིར་བསྟན་ལྟ་ཕྲུགས་ཉེར་གཅིག་པོ་བསྡུ་ན། མི་སློབ་པ་ཁོ་ནའི་ཡོན་ཏན་དང་། ཐུན་མོང་བའི་ཡོན་ཏན་གཉིས། ཕུན་ཚོགས་འོག་མའི་ཡོན་ཏན་དང་། མི་སློབ་པའི་ལྟ་བ་དང་པོ་དང་། གཞན་རྣམས་གཉིས་པ་ཡིན། ཡང་དེ་ལ་འཕགས་པ་ཁོ་ནའི་ཡོན་ཏན་དང་། སྐྱེ་འཕགས་ཐུན་མོང་བའི་ཡོན་ཏན་གཉིས། ཕུན་ཚོགས་འོག་མའི་ལྟ་བ་དང་། སློབ་མི་སློབ་ཀྱི་ལྟ་བ་དང་པོ་དང་། གཞན་རྣམས་གཉིས་པ་ཡིན། ཡང་དེ་ལ་ལྟ་བ་རང་དབང་ཅན་མ་ཡིན་པ་དང་། ལྟ་བ་རང་དབང་ཅན་གཉིས་ལས། སྡེ་སྣོད་གསུམ་གསལ་གྱི་ལྟ་བ། དེ་གསུམ་འཛིན་དུ་འཇུག་པའི་ལྟ་བ། བསླབ་པ་གསུམ་ལ་སློབ་ཏུ་འཇུག་པའི་ལྟ་བ། ལྷག་པའི་སྤྱོད་པ་སོགས་ལ་སློབ་ཏུ་འཇུག་པའི་ལྟ་བ་དང་པོ་ཡིན། གཞན་རྣམས་གཉིས་པ་ཡིན། ལྟ་བའི་ཡན་ལག་དེ་ལ་དེའི་ཐུན་མོང་མ་ཡིན་པའི་ཡན་ལག དེའི་ཐུན་མོང་བའི་ཡན་ལག་གཉིས། ཚུལ་ལྡན་མང་ཐོས་གཉིས། བརྩོན་འགྲུས་ཤེས་རབ་གཉིས། གནས་འཆའ་འཇུག་གི་ལྟ་བ་གཉིས་ཀྱི་ཡན་ལག་ཕྱི་མ་བཞི་སྟེ་བརྒྱད་ (༣༠བ)པོ་དང་པོ་ཡིན་ཏེ། དེ་ལྟ་བ་དུ་མའི་ཡན་ལག་ཏུ་ལྡན་པའི་ཕྱིར། གཞན་རྣམས་ཕྱི་མ་དེ་ཡིན་ཏེ། དེ་རྣམས་ལྟ་བ་དེ་ཙམ་གྱི་ཡན་ལག་ཏུ་ལྡན་པའི་ཕྱིར། ༈ བཞི་པ་རང་དབང་ཅན་ཡིན་མིན་གྱི་དོན་ལ་དཔྱད་པ་ལ། གང་ཟག་རང་དབང་ཅན་ཡིན་མིན་ལ་དཔྱད་པ། ལྟ་བ་

རང་དབང་ཅན་ཡིན་མིན་ལ་དཔྱད་པ། ལྡོ་བའི་ཡན་ལག་རང་དབང་ཅན་ཡིན་མིན་ལ་དཔྱད་པ་གསུམ། ཁ་ཅིག བརྟན་མཁས་ཀྱི་ཡོན་ཏན་གཉིས་དང་མི་ལྡན་པའི་བཅས་ལྡན་དགེ་སློང་ཡིན་ན། གང་ཟག་རང་དབང་ཅན་མ་ཡིན་པའི་གང་ཟག་ཡིན་པས་ཁྱབ་ཟེར་ན། གནས་བླ་མ་ལ་བསྟེན་པའི་བཅས་པ་མ་མཛད་གོང་གི་བརྟན་མཁས་ཀྱི་ཡོན་ཏན་གཉིས་དང་མི་ལྡན་པའི་བཅས་ལྡན་དགེ་སློང་ཆོས་ཅན། དེར་ཐལ། དེའི་ཕྱིར། འདོད་མི་ནུས་ཏེ། དེ་གནས་བླ་མ་བསྟེན་པར་བྱ་བ་རྣམས་སྒྲུབ་ཏུ་རུང་བའི་རབ་བྱུང་ཡིན་པའི་ཕྱིར། ༈ རང་ལུགས་ལ། གནས་བླ་མ་མ་བསྟེན་པར་བྱ་བ་རྣམས་སྒྲུབ་ཏུ་རུང་བའི་རབ་བྱུང་རྣམ་དག་རྣམས་གང་ཟག་རང་དབང་ཅན་དང་། གནས་བླ་མ་བསྟེན་དགོས་པའི་རབ་བྱུང་རྣམས་གང་ཟག་རང་དབང་ཅན་མ་ཡིན་པའི་རབ་བྱུང་ཡིན། གཉིས་པ་དེ་ལ། ཁ་ཅིག རང་ཉིད་རྒྱུད་ལ་ལྡན་པ་ལ་ལྡོ་བ་གཞན་སྔོན་དུ་འགྲོ་དགོས་པའི་ལྡོ་བ་དེ། རང་དབང་ཅན་མ་ཡིན་པའི་ལྡོ་བའི་མཚན་ཉིད་ཟེར་ན། མི་སློབ་པའི་ལྡོ་བ་ཆོས་ཅན། མཚོན་བྱ་དེར་ཐལ། མཚན་ཉིད་དེའི་ཕྱིར་ཏེ། དེ་དང་ལྡན་པ་ལ་སློབ་པའི་ལྡོ་བ་སྔོན་དུ་འགྲོ་དགོས་པའི་ཕྱིར་ཏེ། མི་སློབ་པ་ལ་སློབ་པ་སྔོན་དུ་འགྲོ་དགོས་པའི་ཕྱིར། རྩ་བར་འདོད་ན། དེ་ཆོས་ཅན། ཁྱོད་རྒྱུད་ལ་ལྡན་པ་ལ་ལྡོ་བ་གཞན་རྣམས་གྲོགས་སུ་ངེས་པར་ལྡན་དགོས་པའི་རིགས་སུ་གནས་པའི་ལྡོ་བ་ཡིན་

དགོས་པར་ཐལ། འདོད་པའི་ཕྱིར། འདོད་ན། མི་སློབ་པའི་ལྟ་བ་དང་ལྡན་པ་ལ་སློབ་པའི་ལྟ་བ་དང་ལྡན་དགོས་པར་ཐལ་ལོ། འདོད་མི་ནུས་ཏེ། མི་སློབ་པའི་སྐྱེས་བུ་དང་སློབ་པའི་སྐྱེས་བུའི་གཞི་མཐུན་མེད་པའི་ཕྱིར། ཁ་ཅིག རང་ཉིད་ལྟ་བར་འཇོག་པ་ལ་ཡན་ལག་གཞན་ནས་ཁ་སྐོང་དགོས་པའི་ལྟ་བ་དེ་དེའི་མཚན་ཉིད་ཡིན་ཟེར་ན། ཡན་ལག་ཐུན་མོང་བ་དང་ལྡན་པའི་ལྟ་བ་ཡིན་ན། མཚོན་བྱ་དེ་ཡིན་དགོས་པར་ཐལ། མཚན་ཉིད་དེ་འཐད་པའི་ཕྱིར། འདོད་ན། སྡེ་སྣོད་གསུམ་འཛིན་པའི་ལྟ་བ་ཆོས་ཅན། དེར་ཐལ། དེའི་ཕྱིར་ཏེ། དེའི་ཡན་ལག་ཏུ་གྱུར་པའི་ཚུལ་ལྡན་མང་ཐོས་གཉིས་ལྟ་བ་དུ་མའི་ཡན་ལག་ཏུ་ལྡན་པའི་ཕྱིར། རྩ་བར་འདོད་ན། དེ་ཆོས་ཅན། རང་ཉིད་ལྡན་པ་ལ་ལྟ་བ་གཞན་རྣམས་ཀྱིས་སུ་ངེས་པར་ལྡན་དགོས་པའི་རིགས་སུ་གནས་པའི་ལྟ་བ་ཡིན་པར་ཐལ་ལོ། འདོད་ན། དེ་དང་ལྡན་པ་ལ་སྡེ་སྣོད་གསུམ་རིག་པའི་ལྟ་བ་དང་ལྡན་དགོས་པར་ཐལ་ལོ། །ཁ་ཅིག རང་ཉིད་རྒྱུད་ལ་ལྡན་པ་ལ་ལྟ་བ་གཞན་ལྡན་དགོས་པའི་ལྟ་བ་དེ་དེའི་མཚན་ཉིད་ཡིན་ཟེར་ན། སངས་རྒྱས་འཕགས་པའི་ཐུགས་རྒྱུད་ཀྱི་མི་སློབ་པའི་ལྟ་བ་དེ་ཆོས་ཅན། མཚོན་བྱ་དེར་ཐལ། མཚན་ཉིད་དེའི་ཕྱིར་ཏེ། དེ་དང་ལྡན་པ་ལ་བྱུང་ཤེས་ཀྱི་ལྟ་བ་དང་། ལྟུང་ཤེས་ཀྱི་ལྟ་བ་དང་ལྡན་དགོས་པའི་ཕྱིར། །

༈ རང་ལུགས་ལ། ལྟ་བ་རང་དབང་ཅན་དང་། དེ་མ་ཡིན་པའི་ལྟ་བ་

གང་རུང་གང་ཞིག །རང་ཉིད་རྒྱུད་ལ་ལྡན་པ་ལ་ལྟ་བ་གཞན་རྣམས་ལྡན་མི་དགོས་པའི་རིགས་སུ་གནས་པའི་ལྟ་བ། ལྟ་བ་རང་དབང་ཅན་གྱི་མཚན་ཉིད་དང་། དེ་གང་རུང་གང་ཞིག རང་ཉིད་རྒྱུད་ལ་ལྡན་པ་ལ་ལྟ་བ་གཞན་རྣམས་ལྡན་དགོས་པའི་རིགས་སུ་གནས་པའི་ལྟ་བ། དེ་མ་ཡིན་པའི་ལྟ་བའི་མཚན་ཉིད་ཡིན། མཚན་ཉིད་དེ་དག་འཐད་པ་ཡིན་ཏེ། བསླབ་པ་གསུམ་ལ་སློབ་ཏུ་འཇུག་ནུས་པའི་ལྟ་བ་དང་ལྡན་པ་ལ་དེ་གསུམ་ལ་སློབ་པའི་ལྟ་བ་དང་ལྡན་དགོས་པའི་རྒྱུ་མཚན་གྱིས་དེ་ལ་སློབ་ཏུ་འཇུག་ནུས་པའི་ལྟ་བ་དེ། ལྟ་བ་རང་དབང་ཅན་མ་ཡིན་པའི་ལྟ་བར་འགྲེལ་པ་ལས་བཤད་པའི་ཕྱིར་ཏེ། སློབ་ཏུ་འཇུག་ཀྱང་ནུས་པ་ཉིད་དོ། །ཞེས་པའི་རྒྱ་ཆེར་འགྲེལ་ལས། ཀྱང་ཞེས་པའི་སྒྲ་ནི་(༢༡ན) ལྷག་པའི་ཚུལ་ཁྲིམས་ཉེ་བར་བསྡུ་བའི་དོན་ནོ། །ལུགས་གཞན་འཐད་པ་རྟོགས་པའི་དོན་ནི་མ་ཡིན་ནོ། །དེ་ལྟར་ཡིན་ན་རང་དབང་ཅན་གོ་ནར་འགྱུར་བའི་ཕྱིར། ཞེས་གསུངས་པའི་ཕྱིར། དེས་ན་གང་ཟག་རང་དབང་ཅན་དང་། ལྟ་བ་རང་དབང་ཅན་གཉིས་ཡོད་ཀྱང་། རང་དབང་ཅན་གྱི་གང་ཟག་དང་། རང་དབང་ཅན་གྱི་ལྟ་བ་ནི་མེད་དེ། རང་སྐྱ་ཐུབ་པའི་རྫས་ཡོད་ཀྱི་གང་ཟག་མེད་པའི་ཕྱིར། དེ་ཡང་བརྟན་མཁས་ཀྱི་ཡོན་ཏན་གཉིས་དང་ལྡན་པའི་དགེ་སློང་རྣམ་དག་རྣམས་གང་ཟག་རང་དབང་ཅན་དང་། དེ་གཉིས་དང་མི་ལྡན་པའི་གནས་བླ་མ་བསྟེན་པའི་

བཅས་པ་མཛད་རྗེས་ཀྱི་རབ་བྱུང་རྣམས་གང་ཟག་རང་དབང་ཅན་མ་ཡིན་པའི་གང་ཟག་ཡིན་པའི་ཕྱིར་ཏེ། རྒྱ་ཆེར་འགྲེལ་ལས། བཅོམ་ལྡན་འདས་ཀྱིས་ལོ་བཅུ་ལོན་པ་ཉིད། ཅེས་གསུངས་པ་ནི་རང་དབང་ཅན་ཡོད་པར་བསྟན་པ་ཡིན་གྱི་ གལ་ཏེ་དེ་ཉིད་ལ་འདུལ་བ་ལ་གནས་པའི་དོན་དང་ལྡན་པ་མེད་ན། ཇི་ལྟར་རང་དབང་ཅན་ཉིད་དུ་འགྱུར་རོ། །ཞེས་གསུངས་པའི་ཕྱིར། གསུམ་པ་ནི། ལྔ་པའི་ཡན་ལག་ཐུན་མོང་མིན་པ་རྣམས་ལྔ་པའི་ཡན་ལག་རང་དབང་ཅན་དང་། དེའི་ཡན་ལག་ཐུན་མོང་བ་རྣམས་ལྔ་པའི་ཡན་ལག་རང་དབང་ཅན་མ་ཡིན་པའི་དེའི་ཡན་ལག་ཡིན་ཏེ། དཔེར་ན་ལྔ་པའི་ཡན་ལག་ཏུ་གྱུར་པའི་གཏན་དུ་གནས་འཆའ་འཇུག་པ་དང་། རེ་ཞིག་གནས་འཆའ་འཇུག་པ་གཉིས་དང་པོ་དང་། དེའི་ཡན་ལག་བར་དུ་གཅོད་བྱེད་མཐོན་པར་ཤེས་པ་སོགས་ཡན་ལག་ཕྱི་མ་བཞི་པོ་དེ་གཉིས་པ་ཡིན་པའི་དཔེ་འདི་བཞིན་ཡིན་པའི་ཕྱིར་ཏེ། གནས་དང་རེ་ཞིག་གནས་འཆར་ལུགས་པ་ཉིད་ལ་ཡང་སྦྱར་རོ།། ཞེས་པའི་རྒྱ་ཆེར་འགྲེལ་ལས། དང་པོ་ཞེས་པའི་སྒྲས་ནི་གནས་དང་རེ་ཞིག་གནས་གཉིས་རང་དབང་ཅན་དུ་བསྟན་པའི་ཕྱིར། གནས་དང་རེ་ཞིག་གནས་ཞེས་བྱ་བའི་ཡན་ལག་ལྔ་པ་གཅིག་ཏུ་རྣམ་པར་མི་བྱ་ཡི། མདོ་རྩ་མ་དག་གི་རྗེས་སུ་ཡན་ལག་བཞི་དང་སོ་སོར་སྦྱར་ཏེ་ལྔ་པ་གཉིས་སུ་བྱའོ་ཞེས་པའི་ཐ་ཚིག་གོ །ཞེས་གསུངས་པའི་ཕྱིར། དེས་ན་ལྔ་

པའི་ཡན་ལག་ཏུ་གྱུར་པའི་གཏན་དུ་གནས་འཆའ་འཇུག་པ་དང་། རེ་ཞིག་གནས་འཇུག་གཉིས་ལྟ་བ་གཅིག་གི་ཡན་ལག་མ་ཡིན་ཏེ། དེ་གཉིས་རེ་རེ་དང་བར་དུ་གཅོད་བྱེད་ཀྱི་ཡན་ལག་བཞི་སྦྱར་ཏེ། ལྟ་བ་རེ་རེ་འཇོག་པ་ཡིན་པའི་ཕྱིར། ཞེས་འགྲེལ་པ་དེའི་དོན་ཡིན་པའི་ཕྱིར། །

༈ ལྟ་ཚན་ཉེར་གཅིག་གི་གཞུང་དོན་བཤད་པ།

གཉིས་པ་གཞུང་དོན་ནི། གནས་པས་གནས་ལ་མ་ཞུས་པར་བྱ་བ་མི་བྱའོ། །ཞེས་བཤད་པ་ལ་ཁོ་ན་རེ། གནས་བླ་མའི་ངོ་བོ་དང་། གནས་པ་སློབ་མའི་ངོ་བོ་ཇི་ལྟ་བུ་ཡིན་ཞེ་ན། བསྙེན་པར་རྫོགས་ནས་སྟོམ་རྒྱུན་བར་མ་ཆད་དུ་ལོ་བཅུ་མ་ལོན་པར་གཞན་གྱི་མཁན་སོགས་སུ་བྱར་མི་རུང་བར་དངོས་སུ་བསྟན་ནས། གནས་བླ་མར་འོས་པ་ལ། དེ་འདྲའི་ལོ་བཅུ་ལོན་པ་དང་། དེ་མ་ལོན་པའི་རབ་བྱུང་རྣམས་གནས་པ་སློབ་མར་སྟོན་པར་བྱེད་པ་ལ། བསྙེན་པར་རྫོགས་ནས་ལོ་བཅུ་མ་ལོན་པར། ཞེས་སོགས་གསུངས། ཁོ་ན་རེ། བསྙེན་པར་རྫོགས་ནས་ལོ་བཅུ་ལོན་པའི་རབ་བྱུང་ཐམས་ཅད་གཞན་གྱི་མཁན་སོགས་སུ་བྱར་རུང་བ་ཡིན་ནམ། ཞེ་ན། དེ་ལྟར་ལོན་ཀྱང་མཁས་པའི་ཡན་ལག་ཏུ་གྱུར་པའི་ལྟ་ཕྲུགས་ཀྱི་ཡོན་ཏན་གང་དང་ཡང་མི་ལྡན་ན། དེ་ལྟར་མི་རུང་ཞེས་སྟོན་པ་ལ། འོག་ནས་འབྱུང་བ་དག་ལས། ཞེས་སོགས་གསུངས། མཁས་པའི་ཡན་ལག་ཏུ་གྱུར་པའི་ལྟ་ཕྲུགས་ཀྱི་ཡོན་ཏན་དེ་ཇི་ལྟ་བུ་ཞེ་ན། དེ་རྣམས་ལུང་ལས་

བཤད་པ་དང་མཐུན་པར་སྟོན་པ་ཡིན་ལ། དེ་ཡང་ལོ་བརྒྱ་ལོན་པའི་ལྷ་པའི་ཡན་ལག་ཕྱི་མ་བཞི་པོ་དེ་རིམ་གྱི་སྟོན་པ་ལ། ནད་གཡོག་དང་། ཞེས་པ་(༣༡བ)ནས། འཇུག་ནུས་པའོ། །ཞེས་པའི་བར་གསུངས། སྡེ་སྣོད་གསུམ་འཛིན་པའི་ལྷ་པ་ནས། ཕུན་ཚོགས་གོང་འོག་གཉིས་མ་གཏོགས་མཉམ་པར་བཞག་པའི་ལྷ་པའི་བར་གྱི་ལྷ་པ་བརྒྱ་གཉིས་ཀྱི་ཚུལ་ལྡན་མང་ཐོས་གཉིས་པོ་དེ་ལྷ་པའི་ཡན་ལག་ཐུན་མོང་དུ་སྟོན་པ་ལ། སློབ་པ་ཉིད་ཡན་ཆད། ཞེས་སོགས་གསུངས། སྡེ་སྣོད་གསུམ་འཛིན་པའི་ལྷ་པ་ནས། དེ་གསུམ་གསལ་བའི་ལྷ་པའི་བར་རྣམས་འཆད་པ་ལ། སྡེ་སྣོད་མངོན་པར་ཤེས་པ་ཉིད་དོ། །ཞེས་པ་འདི་གསུངས། དེ་གསུམ་དུ་འཇུག་ནུས་པའི་ལྷ་པ་དེ་འཆད་པ་ལ། དེ་དག་འཛིན་དུ་འཇུག་ནུས་པ་ཉིད་དོ། །ཞེས་པ་འདི་གསུངས། བསླབ་པ་གསུམ་ལ་སློབ་པའི་ལྷ་པ་འཆད་པ་ལ། ལྷག་པའི་ཚུལ་ཁྲིམས་དང་། ཞེས་སོགས་གསུངས། བསླབ་པ་གསུམ་ལ་སློབ་ཏུ་འཇུག་ནུས་པའི་ལྷ་པ་དེ་འཆད་པ་ལ། སློབ་ཏུ་འཇུག་ཀྱང་ནུས་པ་ཉིད་དོ། །ཞེས་པ་འདི་གསུངས། ལྷག་པའི་སྤྱོད་པ་སོགས་ལ་སློབ་པའི་ལྷ་པ་དང་། དེ་ལ་སློབ་ཏུ་འཇུག་ནུས་པའི་ལྷ་པ་དེ་འཆད་པ་ལ། ལྷག་པའི་སྤྱོད་པ་དང་། ཞེས་སོགས་གསུངས། ཕུན་ཚོགས་གོང་མའི་ལྷ་པ་འཆད་པ་ལ། དད་པ་དང་། ཞེས་སོགས་གསུངས། ཕུན་ཚོགས་འོག་མའི་ལྷ་པ་འཆད་པ་ལ། ཚུལ་ཁྲིམས་དང་། ཞེས་སོགས་

གསུངས། དྲན་སོགས་ཀྱི་ལྟ་བ་གསུམ་སྟོན་པ་ལ། བརྩོན་འགྲུས་བརྩམས་པ་ཉིད། ཞེས་སོགས་གསུངས། སློབ་མི་སློབ་ཀྱི་ལྟ་བ་འཆད་པ་ལ། སློབ་པ་ཉིད་དོ། །མི་སློབ་པ་ཉིད་དོ། །ཞེས་པ་འདི་གསུངས། བྱུང་ཤེས་ཀྱི་ལྟ་བ་སྟོན་པ་ལ། བྱུང་བ་དང་བཅས་པ། ཞེས་སོགས་གསུངས། གནས་འཆའ་འཇུག་གི་ལྟ་བ་གཉིས་སྟོན་པ་ལ། བར་དུ་གཅོད་པ་དང་། ཞེས་སོགས་གསུངས། ལྟུང་ཤེས་ཀྱི་ལྟ་བ་སྟོན་པ་ལ། ལྟུང་བ་དང་། ཞེས་སོགས་གསུངས། དེ་ཡན་གྱིས་གཞན་གྱིས་མཁན་སོགས་སུ་བྱར་རུང་བའི་ཡོན་ཏན་དེ་བསྟན་ནས། རབ་བྱུང་རྣམས་རང་ལས་བསླབ་པ་རྒན་པའི་གནས་བླ་མར་འོས་པ་མེད་ན། རང་ལས་བསླབ་པ་གཞོན་པ་དང་། མཉམ་པའི་ལྟ་ཕྲུགས་ཉེར་གཅིག་པོ་གང་རུང་རྒྱུད་ལ་ལྡན་པའི་དགེ་སློང་ལ་གནས་འཆའ་འཇུག་དགོས་ཞེས་སྟོན་པ་ལ། རྒན་པ་མེད་ན། ཞེས་སོགས་གསུངས། རང་ལས་བསླབ་པ་གཞོན་པ་ལ་གནས་འཆའི་ཚེ་ཕྱག་བྱ་བ་མ་གཏོགས་བྱ་བ་ཁྱད་པར་ཅན་རྣམས་བྱ་དགོས་ཞེས་སྟོན་པ་ལ། འདུད་པ། ཞེས་སོགས་གསུངས། བསྙེན་པར་རྫོགས་ནས་སོམ་རྒྱུན་བར་མ་ཆད་དུ་ལོ་ལྔ་ལོན་ཞིང་། ལྟུང་ཤེས་ཀྱི་ལྟ་བ་དང་ལྡན་ན་གནས་བླ་མ་མེད་པར་ལྡོངས་རྒྱུར་རུང་ཞེས་འཆད་པ་ལ། ལོ་ལྔ་ལོན་ཞིང་། ཞེས་སོགས་གསུངས། བརྟན་མཁས་ཀྱི་ཡོན་ཏན་དང་མི་ལྡན་ན་འདས་མ་འོངས་ད་ལྟར་དུས་གསུམ་དུ་ཤེས་པའི་མཐོན་ཤེས་རྒྱུད་ལ་ལྡན་པའི་

དགྲ་བཅོམ་པ་ཡིན་ཡང་གཞན་གྱི་མཁན་སོགས་སུ་བྱ་མི་རུང་ཞེས་འཆད་པ་ལ། གཞན་དུ་ན་གསུམ་རིག་པ་ཡིན་ཡང་མི་བྱའོ། །ཞེས་པ་འདི་གསུངས། ཁོ་ན་རེ། གནས་བླ་མ་མེད་པར་ལྡོངས་རྒྱུར་རུང་བ་ལ། ལྟུང་ཤེས་ཀྱི་ལྔ་པ་ངེས་པར་ལྡན་དགོས་སམ་ཞེ་ན། མི་དགོས་ཏེ། བསྙེན་པར་རྫོགས་ནས་སྡོམ་རྒྱུན་བར་མ་ཆད་དུ་ལོ་ལྔ་ལོན་ཞིང་ལྔ་ཕྲུགས་ཉེར་གཅིག་པོ་གང་རུང་དང་ལྡན་པས། དེ་ལྟར་ལྡོངས་རྒྱུར་རུང་བའི་ཕྱིར་ཏེ། བསྙེན་པར་རྫོགས་ནས་སྡོམ་རྒྱུན་བར་མ་ཆད་དུ་ལོ་ལྔ་ལོན་(༣༢ན)ཞིང་ལྟུང་ཤེས་ཀྱི་ལྔ་པ་དང་ལྡན་པས་གནས་བླ་མ་མེད་པར་དེ་ལྟར་རུང་བར་བསྟན་པ་ནི། བསྙེན་པར་རྫོགས་ནས་སྡོམ་རྒྱུན་བར་མ་ཆད་དུ་ལོ་ལྔ་ལོན་ཞིང་ལྔ་ཕྲུགས་ཉེར་གཅིག་པོ་གང་རུང་དང་ལྡན་པས་གནས་བླ་མ་མེད་པར་ལྡོངས་རྒྱུར་རུང་བར་མཚོན་པར་བསྟན་པའི་ཕྱིར། བསྙེན་པར་རྫོགས་ནས་ལོ་བཅུ་མ་ལོན་པར་མཁན་པོ་ཉིད་དང་། ཞེས་སོགས་ཀྱི་ངག་དོན་ནི། བརྟན་མཁས་གཉིས་ཀྱི་ནང་ཚན་དུ་གྱུར་པའི་བརྟན་པའི་ཡོན་ཏན་དང་མི་ལྡན་པའི་བཅས་ལྡན་དགེ་སློང་ཆོས་ཅན། གཞན་གྱི་མཁན་སོགས་སུ་བྱ་མི་རུང་ཏེ། དེ་ལྟར་རུང་བའི་བརྟན་མཁས་གཉིས་ཀྱི་ནང་ཚན་དུ་གྱུར་པའི་བརྟན་པའི་ཡོན་ཏན་དང་མི་ལྡན་པའི་ཕྱིར། སྡེ་སྣོད་མངོན་པར་ཤེས་པ་ཉིད་དོ། །ཞེས་པའི་ངག་དོན་ནི། བསྙེན་པར་རྫོགས་ནས་སྡོམ་རྒྱུན་བར་མ་ཆད་དུ་ལོ་བཅུ

ཡོན་ཞིང་། སྡེ་སྣོད་མཛོན་ཤེས་ཀྱི་ལྟ་བ་དང་ལྡན་པའི་བཅས་ལྡན་དགེ་སློང་ཆོས་ཅན། གཞན་གྱི་མཁན་སོགས་བྱ་རུང་ཏེ། དེ་ལྟར་རུང་བའི་བརྟན་མཁས་ཀྱི་ཡོན་ཏན་གཉིས་དང་ལྡན་པའི་བཅས་ལྡན་དགེ་སློང་ཡིན་པའི་ཕྱིར། དེ་ལ་ཁ་ཅིག་ན་རེ། ད་ལྟར་གྱི་ཚོ་ག་མ་བཅས་གོང་གི་ཡོན་ཏན་དེ་གཉིས་དང་ལྡན་པའི་དགེ་སློང་ཆོས་ཅན། དེར་ཐལ། དེའི་ཕྱིར་ཏེ། དེ་བརྟན་མཁས་ཀྱི་ཡོན་ཏན་གཉིས་དང་ལྡན་པ་གང་ཞིག ཡོན་ཏན་དེ་གཉིས་གཞན་གྱི་མཁན་སོགས་སུ་བྱར་རུང་བའི་ཡོན་ཏན་ཡིན་པའི་ཕྱིར་ན་མ་ཁྱབ། ཕྱི་མ་གྲུབ་སྟེ། གཞན་གྱི་མཁན་སོགས་སུ་བྱེད་པ་ལ་ཡོན་ཏན་དེ་གཉིས་དང་ངེས་པར་ལྡན་དགོས་པའི་ཕྱིར། ཁ་ཅིག བརྟན་མཁས་ཀྱི་ཡོན་ཏན་གཉིས་དང་ལྡན་པའི་བཅས་ལྡན་དགེ་སློང་ཡིན་ན། གཞན་གྱི་མཁན་སོགས་གསུམ་བྱར་རུང་བས་ཁྱབ་ཟེར་ན། སངས་རྒྱས་ནས་ལོ་དྲུག་ལོན་པའི་ཤཱཀྱའི་རྒྱལ་པོ་ཆོས་ཅན། དེར་ཐལ། དེའི་ཕྱིར་ཏེ། སངས་རྒྱས་ནས་ལོ་དྲུག་ལོན་པའི་སངས་རྒྱས་འཕགས་པ་ཡིན་པའི་ཕྱིར། འདོད་ན། དེ་བར་མ་རབ་བྱུང་གི་མཁན་པོ་བྱར་རུང་བར་ཐལ་ལོ། །འདོད་མི་ནུས་ཏེ། བར་མ་རབ་བྱུང་སྒྲུབ་པ་མཁན་པོ་ལ་ལྟོས་པ་གང་ཞིག །དེ་སྒྲུབ་པའི་ཚེ་གའི་ཚིག་ལ། ཤཱཀྱའི་རྒྱལ་པོ་ཤཱཀྱ་སེང་གེ་གཙོ་བོ་དེ་རབ་ཏུ་བྱུང་བའི་རྗེས་སུ་བདག་རབ་ཏུ་འབྱུང་ངོ་།། ཞེས་བཤད་པ་ཡིན་པའི་ཕྱིར། གཞན་ཡང་། དེ་གཞན་གྱི་མཁན་སོགས

གསུམ་བྱར་མི་རུང་བར་ཐལ། དེ་བསྙེན་རྫོགས་སྒྲུབ་པའི་ཁ་སྐོང་དུ་མི་རུང་བའི་ཕྱིར་ཏེ། རྣམ་འབྱེད་ལས། རྒྱལ་བ་རྣམས་ནི་ཁ་སྐོང་དུ་འོས་པ་མ་ཡིན་ནོ། །ཞེས་གསུངས་པའི་ཕྱིར། །

༈ འགལ་རྐྱེན་བར་ཆད་ཀྱི་སྤྲོས་པ་བཤད་པ།

གསུམ་པ་འགལ་རྐྱེན་བར་ཆད་ཀྱི་སྤྲོས་པ་འཆད་པ་ལ། རབ་ཏུ་འབྱུང་བའི་ཕྱིར་ཉེ་བར་འོངས་པ་ལ། ཞེས་སོགས་གསུངས། འདིའི་སྐབས་སུ་གཞུང་དོན་དང་། སྤྱི་དོན་གཉིས། དང་པོ་ནི། དང་པོའི་མཁན་པོ་ཉིད་ཀྱིས་བར་ཆད་དྲིས་ནས་ཡོངས་སུ་དག་པ་ལ་སྐབས་དབྱེའོ། ཞེས་བཤད་པ་ལ། བར་ཆད་འདྲི་ཚུལ་ཇི་ལྟ་བུ་ཞེ་ན། རབ་བྱུང་བསྙེན་རྫོགས་སུ་སྒྲུབ་ཏུ་རུང་བའི་གདུལ་བྱ་དེ་ལ་མུ་སྟེགས་ཅན་མ་ཡིན་ནམ་ཞེས་འདྲི་དགོས་ཏེ། མུ་སྟེགས་ཅན་དེ་དེ་ལྟར་སྒྲུབ་ཏུ་རུང་བའི་བར་ཆད་ཡིན་པའི་ཕྱིར་ཞེས་འཆད་པ་ལ། རབ་ཏུ་འབྱུང་ཕྱིར། ཞེས་སོགས་གསུངས། ཁོ་ན་རེ། མུ་སྟེགས་ཅན་ཡིན་ན། རབ་བྱུང་བསྙེན་རྫོགས་སྒྲུབ་ཏུ་མི་རུང་བའི་ཁྱབ་ཟེར་ན། མ་ཁྱབ་སྟེ། དེ་ལྟར་སྒྲུབ་ཏུ་རུང་བའི་ཤཱཀྱའི་རིགས་ཅན་དང་། མི་ལ་ལྷར་བཟུང་བའི་སྦྱིན་སྲེག་བྱེད་པ་དང་། རལ་པ་རིང་པོར་འཛོག་པའི་མུ་སྟེགས་ཅན་འགའ་ཞིག་ཡོད་པའི་ཕྱིར། ཞེས་འཆད་པ་ལ། ཤཱཀྱ་མི་པོ་རལ་པ་ཅན། ཞེས་སོགས་དང་། མདོ་ལས། དགེ་སློང་རྣམས་ང་ནི་ཉེ་དུ་རྣམས་ལ་ཉེ་དུར་ཡོངས་སུ་སྤོང་བ་སྦྱིན། ཞེས་

གསུངས། ༈ གཉིས་པ་ལ། བར་ཆད་ཀྱི་དབྱེ་བ། སོ་སོའི་ངོ་བོ། བར་ཆད་འདྲི་ཚུལ་དང་གསུམ། དང་པོ་ལ། སྡོམ་པ་སྐྱེ་བའི་བར་ཆད། གནས་པའི་བར་ཆད། མཛེས་པའི་བར་ཆད། ཁྱད་པར་དུ་འགྱུར་བའི་བར་ཆད་དང་བཞི། (༣༢བ)དང་པོ་ལ། རྐྱེན་གྱི་སྒོ་ནས་སྐྱེ་བའི་བར་ཆད། ལས་སྒྲིབ་ཀྱི་སྒོ་ནས་སྐྱེ་བའི་བར་ཆད། གནས་སྐབས་ཀྱི་སྒོ་ནས་དེ། བསམ་པའི་སྒོ་ནས་དེ་དང་བཞི། དང་པོ་ནི། མི་མ་ཡིན་པ་འགྲོ་བའི་རྐྱེན། སྒྲ་མི་སྙན་པའི་རྐྱེན། ཟ་མ། མ་ནིང་། མཚན་གཉིས་པའི་རྐྱེན་རྣམས་སྡོམ་པ་སྐྱེ་བའི་རྐྱེན་གྱི་བར་ཆད་ཡིན། མ་ནིང་ལའང་། སྐྱེས་པ་མ་ནིང་། བུད་མེད་མ་ནིང་གཉིས་ཡོད། དང་པོ་ལ་ཡང་། སྐྱེ་གནས་མ་ནིང་། ཟླ་ཕྱེད་མ་ནིང་། འཁྲུད་ནས་ལྷུང་བའི་མ་ནིང་། ཕྲག་དོག་མ་ནིང་། ཉམས་པ་མ་ནིང་དང་ལྔ། ཕོ་མོ་གཉིས་ཀའི་མཚན་དང་ལྡན་ཞིང་དབྱིབས་སྐྱེས་པ་འདྲ་བའི་མ་ནིང་དང་། དེ་གང་རུང་གི་མཚན་མ་དང་མི་ལྡན་ཞིང་དབྱིབས་སྐྱེས་པ་འདྲ་བའི་མ་ནིང་དང་པོ་ཡིན་ཏེ། འདུལ་བ་ཚིག་ལེའུར་བྱས་པ་ལས། གང་སྐྱེས་ཉིད་ནས་མཚན་མ་ནི། གཉིས་ཀའང་མེད་པ་སྐྱེ་གནས་ཡིན། ཞེས་གསུངས་པའི་ཕྱིར། ཟླ་བ་རེ་རེའི་ཁོངས་སུ་ཟླ་བ་ཕྱེད་སྐྱེས་པའི་འདོད་ཆགས་བསྟེན། ཟླ་བ་ཕྱེད་བུད་མེད་ཀྱི་འདོད་ཆགས་བསྟེན་པའི་མ་ནིང་གཉིས་པ་ཡིན། སྐྱེས་པས་བུད་མེད་གཞན་གྱི་དབང་པོ་སྐྱུལ་བ་ན་དབང་པོ་ལས་སུ་རུང་། དེ་ལས་དེ་གཞན་ལས་སུ་མི་རུང་

བའི་མ་ཉིད་གསུམ་པ་ཡིན། སྐྱེས་པ་གཞན་གྱིས་བུད་མེད་ལ་ལོངས་སྤྱོད་པ་ན་ཕྲག་དོག་དབང་གིས་དབང་པོ་ལས་སུ་རུང་། དེ་ལས་གཞན་དེ་ལས་སུ་མི་རུང་བའི་མ་ཉིད་བཞི་པ་ཡིན། ཕོ་མཚན་མཚོན་གྱིས་བཅད་པ་དང་། སྔགས་ཀྱིས་ཉམས་པའི་མ་ཉིད་ལྔ་པ་ཡིན། དེས་ན་སྤྱིར་ཉམས་པ་མ་ཉིད་སྡོམ་པ་སྐྱེ་བའི་བར་ཆད་ཡིན་ཡང་། ཕོའི་མཚན་མ་མ་ཉམས་མོའི་འདོད་ཆགས་དང་མི་ལྡན་པའི་ཉམས་པ་མ་ཉིད་ལ་སྡོམ་པ་སྔར་ཡོད་པ་མི་ཉམས་པ་དང་། གསར་དུ་སྐྱེ་བ་ཡོད་དེ། འདི་ཉིད་ལས། འདི་ལས་ཐ་མ་ནི་ཉེས་པ་བསྟེན་ན་སླེལ་བའོ། །ཞེས་དང་། ཤེས་རབ་བྱེད་པ་ལས། ཕོའི་དབང་པོ་བཅད་ནས་མོའི་འདོད་ཆགས་མ་བྱུང་ན་ཁྲིམས་མི་ཆགས་ཤིང་སྔོན་ཁྲིམས་ཆགས་པའང་མེད་པར་འགྱུར་རོ།། ཞེས་པའི་ཤུགས་བསྟན་གྲུབ་པའི་ཕྱིར། ཉམས་པ་མ་ཉིད་དེ་བུད་མེད་ཀྱི་འདོད་ཆགས་དང་ལྡན་ན་སྡོམ་པ་སྔར་ཡོད་མེད་པར་འགྱུར་བ་ནི་འགྲེལ་པ་དེའི་དངོས་བསྟན་ཡིན། གཉིས་པ་བུད་མེད་མ་ཉིད་ལ་ཡང་། གཏན་དུ་ཟླ་མཚན་ཟག་པའི་མ་ཉིད་། གཏན་ནས་མ་ཟག་པའི་མ་ཉིད་། མ་ཉིད་གླེ་འདམས་མ། མོ་མཚན་ཙམ་དང་ལྡན་པའི་མ་ཉིད་། མཚན་དུག་མའི་མ་ཉིད་དང་ལྔ། དང་པོ་གཉིས་མ་ཉིད་དུ་འཇོག་པའི་རྒྱུ་མཚན་ཡོད་དེ། བུད་མེད་སྐྱེད་ཚེ་བ་རྣམས་ལོ་བཅུ་གཉིས། ཚུང་བ་རྣམས་ལོ་བཅོ་བརྒྱད་ནས་ལྔ་བཅུའི་བར་ཟླ་བ་རེ་རེའི་ཡར་ངོའི་ཞག་རེ་རེ་ལ་ཟླ་

མཚན་འབྱུང་ཞིང་དེ་ལས་གཞན་དུ་མི་བྱུང་བའི་རྒྱུ་མཚན་གྱིས་ཡིན་པའི་ཕྱིར། འོག་སྒོ་འབྲེལ་བའི་བུད་མེད་གསུམ་པ་ཡིན། མོ་མཚན་དང་ལྡན་ཞིང་སྐྱེས་པས་ལོང་དཀྱོད་དུ་མེད་རུང་བའི་བུད་མེད་བཞི་པ་ཡིན། སྐྱེས་པས་ལོང་དཔྱད་ན་སྐྱེས་པ་འཆི་བའི་བུད་མེད་ལྔ་པ་ཡིན། དེར་མ་ཟད་ཟླ་བ་རེ་རེ་ནི་ཕོའི་འདོད་ཆགས་བསྟེན་ཟླ་བ་རེ་རེ་མོའི་འདོད་ཆགས་བསྟེན་པའི་མ་ནིང་ཟླ་གཅིག་མ་ནིང་ཡིན་ཏེ། ཚིགས་ལེ་ལས། ཟླ་སོགས་མ་ནིང་གྲུབ་པ་ཡིན། ཞེས་གསུངས་པའི་ཕྱིར། ཟ་མ་ཡང་མ་ནིང་གི་ཁོངས་སུ་འགྲོ་ཏེ། ཕོ་མོ་གང་རུང་གི་མཚན་མ་དོན་བྱེད་མི་ནུས་པའི་མིའི་རྟེན་ཅན་གྱི་སྐྱེས་བུ་ཟ་མ་ཡིན་པའི་ཕྱིར། དེ་ཉིད་ལས། གང་ཞིག་གྲོང་པའི་ཆོས་དག་གི་ནུས་མེད་དེ་ནི་ཟ་མའོ། །ཞེས་གསུངས་པའི་ཕྱིར། མཚན་མ་གཉིས་པའང་(༣༣ན)མ་ནིང་གི་ཁོངས་སུ་འདུ་སྟེ། ཕོ་མོ་གཉིས་ཀའི་མཚན་མ་དང་ལྡན་པའི་སྐྱེས་བུ་མཚན་གཉིས་པ་ཡིན་པའི་ཕྱིར། མ་ནིང་ལ་དབྱེ་ན། ཕོ་མོ་གཉིས་ཀའི་མཚན་མ་དང་ལྡན་པའི་མ་ནིང་། དེ་གང་རུང་གི་མཚན་མ་དང་ལྡན་པའི་མ་ནིང་། དེ་གང་རུང་གི་མཚན་མ་དང་མི་ལྡན་པའི་མ་ནིང་དང་གསུམ་ཡོད། སྐད་དར་ཆེ་ཞིང་ནུ་མ་ཆུང་བའི་དབྱིབས་སྐྱེས་པ་འདྲ་བའི་མ་ནིང་ཕོ་མ་ནིང་དང་། སྐད་དར་ཆུང་ཞིང་དབྱིབས་བུད་མེད་འདྲ་བའི་མ་ནིང་མོ་མ་ནིང་དང་། གཟུགས་ཁམས་ཀྱི་རྟེན་ལ་ཕོ་མོ་གང་རུང་གི་མཚན་མ་མེད་པས་མ་ནིང་ཐ་སྙད་

མེད་དོ། །གཉིས་པ། ལས་སྒྲིབ་ཀྱི་སྒོ་ནས་སྡོམ་པ་སྐྱེས་པའི་བར་ཆད་ལ། རྒྱུ་ཐབས་སུ་གནས་པ། མུ་སྟེགས་ཅན་ཞུགས་པ། མཚམས་མེད་བྱས་པ། དགེ་སློང་མ་སུན་དབྱུང་བ། ཕྱིན་མོང་བའི་ཕམ་པ་འཆབ་བཅས་བྱུང་བ། རྒྱུ་ལས་ལྡོག་པའི་ཆད་པ་ཁས་མི་ལེན་པ། བུད་མེད་ཀྱི་རྟེན་ལ་སྡོན་རབ་ཏུ་བྱུང་བ། སྐྱེ་ཚེ་ཕྱུལ་ཉམས་དང་བརྒྱད་ཡོད། དང་པོ་ལ། གཞི། བསམ་པ། སྦྱོར་བ། མཐར་ཐུག་གི་ཡན་ལག་དང་བཞི། དང་པོ་གང་རྒྱུ་བའི་ལས་ནི་བསྙེན་པར་མ་རྫོགས་པའི་རབ་བྱུང་གི་ཐོས་སུ་མི་རུང་བའི་དགེ་འདུན་གྲངས་ཚངས་པའི་ཆོས་ལྡན་གྱི་ལས་ཡིན་པ། རྒྱུ་བ་པོའི་རྟེན་གྱི་གང་ཟག་ལ་སྣང་བ་མིན་པ་དགོས། རྒྱུ་བ་པོའི་རྟེན་ནི་བསྙེན་པར་མ་རྫོགས་པར་མཚམས་ནང་དེར་གནས་པའི་ཆོས་འདི་པའི་རབ་བྱུང་གི་རྟགས་ཅན་ཡིན་པ་གཅིག་དགོས་ཏེ། ཁྱིམ་པའི་རྟེན་ལ་དགེ་སློང་གི་སོ་ཐར་གྱི་མདོ་ཐོས་པས་སྡོམ་པ་སྐྱེ་བའི་བར་ཆད་དུ་མི་འགྱུར་བའི་ཕྱིར། བསམ་པ་ནི། རྟེན་གྱི་གང་ཟག་རང་ཉིད་བསྙེན་པར་མ་རྫོགས་པར་འདུ་ཤེས་མ་འཁྲུལ་བ་གཅིག་དགོས། ཀུན་སློང་ནི་དགེ་འདུན་དང་ལྷན་ཅིག་ཏུ་ལས་ཚན་པ་གཉིས་ཐོས་འདོད་ཀྱི་བསམ་པ་རྒྱུན་མ་ཆད་པ་དགོས། སྦྱོར་བ་ནི་ལས་དེ་ཙམ་ལ་འཇུག་པ་ལ་བྱེད། མཐར་ཐུག་གི་ཡན་ལག་ནི། ལས་ཚན་པ་གཉིས་ཀྱི་ཚིག་སྣ་བར་ཐོས་པ་དང་། དོན་ཡིད་ལ་གོ་དགོས་པ་ཡིན། ཡན་ལག་དེ་རྣམས་དང་ལྡན་པའི་རྒྱུ་ཐབས་སུ་གནས་

པ་ནི་སྡོམ་པ་སྐྱེ་བའི་བར་ཆད་ཡིན་ཡང་དེ་རྣམས་གང་རུང་གཅིག་དང་མི་ལྡན་པའི་རྒྱ་ཐབས་སུ་གནས་པ་ནི་སྐྱེས་ལ། ཉེས་བྱས་སུ་འགྱུར་བ་ཡིན་ནོ། གཉིས་པ་མུ་སྟེགས་ཅན་ཞུགས་པ་དེ་ལ་ཡང་གཉིས་ཡོད་དེ། མུ་སྟེགས་ཀྱི་ལྟ་བ་ལ་གནས་བཞིན་པའི་མུ་སྟེགས་པ་ནང་པའི་བར་མ་རབ་བྱུང་གི་ཚུལ་ཁྲིམས་བླངས་ནས་རབ་བྱུང་གི་ཆ་ལུགས་བཟུང་བ་སླར་ཡང་ནང་པའི་རབ་བྱུང་གི་ཆ་ལུགས་བོར་ནས་མུ་སྟེགས་ཀྱི་ཆ་ལུགས་བཟུང་ནས་མུ་སྟེགས་གི་གནས་སུ་ཞག་གཅིག་གི་སྐྱ་རེངས་ཤར་བ་ན་མུ་སྟེགས་ཅན་ཞུགས་པ་དང་། དེའི་ལྟ་བ་ལ་གནས་བཞིན་པའི་མུ་སྟེགས་ནང་པའི་བར་མ་རབ་བྱུང་གི་ཚུལ་ཁྲིམས་བླངས་ནས་རབ་བྱུང་གི་ཆ་ལུགས་བཟུང་སྟེ། དགེ་འདུན་གྲངས་ཚང་དང་ལྷན་ཅིག་ཏུ་སྦྱར་རྒྱ་ཐབས་སུ་གནས་པ་ལ་སྦྱར་བཤད་པའི་ལས་ཚན་པ་གཉིས་ཀྱི་ཚིག་རྣ་བར་ཐོས་པ་དང་། དོན་ཡིད་ཀྱིས་གོ་བ་ན་མུ་སྟེགས་ཅན་ཞུགས་པར་འགྲོ་བའི་ཕྱིར། གསུམ་པ་མཚམས་མེད་ཀྱི་ལས་ལ་ཕ་བསད་པའི་མཚམས་མེད་ཀྱི་ལས། མ་བསད་པའི་དེ། དགྲ་བཅོམ་པ་བསད་པ། དེ་བཞིན་གཤེགས་པ་ལ་ངན་སེམས་ཀྱིས་ཁྲག་ཕྱུངས་པ། དགེ་འདུན་འཁོར་ལོའི་དབྱེན་བྱས་པའི་མཚམས་མེད་ཀྱི་ལས་དང་ལྔ་ཡོད། མཚམས་མེད་ཀྱི་ལས་ཡིན་པའི་མ་བསད་པའི་ལས་ལ་གནས་པའི་(༣༣བ)སྐྱེས་བུ་དེ་ལ་སྐྱེས་ལ་ཉེས་བྱས་ཀྱི་རབ་བྱུང་གི་སྡོམ་པ་སྐྱེའོ། །བཞི་པ་དགེ་སློང་

མ་སྨིན་དབྱུང་བ་ནི། ཕམ་པས་མ་གོས་པའི་དགེ་སློང་མ་མི་ཚངས་སྤྱོད་ཀྱི་སྨིན་དབྱུང་བ་སྡོམ་པ་སྐྱེ་བའི་བར་ཆད་ཡིན། དེས་མཚོན་ནས་ཕམ་པས་མ་གོས་པའི་དགེ་སློང་ཕ་མི་ཚངས་སྤྱོད་ཀྱི་སྨིན་དབྱུང་བ་དང་ཕམ་འདྲས་མ་གོས་པའི་དགེ་ཚུལ་ཕ་མ་གཉིས་དང་། དགེ་སློབ་མ་མི་ཚངས་སྤྱོད་ཀྱི་སྨིན་དབྱུང་བ་ཡང་སྡོམ་པ་སྐྱེ་བའི་བར་ཆད་ཡིན་ནོ། །ལྔ་པ། ཐུན་མོང་བའི་ཕམ་པ་འཆབ་བཅས་འབྱུང་བ་ནི་བར་ཆད་དུ་གྱུར་པའི་ཕམ་པ་ཡིན་ན་ཐུན་མོང་བའི་ཕམ་པ་འཆབ་བཅས་ཡིན་དགོས་ཏེ། ཕམ་པ་འཆབ་མེད་བྱུང་བའི་དགེ་སློང་གི་བསླབ་པ་ཕུལ་ཏེ་སླར་དགེ་སློང་གི་སྡོམ་པ་བླངས་ན་སྐྱེས་པའི་ཕྱིར་ཏེ། ཞུ་བ་ལས། བསླབ་པ་རྒྱལ་བསླབ་པ་ཕུལ་ཏེ་བསྙེན་པར་རྫོགས་པར་བགྱི་ན་བསྙེན་པར་རྫོགས་པ། ཞེས་འགྱི་འམ། ཨུ་པ་ལི་བསྙེན་པར་རྫོགས་པར་ཞེས་བྱ་སྟེ་བསྙེན་པར་རྫོགས་པར་དེ་འང་འདས་པ་ཅན་དུ་འགྱུར་རོ། །ཞེས་གསུངས་པའི་ཕྱིར། ཐུན་མོང་བའི་ཕམ་པ་འཆབ་བཅས་ནི་སྡོམ་པ་སྐྱེ་བའི་བར་ཆད་ཡིན་ཀྱང་ཕམ་པ་འཆབ་བཅས་ཡིན་ན་སྡོམ་པ་སྐྱེ་བའི་བར་ཆད་ཡིན་མི་དགོས་ཏེ། བུད་མེད་ཀྱི་རྟེན་ལ་ཐུན་མོང་མིན་པའི་ཕམ་པ་འཆབ་བཅས་བྱུང་ནས་བསླབ་པ་ཕུལ་ཏེ་སྐྱེས་པར་མཚན་གྱུར་པ་ན་སྡོམ་པ་སྐྱེ་བའི་ཕྱིར་ཏེ། ཐུན་མོང་མིན་པའི་ཕམ་པ་མཚན་གྱུར་གྱི་སྟོབས་ཀྱིས་འདག་པ་ཡིན་པའི་ཕྱིར། དྲུག་པ་རྒྱུ་ལས་ལྡོག་པའི་ཆད་པ་ཁས་མི་ལེན་པ་ནི།

དགེ་སློང་དགེ་ཚུལ་དུ་བབས་པ་དང་། དགེ་ཚུལ་ཁྱིམ་པར་བབས་པ་ན་ནན་ཏུར་གྱི་རྒྱུ་འཕབ་གྲོལ་ལྟ་བུ་བློས་མ་བཏང་བར་དེ་མི་བྱེད་པར་ཁས་མི་ལེན་པ་ནི་སྡོམ་པ་སྐྱེ་བའི་བར་ཆད་ཡིན། དེའི་རྒྱུ་དེ་མི་བྱེད་པར་ཁས་མི་ལེན་ཀྱང་། དེ་བློས་བཏང་བ་ནི་སྐྱེས་ལ་ཉེས་བྱས་ཀྱི་སྡོམ་པའོ།།

བདུན་པ་བུད་མེད་ཀྱི་རྟེན་ལ་སྔོན་རབ་ཏུ་བྱུང་བ་ནི་བུད་མེད་ཀྱི་རྟེན་ལ་བསླབ་པ་ཕུལ་ནས་བུད་མེད་ཀྱི་རྟེན་ལ་སྡོམ་པ་སྐྱེ་བ་ནི་མེད་དེ། སྔོན་རབ་ཏུ་བྱུང་བའི་བུད་མེད་ཀྱི་རྟེན་ལ་སྡོམ་པ་སྐྱེ་བའི་བར་ཆད་ཡིན་པའི་ཕྱིར། བུད་མེད་ཀྱི་རྟེན་ལ་བསླབ་པ་ཕུལ་ནས་སྐྱེས་པར་གྱུར་པ་ན་སྡོམ་པ་སྐྱེ་བ་ཡོད་དེ། སྔོན་རབ་ཏུ་བྱུང་བ་སྐྱེས་པའི་རྟེན་ལ་སྡོམ་པ་སྐྱེ་བའི་བར་ཆད་མ་ཡིན་པའི་ཕྱིར། བརྒྱད་པ་སྐྱེ་ཚེ་ཕུལ་ཉམས་པ་ནི། འོག་ན་སྐྱེ་བའི་ཚེ་ཉིད་ནས་ཕུལ་ལམ་ཉམས་ན་མི་སྐྱེའོ། །ཞེས་གསུངས་པའི་ཕུལ་ཞེས་པའི་སྡོམ་པ་འཐོབ་འདོད་ཀྱི་བསམ་པ་ལོག་པ་དེ་བསྟན། ཉམས་ཞེས་པས་མཚན་གཉིས་གཅིག་ཆར་གྲུབ་པ་དེ་བསྟན། སྡོམ་པ་ལེན་པ་མངོན་དུ་ཕྱོགས་པའི་ཚེ་སྡོམ་པ་ལེན་འདོད་ཀྱི་བསམ་པ་ལོག་པ་དང་མཚན་གཉིས་གཅིག་ཆར་གྲུབ་པ་གང་རུང་དང་ལྡན་ན་སྡོམ་པ་སྐྱེ་བའི་བར་ཆད་ཡིན་པའི་ཕྱིར། སྡོམ་པའི་དངོས་རྒྱུའི་ཚེ་མཚན་གཉིས་གཅིག་ཆར་དང་ལྡན་ཡང་སྡོམ་པ་སྐྱེ་སྟེ། རྣམ་འགྲེལ་ལས། །མ་ཚང་མེད་རྒྱུ་དེ་ལ་ནི། །འབྲས་བུ་གང་གིས་ཟློག་པར་འགྱུར། ཞེས་གསུངས།

གསུམ་པ་གནས་སྐབས་ཀྱི་སྒོ་ནས་སྐྱེ་བ་ལ་བར་དུ་གཅོད་པ་ནི། དགེ་ཚུལ་སློང་སོགས་རང་རང་གི་སྡོམ་པ་ལེན་པའི་ལོ་ཚོད་མ་ལོན། མུ་སྟེགས་ཅན་དང་ཁྲིམ་པའི་རྟགས་དང་མི་ལྡན་ཞིང་། རབ་ཏུ་བྱུང་བའི་རྟགས་ཆ་ལུགས་གང་དང་ཡང་མི་ལྡན་པ་ནི། གནས་སྐབས་ཀྱི་སྒོ་ནས་སྡོམ་པ་སྐྱེ་བའི་བར་ཆད་ཡིན། བཞི་པ་བསམ་པའི་སྒོ་ནས་སྐྱེ་བའི་བར་ཆད་ནི། དུག་གསུམ་གང་རུང་གིས་གཟིར་ཞིང་སྡོམ་པ་ཐོབ་པའི་དུས་མཚམས་མི་ཤེས་པ། མཁན་པོ་ལ་མ་གུས་པ་སོགས་མི་མཐུན་པའི་བསམ་པ་དང་མ་བྲལ་(༣༨ན)བ། ངེས་པ་ལྷུ་བྲལ་གྱི་བསམ་པ་དང་མི་ལྡན་པ་རྣམས་ཡིན། གཉིས་པ་གནས་པ་ལ་བར་དུ་གཅོད་པ་ནི། རྒྱལ་པོས་བཀྲབས་པ་དང་། ཕ་མས་མ་གནང་བ་དང་། བུ་ལོན་ཆགས་པ་རྣམས་ཏེ་གནས་པ་ལ་བར་དུ་གཅོད་པ་ཡིན། གསུམ་པ་མཛེས་པ་ལ་བར་དུ་གཅོད་པ་ནི། ལུས་ལ་སྐྱོན་ཆགས་པ་དང་། ངག་ལ་སྐྱོན་ཆགས་པ་དང་། ཡིད་ལ་སྐྱོན་ཆགས་པ་དང་གསུམ་ཡོད། ལག་རྡུམ་སོགས་ཡན་ལག་མ་ཚང་བ་དང་། ལོང་བ་སོགས་དབང་པོ་མ་ཚང་བ་ནི་ལུས་ཀྱི་སྐྱོན་ཡིན། ལྐུགས་པ་སོགས་ནི་ངག་གི་སྐྱོན་ཡིན། སྨྱོན་པ་སོགས་ནི་ཡིད་ཀྱི་སྐྱོན་ཡིན། བཞི་པ་སྡོམ་པ་ཁྱད་པར་དུ་འགྱུར་བའི་བར་དུ་གཅོད་པ་ནི། ནད་པ་དང་རྒན་ཆགས་པ་རྣམས་ཡིན། བར་ཆད་དེ་རྣམས་བསྡུ་ན། བར་ཆད་ཀྱི་གཙོ་བོ་དང་གཙོ་བོ་མ་ཡིན་པ་གཉིས་སུ་འདུ། སྐྱེ་བའི་བར་ཆད་

ནི་དང་པོ་ཡིན། གཞན་རྣམས་གཉིས་པ་ཡིན་ཏེ། དེ་རྣམས་སྡོམ་པ་སྐྱེ་བའི་བར་ཆད་མ་ཡིན་ཀྱང་དེ་རྣམས་མཁན་སློབ་ལ་ཉེས་བྱས་སྐྱེས་པ་ཡིན་པའི་ཕྱིར། ཡང་དེ་རྣམས་བསྡུ་ན། རེ་ཞིག་པའི་བར་ཆད་དང་། གཏན་དུ་བའི་བར་ཆད་གཉིས་སུ་འདུ། ཕ་མས་མ་གནང་བ་ལྟ་བུ་ཚེ་དེ་ལ་གྲོལ་བར་འགྱུར་བའི་བར་ཆད་ནི་དང་པོ་ཡིན། མཚམས་མེད་སོགས་ཚེ་དེ་ལ་གྲོལ་བར་མ་གྱུར་བའི་བར་ཆད་གཉིས་པ་ཡིན། བར་ཆད་དེ་རྣམས་དངོས་པོའི་སྒོ་ནས་སྐྱེ་བའི་བར་ཆད་ཡིན་ཀྱང་། འདུ་ཤེས་ཀྱི་སྒོ་ནས་མཁན་སློབ་ལ་ཉེས་བྱས་སྐྱེད་པ་ཡིན་ཏེ། ཉེས་བྱས་དེ་རྣམས་དང་ལྡན་ཡང་མི་ལྡན་པར་འདུ་ཤེས་ན་མཁན་སློབ་ལ་ཉེས་བྱས་མི་སྐྱེ། མི་ལྡན་ཡང་ལྡན་པར་འདུ་ཤེས་ན་མཁན་སློབ་སོགས་ལ་ཉེས་བྱས་སྐྱེས་པའི་ཕྱིར། གཉིས་པ་ནི། ཆོས་འདི་པའི་རབ་བྱུང་བསྙེན་རྫོགས་སོགས་སྒྲུབ་པ་ལ་གེགས་བྱེད་པའི་རིགས་སུ་གནས་པ་དེ། བར་ཆད་ཀྱི་ངོ་བོ་ཡིན། གསུམ་པ་བར་ཆད་དྲི་བའི་ཚུལ་ནི། གང་ལ་དྲི་བ་ནི་རབ་བྱུང་བསྙེན་རྫོགས་སུ་སྒྲུབ་ཏུ་རུང་བའི་སྒྲུབ་བྱ་ལ་དྲི། དྲི་བ་པོ་ནི་བར་མ་རབ་བྱུང་སྒྲུབ་པའི་ཚེ་མཁན་པོས་དྲི། བསྙེན་རྫོགས་སྒྲུབ་པའི་ཚེ་གསང་སྟེ་སྟོན་པ་དང་ལས་སློབ་ཀྱིས་དྲི། དེའང་གསང་སྟེ་སྟོན་པས་ལྐོག་ཏུ་བར་ཆད་དྲི། ལས་སློབ་ཀྱིས་དགེ་འདུན་གྱི་དབུས་སུ་དྲི། དྲིས་པའི་རྗེས་སུ་བར་ཆད་རྣམས་དང་ལྡན་ན་སོང་ཅིག་ཅེས་རབ་བྱུང་བསྙེན་རྫོགས་སུ་

སྒྲུབ་པར་མི་བྱེད། དེ་རྣམས་དང་མི་ལྡན་ན་རབ་བྱུང་བསྙེན་རྫོགས་སུ་སྒྲུབ་པར་བྱེད་པ་ཡིན་པའི་ཕྱིར། །

༄། ཕྲན་ཚེགས་ནས་བྱུང་བའི་ཚུལ།

གཉིས་པ་ཕྲན་ཚེགས་ནས་འབྱུང་བའི་ཚུལ་ལ། ཐུན་མོང་བ་ཕ་ཆོག་གི་སྒྲོས་པ་བཤད་པ་དང་། ཐུན་མོང་མིན་པ་མ་ཆོག་གི་ཁྱད་པར་བཤད་པ་གཉིས། དང་པོ་ལ་དངོས་གཞིའི་ཆོ་གའི་སྒྲོས་པ་བཤད་པ་དང་། སྔོར་བའི་ཆོ་གའི་སྒྲོས་པ་བཤད་པ་གཉིས། དང་པོ་སྟོན་པ་ལ། དྲུ་མ་མཁན་པོ་ གཅིག་ པ་ གསུམ་ མན་ ཆད། ཞེས་ སོགས་ གསུངས། དག་ དོན་ ནི། མཚམས་ནང་གཅིག་ཏུ་སྒྲུབ་བྱ་གསུམ་ཆོ་ག་གཅིག་ལ་བརྟེན་ནས་རབ་བྱུང་བསྙེན་རྫོགས་སུ་སྒྲུབ་ཏུ་རུང་སྟེ། ཉེས་མེད་ཕྱུན་ཚོགས་ཀྱི་སྡོམ་པ་སྐྱེ་བ་ཡིན་པའི་ཕྱིར། འཕྲོས་དོན་ནི། མཚམས་ནང་གཅིག་ཏུ་སྒྲུབ་བྱ་བཞི་ཡན་ཆད་ཆོ་ག་གཅིག་ལ་བརྟེན་ནས་རབ་བྱུང་བསྙེན་རྫོགས་སུ་སྒྲུབ་ཏུ་མི་རུང་སྟེ། ཚོགས་ཀྱི་ཚོགས་ལ་ལས་མི་ཆགས་པའི་ཕྱིར། སྒྲུབ་བྱ་བཞི་ཆོ་ག་གཅིག་ལ་རྟེན་ནས་རབ་བྱུང་བསྙེན་རྫོགས་སུ་སྒྲུབ་ཏུ་རུང་བ་ནི་ཡོད་དེ། འདབ་ཆགས་པའི་ཚམས་ནང་གཉིས་སུ་སྒྲུབ་བྱ་གཉིས་གཉིས་སུ་བཞག་ སྟེ། ལས་ བྱེད་ པ་ པོས་ མཚམས་ མཐའ་ ནས་ ཆོ་ག་གཅིག་ལ་བརྟེན་ནས་རབ་བྱུང་བསྙེན་རྫོགས་སུ་བསྒྲུབ་པས་སྡོམ་པ་སྐྱེ་བའི་ཕྱིར་ཏེ། ལུང་ཞུ་བ་ལས། བརྗོད་ པ་ གསོལ་ བ་ གཅིག་ དང་ ལས་

གཅིག་ གིས་ གང་ ཟག་ བཞི་ བསྙེན་ པར་ རྫོགས་ པ་ བགྱི་ ན་ ལས་ (༣༩བ)ཀྱང་བགྱིད་ལ། དགེ་སློང་དེ་དག་འདས་པ་ཅན་དུ་འགྱུར་བ་མ་མཆིས་སམ་ཞེ་ན། ཨུ་པ་ལི་ཡོད་དེ། ལས་བྱེད་པ་པོའི་དགེ་སློང་གིས་མཚམས་མནན་ཏེ་འདུག་ན་གཉིས་ནི་མཚམས་ནང་དུ་བཞག གཉིས་ནི་མཚམས་ཀྱི་ཕྱི་རུ་བཞག་ནས་ལས་བྱེད་ནའོ། །ཞེས་གསུངས་པའི་ཕྱིར། ལས་ དེ་ ལ་ བརྟེན་ ནས་ མཚམས་ ནང་ གཉིས་ སུ་ སྒྲུབ་ བྱ་ གསུམ་ གསུམ་ བཞག་སྟེ་ཚོ་ག་གཅིག་ལ་བརྟེན་ནས་རབ་བྱུང་བསྙེན་རྫོགས་སུ་སྒྲུབ་པ་སྡོམ་པ་སྒྱི་བའང་ཤེས་སོ། །དེ་ལྟར་སྡོམ་པ་ཐོབ་དུས་མཉམ་པའི་དགེ་སློང་ རྣམས་ ཕན་ ཚུན་ གཅིག་ གིས་ གཅིག་ ལ་ ཕྱག་ དང་ ལྡང་ བ་ བྱ་མི་རིགས་ཅིང་། གྲལ་ལ་དང་པོར་སླེབ་པ་འགོར་འདུག་རིགས་སོ། །

༄ གཉིས་ པ་ སྦྱོར་ བའི་ ཚོ་ གའི་ སྤྲོས་ པ་ བཤད་ པ་ ལ། བྱི་ སྐྱིད་ ཀྱི་ རྟགས་ བཤད་ པ་ དང་། སྟོད་ སྐྱིད་ ཀྱི་ རྟགས་ བཤད་ པའོ། །དང་ པོ་ ལ། དངོས་དང་། ཞར་བྱུང་གཉིས། དང་པོ་སྟོན་པ་ལ། དེ་བྱས་ནས་ཁྲུས་བྱའོ། །ཞེས་སོགས་གསུངས། གཉིས་པ་སྟོན་པ་ལ། བསྒྲོ་ཁང་བསྟེན་པར་བྱའོ། །ཞེས་ སོགས་ གསུངས། ངག་ དོན་ ནི། རབ་ བྱུང་ རྣམས་ ཀྱིས་བསྒྲོ་ ཁང་ བསྟེན་ པ་ ལ་ དགོས་ པ་ ཡོད་ དེ། ལུས་ བདེ་ བ་ ལ་ གནས་ པའི་ ཆེད་ ཡིན་ པའི་ཕྱིར། སྤྱི་དོན་ནི། ལུང་ལས། བསྒྲོ་ཁང་ལ་ཡོན་ཏན་དུ་མ་བཤད་དེ། མ་མོ་ལས། དུགས་ཁང་ནི་ཡོན་ཏན་ལྔ་ཏེ། །རྡུལ་དང་དྲི་མ་སྤང་བ་དང་།།

པགས་པ་མདངས་གསལ་བ་དང་། །པགས་པ་ནད་ཡོད་པ་འབྲིན་པ་དང་། །རླུང་དང་མཁྲིས་པ་མེད་པའོ། །ཞེས་གསུངས་པའི་ཕྱིར། བསྲོ་གང་བསྙེན་པའི་ཡུལ་ནི། རབ་བྱུང་སྡེ་ལྔ་གང་རུང་གི་སྡོམ་པ་རྣམ་དག་དང་ལྡན་པའི་ས་རང་བཞིན་དུ་གནས་པ་དགོས། རྟེན་ནི་ཡུལ་དེ་དང་མཚན་དང་ལྟ་བ་མཐུན་པ། ལྷན་ཅིག་ཏུ་གནས་པ། དད་པ་ཆེ་བ། གོས་གཅིག་པ་དག་མ་ཡིན་པ་དགོས། ཁྲུས་དང་བསྐུ་མཉེ་དང་། དྲི་ཕྱིས་དང་། རྟེན་དང་། མིའི་རིག་བྱ་དང་ལྔ་ཚོགས་པ་ནི་བསྲོ་གང་གི་ངོ་བོ་ཡིན། བྱེད་ཚུལ་ནི། སྨྲ་སྐྱུང་བ་དང་། བག་ཡོད་པའི་སྒོ་ནས་བྱེད། སྨྲ་བཤད་ནི་ལུས་མེས་བསྲོ་ཞིང་། ལུས་ཀྱི་བ་སྤུ་སྟུམ་གྱིས་གང་བར་བྱེད་པ་ནི་དེ་ལྟར་དུ་བརྗོད། གཉིས་པ་སྟོད་སྨྱུད་ཀྱི་རྟགས་བཤད་པ་ལ། དུ་མ་མཁན་པོ་གཅིག་པ། ཞེས་སོགས་བཤད་པ་ལ། རབ་བྱུང་བསྙེན་རྫོགས་ཀྱི་སྟོད་སྨྱུད་ཀྱི་ཁྱད་པར་ཇི་ལྟ་བུ་ཞེ་ན། ལྷུང་བཟེད་མེད་པར་རབ་བྱུང་བསྙེན་རྫོགས་སུ་སྒྲུབ་མི་རུང་ཞེས་བཤད་པ་ལ། ལྷུང་བཟེད་མེད་པར་རབ་ཏུ་དབྱུང་བ་དང་། ཞེས་སོགས་གསུངས། ལྷུང་བཟེད་ཡང་ཁ་དོག་སོགས་རུང་བ་ཚད་དང་ལྡན་པར་དགོས་ཞེས་འཆད་པ་ལ། ཆུང་ངུ་དང་ཆེན་པོ་དང་སྐྱ་བས་ཀྱང་མི་བྱའོ། །ཞེས་གསུངས། དགེ་སློང་ཕའི་ལྷུང་བཟེད་ཀྱི་ཚད་བཤད་པ་ལ། ཁའི་ཆའི་མཐའ་ཁོ་ན་ནས། ཞེས་སོགས་གསུངས། དགེ་སློང་མའི་ལྷུང་བཟེད་ཀྱི་ཚད་སྟོན་པ་ལ། དགེ་

སློང་མས་དགེ་སློང་གི་ཞེས་གསུངས་སོ། །ལྷུང་བཟེད་འཆང་བའི་རྩུལ་སྟོན་པ་ལ་དེས་དེའི་གཞིར་ཞ་ཉེའི། ཞེས་སོགས་གསུངས། ངག་དོན་ནི། དགེ་སློང་ཕའི་ལྷུང་བཟེད་ཀྱི་ཚད་ཡོད་དེ། ཁ་ནས་འཐེབ་སོར་གང་གཞལ་བའི་འོག་ཏུ་འབྲས་བྲེའུ་རྒྱང་གསུམ་ཚོད་མ་དང་བཅས་པ་ཙམ་ཤོང་བའི་ལྷུང་བཟེད་རྒྱང་ཚད་དང་། དེ་གཞལ་བའི་འོག་ཏུ་འབྲས་བྲེའུ་རྒྱང་དྲུག་ཚོད་མ་དང་བཅས་པ་ཤོང་པའི་ལྷུང་བཟེད་དེའི་ལྷུང་བཟེད་ཆེ་ཚད་ཡིན་པའི་ཕྱིར། ཁ་ཅིག འབྲས་དྲུག་ཕུལ་དགུ་ཤོང་བའི་ལྷུང་བཟེད་དེའི་རྒྱང་ཚད་ཡིན་ཟེར་ན། དེ་རྒྱང་ངུ་ཡིན་ན་འབྲས་དྲུག་ཕུལ་དགུ་ཤོང་བའི་ཁྱབ་པར་ཐལ། དམ་བཅའ་དེའི་ཕྱིར། འདོད་ན། དགེ་སློང་མའི་ལྷུང་བཟེད་རྒྱང་ངུ་ཆོས་ཅན། དེར་ཐལ། དེའི་ཕྱིར་རྟགས་སླ། ཁ་ཅིག དགེ་སློང་ཕའི་ལྷུང་བཟེད་རྒྱང་ངུའི་ཚད་ཡིན་ཟེར་ན། (༣༥ན)དེ་ཡིན་ན་དགེ་སློང་ཕའི་ལྷུང་བཟེད་རྒྱང་ངུ་ཡིན་དགོས་པར་ཐལ། དམ་བཅའ་དེའི་ཕྱིར། འདོད་ན། དགེ་སློང་ཕའི་ལྷུང་བཟེད་ཆེན་པོ་ཆོས་ཅན། དེར་ཐལ། དེའི་ཕྱིར། རྟགས་སླ། ཁ་ཅིག དྲུག་ཕུལ་བཅུ་ཤོང་བའི་ལྷུང་བཟེད་དེའི་རྒྱང་ཚད་ཡིན་ཟེར་ན། བཅས་ལྡན་དགེ་སློང་གིས་ཁྲིམ་པ་གཅིག་ལ་དུས་གཅིག་ཏུ་འབྲས་དྲུག་ཕུལ་ཉེར་བདུན་ལས་མང་བ་སྣང་དུ་མི་རུང་བར་བཤད་པ་མི་འཐད་པར་ཐལ། ཁྱོད་ཀྱི་ཚད་དེ་འཐད་པ་གང་ཞིག དེ་ཁྲིམ་པ་གཅིག་ལ་དུས་གཅིག་ཏུ་དེ་རྒྱང་ཚད་གསུམ་སྣང་དུ་རུང་བའི་

ཕྱིར། ཁོ་ན་རེ། བཅས་ལྡན་དགེ་སློང་གཅིག་གིས་ཁྱིམ་པ་གཅིག་ལ་དུས་གཅིག་ཏུ་དགེ་སློང་གི་ལྷུང་བཟེད་ཀྱུང་ཚད་གཅིག་ལེན་པའི་ཚེ་མཐེ་བོང་གི་ལྷོ་མ་གང་བར་ལེན་པར་གསུངས་པའི་ཕྱིར་ཟེར་ན་མི་འཐད་དེ། རྒྱ་ཆེར་འགྲེལ་ལས། ཙུ་དུ་མ་གང་བ་དེ་ཙམ་བྱས་ནས་སླང་བར་བྱའི། དེ་ལྷོ་མ་གང་བར་སླང་བར་བྱ་བ་ནི་མ་ཡིན་ནོ། །ཞེས་གསུངས་པའི་ཕྱིར། ཁ་ཅིག ཛེ་བུ་སྟོན་འབྲས་འགྱུར་མོའི་གསེར་བྲེ་བདུན་ཤོང་བའི་ལྷུང་བཟེད་དགེ་སློང་ཕའི་དེ་ཀྱུང་ཚད་ཡིན་ཟེར་ན་མི་འཐད་དེ། དེས་ན་རྩ་འགྲེལ་འདི་རྣམས་ཀྱི་དོན་དང་འགལ་བའི་ཕྱིར། རང་ལུགས་ནི། ལྷུང་བཟེད་དེ་རྒྱུའི་སྒོ་ནས་རུང་བ་རྗེ་ལྕགས་འཛིམ་པ་གང་རུང་ལས་གྲུབ་པ། དབྱིབས་ཀྱི་སྒོ་ནས་རུང་བ་སྒོང་ཕྱེད་བསྐུས་ལྟ་བུ། ཁ་དོག་གི་སྒོ་ནས་རུང་བ། སྐྱ་བོ་དང་ཕྲ་བོ་མ་ཡིན་པ། བྱ་རོག་མིག་ལྟར་ནག་པ། ངོ་བོའི་སྒོ་ནས་རུང་བ་ལྡན་པ་ལྔ་ཡན་མ་འཕྱོག་པ་གཅིག་དགོས། ཚད་ལ་དགེ་སློང་ཕའི་ལྷུང་བཟེད་ཀྱི་ཚད་དང་། མའི་དེ་གཉིས། དང་པོ་ནི་བསྟན་བཅོས་འདི་ནས་བཤད་པ་ལ། དེའི་ཁ་ནས་འཐེབ་སོར་གང་གཞལ་བའི་འོག་ཏུ་འབྲས་མ་ག་དྷའི་བྲེའུ་ཀྱུང་གསུམ་ཤོང་མ་བཅས་པ་ཤོང་བའི་ལྷུང་བཟེད་དེ། དགེ་སློང་ཕའི་ལྷུང་བཟེད་ཀྱུང་ཚད་དང་། དེའི་འོག་ཏུ་འབྲས་དེ་དྲུག་ཤོང་མ་དང་བཅས་པ་ཤོང་བའི་ལྷུང་བཟེད་དེ། དེའི་ལྷུང་བཟེད་ཆེ་ཚད་དུ་བཤད་ཅིང་། དེ་ལྟར་བཤད་པ་ཡང་བསྟན་

བཅོས་འདི་རྩོམ་པའི་དུས་ཀྱི་དགེ་སློང་ཕའི་དབང་དུ་བྱས་པ་ཡིན། འདི་ནས་བཤད་པའི་དགེ་སློང་ཕའི་ལྟུང་བཟེད་ཆེ་ཚད་ཀྱིས་འོད་སྲུང་གི་དུས་ཀྱི་དགེ་སློང་ཕའི་ལྟུང་བཟེད་ཆུང་ཚད་དུ་མི་ལོང་ཏེ། ད་ལྟའི་དུས་ཀྱི་དེའི་ལྟུང་བཟེད་ཆེ་ཚད་དེ་ལས་ལྷག་པ་ཡིན་པའི་ཕྱིར་ཏེ། ཆོས་གོས་གསུམ་ཁྲུ་ཚད་ཀྱི་འཇལ་ཚུལ་གསུངས་པའང་རབ་བྱུང་རང་རང་གི་ཁྲུའི་དབང་དུ་བྱས་ནས་གསུངས་པའི་ཕྱིར། གཞུང་འདིའི་ལྟོ་གང་ཞེ་ན། མཐེབ་སོར་གང་བསྟན་པ་མ་ཡིན་ཏེ། རྣམ་འབྱེད་ཊཱི་ཀཱ་ལས། མཐེ་བོའི་ཞེང་ཚད་ཀྱི་ལྟོ་གང་ཞེ་ན་ཅེས་དང་། རྒྱ་ཆེར་འགྲེལ་ལས། མཐེ་བོའི་ལྟོ་ཏེ་མཐེ་བོའི་ཚིག་དང་པོའི་ཕྱོགས་གཅིག་ནས་བརྒྱམས་ཏེ་ཚིག་གི་ཕྱོགས་གཅིག་བར་མཐེ་བོའི་ལྟོ་ཞེས་བྱའོ། །ཞེས་གསུངས་པའི་ཕྱིར། བསྟན་བཅོས་འདིས་ཁ་ནས་མཐེབ་སོར་གང་གཞལ་བའི་འོག་ཏུ་འབྲས་མ་ག་དྷའི་བྲེའུ་ཆུང་གསུམ་ཚོད་མ་དང་བཅས་པ་ཙམ་ཤོང་བའི་ལྟུང་བཟེད་དགེ་སློང་ཕའི་དེ་ཆུང་ཚད་དུ་བསྟན་པ་ཡིན་ཏེ། འབྲས་གྲུས་སྐམ་བྲེ་གང་བཙོས་པས་གསུམ་འཕེལ་དུ་འགྱུར་བར་བསྟན་པའི་ཕྱིར་ཏེ། བམ་ལྟར། གྲུས་སྐམ་ཅན་དུ་བཙོས་ནས་གསུམ་འགྱུར་དུ་བསྐྱེའོ། ཞེས་གསུངས་པའི་ཕྱིར། དགེ་སློང་ཕའི་ལྟུང་བཟེད་ཆུང་ཚད་ཀྱི་དབང་དུ་བྱས་ན། ཤོང་བའི་ཆ་ལ་འབྲས་བྲེའུ་ཆུང་གང་ཤོང་བ་ཡིན་ཏེ། རྒྱ་འདུལ་གྱི་འགྲེལ་ཆུང་དུ། འབྲས་ཅན་གྱི་གསུམ་ཆ་ཞེས་བཤད་པའི་

ཕྱིར། ཚོད་མ་དང་ཞེར་ཚོད་གཅིག་ཏེ། སྔོ་ཚོད་དང་མ་བཅས་པའི་ཚོད་མ་ལ་ཞེར་ཚོད་དང་། (༣༥བ) དེ་དང་བཅས་པའི་ཚོད་མ་ལ་བསྲན་ཚོད་བཤད་པའི་ཕྱིར་ཏེ། རྣམ་འབྱེད་ཊཱི་ཀྐ་ལས། ཚོད་མ་ལ་བསྲན་ཚོད་དང་། བསྲན་ཚོད་ལ་སྐམ་ཚོད་དུ་བཤད་པའི་ཕྱིར། དེས་ན་ཁ་ནས་མཐེབ་སོར་གང་གཞལ་བའི་འོག་ཏུ་འབྲས་དྲུག་ཕུལ་བརྒྱད་ཙམ་ཤོང་བའི་ལྷུང་བཟེད་དགེ་སློང་པའི་ལྷུང་བཟེད་ཆུང་ཚད་དེ་འོག་ཏུ་དེ་འདབ་ལོག་གཤོང་བའི་ལྷུང་བཟེད། དེའི་ཆེ་ཚད་དུ་འགྲེལ་པ་འདི་རྣམས་ཀྱི་བསྟན་པ་ཡིན་ཏེ། དེའི་ལྷུང་བཟེད་ཆེ་ཆུང་གི་ཚད་སྔར་བཤད་པ་ལྟར་བསྟན་པ་གང་ཞིག འབྲས་དྲུག་ཕུལ་དོ་ལ་མ་ག་དྷའི་བྲེ་འུ་ཆུང་གང་དང་། ཚོད་མའི་ཆ་ལ་འབྲས་ཆན་གྱི་གསུམ་ཆ་ཡོད་པར་འགྲེལ་ཆུང་ལས་བཤད་པའི་ཕྱིར། དང་པོ་གྲུབ་སྟེ། འབྲས་གྲུསསྐམ་མ་ག་དྷའི་བྲེ་འུ་ཆུང་གང་ལ་མ་ག་དྷའི་སྲང་བཅུ་དྲུག་ཡོད། དྲུག་ཕུལ་གང་ལ་དེའི་སྲང་བརྒྱད་ཡོད་པའི་ཕྱིར། རྟགས་གཉིས་པ་གྲུབ་སྟེ། ཊཱི་ཀཱ། བམ་ལྔ། རྣམ་འབྱེད་ཊཱི་ཀཱ། གཞི་ཊཱི་ཀཱ་རྣམས་ལས། མ་ག་དྷའི་བྲེ་འུ་ཆུང་གང་ལ་འབྲས་འཐུག་པོ་ཆེ་གྲུས་མ་སྐམ་པོ་མ་ག་ཏའི་སྲང་བཅུ་དྲུག་ཏེ། ཞེས་དང་། དེ་དྲུག་ཕུལ་ནི་དེ་ཡིན་ནོ། །ཅེས་དང་། ཊཱི་ཀྐ་ལས། ཕུལ་གང་ནི་དབུས་ཀྱི་སྲང་བརྒྱད་ཀྱི་ཚད་དོ། །ཞེས་དང་། ཕྲན་ཚེགས་ཊཱི་ཀྐ་ལས། དྲུག་ཕུལ་ནི་སྲང་བརྒྱད་ཤོང་བ་ཡིན་ནོ། །ཞེས་གསུངས་པའི་ཕྱིར། སྙིང་པོ་བསྒྲིལ་ན། ཁ་

ནས་འཕེབ་སོར་གང་གཞལ་བའི་འོག་ཏུ་ཁྱོར་བ་ཉི་ཤུ་རྩ་བརྒྱད་ཙམ་ཤོང་བའི་ལྷུང་བཟེད་དགེ་སློང་ཕའི་ལྷུང་བཟེད་ཆུང་ཚད་དང་། དེ་ལྟབ་ལོག་ཤོང་བའི་ལྷུང་བཟེད་དེའི་ཆེ་ཚད་ཡིན་ཏེ། ཁ་ནས་མཐེབ་སོར་གང་གཞལ་བའི་འོག་ཏུ་དྲུག་ཕྱུལ་བརྒྱད་ཙམ་ཤོང་བའི་ལྷུང་བཟེད་དེའི་ཆུང་ཚད་ཡིན་པ་གང་ཞིག དྲུག་ཕྱུལ་དེ་ལ་ཁྱོར་བ་ཕྱེད་དང་བཞི་ཡོད་པའི་ཕྱིར། དེས་ན་ཁ་ནས་མཐེབ་སོར་གང་གཞལ་བའི་འོག་ཏུ་འབྲས་དགེ་སློང་ཕ་རང་གི་ཁྱོར་བ་ཉི་ཤུ་རྩ་བརྒྱད་ཤོང་བའི་ལྷུང་བཟེད་དགེ་སློང་ཕ་རང་གི་ལྷུང་བཟེད་ཆུང་ཚད་ཡིན་ཏེ། དུས་ཐམས་ཅད་དུ་དགེ་སློང་གི་ལྷུང་བཟེད་གི་ཚད་མ་ག་དྷའི་བྲེ་ཚད་ལ་བརྟེ་བར་མི་རུང་བའི་ཕྱིར། དུས་ཀྱི་དབང་གིས་དགེ་སློང་བོང་ཚོད་ཆེ་ཆུང་དུ་གྱུར་པ་ན་ལྷུང་བཟེད་ཡང་ཆེ་ཆུང་དུ་འགྱུར་བའི་ཕྱིར། གཉིས་པ་དགེ་སློང་མའི་ལྷུང་བཟེད་ཀྱི་ཚད་བཤད་པ་ནི། དགེ་སློང་ཕའི་ལྷུང་བཟེད་ཆུང་ཚད་ཀྱི་དགེ་སློང་མའི་ལྷུང་བཟེད་ཆེ་ཚད་དུ་ལོངས། ཁ་ནས་མཐེབ་སོར་གང་གཞལ་བའི་འོག་ཏུ་དགེ་སློང་མ་རང་འགྲངས་ཙམ་གྱི་འབྲས་བཙོས་པ་ཚོད་མ་བཅས་པ་ཤོང་བ་ཙམ་གྱི་ལྷུང་བཟེད་དེ། དགེ་སློང་མའི་ལྷུང་བཟེད་ཀྱི་ཆུང་ཚད་ཡིན། དེའི་བར་གྱི་ལྷུང་བཟེད་རྣམས་དེའི་ལྷུང་བཟེད་འབྲིང་པོ་ཡིན་ཏེ། འདི་ཉིད་ལས། དགེ་སློང་མས་དགེ་སློང་གི་ཆུང་ངུ་ལས་ལྷག་པ་མི་གཅང་ངོ་ཞེས་དང་། མའི་རྣམ་འབྱེད་ལས། ཆེན་པོ་ནི་ཡུལ་མ་ག་དྷའི་

བྲིའུ་ཚུང་བ་གང་ངོ་། །ཚུང་ངུ་ནི་བྲིའུ་ཚུང་བ་ཕྱེད་དེའོ། །དེ་གཉིས་བར་ནི་བར་མའོ། །ཞེས་དང་། ཊཱི་ཀཱ་ལས། དགེ་སློང་རྣམས་ཀྱི་ཚུང་ངུ་ནི་དགེ་སློང་མའི་ཆེན་པོ་ཏེ། དེ་ཉིད་ལས་ལྷག་པ་མི་བཅང་ངོ་། ཚུང་ངུ་ནི་འབྲས་འཐུག་པོ་ཆེ་བཙོས་པ་བསྲན་ཚོད་དང་བཅས་པ་ཚོད་མ་དང་བཅས་ཙམ་ཤོང་བ་ཡིན་ལ། འབྲིང་ནི་དེ་གཉིས་བར་ཞེས་པ་དོན་གྱི་ཁོངས་སུ་བཤད་པར་བྱའོ། །ཞེས་གསུངས་པའི་ཕྱིར། དེའང་ཆེན་པོ་ནི་ཡུལ་མ་ག་དྷའི་བྲིའུ་ཚུང་གང་ངོ་། །ཞེས་པ་ནས། ཁ་ནས་མཐེབ་སོར་གང་བཞལ་བའི་འོག་ཏུ་འབྲས་བྲེ་གང་བཙོས་པ་གསུམ་འཕེལ་དུ་བྱས་པ་ཚོད་མ་དང་བཅས་(༣༨ན)པ་ཤོང་བའི་ལྷུང་བཟེད་དགེ་སློང་མའི་ལྷུང་བཟེད་ཆེ་ཚད་དུ་བསྟན་པ་ཡིན་ཏེ། འགྲེལ་པ་འདི་དག་གིས་དགེ་སློང་ཕའི་ལྷུང་བཟེད་ཆུང་ཚད་དང་། དགེ་སློང་མའི་ལྷུང་བཟེད་ཆེ་ཚད་གཉིས་ཚད་མཉམ་དུ་བསྟན་པའི་ཕྱིར། རིགས་པ་དེ་ལ་བརྟེན་ནས་ཆུང་བ་ནི་བྲིའུ་ཚུང་ཕྱེད་དོ་ཞེས་པ་ནས། ཁ་ནས་མཐེབ་སོར་གང་གཞལ་བའི་འོག་ཏུ་འབྲས་བྲིའུ་ཚུང་ཕྱེད་བཙོས་པ་གསུམ་འཕེལ་དུ་བྱས་པ་ཚོད་མ་བཅས་པ་ཙམ་ཤོང་བའི་ལྷུང་བཟེད་དགེ་སློང་མའི་ལྷུང་བཟེད་ཀྱི་ཆུང་ཚད་དུ་བསྟན་པ་ཡིན་ཏེ། ཊཱི་ཀཱ་ལས། ཆུང་ངུ་ནི་འབྲས་འཐུག་པོ་ཆེ་བཙོས་པ་སྲན་ཚོད་དང་བཅས་ཚོད་མ་དང་བཅས་ཙམ་ཤོང་བ་ཡིན་ལ་ཞེས་པ་ནས། ཁ་ནས་ཐེབ་སོར་གང་གཞལ་བའི་འོག་ཏུ་དགེ་སློང་མ་

རང་འགྱུར་ཙམ་གྱི་འབྲས་བཙོས་པ་ཆོད་མ་དང་བཅས་པ་ཙམ་ཤོང་བའི་ལྷུང་བཟེད་དགེ་སློང་མའི་ལྷུང་བཟེད་ཆུང་ངུ་ཚད་དུ་སྟོན་པ་ཡིན་ཏེ། འགྲེལ་པ་དེ་དག་གིས་དགེ་སློང་མའི་ལྷུང་བཟེད་ཆེ་ཚད་དང་། དེའི་ལྷུང་བཟེད་ཆུང་ཚད་གཉིས་ཁྱད་པར་ལྷག་ཡོགས་ཡོད་པར་བསྟན་པའི་ཕྱིར་ཏེ། འགྲེལ་པ་དེ་དག་གིས་དགེ་སློང་ཕའི་ལྷུང་བཟེད་དེ་ལྟར་བསྟན་པའི་ཕྱིར། རིགས་པ་དེ་ལ་བརྟེན་ནས་དུས་ཐམས་ཅད་དུ་ལྷུང་བཟེད་ཀྱི་ཚད་མ་ག་དྷའི་བྲེ་ཚད་ལ་བརྩི་མི་རིགས་པར་རབ་བྱུང་རང་རང་གི་ཁྱིམ་བས་གཞལ་རིགས་པར་གྲུབ་པར་བསྟན་པ་ཡིན་ཏེ། འགྲེལ་པ་འདི་དག་གིས་ཁ་ནས་འཐིབ་སོར་གང་གཞལ་བའི་འོག་ཏུ་དགེ་སློང་ཕ་འགྲངས་པའི་འབྲས་བཙོས་པ་ཆོད་མ་དང་བཅས་པ་ཙམ་ཤོང་བའི་ལྷུང་བཟེད་དེ་དགེ་སློང་མའི་ལྷུང་བཟེད་ཀྱི་ཆེ་ཚད་དུ་བསྟན་པའི་ཕྱིར། །

༄ ཐུན་མོང་མ་ཡིན་པའི་མ་ཆོག་གི་ཁྱད་པར་བཤད་པ།

གཉིས་པ་ཐུན་མོང་མ་ཡིན་པ་མ་ཆོག་གི་ཁྱད་པར་བཤད་པ་ལ། གཞུང་དོན། སྤྱི་དོན་གཉིས། དང་པོ་ནི་དགེ་སློང་གི་གནས་སུ་དགེ་སློང་མའོ་ཞེས་གསུངས་ཤིང་། ངག་དོན་ནི། ཕ་ཆོག་དང་མ་ཆོག་གི་ཁྱད་པར་ཡོད་དེ། སྐྱེས་པའི་རྟེན་ལ་བསྙེན་རྫོགས་སུ་སྒྲུབ་པའི་དགེ་སློང་ཞེས་པའི་ཚིག་ཚབ་ཏུ། བུད་མེད་ཀྱི་རྟེན་ལ་དེ་ལྟར་བའི་དགེ་སློང་མ་ཞེས་བརྗོད་པའི་ཕྱིར། གཉིས་པ་ལ་ཕ་ཆོག་དང་མ་ཆོག་གི་གོ་རིམ། དེ་གཉིས

སོ་སོར་བསྟན་པའི་དགོས་པ། དེ་གཉིས་ཀྱི་ཆོ་གའི་ཁྱད་པར་བཤད་པ་དང་གསུམ། དང་པོ་ལ་ཁ་ཅིག ཕ་ཆོག་གི་རྗེས་སུ་མ་ཆོག་བཤད་པའི་རྒྱུ་མཚན་ཡོད་དེ། མ་ཆོག་བརྗོད་རྒྱ་ཆུང་བའི་རྒྱུ་མཚན་གྱི་ཡིན་པའི་ཕྱིར་ཟེར་ན་མི་འཐད་དེ། མ་ཆོག་དེ་ཕ་ཆོག་ལས་བརྗོད་བྱ་རྒྱ་ཆེ་བའི་ཕྱིར་ཏེ། བུད་མེད་བསྙེན་རྫོགས་སུ་བསྒྲུབ་པའི་ཆོ་ཕ་ཆོག་ཕལ་ཆེ་བའི་སྟེང་དུ་ཐུན་མོང་མ་ཡིན་པའི་མ་ཆོག་བསྟན་དགོས་པའི་ཕྱིར། རང་ལུགས་ནི། ཕ་ཆོག་གི་རྗེས་སུ་མ་ཆོག་བཤད་པའི་རྒྱུ་མཚན་ཡོད་དེ། ལུང་ལས་བསྟན་པ་དང་གོ་རིམ་མཐུན་པའི་རྒྱུ་མཚན་གྱིས་ཡིན་པའི་ཕྱིར་དང་། དགེ་སློང་ཕའི་སྡོམ་པ་དང་། དགེ་སློང་མའི་སྡོམ་པ་གཉིས་མཆོག་དམན་གྱི་རིམ་པ་དང་མཐུན་པར་བསྟན་པའི་ཕྱིར། གཉིས་པ་ལ་ཁ་ཅིག དེ་གཉིས་སོ་སོར་བསྟན་པ་མ་ཡིན་ཏེ། དེ་གཉིས་རྫས་རིགས་གཅིག་པས་ཆོ་ག་གཅིག་གིས་འགྲུབ་པ་ཡིན་པའི་ཕྱིར་ཟེར་ན་མི་འཐད་དེ། སྐྱེས་པ་དང་བུད་མེད་གཉིས་བསྙེན་རྫོགས་སུ་སྒྲུབ་པའི་མཁན་པོ་གཉིས་མཚན་མི་མཐུན་པས། དེ་གཉིས་ཉོན་མོངས་གྲངས་མང་ཉུང་མི་མཐུན། དེའི་སྟོབས་ཀྱིས་དེའི་མཉེན་པོ་བསླབ་བྱ་གྲངས་མ་ཉུང་ཡང་མི་མཐུན་པའི་ཕྱིར། གསུམ་པ་ལ་ཡུལ་མཁན་སློབ་དགེ་འདུན་དང་བཅས་པའི་ཁྱད་པར། ཆོ་ག་གང་ལ་བྱ་བ་རྟེན་གྱི་ཁྱད་པར། ཆོ་གའི་ངོ་བོ་ལ་མི་འདྲ་བའི་ཁྱད་པར་གསུམ། དང་པོ་ནི། སྐྱེས་པའི་རྟེན་ལ་བསྙེན་རྫོགས་སུ་

བསྒྲུབ་པའི་ཚེ་བསྙེན་པར་རྫོགས་ནས་སྡོམ་རྒྱུན་བར་མ་ཆད་དུ་ལོ་བཅུ་ལོན་པ་ཐམ་པ་བཞིས་མ (༣༨བ) གོས་པའི་མཁན་པོ་དགོས། བུད་མེད་ཀྱི་རྟེན་ལ་དེ་ལྟར་སྒྲུབ་པའི་ཚེ་མཁན་པོ་བསྙེན་པར་རྫོགས་ནས་སྡོམ་རྒྱུན་བར་མ་ཆད་ལོ་ཉི་ཤུ་ལོན་པ་ཐམ་པ་བརྒྱད་ཀྱིས་མ་གོས་པ་གཅིག་དགོས་ཏེ། བུད་མེད་ཀྱི་རྟེན་ལ་དེ་སྒྲུབ་པའི་མཁན་པོ་ཡང་དགེ་སློང་མ་དགོས་པའི་ཕྱིར་ཏེ། དེ་ལྟ་བུའི་སྒྲུབ་བྱ་དེ་དང་མཁན་པོ་གཉིས་ལྟ་བ་མཐུན་པ་དགོས་པའི་ཕྱིར། ལས་སློབ་ཀྱི་ཁྱད་པར་ནི། སྐྱེས་པའི་རྟེན་ལ་བསྙེན་རྫོགས་སུ་སྒྲུབ་པའི་ཚེ་ལས་སློབ་ཀྱིས་ཆོག་ཅིང་། བུད་མེད་ཀྱི་རྟེན་ལ་དེ་ལྟར་སྒྲུབ་པའི་ཚེ་ལས་སློབ་དགེ་སློང་ཕ་མ་གཉིས་དགོས་པའི་ཕྱིར། དགེ་འདུན་གྱི་ཁྱད་པར་ནི། སྐྱེས་པའི་རྟེན་ལ་དེ་ལྟར་སྒྲུབ་པའི་ཚེ་ཡུལ་དབུས་སུ་མ་ཐ་དགེ་སློང་བཅུའི་ཚོགས་མཐའ་འཁོབ་ཏུ་དགེ་སློང་ལྔའི་ཚོགས་དགོས་བུད་མེད་ཀྱི་རྟེན་ལ་དེ་ལྟར་སྒྲུབ་པའི་ཚེ་ཡུལ་དབུས་སུ་དགེ་སློང་ཕ་བཅུ་དང་མ་བཅུ་གཉིས་ཏེ་ཉེར་གཉིས་དགོས། མཐའ་འཁོབ་ཏུ་ཕ་ལྔ་དང་མ་དྲུག་སྟེ་བཅུ་གཅིག་ཚོགས་དགོས་པ་ཡིན་ནོ། །གཉིས་པ་ཆོ་ག་གང་ལ་བྱ་བའི་རྟེན་གྱི་ཁྱད་པར་ལ་གསུམ་ལས། དང་པོ་ན་ཚོད་ཀྱི་ཁྱད་པར་ནི་སྐྱེས་པ་དང་ཁྱིམ་སོ་མ་བཟུང་བའི་བུད་མེད་ཀྱི་རྟེན་ལ་བསྙེན་རྫོགས་སྒྲུབ་པའི་ཚེ་མངལ་ཤོལ་གྱི་ཟླ་བ་དང་བཅས་པའི་ཚེ་ལོ་ཉི་ཤུ་ལོན་པ་གཅིག་དགོས། ཁྱིམ་སོ་བཟུང་བའི་

བུད་མེད་ཀྱི་རྟེན་ལ་བསྙེན་རྫོགས་སྒྲུབ་པའི་ཚེ་མངལ་ཞོལ་གྱི་ཟླ་བ་དང་བཅས་པའི་ཚེ་ལོ་བཅུ་གཉིས་ལོན་པ་གཅིག་དགོས་ཏེ། འདི་ཉིད་ལས། ཁྱིམ་སོ་བཟུང་བར་བསྙེན་པར་རྫོགས་པར་བྱ་བའི་ལོ་རྣམས་ཀྱི་དང་པོ་བཅུ་གཉིས་སོ། །ཞེས་གསུངས་པའི་ཕྱིར། གཉིས་པ་ཆ་ལུགས་ཁྱད་པར་ནི། སྐྱེས་པའི་རྟེན་ལ་བསྙེན་རྫོགས་སུ་སྒྲུབ་པའི་ཆོས་གོས་གསུམ་ཙམ་མཁན་པོས་བྱིན་གྱིས་རློབས་ནས་གནང་བ་ཅིག་དགོས། བུད་མེད་ཀྱི་རྟེན་ལ་དེ་ལྟར་སྒྲུབ་པའི་ཚེ་ཆོས་གོས་གསུམ་གྱི་སྟེང་དུ་རྔུལ་གཟན། ཤིང་ང་དཔྱང་བཅད་རྣམས་མཁན་པོས་བྱིན་གྱིས་རློབས་ནས་གནང་བ་ཅིག་དགོས་ཏེ། འདི་ཉིད་ལས། ཆོས་གོས་དག་ནི་ལྔ་ཡིན་ནོ། །ཞེས་གསུངས་པའི་ཕྱིར། གསུམ་པ་བསླབ་ཚིགས་ཀྱི་ཁྱད་པར་ནི། སྐྱེས་པའི་རྟེན་ལ་ཉེས་མེད་ཕུན་སུམ་ཚོགས་ཀྱི་བསྙེན་རྫོགས་སྒྲུབ་པའི་ཚེ། དགེ་ཚུལ་དགེ་བསྙེན་གྱི་སྡོམ་པ་སྔོན་དུ་འགྲོ་དགོས། བུད་མེད་ཀྱི་རྟེན་ལ་དེ་ལྟར་སྒྲུབ་པའི་ཚེ་སྡོམ་པ་དེ་གཉིས་ཀྱི་སྟེང་དུ་དགེ་སློབ་མའི་སྡོམ་པ་སྔོན་དུ་འགྲོ་དགོས་ཏེ། འདི་ཉིད་ལས། བུད་མེད་ལ་ནི་དགེ་སློབ་མ་ཞེས་བྱའི་ཚིག་གཞན་ཡོད་དོ། །ཞེས་གསུངས་པའི་ཕྱིར། གསུམ་པ་ཆོ་གའི་ངོ་བོ་ལ་མི་འདྲ་བའི་ཁྱད་པར་ལ། སྦྱོར་དངོས་རྗེས་གསུམ། དང་པོ་ནི། བར་ཆད་འདྲི་ཚུལ་ལ་མི་འདྲ་བའི་ཁྱད་པར་ཡོད་དེ། བུད་མེད་ཀྱི་རྟེན་ལ་བསྙེན་རྫོགས་སྒྲུབ་པའི་ཚེ་བར་ཆད་འདྲི་བ་པོ་དང་། སྒྲུབ་བྱ

གཉིས་ཀྱི་བར་དུ་དགེ་སློང་མ་གཞན་གྱི་སྐྲིབས་ནས་འདྲི། སྐྱེས་པའི་རྟེན་ལ་བསྙེན་རྫོགས་སུ་སྒྲུབ་པའི་ཚེ་དེ་ལྟར་མི་དགོས་པའི་ཕྱིར། གསོལ་བ་འདེབས་པ་ལ་མི་འདྲ་བའི་ཁྱད་པར་ཡོད་དེ། དང་པོའི་ཚེ་དགེ་སློང་ཕ་མ་གཉིས་ཀྱི་དགེ་འདུན་ལ་གསོལ་བ་འདེབས་དགོས། ཕྱི་མ་ལ་དེ་ལྟར་མི་དགོས་པའི་ཕྱིར། བསླབ་ཚིག་ལ་མི་འདྲའི་ཁྱད་པར་ཡོད་དེ། དང་པོའི་ཚེ་ཚངས་སྤྱོད་ཉེར་གནས་ཀྱི་ཚུལ་ཁྲིམས་དགོས། ཕྱི་མའི་ཚེ་དེ་ལྟར་མི་དགོས་པའི་ཕྱིར། ཚངས་སྤྱོད་ཉེར་གནས་ཀྱི་ཚུལ་ཁྲིམས་ནི་གསང་སྟོན་མས་བར་ཆད་དྲི། ལས་སློབ་མས་གསོལ་བཞིའི་ལས་ཀྱི་ཚིག་བརྗོད་པའི་བར་དུ་སྟེར་དགོས་སོ། གཉིས་པ་དངོས་གཞི་ལ་མི་འདྲ་བའི་ཁྱད་པར་ཡོད་དེ། མིང་འཇུག་ཚུལ་ལ་མི་འདྲ་བའི་ཁྱད་པར་ཡོད་པའི་ཕྱིར། གསུམ་པ་མཇུག་ཚིག་མི་འདྲ་བའི་ཁྱད་པར་ཡོད་དེ། དང་པོའི་ཚེ་གནས་ཤིང་དྲུང་པ་མི་དགོས། ཐུན་མོང་གི་ཕམ་པ་བཞིའི་སྟེང་དུ་ཐུན་མོང་མ་ཡིན་པའི་ཕམ་པ་བཞི་དང་།(༢༧ན) ལྕི་བའི་ཆོས་བརྒྱད་དགོས། ཕྱི་མའི་ཚེ་ཚངས་སྤྱོད་ཀྱི་གནས་བཞི་དང་། ཕམ་པ་བཞི་ཙམ་བརྗོད་པས་ཆོག་པའི་ཕྱིར། དང་པོའི་ཚེ་གནས་ཤིང་དྲུང་པ་བརྗོད་མི་དགོས་ཏེ། དགེ་སློང་མས་གནས་དེ་བསྟེན་མི་དགོས་པའི་ཕྱིར་ཏེ། དགེ་སློང་མ་རྟེན་དམན་པས་གནས་དེ་བསྟེན་ན་ཚངས་སྤྱོད་ཀྱི་གེགས་སུ་འགྱུར་བའི་ཕྱིར། ཕམ་པ་ཕྱི་མ་བཞི་ནི། རེག་པ་དང་

ནི་ལུས་བཀའ་དང་། །འཆབ་དང་ཕམ་པ་ཟློག་པའོ། །ཞེས་གསུངས་པ་ལྟར་ཡིན་ལ། དེའང་རིག་པའི་ཕམ་པ། ལུས་བཀའ་གྱི་ཕམ་པ། འཆབ་པའི་ཕམ་པ། ཟློག་པའི་ཕམ་པ་དང་བཞི་ལ་བྱེད། མཚན་གཞི་ནི། དགེ་སློང་གི་རྟེན་ལ་སྐྱེས་པ་གཞན་དང་འབྲིགས་པ་སྟེན་པའི་ཕྱིར་ཆགས་སེམས་ཀྱིས་ཀུན་སློངས་ཏེ་རླའི་སྒོ་གསུམ་མ་གཏོགས་མིག་ནས་ཕུས་མོའི་བར་སྐྱེས་པ་གཞན་ལ་རེག་པ་ན་བདེ་བ་ལུས་ཤེས་ཀྱིས་མྱོང་ཞིང་། ཡིད་ཤེས་ཀྱིས་བདག་གིར་བཟུང་བ་ལ་བརྟེན་ནས་བྱུང་བའི་དངོས་གཞི་ཡོངས་རྫོགས་ཀྱི་ལྟུང་བ་དང་པོ་དང་། དེའི་རྟེན་ལ་སྤར་གྱི་དེ་ལྟ་བུའི་ཆགས་སེམས་ཀྱིས་ཀུན་ནས་སློངས་སྟེ་ལུས་བཀའ་པ་ལ་བརྟེན་ནས་བྱུང་བའི་བདེ་བ་འདུ་ཤེས་ཀྱིས་མྱོང་ཞིང་ཡིད་ཤེས་ཀྱིས་བདག་གིར་བཟུང་པ་ལ་བརྟེན་ནས་བྱུང་བའི་དེ་ལྟ་བུའི་ལྟུང་བ་གཉིས་པ་ཡིན། དེ་ལ་བརྟེན་ནས་དགེ་སློང་མ་ཟླ་མོའི་ཕམ་པ་མཐོལ་ཡུལ་ཡོད་བཞིན་དུ་མི་མཐོལ་བ་འཆབ་པ་ལ་བརྟེན་ནས་བྱུང་བའི་དེ་ལྟ་བུའི་ལྟུང་བ་གསུམ་པ་ཡིན། དེ་ལ་བརྟེན་ནས་དགེ་འདུན་གྱི་གནས་ནས་དབྱུང་བའི་དགེ་སློང་ཕ་སླར་དགེ་འདུན་ལ་གསོལ་བ་འདེབས་པ་ཟློག་པར་བྱེད་པ་མི་གཏོང་བ་ལས་བྱུང་བའི་དངོས་གཞི་ཡོངས་རྫོགས་ཀྱི་ལྟུང་བ་བཞི་པ་ཡིན། ལྷི་བའི་ཆོས་བརྒྱད་ནི། དགེ་སློང་ཕའི་དགེ་འདུན་ལ་བརྟེན་པ་གསུམ། དགེ་སློང་ཕ་ཡན་གར་བ་ལ་བརྟེན་པ་གསུམ། དགེ་སློང་ཕ་མ་

གཉིས་ཀ་ལ་བརྟེན་པ་གཉིས་རྣམས་སུ་ཡོད། དང་པོ་ནི། དགེ་སློང་མས་གཞན་གྱི་མཁན་པོ་སོགས་སུ་བྱེད་པ་ལ། དགེ་སློང་ཕས་དགེ་འདུན་ལ་གསོལ་བ་འདེབས་པ། དེ་ལ་ཟླ་བ་ཕྱེད་ཕྱེད་ལ་གདམས་ངག་ཉན་པ། དེ་མེད་པའི་གནས་སུ་དབྱར་ཁས་མི་ལེན་པ་རྣམས་ཡིན། གཉིས་པ་ནི། དགེ་སློང་མས་དེ་ཕ་ཡན་གར་བ་ལ་ལྟུང་བ་གླེང་དྲན་མི་བྱེད་པ། དེ་ལ་ཙོ་མི་འདྲི་བ། དེ་གསར་བུ་ལ་ཕྱག་བྱ་བ་རྣམས་ཡིན། གསུམ་པ་ནི། དགེ་སློང་ཕ་མས་དགེ་འདུན་ལ་མགུ་བ་སྤྱོད་པ་དགག་དབྱེ་བྱེད་པ་དག་ཡིན། དེ་རྣམས་ལ་ལྕི་བའི་ཆོས་ཞེས་བརྗོད་པའི་རྒྱུ་མཚན་ཡོད་དེ། ཤིན་ཏུ་བསྙེན་པར་དཀའ་བའི་རྒྱུ་མཚན་གྱིས་དེ་ལྟར་བརྗོད་པའི་ཕྱིར། དེ་རྣམས་དང་འགལ་ན་ལྟུང་བ་དང་ཉེས་བྱས་ཅི་རིགས་པ་འབྱུང་ངོ་། །བུད་མེད་ལ་ནི་དགེ་སློབ་མ་ཞེས་བྱའི་ཚིག་གཞན་ཡོད་དོ། །ཞེས་པའི་སྐབས་སུ་གསུམ་ལས། དང་པོ་འགྲེལ་ནི། དགེ་སློང་གི་གནས་སུ་དགེ་སློང་མའོ། ཞེས་བཤད་པ་ལ། དགེ་ཚུལ་མར་སྒྲུབ་པའི་མཇུག་དེ་ཉིད་དུ་དགེ་སློང་མར་སྒྲུབ་ཏུ་རུང་ངམ་ཞེ་ན། མི་རུང་ཞེས་བཤད་པ་ལ། རྩ་བའི་གཞུང་གསུངས། གཉིས་པ་ངག་དོན་ནི། དགེ་ཚུལ་མར་སྒྲུབ་པའི་མཇུག་དེ་ཉིད་དུ་དགེ་སློང་མར་སྒྲུབ་ཏུ་མི་རུང་ཏེ། དེ་གཉིས་ཀྱི་བར་དུ་དགེ་སློབ་མའི་སྡོམ་པ་སྦྱིན་དགོས་པའི་ཕྱིར། གསུམ་པ་སྤྱི་དོན་ལ། ཡུལ། རྟེན། ཆོ་གའི་ཁྱད་པར་བཤད་པ་དང་གསུམ། དང་པོ་ནི། ད་ལྟར་གྱི་ཆོ་

ག་ལ་བརྟེན་ནས་བུད་མེད་དགེ་སློབ་མར་སྒྲུབ་པའི་ཚེ་མཁན་མོ་(༡༧བ)ལས་སློབ་མ། དགེ་སློང་མའི་དགེ་འདུན་གྲངས་ཚང་རྣམས་དགོས། དགེ་འདུན་གྲངས་ཚང་ནི། ཡུལ་དབུས་སུ་དགེ་སློང་མ་བཅུ་གཉིས། མཐའ་འཁོབ་ཏུ་དྲུག་གི་ཚོགས་རྣམས་དགོས། དེ་བཞི་ཙམ་ལ་བརྟེན་ནས་དགེ་སློབ་མར་སྒྲུབ་ཏུ་མི་རུང་ཏེ་སྐྱེ་ལ་ཉེས་བྱས་སུ་འགྱུར་པའི་ཕྱིར། འདོད་ན། དགེ་སློབ་མའི་སྡོམ་པ་དགེ་སློང་མ་ཁོ་ན་ལ་བརྟེན་ནས་ལེན་མི་དགོས་ཏེ། དགེ་སློང་མ་མེད་ན། དགེ་སློང་ཕ་གྲངས་ཚང་ལ་བརྟེན་ནས་སྐྱེས་པའི་ཕྱིར་ཏེ། ལུང་དབྱར་གྱི་གཞི་ལས། དགེ་ཚུལ་མའི་བྱ་བ་ནི་འདི་ལྟ་ཏེ། དགེ་ཚུལ་མ་དེས་དགེ་སློང་ལ་ཕོ་ཉ་བཏང་ཏེ། འཕགས་པ་བདག་ལོ་གཉིས་སུ་རྩ་བའི་ཆོས་དྲུག་རྗེས་མཐུན་གྱི་ཆོས་དྲུག་ལ་སློབ་ཞེས་སྤྲིངས་ན། དབྱར་ཞག་བདུན་དུ་བྱིན་གྱིས་རླབས་ནས་དགེ་ཚུལ་མའི་གན་དུ་དགེ་སློང་འགྲོ་བར་བྱའོ། །ཞེས་གསུངས་པའི་ཕྱིར། ༈ གཉིས་པ་རྟེན་གྱི་ཁྱད་པར་ལ། ན་ཚོད་ཀྱི་ཁྱད་པར། ཆ་ལུགས་ཀྱི་ཁྱད་པར། བསམ་པའི་ཁྱད་པར། བསླབ་ཚིག་གི་ཁྱད་པར་དང་བཞི། དང་པོ་ནི། ད་ལྟར་གྱི་ཚིག་ལ་བརྟེན་ནས་ཁྱིམ་སོ་མ་བཟུང་བའི་བུད་མེད་ཀྱི་རྟེན་ལ་དགེ་སློབ་མར་སྒྲུབ་པའི་ཚེ་མངལ་ཞོལ་གྱི་ཟླ་བ་དང་བཅས་པའི་ཚེ་ལོ་བཅོ་བརྒྱད་ལོན་པ། ཁྱིམ་སོ་བཟུང་བའི་བུད་མེད་ཀྱི་རྟེན་ལ་དེ་ལྟར་སྒྲུབ་པའི་ཚེ། ཚེ་ལོ་བཅུ་ལོན་པ་དགོས་ཏེ། བུད་མེད་ཀྱི་

རྗེན་ལ་དགེ་སློང་མར་སྒྲུབ་པའི་སྤྱི་རོལ་དུ་དགེ་སློབ་མའི་སྡོམ་པ་ལོ་གཉིས་སློབ་དགོས་པའི་ཕྱིར། གཉིས་པ་ནི། སྐམ་སྦྱར་མ་གཏོགས་ཆོས་གོས་བཞི་ལྷུང་བཟེད་དང་བཅས་པ་དགོས། གསུམ་པ་ནི། སྙིང་ཐག་པ་ནས་དགེ་སློབ་མའི་སྡོམ་པ་འཐོབ་འདོད་ཀྱི་བསམ་པ་དགོས། བཞི་པ་ནི། ད་ལྟར་གྱི་ཆོ་ག་ལ་བརྟེན་ནས་ཉེས་མེད་ཕུན་ཚོགས་ཀྱི་དགེ་སློབ་མའི་སྡོམ་པ་སྐྱེ་བ་ལ་དགེ་ཚུལ་མའི་སྡོམ་པ། བར་བ་རབ་བྱུང་གི་ཚུལ་ཁྲིམས། དགེ་བསྙེན་གྱི་སྡོམ་པ་གསུམ་སྔོན་དུ་མ་སོང་བར་དགེ་སློབ་མའི་སྡོམ་པ་སྐྱེ་བ་ཡོད་དེ། སྐྱེ་ལ་ཉེས་བྱས་སུ་འགྱུར་བའི་ཕྱིར། དགེ་ཚུལ་མའི་སྡོམ་པ་སྔོན་དུ་མ་སོང་བར་དགེ་སློབ་མའི་སྡོམ་པ་སྐྱེ་བ་ནི་མེད་དེ། དགེ་སློབ་མའི་སྡོམ་པ་ཡིན་ན་དགེ་ཚུལ་མའི་སྡོམ་པའི་རྒྱུན་ཡིན་དགོས་པའི་ཕྱིར་ཏེ། དགེ་སློབ་མ་མཚན་གྱུར་པ་ན་དགེ་ཚུལ་ཕར་འགྱུར་བའི་ཕྱིར། ༈ གསུམ་པ་ཆོ་གའི་ཁྱད་པར་བཤད་པ་ལ། སྦྱོར་དངོས་རྗེས་གསུམ་གྱི་ཆོ་གའི་ཁྱད་པར་དང་གསུམ། དང་པོ་ནི། སྔོན་པ་སངས་རྒྱས་ཀྱི་སྐུ་གཟུགས་དང་དགེ་འདུན་རེ་རེ་ལ་ཕྱག་ཚན་གསུམ་གསུམ་དང་མཁན་པོ་ལ་གསོལ་བ་འདེབས་དགོས། གཉིས་པ་ནི། གསོལ་གཉིས་ཀྱི་ལས་ལ་བརྟེན་ནས་ལེན་དགོས། གསུམ་པ་ལ་དུས་གོ་བརྗོད་པ་དང་། གདམས་ངག་བརྗོད་པ་གཉིས་ཡོད། གདམས་ངག་བརྗོད་པ་ལ་ཡང་རྩ་བའི་ཆོས་དྲུག་སྲུང་བར་འདོམས་པའི་གདམས་

ངག་དྲུག་རྣམས་སུ་ཡོད། དགེ་སློབ་མས་གཅིག་པུ་ལམ་དུ་འགྲོ་བ། ཆུ་བོའི་ཕ་རོལ་དུ་རྐྱལ་བྱེད་པ་སོགས་དྲུག་པོ་དེ་དང་པོ་ཡིན་ཏེ། གཅིག་པུ་ལམ་དུ་འགྲོ་མི་བྱ། །ཆུ་བོའི་ཕ་རོལ་རྐྱལ་མི་བྱ། །སྐྱེས་པ་ལ་ནི་རེག་མི་བྱ། །སྐྱེས་པ་དང་ནི་འདུག་མི་བྱ། །སྨྱན་དུ་འགྱུར་བ་མི་བྱ་ཞིང་། །ཁ་ན་མ་ཐོ་འཆབ་མི་བྱ། །ཞེས་གསུངས་པའི་ཕྱིར། ཡང་དགེ་སློབ་མས་གསེར་དངུལ་ལེན་པ་སོགས་ཕྱི་མ་ཡིན་ཏེ། །གསེར་ལ་བཟུང་བར་མི་བྱ་དང་། །འདོམ་གྱི་སྤུ་ནི་བྲེག་མི་བྱ། །ས་ནི་རྐོ་བར་མི་བྱ་ཏེ། །རྩྭ་སྔོན་དག་ཀྱང་གཅད་མི་བྱ། །བྱིན་ལེན་མ་བྱས་ཟ་མི་བྱ། །བསོག་འཇོག་བྱས་པ་བཟའ་མི་བྱ། །ཞེས་གསུངས་པའི་ཕྱིར། དང་པོ་དེ་རྣམས་ལ་རྩ་བའི་ཆོས་ཞེས་བརྗོད་པའི་རྒྱུ་མཚན་ཡོད་དེ། དེ་སྤང་བྱ་གཉུག་མ་ཡིན་པའི་རྒྱུ་མཚན་གྱིས་དེ་ལྟར་བརྗོད་པའི་ཕྱིར། ཕྱི་མ་དེ་རྣམས་ལ་རྗེས་མཐུན་གྱི་ཆོས་ཞེས་བརྗོད་པའི་རྒྱུ་མཚན་ཡོད་དེ། སྤང་བྱ་གློ་བུར་བ་ཡིན་པའི་རྒྱུ་མཚན་གྱིས་དེ་ལྟར་དུ་བརྗོད་པ་ཡིན་པའི་ཕྱིར། དེས་ན་དགེ་སློབ་མའི་སྡོམ་པ་ནི་སོ་ཐར་གྱི་རིགས་བདུན་དུ་བསྡུ་བའི་ཚེ་དགེ་ཚུལ་གྱི་སྡོམ་པར་བསྡུ་སྟེ། དགེ་སློབ་མ་མཚན་འགྱུར་བ་ན་དགེ་ཚུལ་ཕར་འགྱུར་བའི་ཕྱིར་དང་། དེའི་སྡོམ་པ་ནི། དགེ་ཚུལ་གྱི་སྡོམ་པའི་ངོས་སྐལ་གྱི་སྤང་བྱའི་སྟེང་དུ་རྩ་བའི་ཆོས་དྲུག་དང་རྗེས་མཐུན་གྱི་ཆོས་དྲུག་ངོས་སྐལ་གྱི་སྤང་བྱར་བྱས་ནས་སྡོང་བའི་སྡོམ་པ་ཡིན་པའི་ཕྱིར་ཏེ། ཊཱི་ཀ་ཆེན་ལས།

དགེ་ཚུལ་གྱི་སྡོམ་པ་ལས་རྫས་ལོག་ན་མེད་དེ། ཞེས་གསུངས་པའི་ཕྱིར། དགེ་སློབ་མའི་སྡོམ་པ་སྔོན་དུ་མ་སོང་བར་དགེ་སློང་མའི་སྡོམ་པ་སྐྱེ་བ་ཡོད་དེ། སྐྱེ་ལ་ཉེས་བྱས་སུ་འགྱུར་བའི་ཕྱིར། །

༈ ཚངས་པར་སྤྱོད་པ་ལ་ཉེ་བར་གནས་པའི་སྡོམ་པ་མ་ཐོབ་པར་བསྙེན་པར་རྫོགས་པར་མི་འགྱུར་རོ། །ཞེས་པའི་སྐབས་སུ་གཞུང་འབྲེལ་དང་སྤྱི་དོན་གཉིས། དང་པོ་འབྲེལ་ནི་བུད་མེད་ལ་ནི་དགེ་སློབ་མ་ཞེས་བྱ་བའི་ཚིགས་གཞན་ཡང་ཡོད་དོ། །ཞེས་སོགས་ཀྱི་སྐབས་སུ་དགེ་ཚུལ་མར་སྒྲུབ་མ་ཐག་ཏུ་བསྙེན་རྫོགས་སུ་བསྒྲུབ་རུང་ངམ་ཞེ་ན་མི་རུང་བར་དེའི་བར་ལ་དགེ་སློབ་མ་ཞེས་པའི་ཚིགས་གཞན་ཡང་ཡོད། ཅེས་འཆད་པ་ལ། འོ་ན་དགེ་སློབ་མའི་སྡོམ་པ་སྦྱིན་པའི་མཇུག་དེ་ཉིད་དུ་དགེ་སློང་མའི་སྡོམ་པ་སྦྱིན་དུ་རུང་ངམ་ཞེ་ན་དེ་ཡང་མི་རུང་། ཞེས་འཆད་པ་ལ། རྩ་བའི་གཞུང་འདི་གསུངས། ངག་དོན་ནི། དེའི་རྗེས་སུ་དེ་འདྲའི་སྡོམ་པ་སྦྱིན་དུ་མི་རུང་སྟེ། དེ་གཉིས་ཀྱི་བར་དུ་ཚངས་སྤྱོད་ཉེར་གནས་ཀྱི་སྡོམ་པ་སྦྱིན་དགོས་པའི་ཕྱིར། ༈ གཉིས་པ་སྤྱི་དོན་ལ། ཁ་ཅིག ཚངས་སྤྱོད་ཉེར་གནས་ཀྱི་སྡོམ་པ་སྔོན་དུ་མ་སོང་བར་བུད་མེད་ཀྱི་རྟེན་ལ་ད་ལྟར་གྱི་ཆོ་ག་ལ་བརྟེན་ནས། དགེ་སློང་མའི་སྡོམ་པ་སྐྱེ་བ་མེད་ཟེར་ན་དེ་ཡོད་པར་ཐལ། བུད་མེད་ཀྱི་རྟེན་ལ་ཕ་ཆོག་ཙམ་ལ་བརྟེན་ནས་དགེ་སློང་མའི་སྡོམ་པ་སྐྱེ་བ་ཡོད་པའི་ཕྱིར་ཏེ། དེའི་རྟེན་ལ་

དགེ་སློང་མའི་དགེ་འདུན་མེད་པར་དགེ་སློང་ཕའི་དགེ་འདུན་ལ་བརྟེན་ནས་དགེ་སློང་མའི་སྡོམ་པ་སྐྱེ་བ་ཡོད་པའི་ཕྱིར་ཏེ། དེ་ལ་བརྟེན་ནས་དགེ་སློབ་མའི་སྡོམ་པ་སྐྱེ་བ་ཡོད་པ་གོང་དུ་བཤད་ཟིན་པའི་ཕྱིར། དེ་ལྟར་ཡིན་ཀྱང་བུད་མེད་ཀྱི་རྟེན་ལ་ཕ་ཆོག་ཙམ་ལ་བརྟེན་ནས་ཉེས་མེད་ཕུན་ཚོགས་ཀྱི་དགེ་སློང་མའི་སྡོམ་པ་ཐོབ་པ་མེད་དེ། བུད་མེད་ཀྱི་རྟེན་ལ་ད་ལྟར་གྱི་ཆོ་ག་ལ་བརྟེན་ནས་ཐོབ་པའི་ཉེས་མེད་ཕུན་ཚོགས་ཀྱི་དགེ་སློང་མའི་སྡོམ་པ་ཡིན་ན་མ་ཆོག་ལ་བརྟེན་ནས་ཐོབ་པའི་དགེ་སློང་མའི་སྡོམ་པ་ཡིན་དགོས་པའི་ཕྱིར། ཚངས་སྤྱོད་ཉེར་གནས་ཀྱི་སྡོམ་པ་སྔོན་དུ་མ་སོང་བར་བུད་མེད་ཀྱི་རྟེན་ལ་མ་ཆོག་ལ་བརྟེན་ནས་དགེ་སློང་མའི་སྡོམ་པ་ཐོབ་པ་མེད་དེ། ཚངས་སྤྱོད་ཉེར་གནས་ཀྱི་སྡོམ་པ་འབོགས་པའི་ཆོ་ག་དེ་བུད་མེད་ཀྱི་རྟེན་ལ་མ་ཆོག་ལ་བརྟེན་ནས་དགེ་སློང་མར་བསྒྲུབས་པའི་མེད་མི་རུང་གི་ཆོ་ག་ཡིན་པའི་ཕྱིར། འོན་ཀྱང་ཚངས་སྤྱོད་ཉེར་གནས་ཀྱི་སྡོམ་པ་ནི་སྡོམ་པ་མ་ཡིན་ཏེ། དེའི་ཚུལ་ཁྲིམས་ལ་སྡོམ་པའི་མིང་གིས་བཏགས་པ་ཙམ་ཡིན་པའི་ཕྱིར། ཁོ་ན་རེ། སྐྱེས་པའི་རྟེན་ལ་མ་ཆོག་ཙམ་ལ་བརྟེན་ནས་དགེ་སློང་ཕའི་སྡོམ་པ་སྐྱེ་བ་ཡོད་པར་ཐལ། བུད་མེད་ཀྱི་རྟེན་ལ་ཕ་ཆོག་ཙམ་ལ་བརྟེན་ནས་དགེ་སློང་མའི་སྡོམ་པ་སྐྱེ་བ་ཡོད་པའི་ཕྱིར་ན་མ་ཁྱབ། ༈ དེས་ན་ཚངས་སྤྱོད་ཉེར་གནས་ཀྱི་སྡོམ་པ་ལེན་པ་ལ། ཡུལ། རྟེན། དུས། ཆོ་གའི་ཁྱད་

པར་བཤད་པ་དང་བཞི། དང་པོ་ནི་མཁན་མོ། ལས་སློབ་མ། གསང་སྟོན་མ། དགེ་སློང་མའི་དགེ་འདུན་གྲངས་ཚང་ལ་བརྟེན་ནས་ལེན་དགོས། དགེ་སློང་མའི་དགེ་འདུན་གྱི་གྲངས་ཚང་ནི་དགེ་སློང་མར་བསྒྲུབ་པ་དང་མཐུན། གཉིས་པ་རྟེན་ནི། དགེ་སློབ་མའི་སྡོམ་པ་ལ་ལོ་གཉིས་བསླབ་པའི་དགེ་སློབ་མ་ལ་སྟེར་དགོས། གསུམ་པ་དུས་ནི་གསང་སྟོན་མས་ལྐོག་ཏུ་བར་ཆད་དྲིས་པའི་མཇུག་ཏུ་སྟེར། བཞི་བ་ལ་སྦྱོར་དངོས་རྗེས་གསུམ་གྱི་ཆོ་ག་གསུམ་ཡོད་དོ། །དེ་ཡན་གྱི་གཉིས་པ་ཕྲན་ཚེགས་ནས་བྱུང་བའི་ཚུལ་སོང་ནས། །

༈ ཞུ་བ་ལས་བྱུང་བའི་ཚུལ།

གསུམ་པ་ཞུ་བ་ནས་འབྱུང་བའི་ཚུལ་སྟོན་པ་ལ། མི་མ་ཡིན་པའི་འགྲོ་བ་པོ་དང་བྱང་གི་སྒྲ་མི་སྙན་པ་གཉིས་ནི་སྡོམ་པའི་ཞིང་ཉིད་མ་ཡིན་ནོ། །ཞེས་པ་ནས་སྐྱེ་བའི་ཚེ་ཉིད་ན་ཕུལ་ལམ་སྙམ་ན་མི་སྐྱེའོ་ཞེས་པའི་བར་གསུངས། དག་དོན་ནི། ལྷ་ལ་སོགས་པ་མི་ཡིན་པའི་འགྲོ་བ་པོ་དང་། བྱང་གི་སྒྲ་མི་སྙན་པ་དང་ཟ་མ་དང་མ་ནིང་སོགས་ཀྱི་རྟེན་ལ་སོ་ཐར་གྱི་སྡོམ་པ་གསར་དུ་སྐྱེ་བ་མེད་དེ། དེ་དག་སོ་ཐར་གྱི་སྡོམ་པ་དང་སྡོམ་མིན་སྐྱེ་བའི་རྟེན་དུ་མི་རུང་བའི་ཕྱིར་ཏེ། མཛོད་ལས། ཟ་མ་མ་ནིང་སྒྲ་མི་སྙན། །མཚན་གཉིས་མ་གཏོགས་མི་རྣམས་ལ། །སྡོམ་མིན་སྡོམ་པའང་དེ་བཞིན་དུ། །ཞེས་དང་། དེའི་རང་འགྲེལ་ལས། མིའི་འགྲོ

པ་ཁོ་ན་ལ་ཡོད་ཀྱི་གཞན་དག་ལ་མ་ཡིན་ནོ། །ཞེས་གསུངས་པའི་ཕྱིར། གཞུང་ཕྱི་མའི་དགག་དོན་ནི། སྡོམ་པ་ལེན་པ་ལ་མངོན་དུ་ཕྱོགས་པའི་ཚེ་སྡོམ་པ་ལེན་སེམས་ལོག་པ་ན་དེ་མི་སྐྱེ་སྟེ། དེའི་ཚེ་སྡོམ་པ་སྐྱེ་བའི་བསམ་པའི་མཐུན་རྐྱེན་མ་ཚང་བའི་ཕྱིར། ཡང་དེའི་ཚེ་མཚན་གཉིས་ཅིག་ཅར་དུ་ལྡན་ན་མི་སྐྱེ་སྟེ། དེའི་ཚེ་སྡོམ་པ་སྐྱེ་བའི་རྟེན་ཉམས་པའི་ཕྱིར་དེས་ན་གཞུང་འདིས་སྡོམ་པའི་དངོས་རྒྱུའི་ཚེའམ་དེ་སྐྱེ་ཁ་མའི་ཚེ་མཚན་གཉིས་ཅིག་ཅར་དུ་བྱུང་ན་ཡང་སྡོམ་པ་སྐྱེ་བའི་བར་ཆད་བྱེད་མི་ནུས་པ་ཤུགས་ལ་བསྟན་ཏེ། རྒྱ་ཆེར་འགྲེལ་ལས། དེ་ལ་ནི་སྐྱེ་བའི་ཕྱིར། གང་ཞིག་ཀྱང་བགེགས་བྱ་བར་མི་ནུས་སོ། །ཞེས་གསུངས་པའི་ཕྱིར། འགལ་རྐྱེན་བར་ཆད་ཀྱིས་སྤྲོས་པ་རྒྱས་པར་གོང་དུ་བཤད་པ་དེ་ལྟར་འདིར་ཡང་འཆད་དོ། །

༄ གཉིས་པ་བསླབ་བྱ་བཤད་པ་ལ། སྤང་བྱའི་བསླབ་བྱ་བཤད་པ་དང་། ཉམས་སུ་བླང་བྱའི་བསླབ་བྱ་བཤད་པ་གཉིས། དང་པོ་ལ། སྡེ་ལྔ་སོ་སོའི་ངོ་བོ། ཞུ་བ་སྦྱོར་བསྟན་གྱི་དོན་བཤད་པ་གཉིས། དང་པོ་ལ། དགེ་སློང་ཕའི་སྡེ་ལྔ་བཤད་པ་དང་། མའི་སྡེ་ལྔ་བཤད་པ་གཉིས།

༄ ཐུན་མོང་བའི་བསླབ་པ་འབུལ་ཆོག་བཤད་པ།

དང་པོ་ལ། ཐུན་མོང་བའི་བསླབ་པ་འབུལ་ཆོག་བཤད་པ་དང་། ཕའི་སྡེ་ལྔ་བཤད་པ་དངོས་གཉིས། དང་པོ་སྟོན་པ་ལ། རང་བཞིན་

ཉམས་པས་བྱས་པ་ཉིད་ནི་ཕྱུལ་བ་ཉིད་མ་ཡིན་ནོ། །ཞེས་གསུངས།
འདིའི་སྐབས་སུ་གཞུང་གིས་འཕྲོས་དང་སྤྱི་དོན་གཉིས། དང་པོ་འཕྲོས་
ནི། མི་མ་ཡིན་པའི་འགྲོ་བ་པོ་དང་། ཞེས་སོགས་ཀྱི་སྐབས་སུ། འགལ་
རྐྱེན་བར་ཆད་ཀྱི་སྒྲོས་པ་བཤད་པ་ལ། འོན་སྡོམ་པའི་གཏོང་རྒྱུ་དེ་གང་
ཞེ་ན། དེ་འཆད་པ་ལ་གཞུང་འདི་གསུངས། ངག་དོན་ནི། སྨྲོ་བ་སོགས་
སེམས་མནལ་དུ་མེད་པས་བསླབ་པ་འབྱུལ་ཚོག་བྱས་པ་ནི་བསླབ་པ་
ཕྱུལ་བ་མ་ཡིན་ཏེ། བསླབ་པ་འབྱུལ་བ་ལ་སེམས་རང་བཞིན་དུ་གནས་
པ་དགོས་པའི་ཕྱིར། ༈ གཉིས་པ་སྤྱི་དོན་ལ། བསླབ་པ་འབྱུལ་ཚོག་སྡེ་
ལྔའི་དང་པོར་བསྟན་པའི་དགོས་པ། སྡོམ་པའི་གཏོང་རྒྱུ་སྤྱིར་བཤད་པ།
བསླབ་པ་འབྱུལ་ཚོག་བྱེ་བྲག་ཏུ་བཤད་པ་དང་གསུམ། དང་པོ་ནི། ལུང་
ལས་བསླབ་པ་འབྱུལ་ཚོག་ཕམ་པ་དང་པོ་དང་སྦྲུར་ནས་བཤད་ཀྱང་།
འདིར་སྡེ་ལྔའི་དང་པོར་འཆད་པའི་རྒྱུ་མཚན་ཡོད་དེ། ལྟུང་བ་སྡེ་ལྔ་
འབྱུང་བ་ལ་སྡོམ་པ་ཐོབ་ཏེ་བསླབ་པ་འབྱུལ་ཚོག་སོགས་ཀྱི་སྒོ་ནས་
སྡོམ་པ་མ་བཏང་བ་ཞིག་དགོས་པར་ཤེས་པའི་ཆེད་ཡིན་པའི་ཕྱིར།
གཉིས་པ་སྡོམ་པ་གཏོང་རྒྱུ་སྤྱིར་བསྟན་པ་ནི། བསྟན་བཅོས་འདིར་སྡོམ་
པའི་གཏོང་རྒྱུ་རྣམས་ཀྱི་ནང་ནས་བསླབ་པ་འབྱུལ་ཚོག་དངོས་སུ་
བསྟན་ནས། གཞན་རྣམས་དངོས་སུ་མི་སྟོན་པའི་རྒྱུ་མཚན་ཡོད་དེ། ལུང་
རྣམ་འབྱེད་ལས་དེ་ལྟར་མ་བཤད་པའི་རྒྱུ་མཚན་གྱིས་ཡིན་པའི་ཕྱིར།

སྡོམ་པའི་གཏོང་རྒྱུ་ལ་ཡང་དགུ་ཡོད་དེ། མཛོད་ལས། བསླབ་པ་ཕུལ་དང་ཤི་འཕོས་དང་། །མཚན་གཉིས་དག་ནི་བྱུང་བ་དང་། །རྩ་བ་ཆད་དང་མཚན་འདས་ལས། །སོ་སོར་ཐར་པའི་འདུལ་བ་གཏོང་། །ཞེས་གསུངས་པ་དང་། དེ་བཞིན་དུ་མ་ནིང་འགྱུར་བ་བསྙེན་པ་དང་། ཉི་ཤུ་མ་ལོན་དེར་ཤེས་པ་དང་། བསྟན་ཕྱིར་ཁས་བླངས་པ་དང་། མཚན་ལན་གསུམ་དུ་གྱུར་པ་རྣམས་སུ་ཡོད་ལ། དེ་ཡང་བསླབ་པ་ཕུལ་བ། ཤི་འཕོས་པ། མཚན་གཉིས་ཅིག་ཅར་དུ་བྱུང་བ། དགེ་རྩ་ཆད་པ། མཚན་ལན་གསུམ་དུ་གྱུར་པ་དང་ལྔ་ནི་ཐུན་མོང་བའི་གཏོང་རྒྱུ་ཡིན་ནོ། །མ་ནིང་འགྱུར་བ་བསྙེན་པ་ནི། དགེ་སློང་ཕའི་དབང་པོ་ལ་སོགས་པ་ཉམས་ནས་མོའི་མདོག་བསྙེན་པ་ལ་བྱེད་དེ། ཤེས་རབ་འབྱེད་པ་ལས། ཕོའི་དབང་པོ་ཉམས་ནས་མོའི་མདོག་བྱུང་ན་ཁྲིམས་ནི་མི་ཆགས་ཤིང་། སྔོན་ཁྲིམས་ཆགས་པ་ཡང་མི་འགྱུར་རོ། །ཞེས་གསུངས་པའི་ཕྱིར། ཉིན་ཞག་གཅིག་གི་མཚན་མོ་ལས་འདས་པ་ནི་བསྙེན་གནས་ཀྱི་སྡོམ་པའི་གཏོང་རྒྱུ་ཡིན་ཏེ། དེ་ཉིད་ཞག་གཅིག་གི་མཐའ་ཅན་གྱི་སྡོམ་པ་ཡིན་པའི་ཕྱིར། ཉི་ཤུ་མ་ལོན་པར་དེར་ཤེས་པ་ནི། དགེ་སློང་གི་སྡོམ་པ་ཕོ་ནའི་གཏོང་རྒྱུ་ཡིན་ཏེ། སྔར་བསྙེན་རྫོགས་བསྒྲུབ་པའི་ཚེ་མངལ་ཤོལ་གྱི་ཟླ་བ་དང་བཅས་པའི་ཆོས་ལོ་ཉི་ཤུ་མ་ལོན་པ་ལ་དེའི་ནང་དུ་དེ་ལྟར་མ་ལོན་པར་འདུ་ཤེས་ན་དེ་གཏོང་བའི་ཕྱིར། ཆོས་ལོ་ཉི་ཤུ་མ་ལོན་པར་བསྙེན་རྫོགས

བསྐྱབ་ནས་ཕྱིས་དེ་ལྟར་ལོན་ནས་ཉི་ཤུ་མ་ལོན་པར་དེར་ཤེས་བྱུང་ན་བསྙེན་རྫོགས་ཀྱི་སྡོམ་པ་མི་གཏོང་སྟེ། དེའི་ཚེ་ཆོས་ལོ་ཉི་ཤུ་ལོན་པའི་ཕྱིར། ཆོས་ལོ་བཅུ་གཉིས་ཙམ་ལོན་པའི་རྟེན་ལ་དགེ་སློང་མར་བསྒྲུབས་ཆོས་ལོ་བཅུ་དགུ་ཚུན་ལ་མཚན་གྱུར་པའི་དགེ་སློང་གི་རྟེན་ལ་ཉི་ཤུ་མ་ལོན་པ་དེར་ཤེས་བྱུང་བ་དང་། ཆོས་ལོ་ཉི་ཤུ་མ་ལོན་པར་བཅུ་གཉིས་ཙམ་ལོན་པའི་རྟེན་ལ་དགེ་སློང་ཕར་བསྒྲུབ། ཆོས་ལོ་བཅུ་དགུ་ཚུན་ལ་མཚན་གྱུར་པའི་དགེ་སློང་མའི་རྟེན་ལ་ཉི་ཤུ་མ་ལོན་པར་དེར་ཤེས་བྱུང་ཡང་དགེ་སློང་གི་སྡོམ་པ་མི་གཏོང་སྟེ། ཉི་ཤུ་མ་ལོན་པར་དེར་ཤེས་པ་དེ་དགེ་སློང་མའི་སྡོམ་པའི་གཏོང་རྒྱུ་མ་ཡིན་པའི་ཕྱིར་ཏེ། ཉེས་མེད་ཕུན་ཚོགས་ཀྱི་དགེ་སློང་མའི་སྡོམ་པ་ཐོབ་པ་ལ་ཆོས་ལོ་ཉི་ཤུ་ངེས་པར་ལོན་མི་དགོས་པའི་ཕྱིར། ཉི་ཤུ་མ་ལོན་པ་དེར་ཤེས་པ་ད་ལྟར་གྱི་ཚེ་ག་ལ་བརྟེན་ནས་ཐོབ་པའི་དགེ་སློང་གི་སྡོམ་པའི་གཏོང་རྒྱུ་ཡིན་ཀྱང་། དགེ་སློང་གི་སྡོམ་པ་མཐའ་དག་གི་གཏོང་རྒྱུ་ནི་མ་ཡིན་ཏེ། ཚུར་ཤོག་གི་སྒོ་ནས་བསྙེན་པར་རྫོགས་པ་ལ་ཆོས་ལོ་ཉི་ཤུ་ལོན་མི་དགོས་པའི་ཕྱིར། བསྙེན་ཕྱིར་ཁས་བླངས་པ་ནི་དགེ་སློང་མའི་སྡོམ་པ་ཁོ་ནའི་གཏོང་རྒྱུ་ཡིན་ཏེ། དགེ་སློང་མའི་རྟེན་ལ་སྐྱེས་པ་དང་འབྲིག་པ་བསྙེན་པར་ཁས་བླངས་པ་ན་དེའི་སྡོམ་པ་གཏོང་བའི་ཕྱིར། བྱེ་བྲག་ཏུ་སྨྲ་བ་ཁ་ཅིག རྩ་ལྟུང་སྡོམ་པའི་གཏོང་རྒྱུར་འདོད། ཁ་ཅིག དམ་ཆོས་ནུབ་པ་དེའི་གཏོང་

རྒྱུར་འདོད་དེ། མཛོད་ལས། ཁ་ཅིག་ལྷུང་བར་གྱུར་ལས་སླ། །གཞན་དག་དམ་ཆོས་ནུབ་པ་ལས། །ཞེས་གསུངས་པའི་ཕྱིར། དེས་ན་དང་པོ་སྡོམ་པའི་གཏོང་རྒྱུ་ཡིན་པ་འོག་ནས་འགོག ཕྱི་མ་དེའི་གཏོང་རྒྱུ་མ་ཡིན་ཏེ། དམ་ཆོས་ནུབ་པ་ན་སྡོམ་པ་གསར་དུ་མི་སྐྱེ་ཡང་སྔར་ཡོད་མི་གཏོང་བ་ཡིན་པའི་ཕྱིར། བསྡུ་བ་ལས། དམ་ཆོས་ནུབ་པ་ན་སྔར་སྡོམ་པ་མ་བླངས་པ་བླང་དུ་མེད་ཀྱང་བླང་པ་མི་གཏོང་བར་རིགས་པར་བྱའོ། །ཞེས་གསུངས་པའི་ཕྱིར། ཁ་ཆེ་བྱེ་བྲག་སྨྲ་བ་རྣམས་ནི་སྲོག་གཅོད་ཀྱི་རྩ་ལྷུང་ཙམ་བྱུང་རྩ་ལྷུང་གཞན་རྣམས་མ་བྱུང་བའི་དགེ་སློང་དེ་སྲོག་གཅོད་སྤོང་བའི་སྡོམ་པ་ལས་ཉམས་ཀྱང་གཞན་རྣམས་མ་ཉམས་པ་དང་ལྡན་པར་འདོད་དེ། དེ་བུ་ལོན་དང་ནོར་ཅན་གཉིས་ཀ་དང་མཚུངས་པར་འདོད་པའི་ཕྱིར། དེ་སྲོག་གཅོད་སྤོང་བའི་སྡོམ་པ་ཉམས་པ་དང་ལྡན་པའི་སྒོ་ནས་བུ་ལོན་ཅན་དང་། སྡོམ་པ་ཕྱི་མ་གསུམ་མ་ཉམས་པ་དང་ལྡན་པས་ནོར་ཅན་དང་མཚུངས་པར་འདོད་པའི་ཕྱིར་ཏེ། མཛོད་ལས། ཁ་ཆེ་རྣམས་ནི་བྱུང་བ་ལ། །བུ་ལོན་ནོར་བཞིན་གཉིས་སུ་འདོད། །ཅེས་གསུངས་པའི་ཕྱིར། ༈ གསུམ་པ་བསླབ་པ་འབུལ་ཆོག་བྱེ་བྲག་ཏུ་བཤད་པ་ལ། དགོས་དོན་དང་བསྡུས་དོན་གཉིས། དང་པོ་ནི། ཇི་ལྟར་འབད་ཀྱང་ཉོན་མོངས་མང་བའི་སྒོ་ནས་བསྲུང་མ་ནུས་ན་བསླབ་པ་འབུལ་ཆོག་བྱས་པ་ལ་དགོས་པ་ཡོད་དེ། དངོས་སུ་རྩ་ལྷུང་མི་འབྱུང་བ་

དང་། ཕྱིས་སྡོམ་པ་རྣམ་དག་སྐྱེ་བའི་དགོས་པ་ཡོད་པའི་ཕྱིར་ཏེ། དགེ་སློང་ལ་གཅེས་པའི་མདོ་ལས། གང་ཞིག་བསླབ་ལ་མི་གནས་པ། །བདེ་གཤེགས་རྒྱལ་མཚན་འཛིན་པ་ལས། །བསླབ་ལ་མི་གནས་སྐད་ཅིག་གི །གཟུགས་པོར་ཁྲིམ་པར་གནས་ན་བཟང་། །ཞེས་གསུངས་པའི་ཕྱིར། བསླབ་པ་བསྲུང་དཀའ་བའི་སྒོ་ནས་དེ་འབུལ་མི་རིགས་ཏེ། དེ་ལྟར་ཕུལ་ན་སྐྱེ་བ་མང་པོར་སངས་རྒྱས་ཀྱི་བསྟན་པ་དང་མི་འཕྲད་པའི་ཉེས་པར་འགྱུར་བའི་ཕྱིར། དེས་ན་དགེ་འདུན་གྱི་སྡེ་སྐྱབས་པ་སོགས་ཀྱི་ཕྱིར་དུ་མ་ཡིན་པར་རང་ཉིད་ཅིག་པུའི་དོན་དུ་སྲོག་གི་ཕྱིར་དུ་ཡང་བསླབ་པ་འབུལ་མི་རིགས་ཏེ། མདོ་ལས། དགེ་སློང་དག་སྲོག་དང་བྲལ་ཞིང་ཤི་བ་ནི་སླ་ཡི། ཚུལ་ཁྲིམས་ཉམས་ཤིང་ཞིག་པས་ནི་དེ་ལྟར་མ་ཡིན་ནོ། །ཞེས་གསུངས་པའི་ཕྱིར། གཉིས་པ་བསྡུ་དོན་ལ། གཞི་བསམ་པ་སྦྱོར་བ་མཐར་ཐུག་གི་ཡན་ལག །བསླབ་པ་འབུལ་ཚོག་དངོས། བསླབ་པ་འབུལ་ཚོག་དགག་སྒྲུབ་གང་གི་བསླབ་བྱ་ཡིན་པ་བཤད་པ་དང་གསུམ། དང་པོ་ལ་བཞི་ལས། དང་པོ་གཞིའི་ཡན་ལག་ལ། ཡུལ་དང་རྟེན་གཉིས། དང་པོ་ལ། ཐ་སྙད་ལྔ་དང་ལྡན་པ། ལུས་ཐ་མལ་དུ་གནས་པ་དགོས། ཐ་སྙད་ལྔ་ནི་སྨྲ་ཤེས་པ་དོན་གོ་ཤེས་པ་རང་བཞིན་དུ་གནས་པ་སྟེ་ཐ་སྙད་གསུམ་གྱི་སྟེང་དུ་མི་ཡིན་པ། མ་ནིང་དང་མཚན་གཉིས་པ་གང་རུང་མ་ཡིན་པའོ། །རྟེན་ནི་སོ་ཐར་གྱི་སྡོམ་པ་དང་ལྡན་པ།

བསམ་པ་རང་བཞིན་དུ་གནས་པ་དགོས། གཉིས་པ་བསམ་པ་ནི། འདུ་ཤེས་མ་འཁྲུལ་བ་དགོས། ཀུན་སློང་ནི་བསླབ་པ་འབུལ་འདོད་ཀྱི་བསམ་པ་རྒྱུན་མ་ཆད་པ་དགོས། སྦྱོར་བ་ནི་ལུས་ངག་གང་རུང་ནས་ཐོན་པ་དགོས་ཏེ། རྒྱ་ཆེར་འགྲེལ་ལས། ཚིག་མ་སྨྲས་ཀྱང་གཏོང་བའི་མཚན་མས་ཀྱང་ཕུལ་བར་འགྱུར་ཏེ། དེས་ན་ལུས་ཀྱི་རྣམ་པར་རིག་བྱེད་ཀྱིས་ཀྱང་ཕུལ་བར་འགྱུར་ལ། ངག་གི་རྣམ་པར་རིག་བྱེད་ཀྱིས་ཀྱང་ཕུལ་བར་འགྱུར་རོ། །ཞེས་གསུངས་པའི་ཕྱིར། མཐར་ཐུག་གི་ཡན་ལག་ནི་དོན་ཐ་མལ་བས་གོ་བར་བྱེད། །

༄ གཉིས་པ་བསླབ་པ་འབུལ་ཚིག་དངོས་བཤད་པ་ནི། རྣམ་འབྱེད་བམ་ལྔ་གཉིས་ལས་བཤད་པའི་བསླབ་པ་ཉམས་པ་ཞེས་པའི་མིང་གིས་བསྟན་པའི་བསླབ་པ་འབུལ་ཚིག་དང་། བསྟན་བཅོས་འདི་ནས་བཤད་པའི་དེ་གཉིས། དངོས་ནི་རྣམ་འབྱེད་ལས་བསླབ་པ་ཉམས་པ་ཞེས་པ་ནི་དགེ་སྦྱོང་ཚུལ་གཏོང་བར་འདོད་པས་དགེ་སློང་གི་དྲུང་དུ་སོང་སྟེ་ཚངས་པ་མཚུངས་པར་སྤྱོད་པ་ནི་དཀའོ། །རབ་ཏུ་དབེན་པ་བྱ་དཀའོ། །ཕ་མ་དང་ཕུ་ནུ་དང་སྲིང་མོ་དག་དྲན་ནོ། །བདག་ཁྱིམ་བཟང་པོ་ཞིག་ཏུ་གཏོང་ཅིག ཅེས་དགེ་སློང་ཚུལ་གཏོང་བར་འདོད་པའི་ཚིག་བརྗོད་པའོ། །ཞེས་གསུངས་པའི་ཕྱིར། གཉིས་པ་བསྟན་བཅོས་འདི་ནས་བཤད་པ་ནི་ཚེ་དང་ལྡན་པ་དགོངས་སུ་གསོལ། བདག་མིང་འདི་ཞེས་བགྱི་བས་བསླབ

པ་འབུལ་ལོ། །ཞེས་སོགས་གསུངས། བསླབ་པ་འབུལ་ལོ་ཞེས་པས་བསླབ་པའི་ངོ་བོ་གཏོང་། དཀོན་མཆོག་གསུམ་འབུལ་ལོ་ཞེས་པས་སྡོམ་པའི་རྒྱ་བ་གཏོང་། དེས་ན་བསླབ་པ་འབུལ་འདོད་ཀྱི་(༢༨ན)བསམ་པ་མེད་པར་དཀོན་མཆོག་བློས་སྤོང་གི་ཚིག་བརྗོད་པ་ཙམ་གྱིས་བསླབ་པ་ཕུལ་བར་མི་འགྱུར་ཏེ། དགེ་སློང་མའི་རྟེན་ལ་ཚིག་དེ་ཙམ་བརྗོད་པ་ལ་བརྟེན་ནས་དཀོན་མཆོག་བློས་སྤོང་གི་ལྷག་མའི་ལྟུང་བ་ཙམ་སྐྱེས་པའི་ཕྱིར། མདོ་སྡེ་དང་། འདུལ་བ་དང་། མ་མོ་དང་། མཁན་སློབ་འབུལ་ཞེས་པའི་ཚིག་ལ་བརྟེན་ནས་བསླབ་པའི་ཉམས་ལེན་གཏོང་། སོ་ཐར་གྱི་སྡོམ་པ་གཏོང་བར་འདོད་ན་ཁྱིམ་པར་བཟུང་དུ་གསོལ་ཞེས་བརྗོད་དགོས། དགེ་སློང་ཙམ་གྱི་སྡོམ་པ་གཏོང་བར་འདོད་ན། དགེ་ཚུལ་དུ་བཟུང་དུ་གསོལ། ཞེས་བརྗོད་དགོས། ཚིག་འདི་ལ་བརྟེན་ནས་བསླབ་པ་ཕུལ་བ་དངོས་སུ་གོ་ནུས་ཏེ། འདི་ལ་བསླབ་པ་འབུལ་བའི་ཚིག་དངོས་སུ་ཡོད་པའི་ཕྱིར། ཚིག་སྔ་མ་ལ་བརྟེན་ནས་དེ་རྒྱུད་ནས་གོ་ཡང་དངོས་སུ་མི་གོ་སྟེ། དེ་ལ་བསླབ་པ་འབུལ་བའི་ཚིག་དངོས་སུ་མེད་པའི་ཕྱིར། ཚིག་དེ་གཉིས་ཀ་སྡོམ་པའི་གཏོང་རྒྱུ་ཡིན་ཏེ། བམ་པོ་ལྔ་པ་ལས། བསླབ་པ་ཕུལ་དང་ཉམས་པ་གཉིས་ཀ་སྡོམ་པ་མེད་པ་ཉིད་དུ་འདྲ་ཏེ། བསླབ་པ་ཕུལ་བ་ནི་བསླབ་པ་གཏོང་བའི་དགོས་པ་སྡོམ་པ་མེད་པར་བྱས་པ་ཡིན་ནོ། །ཉམས་པ་ནི་བསླབ་པའི་མཐུ་མེད་

པར་བྱས་པའི་སྒོ་ནས་སྡོམ་པ་མེད་པར་བྱས་པ་ཡིན་ནོ། །ཞེས་གསུངས་པའི་ཕྱིར། བསླབ་པ་འབུལ་ཆོག་བཤད་པའི་རྗེས་སུ་ཞེས་བྱ་བ་ལྔ་བུ་ནི་ཕུལ་བའི་ཆོག་དག་ཡིན་ནོ། །ཞེས་པ་ལྔ་བུ་ཞེས་སྨོས་པ་ལ་དགོས་པ་ཡོད་དེ། བསླབ་པ་འབུལ་ཆོག་ངག་ཏུ་མ་སྨྲས་ཀྱང་ལུས་ཀྱི་རྣམ་འགྱུར་ལ་བརྟེན་ནས་བསླབ་པ་ཕུལ་བ་ཡོད་པར་ཤེས་པར་བྱ་བའི་ཆེད་ཡིན་པའི་ཕྱིར་ཏེ། དེའི་དོན་འགྲེལ་བ་ན། རྒྱ་ཆེར་འགྲེལ་ལས། སྔར་བཤད་པའི་ཆོག་ཏུ་མ་སྨྲས་པ་ཡང་། ཞེས་གསུངས་པའི་ཕྱིར། གསུམ་པ་བསླབ་པ་འབུལ་ཆོག་དགག་སྒྲུབ་གང་གི་བསླབ་བྱ་ཡིན་དཔྱད་པ་ནི། སྤྱིར་དེ་དགག་པའི་བསླབ་བྱ་ཡིན་ཏེ། དེ་བྱས་པ་ན་སྡོམ་པ་གཏོང་ཞིང་རབ་བྱུང་ལ་བར་ཆད་ཅན་ཡིན་པའི་ཕྱིར། །

༄ ལྷུང་བ་སྡེ་ལྔ་བཤད་པ་དངོས།

གཉིས་པ་ལྷུང་བ་སྡེ་ལྔ་དངོས་བཤད་པ་ལ།

སྡེ་ལྔའི་མཐའ་དཔྱད་བཤད་པ། རྟེན་གྱི་ཡན་ལག་བཤད་པ། བསྡུ་བ་བཤད་པ་དང་གསུམ། དང་པོ་ལ། དབྱེ་བ། བསྡུ་བ། ངོ་བོ། མཚན་ཉིད། ཀྲུ། གྲངས་ངེས། གོ་རིམ། སྒྲ་བཤད་པ་དང་བརྒྱད། དང་པོ་ནི། རབ་བྱུང་གི་རྟེན་ལ་བྱུང་བའི་ལྷུང་བ་དེ་ལྷུང་བའི་དབྱེ་གཞི་ཡིན། དེ་ལ་དབྱེ་ན་ཕམ་པའི་སྡེ་སོགས་ལྔ་ཡོད་དེ། ཊཱི་ཀྐ་ལས། ལྷུང་བ་སྡེ་ལྔ་ནི་ཕམ་པར་འགྱུར་བའི་སྡེ་དང་། དགེ་འདུན་ལྷག་མའི་སྡེ་དང་། ལྷུང་བྱེད་ཀྱི་སྡེ

དང་། སོར་བཞག་གས་ཀྱི་སྡེ་དང་། བསླབ་བྱའི་སྡེ་དང་། ཞེས་གསུངས་པའི་ཕྱིར། དགེ་སློང་ཕའི་རྟེན་ལ་བྱུང་བའི་ལྟུང་བ་དེ་སྐབས་འདིའི་ལྟུང་བའི་དབྱེ་གཞི་ཡིན། ཁོ་ན་རེ། ལྟུང་བ་ལ་ལྟར་གྲངས་ངེས་པ་མི་འཐད་དེ། སྡོམ་པོ་དེ་གང་རུང་དུ་མ་འདུས་པའི་ཕྱིར་ཟེར་ན་མི་འཐད་དེ། སྡོམ་པོ་ལ་ཕམ་པའི་སྡེར་གཏོགས་ཀྱི་སྡོམ་པོ། ལྷག་མའི་སྡེར་གཏོགས་ཀྱི་སྡོམ་པོ་གཉིས་སུ་ཡོད་ཅིང་། དང་པོ་ཕམ་པའི་ཁོངས་སུ་འདུས། ཕྱི་མ་ལྷག་མའི་ཁོངས་སུ་འདུས་པའི་ཕྱིར། དང་པོ་གྲུབ་སྟེ། སྡོམ་པོ་དེ་ལ་ཕམ་པའི་སྦྱོར་སྡོམ་དང་། ལྷག་མའི་སྦྱོར་སྡོམ་གཉིས་སུ་འདུས་པའི་ཕྱིར་ཏེ། རྣམ་འབྱེད་ལས། ཉེས་པ་སྡོམ་པོ་ནི་གཉིས་ཏེ་ཕམ་པ་ལས་བྱུང་བ་དང་། ལྷག་མ་ལས་བྱུང་བའོ། །ཞེས་དང་། འདུལ་བྱེད་ལས། ཉེས་པ་སྡོམ་པོ་ནི་བཞི་པོ་འདི་དག་ཡིན་ཏེ། ཕམ་པར་གྱུར་པས་ཀུན་ནས་སླངས་པ་ལྕི་བ་དང་། དེས་ཀུན་ནས་སླངས་པ་ཡང་བ་དང་། ལྷག་མར་གྱུར་པའི་ཀུན་ནས་སླངས་པ་ལྕི་བ་དང་། དེས་(༣༨བ)ཀུན་ནས་སླངས་པ་ཡང་བ་དང་། ཞེས་གསུངས་པའི་ཕྱིར། ཀུན་ནས་སླངས་པ་ཞེས་པས་སྡོམ་པོའི་ལྟུང་བ་དེ་ཕམ་ལྷག་གང་རུང་གི་ལྟུང་བ་བྱུང་ན་མཐར་ཐུག་མ་བྱུང་གི་བར་ཉེས་བྱས་སུ་བསྟན་པ་ཡིན་ནོ། །ཁ་ཅིག སྡོམ་པོའི་ལྟུང་བ་དེ་ཕམ་ལྷག་གང་རུང་དུ་འདུ་སྟེ། དེ་ལ་ཕམ་པའི་སྦྱོར་སྡོམ་དང་ལྷག་མའི་དེ་གཉིས་སུ་གྲངས་ངེས་པའི་ཕྱིར། ཟེར་ན་མི་འཐད་དེ། དངོས་གཞིའི་ལྟུང་

བར་འགྱུར་བའི་སྨོམ་པོའི་ལྟུང་བ་ཡོད་པའི་ཕྱིར། བཅས་ལྡན་དགེ་སློང་གིས་རིན་ཐང་ཚང་བའི་ལྷའི་རྫས་བརྐུས་ནས་ཐོབ་བློ་སྐྱེ་བའི་ལྟུང་བ་དེ་དེ་ཡིན་པའི་ཕྱིར། དེ་དངོས་གཞིའི་ལྟུང་བ་ཡིན་ཏེ། ལྟུང་བ་དེ་གྲུབ་པ་དེ་མཐར་ཐུག་གི་ཡག་ལག་གྲུབ་པ་ལ་བལྟོས་པའི་ཕྱིར། དེ་སྨོམ་པོའི་ལྟུང་བ་ཡིན་ཏེ། དེ་མ་སྦྱིན་ལེན་གྱི་ཕམ་པ་འབྱུང་བའི་སྐད་ཀྱི་ལྟུང་བ་ཡིན་པའི་ཕྱིར་ཏེ། མ་སྦྱིན་ལེན་གྱི་ཕམ་པ་འབྱུང་བ་ལ་ཡན་ལག་གཅིག་ཙམ་མ་ཚང་བའི་ལྟུང་བ་ཡིན་པའི་ཕྱིར། ཁ་ཅིག རབ་བྱུང་གི་ལྟུང་བ་ལ་སྡེ་ལྔར་འབྱེད་པ་མི་འཐད་དེ། གསུམ་དུ་མ་ངེས་པའི་སྡེར་གྱུར་པའི་ལྟུང་བ་དང་། གཉིས་སུ་མ་ངེས་པའི་སྡེར་གྱུར་པའི་ལྟུང་བ་གཉིས་དེར་མ་འདུས་པའི་ཕྱིར་ཟེར་ན་སྐྱོན་མེད་དེ། དང་པོ་དེ་ཕམ་ལྷག་གི་ལྟུང་བ་དང་ལྟུང་བྱེད་གང་རུང་གི་ཁོངས་སུ་འདུས། ཕྱི་མ་ལྷག་མ་དང་ལྟུང་བྱེད་གང་རུང་གི་ཁོངས་སུ་འདུ་བའི་ཕྱིར། ཁ་ཅིག རབ་བྱུང་གི་ལྟུང་བ་ལ་ལྔར་བཤད་པ་མི་འཐད་དེ། དགེ་ཚུལ་གྱི་ལྟུང་བ་ཡོད་པའི་ཕྱིར། ཟེར་ན་སྐྱོན་མེད་དེ། དགེ་ཚུལ་གྱི་རྟེན་ལ་སྐྱེད་པའི་ཕམ་འདྲ་ཕམ་པའི་སྡེར་འདུ། དེའི་རྟེན་ལ་སྐྱེད་པའི་བཤགས་བྱའི་ཉེས་བྱས། བསྡམས་བྱའི་ཉེས་བྱས་ཀྱི་སྡེར་འདུ་བའི་ཕྱིར། དེས་ན་དགེ་སློང་གི་རྟེན་ལ་སྐྱེད་པའི་ལྟུང་བ་གཞུང་འདིས་དངོས་སུ་བསྟན་པའི་ལྟུང་བ་སྡེ་ལྔའི་དབྱེ་གཞི་ཡིན་ཏེ། གཞུང་འདིས་དགེ་སློང་གི་རྟེན་ལ་སྐྱེད་པའི་ལྟུང་བ་སྡེ་ལྔ་གཙོ་བོར

བསྟན་པའི་ཕྱིར། ༼ གཉིས་པ་བསྡུ་བ་ནི། དངོས་དང་། བཅས་རང་གི་རྣམ་གཞག་གཉིས། དང་པོ་ནི། དགེ་སློང་གི་རྟེན་ལ་སྲིད་པའི་ལྟུང་བ་ལ་གསལ་བའི་སྒོ་ནས་དབྱེ་ན། དེ་ཕའི་རྟེན་ལ་སྲིད་པའི་དེ་ཕའི་ལྟུང་བ་གཉིས་བརྒྱ་ལྔ་བཅུ་རྩ་གསུམ། དེ་མའི་རྟེན་ལ་སྲིད་པའི་དེ་མའི་ལྟུང་བ་གསུམ་བརྒྱ་དྲུག་རྩ་བཞི་རྣམས་སུ་ཡོད་པའི་ཕྱིར། ལྟུང་བ་ལ་གཙོ་བོའི་སྒོ་ནས་དབྱེ་ན། དངོས་པོ་གཙོ་ཆེ་བའི་ལྟུང་བ་དང་། འདུ་ཤེས་གཙོ་ཆེ་བའི་ལྟུང་བ་གཉིས་ཡོད་དེ། འོད་ལྡན་ལས། བསླབ་པའི་གཞི་ནི་གཉིས་ཡིན་ཏེ། འདུ་ཤེས་གཙོ་བོར་བྱས་པ་དང་། དངོས་པོ་གཙོ་བོར་བྱས་པའོ། །ཞེས་གསུངས་པའི་ཕྱིར། ཕམ་ལྷག་དང་པོ་གཉིས་དང་པོ་ཡིན་ཏེ། དེ་གཉིས་འདུ་ཤེས་མ་འཁྲུལ་བ་ལ་བལྟོས་མི་དགོས་པའི་ཕྱིར། ལྷག་མ་གཞན་རྣམས་གཉིས་པ་ཡིན་ཏེ། དེ་རྣམས་འདུ་ཤེས་མ་འཁྲུལ་བ་ལ་བལྟོས་དགོས་པའི་ཕྱིར། དེ་ལ་སྦྱོར་བའི་སྒོ་ནས་དབྱེ་ན། སྦྱོར་བ་རྒྱུན་ལྡན་གྱི་ལྟུང་བ་དང་། དེ་མི་ལྡན་པའི་ལྟུང་བ་གཉིས་ཡོད་དེ། གཅིག་ལས་འཕྲོས་ལས་བཏང་བ་ནི་གཉིས་ཡིན་ཏེ། ན་རེ་བ་དང་། སྐད་ཅིག་པའོ། །ཞེས་གསུངས་པའི་ཕྱིར། སྲོག་གཅོད་ཀྱི་ལྟུང་བ་དང་པོ་དང་། རེག་ཕམ་གཉིས་པ་ཡིན། དེ་ལ་ངོ་བོའི་སྒོ་ནས་དབྱེ་ན། མི་དགེ་བའི་ལྟུང་བ་དང་། ལུང་མ་བསྟན་གྱི་ལྟུང་བ་གཉིས། ཕམ་པ་བཞི་པོ་དང་པོ་དང་། དགྲ་བཅོམ་པའི་རྒྱུད་ཀྱི་ལྟུང་བ་གཉིས་པ་ཡིན་ཏེ། དེའི་རྒྱུད་ལ་མི་

དགེ་བ་མེད་པའི་ཕྱིར། དེ་ལ་མཐར་ཐུག་གི་སྒོ་ནས་དབྱེ་ན། མཐར་ཐུག་འཐེན་པས་གྲུབ་པའི་ལྟུང་བ་དང་། དེ་འཐེན་པས་མི་གྲུབ་པའི་ལྟུང་བ་གཉིས། སྲོག་གཅོད་ཀྱི་ཕམ་པ་དང་པོ་ཡིན། དེའི་མཐར་ཐུག་གི་ཡན་ལག་ཡིད་ཀྱི་(༡༩༨ན)ཀུན་སློང་ཙམ་ལ་བརྟེན་ནས་གྲུབ་ཞིང་། དེ་གྲུབ་པ་ལུས་ཤེས་ལ་བལྟོས་མི་དགོས་པའི་ཕྱིར། མི་ཚངས་སྤྱོད་ཀྱི་ཕམ་པ་གཉིས་པ་ཡིན་ཏེ། དེའི་མཐར་ཐུག་གི་ཡན་ལག་ཡིད་ཀྱི་ཀུན་སློང་ཙམ་ལ་བརྟེན་ནས་མི་གྲུབ་པ་རྟེན་གྱི་གང་ཟག་ལུས་ཤེས་ཀྱིས་བདེ་བ་མྱོང་ཤིང་བདག་གིར་བྱས་པ་ལས་གྲུབ་པའི་ཕྱིར། དེ་ལ་གཞིའི་སྒོ་ནས་དབྱེ་ན་སེམས་ཅན་ལ་བསྙེན་པའི་ལྟུང་བ། དེ་མ་ཡིན་པ་ལ་བརྟེན་པའི་ལྟུང་བ་གཉིས་སྲོག་གཅོད་ཀྱི་ཕམ་པ་དང་པོ་དང་། མེ་རེག་གི་ལྟུང་བ་གཉིས་པ་ཡིན། དེ་ལ་འབྱུང་བའི་སྒོ་ནས་དབྱེ་ན།ལུས་ཀྱི་ལྟུང་བ་དང་ངག་གི་ལྟུང་བ་གཉིས། སྦྱོར་བའི་སྒོ་ནས་དབྱེ་ན། རང་ཉིད་ཀྱིས་སྒྲུབ་དགོས་པའི་ལྟུང་བ་དང་། གཞན་ལ་བཅོལ་བས་གྲུབ་པའི་ལྟུང་བ་གཉིས། མི་ཚངས་སྤྱོད་ཀྱི་ཕམ་པ་དང་པོ་དང་། སྲོག་གཅོད་ཀྱི་ཕམ་པ་གཉིས་པ་ཡིན། བྱ་བའི་སྒོ་ནས་དབྱེ་ན་བྱ་བ་བྱ་རུང་བ་མི་བྱེད་པའི་ལྟུང་བ་དང་། བྱ་བ་བྱ་མི་རུང་བར་བྱེད་པའི་ལྟུང་བ་གཉིས། གསོ་སྦྱོང་མི་བྱེད་པའི་ལྟུང་བ་དང་པོ་དང་། ཕྱི་དྲོའི་ཁ་བཟས་བཟའ་བའི་ལྟུང་བ་གཉིས་པ་ཡིན། ཁ་ཅིག་ལྟུང་བ་སྡེ་ལྔ་པོ་གང་རུང་ཡིན་ན་རབ་བྱུང་གི་རྟེན་ཅན་གྱི་

ལྟུང་བ་ཡིན་དགོས་པར་ཐལ། རབ་བྱུང་གི་ལྟུང་བ་ལ་སྡེ་ལྔར་གྲངས་ངེས་པའི་ཕྱིར། འདོད་མི་ནུས་ཏེ། ཕམ་པ་འབྱུང་བའི་དགེ་སློང་གི་རྟེན་ལ་བསླབ་པ་ཕུལ་བའི་སྐྱེས་བུའི་རྒྱུད་ལ་ཕམ་པ་ཡོད་པའི་ཕྱིར་ཏེ། དེའི་རྒྱུད་ལ་ཕམ་པའི་ཐོབ་པ་ཡོད་པའི་ཕྱིར། ཟེར་ན་མ་ཁྱབ། རྟགས་གྲུབ་སྟེ། དེ་ཕམ་པ་བྱུང་བ་སྔོན་དུ་སོང་བའི་སྐྱེས་བུ་ཡིན་པའི་ཕྱིར་ཟེར་ན། དེའི་རྒྱུད་ལ་དགེ་སློང་གི་སྡོམ་པ་ཡོད་པར་ཐལ། དེའི་རྒྱུད་ཀྱི་ཕམ་པ་དེ་དགེ་སློང་གི་ཕམ་པ་ཡིན་པའི་ཕྱིར། དེའི་རྒྱུད་ཀྱི་ཕམ་པ་དེ་དགེ་སློང་གི་སྡོམ་པ་དང་འགལ་བར་ཞུགས་པའི་ཕམ་པ་ཡིན་པའི་ཕྱིར། མ་གྲུབ་ན། དེའི་རྒྱུད་ལ་ཕམ་པ་ཡོད་པར་འབུད། གཉིས་པ་བཅས་རང་གི་ཁྱད་པར་ལ། ཁ་ཅིག རྟེན་གཉིས་ཀ་ལ་སྡིག་ཏུ་གྱུར་པའི་ལྟུང་བ་རང་བཞིན་གྱི་ལྟུང་བའི་མཚན་ཉིད་དང་། རབ་བྱུང་ཁོ་ན་ལ་སྡིག་ཏུ་གྱུར་པའི་ལྟུང་བ་བཅས་པའི་ལྟུང་བའི་མཚན་ཉིད། ཟེར་ན་མི་འཐད་དེ། ལྟུང་བ་ལ་སྡིག་པས་མ་ཁྱབ་པའི་ཕྱིར། ལུང་མ་བསྟན་གྱི་ལྟུང་བ་ཡོད་པའི་ཕྱིར། ཁོ་ན་རེ། བཅས་པའིལྟུང་བ་ལ་སྡིག་པས་ཁྱབ་ཏེ། སྤྱོད་འཇུག་ལས། རང་བཞིན་ཁ་ན་མ་ཐོ་དང་། །བཅས་པའི་སྡིག་པ་གང་ཡིན་ལས། །ཞེས་གསུངས་པའི་ཕྱིར། ཟེར་ན་མ་ཁྱབ། ལུང་དེས་ནི་རང་བཞིན་གྱི་ལྟུང་བར་འགྱུར་བའི་མི་དགེ་བ་དང་། བཅས་པའི་ལྟུང་བར་འགྱུར་བའི་མི་དགེ་བ་སོགས་ཡོད་པར་བསྟན་པ་ཙམ་ཡིན་པའི་ཕྱིར། ཁ་ཅིག རྒྱུན་

དགོས་ཀྱི་སྣང་བ་མེད་པའི་ལྟུང་བ་རང་བཞིན་གྱི་ལྟུང་བའི་མཚན་ཉིད་ཟེར་ན། རབ་བྱུང་གིས་ཆང་འཐུང་བའི་ལྟུང་བ་ཆོས་ཅན། མཚོན་བྱ་དེར་ཐལ། མཚན་ཉིད་དེའི་ཕྱིར། རབ་བྱུང་ལ་ཆང་འཐུང་བ་སྲོག་གི་ཕྱིར་དུ་ཡང་མ་གནང་བའི་ཕྱིར་ཏེ། མདོ་ལས། ང་ལ་སྟོན་པར་སྨྲ་བ་རྣམས་ཀྱིས་རྩའི་མཆོག་མའི་རྩེ་མོ་གང་ཙམ་ཡང་ཆང་མི་བླུད་དོ། །མི་རུང་ངོ་། །ཞེས་གསུངས་པའི་ཕྱིར། རྩ་བར་འདོད་མི་ནུས་ཏེ། བཅས་རྐྱང་གི་ལྟུང་བ་ཡིན་པའི་ཕྱིར་ཏེ། དེ་སངས་རྒྱས་ཀྱི་བཅས་པ་དང་འགལ་བའི་ལྟུང་བ་ཡིན་པའི་ཕྱིར་ཏེ། མདོ་ལས། ཇི་ལྟར་སྨྱོས་པར་འགྱུར་བ་རྣམས་བཅས་པའི་ཁ་ན་མ་ཐོ་བ་ཡིན་ཞིང་། རང་བཞིན་གྱི་ཁ་ན་མ་ཐོ་བའི་མཚན་ཉིད་མེད་པའོ། །ཞེས་གསུངས་པའི་ཕྱིར། གཞན་ཡང་།དེ་བཅས་པའི་ལྟུང་བ་ཡིན་ཏེ། རབ་བྱུང་གིས་ཆང་འཐུང་བའི་བཅས་པའི་ཉེས་པ་འབྱུང་བའི་ཕྱིར་ཏེ། ཁྱིམ་པས་ཆང་བཏུང་བས་བཅས་པའི་ཉེས་པ་མི་འབྱུང་བའི་ཕྱིར། ཁ་ཅིག་ན་རེ། །མི་དགེ་བའི་བློས་ཀུན་ནས་བསླངས་པའི་ཉེས་པ་རང་བཞིན་གྱི་ལྟུང་བའི་མཚན་ཉིད་ཟེར་ན། བཅས་ལྡན་དགེ་སློང་གི་(༣༨བ)བསླབ་པ་ལ་ཁྱད་གསོད་ཀྱི་སྒོ་ནས་ཆང་བཏུང་བའི་ཉེས་པ་ཆོས་ཅན། མཚོན་བྱ་དེ་ལྟར་ཐལ། མཚན་ཉིད་དེའི་ཕྱིར། རྟགས་གྲུབ་ཏེ། དེའི་རྒྱུད་ཀྱི་བསླབ་པ་ལ་ཁྱད་གསོད་ཀྱི་བློ་དེ་མི་དགེ་བའི་བློ་ཡིན་པའི་ཕྱིར། འདོད་མི་ནུས་ཏེ། བཅས་རྐྱང་གི་ལྟུང་བ་ཡིན་པའི་ཕྱིར། ཁ་ཅིག

བཅས་རྐྱང་གི་ལྟུང་བ་ཡིན་ན་ལུང་མ་བསྟན་ཡིན་དགོས་ཟེར་ན་རབ་བྱུང་གི་བསླབ་པ་ལ་ཁྱད་གསོད་ཀྱི་དབང་གིས་ཆང་བཏུང་བའི་ལྟུང་བ་ཆོས་ཅན། དེར་ཐལ། དེའི་ཕྱིར། རྟགས་དེར་ཐལ། དེའི་རྒྱུད་ཀྱི་བསླབ་པ་ལ་ཁྱད་གསོད་ཀྱི་བློ་དེ་མི་དགེ་བའི་བློ་ཡིན་པའི་ཕྱིར། རང་ལུགས་གཞག་པ་ལ། རང་གི་ཡན་ལག་རྐྱེན་དགོས་ལ་བརྟེན་ཏེ་གནང་བ་མེད་པའི་རིགས་སུ་གནས་པའི་ལྟུང་བ་རང་བཞིན་གྱི་ལྟུང་བའི་ངོ་བོ་ཡིན། རང་གི་ཡན་ལག་རྐྱེན་དགོས་ལ་བལྟོས་ཏེ་གནང་བ་ཡོད་པའི་རིགས་སུ་གནས་པའི་ལྟུང་བ་རང་བཞིན་གྱི་བཅས་རྐྱང་གི་ལྟུང་བའི་ངོ་བོ་ཡིན། རང་བཞིན་གྱི་བཅས་པ་དང་འགལ་བའི་ལྟུང་བ་རང་བཞིན་གྱི་བཅས་པའི་ལྟུང་བའི་ངོ་བོ་ཡིན། བཅས་རྐྱང་གི་བཅས་པ་དང་འགལ་བའི་ལྟུང་བ་བཅས་རྐྱང་གི་ལྟུང་བའི་ངོ་བོ་ཡིན། སྲོག་གཅོད་ཀྱི་ལྟུང་བ་དང་པོ་ཡིན། རབ་བྱུང་གིས་སྐྱོས་འགྱུར་འཐུངས་པའི་ལྟུང་བ་གཉིས་པ་ཡིན། མི་རིག་གི་ལྟུང་བ་ཡང་གཉིས་པ་ཡིན། འོ་ན་རང་བཞིན་གྱི་བཅས་པ་དང་བཅས་རྐྱང་གི་བཅས་པའི་ཁྱད་པར་ཅི་ལྟར་ཡིན་ཞེ་ན་བྱ་བ་དེ་ལ་ཞུགས་པ་ཙམ་གྱི་དོན་མ་ཡིན་པར་འགྱུར་བའི་རྒྱུ་མཚན་གྱིས་བྱ་བ་དེ་བྱེད་མི་རིགས་པར་སྟོན་པའི་སངས་རྒྱས་ཀྱི་བཀའ་དེ་དང་པོ་ཡིན། བྱ་བ་དེ་ལ་ཞུགས་པ་ཙམ་གྱི་དོན་མ་ཡིན་པར་འགྱུར་བ་དེ་ལ་ཞུགས་པ་ལ་བརྟེན་ནས་དོན་མ་ཡིན་པར་འགྱུར་བའི་རྒྱུ་མཚན་གྱི་བྱ་བ་དེ་བྱེད་མི་

རིགས་པར་སྟོན་པའི་སངས་རྒྱས་ཀྱི་བཀའ་དེ་གཉིས་པ་ཡིན། དེས་ན་རབ་བྱུང་གིས་ཆང་བཏུང་བའི་ལྟུང་བ་ནི་ཕྱི་མ་ཡིན་ཏེ། རབ་བྱུང་གིས་ཆང་བཏུང་བ་ཙམ་གྱིས་དོན་མ་ཡིན་པར་མི་འགྱུར་ཞིང་། དེས་འཆང་བཏུང་བ་ལ་བརྟེན་ནས་དོན་མ་ཡིན་པར་འགྱུར་བའི་ཕྱིར། དེས་ན་རང་བཞིན་གྱི་ལྟུང་བ་ཡིན་ན་རང་གི་ཀུན་སློང་དུ་གྱུར་པའི་ཉོན་མོངས་ཅན་གྱི་བློ་ལ་བརྟེན་ནས་བྱུང་བས་ཁྱབ། བཅས་རྐྱང་གི་ལྟུང་བ་ཡིན་ན། རང་གི་ཀུན་སློང་དུ་གྱུར་པའི་ལུང་མ་བསྟན་གྱི་བློ་ལ་བརྟེན་ནས་བྱུང་བས་ཁྱབ་སྟེ། རྣམ་འགྲེལ་ཊཱིཀྐ་ལས། རང་བཞིན་གྱི་ཁ་ན་མ་ཐོ་བ་དང་བཅས་པ་ནི་ཉོན་མོངས་པའི་སེམས་ལས་བྱུང་བ་ཏེ་ངོ་བོ་ཉིད་ཀྱི་ལྟུང་བའོ།། བཅས་པའི་ཁ་ན་མ་ཐོ་བ་ནི་ཉོན་མོངས་ཅན་གྱི་སེམས་ལ་བརྟེན་ནས་མ་ཡིན་པར་བཅས་པའི་དབང་གིས་བཀག་པའོ། །ཞེས་གསུངས་པའི་ཕྱིར། །

༈ གསུམ་པ་ངོ་བོ་བཤད་པ་ལ། དངོས་དང་། ལྟུང་བ་གྲུབ་པ་ལ་རྣམ་པར་རིག་བྱེད་ལ་བརྟེན་དགོས་མི་དགོས་དཔྱད་པ། སྤྱིར་ལྟུང་ངོ་བོ་གཅིག་དང་ཐ་དད་གང་ཡིན་དཔྱད་པ་དང་གསུམ། དང་པོ་ནི། སྤྱིར་ལྟུང་བ་ལ་དབྱེ་ན། མི་དགེ་བར་གྱུར་པའི་ལྟུང་བ་དང་། ལུང་མ་བསྟན་དུ་གྱུར་པའི་ལྟུང་བ་གཉིས་ཡོད། དང་པོ་ལ་ཁོ་རང་དུ་གྱུར་པའི་རྣམ་པར་རིག་བྱེད་པའི་གཟུགས་དང་། ཁོ་རང་དུ་གྱུར་པའི་རྣམ་པར་རིག་བྱེད་མ་ཡིན་

པའི་གཟུགས་གཉིས་སུ་ཡོད་དེ། མཛོད་ལས། འཆལ་བའི་ཚུལ་ཁྲིམས་མི་དགེའི་གཟུགས། །དེ་སྡོང་ཚུལ་ཁྲིམས་རྣམ་གཉིས་སོ། །ཞེས་དང་། བཀའ་ལུང་གཏམ་གྱི་གཞི་ལས། ལྟུང་བ་ནི་གཉིས་ཏེ། རྣམ་པར་རིག་བྱེད་ཀྱི་གཟུགས་དང་། དེ་མ་ཡིན་པའི་གཟུགས་སོ། ཞེས་གསུངས་པའི་ཕྱིར། དེ་སྡོང་ཚུལ་ཁྲིམས་རྣམ་གཉིས་སོ། །ཞེས་པ་ཚུལ་ཁྲིམས་ལ་རྣམ་པར་རིག་བྱེད་དུ་གྱུར་པའི་གཟུགས་དང་། དེ་མ་ཡིན་པའི་གཟུགས་གཉིས་སུ་ཡོད་པར་བསྟན་ཏོ། །(༤༠ན)ལྟུང་བ་ནི་བསྡུ་ན། མི་དགེ་བའི་དེ་དང་། ལུང་མ་བསྟན་གྱི་ལྟུང་བ་གཉིས་སུ་འདུས་ཏེ། དེ་ཉིད་ལས། དགེ་བའམ་མི་དགེ་བའམ། ལུང་དུ་མ་བསྟན་པ་དག་ལ་འབྲི་བ་ལ་མི་དགེ་བ་དང་ལུང་དུ་མ་བསྟན་པར་བརྗོད་པར་བྱའོ། །ཞེས་གསུངས་སོ།།

བསམ་བཞིན་དུ་སངས་རྒྱས་ཀྱི་བཅས་པ་དང་འགལ་བའི་ལྟུང་བ་ནི་མི་དགེ་བར་འགྱུར་བའི་ལྟུང་བ་དང་། མ་བསམ་པར་སངས་རྒྱས་ཀྱི་བཅས་པ་དང་འགལ་བའི་ལྟུང་བ་ལུང་མ་བསྟན་དུ་གྱུར་པའི་ལྟུང་བ་ཡིན་ཏེ། དེ་ཉིད་ལས་སངས་རྒྱས་བཅོམ་ལྡན་འདས་ཀྱི་བཀའ་ལས་བསམས་བཞིན་དུ་འདས་པ་ནི་ལུང་དུ་བསྟན་པའོ། །སངས་རྒྱས་བཅོམ་ལྡན་འདས་རྣམས་ཀྱི་བཀའ་ལས་མ་བསམ་པར་འདས་པ་ནི་ལུང་དུ་མ་བསྟན་པའོ། །ཞེས་གསུངས་པའི་ཕྱིར །ཡང་དེ་ལ་ལུས་ངག་གི་སྒོ་ནས་དབྱེ་ན། ལུས་ཀྱི་ལྟུང་བ་དང་། ངག་གི་ལྟུང་བ་གཉིས་ཡོད་དེ། སོ་ཐར་གྱི་

སྡོམ་པ་ཡིན་ན་ལུས་ངག་གི་ལས་གང་རུང་ཡིན་དགོས་པའི་ཕྱིར་ཏེ། དེ་ཡིན་ན་ལུས་ངག་གི་མི་དགེ་བ་འགོག་བྱེད་ཡིན་དགོས་པའི་ཕྱིར་ཏེ། འོད་ལྡན་ལས། ལྟུང་བའི་རང་བཞིན་ཅི་ཡིན་ཞེ་ན། ལུས་དང་ངག་གི་ལས་འདས་པའི་རང་བཞིན་ཅན་གྱི་ལྟི་ཏེ། ཡིད་ཀྱིས་ཐ་མལ་བའི་རང་བཞིན་ཅན་གྱི་ལྟུང་བ་མ་ཡིན་པའི་ཕྱིར་ཏེ། ཡིད་ཀྱི་སྡོམ་པ་ལ་སོ་སོར་ཐར་པའི་སྡོམ་པ་མེད་པའི་ཕྱིར། སོ་སོར་ཐར་པའི་སྡོམ་པ་ནི་སྤོང་བ་བདུན་གྱི་རང་བཞིན་ཅན་ཏེ། ལུས་ཀྱི་གསུམ་དང་། ངག་གི་བཞི་ཏེ་ཞེས་བྱ་བར་ངེས་པའི་ཕྱིར། ཞེས་གསུངས་པའི་ཕྱིར། ཁ་ཅིག །དེའི་དོན་དུ་བསམ་ནས་ཡིད་ཀྱི་ལྟུང་བ་མེད་ཟེར་བ་མི་འཐད་དེ། ཡིད་ཀྱི་སྡོམ་པའི་ལྟུང་བ་ཡོད་པའི་ཕྱིར་ཏེ། ཡིད་ཀྱི་སྡོམ་པས་འདག་པའི་ལྟུང་བ་ཡོད་པའི་ཕྱིར། གཉིས་པ་ལྟུང་བ་གྲུབ་པ་རྣམ་པར་རིག་བྱེད་ལ་བརྟེན་དགོས་མི་དགོས་ལ་དཔྱད་པ་ནི། ལྟུང་བ་ལ་བྱ་བ་བྱ་རིགས་པ་མ་བྱས་པའི་ལྟུང་བ་དང་། བྱ་བ་བྱ་མི་རིགས་པ་བྱས་པའི་ལྟུང་བ་གཉིས་ཡོད། རབ་བྱུང་གི་གསོ་སྦྱོང་མ་བྱས་པའི་ལྟུང་བ་དང་པོ་ཡིན་ཞིང་། དེ་གྲུབ་པ་ལ་རྣམ་པར་རིག་བྱེད་ངེས་པར་མི་དགོས་ཏེ། རབ་བྱུང་གིས་གསོ་སྦྱོང་མ་བྱས་པ་ཙམ་གྱིས་དེ་གྲུབ་པའི་ཕྱིར། ལུང་ལས། བརྩུན་པ་ལུས་སུ་མ་ཐོན། ངག་ཏུའང་མ་ཐོན་པ་ལ་ལྟུང་བར་འགྱུར་བ་མཆིས་སམ་ཞེ་ན་ཡོད་དེ། དགེ་སློང་མ་ཟླ་མོའི་ལྟུང་བ་འཆབ་ནའོ། །སེམས་ཁོ་ན་ལ་ལྟུང་བར་

འགྱུར་བར་མ་ཆེས་སམ་ཞེ་ན་ཡོད་དེ་གསོ་སྦྱོང་མ་བྱས་པའོ། །ཞེས་གསུངས་པའི་ཕྱིར་ངེས་ན་ལུས་ངག་གི་ལྟུང་བ་ནི་རྣམ་པར་རིག་བྱེད་ལ་བརྟེན་དགོས་ཏེ། ལུས་ཀྱི་ལྟུང་བ་ལུས་ཀྱི་རིག་བྱེད་ལ་བལྟོས། ངག་གི་ལྟུང་བ་ངག་གི་རྣམ་པར་རིག་བྱེད་ལ་བལྟོས་པའི་ཕྱིར་ཏེ། ཞུ་འགྲེལ་ལས། ལུས་ངག་གི་བྱེད་པ་མེད་པ་དེའི་རྣམ་པར་རིག་བྱེད་མེད་ལ། དེ་མེད་པར་ལྟུང་བ་མེད་པར་འགྱུར་རོ། །ཞེས་གསུངས་པའི་ཕྱིར། གསུམ་པ་སྡིག་ལྟུང་ངོ་བོ་གཅིག་ལ་ལྡོག་པ་ཐ་དད་གང་ཡིན་ལ་དཔྱད་པ་ལ་ཁོ་ན་རེ། དེ་གཉིས་ངོ་བོ་ཐ་དད་ཡིན་ཏེ། དེ་གཉིས་རྟེན་ཐ་དད། རྒྱུ་ཐ་དད་གཉེན་པོ་ཐ་དད་པའི་སྟོབས་ཀྱིས་སྤོང་བའི་ཕྱིར། དང་པོ་གྲུབ་སྟེ། སྡིག་པ་ཁྱིམ་པའི་རྟེན་ལ་འབྱུང་། ལྟུང་བ་རབ་བྱུང་ཁོ་ནའི་རྟེན་ལ་འབྱུང་བའི་ཕྱིར། གཉིས་པ་གྲུབ་ཏེ། སྡིག་པ་དངོས་པོའི་སྟོབས་ཀྱིས་འབྱུང་། ལྟུང་བ་བཅས་པའི་སྟོབས་ཀྱིས་འབྱུང་བའི་ཕྱིར། གསུམ་པ་གྲུབ་ཏེ། སྡིག་པ་གཉེན་པོ་སྟོབས་བཞིའི་བཤགས་པས་འདག །ལྟུང་བ་ཕྱིར་བཅོས་ཀྱིས་འདག་པའི་ཕྱིར། ཟེར་ན། དེ་གཉིས་འགལ་བར་ཐལ་དེ་གཉིས་ངོ་བོ་ཐ་དད་ཡིན་པའི་ཕྱིར། འདོད་ན། དགེ་སློང་གིས་སེམས་ཅན་གྱི་སྲོག་བཅད་པའི་ལྟུང་བྱེད་(༩༠བ)ཆོས་ཅན། སྡིག་པ་མ་ཡིན་པར་ཐལ། ལྟུང་བ་ཡིན་པའི་ཕྱིར། འདོད་མི་ནུས་ཏེ། སྡིག་པ་ཡིན་པའི་ཕྱིར་ཏེ། དེ་མི་དགེ་བ་ཡིན་པའི་ཕྱིར་ཏེ། མཛོད་ལས། འཆལ་བའི་ཚུལ་ཁྲིམས་མི་དགེའི་

གཟུགས། །ཅེས་གསུངས་པའི་ཕྱིར། གཞན་ཡང་། བཅས་ལྡན་དགེ་སློང་གིས་སེམས་ཅན་གཅིག་གིས་སྲོག་བཅད་པ་ལ་བརྟེན་ནས་རྟེན་གཅིག་ལ་ལས་ལམ་ཐ་དད་པ་གཉིས་གཅིག་ཅར་དུ་གྲུབ་པར་ཐལ། སྡིག་ལྟུང་འགལ་བའི་ཕྱིར། འདོད་མི་ནུས་ཏེ། རྣམ་འབྱེད་ལས། དགེ་སློང་གིས་སྲོག་ཆགས་གཅིག་གིས་སྲོག་བཅད་པའི་ལས་ལམ་ཐ་དད་པ་གཉིས་གྲུབ་པ་མི་སྲིད་ལ་ཞེས་གསུངས་པའི་ཕྱིར། གཞན་ཡང་བཅས་ལྡན་དགེ་སློང་གིས་རྟེན་ལ་རང་གི་ཕ་བསད་པའི་མཚམས་མེད་ཀྱི་ལས་ཆོས་ཅན། སྡིག་པ་མ་ཡིན་པར་ཐལ། ལྟུང་བ་ཡིན་པའི་ཕྱིར་ཏེ། ཊཱིཀྐ་ལས། མཚམས་མེད་པ་གསུམ་པོ་ཕ་བསད་པའམ། མ་བསད་པའམ། དགྲ་བཅོམ་པ་བསད་པ་དག་གི་སྐྱུར་བ་འདེབས་པའི་ལྷག་མ་དེ་དག་ལ་ཕམ་པར་འགྱུར་རོ། །ཞེས་གསུངས་པའི་ཕྱིར། ཁོ་ན་རེ། དུད་འགྲོ་བསད་པའི་ལྟུང་བ་དེ་དེ་བསད་པའི་ལྷག་མ་ཡིན་པར་ཐལ། སྡིག་ལྟུང་ངོ་བོ་གཅིག་གང་ཞིག་དེ་བསད་པའི་ལྟུང་བ་མི་དགེ་བ་ཡིན་པའི་ཕྱིར། འདོད་ན། ལྟུང་བ་དེ་ཕྱིར་བཅོས་ཙམ་གྱིས་བདག་པར་མི་ནུས་པར་གཉེན་པོ་སྟོབས་བཞིའི་བཤགས་པའི་སྒོ་ནས་འདག་པར་བྱེད་དགོས་པར་ཐལ། དེ་དེ་བསད་པའི་སྡིག་པ་གང་ཞིག སྡིག་པ་དེ་གཉེན་པོ་སྟོབས་བཞིའི་བཤགས་པའི་སྒོ་ནས་འདག་པར་བྱེད་དགོས་པའི་ཕྱིར་ན་མ་ཁྱབ། ཡང་ཁོ་ན་རེ། དེ་རབ་བྱུང་གི་རྟེན་ལ་དུད་འགྲོ་བསད་པའི་ལྟུང་བ་ཡིན་པར་

ཐལ། དེ་འདྲའི་ལྟུང་བ་དེ་དེ་འདྲའི་སྡིག་པ་ཡིན་པའི་ཕྱིར། འདོད་ན། དེ་འདྲའི་སྡིག་པ་ཡིན་ན་ལྟུང་བ་ཡིན་པའི་ཁྱབ་པ་ཡོད་པར་ཐལ། དེ་འདྲའི་སྡིག་པ་དེ་དེ་འདྲའི་ལྟུང་བ་ཡིན་པའི་ཕྱིར་ཏེ། དེ་འདྲའི་ལྟུང་བ་དེ་དེ་འདྲའི་སྡིག་པ་ཡིན་པའི་ཕྱིར་ན། ཁ་ཅིག་མ་ཁྱབ་ཟེར། འདོད་ན། དེ་འདྲའི་ལྟུང་བ་ཕྱིར་བཅོས་ཀྱི་སྒོ་ནས་དག་པར་བྱས། དེ་འདྲའི་སྡིག་པ་གཉེན་པོ་སྟོབས་བཞིའི་སྒོ་ནས་འདག་པར་བྱེད་དགོས་ཀྱི་སྐྱེས་བུ་གཅིག་ཡོད་པར་ཐལ། དང་པོ་ཕྱིར་བཅོས་ཀྱིས་དག ཕྱི་མ་སྟོབས་བཞིའི་སྒོ་ནས་དག་པའི་ཕྱིར། འདོད་ན། དེ་འདྲའི་སྐྱེས་བུའི་རྒྱུད་ལ་དུད་འགྲོ་བསད་པའི་ལྟུང་བ་ཡོད་པར་ཐལ། དེའི་རྒྱུད་ཀྱི་དུད་འགྲོ་བསད་པའི་སྡིག་པ་དེ་བསད་པའི་ལྟུང་བ་ཡིན་པའི་ཕྱིར། ཟེར་ན། མ་ཁྱབ་མཚམས་ལ། རབ་བྱུང་གི་རྟེན་ལ་དུད་འགྲོ་བསད་པའི་སྡིག་པ་གཉེན་པོ་སྟོབས་བཞིའི་བཤགས་པའི་སྒོ་ནས་དག་ཅིང་། དེའི་རྟེན་ལ་དུད་འགྲོ་གསད་པའི་ལྟུང་བ་ཕྱིར་བཅོས་ཀྱི་སྒོ་ནས་འདག་པར་བྱེད་དགོས་ཀྱི་སྐྱེས་བུ་གཅིག་ཡོད་པར་ཐལ། དུད་འགྲོ་བསད་པའི་སྡིག་པ་གཉེན་པོ་སྟོབས་བཞིའི་བཤགས་པས་དག དེ་བསད་པའི་ལྟུང་བ་ཕྱིར་བཅོས་ཀྱིས་དག་པའི་ཕྱིར། ཁྱབ་པ་ཁས། འདོད་ན། དེའི་རྒྱུད་ཀྱིས་དུད་འགྲོ་བསད་པའི་ལྟུང་བ་དེ་བསད་པའི་སྡིག་པ་ཡིན་པར་ཐལ། སྤྱིར་དེ་བསད་པའི་ལྟུང་བ་དེ་བསད་པའི་སྡིག་པ་ཡིན་པའི་ཕྱིར། འདོད་ན། དེའི་རྒྱུད་ལ་དུད་

འགྲོ་བསད་པའི་སྡིག་པ་ཡོད་པར་ཐལ་ལོ། །རང་ལུགས་ནི། སྡིག་པ་དེ་ཕྱིར་བཅོས་ཀྱིས་འདག་པར་བྱེད་མི་ནུས། སྟོབས་བཞིའི་བཤགས་པའི་སྒོ་ནས་འདག་པར་བྱེད་ཚུལ་གསུངས་པ་ནི་གཙོ་ཆེ་བ་ལ་དགོངས་པ་ཡིན་ཏེ། ཁྲིམ་པའི་སྡིག་པ་དེ་ལྟར་ཡིན་པ་ལ་དགོངས་པའི་ཕྱིར་ཏེ། ཁྲིམ་པའི་སྡིག་པ་སྟོབས་བཞིའི་བཤགས་པས་དག་པར་མ་གཏོགས་ཕྱིར་བཅོས་ཀྱིས་འདག་ཚུལ་གང་ནས་ཀྱང་མ་གསུངས་པའི་ཕྱིར། སྡིག་པ་ཕྱིར་བཅོས་ཀྱིས་དག་པར་མི་ནུས་ཀྱང་། དེ་ཡིན་ན་ཕྱིར་བཅོས་ཀྱིས་འདག་མི་ནུས་པས་མ་ཁྱབ་སྟེ། རབ་བྱུང་གི་(༤༧ན)རྒྱུད་ཀྱི་ལྟུང་བྱེད་དུ་གྱུར་པའི་སྡིག་པ་ཕྱིར་བཅོས་ཀྱི་འདག་པའི་རང་བཞིན་ཡིན་པའི་ཕྱིར། བཞི་པ་མཚན་ཉིད་ནི། སངས་རྒྱས་ཀྱི་བཅས་པ་ལས་འདས་པའི་ཉེས་བྱས་ལྟུང་བའི་མཚན་ཉིད་ཡིན། དེ་ལ་ཕམ་པ་ནས་ཉེས་བྱས་ཀྱི་བར་ལྔ་ཡོད། དགེ་སློང་གི་སྡོམ་པ་དང་འགལ་བ་ཞུགས་པའི་དངོས་གཞི་ཡོངས་རྫོགས་ཀྱི་ལྟུང་བ་གང་ཞིག ལྷག་མའི་ལྟུང་བ་མན་ལས་ལྕི་བའི་རིགས་སུ་གནས་པ་ཕམ་པའི་མཚན་ཉིད་ཡིན། དགེ་སློང་གི་སྡོམ་པ་དང་འགལ་བ་ཞུགས་པ་ཞེས་པས་ཕམ་འདྲ་ཕམ་པ་ཡིན་པ་གཅོད། དངོས་གཞི་ཡོངས་རྫོགས་ཞེས་པས་ཕམ་པའི་སྦྱོར་སྦྱོམ་དེ་ཡིན་པ་གཅོད། དེ་མན་གྱིས་ལྷག་མའི་ལྟུང་བ་དེ་ཡིན་པར་གཅོད། ཅིའི་ཕྱིར་ཕམ་པ་ཞེས་བྱ་ཞེ་ན། རྩ་བའི་ཉོན་མོངས་པ་མི་མཐུན་ཕྱོགས་ཀྱིས་ཚུར་

ཕམ་པར་བྱེད་པས་ན་དེ་ལྟར་དུ་བརྗོད་པ་ཡིན། དགེ་ཚུལ་གྱི་སྡོམ་པ་ལས་འདས་པའི་རྩ་ལྟུང་ལ་ཕམ་འདྲ་ཞེས་བཤད་པའི་རྒྱུ་མཚན་ཡོད་དེ། ཕམ་པ་དང་བྱེད་ལས་འདྲ་བའི་རྒྱུ་མཚན་གྱིས་དེ་ལྟར་བཤད་པའི་ཕྱིར། བསྙེན་རྫོགས་ཀྱི་སྡོམ་པ་དང་འགལ་བ་ཞུགས་པའི་དངོས་གཞི་ཡོངས་རྫོགས་ཀྱི་ལྟུང་བ་གང་ཞིག ཕམ་པ་ལས་ཡང་ཞིང་ལྟུང་བྱེད་མན་ཆད་ལས་ལྕི་བའི་རིགས་སུ་གནས་པའི་ལྟུང་བ་ལྷག་མའི་ལྟུང་བའི་མཚན་ཉིད། དེ་གང་ཞིག་ལྷག་མའི་ལྟུང་བ་ལས་ཡང་ཞིང་སོར་བཤགས་ལས་ལྕི་བའི་རིགས་སུ་གནས་པའི་ལྟུང་བ་ལྟུང་བྱེད་ཀྱི་མཚན་ཉིད། དེ་གང་ཞིག་ལྟུང་བྱེད་ལས་ཡང་ཞིང་ཉེས་བྱས་ལས་ལྕི་བའི་རིགས་སུ་གནས་པའི་ལྟུང་བ་སོར་བཤགས་ཀྱི་ལྟུང་བའི་མཚན་ཉིད། ལྟུང་བ་སྡེ་ལྔའི་ནང་ཚན་གང་ཞིག སོར་བཤགས་ལས་ཡང་བའི་རིགས་སུ་གནས་པའི་ལྟུང་བ་སྡེ་ལྔའི་ནང་མཚན་དུ་གྱུར་པའི་ཉེས་བྱས་ཀྱི་མཚན་ཉིད་ཡིན། དེ་ཡིན་ན། བསྙེན་རྫོགས་ཀྱི་སྡོམ་པ་དང་འགལ་བ་ཞུགས་པས་མ་ཁྱབ་སྟེ་དགེ་ཚུལ་གྱི་ལྟུང་བ་ཡང་དེར་འདུས་པའི་ཕྱིར། ༈ ལྔ་པ་རྒྱུ་ལ། ཐུན་མོང་བའི་རྒྱུ་དང་། སོ་སོའི་རྒྱུ་གཉིས། དང་པོ་ལ་མི་ཤེས་པའི་གཏི་མུག བག་མེད་པའི་སེམས་བྱུང་། ཉོན་མོངས་པ་མང་བ། བསླབ་པ་ལ་མ་དད་པའི་སེམས་བྱུང་རྣམས་སུ་ཡོད་དེ། བསྡུ་བ་ལས། དེ་ཡི་རྒྱུ་ནི་རྣམ་བཞི་སྟེ། མི་ཤེས་པ་དང་བག་མེད་དང་། །ཉོན་མོང་མང་དང་མ་གུས་དང་། །ཞེས་

གསུངས་པའི་ཕྱིར། །མི་ཤེས་པ་གཏི་མུག་ལ་ཡང་། གང་ཟག་གི་བདག་ཏུ་འཛིན་པའི་གཏི་མུག །ལས་འབྲས་ལ་རྨོངས་པའི་གཏི་མུག་ལ་སོགས་པ་དུ་མ་ཡོད་ཀྱང་། རབ་བྱུང་གི་བསླབ་པའི་གནས་ལ་རྨོངས་པའི་གཏི་མུག་དེ་ལྟུང་བའི་རྒྱུ་ཡིན། དེའི་གཉེན་པོར་རབ་བྱུང་གི་བསླབ་པའི་གནས་མཐའ་དག་ལ་སློབ་དགོས། བག་མེད་པའི་སེམས་བྱུང་ནི། སྒོ་གསུམ་མི་མཐུན་ཕྱོགས་ལ་རང་དབང་དུ་འཇུག་པའི་སེམས་བྱུང་དེ་ཡིན། དེའི་ནང་ནས་ལྟུང་བའི་རྒྱུ་ལ་བག་མེད་དུ་འཇུག་པའི་སེམས་བྱུང་དེ་ཡིན། དེའི་གཉེན་པོར་སྒོ་གསུམ་མི་མཐུན་ཕྱོགས་ལས་སྡོམ་པའི་སྒོ་ནས་བག་ཡོད་ལ་སྤྱོད་དགོས། ཉོན་མོངས་མང་བ་ནི། འདོད་ཆགས་ཞེ་སྡང་ལ་སོགས་པའི་ཉོན་མོངས་ལ་བྱེད། དེའི་གཉེན་པོར་མི་སྡུག་པ་དང་བྱམས་པ་བསྒོམ་པར་བྱེད། མ་གུས་པ་ནི། དཀོན་མཆོག་གསུམ་དང་ལས་འབྲས་ལ་མ་གུས་པ་ལ་སོགས་པ་དུ་མ་ཡོད་ཀྱང་། འདི་ལས་འབྲས་དང་བསླབ་པའི་གནས་ལ་མ་གུས་པ་ལ་བྱེད། དེའི་གཉེན་པོར་ལས་འབྲས་དང་བསླབ་པ་ལ་ཡིད་ཆེས་ཀྱི་དད་པ་བསྒོམ་མོ། །གཉིས་པ་སོ་སོའི་རྒྱུ་ནི་ལྟུང་བ་རང་རང་གི་ཐད་དུ་འཆད་དོ། །དྲུག་པ་གྲངས་ངེས་ནི་ལྟུང་བ་ལ་སྡེ་ལྔར་གྲངས་ངེས་ཏེ། བཅས་པ་མཛད་པའི་ལྟུང་བ་ལ་གྲངས་ངེས་པའི་དབང་དུ་མཛད་པ་ཡིན་པའི་ཕྱིར། (༧བ)གྲངས་ངེས་མཛད་པའི་རྒྱུ་མཚན་ཡང་ཡོད་དེ། དེ་ལྟར་བཞག་པ་ལ་བརྟེན་ནས་

རབ་བྱུང་གི་དགག་བྱ་འགོག་ནུས། སྒྲུབ་བྱ་སྒྲུབ་ཀྱང་ནུས་པའི་ཕྱིར། བདུན་པ་གོ་རིམ་ནི། ལྟེ་བའི་རིམ་པའི་དབང་དུ་བྱས་ནས་བསྟན། ཐམ་པ་བཞི་ནི་ཉེ་བའི་དབང་དུ་བྱས་ནས་བསྟན་ཏོ། །བརྒྱད་པ་སྒྲ་དོན་ལ། ཐུན་མོང་བའི་སྒྲ་དོན་དང་། སོ་སོའི་དེ་གཉིས། དང་པོ་ནི་རྟེན་གྱི་གང་ཟག་ངན་སོང་དུ་ལྟུང་བས་ན་ལྟུང་བ། སྐྱེས་བུ་དམ་པས་སྨད་པས་ན་ཁ་ན་མ་ཐོ་བ། ཚུལ་ཁྲིམས་ཀྱི་མི་མཐུན་ཕྱོགས་ཡིན་པས་ན་འཆལ་ཚུལ། རང་འབྲས་རྣམ་སྨིན་ཡིད་མི་འོངས་འབྱིན་པས་ན་ཉེས་བྱས་ཞེས་བརྗོད་དོ། །གཉིས་པ་ནི། གཉེན་པོ་དགེ་སློང་གི་སྡོམ་པ་ཕམ་པར་བྱེད་ཅིང་དེའི་ངོས་སྐལ་གྱི་སྤང་བྱ་རྒྱལ་བར་བྱེད་པས་ན་ཕམ་པ་ཞེས་བརྗོད་དེ། གཞི་འགྲེལ་ལས། ཕམ་པར་གྱུར་པ་ཞེས་བྱ་བ་ནི་ཉོན་མོངས་པས་ཟིལ་གྱིས་གནོན་པའི་ཕྱིར་ཞེས་གསུངས་པའི་ཕྱིར། ཕྱིར་བཅོས་པ་རབ་བྱུང་ལ་རག་ལས་ཞིང་། སྡོམ་པ་གསོ་བའི་ལྷག་མ་ཙམ་ལུས་པས་ན་ལྷག་མ། རྟེན་གྱིས་གང་ཟག་ངན་སོང་དུ་ལྟུང་བར་བྱེད་པ་ན་ལྟུང་བྱེད། བཅབ་ཉེས་མེད་ཀྱང་མཐོལ་བ་དང་བཤགས་པ་གཉིས་སོ་སོར་དགོས་པ་ན་སོར་བཤགས། ལེགས་དཀྱུད་མ་ཡིན་པས་ན་ཉེས་བྱས་ཞེས་བརྗོད་དོ།།

༈ གཉིས་པ་རྟེན་གྱི་ཡན་ལག་བཤད་པ་ལ། ཐུན་མོང་བའི་ཡན་ལག་དང་། སོ་སོའི་ཡན་ལག་གཉིས་ཡོད། དང་པོ་ནི། སྡོམ་པ་གསོ་རུང་གི་ཡན་ལག་ཡིན་པ། བཅས་པ་མཛད་རྗེས་ཀྱི་རབ་བྱུང་ཡིན་པ། ཤེས་པ་

རང་བཞིན་དུ་གནས་པ་རྣམས་ལྡང་བ་སྤྱིའི་ཡན་ལག་ཡིན། གཟུགས་གཞན་དུ་མ་སྒྱུར་བ། འདུ་ཤེས་མ་འཁྲུལ་བ། མཚན་གཞན་དུ་གྱུར་པ་རྣམས་ལྡང་བ་སོ་སོའི་ཡན་ལག་ཡིན་ཏེ། དེ་ལྡང་བ་ཐམས་ཅད་ལ་མི་དགོས་པའི་ཕྱིར། བསླབ་པ་བཅས་པ་ལ་ཕན་ཡོན་དུ་ཞེ་ན། བཅུ་ཡོད་དེ། དགེ་འདུན་རྣམས་བསྡུ་བ། འདོད་པ་བསོད་ཉམས་ཀྱི་མཐའ་སྤངས་པ། ངལ་ཞིང་དུབ་པའི་མཐའ་སྤངས་པ། བསྒྲད་པ་ནན་ཏུར་སོགས་ཀྱི་སྒོ་ནས་བྱ་བ་ངན་པ་སོགས་ལ་ཞུགས་པའི་གདུལ་བྱ་ཚར་གཅོད་པ། ལྡང་བ་ལ་འགྱོད་པའི་རབ་བྱུང་རྣམས་ཕྱིར་བཅོས་ཀྱི་སྒོ་ནས་འགྱོད་པ་བསལ་བ། བསླབ་པ་ལ་མ་གུས་པའི་གདུལ་བྱ་རྣམས་ཇི་ལྟར་འཚམས་པའི་ཡོ་བྱད་ཀྱི་སྒོ་ནས་རབ་བྱུང་ལ་འཇུག་པའི་དགོས་པ། བསླབ་པ་ལ་གུས་པའི་རབ་བྱུང་རྣམས་སྨིན་པར་བྱེད་པ། ལྡང་བ་ལ་འཇིགས་པའི་སྒོ་ནས་ལྡང་བའི་རྒྱུ་ལ་འཇུག་པ་ལས་ཟློག་པར་བྱེད་པ། ལྡང་བའི་རྒྱུར་གྱུར་པའི་བག་ལ་ཉལ་བ་ལས་ལྡོག་པ། སངས་རྒྱས་ཀྱི་བསྟན་པ་ལྷ་དང་མི་རྣམས་ལ་རྒྱུན་མི་ཆད་དུ་གནས་པའི་དགོས་པ་རྣམས་སུ་ཡོད་པའི་ཕྱིར། །

༄ གསུམ་པ་བསྡུ་བ་བཤད་པ་ལ། རྣམ་འབྱེད་ཀྱི་དོན་རྣམས་སྡུ་ན། ལྡང་བའི་རྣམ་གཞག ལྡང་མེད་དུ་འགྱུར་ཚུལ། བསླབ་བྱ་རྣམས་སུ་འགྱུར། །

༄། ལྷུང་བའི་རྣམ་གཞག

ལྷུང་བའི་རྣམ་བཞག་ལ། ལྷུང་བའི་ཡན་ལག་གི་ངོ་བོ་དང་། སེལ་བ་གཉིས། དང་པོ་ནི། གཞི༑ བསམ་པ། སྦྱོར་བ༑ མཐར་ཐུག་གི་ཡན་ལག་དང་བཞི། ཡན་ལག་གཞན་རྣམས་རང་རང་གི་ཐད་དུ་འཆད། བསམ་པའི་ཡན་ལག་ལ་འདུ་ཤེས་ཀྱི་ཡན་ལག་དང་། ཀུན་སློང་གི་ཡན་ལག་གཉིས་ཡོད། གཉིས་པ་སེལ་བ་ལ། ངོ་བོ། སྒྲ་དོན། དབྱེ་བ། ཅི་འགྱུར་དང་བཞི། དང་པོ་ནི། ལྷུང་བ་དེ་དང་དེ་སྐྱེད་པའི་ཡན་ལག་རྫོགས་པར་མ་ཚང་བའི་ཆ་དེ་སེལ་བའི་ངོ་བོ་ཡིན། གཉིས་པ་ནི། ལྷུང་བ་དེ་སྐྱེད་པའི་ཡན་ལག་རྫོགས་པར་མ་ཚང་བའི་སྟོབས་ཀྱིས་ལྷུང་བ་དེའི་དངོས་གཞི་ཡོངས་རྫོགས་སྐྱེད་པ་སེལ་བའི་རྒྱུ་མཚན་གྱིས་དེ་ལྟར་བརྗོད་པ་ཡིན་པའི་ཕྱིར་རོ། །གསུམ་པ་དབྱེ་བ་ལ། གཞིའི་ཡག་ལག་གི་སེལ་བ་ནས། མཐར་ཐུག་གི་ཡན་ལག་གི་སེལ་བའི་བར་བཞི་ཡོད། ལྷུང་བ་དེ་དང་དེ་སྐྱེད་པའི་གཞིའི་ཡན་ལག་འགའ་ཞིག (༤༢ན)ཚང་། གཞིའི་ཡན་ལག་རྫོགས་པར་མ་ཚང་བའི་ཆ་དེ། དེའི་མཚན་ཉིད་ཡིན། དེ་ལ་དབྱེ་ན། རྟེན་གྱི་ཡན་ལག་གི་སེལ་བ་དང་། ཡུལ་གྱི་ཡན་ལག་གི་སེལ་བ་གཉིས་ཡོད། དང་པོ་ལ། བསླབ་པའི་ཡན་ལག་གི་སེལ་བ་དང་། བསམ་པའི་ཡན་ལག་གི་དེ་གཉིས། དང་པོ་ནི། །རབ་བྱུང་གི་སྡོམ་པ་དང་མི་ལྡན་པའམ་ཕྲ་བའི་ལྷུང་བ་འཆབ་བཅས་འབྱུང་བའི་སྐྱེས་བུ་ནི་ལྷུང་

བ་སྡེ་ལྔའི་ཡན་ལག་ཏུ་གྱུར་པའི་སེལ་བ་ཡིན་ཏེ། དེ་གཉིས་ལྟུང་བ་སྡེ་ལྔའི་དངོས་གཞི་ཡོངས་རྫོགས་མི་འབྱུང་བའི་ཕྱིར། གཉིས་པ་ལ་བསམ་པ་དང་འདུ་ཤེས་གཉིས་ཡོད། སྨྱོ་བ་སོགས་བསམ་པ་སོན་མི་གནས་པ་ལྟུང་བ་སྡེ་ལྔ་སྐྱེད་པའི་བསམ་པའི་ཡན་ལག་ཏུ་གྱུར་པའི་སེལ་བ་མ་ཡིན་ཏེ། སྨྱོ་བ་ལ་བསླབ་པ་མ་བཅས་པའི་ཕྱིར། གཉིས་པ་འདུ་ཤེས་མ་འཁྲུལ་བ་ནི། མ་བྱིན་ལེན་ལྔ་བུའི་ལྟུང་བ་སྐྱེད་པ་ལ་འདུ་ཤེས་མ་འཁྲུལ་བ་ཡན་ལག་ཏུ་དགོས་པའི་ལྟུང་བ་རྣམས་ཀྱི་འདུ་ཤེས་ཀྱི་ཡན་ལག་ཏུ་གྱུར་པའི་སེལ་བ་ཡིན་ཀྱང་། མི་ཚངས་སྤྱོད་ལ་སོགས་པའི་ལྟུང་བ་སྐྱེད་པའི་སེལ་བའི་ཡན་ལག་མ་ཡིན་ཏེ། མི་ཚངས་སྤྱོད་ཀྱི་ལྟུང་བ་སྐྱེད་པ་འདུ་ཤེས་མ་འཁྲུལ་བ་ལ་མི་བལྟོས་པའི་ཕྱིར། ལྟུང་བ་དེ་སྐྱེད་པའི་སྦྱོར་བའི་ཡན་ལག་འགའ་ཞིག་ཚང་ཀྱང་དེ་རྫོགས་པར་མ་ཚང་བའི་ཚ་དེ་དེའི་སྦྱོར་བའི་སེལ་བའི་ངོ་བོ་ཡིན། ལྟུང་བ་དངོས་ཀྱི་ཡན་ལག་འགའ་ཞིག་ཚང་ཡང་དེ་རྫོགས་པར་མ་ཚང་བའི་ཚ་དེ་དེའི་དངོས་གཞིའི་སེལ་བའི་ངོ་བོ་ཡིན། ཁ་ཅིག ལྟུང་བ་དེ་སྐྱེད་པའི་ཡན་ལག་འགའ་ཞིག་མ་ཚང་བའི་ཚ་དེ། དེའི་སེལ་བའི་ངོ་བོ་ཡིན་ཟེར་ན། བཅས་ལྡན་དགེ་སློང་གིས་དུད་འགྲོ་བསད་པ་ཆོས་ཅན། སྲོག་གཅོད་ཀྱིས་ཕམ་པའི་ཡན་ལག་འགའ་ཞིག་མ་ཚང་བ་ཡིན་པར་ཐལ། དེའི་སེལ་བ་ཡིན་པའི་ཕྱིར་ཁྱབ་ཁས། རྟགས་གྲུབ་སྟེ། དེའི་ཡུལ་གྱི་སེལ་བ་ཡིན་པའི་ཕྱིར་ཏེ། དེ་ལ་

སྲོག་གཅོད་ཀྱི་ལམ་པ་འབྱུང་བ་ལ་ཡུལ་གྱི་ཡན་ལག་ཙམ་མ་ཚང་བ་ཡིན་པའི་ཕྱིར་ཏེ། དེ་འབྱུང་བའི་ཡུལ་ལ་མི་ཡིན་པ་དགོས་པའི་ཕྱིར། རྒྱ་བར་འདོད་མི་ནུས་ཏེ། དེའི་རྟེན་གྱི་ཡན་ལག་ཚང་བའི་ཕྱིར། །

༈ བཞི་པ་ཅིར་འགྱུར་བཤད་པ་ལ། དངོས་དང་། སྦྱོམ་པོའི་ལྟུང་བའི་རྣམ་གཞག་བྱེ་བྲག་ཏུ་བཤད་པ་གཉིས། དང་པོ་ལ། ཉ་སྨད་དུ་འགྱུར་ཚུལ། ཆེས་ཉ་སྨད་དུ་འགྱུར་ཚུལ། གཞན་དུ་འགྱུར་ཚུལ། ལྟུང་མེད་དུ་འགྱུར་ཚུལ་བཤད་པ་དང་བཞི། དང་པོ། ལྟུང་བ་དེ་སྐྱེད་པའི་ཡན་ལག་ཕལ་ཆེར་ཚང་། གཅིག་གམ་གཉིས་ སམ་ ལུས་པའི་སེལ་བ་ལས་ལྟུང་བ་དེ་ཉ་སྨད་དུ་འགྱུར་བ་ཡིན་ཏེ། དཔེར་ན་ཕམ་ལྕག་གི་ཉ་སྨད་ལ་སྦྱོམ་པོ་འབྱུང་། ལྟུང་བྱེད་དང་སོར་བཤགས་ཀྱི་ཉ་སྨད་ལ་ཉེས་བྱས་འབྱུང་། ཉེས་བྱས་ཀྱི་ཉ་སྨད་ལ་ཉེས་བྱས་ཕྲ་མོ་འབྱུང་བ་ཡིན་ནོ། །གཉིས་པ་ནི། ལྟུང་བ་དེ་སྐྱེད་པའི་ཡན་ལག་ཕལ་ཆེར་ཚང་གསུམ་ཙམ་ལུས་པའི་སེལ་བ་ལས་ལྟུང་བ་དེ་ཆེས་ཉ་སྨད་དུ་འགྱུར། དཔེར་ན་ཕམ་ལྕག་གིས་ཆེས་ཉ་སྨད་ལ་ཉེས་བྱས། སྦྱོམ་པོའི་ལྟུང་བ། ལྟུང་བྱེད། སོར་བཤགས་གསུམ་གྱི་ཆེས་ཉ་སྨད་ལ་ཉེས་བྱས་ཕྲ་མོ། ཉེས་བྱས་ཀྱིས་ཆེས་ཉ་སྨད་ལ་ཉེས་བྱས་ཆེས་ཕྲ་བ་རྣམས་འབྱུང་། ༈ གསུམ་པ་གཞན་དུ་འགྱུར་ཚུལ་ལ། སོ་ཚན་གཞན་དུ་འགྱུར་ཚུལ་བཅས་པ་གཞན་དུ་འགྱུར་ཚུལ། གནས་སྐབས་གཞན་དུ་འགྱུར་ཚུལ་དང་གསུམ་ཡོད། བཅས་ལྡན་དགེ་

སློང་གིས་དུད་འགྲོ་བསད་པ་ལས་སྲོག་གཅོད་ཀྱི་ཕམ་པ་ལས་རྟེན་གཞན་དུ་གྱུར་པའི་ལྟུང་བྱེད་(༩༢བ)ནི་སྡེ་ཚན་གཞན་དུ་འགྱུར་པའི་ལྟུང་བ་ཡིན། བཅས་ལྡན་དགེ་སློང་གིས་དགེ་སློང་རྣམ་དག་གཅིག་ལ་མཐོང་ཐོས་དོགས་གསུམ་མེད་པར་སྐྱུར་བ་མི་གསལ་བའི་སྒོ་ནས་ལྷག་མའི་བསྐུར་པ་བཏབ་པས། ལྷག་མའི་བསྐུར་འདེབས་ཀྱི་བཅས་པ་ལས་གཞན་དུ་གྱུར་པའི་བག་ཙམ་གྱི་བསྐུར་འདེབས་ནི་བཅས་པ་ལས་གཞན་དུ་གྱུར་པའི་ལྟུང་བ་ཡིན། བཅས་ལྡན་དགེ་སློང་གིས་ཆགས་སེམས་མེད་པར་བུད་མེད་ལ་རེག་པ་ལས་རེག་པའི་ལྷག་མའི་གནས་སྐབས་ལས་གཞན་དུ་གྱུར་པའི་ལྟུང་བ་ནི་གནས་སྐབས་གཞན་དུ་གྱུར་པའི་ལྟུང་བ་ཡིན། ༈ བཞི་པ་ལྟུང་མེད་དུ་འགྱུར་ཚུལ་བཤད་པ་ལ། ལྟུང་བ་དངོས་གཞི་མེད་པས་ལྟུང་མེད་དུ་གསུངས་ཚུལ། སྐབས་དེར་གཏོགས་ཀྱི་ལྟུང་བ་མེད་པས་ལྟུང་མེད་དུ་གསུངས་ཚུལ། ལྟུང་བའི་རྣམ་གཞག་མེད་པས་ལྟུང་མེད་དུ་གསུངས་ཚུལ། ལྟུང་མེད་དུ་འགྱུར་ཚུལ་དངོས་བཤད་པ་དང་བཞི་ཡོད། བཅས་ལྡན་དགེ་སློང་གིས་རིན་ཐང་མ་ཚང་བའི་རྫས་མ་བྱིན་ལེན་པ་ལ་ལྟུང་མེད་དུ་གསུངས་པ་ནི་དང་པོ་ཡིན་ཏེ། དེ་ལ་མ་བྱིན་ལེན་གྱི་ཕམ་པ་དངོས་གཞི་མི་བྱུང་ཡང་དེའི་ལྟུང་བ་འབྱུང་བའི་ཕྱིར། བཅས་ལྡན་དགེ་སློང་གིས་ཁྱིམ་བདག་གཅིག་ལ་དུས་གཅིག་ཏུ་འབྲས་ལྟུང་བཟེད་གསུམ་ལས་ལྷག་པ་ལེན་པའི་ལྟུང་བྱེད་

འཆད་པའི་སྐབས་སུ་ལས་སུ་མ་བྱས་པ་ལ་ཡང་ངོ་། །ཞེས་པ་འབྲས་ལེན་པའི་ལས་སུ་མ་གཏོགས་པའི་རབ་བྱུང་གིས་ཁྱིམ་བདག་ལ་འབྲས་ལྷུང་བཟེད་གསུམ་བླངས་པ་ལ་ལྟུང་མེད་དུ་གསུངས་པ་ནི་གཉིས་པ་ཡིན་ཏེ། དེ་ལ་འབྲས་ལྷུང་བཟེད་གསུམ་ལས་ལྷག་པ་བླངས་པའི་ལྟུང་བྱེད་མི་འབྱུང་ཡང་འབྲས་བླངས་པའི་ལྟུང་བ་འབྱུང་བའི་ཕྱིར། རེག་པའི་ལྷག་མ་འཆད་པའི་སྐབས་སུ་བདག་གིར་མི་བྱེད་པ་ནི་ལྟུང་བ་མེད་དོ།། ཞེས་པ་ནི་དགེ་སློང་གིས་བུད་མེད་ལ་རེག་པའི་བདེ་བ་བདག་གིར་མ་བྱས་པ་ལ་ལྟུང་མེད་དུ་གསུངས་པ་ནི་གསུམ་པ་ཡིན་ཏེ། དེ་ལ་རེག་པའི་ལྷག་མའི་ལྟུང་བ་མི་བྱུང་ཡང་ཉེས་བྱས་འབྱུང་བའི་ཕྱིར། བཞི་པ་ལྟུང་མེད་དུ་འགྱུར་ཚུལ་དངོས་བཤད་པ་ལ། བཅས་རང་གཉིས་ཀའི་སྒོ་ནས་ལྟུང་མེད་དུ་འགྱུར་ཚུལ་དང་། བཅས་པ་འབའ་ཞིག་གི་སྒོ་ནས་དེར་འགྱུར་ཚུལ་གཉིས། རང་བཞིན་གྱིས་འགྲོ་འདུག་ཉལ་འཆག་གི་སྤྱོད་ལམ་རང་ག་བ་དང་། སངས་རྒྱས་ཀྱི་བཅས་པ་མ་མཛད་གོང་གི་ལས་དང་པོ་དང་། སྨྱོས་པ་གཏན་མ་བླང་བ་དང་། བསམ་པ་རང་བཞིན་དུ་མི་གནས་པ་དང་། ལྟུང་བ་རང་རང་གི་ཀུན་སློང་མེད་པ་དང་། སྐྱབ་པར་མི་ནུས་པའི་རྐྱེ་ལམ་གྱི་གནས་སྐབས་སོགས་དང་པོ་ཡིན། གཉིས་པ་ལ། དགག་བྱ་མེད་པར་ལྟུང་མེད་དུ་འགྱུར་ཚུལ། བག་ཡངས་གནང་བའི་སྒོ་ནས་དེར་འགྱུར་ཚུལ། སྐྱབ་མ་ནུས་པའི་སྒོ་ནས་དེར་འགྱུར་ཚུལ། རྐྱེན་

དགོས་ལ་བརྟེན་ནས་ལྟུང་མེད་དུ་འགྱུར་ཚུལ་དང་བཞི། བཅས་ལྡན་དགེ་སློང་གི་བྱེ་མ་འབའ་ཞིག་རྐོ་བ་དང་། རྩྭ་སྔམ་པོ་གཅོད་པ་ནི་དང་པོ་ཡིན། དེས་སྒྲ་བརྒྱུད་བཏིང་བའི་སྐབས་སུ་འཆང་འབྲལ་འཇོག་གསུམ་གྱི་ལྟུང་བ་མེད་པ་དང་། ཟས་ཡང་ཡང་ཟ་བ་དང་འདུས་ནས་ཟ་བའི་ལྟུང་བ་མེད་པ་དང་། དགེ་འདུན་ལ་གནང་བ་ཞུས་ནས་ཁང་པ་ཁང་ཆེན་ཚད་ལས་ལྷག་པ་བརྩིག་ཏུ་རུང་བ་རྣམས་ནི་གཉིས་པ་ཡིན། བག་(༩༣ན)ཡངས་གནང་བ་ལ་དགོས་པ་ཡོད་དེ། གང་ཟག་ཀླབས་པོ་ཆེ་བསྟན་པ་ལ་འཇུག་པར་བྱ་བ་དང་། དགེ་འདུན་གྱི་དབྱེན་སྤུམ་པའི་དགོས་པ་ཡོད་པའི་ཕྱིར། བག་ཡངས་གནང་བའི་ཚུལ་ཡང་ཡོད་དེ། ཕྲན་ཚེགས་ལས། དགེ་སློང་དག་བསླབ་པར་བྱ་བའི་གཞི་ཕྲ་མོ་དང་ཕྲན་ཚེགས་དག་ལ་དགེ་བསྙེན་རྣམས་ཚོགས་ནས་སྐབས་དབྱེ་ཞིང་བདེ་བ་ལ་རེག་པར་བྱའོ་ཞེས་གསུངས་པའི་ཕྱིར། ཁ་ཅིག་ལྟུང་བྱེད་མན་གྱི་ལྟུང་བ་ཁོ་ན་ལ་བག་ཡངས་ཀྱི་སྒོ་ནས་ལྟུང་མེད་དུ་གནས་པ་ཡོད་ཅིང་། ལྷག་མའི་ལྟུང་བ་ལ་དེ་ལྟར་མེད་ཅིང་ཟེར་ན་མི་འཐད་དེ། ཁང་པ་ཁང་ཆེན་རྩིག་པའི་ལྷག་མའི་ལྟུང་བ་ལ་དེ་ལྟར་ཡོད་པའི་ཕྱིར། དེས་ན་ཕམ་པ་མ་གཏོགས་ལྷག་མའི་ལྟུང་བ་མན་བཅས་རྐྱང་གི་ལྟུང་བ་ལ་བག་ཡངས་ཀྱི་སྒོ་ནས་ལྟུང་མེད་དུ་གནང་བ་ཡོད་ཀྱང་། རང་བཞིན་གྱི་ལྟུང་བ་ལ་དེ་ལྟར་གནང་བ་མེད་དེ། བསྡུ་བ་ལས། ལྟུང་བ་ཕྲ་མོ་དང་ཕྲན་

ཚོགས་དག་ལ་རང་བཞིན་གྱི་ཁ་ན་མ་ཐོ་བའི་བཅས་པ་ནི་མ་གཏོགས་སོ་ཞེས་གསུངས་པའི་ཕྱིར། བག་ཡངས་གནང་བའི་ཚོ་ག་ལ་གསོལ་བཞིའི་ལས་ཀྱི་ཚོ་ག་ལ་བརྟེན་ནས་གནང་། གསུམ་པ་སྒྲུབ་མི་ནུས་པའི་སྒོ་ནས་ལྟུང་མེད་དུ་འགྱུར་ཚུལ་ནི། མཐའ་ཁོབ་ཏུ་འདུལ་བ་འཛིན་པ་ལྔས་རབ་བྱུང་བསྙེན་རྫོགས་སུ་སྒྲུབ་ཏུ་རུང་བ་དེ་ཡིན་ནོ། །བཞི་པ་རྐྱེན་དགོས་ལ་བལྟོས་ཏེ་དེར་འགྱུར་ཚུལ། གཞན་གྱི་རྐྱེན་དགོས་ལ་བལྟོས་ཏེ་དེར་འགྱུར་ཚུལ་ལ་གཉིས། དང་པོ་ལ། རང་གི་རྐྱེན་དགོས་ལ་བལྟོས་ཏེ་ལྟུང་མེད་དུ་འགྱུར་ཚུལ་དང་། དེ་མ་ཡིན་པའི་རང་གི་རྐྱེན་དགོས་ལ་བལྟོས་ཏེ་དེར་འགྱུར་ཚུལ་གཉིས་ལས། རང་བཞིན་གྱི་ཁ་ན་མ་ཐོ་བ་བསྲུང་བ་དང་། དགེ་སྦྱོང་ཚུལ་གྱི་འབྲས་བུ་སྒྲུབ་པ་དང་། སྲོག་གི་བར་ཆད་བསྲུང་བ་གསུམ་དང་། བཅས་རྐྱང་གི་ལྟུང་བ་འགའ་ཞིག་བསྲུང་བ་ནང་འདོམས་ན། ཕྱི་མ་ལས་འདས་ཀྱང་ཉེས་མེད་དུ་གནང་བ་ནི་དང་པོ་ཡིན། དགེ་སྦྱོང་ཚུལ་གྱི་འབྲས་བུ་སྒྲུབ་པ་ནི། དཔེར་ན་བསམ་གཏན་འཕེལ་བ་ལ་ལག་ཉ་སོགས་ཉེས་མེད་དུ་གནང་བ་དེ་ཡིན། གཉིས་པ་ནི། ལུས་ཀྱི་བར་ཆད་བསྲུང་བ་དང་། བསོད་སྙོམས་ཀྱི་བར་ཆད་བསྲུང་བ་དང་། ལོངས་སྤྱོད་ཀྱི་བར་ཆད་བསྲུང་བ་གསུམ་དང་། བཅས་རྐྱང་གི་ལྟུང་བ་འགའ་ཞིག་བསྲུང་བ་ནང་འདོམས་ན། ཕྱི་མ་ལས་འདས་ཀྱང་ཉེས་མེད་དུ་གནང་བ་དེ་དེ་ཡིན། ནད་པ་རྣམས་ལུས་འཚོ་བའི་ཕྱིར་དུ་

ཕྱི་དྲོའི་ཁ་ཟས་གནང་བ་དཀོན་མཆོག་མཆོད་པའི་ཕྱིར་གླུ་གར་བྱེད་པ། ཛས་ཆུད་མི་ཟ་བའི་ཕྱིར་རིན་པོ་ཆེ་ལ་རེག་པ་རྣམས་ལྟུས་ཀྱི་བར་ཆད་བསྲུང་བ་སོགས་ནི་མཚན་གཞི་ཡིན་ནོ། །

༄ ཕམ་པའི་སྡེ་བཤད་པ།

དང་པོ། ཕམ་པའི་སྡེ་བཤད་པ་ལ་བཞི་ལས། མི་ཚངས་སྤྱོད་ཀྱི་ཕམ་པ་འཆད་པ་ལ། རྣམ་འབྱེད་ལས་བྱུང་ཚུལ། ཕྲན་ཚེགས་ལས་བྱུང་ཚུལ། ཞུ་བ་ལས་བྱུང་ཚུལ། འདུལ་བྱེད་ལས་བྱུང་ཚུལ་བཤད་པ་དང་བཞི། དང་པོ་སྟོན་པ་ལ། བཅུག་རེག །ཞེས་སོགས་གསུངས། གཉིས་པ་སྟོན་པ་ལ། གང་དུ་བུད་མེད་ཀྱིས། ཞེས་སོགས་གསུངས། གསུམ་པ་སྟོན་པ་ལ། ཁའི་དང་པོ་ནི། ཞེས་སོགས་གསུངས། བཞི་པ་སྟོན་པ་ལ། དགེ་སློང་གི་ ཞེས་སོགས་གསུངས། ངོ་བོ་ནི་མཚན་ཉིད་ཀྱིས་ཤེས།

༄ སྤྱི་དོན་ལ། གླིང་གཞི། དགག་བྱ་ཉེས་དམིགས། ངོ་བོ། ཡན་ལག་གི་བསྐྱེ་བ་རྣམ་པར་བཞག་པ་དང་བཞི། དང་པོ་ནི། ཡུལ་སྦྱོང་བྱེད་དུ་དགེ་སློང་བཟང་སྦྱིན་གྱིས་ཉོན་མོངས་པ་འདོད་ཆགས་ལ་བརྟེན་ནས་མི་ཚངས་བ་སྤྱོད་པ་ལ་བརྟེན་ནས་བསླབ་པ་འདི་བཅས་པ་ཡིན། (༩༣བ)གཉིས་པ་ལ་མཐོང་ཆོས་ཀྱི་ཉེས་དམིགས་དང་། རྣམ་སྨིན་གྱི་ཉེས་དམིགས་གཉིས། དང་པོ་ནི། དགེ་སློང་གི་ཚུལ་ལ་གནོད་པ་དང་།

ཁྲིམས་པ་མ་དད་པ་ལ་སོགས་པ་དུ་མ་འབྱུང་། གཉིས་པ་ནི། སྐྱེ་བ་ཕྱི་མ་
ངན་འགྲོར་སྐྱེ་བར་འགྱུར། རྒྱུ་མཐུན་གྱི་འབྲས་བུ་ལ། མྱོང་བ་རྒྱུ་མཐུན་
གྱི་འབྲས་བུ་དང་། བྱེད་པ་རྒྱུ་མཐུན་གྱི་དེ་གཉིས། དང་པོ་ནི་སྐྱེ་བ་ཕྱི་མ་
ལྡན་ལྡིན་སོགས་མང་བའི་གནས་སུ་སྐྱེ་བར་འགྱུར། གཉིས་པ་ནི། མི་
ཚངས་སྤྱོད་ལ་ངམ་ངམ་ཤུགས་ཀྱིས་འཇུག་པར་འགྱུར། བདག་འབྲས་
ལ་སྐྱེ་བ་ཕྱི་མ་ལྡན་ལྡིན་སོགས་མང་བའི་གནས་སུ་སྐྱེ་བར་འགྱུར། རྣམ་
སྨིན་ལ་ཆེན་པོ་འབྲིང་ཆུང་དུ་གསུམ་སྤྱད་པ་ལ། དམྱལ་བ་ཡི་དྭགས་
དུད་འགྲོ་གསུམ་དུ་རིམ་བཞིན་སྐྱེ་ བར་འགྱུར། གསུམ་པ་ངོ་བོ་ནི།
བཅས་ལྡན་དགེ་སློང་གི་རྟེན་ལ་རང་གི་ནོར་བུ་མ་ཉམས་པ། རླའི་སྒོ་
གསུམ་གང་རུང་དུ་བཙུག་པ་བདེ་བ་ལུས་ཤེས་ཀྱིས་མྱོང་ཞིང་ཡིད་ཤེས་
ཀྱིས་བདག་གིར་བྱས་པ་ལ་བརྟེན་ནས་བྱུང་བའི་དངོས་གཞི་ཡོངས་
རྫོགས་ཀྱི་ལྟུང་བ་མི་ཚངས་སྤྱོད་ཀྱི་ཕམ་པའི་ངོ་བོ་ཡིན། བཞི་པ་ལ།
གཞི། བསམ་པ། སྦྱོར་བ། མཐར་ཐུག་གི་ཡན་ལག་དང་བཞི། དང་པོ་ནི།
མ་ཉམས་པའི་རླའི་སྒོ་གསུམ་གང་རུང་ཡིན་པ་གཅིག་དགོས། གཉིས་པ་
ལ་གཉིས་ལས། དང་པོ་འདུ་ཤེས་མ་འཁྲུལ་བ་མི་དགོས། གཉིས་པ་
ཀུན་སློང་ལ་མི་ཚངས་སྤྱོད་འདོད་ཀྱང་བསམ་པ་རྒྱུན་མ་ཆད་པ་དགོས།
གསུམ་པ་ནི། ལུས་ཀྱི་རྩོལ་བས་ཞུགས་པ་དགོས། བཞི་པ་ནི། མི་ཚངས་
སྤྱོད་པའི་བདེ་བ་ལུས་ཤེས་ཀྱིས་མྱོང་ཞིང་ཡིད་ཤེས་ཀྱིས་བདག་གིར་

བྱས་པ་གཅིག་དགོས་སོ། །

༄། གཉིས་པ་མ་བྱིན་ལེན་གྱི་ཕམ་པ་འཆད་པ་ལ། རྣམ་འབྱེད་ལས་བྱུང་ཚུལ། ཕྲན་ཚེགས་ལས་བྱུང་ཚུལ། ཞུ་བ་ལས་བྱུང་ཚུལ། འདུལ་བྱེད་ལས་བྱུང་ཚུལ་བཤད་པ་དང་བཞི། དང་པོ་འཆད་པ་ལ། ཀུ་བའམ་ཀུར་བཙུག་པ་དག་གིས་སོ། །ཞེས་སོགས་གསུངས། གཉིས་པ་འཆད་པ་ལ། ཡོངས་སུ་བཟུང་བ་དང་། ཞེས་སོགས་གསུངས། གསུམ་པ་འཆད་པ་ལ། ཀ་ཀ་ནི་བཞི་ལ་མ་ཤ་ཀའོ། །ཞེས་སོགས་གསུངས། བཞི་པ་འཆད་པ་ལ། བླང་བའི་སྔ་རོལ་དུ། ཞེས་སོགས་གསུངས། ངོ་བོ་ནི་མཚན་ཉིད་ལས་ཤེས། ༄ སྤྱི་དོན་ལ། སྔར་བཤད་པ་ལྟར་བཞི་ལས། དང་པོ་ནི། ཡུལ་རྒྱལ་པོའི་ཁབ་ཏུ་གང་ཟག་ཛྫ་མཁན་གྱི་རིགས་ལས་རབ་ཏུ་བྱུང་བའི་དགེ་སློང་ནོར་ཅན་གྱིས་ཉེས་པ་རྒྱལ་པོའི་ཤིང་བརྐུས་པ་ལ་བརྟེན་ནས་མ་བྱིན་ལེན་གྱི་ཕམ་པ་འདི་བཅས་པ་ཡིན། གཉིས་པ་ལ། མཐོང་ཆོས་ཀྱི་ཉེས་དམིགས་དང་རྣམ་སྨིན་གྱི་འབྲས་བུ་གཉིས་ནི་སྔར་བཤད་པ་དང་འདྲ། རྒྱུ་མཐུན་གྱི་འབྲས་བུ་ལ་གཉིས་ལས། དང་པོ་ནི། སྐྱེ་བ་ཕྱི་མ་ལ་ལོངས་སྤྱོད་ཆུང་བ་སོགས་སུ་འགྱུར་རོ། །གཉིས་པ་ནི། མ་བྱིན་ལེན་ལ་ངམ་ངམ་ཤུགས་ཀྱིས་འཇུག་པར་འགྱུར། བདག་འབྲས་ལ་ནི་སྐྱེ་བ་ཕྱི་མ་ལོ་ཏོག་ལ་བསད་དང་སེར་བ་སོགས་གནོད་པ་མང་བའི་ས་ཕྱོགས་སུ་སྐྱེ་བར་འགྱུར་རོ། །གསུམ་པ་ནི། བཅས་ལྡན་དགེ་སློང་གི

རྟེན་ལ་རང་གི་རྟེན་གྱི་གང་ཟག་ལས་ནོར་རྫས་ཐ་དད་ཅིང་། གཞན་གྱི་བདག་གིར་བཟུང་བའི་རིན་ཐང་ཚང་བའི་མིའི་རྫས་བརྐུས་པ་ནས། རྫས་བདག་སྔ་མ་དེས་བློས་བཏང་ཅིང་། རང་གི་རྟེན་གྱི་གང་ཟག་དེ་ཐོབ་བློ་སྐྱེད་པ་ལ་བརྟེན་ནས་བྱུང་བའི་དངོས་གཞི་ཡོངས་རྫོགས་ཀྱི་ལྟུང་བ་དེ་མ་བྱིན་ལེན་གྱི་ཕམ་པའི་ངོ་བོ་ཡིན། ༈ བཞི་པ་ལ་དངོས་དང་། མ་བྱིན་ལེན་གྱི་ཕམ་པ་འབྱུང་བའི་གཞིར་འགྱུར་བའི་རྫས་ཀྱི་རིན་ཐང་གི་ཚད་བརྩི་ཚུལ་བཤད་པ་གཉིས། དང་པོ་ལ། གཞི། བསམ་པ། སྦྱོར་བ། མཐར་ཐུག་གི་ཡན་ལག་བཞི། དང་པོ་ལ་དེའི་གཞིར་འགྱུར་བའི་རྫས་བདག་གི་ཁྱད་པར(༩༩ན)དང་བཞི། དེ་གཞིར་གྱུར་པའི་རྫས་ཀྱི་ཁྱད་པར་གཉིས། དང་པོ་ནི། རང་དབང་ཞིང་དེའི་གཞིར་གྱུར་པའི་རྫས་བདག་གིར་བྱེད་པའི་མི་དེ་དེའི་ངོ་བོ་ཡིན། འདི་ལ་བསམ་སྦྱོར་གཉིས་ཀྱི་སྒོ་ནས་རྫས་བདག་ཏུ་འགྱུར་ཚུལ། རིགས་རྒྱུད་ཀྱི་སྒོ་ནས་དེར་འགྱུར་ཚུལ། ཡུལ་དུས་ཀྱི་སྒོ་ནས་དེར་འགྱུར་ཚུལ། བཅས་པའི་སྟོབས་ཀྱིས་རྫས་བདག་ཏུ་འགྱུར་ཚུལ་དང་བཞི་ཡོད། དང་པོ་ནི། བཅས་ལྡན་དགེ་སློང་གིས་རང་དབང་བའི་ཆོས་གོས་གསར་པ་ཐགས་པ་རབ་བྱུང་གཞན་ལ་བསྔོས་པ་ན། གང་དུ་བསྔོས་པའི་རབ་བྱུང་དེ་བསམ་པའི་སྒོ་ནས་གང་བསྔོས་པའི་ཆོས་གོས་དེའི་རྫས་བདག་ཏུ་གྱུར་པ་ཡིན། རྔོན་པས་རི་དྭགས་གཤོར་བའི་སྦྱོར་བ་བྱས་ན། རྔོན་པ་

དེའི་སྦྱོར་བའི་སྒོ་ནས་རི་དྭགས་དེའི་རྫས་བདག་ཏུ་གྱུར་པ་ཡིན། གཉིས་པ་ནི། བུ་དེ་ རང་གི་ཕའི་རྫས་དེའི་རིགས་རྒྱུད་ཀྱི་སྒོ་ནས་རྫས་བདག་ཏུ་གྱུར་པ་ཡིན། གསུམ་པ་ནི། ཞོ་གམ་ལ་དབང་བའི་ཡུལ་དཔོན་དེ་ཞོ་གམ་གྱིས་གཞལ་བའི་རྫས་དེའི་ཡུལ་དུས་ཀྱི་སྒོ་ནས་རྫས་བདག་ཏུ་གྱུར་པ་ཡིན། བཞི་པ་ནི། དབྱར་ཁས་ལེན་ལ་གཏོགས་པའི་རབ་བྱུང་དེ་དབྱར་གྱི་རྙེད་པ་དེའི་སངས་རྒྱས་ཀྱི་བཅས་པའི་སྟོབས་ཀྱི་རྫས་གཞན་དུ་གྱུར་པ་ཡིན། སྲ་བརྐྱང་བཏིང་བའི་རབ་བྱུང་དེ་བཅས་པའི་སྟོབས་ཀྱི་སྲ་བརྐྱང་བཏིང་བའི་རྫས་དེའི་རྫས་བདག་ཏུ་གྱུར་པ་ཡིན་ནོ། །གཉིས་པ་ནི། མིས་བདག་ཏུ་བཟུང་བ། དུར་ཁྲོད་ལ་སོགས་པའི་དམན་པའི་རྫས་མ་ཡིན་པ་གཡོས་སུ་སྦྱར་བའི་ཁ་ཟས་སོགས་མིན་པ་མ་བྱིན་ལེན་གྱི་ཕམ་པ་སྐྱེད་པའི་གཞི་གྱུར་པའི་རྫས་ཀྱི་རིན་ཐང་ཚང་བ་དེའི་ངོ་བོ་ཡིན། དེ་ལ་སྦྲ་མི་སྣན་པའི་རྫས་མ་ཡིན་པ་གཅིག་དགོས་ཏེ། དེའི་རྫས་བརྐུས་པས་ཕམ་པ་སྐྱེད་པ་མེད་པའི་ཕྱིར་ཏེ། དེའི་མི་རྣམས་རྫས་ལ་བདག་གིར་འཛིན་པ་མེད་པའི་ཕྱིར། དེའང་གང་དུ་ཐོབ་བློ་སྐྱེས་པའི་གནས་དེར་རིན་ཐང་ཚང་བ་གཅིག་དགོས་ཅིང་། རྐུ་བ་པོ་དང་ཡུལ་གཉིས་ཡུལ་གྱི་བར་ལ་ཐོབ་བློ་སྐྱེས་པ་ན་གང་ལ་ཉེ་བའི་ཡུལ་དེའི་རིན་ཐང་ཚང་བ་གཅིག་དགོས། ཡུལ་དེ་གཉིས་ལ་ཉེ་རིང་མེད་པའི་འཚམས་སུ་ཐོབ་བློ་སྐྱེས་ན་རྐུ་བ་པོའི་ཡུལ་ལ་བལྟོས་ཏེ་རིན་ཐང་ཚང་བ་གཅིག་

དགོས་པ་ཡིན་ཏེ། དེའང་རྟེན་གཉིས་ཀ་ལ་བལྟོས་ཏེ་རིན་ཐང་ཚང་བ་གཅིག་དགོས་ཏེ། རབ་བྱུང་གཉིས་ཀྱི་མི་གཅིག་གི་རྫས་འཛོག་རྫས་ཀྱི་ཆེད་དུ་བརྐུས་ན་རིང་ཐང་ཚང་བ་གཅིག་བརྐུས་པས་ཀྱང་རྒྱ་ལྟུང་བསྐྱེད་ཅིང་། བགོས་རྫས་ཀྱི་ཆེད་དུ་བརྐུས་ན་རིན་ཐང་ཚང་བ་གཉིས་རྒྱ་ལྟུང་གི་ཡན་ལག་ཏུ་དགོས་པའི་ཕྱིར་ཏེ། རྟེན་གཉིས་པོ་རེ་རེ་ཡང་རིན་ཐང་ཚང་བ་རེ་རེ་ཐོབ་པ་དེའི་ཡན་ལག་ཏུ་དགོས་པའི་ཕྱིར། རབ་བྱུང་གཅིག་གི་མི་གཉིས་ཀྱི་འཛོག་རྫས་རིན་ཐང་ཚང་བ་གཅིག་བརྐུས་པས་ཀྱང་རྒྱ་ལྟུང་སྐྱེད་ཅིང་། བགོས་རྫས་བརྐུས་ན་རིན་ཐང་ཚང་བ་བཅུ་ཐོབ་པ་རྒྱ་ལྟུང་གི་ཡན་ལག་ཏུ་དགོས་ཏེ། སྔ་མ་བཅུ་པོ་རེ་རེས་ཕྱི་མ་བཅུ་པོ་རེ་རེ་ལ་ལྟོས་ཏེ་རིན་ཐང་ཚང་བ་རེ་རེ་ཐོབ་པ་རྒྱ་ལྟུང་གི་ཡན་ལག་ཏུ་དགོས་པའི་ཕྱིར། དེས་ན་སྔ་མ་བཅུས་ཕྱི་བཅུའི་བགོས་རྫས་བགོད་རྫས་ཀྱི་ཆེད་དུ་རྐུ་བ་ལ་རིན་ཐང་ཚང་བ་བརྒྱ་ཐོབ་པ་རྒྱ་ལྟུང་གི་ཡན་ལག་ཏུ་དགོས་པ་ཡིན་ནོ། །དེ་ཡང་སྦྱོར་བ་གཅིག་ལ་བརྐུས་པ་གཅིག་དགོས་ཅིང་། སྦྱོར་བ་གཅིག་དང་ཐ་དད་ཀྱི་ཁྱད་པར་ཡང་གསེར་བསེ་བ་གསུམ་རིམ་ཅན་དུ་བརྐུ་བའི་ཚེ་ཀུན་སློང་གིས་བར་དུ་རྒྱུན་(༩༩བ)མ་ཆད་པ་རྐུ་བའི་སྦྱོར་བ་ལ་སྦྱོར་བ་གཅིག་པའི་ཐ་སྙད་དང་བར་དུ་ཀུན་སློང་གི་རྒྱུན་ཆད་ནས་རྐུ་བའི་སྦྱོར་བ་ལ་དེ་ཐ་དད་པའི་ཁྱད་པར་འབྱེད་དོ། །གཉིས་པ་བསམ་པ་ལ་གཉིས་ལས། དང་པོ། འདུ་ཤེས་

ནི་ངེས་པའམ་ཐེ་ཚོམ་ཟ་བའི་སྒོ་ནས་བརྐུས་པས་ཀྱང་འགྲུབ་ཅིང་། དེའང་གསེར་རྐུ་སྙམ་པའི་སྒོ་ནས་དངུལ་རྐུས་ན་ཕམ་པ་སྐྱེད་དེ། དེ་གཉིས་གང་ཡིན་སྙམ་པའི་སྒོ་ནས་ནོར་རྫས་བརྐུས་ན་ཕམ་པ་སྐྱེད་དེ། དེ་ལ་ཀུན་སློང་ཅི་ཞུགས་ཡོད་པའི་ཕྱིར། ལྷས་བྱིན་དང་མཆོད་སྦྱིན་གཉིས་ཀྱི་རྫས་ལ་ཡང་དེ་བཞིན་དུ་རིགས་འགྲེ། ཡང་འདུ་ཤེས་ལ་གཞན་གྱི་རྫས་སུ་འདུས་པ་གཅིག་དགོས་ཏེ། དེ་ལ་རང་གི་རྫས་སུ་འདུ་ཤེས་པ་དང་། རང་གི་རྫས་ལ་གཞན་གྱི་རྫས་སུ་འདུ་ཤེས་པའི་སྒོ་ནས་བརྐུས་ན་ཕམ་པ་མི་སྐྱེ་བའི་ཕྱིར། གཉིས་པ་ཀུན་སློང་ནི། གཞན་གྱི་རྫས་ཡིན་པ་ལ་གཞན་གྱི་མ་གནང་ཡང་། རང་གི་འཚོ་བའི་དོན་དུ་དབྲལ་འདོད་ཀྱི་བསམ་པ་རྒྱུན་མ་ཆད་པ་གཅིག་དགོས། གསུམ་པ་སྦྱོར་བ་ནི། ལུས་ཀྱི་རྩོལ་བའི་སྒོ་ནས་རང་གིས་བརྐུས་པའམ་གཞན་རྐུ་རུ་བཅུག་པ་གང་རུང་ལ་བརྟེན་ནས་འགྲུབ་པའོ། །བཞི་པ་མཐར་ཐུག་གི་ཡན་ལག་ལ། །ཁ་ཅིག་རྐུ་བྱའི་རྫས་དེ་སྔར་གྱི་རང་གནས་ནས་གནས་གཞན་དུ་སྤོས་པ་གཅིག་དགོས་ཏེ། རྣམ་འབྱེད་ལས། གནས་ནས་གནས་གཞན་དུ་སྤོས་པར་བྱས་ན་ཕམ་པར་འགྱུར་རོ། །ཞེས་གསུངས་པའི་ཕྱིར་ན་སྐྱོན་མེད་དེ། ལུང་དེས་ནི་རྫས་དེ་ཕ་རོལ་པོས་རྫས་བདག་གིས་བློས་མ་བཏང་བའི་གནས་ནས་བློས་བཏང་བའི་གནས་སུ་སླེབ་པ་ལ་གནས་ནས་གནས་སུ་སྤོས་པའི་མིང་གིས་བཏགས་ནས་བསྟན་པ་

ཙམ་ཡིན་པའི་ཕྱིར་ཏེ། འོད་ལྡན་ལས། བཙལ་ཏེ་རྩད་པས་ཀྱང་ཕ་རོལ་པོའི་རི་བ་མ་ཚད་པའི་གནས་ནས། རི་བ་ཚད་པའི་གནས་སུ་ཕྱིན་པར་བྱེད་པས་ན། གནས་ནས་གནས་གཞན་དུ་སྐྱོ་བར་བྱེད་པ་དང་ཞེས་གསུངས་པའི་ཕྱིར། དེ་ལྟ་མ་ཡིན་ན། ཁང་ཞིང་བརྐུས་པ་ལ་བརྟེན་ནས་ཕམ་པ་སྐྱེད་པ་མེད་པར་ཐལ། དེ་རང་གནས་ནས་རང་གནས་གཞན་དུ་སྐྱོ་བའི་སྐྱོ་ནས་བརྐུས་པ་མེད་པའི་ཕྱིར། ༈ རང་ལུགས་ལ། མཐར་ཐུག་གི་ཡན་ལག་ནི། རྐུ་བ་པོའི་རང་གིས་རྫས་དེ་ལ་ཐོབ་བློ་སྐྱེས་པ་དང་། སྔར་གྱི་རྫས་བདག་གིས་བློས་བཏང་བ་གཉིས་དགོས་པ་ཡིན་ནོ། །

༄ གཉིས་པ་མ་བྱིན་ལེན་གྱི་ཕམ་པ་འབྱུང་བའི་གཞིར་གྱུར་པའི་རྫས་ཀྱི་རིང་ཐང་གི་ཚད་བརྩི་ཚུལ་བཤད་པ་ལ། རྒྱ་གར་དུ་བརྩི་ཚུལ་དང་། བོད་དུ་བརྩི་ཚུལ་བཤད་པ་གཉིས། དང་པོ་ནི། ཀར་ཤ་པ་ཎའི་བཞི་ཆ་གཅིག་ལ་དེའི་རིང་ཐང་ཚང་བ་ཡིན་ཏེ། ཀ་རི་ཀ་ལྔ་བཅུ་པ་ལས། ཀརྵ་པ་ཎའི་བཞི་ཆ་བརྐུས། །དེ་བརྐུས་ཚུལ་ཁྲིམས་བཞིག་པར་འགྱུར། །ཞེས་གསུངས་པའི་ཕྱིར། དེ་བཞི་ཆའི་ཚད་ནི། ལུང་རྣམ་འབྱེད་ལས། མ་ཤ་ཀ་ལྔ་ལ་དེའི་ཆ་བཞིར་བརྩི་བར་གསུངས་ལ། དེ་ནི་བསླབ་པ་དེ་འཆའ་བའི་དུས་ཀྱི་ཚེ་མ་ཤ་ཀ་ཉི་ཤུ་ལ་ཀར་ཤ་པ་ཎ་གཅིག་ཏུ་བརྩི་བའི་དབང་དུ་བྱས་པ་ཡིན་ཏེ། ཡུལ་དུས་ཁག་གཅིག་ཏུ་མ་ཤ་ཀ་གསུམ་ལ་དེའི་རིན་ཐང་ཚང་བར་བརྩི་བར་ཡོད་པ་ནས་བཟུང་ཏེ། ཡུལ་དུས་

ཁག་གཅིག་ཏུ་དེ་བཅུ་ལ་དེའི་རིན་ཐང་ཚང་བ་བསྐྱེ་བ་ཡོད་པའི་ཕྱིར་ཏེ། བཀའ་ལུང་གཏམ་གྱི་གཞི་ལས། བཙུན་པ་མ་ཤ་ཀ་གསུམ་བརྐུས་པས ཕམ་པར་འགྱུར་བར་མཆིའམ། བཀའ་སྩལ་པ་ཡོད་དེ་གང་ན་མ་ཤ་ཀ བཅུ་གཉིས་ལ་ཀ་ཤ་པར་ཙ་གཅིག་ཏུ་འགྱུར་པ་ནའོ། །མ་ཤ་ཀ་ལྔ་ལས ལྷག་པ་བརྐུས་པས་ཕམ་པར་མི་འགྱུར་བ་མཆིས་སམ། བཀའ་སྩལ་པ ཡོད་དེ། གང་ན་མ་ཤ་ཀ་བཞི་བཅུ་ལ་ཀ་ཤ་པར་ཙ་གཅིག་ཏུ་གྱུར་པ ནའོ། །ཞེས་གསུངས་པའི་ཕྱིར། ཟོང་གི་ཁྱད་པར་ནི། མ་ཤ་ཀ་དེ་གསེར དངུལ་ལྷ་བུའི་རིན་པོ་ཆེ་ལས་གྲུབ་པའི་སྒོ་ནས་མིའི་དབྱིབས་ལྷ་བུའི མཚན་མས་བྱས་པའི་ཟོང་ཞིག་ཡིན་ཏེ། ཇུ་ཊཱིཀ་ལས། མ་ཤ་ཀ་ནི་ཟོང གི་ཁྱད་པར་ཏེ། དངུལ་ལས་གྲུབ་པ་གཟུགས་སུ་འདོད་པ་ཙོང་དུ་རུང བའོ། །ཞེས་དང་གཞི་ཊཱིཀ་ལས། ཀར་ཤ་པ་ཎ་ནི་པ་ཎའི་བྱེ་བྲག་ཏེ། མངོན་ཚན་ཅན་ཡིན་ན་དངུལ་ལས་བྱས་པ་(༤༥ན)ཡིན་ནོ་ཞེས་དང་། རྣམ་འབྱེད་ཊཱིཀྐ་ལས། དབྱིག་ཞེས་བྱ་བ་ནི་གསེར་རམ་དངུལ་ལས མངོན་ཚན་ཅན་དུ་བྱས་པའི་རྫས་སོ། མངོན་ཚན་ཅན་ཞེས་བྱ་བ་ནི་ཐ སྙད་བྱས་པའི་མཚན་མ་ཅན་ཟླུམ་བུ་ལ་སོགས་པའི་དབྱིབས་ལ་མི་ལ སོགས་པའི་རྟགས་སོ། །ཞེས་གསུངས་པའི་ཕྱིར། མ་ཤ་དེ་ལའང་གསེར གྱི་དེ་དང་།དངུལ་གྱི་དེ་དང་ལྕགས་ཀྱི་དེ་ལ་སོགས་པ་དང་། ཟངས་ཀྱི དེ་ལ་སོགས་པ་དུ་མ་ཡོད་པས། བཟང་ངན་གྱི་ཁྱད་པར་ཡོད་དེ། ཇུ་བ

ལས། གསེར་གྱི་མ་ཤ་དང་། དངུལ་གྱི་མ་ཤ་བླངས་ན། ཅིར་འགྱུར་སྙང་བར་བྱའོ། །ལྕགས་ཀྱི་མ་ཤ་དང་། ཟངས་ཀྱི་མ་ཤ་བླངས་སམ་ལེན་ན་ཉེས་བྱས་སུ་འགྱུར་རོ་ཞེས་གསུངས་པའི་ཕྱིར། བསྟན་བཅོས་འདི་ལྟར་ན་ནི། ཀ་ཀ་ན་བཞི་ལ་མ་ཤ་ཀ་གཅིག་ཏུ་བརྩི་བ་ཡིན་ཏེ། མགྲོན་བུ་ཉི་ཤུའི་རིན་ཐང་ལ་ཀ་ཀ་ན་གཅིག་ཏུ་བརྩི། འགྲོན་བུ་བརྒྱད་ཅུའི་རིང་ཐང་ལ་མ་ཤ་ཀ་གཅིག་གི་རིན་ཐང་ཚང་བར་བརྩི་བ་ཡིན་ནོ། །མ་ཤ་ཀ་བཅུ་གཉིས་ལ་ཀར་ཤ་པ་ཎ་གཅིག་ཏུ་བརྩི་བའི་ཡུལ་དེར་མགྲོན་བུ་བརྒྱད་བཅུ་ཚན་པ་གསུམ་གྱི་རིན་ཐང་ལ་མ་ཤ་ཀ་གཅིག་གི་རིན་ཐང་ཚང་བར་བརྩི་ཞིང་མ་ཤ་ཀ་བཞི་བཅུ་ལ་ཀར་ཤ་པ་ཎ་གཅིག་ཏུ་བརྩི་བའི་ཡུལ་དེར་མགྲོན་བུ་བརྒྱད་ཅུ་ཚན་པ་བཅུའི་རིན་ཐང་ལ་ཚང་བར་བརྩི་བ་ཡིན་ནོ། གཉིས་པ་བོད་དུ་བརྩི་ཚུལ་ལ་ཁ་ཅིག ཧ་རྐོད་མ་གཅིག་གི་རིན་ཐང་ལ་མ་བྱིན་ལེན་གྱི་ཕམ་པ་སྐྱེད་པའི་གཞིར་གྱུར་པའི་རྫས་ཀྱི་རིན་ཐང་ཚང་བ་ཡིན་ཏེ། གང་ཀྲུས་པས་རྒྱལ་པོ་ལ་བརྟེན་ནས་གསོད་པའི་ཆད་པ་ཕོག་པའི་སྒོ་དང་བསྟུན་ནས་བསླབ་པ་འདི་བཅས་པ་ཡིན་པའི་ཕྱིར་ཏེ། མདོ་ལས། གང་བཀྲུས་པས་གྲོད་ལ་དགྲི་ཤིང་། ཞེས་གསུངས་པའི་ཕྱིར་ཟེར་ན་མི་འཐད་དེ། གང་བཀྲུས་པས་རྒྱལ་པོས་ཆད་པ་འཕོག་པའི་སྒོ་དང་བསྟུན་ནས་བསླབ་པ་འདི་བཅས་པ་ཡིན་ཏེ། མདོ་ལས། གང་བཀྲུས་པས་བསོད་དམ། སྤྱུགས་སམ། འཆིང་ཡང་རུང་། ཞེས་

དང་། ཞིང་ཙམ་གྱི་མ་བྱིན་པར་བླངས་པས། རྒྱལ་པོའི་བློན་པོ་ཆེན་པོས་
བཟུང་ནས་དེ་ལ་འདི་སྐད་དུ། མི་ཁྱོད་ནི་མ་བྱིན་པར་བླངས་པ་ཡིན།
ཞེས་གསུངས་པའི་ཕྱིར། ༈ རང་ལུགས་ནི། གསེར་བསེ་བ་གསུམ་ཙམ་
མམ། དངུལ་ཞོ་གང་གི་རིན་ཐང་ཚང་བ་ལ་མ་བྱིན་ལེན་གྱི་ཕམ་པ་སྐྱེ་
བའི་གཞིར་གྱུར་པའི་རྫས་ཀྱི་རིན་ཐང་ཚང་བ་ཡིན་ཏེ། འགྲེལ་པ་དོན་
གྲུབ་མ་ལས། རྒྱ་གར་གྱི་རིན་ཐང་དང་སྦྱར་ན་གསེར་བསེ་བ་གསུམ་
ཙམ་མམ། དངུལ་ཞོ་གང་ཙམ་བརྐུས་ན་ཕམ་པར་བསྐྱེའོ། །ཞེས་དང་།
ཡང་གཅིག་དངུལ་ཞོའི་བརྒྱད་ཆ་ལ་རིན་ཐང་ཚང་བར་བསྐྱེའོ་ཞེས་
དང་། འགྲེལ་པ་ཤེས་རབ་བྱེད་པ་ལས། རྒྱ་གར་གྱི་མ་ཤ་ལ་བོད་ཀྱི་
དངུལ་གྱི་སྟེང་དུ་རྩིས་ན་དངུལ་ཞོའི་བརྒྱད་ཆ་ཡོད་པས་བརྒྱད་ཆ་
གཞན་བརྐུས་ན་ཕམ་པ་ཞེས་བྱའོ། ཞེས་གསུངས་པའི་ཕྱིར། དངུལ་ཞོའི་
བརྒྱད་ཆ་ཞེས་པ་ནི། གསེར་དངུལ་ཞོའི་བརྒྱད་ཆ་ལ་བསྐྱེ་བ་ཡིན་ཏེ།
དངུལ་ཞོ་གང་ལ་གསེར་ཞོ་གང་འབྱུང་ཞིང་དེ་གཉིས་དོན་གཅིག་པ་
ཡིན་པའི་ཕྱིར་ཏེ། རྒྱ་ཆེར་འགྲེལ་ལས། ཞོ་ནི་གསེར་གྱིའོ། །ཞེས་
གསུངས་པའི་ཕྱིར། གཞན་གྱི་ལས་ཀྱི་མཐའ་དག་ལ་ཆུ་གཏོང་བའམ།
ཞེས་སོགས་ཀྱི་ངག་དོན་ནི། བཅས་ལྡན་དགེ་སློང་གི་རྟེན་ལ་རང་ག
ཞིང་ལ་ཆུ་གཏོང་བ་དང་། གཞན་གྱི་ཞིང་ལ་ཆུ་གཏོང་བ་འགོག་པའི་
སྐོར་བ་བྱས་པ་ལ་བརྟེན་ནས་མ་བྱིན་ལེན་གྱི་ཕམ་པ་ (༩༥བ)སྐྱེད་

པའི་ཚུལ་ཡོད། དེ་ལ་བརྟེན་ནས་རང་གི་ཞིང་ལ་རིན་ཐང་ཆང་བའི་ལོ་ཏོག་འཕེལ་བ་དང་། གཞན་གྱི་ཞིང་ལ་རིན་ཐང་ཆང་བའི་ལོ་ཏོག་འགྲིབ་པ་ན་ཕམ་པ་སྐྱེ་བའི་ཕྱིར། །

༄ གསུམ་པ་སྲོག་གཅོད་ཀྱི་ཕམ་པ་འཆད་པ་ལ། ནད་པ་ལ་འཆི་བའི་སེམས་པ་དང་རྗེས་སུ་མཐུན་པའི་ཉེ་བར་སྒྲུབ་པ་མི་ནུས་པའོ་ཞེས་སོགས་གསུངས། དེའི་དངོས་གཞི་འཆད་པ་ལ་སྲོག་གཅོད་ནའོ་ཞེས་སོགས་གསུངས། ངག་དོན་ནི་བཅས་ལྡན་དགེ་སློང་གི་རྟེན་ལ་སྲོག་གཅོད་ཀྱི་ཕམ་པ་འབྱུང་བའི་ཚུལ་ཡོད་དེ། རང་གི་རྟེན་ལས་ཤེས་རྒྱུད་ཐ་དད་པའི་མི་གསོད་སེམས་ཀྱི་ཀུན་ནས་བསླངས་སྟེ་དེ་གསོད་པའི་སྦྱོར་བ་བྱས་པ་ལ་བརྟེན་ནས་ཕ་རོལ་པོའི་སྲོག་ཆད་པ་ན་ཕམ་པ་དེ་འབྱུང་བའི་ཕྱིར། ༄ སྤྱི་དོན་ལ་གླིང་གཞི་སོགས་སྔར་བཤད་པ་ལྟར་བཞི་ཡོད་པ་ལས། དང་པོ་ནི་ཡུལ་ཡངས་པ་ཅན་དུ་དགེ་སློང་རབ་ཏུ་བྱུང་བ་མང་པོས་ཉོན་མོངས་པ་ཞེ་སྡང་གིས་ཀུན་ནས་སླངས་ཏེ་མི་བསད་པ་ལ་བརྟེན་ནས་བསླབ་པ་འདི་བཅས་པ་ཡིན། གཉིས་པ་མཐོང་ཆོས་ཀྱི་འབྲས་བུ་དང་། རྣམ་སྨིན་གྱི་འབྲས་བུ་ནི་སྔར་བཤད་པ་དང་འདྲ། རྒྱུ་མཐུན་གྱི་འབྲས་བུ་ལ་གཉིས། མྱོང་བ་རྒྱུ་མཐུན་གྱི་འབྲས་བུ་ནི།སྐྱེ་བ་ཕྱི་མ་ཚེ་ཐུང་བར་འགྱུར། བྱེད་པ་རྒྱུ་མཐུན་གྱི་འབྲས་བུ་ནི་སྐྱེ་བ་ཕྱི་མ་སྲོག་གཅོད་པའི་བྱ་བ་ལ་ངམ་ངམ་ཤུགས་ཀྱིས་འཇུག་པར་འགྱུར།

བདག་འཁྲུས་ནི། སའི་ཕྱོགས་མདངས་ངན་པ་སོགས་སུ་སྐྱེ་བར་འགྱུར་རོ། །

༈ གསུམ་པ་ངོ་བོ་ནི། བཅས་ལྡན་དགེ་སློང་གི་རྟེན་ལ་གསོད་སེམས་ཀྱིས་ཀུན་ནས་བླངས་ཏེ་རང་གི་རྟེན་ལས་ཞེས་རྒྱུད་ཐ་དད་པའི་མིའམ་མིར་ཆགས་པ་གསོད་པའི་སྦྱོར་བ་བྱས་པ་ལ་བརྟེན་ནས་གསོད་བྱེད་ཤི་བའི་སྔོན་རོལ་དུ་བསད་བྱ་ཤི་བ་ལ་བརྟེན་ནས་བྱུང་བའི་དངོས་གཞི་ཡོངས་རྫོགས་ཀྱི་ལྟུང་བ་དེ་དེའི་ངོ་བོ་ཡིན། ༈ བཞི་པ་ཡན་ལག་གི་བརྩི་ཚུལ་ལ་བཞི་ལས། དང་པོ་གཞིའི་ཡན་ལག་ལ་མིའམ་མིར་ཆགས་པ་གཅིག་དགོས་ཏེ། བཅས་ལྡན་དགེ་སློང་གི་རྟེན་ལ་རང་དང་མི་མིན་པ་བསད་པ་ལ་བརྟེན་ནས་སྦོམ་པོ་འབྱུང་། དུད་འགྲོ་བསད་པ་ལ་བརྟེན་ནས་ལྟུང་བྱེད་འབྱུང་བའི་ཕྱིར། དེའང་དེའི་རྟེན་ལ་མི་བསད་པ་ལ་ཕམ་པ་དང་། མི་མིན་པ་བསད་པ་ལ་སྦོམ་པོ་འབྱུང་། དུད་འགྲོ་བསད་པ་ལ་ལྟུང་བྱེད་འབྱུང་བའི་རྒྱུ་མཚན་ཡོད་དེ། མིའི་རྒྱུད་ལ་དཀོན་མཆོག་གསུམ་དང་སོ་ཐར་གྱི་སྡོམ་པ་ཡོད། མི་མིན་གྱི་རྒྱུད་ལ་སངས་རྒྱས་དཀོན་ཅིག་མ་ག་རྟོགས་གཞན་གཉིས་ཡོད། དུད་འགྲོའི་རྒྱུད་ལ་དེ་གཉིས་ཀྱང་མེད་པའི་ཕྱིར། འོ་ན་མིའམ་མིར་ཆགས་པའི་ཁྱད་པར་གང་ཞེ་ན། མངལ་གྱི་གནས་སྐབས་ཀྱི་མེར་མེར་པོ་ལ་སོགས་པ་བཞི་པོ་ནི་མིར་ཆགས་པ་ཡིན། འབྱར་མགོ་ལྟ་དོད་པ་ནི་མིར་འཛིན་པ་ཡིན་ནོ།།

མེར་མེར་པོ་ལ་སོགས་པ་ལྟ་པོ་དེ་གནས་སྐབས་གང་ལས་འཇོག་པ་ཡིན་ཞེ་ན། མངལ་དུ་སྐྱེ་བ་བླང་བའི་བདུན་ཕྲག་དང་པོ་ལ་མེར་མེར་པོ། གཉིས་པ་ལྟར་ལྟར་པོ། གསུམ་པ་གོར་གོར་པོ། བཞི་པ་འཁྲང་འགྱུར། ལྔ་པ་རྐང་ལག་འགྱུས་པ་འབྱུང་། དེ་ནི་འབྱུར་མགོ་ལྔ་ཇོད་པའི་གནས་སྐབས་ལ་འཇོག་པ་ཡིན་ནོ། །དེའང་མངལ་ནས་གཙས་པ་ནས་འགྲོ་ཞེས་ཚུན་ལ་བྱིས་པར་འཛིན། འཁྲིག་པ་རྟེན་ནུས་པ་ཚུན་ལ་གཞོན་ནུར། སུམ་ཅུ་ལོན་ཚུན་ལ་དར་མར། ལྔ་བཅུ་ལོན་ཚུན་ལ་དར་ཡོལ་དུ། འཆི་ཁ་ཚུན་ལ་རྒན་པོར་(༤༨ན)འཛིན། དེ་ཡང་དུས་དེ་དང་དེའི་དབང་དུ་བྱས་པ་ཡིན་ཏེ། ཚེ་ལོ་བརྒྱད་ཁྲི་པ་དང་བཅུ་པ་ལ་རྣམ་བཞག་དེ་ལྟར་མི་འདུག་པའི་ཕྱིར། ༈ གཉིས་པ་བསམ་པའི་ཡན་ལག་ལ་འདུ་ཤེས་ནི། ངེས་པའམ་ཐེ་ཚོམ་ཟའི་སྒོ་ནས་མ་འཁྲུལ་བ་དགོས། ཀུན་སློང་གི་གསོད་འདོད་ཀྱི་བསམ་པ་རྒྱུན་མ་ཆད་པ་དགོས། གསུམ་པ་སྦྱོར་བ་ནི་ལུས་ཤེས་ཀྱི་རྩོལ་བ་ལ་ཞུགས་པ་དགོས། བཞི་པ་མཐར་ཐུག་ནི་གསོད་པ་པོའི་སྔ་རོལ་དུ་བསད་བྱ་ཤི་བ་གཅིག་དགོས་ཏེ། བསད་བྱ་ཤི་བའི་སྔོན་རོལ་དུ་གསོད་པ་པོ་ཤི་བ་དང་། དེ་དང་དུས་མཉམ་དུ་ཤི་བ་ལ་ཕམ་པ་དེ་མི་སྐྱེད་པའི་ཕྱིར་ཏེ། མཛོད་ལས། སྔ་དང་མཉམ་དུ་ཤི་བ་ལ། །དངོས་མེད་ལུས་གཞན་སྐྱེ་བའི་ཕྱིར། །ཞེས་གསུངས་པའི་ཕྱིར། དེའང་བསད་བྱའི་སྲོག་དབང་འགག་པའི་སྐད་ཅིག་མ་དང་པོ་དེ་ཕམ་

པའི་ཡན་ལག་ཏུ་དགོས་ཏེ། སྐད་ཅིག་མ་གཉིས་པ་ཕན་དེའི་ཡན་ལག་ཏུ་མི་དགོས་ཏེ། དེ་སྐད་ཅིག་མ་གཉིས་པའི་དུས་སུ་ཕམ་པ་དེའི་དངོས་གཞི་བསྐྱེད་པ་གང་ཞིག ལྟུང་བ་དེའི་ཡན་ལག་ཡིན་ན་དེའི་རྒྱུ་ཡིན་དགོས་པའི་ཕྱིར། ཡང་ལྷས་སྦྱིན་བསོད་སྙོམ་པའི་སྒོ་ནས་མཆོད་སྦྱིན་བསད་ན་ཕམ་པ་མི་སྐྱེད་དེ། དེ་གཉིས་གང་ཡིན་སྙོམ་པའི་སྒོ་ནས་བསད་ན་ཕམ་པ་སྐྱེད་དེ། དེ་ལ་ཀུན་སློང་སྦྱི་ཞུགས་ཡོད་པའི་ཕྱིར། དེ་འང་དགེ་སློང་བཅུའི་ནང་ནས་དགེ་སློང་དང་པོས་མི་གཅིག་ལ་ཞག་བཅུ་ཙམ་རྫུན་ལ་འཆི་བའི་མཆོན་བསྟན། དེ་ཐ་མས་ད་ལྟ་ནས་འཆི་བའི་མཆོན་བསྟན་ནས་མི་དེ་ཤི་ན་དེ་བཅུ་ཀ་ཕམ་པ་སྐྱེད་དམ་མི་སྐྱེ་ཞེ་ན་མི་འཐད་དེ། དེ་ཚེ་མཆོན་བསྟན་པ་པོ་དགེ་སློང་ཐ་མ་ཁོ་ནས་བསད་ཀྱི། དེ་དང་པོ་དགུས་མ་བསད་པའི་ཕྱིར། གཉིས་པ་མི་འཐད་དེ། དང་པོ་དགུ་པོ་དག་གིས་ཕམ་པའི་རྣམ་པར་རིག་བྱེད་དང་། རྣམ་པར་རིག་བྱེད་མ་ཡིན་པར་བཟུང་ལ། ཐ་མས་ཕམ་པའི་རྣམ་པར་རིག་བྱེད་མ་ཡིན་པའི་ཕྱིར་བཟུང་བ་ཡིན་པའི་ཕྱིར། ཟེར་ན། དེའི་ཚེ་དགེ་སློང་བཅུ་ཀ་ལ་ཕམ་པ་སྐྱེད་པ་ཡིན་ཏེ། བཅུ་གས་མི་དེ་འཆི་ངེས་ཀྱི་སྦྱོར་བ་བྱས་པར་མཚུངས་ཤིང་། མི་དེ་ཤི་བའང་མཚུངས་པའི་ཕྱིར་ཏེ། འོད་ལྡན་ལས། སྐྱོན་ཡོད་དེ་ཐམས་ཅད་ཀྱང་སྦྱོར་བ་གཅིག་ཡིན་པའི་ཕྱིར་ཏེ། འབྲས་བུ་མཚུངས་པའི་ཕྱིར། ཞེས་གསུངས་པའི་ཕྱིར། དེའི་རྗེན་མེར་མེར་པོ་

བཤད་པས་ཀྱང་ཕམ་པ་སྐྱེད་པ་ཡིན་ཏེ། ཉེར་སྦྱས་ཀྱིས། མེར་མེར་པོ་བཤད་ན་ཅིར་འགྱུར། མཐར་འགྱུར་ཞེས་གསུངས་པའི་ཕྱིར། མི་དེ་འཆི་བའི་སྐད་ཅིག་མ་ཐ་མའི་ཚེ་དེ་བཤད་པའི་སྦྱོར་བ་བྱས་ཀྱང་ཕམ་པ་མི་སྐྱེད་དེ། དེའི་ཚེ་ཤི་བའི་རྒྱུ་ཚོགས་གཞན་གསར་དུ་སྒྲུབ་མི་དགོས་པར་དེ་ཐམས་ཅད་ཚང་ཟིན་པའི་ཕྱིར་ཏེ། འོད་ལྡན་ལས། དབུགས་ཀྱི་རྒྱུ་བ་མཐའ་མར་གྱུར་པ་ལ་ནི་འཇིགས་པའི་གནས་སྐབས་ཉིད་ཡིན་པའི་ཕྱིར། བྱེད་པ་པོ་དོན་མེད་པ་ཉིད་ཡིན་ནོ། །ཞེས་གསུངས་པའི་ཕྱིར། དེའང་རབ་བྱུང་བཅུས་གྲོས་བྱས་ནས་མི་གཅིག་གསོད་པའི་སྦྱོར་བ་བྱས་ནས་དེའི་ནང་ནས་རབ་བྱུང་གཅིག་ཁོ་ནས་མི་དེ་བསད་པ་ན་དེ་བཅུ་ཀ་ལ་རྩ་ལྟུང་སྐྱེད་དེ། བཅུ་ཀས་མི་གསོད་པའི་སྦྱོར་བ་བྱས་ཤིང་དེ་ཤི་བའང་མཚུངས་པའི་ཕྱིར་ཏེ། མཛོད་ལས། དམག་ལ་སོགས་པའི་དོན་གཅིག་ཕྱིར། །ཐམས་ཅད་བྱེད་པ་པོ་བཞིན་ལྡན། །ཞེས་གསུངས་པའི་ཕྱིར། །

༄ བཞི་པ་ཧྲུན་སླུའི་ཕམ་པ་འཆད་པ་ལ། འདུ་ཤེས་སྒྱུར་ཏེ་བདག་ཉིད་ མིའི་ ཆོས་ བླ་ མ་ དང་ ལྡན་ པ་ ཉིད་ དུ་ སྨྲས་ ནའོ། ཞེས་ སོགས་ གསུངས། ངག་དོན་ནི་སླ། ༄ སྤྱི་དོན་ལ། གླེང་གཞི་སོགས་བཞི་ལས། དང་ པོ་ ནི་ ཡུལ་ སྤོང་ བྱེད་ དུ་ དགེ་ སློང་ རབ་ ཏུ་བྱུང་ བ་ ལྔ་ བརྒྱས་ ཉེན་ མོངས་པ་ གྲགས་ འདོད་ ཀྱིས་ ཀུན་ནས་ བསླངས་ ཏེ། མི་ ཆོས་ བླ་ མ་ ཐོབ་

པར་སྨྲ་བ་ལ་བསྙེན་ནས་སླབས་པ་འདི་བཅས་པ་ཡིན་པའི་ཕྱིར། གཉིས་པ་ལ། གཞན་རྣམས་སྔར་དང་འདྲ་བ་ལ། སྤོང་བ་རྒྱུ་མཐུན་གྱི་འབྲས་བུ་ལས་ནི་བསྐྱུར་འདེབས་མང་བ་སོགས་སུ་འགྱུར། བྱེད་པ་རྒྱུ་མཐུན་གྱི་འབྲས་བུ་ལས་ནི་བཀུར་འདེབས་ལ་ངམ་ངམ་ཤུགས་ཀྱིས་འཇུག་པར་འགྱུར། བདག་འབྲས་(༩༨བ)ནི་ས་ཕྱོགས་དྲི་ངན་པ་དང་། ཁ་ཚུབ་མང་བ་སོགས་སུ་འགྱུར་རོ། །གསུམ་པ་ནི།བཅས་ལྡན་དགེ་སློང་གི་རྟེན་ལ་རང་གི་རྟེན་ལས་ཞེས་རྒྱུད་ཐ་དད་པའི་ཐ་སྙད་བདུན་ལྡན་གྱི་མི་ལ་གང་ཐོབ་པར་སྨྲའི་མི་ཆོས་བླ་མ་མ་ཐོབ་བཞིན་དུ་ཐོབ་པར་སྨྲས་ནས་ཕལ་རོལ་པོའི་དོན་གོ་བ་ལ་བསྙེན་ནས་བྱུང་བའི་དངོས་གཞི་ཡོངས་རྫོགས་ཀྱི་ལྟུང་བ་དེ་དེའི་ངོ་བོ་ཡིན། ༈ བཞི་པ་ཡན་ལག་གི་བརྩི་ཚུལ་ལ་བཞི་ལས། དང་པོ་གཞིའི་ཡན་ལག་ནི། ཐ་སྙད་ལྔ་དང་ལྡན་པ། ཟ་མ་དང་མ་ནིང་མ་ཡིན་པ། བསམ་པ་རང་བཞིན་དུ་གནས་པ་དགོས། གཉིས་པ་བསམ་པའི་ཡན་ལག་ལ་འདུ་ཤེས་ནི་མ་འཁྲུལ་བ་དགོས་ཏེ། གོང་སའི་སྙོམ་འཇུག་འཐོབ་པར་སྨྲ་བར་འདོད་ནས། མི་རྟག་པ་དང་བདག་མེད་པའི་འདུ་ཤེས་སོགས་ཐོབ་པར་སྨྲ་ན་ཕམ་པ་འདི་མི་སྐྱེ་བའི་ཕྱིར། དངོས་པོ་ནི་གོང་སའི་སྙོམ་འཇུག་སོགས་མི་ཆོས་བླ་མ་མིན་པ་གཅིག་དགོས། གོང་སའི་སྙོམ་འཇུག་དེ་ལ་མི་ཆོས་བླ་མ་ཞེས་བརྗོད་པའི་རྒྱུ་མཚན་ཡོད་དེ། མྱང་འདས་མིའི་རྒྱུད་ལ་ཡོད་པའི་ཆོས་ཡིན། དེ་

འཐོབ་པར་བྱེད་པ་ལ་འདོད་སེམས་ལས་གོང་རོལ་དུ་གྱུར་པའི་རྒྱུ་མཚན་གྱིས་དེ་ལྟར་བརྗོད་པའི་ཕྱིར་དང་། སྒྲིབ་པ་ལྔ་པོ་མིའི་རྒྱུད་ལ་ཡོད་པའི་ཆོས་ཡིན། དེ་སྤོང་བར་བྱེད་པ་ལ་སྔར་ལྟར་ཡིན་པའི་རྒྱུ་མཚན་གྱིས་དེ་ལྟར་བརྗོད་པའི་ཕྱིར། ཀུན་སློང་ནི་སྨྲ་འདོད་ཀྱི་བསམ་པ་རྒྱུན་མ་ཆད་པ་གཅིག་དགོས། ༄ གསུམ་པ་སྦྱོར་བ་ནི་མ་ནོར་བར་གསལ་པོར་སྨྲས་པ། གཞན་གྱིས་མངོན་སུམ་དུ་སྨྲས་པ་གཅིག་དགོས། སྨྲ་ཚུལ་ནི་འདུ་ཤེས་སྒྱུར་ཏེ་མ་མཐོང་བཞིན་དུ་ལྷ་མཐོང་ཀླུ་མཐོང་ཟེར་བ་དང་། མ་ཐོབ་བཞིན་དུ། མི་རྟག་པ་ལ་སོགས་པའི་འདུ་ཤེས་བཅུ་དང་། མི་སྡུག་པ་ལ་སོགས་པའི་འདུ་ཤེས་བཅུ་ཐོབ་ཟེར་བ་དང་། ཚད་མེད་བཞི་ཐོབ་ཟེར་བ་དང་། ཡུལ་ཆེ་གེ་མོ་ཞིག་ཏུ་ཕྱིན་ན་ཐོབ་ཅིང་། ཁོ་བོས་ཀྱང་དེར་འགྲོ་ནུས་པ་ཡིན་ནོ། །ཞེས་སྨྲ་ཚུལ་མང་དུ་ཡོད་དོ། །བཞི་པ་མཐར་ཐུག་ནི་ཕ་རོལ་པོས་དོན་གོ་བ་གཅིག་དགོས་སོ། །

༄ ལྷག་མའི་ལྟུང་བ་བཤད་པ།

གཉིས་པ་ལྷག་མའི་ལྟུང་བ་འཆད་པ་ལ། དབྱེ་བ། བསྡུ་བ། སོ་སོའི་རང་བཞིན་བཤད་པ་དང་གསུམ་ལས། དང་པོ་ནི། དགེ་སློང་ཕའི་རྟེན་ལ་བཅས་པའི་ལྷག་མའི་ལྟུང་བ་དེ་ལ་བཅུ་གསུམ་དུ་ཡོད་དེ། སོ་ཐར་གྱི་ཚོམས་ལས། །ཁུ་བ་འབྱིན་པ་འཁྲིག་ཚིག་བསྙེན་བཀུར་སྨྲ། །ཁང་པ་

ཁང་ཆེན་དང་ནི་གཞི་མེད་པ། །བག་ཙམ་དགེ་འདུན་དབྱེན་དང་དེ་རྗེས་ཕྱོགས། །ཁྲིམ་སུན་འབྱིན་དང་བཀའ་བློ་མི་བདེ་འོ། །ཞེས་གསུངས་པའི་ཕྱིར། གཉིས་པ་ནི། དེ་རྣམས་བསྡུ་ན། ཆགས་སེམས་ལ་བརྟེན་པའི་ལྷག་མའི་ལྟུང་བ། གནོད་སེམས་ལ་བརྟེན་པའི་དེ། གཏི་མུག་ལ་བརྟེན་པའི་དེ་དང་གསུམ་དུ་འདུ་ཞིང་། དང་པོ་དེ་ལ་ཡང་ནང་སེམས་ཅན་ལ་བརྟེན་པའི་ལྷག་མའི་ལྟུང་བ་དང་། ཕྱི་ཡོ་ བྱད་ལ་བརྟེན་པའི་ལྷག་མའི་ལྟུང་བ་དང་གཉིས་སུ་འདུ་བ་ཡིན། དེ་ལྔ་པོ་དེ་དང་པོར་འདུ། ཁང་པ་ཁང་ཆེན་གྱི་ལྷག་མའི་ལྟུང་བ་གཉིས་པོ་དེ་གཉིས་པར་འདུ། གཞི་མེད་ཀྱི་ལྷག་མའི་ལྟུང་བ་དང་། བག་ཙམ་གྱི་ལྷག་མའི་ལྟུང་བ་གཉིས་ནི་གཉིས་པར་འདུ། ལྷག་མ་ཕྱི་མར་འདུ། དེ་ཐམས་ཅད་བསྡུ་ན། དངོས་པོ་ལས་གྱུར་པའི་ལྷག་མའི་ལྟུང་བ་དང་། སྨྲ་བ་ལས་གྱུར་པའི་དེ་གཉིས་སུ་འདུ་བ་ཡིན་ཏེ། དང་པོ་དགུ་དང་པོར་འདུ། ཕྱི་མ་བཞི་གཉིས་པར་འདུ་བའི་ཕྱིར། ༈ གསུམ་པ་སོ་སོའི་རང་བཞིན་བཤད་པ་ལ་བཅུ་གསུམ་ཡོད་པ་ལས། དང་པོ་ཁུ་བ་འབྱིན་པའི་ལྷག་མའི་ལྟུང་བ་འཆད་པ་ལ་གླེང་གཞི་སོགས་བཞི་ལས། དང་པོ་ནི། ཡུལ་མཉན་ཡོད་དུ་དགེ་སློང་འཆར་ཀས་ཉོན་མོངས་པ་འདོད་ཆགས་ཀྱིས་ཀུན་ནས་བསླངས་ཏེ་ཁུ་བ་(༤༧ན)འབྱིན་པ་ལ་བརྟེན་ནས་བསླབ་པ་འདི་བཅས་པ་ཡིན། གཉིས་པ་དགག་བྱ་ཉེས་དམིགས་ནི། གཞན་རྣམས་ཐམ་པ་དང་པོ་དང་འདྲ་

ཞིང་། མཐོང་ཆོས་ཀྱི་ཉེས་དམིགས་ནི་ཕམ་པ་དང་པོའི་རྒྱུར་འགྱུར་བཡིན་ནོ། །གསུམ་པ་ངོ་བོ་ནི། བཅས་ལྡན་དགེ་སློང་གི་རྟེན་ལ་ཆགསསེམས་ཀྱིས་ཀུན་ནས་བསླངས་ཏེ་ལུས་ཀྱི་རྩོལ་བས་ཁུ་བ་འབྱིན་པའིབདེ་བ་ལུས་སེམས་ཀྱིས་མྱོང་ཞིང་། ཡིད་སེམས་ཀྱིས་བདག་གིར་བྱས་པལ་བརྟེན་ནས་བྱུང་བའི་དངོས་གཞི་ཡོངས་རྫོགས་ཀྱི་ལྟུང་བ་དེ་དེའི་ངོབོ་ཡིན། བཞི་པ་ཡན་ལག་གི་ཚུལ་བསྟི་ཚུལ་ལ་བཞི་ལས། དང་པོགཞིའི་ཡན་ལག་ལ་རྣམ་ཤེས་ལེན་མྱོང་ཡིན་པ། དེའི་རྣམ་པར་གནསཔ། ཕམ་པ་དང་པོའི་གཞིར་གྱུར་པའི་རླུའི་སྒོ་གསུམ་གང་རུང་ལསགཞན་པ་གཅིག་དགོས། གཉིས་པ་ལ།འདུ་ཤེས་ནི་འཁྲུལ་མ་འཁྲུལའདྲ་སྟེ། དངོས་པོ་གཙོ་ཆེ་བའི་ལྟུང་བ་ཡིན་པའི་ཕྱིར། ཀུན་སློང་ནི་ཁུ་བའབྱིན་འདོད་ཀྱིས་བསམ་པ་རྒྱུན་མ་ཆད་པ་གཅིག་དགོས། གསུམ་པ་ནི།ལུས་ཀྱི་རྩོལ་བས་ཁུ་བ་འབྱིན་པ་ལ་བརྩོན་པ་གཅིག་དགོས། བཞི་པམཐར་ཐུག་ནི། ཁུ་བ་འབྱིན་པའི་བདེ་བ་ལུས་སེམས་ཀྱིས་མྱོང་ཞིང་ཡིདསེམས་ཀྱིས་བདག་གིར་བྱས་པ་དགོས་སོ། །

༄ གཉིས་པ་རེག་པའི་ལྷག་མའི་ལྟུང་བ་འཆད་པ་ལ་གླེང་གཞི་སོགསབཞི་ལས། དང་པོ་ནི་ཡུལ་མཉན་ཡོད་དུ་དགེ་སློང་འཆར་ཀས་ཉོནམོངས་པ་འདོད་ཆགས་ཀྱིས་ཀུན་ནས་བསླངས་ཏེ། ཉེས་པ་བུད་མེད་ལརེག་པ་ལ་བརྟེན་ནས་བསླབ་པ་འདི་བཅས་པ་ཡིན། གཉིས་པ་ལ་རྒྱུ

མཐུན་ནི། འདོད་ཆགས་ལྷག་པར་འཕེལ་བར་འགྱུར་བ་དང་། ཐམ་པ་དང་པོའི་རྒྱུར་འགྱུར་བ་དང་། གཞན་མ་དད་པ་སོགས་སྐྱེ་བར་འགྱུར་བས་སོ། གསུམ་པ་སོ་སོའི་ངོ་བོ་ནི། བཅས་ལྡན་དགེ་སློང་གིས་ཆགས་སེམས་ཀྱིས་ཀུན་ནས་བསླངས་ཏེ་བུད་མེད་ཀྱི་ལུས་སོགས་ལ་རེག་ཅིང་རེག་པའི་བདེ་བ་བདག་གིར་བྱས་པ་ལ་བརྟེན་ནས་བྱུང་བའི་དངོས་གཞི་ཡོངས་རྫོགས་ཀྱི་ལྟུང་བ་དེ་དེའི་ངོ་བོ་ཡིན། བཞི་པ་འཆད་པ་ལ་བཞི་ལས། དང་པོ་ནི། གང་ལ་རེག་པའི་ཡུལ་ནི། བུད་མེད་ཀྱི་མཚན་དོན་བྱེད་ནུས་པ་དང་ལྡན་པ། ཐ་སྙད་ཕྱེད་དང་གཉིས་དང་ལྡན་པ། བསྙེན་དུ་རུང་ཞིང་མ་ཉམས་པ། ཐམ་པ་དང་པོ་བསྐྱེད་རེས་ཀྱི་རྨའི་སྒོ་གསུམ་ལས་གཞན་ཡིན་པ། ལུས་དངོས་སམ། དེ་དང་འབྲེལ་བའི་གོས་སོགས་དང་། སྐྲ་དང་། སྐྲ་འདུད་སོགས་ལ་ཆགས་སེམས་ཀྱིས་རེག་པ་དེ་ཡིན། འོ་ན་བུད་མེད་མཚན་དོན་བྱེད་ནུས་པ་ཞེས་སྨོས་པས་ཆོག་མོད། བུད་མེད་ཀྱི་མཚན་དོན་བྱེད་ནུས་པ་ཞེས་སྨོས་པ་ལ་དགོས་པ་ཅི་ཡོད་ཅེ་ན། དེ་ཡོད་དེ། བུད་མེད་ཀྱི་འདོད་ཆགས་ཤས་ཆེར་འབྱུང་བའི་མཚན་གཉིས་པ་ཅན་དེ་ལ་རེག་ན་ཡང་ལྷག་མ་དངོས་གཞི་སྐྱེད་པ་དེ་བསྡུ་བར་བྱའི་ཆེད་ཡིན་པའི་ཕྱིར། ཐ་སྙད་ཕྱེད་དང་གཉིས་ནི། མི་ཡིན་པ་བསམ་པ་ཕྱེད་དང་ལྡན་པ་དེ་ཡིན། བསམ་པ་ཕྱེད་དང་ལྡན་པ་ཞེས་སྨོས་པ་ལ་དགོས་པ་ཡོད་དེ།བསམ་པ་རང་བཞིན་དུ་མི་གནས་པའི་བུད་

མེད་སྨྲོ་བ་སོགས་ལ་ཆགས་སེམས་དེ་དངོས་གཞི་མི་སྐྱེད་ཀྱང་། ཚང་གིས་ར་རོ་བ་དང་། གཉིད་ཐུག་པོ་ལོག་པའི་བུད་མེད་ལ་རེག་ན་ཡང་དེའི་དངོས་གཞི་སྐྱེད་དོ་ཞེས་ཤེས་པར་བྱའི་ཆེད་ཡིན་ཕྱིར། ཁོ་ན་རེ། ལྷག་མ་འདི་སྐྱེད་པ་ལ་མི་ཡིན་པ་ངེས་པར་མི་དགོས་པར་ཐལ། དགེ་སློང་གིས་ཆགས་སེམས་ཀྱིས་བུད་མེད་ཀྱི་རོ་ལ་རེག་ན་ཡང་ལྷག་མ་སྐྱེད་པའི་ཕྱིར་ཏེ། ལུང་བླ་མ་ལས། བཙུན་པ་དགེ་སློང་གིས་བུད་མེད་ཀྱི་རོ་དང་ལྷན་ཅིག་ཏུ་རེག་པ་ལ་ནི་དགེ་འདུན་ལྷག་མའོ། །ཞེས་གསུངས་པའི་ཕྱིར་ན་མ་ཁྱབ་ཏེ། ལུང་དེས་ནི་དེའི་ཚེ་ལྷག་མའི་སྙེར་གཏོགས་ཀྱི་སྦོམ་པོ་ཙམ་ཞིག་སྐྱེད་པ་དེ་ལ་ལྷག་མའི་མིང་གིས་བཏགས་ནས་བསྟན་པ་ཙམ་ཡིན་པའི་ཕྱིར་ཏེ། རྒྱ་ཆེར་འགྲེལ་ལས། འདིར་དགེ་སློང་གི་རོ་ལ་རེག་པ་ལ་ནི་སྦོམ་པའོ། །ཞེས་གསུངས་པའི་ཕྱིར། ཡང་ཁ་ཅིག དགེ་སློང་གིས་ཆགས་སེམས་ཀྱིས་བུད་མེད་ཀྱི་སྐྲ་ལ་རེག་པ་ལ་ལྷག་མ་མི་སྐྱེད་དེ། དེ་ལ་སྦོམ་པོ་ཙམ་ཞིག་སྐྱེད་པའི་ཕྱིར་ཏེ། ལུང་བླ་མ་ལས། བུད་མེད་ཀྱི་སེན་མོ་ལ་རེག་ན་སྦོམ་པོའོ། སོ་ལ་རེག་ནའང་སྦོམ་པོའོ། སྤུ་ལ་རེག་ནའང་སྦོམ་པོའོ། །ཞེས་གསུངས་པའི་ཕྱིར་ན་སྐྱོན་མེད་དེ། ལུང་དེས་ནི་བུད་མེད་ཀྱི་སྐྲ་ལས་གཞན་པའི་སྤུ་ལ་རེག་པ་ལ་སྦོམ་པོ་སྐྱེས་པར་བསྟན་པ་ཙམ་ཡིན་པའི་ཕྱིར། དེས་ན (༩༧བ)བུད་མེད་ཀྱི་སྐྲ་ལས་གཞན་པའི་སྤུ་ལ་རེག་ན་སྦོམ་པོ་དང་། བུད་མེད་སྐྲ་ལ་རེག་ན་

ལྷག་མ་སྐྱེ་བའི་རྒྱུ་མཚན་ཡོད་དེ། བུད་མེད་ཀྱི་སྒྲ་ལ་དམིགས་ནས་འདོད་ཆགས་ལྷག་པར་སྐྱེ་བ་ཡོད་པའི་ཕྱིར་ཏེ། རྒྱ་ཆེར་འགྲེལ་ལས། བུད་མེད་ཀྱི་སྒྲ་ལ་ནི་འདོད་ཆགས་ལྷག་པར་སྐྱེད་པའི་ཕྱིར། ཞེས་གསུངས་པའི་ཕྱིར། གང་ལ་རེག་པའི་ལུས་ནི་ཟག་བྱེད་མ་གཏོགས་པའི་མཚན་མ་ནས་ཕུས་མོའི་བར་གྱི་ལུས་ཀྱི་ཆ་ཤས་ལ་ཆགས་སེམས་ཀྱིས་རེག་པའོ། །གཉིས་པ་བསམ་པ་ལ་གཉིས་ལས། འདུ་ཤེས་ནི་མ་འཁྲུལ་བ་གཅིག་དགོས་ཏེ། འདུ་ཤེས་གཙོ་ཆེ་བའི་ལྟུང་བ་ཡིན་པའི་ཕྱིར། ཀུན་སློང་ནི། ཆགས་སེམས་ཀྱིས་རེག་འདོད་ཀྱི་བསམ་པ་རྒྱུན་མ་ཆད་པ་གཅིག་དགོས། གསུམ་པ་སྦྱོར་བ་རེག་པར་རྩོམ་པ་གཅིག་དགོས། བཞི་པ་མཐར་ཐུག་ནི། སྦྱོར་བ་དེའི་རྐྱེན་གྱིས་རེག་པ་ལས་བྱུང་བའི་བདེ་བ་བདག་གིར་བྱས་པ་གཅིག་དགོས་སོ། ། ༈ གསུམ་པ་འཁྲིག་ཚིག་སྨྲའི་ལྷག་མའི་ལྟུང་བ་འཆད་པ་ལ། གླེང་གཞི་སོགས་བཞི་ལས། དང་པོ་ནི། ཡུལ་གནས་ཡོད་དུ་དགེ་སློང་འཆར་ཀས་ཉོན་མོངས་པ་འདོད་ཆགས་ཀྱིས་ཀུན་ནས་བསླངས་ཏེ་འཁྲིག་ཚིག་སྨྲས་པ་ལ་བརྟེན་ནས་བསླབ་པ་བཅས་པ་ཡིན། གཉིས་པ་དགག་བྱ་ཉེས་དམིགས་སོགས་ནི་སྔར་བཤད་པ་དང་འདྲ། གསུམ་པ་ངོ་བོ་ནི་ཡན་ལག་གི་བརྩི་ཚུལ་ལ་བརྟེན་ནས་ཤེས། བཞི་པ་ཡན་ལག་གི་བརྩི་ཚུལ་ལ་བཞི་ལས། དངོས་

གཞིའི་ཡུལ་ནི་ཐུན་མོང་གི་མཚན་དོན་བྱེད་ནུས་པ་དང་ལྡན་པ། ཟ་མ་དང་མ་ནིང་མིན་པ་མ་གཏོགས་པའི་སྔར་བཤད་པ་ལྟར་གྱི་ཐ་སྙད་བཞི་དང་ལྡན་པ། རྫུ་འཕྲུལ་གྱི་ཆོས་ཅན་མ་ཡིན་པ་གཅིག་དགོས་པ་ཡིན་གྱི། འདིའི་ཡུལ་ཐུན་མོང་ཡིན་པ་གཅིག་མི་དགོས་ཏེ། མཚན་མ་གཉིས་པ་ཅན་གྱི་དབྱིབས་ཐུན་མོང་འདྲ་བའི་སྐྱེས་བུ་ལ་འཕྲིག་ཚིག་སྨྲས་པ་ལ་བརྟེན་ནས་ལྟུང་བ་སྐྱེད་པའི་ཕྱིར། དངོས་པོ་ནི་ཡུལ་དེར་འཕྲིག་ཚིག་ཏུ་གྲགས་པའི་ཚིག་དངོས་སུ་སྨྲས་པ་གཅིག་དགོས། གཉིས་པ་བསམ་པ་ལ། འདུ་ཤེས་ནི་མ་འཁྲུལ་བ་གཅིག་དགོས། ཀུན་སློང་ནི་སྨྲ་འདོད་ཀྱི་བསམ་པ་རྒྱུན་མ་ཆད་པ་གཅིག་དགོས། གསུམ་པ་ནི། ངག་གི་རྩོལ་བའི་སྒོ་ནས་འཕྲིག་ཚིག་སྨྲས་པ་ལ་བརྩོན་པ་གཅིག་དགོས། བཞི་པ་ནི། སྨྲ་ཡུལ་གྱི་དོན་གོ་བ་གཅིག་དགོས། བཞི་པ་བསྙེན་བཀུར་སྔགས་པའི་ལྷག་མའི་ལྟུང་བ་འཆད་པ་ནི། གཞན་ཐམས་ཅད་སྔར་དང་འདྲ་ཞིང་། དངོས་པོ་ནི་འཕྲིག་ཚིག་གི་སྒོ་ནས་བསྙེན་བཀུར་བྱས་ན་བསྙེན་བཀུར་རྣམས་ཀྱི་མཆོག་ཏུ་འགྱུར་བ་ཡིན་ནོ། །ཞེས་པའི་ཚུལ་གྱི་སྨྲས་པ་ཡིན་ནོ། །

༄ ལྔ་པ་སྨྱན་བྱེད་པའི་ལྷག་མའི་ལྟུང་བ་འཆད་པ་ལ་བཞི་ལས། དང་པོ་ནི། ཡུལ་མཉན་ཡོད་དུ་དྲུག་སྡེས་ཉེན་མོངས་པ་འདོད་ཆགས་ཀྱིས་ཀུན་ནས་སླངས་ཏེ་སྨྱན་བྱས་པ་ལ་བརྟེན་ནས་བསླབ་པ་འདི་བཅས་པ་

ཡིན། གཉིས་པ་ནི་སྤྱིར་བཤད་པ་ལྟར་རོ། །གསུམ་པ་ནི་ཡན་ལག་གི་བརྒྱ་རྩལ་ལས་ཤེས། བཞི་པ་ལ་བཞི་ལས། དང་པོ་གཞིའི་ཡུལ་ལ་སྤྱོད་བྱ་སྤྱོད་བྱེད་ཡུལ་སོ་སོར་ངེས་པའི་སྒོ་ནས་སྐྱེས་པ་བུད་མེད་ཀྱི་མཚན་དོན་བྱེད་ནུས་པ་དང་ལྡན་པ། སྤྱིར་བཤད་པའི་ཐ་སྙད་བཞི་དང་ལྡན་པ། ལུས་རྟེན་དུ་རུང་བ། སྤྱིར་སྨྱན་དུ་གྱུར་ཟིན་མིན་པ། ལུས་ཐ་མལ་དུ་གནས་པ་རྫུ་འཕྲུལ་གྱི་ཆོས་ཅན་མ་ཡིན་པ་གཅིག་དགོས་པ་ཡིན་ནོ།།

གཉིས་པ་བསམ་པ་ལ། འདུ་ཤེས་ནི་མ་འཁྲུལ་བ་གཅིག་དགོས་ཏེ། ལྷས་སྦྱིན་ཕོ་དང༌། མཆོད་སྦྱིན་མོ་སྟེབ་པར་འདོད་ནས། དེ་དང་བུད་མེད་གཞན་ཞིག་སྟེབས་པ་ལ་ལྟུང་བ་འདི་མི་འབྱུང་བའི་ཕྱིར། ཀུན་སློང་ནི། སྨྱན་བྱེད་འདོད་ཀྱི་བསམ་པ་རྒྱུན་མ་ཆད་པ་གཅིག་དགོས། གསུམ་པ་སྦྱོར་བ་ནི། ཕོ་མོའི་དབང་པོ་གཉིས་ཕྲད་པའི་དོན་དུ་ལུས་ངག་གི་རྩོལ་བས་ཞུགས་པ་གཅིག་དགོས། བཞི་པ་མཐར་ཐུག་ནི། རང་ངམ་གཞན་སྐུལ་བའི་སྒོ་ནས་འཕྲིན་ལན་གསུམ་དུ་བྱས་པ་གཅིག་དགོས་སོ། །

༄ དྲུག་པ་ཁང་པ་ལ་བརྟེན་པའི་ལྷག་མའི་ལྟུང་བ་འཆད་པ་ལ་བཞི་ལས། དང་པོ་ནི། ཡུལ་རྒྱལ་པོའི་(༤༥ན)ཁབ་ཏུ་དགེ་སློང་རབ་ཏུ་བྱུང་བ་མང་པོས་ཁང་པ་ཚད་ལས་ལྷག་པ་བརྩིགས་པ་ལ་བརྟེན་ནས་བསླབ་པ་འདི་བཅས་པ་ཡིན། གཉིས་པ་ནི།སྲོག་ཆགས་ལ་གནོད་པ། འཐབ་

རྩོད་ཀྱི་གཞིར་གྱུར་པ། བརྩིག་པ་སོ་ཆེ་བྱུང་བ། བྱ་བ་མང་བས། ཁ་བཏོན་དང་། ཀློག་པ་ལ་གནོད་པ་སོགས་ཡིན། གང་དུ་བརྩིག་པའི་གནས་ནི། རྩིག་པ་པོ་རང་ལས་རྒྱུད་གཞན་པའི་སྐྱེས་བུའི་གནས་ཡིན་ཞིང་། དེས་ཀྱང་མ་གནང་བ་དང་། གཞི་མ་དག་པ་གསུམ་གང་རུང་དང་ལྡན་པ། དགེ་འདུན་ལ་གནང་བ་མ་ཐོབ་པ་རྣམས་དགོས་པ་ཡིན། གཞི་མ་དག་པ་གསུམ་ནི། སྟག་གཟིག་སྦྲུལ་ལ་སོགས་པ་སྲོག་ཆགས་མང་པོ་གནས་པས་གཞི་མི་རུང་བར་གྱུར་པ་དང་། ལྷའི་གནས་དང་རྒྱལ་པོའི་གནས་དང་། མུ་སྟེགས་བྱེད་ཀྱི་འདུག་གནས་དང་། ཁྱད་པར་བྱ་བ་མ་ཡིན་པའི་ཤིང་ལྗོན་པ་གནས་པའི་རྩོད་པའི་གཞིར་གྱུར་པ་དང་། རྩིག་པའི་འགྲམ་ནས་འདོམ་གང་ཚུན་ཆད་དུ་ཆུ་ཀླུང་དང་། ཁྲོན་པ་དང་། ངམ་གྲོག་ལ་སོགས་པ་ཙམ་དུ་མི་རུང་བ་རྣམས་ལ་བརྗོད་པ་ཡིན། ལྟུང་བ་འདི་སྐྱེད་པ་ལ། གཞི་མ་དག་པ་གསུམ་ཀ་དང་ལྡན་མི་དགོས་ཏེ། འདི་གསུམ་གང་རུང་དང་ལྡན་པས་འདི་སྐྱེད་པའི་ཕྱིར། གང་གི་རྩིག་པའི་ཡོ་བྱད་ནི་གཞན་ལས་བཙལ་ཏེ་འབྱོར་པ་གཅིག་དགོས། གང་རྩིག་པའི་ཁང་པ་ནི། འགྲོ་འདུག་ཉལ་འཆག་ལ་སོགས་པའི་སྤྱོད་ལམ་བཞི་ཤོང་བ། གཞན་གྱི་ཁང་པ་རྩིག་པའི་བྱ་བ་རྩོམ་པ་སོགས་ཀྱི་སྒོ་ནས་གཞིའི་སེལ་བར་གྱུར་པ་ཚད་ལས་ལྷག་པ། དངོས་ཀྱི་བདག་པོ་དཀོན་མཆོག་གི་ཁོངས་སུ་མ་གཏོགས་པའི་སྐྱེས་བུ་ཁོ་ནའི་ཆེད་དུ་བརྩིག་

དགོས། ཁང་པའི་ཚད་ནི། སྲིད་ལ་བདེ་བར་གཤེགས་པའི་མཐོ་བཅུ་གཉིས་ཚང་བ་དང་ཞེང་ལ་དེའི་མཐོ་བདུན་ཡོད་པའི་ཁང་པ་ཁང་པའི་ཚད་དུ་གནང་བ་ཡིན། དེའི་མཐོ་རེ་ལ་མི་ཚད་ལྡན་གྱི་ཁྲུ་ཕྱེད་དོ་རེ་འབྱུང་བ་ཡིན་ནོ། །འདུ་ཤེས་ནི་མ་འཁྲུལ་བ་གཅིག་དགོས། ཀུན་སློང་ནི་ཚད་ལས་ལྷག་པ་རྩིག་འདོད་བསམ་པ་རྒྱུན་མ་ཆད་པ་གཅིག་དགོས། སྦྱོར་བ་ནི་རང་ངམ་གཞན་སྐོས་པའི་སྒོ་ནས་ལུས་ཀྱི་རྩོལ་བས་ཞུགས་པ་གཅིག་དགོས། མཐར་ཐུག་ནི། ཡོགས་བཞི་པོ་གྲུབ་ཅིང་ཐོག་ཕལ་ཆེར་གཡོག་ཟིན་པ་གཅིག་དགོས་སོ། ཁ་ཅིག དགེ་འདུན་དཀོན་མཆོག་གི་བཞུགས་གནས་ཀྱི་ཆེད་དུ་བརྩིག་པའི་ཁང་པ་དེ་ཁང་པ་ཁང་ཆེན་གཉིས་སུ་ཕྱེ་བའི་ཁང་པ་ཡིན་པའི་ཕྱིར་ཟེར་བ་མི་འཐད་དེ། དེ་ཁང་ཆེན་ཡིན་པའི་ཕྱིར་ཏེ། དེ་ཡོན་གནས་དམ་པ་གང་ཞིག ལུང་རྣམ་འབྱེད་ལས། འོ་ན་དེ་ཡོན་གནས་ཀྱིས་ཆེ་བར་བསྟན་ཏེ། ཚད་ཀྱི་ཆེ་བ་མ་ཡིན་པར་བསྟན་པའི་ཕྱིར། ཁ་ཅིག དཀོན་མཆོག་གི་ཁོངས་སུ་མ་གཏོགས་པའི་སྐྱེས་བུ་གསུམ་ཚོགས་ཀྱི་གནས་ཀྱི་ཆེད་དུ་བརྩིག་པའི་ཁང་པ་དེ། དེ་གཉིས་སུ་ཕྱེ་བའི་ཁང་པ་ཡིན་ཟེར་བ་མི་འཐད་དེ། སོ་སྐྱེའི་དགེ་སློང་གི་དགེ་འདུན་གྱི་གནས་ཀྱི་ཆེད་དུ་བརྩིགས་པའི་ཁང་པ་དེ་ཁང་ཆེན་ཡིན་པའི་ཕྱིར་ཏེ། དེའི་ཆེད་དུ་ཁང་པ་བརྩིག་པ་ལ་བརྟེན་ནས་ཁང་ཆེན་ལ་བརྟེན་པའི་ལྷག་མའི་ལྟུང་བ་སྐྱེད་པའི་ཕྱིར། ཁ་ཅིག

དེ་གཉིས་སུ་ཕྱེ་བའི་ཁང་པ་ཡིན་ན་སྐྱེས་བུ་གཅིག་པོ་ནའི་ཆེད་དུ་རྩིག་པའི་ཁང་པ་ཡིན་པས་ཁྱབ། དེ་གཉིས་སུ་ཕྱེ་བའི་ཁང་ཆེན་ཡིན་ན་སྐྱེས་བུ་བཞི་ཚོགས་ཀྱི་ཆེད་དུ་བརྩིག་པས་ཁྱབ་དེ། འདི་ཉིད་ལས། གཅིག་གི་དོན་དུའོ། །ཞེས་དང་། ཚོགས་ཀྱི་དོན་དུའོ། ཞེས་གསུངས་པའི་ཕྱིར། ཟེར་ན། སྐྱོན་མེད་དེ། ལུང་དེས་ཁང་པ་ལ་བརྟེན་པའི་ལྷག་མའི་ལྟུང་བ་སྐྱེད་པའི་གཞི་གྱུར་པའི་ཁང་པ་ཡིན་ན་དེ་ཡིན་པས་ཁྱབ་པ་དང་། ཁང་ཆེན་ལ་བརྟེན་པའི་ལྷག་མའི་ལྟུང་བ་སྐྱེད་པའི་གཞིར་གྱུརཔའི་ཁང་ཆེན་ཡིན་ན་གསལ་བ་གཉིས་ཀ་ལ་ཁྱེད་རང་གི་བཀོད་པ་དེ་(༩༨བ)ཡིན་པས་ཁྱབ་པ་བསྟན་པའི་ཕྱིར། གཞན་ཡང་དེ་མི་འཐད་བཅོམ་ལྡན་འདས་པོ་ནའི་བཞུགས་གནས་ཀྱི་ཆེད་དུ་བརྩིག་པའི་ཁང་པ་ཁང་ཆེན་ཡིན་ཏེ། དེ་ལྷ་ཁང་གང་ཞིག ལུང་གཞི་ལས། ཁང་པ་དང་ལྷ་ཁང་དུ་གཏོགས་པ་དག་ཏེ། ཞེས་གསུངས་པའི་ཕྱིར། དང་པོ་དེར་ཐལ། བཅོམ་ལྡན་འདས་དེ་སངས་རྒྱས་དཀོན་མཆོག་གི་ཁོངས་སུ་འདུས་པའི་ཕྱིར། དེ་ལ་ཁོ་ན་རེ། སངས་རྒྱས་བཅོམ་ལྡན་འདས་ལྷ་ཡིན་པར་ཐལ། དེའི་ཆེད་དུ་རྩིག་པའི་ཁང་པ་ལྷ་ཁང་ཡིན་པའི་ཕྱིར་ན་མ་ཁྱབ། འདོད་མི་ནུས་ཏེ། དེ་མི་ཡིན་པའི་ཕྱིར་ཏེ། སོ་ཐར་གི་སྡོམ་པ་ལ་གནས་པའི་སྐྱེས་བུ་ཡིན་པའི་ཕྱིར།གཞན་ཡང་རྒྱ་བའི་དམ་བཅའ་དེ་མི་འཐད་དེ། སྐྱེས་བུ་གསུམ་ཚོགས་ཀྱི་ཆེད་དུ་བརྩིགས་པའི་དེ་གཉིས་སུ་ཕྱེ་བའི་ཁང་པ་

ཡོད་པའི་ཕྱིར་ཏེ། བཅས་ལྡན་དགེ་སློང་གི་རྟེན་ལ་སྐྱེས་བུ་དུ་མའི་གནས་ཀྱི་ཆེད་དུ་ཁང་པ་ཚད་ལས་ལྷག་པ་བརྩིག་པ་ལ་བརྟེན་ནས་ཁང་པ་ལ་བརྟེན་པའི་སྦོམ་པོའི་ལྟུང་བ་སྐྱེད་པ་ཡོད་པའི་ཕྱིར་ཏེ། འདི་ཉིད་ལས། དུ་མའི་དོན་དུའོ། །ཞེས་བསྟན་པའི་ཕྱིར། ༈ རང་ལུགས་ནི། དཀོན་མཆོག་ཞུགས་གནས་ཀྱི་ཆེད་དུ་བརྩིག་པའི་སྐྱེས་བུ་བཞི་ཚོགས་ཀྱི་གནས་ཀྱི་ཆེད་དུ་བརྩིགས་པ་གང་རུང་གིས་བསྡུས་པའི་ཁང་པ་དེ་དེ་གཉིས་སུ་ཕྱེ་བའི་ཁང་ཆེན་གྱི་ངོ་བོ་ཡིན། དཀོན་མཆོག་གིས་ཁོངས་སུ་མ་གཏོགས་པའི་སྐྱེས་བུ་གསུམ་མན་ཆད་ཀྱི་གནས་ཀྱི་ཆེད་དུ་བརྩིག་པའི་ཁང་པ་དེ་དེ་གཉིས་སུ་ཕྱེ་བའི་ཁང་པའི་ངོ་བོ་ཡིན། གཞི་མ་དག་པར་སྐྱེས་བུ་བཞི་ཚོགས་ཀྱི་གནས་ཀྱི་ཆེད་དུ་བརྩིག་པའི་ཁང་པ་དེ་ཁང་ཆེན་ལ་བརྟེན་པའི་ལྷག་མའི་ལྟུང་བ་བསྐྱེད་པའི་གཞིར་གྱུར་པའི་ཁང་ཆེན་གྱི་ངོ་བོ་ཡིན། དཀོན་མཆོག་གི་ཁོངས་སུ་མ་གཏོགས་པའི་སྒོ་ནས་གཞི་མ་དག་པར་སྐྱེས་བུ་གཅིག་ཁོ་ནའི་གནས་ཀྱི་ཆེད་དུ་བརྩིག་པའི་ཁང་པ་དེ། ཁང་པ་ལ་བརྟེན་པའི་ལྷག་མའི་ལྟུང་བ་སྐྱེད་པའི་གཞི་གྱུར་པའི་ཁང་པའི་ངོ་བོ་ཡིན་ཏེ། བཅས་ལྡན་དགེ་སློང་གི་རྟེན་ལ་སྐྱེས་བུ་གསུམ་ཚོགས་ཀྱི་གནས་ཀྱི་ཆེད་དུ་ཁང་པ་ཚད་ལས་ལྷག་པ་བརྩིག་པ་ལ་བརྟེན་ནས་སྦོམ་པོའི་ལྟུང་བ་སྐྱེད་པ་ཡོད་པ་སྔར་སྒྲུབ་ཟིན་པའི་ཕྱིར།

ཁ་ཅིག སངས་རྒྱས་དཀོན་མཆོག་གི་ཞུགས་གནས་ཀྱི་ཆེད་དུ་བརྩིག་

པའི་ཁང་པ་དེ། དེ་གཉིས་སུ་ཕྱེ་བའི་ཁང་པ་ཡིན་ཟེར་བ་མི་འཐད་དེ། དེ་ཁང་ཆེན་ཡིན་པའི་ཕྱིར་ཏེ། ལྷ་ཁང་ ཡིན་པའི་ཕྱིར། ཁྱབ་ཏེ། ལུང་གཞི་ལས། ཁང་པ་དང་ལྷ་ཁང་དུ་གཏོགས་པ་དག་ཏེ། ཞེས་པས་ལྷ་ཁང་དེ་ཁང་ཆེན་དུ་བསྟན་པའི་ཕྱིར། ཁ་ཅིག་ལུང་གི་ཆོས་དཀོན་མཆོག་གི་ཞུགས་གནས་ཀྱི་ཆེད་དུ་བརྩིག་པའི་ཁང་པ་དེ་དེ་གཉིས་སུ་ཕྱེ་བའི་ཁང་པ་ཡིན་ཟེར་བ་མི་འཐད་དེ། དེ་ཁང་ཆེན་ཡིན་པའི་ཕྱིར་ཏེ། ཁང་ཆེན་ལ་བརྟེན་པའི་ལྷག་མའི་ལྟུང་བ་སྟོན་པ་ན། འདི་ཉིད་ལས། གཙུག་ལག་ཁང་གི་དགེ་འདུན་ལྷག་མ་ཞེས་པས་ལུང་གི་ཆོས་དཀོན་མཆོག་དང་། གཙུག་ལག་གཉིས་དོན་གཅིག་ཏུ་བསྟན་པའི་ཕྱིར། དེའང་སངས་རྒྱས་དཀོན་མཆོག་དེའི་གཙོ་བོ་ཡིན་པས་དེ་ལ་གཙུག་ཞེས་བརྗོད་པ་ཡིན། དེའི་གསུངས་རབ་རྣམས་སྐྱེས་བུའི་བྱེད་པ་ལྟེ་སྐན་ལས་བྱུང་བ་ན། ལག་ཞེས་པ་ཡིན། དེའི་གཟུགས་བརྙན་ཞུགས་པའི་གནས་ལ་ལྷ་ཁང་ཞེས་བརྗོད་པ་ཡིན་ནོ། །

༄ བདུན་པ་ཁང་ཆེན་ལ་བརྟེན་པའི་ལྷག་མའི་ལྟུང་བ་འཆད་པ་ལ། གླེང་གཞི་ནི་ཡུལ་ཡངས་པ་ཅན་དུ་དགེ་སློང་ལྷ་བརྒྱུས་ཉོན་མོངས་པ་འདོད་ཆགས་ཀྱིས་ཀུན་ནས་བསླང་སྟེ་གཞི་མ་དག་པར་སྐྱེས་བུ་བཞི་ཚོགས་ཀྱི་གནས་ཀྱི་ཆེད་དུ་ཁང་པ་བརྩིག་པ་ལ་བརྟེན་ནས་བསླབ་པ་འདི་བཅས་པ་ཡིན། གཞིའི་ཡུལ་ལ་བརྩིག་པའི་གནས་ནི་སྐྱེས་བུ་

གཞན་ལས་བཙལ་བ་དང་། ཚད་ལས་ལྷག་པ་རྩིག་པ་དང་། སྐྱེས་བུ་གཅིག་ཁོ་ནའི་གནས་ཀྱི་ཆེད་དུ་བརྩིག་པ་རྣམས་མི་དགོས་ཏེ། སྐྱེས་བུ་གཞན་ལས་མ་(༤༩ན)བཙལ་བ་དང་། ཚད་ལས་ལྷག་པ་མ་བརྩིག་པ་ལ་ལྟུང་བ་འདི་སྐྱེད་པ་ཡོད་ཅིང་། ལྟུང་བ་འདི་བསྐྱེད་པའི་གཞིར་གྱུར་པའི་ཁང་པ་ཡིན་ན་དེ་བཞི་ཚོགས་ཀྱི་ཆེད་དུ་བརྩིག་པའི་ཁང་པ་ཡིན་པས་ཁྱབ་པ་ཚོགས་ཀྱི་དོན་དུའོ། །ཞེས་པས་བསྟན་པའི་ཕྱིར། ངོ་བོ་ནི། བཅས་ལྡན་དགེ་སློང་གི་རྟེན་ལ་གཞི་མ་དག་པར་སྐྱེས་བུ་བཞི་ཚོགས་ཀྱི་གནས་ཀྱི་ཆེད་དུ་ཁང་པ་བརྩིགས་པ་ལ་བརྟེན་ནས་བྱུང་བའི་དངོས་གཞི་ཡོངས་རྫོགས་ཀྱི་ལྟུང་བ་དེ་དེའི་ངོ་བོ་ཡིན་ནོ། །

༄ བརྒྱད་པ་གཞི་མེད་ཀྱི་ལྷག་མའི་ལྟུང་བ་བཤད་པ་ལ། གླེང་གཞི་ནི། ཡུལ་གཉན་ཡོད་དུ། དགེ་སློང་མཛའ་བོ་དང་། ས་ལས་སྐྱེས་གཉིས་ཀྱིས་ཉོན་མོངས་པ་མི་བཟོད་པས་ཀུན་ནས་བླངས་ཏེ་ཉེས་པ་དགེ་སློང་གྱད་བུ་ནོར་ལ་ཕམ་པའི་སྒྲོ་ནས་བཀུར་པ་བཏབ་པ་ལ་བརྟེན་ནས་བསླབ་པ་འདི་བཅས་པ་ཡིན། ཉེས་དམིགས་ནི། རྟེན་གྱི་གང་ཟག་དམྱལ་བར་སྐྱེ་བ་འཕེན་པར་བྱེད་པ་ཡིན་ཏེ། སྐྱེས་བུ་དམ་པ་ལ་བསྐུར་པ་འདེབས་པ་རྣམ་སྨིན་ཤིན་ཏུ་ཆེ་བའི་ཕྱིར་ཏེ། སུམ་བརྒྱ་པ་ལས། །ཡང་དག་སྡོམ་དང་དཀའ་ཐུབ་བཅས། །དྲང་སྲོང་རྣམས་ལ་བཀུར་འདེབས་པ། །དེ་དག་སྤྱི་གཙུག་དག་ཏུ་ནི། །དམྱལ་བ་ཁོ་ནར་སྐྱེ་བར

འགྱུར། །ཞེས་གསུངས་པའི་ཕྱིར། སྐྱེ་གཙུག་དག་ཏུ་ནི། ཞེས་པ། དཔྱལ་བའི་བར་སྲིད་པ་དེ། སྐྱེ་གཙུག་ཐུར་དུ་གཙུག་ནས་འགྲོ་བར་བསྟན་པ་ཡིན། གཞིའི་ཡུལ་ལ། གང་ལ་སྐྱུར་བ་འདེབས་པའི་ཡུལ་ནི། བསྙེན་རྫོགས་ཀྱི་སྡོམ་པ་དང་ལྡན་པ། ཟ་མ་དང་མ་ནིང་མ་ཡིན་པའི་ཐ་སྙད་གསུམ་དང་ལྡན་པ་བསམ་པ་རང་བཞིན་དུ་གནས་པ་དགོས། གོ་བར་བྱེད་པའི་ཡུལ་ནི་ཐ་སྙད་གསུམ་དང་ལྡན་པ་དགོས།འདུ་ཤེས་ནི་སྐྱེར་བཏང་ལ་མ་འཁྲུལ་བ་དགོས་ཀྱང་། དམིགས་གསལ་ནི་ཕམ་པས་མ་གོས་བཞིན་དུ་མ་གོས་པར་འདུ་ཤེས་ནས་སྐྱུར་པ་བཏབ་པ་ལ་བརྟེན་ནས་ཀྱང་ལྟུང་བ་འདི་འགྲུབ་བོ། །ཀུན་སློང་ནི། སྐྱུར་བ་འདེབས་འདོད་ཀྱི་བསམ་པ་རྒྱུན་མ་ཆད་པ་གཅིག་དགོས་སོ། །དགུ་པ་བག་ཙམ་གྱི་ལྷག་མའི་ལྟུང་བ་བཤད་པ་ལ། གཞན་ཐམས་ཅད་སྔར་དང་འདྲ་བ་ལ། སྦྱོར་བ་ལ། དངོས་སུ་སྐྱུར་བ་མ་བཏབ་པར་ཤུགས་ལ་སྐྱུར་བ་བཏབ་པ་གཅིག་དགོས་ཏེ། ལྟུང་བ་འདི་སྟོན་པ་ན། མདོ་རྩ་ལས། ཁོ་བོ་ཅག་གི་ཚེ་དང་ལྡན་པ་གྲུད་བུ་ནོར་མཐོང་ངོ་དགེ་སློང་མ་ཨུཏྤ་ལའི་མདོག་ཅན་མཐོང་ངོ་། །མི་ཚངས་པར་སྤྱོད་པ་འཁྲིག་པའི་ཆོས་བསྟེན་པ་མཐོང་ངོ་།། ཞེས་གསུངས་པའི་ཕྱིར། ༈ བསྒོ་གྱུར་གྱི་ལྷག་མའི་ལྟུང་བ་བཤད་པ་ལ། གཞུང་དོན་དང་། སྤྱི་དོན་གཉིས། དང་པོ་ནི། རྨི་ལམ་ནི་མེད་པ་དང་འདྲའོ། །ཞེས་པ་ནས། བཞོགས་སློས་བྱེད་ན་ཉེས་བྱས་སོ་ཞེས་པའི་བར་

གྱི་དང་པོ་ལས་གྱུར་པའི་ལྷག་མའི་ལྟུང་བ་བསྟན་ནས། འཕྲོས་དོན་སྤོམ་པོའི་ལྟུང་བ་འཆད་པ་ལ། གཞན་གྱི་འཁོར་ཁ་འདྲེན་ན་སྤོམ་པོའོ། །ཞེས་གསུངས། བསྒོ་གྱུར་གྱི་ལྟུང་བའི་ཡན་ལག་ཐུན་མོང་བ་འཆད་པ་ལ། དེ་ལ་ནི་ཟློག་པའི་ཚུལ་གྱིས་མི་གཏོང་བར་ཞེས་སོགས་གསུངས། དེ་རྫོགས་བྱེད་ཀྱི་རྐྱེན་གྱི་ཡན་ལག་ཐུན་མོང་བ་འཆད་པ་ལ། དེ་ལ་ནི་ཟློག་པའི་ཚུལ་གྱིས་མི་སྟོང་བ། ཞེས་པ་ནས། འཇུག་བསྐུད་པ་ནི་མིན་ནོ། །ཞེས་པའི་བར་གསུངས། དེའི་སྦྱོར་བའི་ཡན་ལག་འཆད་པ་ལ། འཇུག་པ་ནི་སྦྱོར་བ་ཉིད་དོ། །ཞེས་གསུངས། བསླབ་བྱ་ཐུན་མོང་བ་འཆད་པ་ལ། དེ་ལ་བསྒོ་བར་(༩༩བ)དམིགས་པ་ཉིད་དོ། །ཞེས་སོགས་གསུངས། མཐར་ཐུག་གི་ཡན་ལག་འཆད་པ་ལ། དེའི་ཐ་ལ་མི་གཏོང་ནའོ་ཞེས་སོགས་གསུངས། དེ་ཡན་གྱིས་བསྒོ་འགྱུར་གྱི་ལྟུང་བའི་རྣམ་བཞག་ཐུན་མོང་བ་བསྟན་ནས། འདིར་བསྟན་བསྒོ་འགྱུར་གྱི་ལྟུང་བ་སོ་སོའི་ཡན་ལག་ཐུན་མོང་མིན་པ་འཆད་པ་ལ། དབེན་པ་ལའོ།། ཞེས་པ་ནས། བཀའ་ཟློ་མི་བདེ་བའི་དགེ་འདུན་ལྷག་མའོ། །ཞེས་པའི་བར་གསུངས། །ཟློག་པའི་ཚུལ་གྱིས་མི་གཏོང་བར་ཞེས་སོགས་ཀྱི་དག་དོན་ནི། བཞམས་བསྒོ་སོགས་ཟློག་བྱེད་ཀྱི་རྐྱེན་ལྔ་པོ་ཆོས་ཅན། རང་འབྲས་དངོས་གཞིའི་ལྟུང་བར་གྱུར་པའི་བསྒོ་འགྱུར་གྱི་ལྟུང་བའི་རྒྱུ་ཡིན་ཏེ། དེ་སྐྱེ་བྱེད་ཡིན་པའི་ཕྱིར། འདིར་བསྟན་དགེ་འདུན་དབེན་གྱི་

ལྷག་མའི་ལྷུང་བ་སོགས་ལ་བསྒོ་འགྱུར་གྱི་ལྷུང་བ་ཞེས་བརྗོད་པའི་རྒྱུ་མཚན་ཡོད་དེ། བཞམས་བསྒོ་སྟོན་དུ་སོང་བའི་རྒྱུ་མཚན་གྱི་ཡིན་པའི་ཕྱིར། འཕྲིན་པའི་ལྷུང་བ་སོགས་ལ་དང་པོ་ལས་གྱུར་པའི་ལྷུང་བ་ཞེས་བཤད་པའི་རྒྱུ་མཚན་ཡོད། དེ་རྣམས་བཞམས་བསྒོ་སྟོན་དུ་སོང་བ་ལ་མི་བལྟོས་པར་བྱ་བ་དེ་ལ་ཞུགས་པས་བྱུང་བའི་རྒྱུ་མཚན་གྱིས་ཡིན་པའི་ཕྱིར། འདིར་བསྒོ་འགྱུར་གྱི་ལྷག་མའི་ལྷུང་བ་རྣམས་ཀྱི་ཡན་ལག་མདོར་བསྡུས་ཏེ་བསྟན་པ་ལ་དགོས་པ་ཡོད་དེ། ལུང་ལས་བཞམས་བསྒོ་སོགས་བསྒོ་གྱུར་གྱི་ལྷུང་བ་དེ་དེའི་ཡན་ལག་ཏུ་གྱུར་པའི་དགོས་པར་དངོས་སུ་སྟོན་ནས། འདིར་འཇུག་པ་གཅིག་ཏུ་བསྡུས་ནས་བསྟན་པས་ཚིག་ཚོགས་སྐྱུང་བའི་དགོས་པ་ཡོད་པའི་ཕྱིར།

༈ གཉིས་པ་ལ། དབྱེ་བ། བསྡུ་བ། ངོ་བོ། ཐུན་མོང་བའི་ཡན་ལག་བཤད་པ་དང་བཞི། དང་པོ་ནི། འདིར་དངོས་སུ་སྟོན་པའི་ལྷུང་བ་ལ་དབེན་གྱི་ལྷག་མའི་ལྷུང་བ། དེ་རྗེས་ཕྱོགས་ཀྱི་ལྷག་མའི་དེ། ཁྱིམ་སུན་འབྱིན་གྱི་ལྷག་མའི་དེ། བཀའ་བློ་མི་བདེ་བའི་ལྷག་མའི་ལྷུང་བ། སྡིག་ལྟ་མི་སྤོང་བའི་ལྷུང་བྱེད། ཟློག་པའི་ཕམ་པ།དཀོན་མཆོག་བློས་སྤོང་བའི་ལྷག་མའི་ལྷུང་བ། འཐབ་ཀྲོལ་བྱེད་པའི་དེ། བདེ་ཤིང་གནས་པའི་དེ། བདེ་ཤིང་གནས་པ་བྱེད་དུ་འཇུག་པའི་དེ་རྣམས་སུ་ཡོད་པའི་ཕྱིར། ཐ་མ་གསུམ་གྱི་ངོ་བོ་ནི། དགེ་སློང་མའི་རྟེན་ལ་དགེ་སློང་མ་གཞན་དང་རྩོད་པ་རྐྱེན་ལྟའི་སྒོ་ནས་ཟློག

ཀུན་མཐར་མ་བཏང་བ་ལ་བརྟེན་ནས་བྱུང་བའི་དངོས་གཞི་ཡོངས་རྫོགས་ཀྱི་ལྷུང་བ་བརྒྱད་པ་དེའི་མཚན་ཉིད་ཡིན། དེའི་རྟེན་ལ་དེ་གཞན་དང་རྩེད་འཛོ་བྱེད་པ་རྐྱེན་ལྟའི་སྒོ་ནས་ཀློག་ཀུན་མཐར་མ་བཏང་བ་ལ་བརྟེན་ནས་བྱུང་བའི་དངོས་གཞི་ཡོངས་རྫོགས་ཀྱི་ལྷུང་བ་དགུ་པ་དེའི་མཚན་ཉིད་ཡིན། དེའི་རྟེན་ལ་རང་གི་ཟླ་མོ་དགེ་སློང་མ་གཞན་དང་རྩེད་འཛོ་དང་འཕྱར་གཡང་སོགས་བྱེད་པ་རྐྱེན་ལྟའི་མཐར་མ་བཏང་བ་ལ་བརྟེན་ནས་བྱུང་བའི་དངོས་གཞི་ཡོངས་རྫོགས་ཀྱི་ལྷུང་བ་བཅུ་པ་དེའི་མཚན་ཉིད་ཡིན། གཉིས་པ་བསྡུ་བ་ནི། དེ་རྣམས་བསྡུ་ན་རྟེན་ཕ་མ་གཉིས་ཀ་ལ་ཐུན་མོང་དུ་ཡོད་པའི་ལྷུང་བ་དང་། མ་ཁོ་ན་ལ་ཡོད་པའི་ལྷུང་བ་གཉིས་སུ་ཡོད་དེ། དང་པོ་ལྔ་དང་པོར་འདྲ། ཕྱི་མ་ལྔ་ཕྱི་མར་འདྲ་བའི་ཕྱིར། གསུམ་པ་ངོ་བོ་ནི། བཞམས་བསྒོ་སོགས་ཀློག་བྱེད་ཀྱི་རྐྱེན་ལྟ་བོ་གང་རུང་གི་མཐར་མ་བཏང་བ་ལས་བྱུང་བའི་ལྷུང་བ་བསྒོ་འགྱུར་གྱི་ལྷུང་བའི་མཚན་ཉིད་ཡིན། དེ་ལ་དབྱེ་ན་སྦྱོར་ལྷུང་དུ་གྱུར་པའི་བསྒོ་གྱུར་གྱི་ལྷུང་བ་དང་། དངོས་གཞིའི་ལྷུང་བར་གྱུར་པའི་བསྒོ་ གྱུར་གྱི་ལྷུང་བ་གཉིས་ཡོད། དེ་གང་རུང་གང་ཞིག །ཀློག་བྱེད་ཀྱི་རྐྱེན་ཐ་མ་ལས་མ་བྱུང་ཞིང་། དང་པོ་བཞི་པོ་གང་རུང་ལ་བརྟེན་ནས་བྱུང་བའི་བསྒོ་གྱུར་གྱི་ལྷུང་བ་དང་པོའི་མཚན་ཉིད་ཡིན། དེ་གང་རུང་གང་ཞིག་ཀློག་བྱེད་ཀྱི་རྐྱེན་ཐ་མ་ལས་བྱུང་བའི་བསྒོ་གྱུར་གྱི་ལྷུང་བ་གཉིས་པ་དེའི་

མཚན་ཉིད་ཡིན་ནོ། །༈ བཞི་པ་ཐུན་མོང་བའི་ཡན་ལག་བཤད་པ་ལ། དེ་དངོས་བཤད་པ། ལྟུང་བ་གྲངས་སུ་སྐྱེད་པ་བཤད་པ། བསྒོ་གྱུར་གྱི་ལྟུང་བའི་ཐོག་མ་བཤད་པ། དེའི་དངོས་གཞི་སྐྱེད་པའི་དུས་མཚམས་བཤད་པ་དང་བཞི། དང་པོ་ནི། བསྒོ་གྱུར་གྱི་ལྟུང་བ་ཟློག (༥༠ན)བྱེད་ཀྱི་ཡན་ལག་དེ་ལ། བཞམས་བསྒོ། གསོལ་བ། བརྗོད་པ་དང་པོ། གཉིས་པ། གསུམ་པ་དང་ལྔ་ཡོད། བཞམས་བསྒོ་ནི། དགེ་འདུན་གྱི་བསྐོས་པའི་གང་ཟག་གིས་མི་རིགས་པའི་བྱ་བ་འདི་མ་བྱེད་གཅིག་ཞེས་འཇམ་པོའི་སྒོ་ནས་ཚིག་སྨྲ་བ་ཡིན་ཏེ། རྒྱ་ཆེར་འགྲེལ་ལས། བཞམས་ཏེ་བསྒོ་བ་ནི། དགེ་འདུན་དུ་མ་གྱུར་པའི་དགེ་སློང་ཚངས་པར་མཚུངས་པར་སྤྱོད་པས་ཕན་ཚུན་ཟློག་པར་བྱེད་ན་རིགས་པར་བྱའོ། །ཞེས་གསུངས་པའི་ཕྱིར། དེའང་ཚངས་པར་མཚུངས་པར་ཞེས་པས་མི་རིགས་པའི་བྱ་བ་དེ་ལ་ཞུགས་པའི་སྐྱེས་བུ་དེ་ལ་བློ་མཐུན་པའི་སྐྱེས་བུས་ཟློག་པར་བྱེད་དགོས་ན་ཞེས་བསྟན། ཁ་ཅིག བཞམས་བསྒོ་ནི་རྐྱེན་དང་པོ་ཡིན་ཀྱང་གསོལ་བ་དེ་མ་ཡིན་ཞེ་ན། གསོལ་བའི་མཐར་མ་བཏང་བ་ལ་བརྟེན་ནས་བྱུང་བའི་ལྟུང་བ་དེ་ཟློག་བྱེད་ཀྱི་རྐྱེན་ལ་བསྟོས་པའི་ལྟུང་བ་མ་ཡིན་པར་ཐལ། དམ་བཅའ་འཐད་པའི་ཕྱིར། འདོད་མི་ནུས་ཏེ། དེ་བསྒོ་འགྱུར་གྱི་ལྟུང་བ་ཡིན་པའི་ཕྱིར། གཉིས་པ་ལ་ཁ་ཅིག བཞམས་བསྒོའི་སྔོན་དུ་བསྒོ་འགྱུར་གྱི་ལྟུང་བ་གཅིག་བསྐྱེད་པ་ཡིན་ཟེར་བ་མི་

འཐད་དེ། བསྒོ་འགྱུར་གྱི་ལྟུང་བ་ཟློག་བྱེད་ཀྱི་རྐྱེན་ལ་བསྟོས་པ་གང་ཞིག་བཞམས་བསྒོ་ཟློག་བྱེད་ཀྱི་རྐྱེན་གྱི་ཐོག་མ་ཡིན་པའི་ཕྱིར། ཁ་ཅིག་བརྗོད་པ་གསུམ་པའི་འགོ་བརྩམ་པ་ནས་འཇུག་མ་རྫོགས་པའི་བར་དུ་སྦོམ་པོའི་ལྟུང་བ་གཅིག་སྐྱེད་པ་ཡིན་ཏེ། རྣམ་འབྱེད་ལས། ལས་བརྗོད་པ་གསུམ་པ་བརྗོད་པ་ན་གཞི་དེ་གཏོང་ངོ་གལ་ཏེ་མི་གཏོང་ན་ཉེས་པ་སྦོམ་པོར་འགྱུར་རོ། །ཞེས་གསུངས་པའི་ཕྱིར་ཟེར་ན། སྐྱོན་མེད་དེ། དེ་རྣམ་འབྱེད་དུ་དྲངས་པ་ནི་ཚིག་དེ་ལྷག་པ་ཡིན་པའི་ཕྱིར། །

༈ རང་ལུགས་ནི། བསྒོ་འགྱུར་གྱི་ལྟུང་བའི་སྦྱོར་བ་དང་། མཐར་ཐུག་གི་ཡན་ལག་ལ་བརྟེན་ནས་བསྒོ་གྱུར་གྱི་ལྟུང་བ་ལྔ་སྐྱེད་དེ། རྐྱེན་དང་པོ་བཞིའི་མཐའ་ལས་གྱུར་པའི་སྒོ་གྱུར་གྱི་ལྟུང་བར་གྱུར་པའི་སྦྱོར་ལྟུང་བཞི་དང་། དེ་ཐ་མའི་མཐའ་ལས་གྱུར་པའི་བསྒོ་འགྱུར་གྱི་ལྟུང་བར་གྱུར་པའི་དངོས་གཞིའི་ལྟུང་བ་གཅིག་སྐྱེད་དེ། ཊཱིཀྐ་ཆེན་ལས། དགེ་འདུན་ལྷག་མ་བཞི་པོ་འདི་དག་ནི་བཟློག་པ་དང་འབྲེལ་བའི་ཕྱིར། བཟློག་པ་ཇི་ལྟར་བ་དེར་ལྟུང་བ་ཡང་དེ་སྙེད་དུ་འགྱུར་རོ། །ཞེས་གསུངས་པའི་ཕྱིར། དེས་ན་བཞམས་བསྒོའི་སྔོན་དུ་བྱ་བ་དེ་ལ་ཞུགས་པས་ཉེས་བྱས་གཅིག་སྐྱེད་ཀྱང་དེ་བསྒོ་གྱུར་གྱི་ལྟུང་བའི་གྲངས་སུ་མི་འདྲེན་པའི་རྒྱུ་མཚན་ཡོད་དེ། དེ་བསྒོ་གྱུར་གྱི་ལྟུང་བ་མ་ཡིན་པའི་ཕྱིར། གསུམ་པ་དེའི་ཐོག་མ་ངོས་བཟུང་བ་ནི། བཞམས་བསྒོའི་མཐའ་ལས

གྱུར་པའི་ལྟུང་བ་དེ་དངོས་གཞིའི་ལྟུང་བར་གྱུར་པའི་བསྒོ་གྱུར་གྱི་ལྟུང་བའི་སྦྱོར་དངོས་གྲུབ་པའི་དུས་ཀྱི་ལྟུང་བའི་ཐ་མ་ཡིན་ཏེ། བཞམས་བསྒོ་རྐྱེན་ལྔ་པོའི་ཐོག་མ་ཡིན་པའི་ཕྱིར། བཞི་པ་ནི། བརྗོད་པ་གསུམ་པའི་མཐར་མ་བཏང་བ་ན་དངོས་གཞི་སྐྱེད་དེ། ཊཱི་ཀཱ་ཆེན་ལས། ཐ་མ་མ་གཏོགས་པའི་མི་གཏོང་བ་ནི་སྦྱོར་བ་ཉིད་དོ། །ཐ་མ་ལ་ནི་དངོས་གཞིའོ། །ཞེས་གསུངས་པའི་ཕྱིར། ༈ སོ་སོའི་དོན་བཤད་ན། དགེ་སློང་ཕའི་རྟེན་ལ་བཅས་པའི་ལྷག་མའི་ལྟུང་བར་འགྱུར་པའི་བསྒོ་གྱུར་གྱི་ལྟུང་བ་དེ་ལ་བཞིར་ཡོད། དང་པོ་དབྱེན་གྱི་ལྷག་མའི་ལྟུང་བ་བཤད་པ་ལ། དངོས་དང་། འཁོར་ལོའི་དབྱེན་གྱི་ལྷག་མའི་ལྟུང་བ་བྱེ་བྲག་ཏུ་བཤད་པ་གཉིས། དང་པོ་ལ། གླེང་གཞི། ངོ་བོ། ཡན་ལག་བཤད་པ་དང་གསུམ། དང་པོ་ནི་རྒྱལ་པོའི་ཁབ་ཏུ་ལྷས་སྦྱིན་གྱིས་དབྱེན་བྱས་པ་ལ་བརྟེན་ནས་བསླབ་པ་འདི་བཅས་པ་ཡིན། གཉིས་པ་ནི། བཅས་ལྡན་དགེ་སློང་གི་རྟེན་ལ་དགེ་འདུན་ཆོས་མིན་གྱི་ཕྱོགས་སུ་འགྲོ་བའི་སྦྱོར་བ་རྐྱེན་ལྔའི་སྒོ་ནས་ཟློག་ཀྱང་མ་བཏང་བ་ལས་བྱུང་བའི་དངོས་གཞི་ཡོངས་རྫོགས་ཀྱི་ལྟུང་བ་དགེ་འདུན་དབྱེན་གྱི་ལྷག་མའི་ལྟུང་བའི་མཚན་ཉིད་ཡིན། ༈ གསུམ་པ་ལ། གཞི། བསམ་(༥༠བ)པ། སྦྱོར་བ། མཐར་ཐུག་གི་ཡན་ལག་དང་བཞི། དང་པོ་ལ་གང་དུ་འབྱེད་པའི་གནས་བཤད་པ། གང་འབྱེད་པའི་ཡུལ་བཤད་པ། གང་གིས་འབྱེད་པའི་རྟེན་

བཤད་པ། དང་པོ་ནི། འཛམ་བུའི་གླིང་ཡིན་པ་གཅིག་དགོས་ཏེ། གླིང་གཞན་གསུམ་གྱི་རྟེན་ཅན་གྱི་འཁོར་བཞི་དང་། དགེ་འདུན་གྲངས་ཚང་བ་མེད་པའི་ཕྱིར། མཚམས་ནང་གཅིག་ཡིན་པ་གཅིག་དགོས་ཏེ། མཚམས་ནང་ཐ་དད་པ་ལས་ཐ་དད་པ་བྱས་པས་དགག་བྱ་ཆུང་བའི་ཕྱིར། སྟོན་པ་སངས་རྒྱས་མངོན་སུམ་དུ་བཞུགས་པའི་ཉེ་འཁོར་ལས་གཞན་ཡིན་པ་གཅིག་དགོས་ཏེ། དེ་མངོན་སུམ་དུ་བཞུགས་པའི་ཉེ་འཁོར་དུ་དེའི་གཟི་བརྗིད་ཀྱིས་དགེ་འདུན་གྱི་དབྱེན་སྒྲུབ་པར་མི་ནུས་པའི་ཕྱིར། གཉིས་པ་ལ། ཁ་ཅིག གང་འབྱེད་པར་བྱེད་པའི་ཡུལ་ནི་སོ་སྐྱེའི་དགེ་འདུན་ཡིན་པ་གཅིག་དགོས་ཟེར་བ་མི་འཐད་དེ། དགེ་འདུན་འཁོར་ལོའི་དབྱེན་གྱི་ལས་དེ་སྟོན་པ་སངས་རྒྱས་ཀྱི་རྗེས་འབྲང་ལས་དགེ་འདུན་སྡེ་ཚན་གཅིག་ཆོས་མིན་དུ་བྱེད་པའི་ལས་ཡིན་པའི་ཕྱིར། ཆོས་མ་ཡིན་དུ་དབྱེ་བའི་དགེ་འདུན་ལ་སོ་སྐྱེའི་དགེ་འདུན་ཡིན་པ་གཅིག་དགོས་ཏེ། འཕགས་པའི་དགེ་འདུན་ཆོས་ཕྱོགས་ནས་ཆོས་མིན་དུ་དབྱེ་བར་མི་ནུས་པའི་ཕྱིར། ༄ རང་ལུགས་ལ། གང་འབྱེད་པའི་ཡུལ་ནི་དགེ་འདུན་སྡེ་ཚན་གཉིས་ཏེ་བརྒྱད་དང་། ཁ་སྐོང་གི་ཆོས་དང་ལྡན་པ་གཅིག་དགོས་ཏེ། དགེ་འདུན་གྲངས་མ་ཚང་བའི་རབ་བྱུང་ལ་དགེ་འདུན་གྱི་ཐ་སྙད་མི་བྱ་བས། དེ་དབྱེ་བ་ལ་དགེ་འདུན་དབྱེ་བར་མི་འགྱུར་བའི་ཕྱིར་དང་ལས་ཆགས་པ་གཅིག་དགོས་པའི་ཕྱིར། གསུམ་པ་

དགེ་འདུན་འཁོར་ལོའི་དབྱེན་གྱི་རྟེན་ལ་ཁ་སྐོང་བའི་ཆོས་དང་ལྡན་པ་དགོས་ཀྱང་། ལས་ཀྱི་དབྱེན་གྱི་རྟེན་ལ་ཁ་སྐོང་གི་ཆོས་དང་ལྡན་པ་མི་དགོས་ཏེ། དེ་ལ་བསྙེན་རྫོགས་ཀྱི་སྡོམ་པ་གསོ་རུང་ཡིན་པ་ཡན་གྱིས་ཆོག་པའི་ཕྱིར། དུས་ལ་བསྟན་པ་ལ་སྐྱོན་བྱུང་རྗེས་སུ་འབྱུང་བ་ཡིན་ཏེ། དེ་མ་བྱུང་གོང་དུ་དགེ་འདུན་རྣམས་ཐུགས་མཐུན་པས་དབྱེ་བར་མི་ནུས་པའི་ཕྱིར། གཉིས་པ་བསམ་པའི་ཡན་ལག་ལ། འདུ་ཤེས་ནི་མ་འཁྲུལ་བ་དགོས། ཀུན་སློང་ནི་དབྱེན་འབྱེད་འདོད་ཀྱི་བསམ་པ་རྒྱུན་མ་ཆད་པ་གཅིག་དགོས། གསུམ་པ་ནི་ལུས་ངག་གང་རུང་གི་སྒོ་ནས་བྱ་བ་དེ་ལ་ཞུགས་པ་གཅིག་དགོས། བཞི་པ་མཐར་ཐུག་ནི་འཁོར་ལོའི་དབྱེན་འབྱུང་བ་ལ། དགེ་འདུན་སྡེ་ཚན་གཅིག་ཆོས་མིན་གྱི་ཕྱོགས་སུ་དབྱེ་བ་གཅིག་དགོས། ལས་ཀྱི་དབྱེན་འབྱུང་བ་ལ་བརྗོད་པ་གསུམ་པའི་མཐར་མ་བཏང་བ་གཅིག་དགོས་སོ། །

༈ གཉིས་པ་དགེ་འདུན་འཁོར་ལོའི་དབྱེན་བྱེ་བྲག་ཏུ་བཤད་པ་ལ། དེ་བསྟན་པ་འདི་ལ་བྱུང་ཚུལ་ནི། འཛམ་བུའི་གླིང་འདིར་མུ་གེ་ཆེན་པོ་བྱུང་བ་ན། རྫུ་འཕྲུལ་ཐོབ་པའི་ཉན་ཐོས་རྣམས་ཀྱི་སྒྲ་མི་སྙན་ལ་སོགས་པ་ནས་བསོད་སྙོམས་བླངས་པ་ན། ལྷས་སྦྱིན་གྱིས་སྟོན་པ་དང་། ཀོའུཎྜི་ན་ལ་སོགས་པའི་དགེ་སློང་རྣམས་ལ་རྫུ་འཕྲུལ་གྱི་ལམ་ཞུས་ཀྱང་མ་གནང་བ་ན། འོད་སྲུང་ལ་ཞུས་པས་གནང་ཅིང་དེ་ཉམས་སུ་བླངས་པས་

རྫུ་འཕྲུལ་ཐོབ་པ་ན་ང་རྒྱལ་སྐྱེས་ཏེ་སྟོན་པ་རྒས་གོག འཁོར་རྣམས་སྐྱོང་བ་ངལ་བས། བདག་ལ་སྤྲོད་ན་ལེགས་འདུག་སྙམ་དུ་བསམ་ནས། སྟོན་པ་ལ་འཁོར་རྣམས་སྐྱོང་བ་ཐུགས་ལས་ཆེ་བས་བདག་ལ་སྤྲོད་དུ་གསོལ། ཞེས་ཞུས་པ་ལ། སྟོན་པས་ཤཱ་རིའི་བུ་དང་། མོའུ་འགལ་གྱི་བུ་ལྟ་བུ་ལ་མ་སྤྲད་པས། གཏི་མུག་ཅན་ཁྱོད་ལྟ་བུ་ལ་ཅིའི་ཕྱིར་སྤྲོད་ཞེས་བཀའ་སྩལ་པས། ལྷས་སྦྱིན་གྱིས་རང་གི་འཁོར་ཀོ་ཀ་ལི་ཀ་ལ་སོགས་པའི་འཁོར་བཞི་པོ་སྤྲན་ཏེ། བསླབ་ཚིགས་(༥༧ན)ལྔ་བཅས་པའི་སྒོ་ནས་འཁོར་ལོའི་དབྱེན་བྱས་པ་ལ་བརྟེན་ནས་བསླབ་པ་འདི་བཅས་པ་ཡིན། འཁོར་བཞི་པོས་དབྱེན་སྒྲུབ་པའི་གྲོགས་བྱས་པ་ལ་བརྟེན་ནས་དེར་རྗེས་ཕྱོགས་ཀྱི་བསླབ་པ་འདི་བཅས་པ་ཡིན། བསླབ་ཚིགས་ལྔ་ནི་རང་གི་འཁོར་རྣམས་བསགས་ཏེ། དགེ་སློང་གོའུ་ཏ་མ་ནི་ཤ་ཟ་ཁོ་བོ་ཅག་ནི།ཤ་ཟ་བར་མི་བྱའོ། ཅིའི་ཕྱིར་ཞེ་ན། གཞི་དེ་ལས་སྲོག་ཆགས་ལ་གནོད་པའི་ཕྱིར། དགེ་སློང་གོའུ་ཏ་མ་ནི་འོ་མ་འཐུང་། ཁོ་བོ་ཅག་ནི་བཏུང་བར་མི་བྱའོ། །དེ་ཅིའི་ཕྱིར་ཞེ་ན། གཞི་དེ་ལས་བེའུ་ལ་གནོད་པའི་ཕྱིར། དགེ་སློང་གོའུ་ཏ་མ་ནི་གོས་དྲས་པ་གྱོན། ཁོ་བོ་ཅག་ནི་གྱོན་པར་མི་བྱའོ། །དེ་ཅིའི་ཕྱིར་ཞེ་ན། གཞི་དེ་ལས་དད་པས་སྦྱིན་པའི་ཁ་ཚར་ཆུད་གཟན་པར་འགྱུར་པའི་ཕྱིར། དགེ་སློང་གོའུ་ཏ་མ་ནི་ལན་ཚྭའི་ཁུ་བ་འཐུང་། ཁོ་བོ་ཅག་ནི་བཏུང་བར་མི་བྱའོ། དེ་ཅིའི་ཕྱིར་ཞེ་ན། གཞི་

དེ་ལས་ལྷུ་བ་ལས་གྱུར་པའི་ཕྱིར། དགེ་སློང་གོའུ་ཏ་མ་ནི་དགོན་པར་གནས། ཁོ་བོ་ཅག་ནི་གྲོང་འདབ་ཏུ་གནས། དེ་ཅིའི་ཕྱིར་ཞེ་ན། གཞི་དེ་ལས་དང་པས་སྨིན་པར་བྱ་བ་ཡོངས་སུ་མ་སྨིད་པར་འགྱུར་བའི་ཕྱིར། ཚེ་དང་ལྡན་པ་དག་བརྟུལ་ཞུགས་ཀྱི་གནས་ལྔ་པོ་འདི་དག་གིས་ཡང་དག་པ་དང་གྲོལ་བར་འདོད་པ་དེ་དག་དགེ་སློང་གོའུ་ཏ་མ་དང་རིང་དུ་གྱིས་ཤིག །སོ་སོར་བགྱིས་ཤིག །ཞེས་སོགས་ཀྱི་སྒོ་ནས་བསླབ་ཚིགས་ལྔ་བཅས་ཏེ།ཚུལ་ཤིང་དོར་བར་བྱེད་དོ། དེས་ན་དགེ་འདུན་འཁོར་ལོའི་དབྱེན་དང་། ལས་ཀྱི་དབྱེན་གཉིས་ལ་བརྟེན་ནས་མཚམས་མེད་འགྱུར་མི་འགྱུར་གི་ཁྱད་པར་ཡོད་དེ། དང་པོ་ལ་བརྟེན་ནས་དེ་འགྱུར། གཉིས་པ་ལ་བརྟེན་ནས་དེ་མི་འགྱུར་བའི་ཕྱིར། ཅིའི་ཕྱིར་མཚམས་མེད་ཅེས་བྱ། ཞེ་ན། རང་གི་རྟེན་གྱི་གང་ཟག་སྐྱེ་བ་གཞན་གྱི་བར་མ་ཆོད་པར་དམྱལ་བར་སྐྱེ་བ་ལེན་པའི་རྒྱུ་མཚན་གྱིས་ཡིན་པའི་ཕྱིར། དགེ་འདུན་ལས་ཀྱི་དབྱེན་དང་། འཁོར་ལོའི་དབྱེན་གཉིས་ལ་དུས་ཀྱི་ཁྱད་པར་ཡོད་དེ། དང་པོ་དེ་སྟོན་པ་ཞལ་མ་བཞུགས་པ་ལ་ཡང་འགྱུར། ཕྱི་མ་དེ་སྟོན་པ་ཞལ་བཞུགས་པའི་དུས་ཁོ་ནར་འགྱུར་བའི་ཕྱིར། དེ་གཉིས་སྒྲུབ་པའི་རྟེན་གྱི་གང་ཟག་གི་ཁྱད་པར་ཡོད་དེ། དང་པོ་དེ་དགེ་སློང་མའི་རྒྱུད་ལ་ཡང་ཡོད་ཅིང་། ཕྱི་མ་དེ་དགེ་སློང་ཕ་ཁོ་ནའི་རྒྱུད་ལ་ཡོད་པའི་ཕྱིར། རྟགས་ཕྱི་མ་གཉིས་ཀ་གྲུབ་སྟེ། འཁོར་ལོའི་དབྱེན་དེ་སྟོན་པ་སངས

རྒྱས་ལ་འགྲན་འདོད་ཀྱིས་ཀུན་ནས་བླངས་ཏེ་གྲུབ་པའི་ཕྱིར་ཏེ། སྟོན་པ་སངས་རྒྱས་དགེ་སློང་ཕ་ཡིན་པའི་ཕྱིར་ཏེ། མཛོད་འགྲེལ་ལས། དགེ་སློང་གིས་འབྱེད་ཅིང་། དགེ་སློང་མ་ལ་སོགས་པས་ནི་མིན་ནོ། །ཞེས་དང་། དེའི་འགྲེལ་བཤད་དུ། སངས་རྒྱས་ནི་དགེ་སློང་ཡིན་ལ་དབྱེ་བ་པོ་ནི་དེ་ལ་འགྲན་བཟློ་བ་ཡིན་ནོ། །ཞེས་གསུངས་ཤིང་། འདི་ཉིད་ལས། དགེ་འདུན་ལ་སོགས་པ་བཞི་ནི། དགེ་སློང་མའི་སྐབས་ལས་སོ། ཞེས་པས་དབྱེན་གྱི་ལྷག་མའི་ལྟུང་བ་ལ་སོགས་པ་བཞི་པོ་དེ་དགེ་སློང་མའི་རྒྱུད་ལ་ཡོད་པར་བསྟན་པའི་ཕྱིར། དགེ་འདུན་གྱི་དབྱེན་དང་དབྱེན་གྱི་མཚམས་མེད་ཀྱི་ལས་གཉིས་ལ་ཁྱད་པར་ཡོད་དེ་དང་པོ་དེ། དགེ་འདུན་སྡེ་གཉིས་ཐུགས་མི་མཐུན་པར་བྱེད་པའི་ལྡན་མིན་དེ་ཡིན་ཞིང་། དགེ་འདུན་སྡེ་གཉིས་ཀའི་རྒྱུད་ལ་ཡོད། ཕྱི་མ་དེ་དམྱལ་བའི་སྐྱེ་བ་འཕེན་བྱེད་ཡིན་ཞིང་། དེ་སྒྲུབ་མཁན་གྱི་སྐྱེས་བུའི་རྒྱུད་ལ་ལྡན་པའི་ཕྱིར། བསྟན་པ་འདི་ལ་དགེ་འདུན་འཁོར་ལོའི་དབྱེན་གྱི་ལྷག་མའི་ལྟུང་བ་བྱུང་མ་བྱུང་དཔྱད་པར་བྱ་བ་ཡིན་ཏེ། དགེ་སློང་ལྷས་སྦྱིན་ལས་གཞན་པའི་དགེ་སློང་གིས་དགེ་འདུན་འཁོར་ལོའི་དབྱེན་མ་སྒྲུབ། དགེ་སློང་ལྷས་སྦྱིན་དེ་བསྒྲུབ་པ་དེ་བཅའ་བའི་ཡུལ་ཡིན་པའི་ཕྱིར། དགེ་འདུན་གྱི་དབྱེན་ལ་དེའི་ལས་ཀྱི་དབྱེན་དང་། དེའི་འཁོར་ལོའི་དབྱེན་གཉིས་ཡོད་དོ། །(༥༧བ) ༈ གཉིས་པ། དེར་རྗེས་ཕྱོགས་ཀྱི་ལྷག་མའི་ལྟུང་བ་

འདི་འཆད་པ་ལ་གསུམ་ལས། དང་པོ་གླེང་གཞི་ནི། རྒྱལ་པོའི་ཁབ་ཏུ་ལྷས་སྦྱིན་གྱིས་འཁོར་ཀོ་ཀ་ལི་ཀ་ལ་སོགས་པ་བཞིས་དགེ་འདུན་གྱི་དབྱེན་སྒྲུབ་པའི་གྲོགས་བྱས་པ་ལ་བརྟེན་ནས་བསླབ་པ་འདི་བཅས་པ་ཡིན། གཉིས་པ་ངོ་བོ་ནི་བཅས་ལྡན་དགེ་སློང་གི་རྟེན་ལ་དབྱེན་སྒྲུབ་པའི་གྲོགས་ལ་ཞུགས་པ་རྒྱུན་ལྡའི་སྒོ་ནས་བཟློག་པར་བྱེད་ཀྱང་མཐར་མ་བཏང་བ་ལས་བྱུང་བའི་དངོས་གཞི་ཡོངས་རྫོགས་ཀྱི་ལྟུང་བ་དེ་དེའི་མཚན་ཉིད་ཡིན། གསུམ་པ་ཡན་ལག་བཤད་པ་ལ་བཞི་ལས། དང་པོ་གཞིའི་ཡན་ལག་ལ་གྲོགས་བྱ་ཡུལ་ནི། དབྱེན་མཚན་ཉིད་པ་སྒྲུབ་པ་ལ་ཞུགས་པ་གཅིག་དགོས། རྟེན་ནི་དབྱེན་སྒྲུབ་པའི་གྲོགས་སུ་ཞུགས་པ་གཅིག་དགོས་སོ། །གཉིས་པ་བསམ་པ་ལ། འདུ་ཤེས་མ་འཁྲུལ་བ་གཅིག་དགོས། ཀུན་སློང་ནི་གྲོགས་བྱེད་འདོད་ཀྱི་བསམ་པ་རྒྱུན་མ་ཆད་པ་གཅིག་དགོས། གསུམ་པ་སྦྱོར་བ་ནི། གྲོགས་བྱེད་པ་ལ་ལུས་ངག་གང་རུང་གི་སྒོ་ནས་རྩོལ་བས་ཞུགས་པ་གཅིག་དགོས།བཞི་པ་མཐར་ཐུག་ནི་བརྗོད་པ་གསུམ་པའི་མཐར་མ་བཏང་བ་གཅིག་དགོས་སོ། །

༄ གསུམ་པ་ཁྱིམ་སུན་སྦྱིན་པའི་ལྷག་མའི་ལྟུང་བ་འཆད་པ་ལ་གསུམ་ལས། དང་པོ་གླིང་གཞི་ནི་ཡུལ་མཉན་ཡོད་དུ་དགེ་སློང་ནབས་སོ་དང་འགྲོ་འགྲོགས་གཉིས་ཀྱིས་སྨྱོས་འགྱུར་བཏང་ནས་ཁྱིམ་པ་སུན་འབྱིན་པ་ན་ཞུགས་པ་ལ་དགེ་འདུན་གྱི་གནས་ནས་བསྐྲད་པ་ན། བསྐྲད་པ་

པོའི་དགེ་འདུན་ལ་སྐུར་པ་བཏབ་པ་ལ་བརྟེན་ནས་བསླབ་པ་འདི་བཅས་པ་ཡིན། གཉིས་པ་ངོ་བོ་ནི་བཅས་ལྡན་དགེ་སློང་གི་རྟེན་ལ་ཁྲིམ་པ་སུན་སྦྱིན་པ་ལ་ཞུགས་པ་ན་དགེ་འདུན་གྱི་གནས་ནས་བསྐྲད་པ་ན། བསྐྲད་པ་པོའི་དགེ་འདུན་ལ་བཀུར་པ་བཏབ་པ་རྐྱེན་ལྔའི་སྒོ་ནས་བཟློག་ཀྱང་མཐར་མ་བཏང་བ་ལས་བྱུང་བའི་དངོས་གཞི་ཡོངས་རྫོགས་ཀྱི་ལྟུང་བ་དེའི་མཚན་ཉིད་ཡིན། ༈ གསུམ་པ་ཡན་ལག་བཤད་པ་ལ་བཞི་ལས། དང་པོ་གཞིའི་ཡན་ལག་ལ་སུན་འབྱིན་པའི་ཡུལ་ནི་ཕྱི་རོལ་པ་དང་ནང་པའི་རབ་བྱུང་གི་རྟགས་ཅ་ལུགས་གང་དང་ཡང་མི་ལྡན་པ་ལུས་ཐ་མལ་དུ་གནས་པ་དགོས། སྐུར་པ་འདེབས་པའི་བྱ་བ་ནི། གླུ་གར་དང་སྨྱོས་འབྱུར་བཅུད་བ་སོགས་ཚུལ་ཁྲིམས་ཀྱི་ཡན་ལག་དང་འགལ་བར་ཞུགས་པ་གཅིག་དགོས། བསྐྲད་པ་པོའི་དགེ་འདུན་ནི། དགེ་སློང་གི་སྡོམ་པ་རྣམ་དག་དང་ལྡན་པ། ཐ་སྙད་གསུམ་དང་ལྡན་པ། བསྐྲད་བྱའི་ཡུལ་དང་། ལྟ་བ་དང་མཚན་མཐུན་པ་ལུས་ཐ་མལ་དུ་གནས་པ། བཞི་ཡན་གྱི་གྲངས་ཚང་བ། བསྐྲད་པའི་ལས་ཆོས་ལྡན་དུ་བྱས་པ་གཅིག་དགོས། སྐུར་པ་འདེབས་པ་པོ་ནི་བསྐྲད་པ་པོའི་དགེ་འདུན་ལ་འདི་དག་ནི་འདུན་པས་འགྲོ། འདི་དག་ནི་ཞེ་སྡང་གིས་འགྲོ། འདི་དག་ནི་གཏི་མུག་གིས་འགྲོ་བའོ། །ཞེས་པའི་སྒོ་ནས་སྐུར་པ་འདེབས་པ་ལ་ཞུགས་པ་གཅིག་དགོས། གཉིས་པ་བསམ་པ་ལ། འདུ་

ཤེས་ནི་མ་འཁྲུལ་བ། ཀུན་སློང་ནི་སྐུར་པ་འདེབས་འདོད་ཀྱི་བསམ་པ་རྒྱུན་མ་ཆད་པ་གཅིག་དགོས། གསུམ་པ་སྦྱོར་བ་ནི། ངག་མཚན་ཉིད་ལྔ་ལྡན་གྱི་སྒོ་ནས་སྐུར་པ་གསལ་པོར་བཏབ་པ་དགོས། བཞི་པ་མཐར་ཐུག་ནི། བརྗོད་པ་གསུམ་པའི་མཐར་མ་བཏང་བ་གཅིག་དགོས་སོ། བཞི་པ། བཀའ་གློ་མི་བདེ་བའི་ལྷག་མའི་ལྟུང་བ་བཤད་པ་ལ་གསུམ་ལས། དང་པོ། གླེང་གཞི་ནི། ཡུལ་ཀོའུ་ཤམ་བྷི་ར་དགེ་སློང་འདུན་པའི་ལྟུང་བ་དགེ་འདུན་གྱིས་གླེངས་པ་ལ། བཀའ་གློ་མི་བདེའི་ཚིག་སྨྲས་པ་ལ་བརྟེན་ནས་བསླབ་པ་འདི་བཅས་པ་ཡིན། གཉིས་པ་ངོ་བོ་ནི། བཅས་ལྡན་དགེ་སློང་གི་རྟེན་ལ་དགེ་འདུན་གྱི་ལྟུང་བ་གླེངས་པ་ལ་མི་འདོད་པའི་ཚིག་སྨྲས་པས་རྐྱེན་ལྔའི་སྒོ་ནས་བཟློག་པར་བྱེད་ཀྱང་མཐར་མ་བཏང་བ་ལས་བྱུང་བའི་དངོས་གཞི་ཡོངས་རྫོགས་ཀྱི་ལྟུང་བ། དེའི་མཚན་ཉིད་ཡིན། གསུམ་པ་ཡན་ལག་བཤད་པ་(༥༢ན)ལ་བཞི་ལས། དང་པོ་ནི་ དགེ་འདུན་གྱི་ལྷག་པའི་བསམ་པས་ལྟུང་བ་བརྗོད་པ་དགོས། གཉིས་ལ་འདུ་ཤེས་ནི་མ་འཁྲུལ་བ། ཀུན་སློང་ནི་དགེ་འདུན་གྱི་ལྟུང་བ་གླེང་པ་ལ་མི་འདོད་པའི་ཚིག་གླེང་འདོད་ཀྱི་བསམ་པ་རྒྱུན་མ་ཆད་པ་གཅིག་དགོས། གསུམ་པ་ནི། དགེ་འདུན་གྱི་ལྟུང་བ་གླེངས་པ་ན་ཁྱོགས་ཞིག་དགེ་འདུན་བདེ་ཡང་རུང་མི་བདེ་ཡང་རུང་། བདག་ཅག་བདེ་ཡང་རུང་། མི་བདེ་ཡང་རུང་། ཁྱེད་ཅག་སུ་གང་གིས་ཀྱང་བདག་ཅག་གི་ཚུལ་

ཁྲིམས་གླེང་བར་མ་བྱེད་ཅིག་ཞེས་ཚིག་གསལ་པོར་སྨྲ་བ་གཅིག་དགོས། བཞི་པ་ནི། བརྗོད་པ་གསུམ་པའི་མཐར་མ་བཏང་བ་གཅིག་དགོས། དེ་ཡན་གྱིས་ལྷག་མའི་ལྟུང་བ་བཤད་པ་ལ་ཁོ་ན་རེ། སོ་ཐར་གྱི་མདོ་ལས་ལྷག་མའི་ལྟུང་བ་བཤད་པའི་རྗེས་སུ་མ་ངེས་པའི་སྡེ་འཆད་ན། མ་ངེས་པ་གཉིས་ཀྱི་ངོ་བོ་གང་ཞེ་ན། བཅས་ལྡན་དགེ་སློང་གི་རྟེན་ལ་ཆགས་སེམས་ཀྱི་ཀུན་ནས་བསླངས་ཏེ། བུད་མེད་དང་འདོམ་གང་གི་ནང་དུ་ལྷན་ཅིག་ཏུ་གནས་པ་ལ་བརྟེན་ནས་བྱུང་བའི་ལྟུང་བ་དེ་གསུམ་གྱིས་མ་ངེས་པའི་ལྟུང་བའི་མཚན་ཉིད་ཡིན།།དེ་ལ་གསུམ་གྱི་མ་ངེས་པའི་ལྟུང་བ་ཞེས་བརྗོད་པའི་རྒྱུ་མཚན་ཡོད་དེ། བཅས་ལྡན་དགེ་སློང་གི་རྟེན་ལ་བུད་མེད་དང་འདོམ་གང་གི་ནང་དུ་ལྷན་ཅིག་གནས་པ་ན་ཕམ་ལྷག་ལྟུང་བྱེད་གསུམ་འབྱུང་བར་མ་ངེས་ཀྱང་འབྱུང་ཉེ་བའི་རྒྱུ་མཚན་གྱིས་ཡིན་པའི་ཕྱིར། དེའི་རྟེན་ལ་ཆགས་སེམས་ཀྱིས་ཀུན་ནས་བསླངས་ཏེ་བུད་མེད་དང་འདོམ་གང་གིས་ཆོད་པའི་ཕྱོ་རོལ་དུ་ལྷན་ཅིག་གནས་པ་ལས་བྱུང་བའི་ལྟུང་བ་དེ་གཉིས་ཀྱི་མ་ངེས་པའི་ལྟུང་བའི་མཚན་ཉིད་ཡིན། དེ་ལ་དེ་ལྟར་བརྗོད་པའི་རྒྱུ་མཚན་ཡོད་དེ། བཅས་ལྡན་དགེ་སློང་གི་རྟེན་ལ་བུད་མེད་དང་འདོམ་གང་གིས་ཆོད་པའི་ཕྱི་རོལ་དུ་ལྷན་ཅིག་གནས་པ་ན་ལྷག་མ་དང་ལྟུང་བྱེད་འབྱུང་བར་མ་ངེས་ཀྱང་འབྱུང་ཉེ་བའི་རྒྱུ་མཚན་གྱིས་ཡིན་པའི་ཕྱིར། དེས་ན་བསྟན་བཅོས་འདིར་དེ་གཉིས་

དངོས་སུ་མི་སྟོན་པའི་རྒྱུ་མཚན་ཡོད་དེ། དེ་གཉིས་ཐམ་ལྷག་ལྟུང་བྱེད་གསུམ་པོའི་ཁོངས་སུ་འདུ་བའི་རྒྱུ་མཚན་གྱིས་ཡིན་པའི་ཕྱིར། །

༄། ལྟུང་བྱེད་ཀྱི་སྡེ་ལས་སྤང་ལྟུང་ཐུན་མོང་བའི་ཡན་ལག་བཤད་པ།

གསུམ་པ་ལྟུང་བྱེད་ཀྱི་སྡེ་བཤད་པ་ལ། སྤང་ལྟུང་གི་སྡེ་བཤད་པ་དང་། ལྟུང་བྱེད་འབའ་ཞིག་གི་སྡེ་བཤད་པ་གཉིས། དང་པོ་ལ་ལྟུང་བའི་ཐུན་མོང་བའི་ཡན་ལག་བཤད་པ་དང་། སོ་སོའི་དོན་བཤད་པ་གཉིས། དང་པོ་ལ་དུས་འབྲེལ་གྱི་ལྟུང་བའི་ཐུན་མོང་བའི་ཡན་ལག་བཤད་པ། བདག་འབྲེལ་གྱི་ལྟུང་བའི་དེ་བཤད་པ། ཤན་འབྲེལ་གྱི་དེའི་དེ་བཤད་པ། ཕྱིར་བཅོས་དང་འབྲེལ་བའི་དེའི་དེ་བཤད་པ། སྤང་ལྟུང་དང་པོ་གསུམ་དང་འབྲེལ་བའི་དེའི་དེ་བཤད་པ་དང་ལྔ་ཡོད་པ་ལས། དང་པོ་འཆད་པ་ལ། ཉིན་མཚན་གྱི་དང་པོ་མ་ཡིན་པ་ལ་ཞེས་སོགས་གསུངས། གཉིས་པ་འཆད་པ་ལ། སྤང་བ་ལ་ནི་འདུ་ཤེས་ལས། ཞེས་སོགས་གསུངས། གསུམ་པ་འཆད་པ་ལ། འདི་ལ་རྗེས་སུ་ཞུགས་པ་ཉིད་ཀྱང་ཉམས་པ་མིན་ནོ་ཞེས་སོགས་གསུངས། བཞི་པ་འཆད་པ་ལ། ཆུང་བ་ཉིད་ཀྱི་དུམ་བུ་དེ་ནི་མི་འགྱུར་རོ། །ཞེས་གསུངས་སོ། །ལྔ་པ་འཆད་པ་ལ། འདི་གསུམ་ནི་སྲ་བརྐྱང་བཏིང་བ་ལ་མི་འབྱུང་ངོ་། །ཞེས་པ་འདི་བྱུང་།

གཉིས་པ་སོ་སོའི་དོན་འཆད་པ་ལ། ཡོད་ནའོ། །རང་གི་ཉིད་དོ། །ཞེས་སོགས་གསུངས། ༈ སྤྱི་དོན་ལ། རང་བཟོ་དང་བཟློས་སྐྱོན་སྤང་བའི་ཕྱིར་དགོས་དོན་བཤད་པ་དང་། བསྡུས་དོན་བཤད་པ་གཉིས། དང་པོ་ལ་ཁོ་ན་རེ། ལྟུང་བའི་ཐུན་མོང་བའི་ཡན་ལག་སྟོན་པའི་གཞུང་འདི་རྣམས་ལ་རང་བཟོའི་སྐྱོན་ཡོད་དོ་ཞེ་ན། མེད་དེ། ལུང་ལས་གསུངས་པའི་དོན་རྣམས་གཞུང་འདི་རྣམས་ཀྱིས་སྟོན་པའི་ཕྱིར། སྤང་བ་ལ་ནི། ཞེས་སོགས་དང་། དེ་ནི་བསྒོས་པ་ཉིད་ན་ཐལ་བ་ཉིད་དོ། །ཞེས་པའི་དོན་ཀྱང་ལྷགས་ཀྱི་གཞིའི་ལུང་ལས་གསུངས། ལས་ལ་ནི་འདས་ན་ཉེ་མ་ཤར་བའི་འོ། །ཞེས་པ་(༥༢བ)དང་། རང་བཞིན་ལས་ཉམས་ན་ཡང་ངོ་།། ཞེས་པ་དང་། ཆུང་བ་ཉིད་ཀྱི་དུམ་བུ་དེ་ནི་མི་འགྱུར་རོ། །ཞེས་སོགས་གསུངས་པའི་ཚིག་རྐང་གསུམ་ཏེ་ལྔའི་དོན་ནི་ཞུ་བ་ལས་གསུངས། འདིར་དངོས་སུ་བཀོད་པའི་གཞུང་གཞན་རྣམས་ནི་རྣམ་འབྱེད་ལས་གསུངས། འདིར་དངོས་སུ་མ་བསྟན་ཀྱང་དངོས་སུ་བསྟན་པ་རྣམས་དང་རུང་མཐུན་སྦྱར་ནས་རྟོགས་དགོས་པའི་དོན་རྣམས་ཕྲན་ཚེགས་ལས་གསུངས། བཟློས་སྐྱོན་སྤངས་པའི་སྒོ་ནས་དགོས་དོན་བཤད་པ་ལ། འོ་ན་གཞུང་འདི་རྣམས་ཀྱི་དོན་ལུང་ལས་གསུངས་ན། འདི་རྣམས་དང་ལུང་བཟློས་པའི་སྐྱོན་ཡོད་དོ་ཞེ་ན། སྐྱོན་མེད་དེ། ཁ་ཅིག་ལ་རུང་མཐུན་རྟོགས་པའི་དགོས་པ། ཁ་ཅིག་ལ་ཚིག་ཚོགས་སྐྱུང་བའི་དགོས་པ། ཁ་ཅིག་ལ་

དེ་གཉིས་ཀའི་དགོས་པ་ཡོད་པའི་ཕྱིར། དེ་ཡང་ཡོད་དེ་དེའི་དང་པོ་ནི་སྐྱ་རེངས་དང་པོའོ། །ཞེས་བཤད། ལས་ལ་ནི་འདས་ན་ཞེས་སོགས་དང་། རབ་ཏུ་བྱུང་བའི་ཞེས་སོགས་དང་། རང་བཞིན་ལས་ཉམས་ན་ཡང་ངོ་། །ཞེས་སོགས་དང་། ཞག་བདུན་པ་ལ་ནི་རིགས་མཐུན་པ་ལའོ། །ཞེས་སོགས་དང་། ཆུང་བ་ཉིད་ཀྱི་ཞེས་སོགས་དང་། དགེ་འདུན་གྱི་ཡང་ངོ་ཞེས་པ་རྣམས་ལ་དང་པོ་དེ་ཡོད་ཆོས་གོས་ལས་ཀྱང་། ཞེས་སོགས་དང་། འདི་ལ་རྗེས་སུ། ཞེས་སོགས་དང་། འདི་གསུམ་ནི་སྲ་བརྐྱང་བཏིང་བ་ལ་མི་འབྱུང་ངོ་། །ཞེས་པ་རྣམས་ལ་གཉིས་པ་དེ་ཡོད། འདིར་དངོས་སུ་བཀོད་པའི་གཞུང་གཞན་རྣམས་ལ་གསུམ་པ་དེ་ཡོད་པའི་ཕྱིར།དང་པོ་སྒྲུབ་པ་ནི། དེའི་དང་པོ་ནི་སྐྱ་རེངས་དང་པོ་དེའོ། །ཞེས་པ་ལ། ཟུང་མཐུན་རྟོགས་པའི་དགོས་པ་ཡོད་དེ། འདིའི་བཤད་བྱ་རྩ་བའི་མདོར་གྱུར་པའི་འདུལ་བ་ལུང་ལས་ཞག་བཅུ་འཆང་སྤང་གི་ལྟུང་བ་སྐྱེད་པ་ལ་གོས་དེ་ཉིད་ནས་ཞག་བཅུ་པའི་སྐྱ་རེངས་དང་པོ་ཤར་བ་ཡན་ལག་ཏུ་དགོས་པར་དངོས་སུ་བསྟན་ནས། དུས་འཁྲིལ་གྱི་ལྟུང་བ་གཞན་རྣམས་བསྐྱེད་པ་ལ་རང་རང་གི་ཡན་ལག་ཏུ་གྱུར་པའི་ཞག་ཐ་མའི་སྐྱ་རེངས་དང་པོ་ཤར་བ་ཡན་ལག་ཏུ་དགོས་པར་དངོས་སུ་མ་བསྟན་པས། འདིར་མཚན་མོ་རྒྱལ་པོའི་ཕོ་བྲང་དུ་འགྲོ་བའི་ལྟུང་བ་མ་གཏོགས་དུས་འཁྲིལ་གྱི་ལྟུང་བ་གཞན་རྣམས་ལ་རང་རང་གི་ཡན་ལག་

ཏུ་གྱུར་པའི་ཞག་ཐ་མའི་སྐྱ་རེངས་དང་པོ་ཤར་བ་ཡན་ལག་ཏུ་དགོས་པར་དངོས་སུ་བསྟན་པའི་ཕྱིར། མཚན་མོ་རྒྱལ་པོའི་ཕོ་བྲང་དུ་འགྲོ་བའི་ལྟུང་བ་སྐྱེད་པ་ལ་ཁོ་རང་གི་ཡན་ལག་ཏུ་གྱུར་པའི་ཞག་དེའི་སྐྱ་རེངས་དང་པོ་ཤར་བས་མི་ཆོག་ཏེ། སྐྱ་རེངས་གཉིས་པ་ཤར་བ་ཡན་ལག་ཏུ་དགོས་པའི་ཕྱིར། ལས་ལ་ནི་འདས་ན་ཉི་མ་ཤར་བའི་འོ། །ཞེས་པ་ལ་རྟུང་མཐུན་རྟོགས་པའི་དགོས་པ་ཡོད་དེ། འདིའི་རྩ་བའི་ལུང་ལས་ཆོས་བཅོ་ལྔའི་ཉིན་སྒྲུབ་དགོས་པའི་དགག་དབྱེ་གསོ་སྦྱོང་སོགས་རྐྱེན་དགོས་ཀྱི་དེའི་ཉིན་མ་གྲུབ་ན། དེའི་ཕྱི་ཉིན་གྱི་ཉི་མ་ཤར་ཁ་ཚུན་དུ་སྒྲུབ་པས་ལས་ཆགས་པར་དངོས་སུ་བསྟན་ནས། ལས་གཞན་ལ་དེ་ལྟར་དངོས་སུ་མ་བསྟན་པས་འདི་ལ་བརྟེན་ནས་གྲོ་ཞུན་ཟླ་བའི་ཆོས་གཅིག་གི་ཉིན་སྒྲུབ་དགོས་པའི་དབྱར་གནས་པར་ཁས་ལེན་ལྟ་བུ་དེའི་ཉིན་མ་གྲུབ་ན། དེའི་ཕྱི་ཉིན་གྱི་ཉི་མ་ཤར་ཁ་ཚུན་དུ་སྒྲུབ་པས་ལས་ཆགས་པ་རྟུང་མཐུན་གྱི་སྒོ་ནས་རྟོགས་པའི་དགོས་པ་ཡོད་པའི་ཕྱིར། རབ་ཏུ་འབྱུང་བའི་དོན་དུ་ངེས་པར་བྱས་པ་ཡང་དེ་ཉིད་དོ། ཞེས་པ་ལ་རྟུང་མཐུན་རྟོགས་པའི་དགོས་པ་ཡོད་དེ། འདིའི་རྩ་བའི་ལུང་ལས། བཅས་ལྡན་དགེ་སློང་གི་རྟེན་ལ་ལྟུང་བཟེད་ལྷག་པོ་རབ་བྱུང་གཞན་གྱི་དོན་དུ་བཅངས་པ་ལ་ལྟུང་བཟེད་ཞག་བཅུ་འཆང་སྤང་གི་ལྟུང་བ་མི་སྐྱེད་པར་དངོས་སུ་བསྟན་ནས་རྫས་གཞན་ལ་དེ་ལྟར་མ་གསུངས་པར་འདི་ལ

བརྟེན་ནས་དེའི་རྟེན་ལ་རབ་བྱུང་གཞན་གྱི་དོན་དུ་གོས་ལྷག་པོ་བཅངས་པ་ལ་གོས་ཞག་བཅུ་འཆང་སྤང་(༥༣ན)གི་ལྟུང་བ་མི་སྐྱེད་པ་རྟུང་མཐུན་གྱི་སྒོ་ནས་རྟོགས་པའི་དགོས་པ་ཡོད་པའི་ཕྱིར། རང་བཞིན་ལས་ཉམས་ན་ཡང་ངོ་། །ཞེས་པ་ལ། རྟུང་མཐུན་རྟོགས་པའི་དགོས་པ་ཡོད་དེ། འདིའི་རྒྱ་བའི་ལུང་ལས། བསམ་པ་རང་བཞིན་དུ་མི་གནས་པའི་དགེ་སློང་གི་རྟེན་ལ་རང་སྟོབས་དང་ཤན་སྟོབས་གང་རྟུང་གི་སྒོ་ནས་ཀྱང་ལྟུང་བ་མི་སྐྱེད་པར་དངོས་སུ་བསྟན་ནས་གཞན་ལ་དེ་ལྟར་མ་བསྟན་པས། འདི་ལ་བརྟེན་ནས་དེ་ལ་དེ་གཉིས་གང་གི་སྒོ་ནས་ཀྱང་བློ་འཛོག་གི་ལྟུང་བ་མི་སྐྱེད་པ་རྟུང་མཐུན་གྱི་སྒོ་ནས་རྟོགས་པའི་དགོས་པ་ཡོད་པའི་ཕྱིར། ཞག་བདུན་པ་ལ་ནི་རིགས་མཐུན་པ་ལའོ། ཞེས་པ་ལ་དེ་ཡོད་དེ། འདིའི་རྒྱ་བའི་ལུང་ལས་བཅས་ལྡན་དགེ་སློང་གི་རྟེན་ལ་མར་སྦྲང་རྩི་ལི་ཀ་ར་སོགས་ལ་བརྟེན་ནས་སྨན་ཞག་བདུན་པའི་བསོག་འཛོག་གི་ལྟུང་བ་སྐྱེད་པ་དངོས་སུ་བསྟན་ནས། རྫས་གཞན་ལ་དེ་ལྟར་མ་བསྟན་པས། འདི་ལ་བརྟེན་ནས་ཞག་བུ་རམ་ལྷའི་བདུད་རྩི་སོགས་ལ་ཡང་སྨན་ཞག་བདུན་པའི་བསོག་འཛོག་ལྟུང་བ་སྐྱེད་པ་རྟུང་མཐུན་གྱི་སྒོ་ནས་རྟོགས་པའི་དགོས་པ་ཡོད་པའི་ཕྱིར། ཆུང་བ་ཉིད་ཀྱི་དུམ་བུ་དེ་ནི་མི་འགྱུར་རོ། །ཞེས་པ་ལ།དེ་ཡོད་དེ། འདིའི་རྒྱ་བའི་ལུང་ལས། གོས་ཞག་བཅུ་འཆང་སྤང་གི་སྤང་ལྟུང་ཕྱིར་བཅོས་བྱེད་པའི་ཚེ་འགོར་

གསུམ་ཁེབས་པའི་ཚད་དུ་མ་ལོངས་པའི་གོས་སྤྱང་མི་དགོས་པར་དངོས་སུ་བསྟན་ནས་རྫས་གཞན་ལ་དེ་ལྟར་མ་བསྟན་པས། འདི་ལ་བརྟེན་ནས་ལྷུང་བཟེད་ཞག་བཅུ་འཆང་སྤྱང་གི་སྤྱང་ལྟུང་ཕྱིར་བཅོས་བྱེད་པའི་ཚེ་ལྷུང་བཟེད་ཚད་དུ་མ་ལོངས་པའི་ཡོ་བྱད་གཞན་སྤྱང་མི་དགོས་པ་རུང་མཐུན་གྱི་སྒོ་ནས་རྟོགས་པའི་དགོས་པ་ཡོད་པའི་ཕྱིར། ཆོས་གོས་ཞག་བཅུ་འཆང་སྤྱང་གི་སྤྱང་ལྟུང་ཕྱིར་བཅོས་བྱེད་པའི་ཚེ་སྔར་གྱི་ཆོས་གོས་དེ་མེས་ཚིག་པ་སོགས་ཀྱི་ཆུད་ཟན་པ་ན། དེའི་ལྷག་མའི་དུམ་བུ་ཁྲུ་གང་ལས་ཆུང་བའི་གོས་སྤྱོངས་མི་དགོས་པར་དངོས་སུ་བསྟན་ནས། ཞག་བཅུ་འཆང་སྤྱང་གི་སྤྱང་ལྟུང་ཕྱིར་བཅོས་བྱེད་ཚུལ་གཞན་རྣམས་ལ་དེ་ལྟར་མ་བསྟན་པས། འདི་ལ་བསྟན་ནས་གོས་ཞག་བཅུ་འཆང་སྤྱང་གི་སྤྱང་ལྟུང་གཞན་ཕྱིར་བཅོས་བྱེད་ཚུལ་ལ་ཡང་རུང་མཐུན་སྦྱར་ནས་རྟོགས་པའི་དགོས་པ་ཡོད་པའི་ཕྱིར། དགེ་འདུན་གྱི་ཡང་དོ་ཞེས་པ་ལ། དེ་ཡོད་དེ། འདིའི་རྩ་བའི་ལུང་ལས། དགེ་འདུན་དབང་བའི་ཆོས་གོས་གང་ཟག་གི་འཚོ་བའི་ཡོ་བྱད་དུ་བྱིན་གྱིས་རླབས་ནས་ཞག་གཅིག་གི་འབྲལ་སྤྱང་བྱུང་ནས། དེ་ཕྱིར་བཅོས་བྱེད་པའི་ཚེ་སྔར་གྱི་གོས་དེ་སྤྱང་མི་དགོས་པར་དངོས་སུ་བསྟན་ནས་འབྲལ་སྤྱང་ཕྱིར་བཅོས་གཞན་ལ་དེ་ལྟར་མ་བསྟན་པས། འདི་ལ་བརྟེན་ནས་རབ་བྱུང་གཞན་གྱི་ཆོས་གོས་གང་ཟག་གཅིག་གི་གཡར་ནས་འཚོ་བའི་ཡོ་

བྱད་དུ་བྱིན་གྱིས་རླབས་ནས་ཞག་གཅིག་གི་འབྲལ་སྐྱང་བྱུང་ནས་ཕྱིར་བཅོས་བྱེད་པའི་ཚེ། སྔར་གྱི་ཆོས་གོས་དེ་སྐྱང་མི་དགོས་པར་རུང་མཐུན་སྒྱུར་ནས་རྟོགས་པའི་དགོས་པ་ཡོད་པའི་ཕྱིར། ཆོས་གོས་ལས་ཀྱང་རྣམ་པར་བརྟགས་ནའོ། །ཞེས་པ་དང་། འདི་ལ་རྗེས་སུ་ཞུགས་པ་ཉིད་ཀྱང་ཉམས་པ་ཡིན་ནོ། ཞེས་པ་གཉིས་ལ། ཚིག་ཚོགས་སྐྱུང་བའི་དགོས་པ་ཡོད་དེ། འདིའི་རྒྱ་བའི་ལུང་ལས། གོས་དེ་རུང་བ་རྣམ་དག་གི་སྒོ་ནས་རབ་བྱུང་གཞན་གྱི་ཡོ་བྱད་དུ་བྱིན་གྱིས་རླབས་ནས། དེ་ལ་རང་སྟོབས་དང་། ཤན་སྟོབས་གང་གི་སྒོ་ནས་ཀྱང་ཞག་བཅུ་འཆང་སྐྱང་དང་། ཟླ་འཇོག་ གི་ལྟུང་ བ་གང་ཡང་མི་འབྱུང་བ། ཚིག་རེ་རེས་དངོས་སུ་བསྟན་པ་དེ་འདིའི་(༥༣བ)ཚིག་དང་པོ་དེས་དེ་ལྟར་བྱིན་གྱིས་རླབས་པ་ན། རང་སྟོབས་ཀྱི་ལྟུང་བ་དེ་གཉིས་གང་ཡང་མི་སྐྱེད་པ་དང་། ཚིག་ཕྱི་མ་དེས་དེ་ལྟར་བྱིན་གྱིས་རླབས་པ་ན། ཤན་སྟོབས་ཀྱི་སྒོ་ནས་ལྟུང་བ་དེ་གཉིས་གང་ཡང་མི་སྐྱེད་པ་ཚིག་རེས་བསྡུས་ནས་བསྟན་པའི་ཕྱིར། འདི་གསུམ་ནི་ཟླ་བརྒྱད་བཏིང་བ་ལ་མི་འབྱུང་ངོ་། །ཞེས་པ་ལ་ཡང་དེ་ཡོད་དེ། འདིའི་རྒྱ་བའི་ལུང་ལས། ཟླ་བརྒྱད་བཏིང་བ་ལ་འཆང་འབྲལ་འཇོག་གསུམ་གྱི་ལྟུང་བ་མི་འབྱུང་བར་ཚིག་རེ་རེས་དངོས་སུ་བསྟན་ནས། འདིར་ཚིག་འདིས་བསྡུས་ནས་བསྟན་པའི་ཕྱིར། ཉིན་མཚན་གྱི་དང་པོ་མ་ཡིན་པ་ལ་ཐ་མ་མ་ཡིན་པ་མེད་པ་ཉིད་དོ། །ཞེས་པ་ལ་རུང་མཐུན་

དང་ཚིག་ཚོགས་སྦྱང་བ་གཉིས་ཀའི་དགོས་པ་ཡོད་དེ། འདིའི་རྩ་བའི་ལུང་ལས། དུས་འབྲེལ་གྱི་ལྦྱང་བ་རྣམས་སྐྱེད་པ་ལ། རང་རང་གི་ཡན་ལག་ཏུ་གྱུར་པའི་ཞག་ཐ་མ་དེའི་མཚན་མོའི་མཐའ་མཐར་ཐུག་གི་ཡན་ལག་ཏུ་དགོས་པར་ཚིག་རེ་རེས་དངོས་སུ་བསྟན་ནས། འདིར་ཚིག་འདིས་བསྡུས་ནས་བསྟན་པའི་ཕྱིར་དང་། འདི་ལ་བརྟེན་ནས་དུས་འབྲེལ་གྱི་ལྦྱང་བ་རྣམས་ལ་རང་རང་གི་ཡན་ལག་ཏུ་གྱུར་པའི་ཞག་དང་པོའི་ཉིན་མཚན་གྱི་ཆ་ཐམས་ཅད་ཡན་ལག་ཏུ་མི་དགོས་པར། དེའི་མཚན་མོའི་མཐའི་སྐད་ཅིག་མ་ཡན་ལག་ཏུ་ཡོད་པས་ཆོག་པར་བསྟན་པའི་ཕྱིར། གནས་པ་ལ་ནི་སྦྱོར་བའི་སྟོད་ཉིད་དོ། །ཞེས་པ་ལ་དེ་གཉིས་ཀ་ཡོད་དེ། འདིའི་རྩ་བའི་ལུང་ལས། གནས་ངན་ལེན་འཆབ་པའི་ལྦྱང་བ། ནུབ་ལྷག་ཉལ་གྱི་ལྦྱང་བ། བུད་མེད་དང་ལྷན་ཅིག་ཏུ་ཉལ་བའི་ལྦྱང་བ་རྣམས་ལ་རང་རང་གི་ཞག་ཐ་མ་དེའི་སྐྱ་རེངས་འཆར་ཁ་ཚུན་དུ་སྦྱོར་ལྦྱང་རེ་སྐྱེད་པ་ཚིག་རེ་རེས་དངོས་སུ་བསྟན་ནས། འདིར་ཚིག་འདི་བསྡུས་ནས་བསྟན་པའི་ཕྱིར་དང་། འདི་ལ་བརྟེན་ནས་དམག་ནང་དུ་གནས་པའི་ལྦྱང་བ། སྣང་བཅས་སུ་ཉལ་བའི་ལྦྱང་བ། སྤྱངས་པ་རྗེས་ཕྱོགས་ཀྱི་ལྦྱང་བ། བསྙིལ་བ་བསྐྱུད་པའི་ལྦྱང་བ་རྣམས་ལ་ཡང་རུང་མཐུན་སྦྱར་ནས་རྟོགས་པའི་དགོས་པ་ཡོད་པའི་ཕྱིར། སྤྱང་བ་ལ་ནི་འདུ་ཤེས་ལས་གཙོ་ཆེར་རང་ཉིད་དོ། །ཞེས་པ་ལ་དེ་གཉིས་ཀ་ཡོད་དེ།

འདིའི་རྒྱ་བའི་ལུང་ལས། འཁྲུར་འཛུག སློལ་འཛུག མཐག་འཛུག རས་ཆེན་གཏད་པའི་ལྟུང་བ། རས་ཆེན་དབྱུང་བའི་ལྟུང་བ་བསྐྱེད་པ་ལ། དེ་རྣམས་འབྱུང་བའི་གཞིར་གྱུར་པའི་ཡོ་བྱད་དེ་རང་དབང་ཞིང་བདག་གིར་བྱས་པ་དགོས་པར་ཚིག་རེ་རེས་དངོས་སུ་བསྟན་ནས། འདིར་ཚིག་འདིས་བསྟུས་ནས་བསྟན་པའི་ཕྱིར་དང་། འདི་ལ་བརྟེན་ནས་བདག་འབྲེལ་གྱི་ལྟུང་བ་གཞན་རྣམས་སྐྱེད་པ་ལ་ཡང་དེ་རྣམས་འབྱུང་བའི་གཞི་གྱུར་པའི་ཡོ་བྱད་དེ་རང་དབང་ཞིང་བདག་གིར་བྱས་པ་རུང་མཐུན་སྦྱར་ནས་རྟོགས་པའི་དགོས་པ་ཡོད་པའི་ཕྱིར། དེ་ནི་བསྔོས་པ་ཉིད་ན་བྲལ་བ་ཉིད་དོ། །ཞེས་པ་ལ་ཡང་དེ་གཉིས་ཡོད་དེ། འདིའི་རྒྱ་བའི་ལུང་ལས། ཡོ་བྱད་དེ་བསམ་པ་ཐག་པའི་ངོས་ནས་རབ་བྱུང་གཞན་ལ་བསྔོས་པ་ན། དེ་ལ་བརྟེན་ནས་འཆང་གཉིས་འཛོག་གཉིས་ཀྱི་ལྟུང་བ་གང་ཡང་མི་སྐྱེད་པ་ཚིག་རེ་རེས་དངོས་སུ་བསྟན་ནས། འདིར་ཚིག་གཅིག་གི་བསྟུས་ནས་བསྟན་པའི་ཕྱིར་དང་། འདི་ལ་བརྟེན་ནས་ཡོད་བྱད་དེ་ལ་བརྟེན་པའི་བདག་འབྲེལ་གྱི་ལྟུང་བ་གཞན་ཡང་མི་འབྱུང་བར་རུང་མཐུན་སྦྱར་ནས་རྟོགས་པའི་དགོས་པ་ཡོད་པའི་ཕྱིར། དེ་ཡོད་ན་དངོས་པོ་དེ་ལྟ་བུ་གཞན་ལའང་འབྱུང་བ་ཉིད་དོ། །ཞེས་པ་ལ་ཡང་དེ་ཡོད་དེ། འདིའི་རྒྱ་བའི་ལུང་ལས། སྔར་བཤད་མ་ཐག་པའི་ལྟུང་བ་དེ་གཞིའི་སྐབས་སུ་ཞག་ཤན་འབྱུང་བ་ཚིག་རེ་རེས་དངོས་སུ་བསྟན་ནས།

འདིར་ཆོག་གཅིག་གིས་བསྡུས་ནས་བསྟན་པའི་ཕྱིར་དང་། འདི་ལ་བརྟེན་ནས་དུས་འབྲེལ་གྱི་ལྟུང་བ་གཞན་གྱི་སྐབས་སུའང་ཞག་ཤན་འབྱུང་བ་རུང་(༥༩ན)མཐུན་སྦྱར་ནས་རྟོགས་པའི་དགོས་པ་ཡོད་པའི་ཕྱིར། ལྟུང་བ་དེ་ཡོད་ན་ཡོ་བྱད་ཙམ་བདག་གིར་བྱས་པ་ལ་སྤང་བ་ཉིད་དོ། །ཞེས་པ་ལ་དེ་གཉིས་ཡོད་དེ། འདིའི་རྩ་བའི་ལུང་ལས། འབྲུར་འཇུག ལེན་འཇུག སློང་བའི་ལྟུང་བ་མ་གཏོགས་སྤང་ལྟུང་གི་བཅུ་ཚན་དང་པོའི་ལྷག་མ་བདུན་དང་བཅུ་ཚན་གསུམ་པའི་ཐོག་མཐའ་གཉིས་ཏེ་དགུ་ལ་བརྟེན་ནས་ཕྱིས་སྐྱེད་ཀྱི་ཡོ་བྱད་ལ་ཤན་འབྱུང་བ་ཆོག་རེ་རེས་དངོས་སུ་བསྟན་ནས། འདིར་ཆོག་གཅིག་གི་བསྡུས་ནས་བསྟན་པའི་ཕྱིར་དང་། འདི་ལ་བརྟེན་ནས་སྤང་ལྟུང་གཞན་ལ་བརྟེན་ནས་ཕྱིས་སྐྱེད་ཀྱི་ཡོ་བྱད་གཞན་ལ་ཤན་འབྱུང་བ་རུང་མཐུན་སྦྱར་ནས་རྟོགས་པའི་དགོས་པ་ཡོད་པའི་ཕྱིར། འདི་ལ་མེད་པ་དེ་ཉིད་གཙོ་བོའོ། །ཞེས་པ་ལ་དེ་གཉིས་ཡོད་དེ། འདིའི་རྩ་བའི་ལུང་ལས། འཚང་འབྲལ་འཛོག་གསུམ་གྱི་སྤང་ལྟུང་ཕྱིར་བཅོས་བྱེད་པའི་ཚེ། དེ་རྣམས་འབྱུང་བའི་གཞིར་གྱུར་པའི་ཡོ་བྱད་མེད་པར་སོང་བ་ན། དེ་སྤང་མི་དགོས་པར་སྤང་ལྟུང་ཕྱིར་བཅོས་བྱས་ཆོག་པར་ཆོག་རེ་རེས་དངོས་སུ་བསྟན་ནས། འདིར་ཆོག་གཅིག་གི་བསྡུས་ནས་བསྟན་པའི་ཕྱིར་དང་། འདི་ལ་རྟེན་ནས་གསེར་དངུལ་ལེན་པ་སོགས་སྤང་ལྟུང་ཕྱིར་བཅོས་བྱེད་ཚུལ་གཞན་ལ་ཡང་

ཟུང་མཐུན་སྦྱར་ནས་རྟོགས་པའི་དགོས་པ་ཡོད་པའི་ཕྱིར། ༈ གཉིས་པ་བསྡུས་དོན་བཤད་པ་ལ། ལྟུང་བའི་ཐུན་མོང་བའི་ཡན་ལག་རྣམས་བསྡུ་ན་དུས་འབྲེལ་གྱི་ལྟུང་བ་ཐུན་མོང་བའི་ཡན་ལག་སོགས་ལྔ་ཡོད། དང་པོ་དུས་འབྲེལ་གྱི་ལྟུང་བ་བཤད་པ་ལ། དེས་ལྟུང་བ་དུ་ལ་ཁྱབ་པའི་ཚུལ། དེའི་ཐུན་མོང་བའི་ཡན་ལག སེལ་བ་ལ་བརྟེན་ནས་ཅིར་འགྱུར་བཤད་པ་དང་གསུམ། དང་པོ་ནི། ཊཱིཀྐའི་དངོས་བསྟན་ལ་དུས་འབྲེལ་གྱི་ལྟུང་བ་ལ་བཅོ་ལྔ་ཡོད་དེ། འཆང་གཉིས། འཛོག་གཉིས། ཕྱིས་གཉིས། འབྲལ་གཉིས། གནས་ངན་ལེན་འཆབ་པའི་ལྟུང་བ། ནུབ་ལྟག་ཉལ་གྱི་ལྟུང་བ། བུད་མེད་དང་ལྷན་ཅིག་ཏུ་ཉལ་བའི་ལྟུང་བ། དམག་ནང་དུ་ཉལ་བའི་ལྟུང་བ། སྣང་བཅས་སུ་ཉལ་བའི་ལྟུང་བ། སྤང་བ་རྗེས་ཆོག་གི་ལྟུང་བ། བསྒྲིལ་བ་བསྡུད་པར་བྱེད་པའི་ལྟུང་བ་རྣམས་སུ་ཡོད། ཕྱི་མ་བདུན་པོ་དེ་ལ་གནས་འབྲེལ་གྱི་ལྟུང་བ་ཞེས་བརྗོད་པའི་རྒྱུ་མཚན་ཡོད་དེ། རང་ཉིད་འབྱུང་བའི་གནས་དེར་ཞག་ལོན་པ་ལས་བྱུང་བའི་ལྟུང་བ་ཡིན་པའི་ཕྱིར། དུས་འབྲེལ་གྱི་ལྟུང་བ་དེ་དང་དེ་བསྐྱེད་པ་ལ་དུས་འབྲེལ་གྱི་ལྟུང་བ་ལ་དེ་དག་ཏུ་ངེས་སམ་ཞེ་ན། མ་ངེས་ཏེ། ཤུགས་བསྟན་ལ་སྤྱས་གཉིས། འཆབ་པའི་ཕམ་པ། རིག་ཕམ་རྣམས་སུ་ཡོད་པའི་ཕྱིར། གཉིས་པ་ནི། མཚན་མོའི་མཐའི་སྐད་ཅིག་ཙམ་ཡན་ལག་ཏུ་དགོས་པ་ཡིན་ཞེ་ན། ཟླ་འཛོག་གི་ལྟུང་བ། རས་ཆེན་ཞག་ཕྱིས་ཀྱི་

ལྟུང་བ། ཞག་བཅུ་འཆང་སྤང་གི་ལྟུང་བ། སྨན་ཞག་བདུན་པའི་ལྟུང་བ། དགོན་པ་པའི་འབྲལ་སྤང་། ནུབ་ལྷག་ཉལ་གྱི་ལྟུང་བ་རྣམས་སྐྱེད་པ་ལ་རིམ་པ་བཞིན་དུ། མཚན་མོ་མཐའི་སྐད་ཅིག་མ་སུམ་ཅུ། བཅོ་ལྔ། བཅུ། བདུན། དྲུག གསུམ་རྣམས་ཡན་ལག་ཏུ་དགོས། ལྟུང་བ་གཞན་རྣམས་སྐྱེད་པ་ལ་དེ་རེ་རེ་ཡན་ལག་ཏུ་ཡོད་པས་ཆོག་གོ །དེ་ལ་ཁོ་ན་རེ། རྣམ་གཞག་དེ་རྣམས་མི་འཐད་དེ། ཞག་བཅུ་འཆང་སྤང་གི་ལྟུང་བ་སྐྱེད་ཚུལ་སྟོན་པ་ན། འདུལ་བ་བསྡུས་པ་ལས། ཞག་བཅུ་གཅིག་ནས་འཆང་བའི་སྤང་བའོ། །ཞེས་དང་། འདི་ཉིད་ལས། སྨན་ཞག་བདུན་པའི་བསོག་འཇོག་གི་ལྟུང་བ་སྐྱེད་ཚུལ་སྟོན་པ་ན། སྐྱ་རེངས་བརྒྱད་པ་ཤར་ནའོ།། ཞེས་དང་། དགོན་པ་པའི་འབྲལ་སྤང་སྟོན་པ་ན། ཞག་བདུན་ན་འབྲལ་བའི་སྤང་བའོ། །ཞེས་གསུངས་པའི་ཕྱིར། ཟེར་ན་སྐྱོན་མེད་དེ། ལུང་དང་པོས་(༥༨བ)ཡོ་བྱད་དེ་ཉིད་ནས་ཞག་བཅུ་པའི་སྐྱ་རེངས་ཤར་བའི་དུས་ལ་ཞག་བཅུ་གཅིག་པའི་མིང་གིས་བསྟན། ལུང་གཉིས་པས། སྨན་དེ་ཉིད་ནས་བྱིན་གྱིས་རླབས་ནས་ཞག་བདུན་པའི་སྐྱ་རེངས་ཤར་བའི་དུས་ལ་ཞག་བརྒྱད་པའི་མིང་གི་བསྟན། ལུང་གསུམ་པས། དགེ་སློང་དགོན་པ་པ་མཚམས་ཀྱི་ཕྱི་རོལ་དུ་ལུས་ནས་ཞག་དྲུག་པའི་སྐྱ་རེངས་ཤར་བའི་དུས་ལ་ཞག་བདུན་པའི་མིང་གི་བསྟན་པའི་ཕྱིར། དེ་ལ་ཁོ་ན་རེ། སྨན་ཞག་བདུན་པའི་ལྟུང་བ་སྐྱེད་པ་ལ། སྨན་དེ་བྱིན་གྱིས་རླབས་

ནས་ཞག་བདུན་ཙམ་ལོན་པས་ལྟུང་བ་སྐྱེད་པ་མ་ཡིན་པར་ཐལ། དབྱར་ཞག་བདུན་བྱིན་གྱི་རླབས་ནས་ཞག་བདུན་མཚམས་ཀྱི་ཕྱི་རོལ་དུ་ལུས་པ་ལ་དབྱར་རལ་བའི་ཉེས་པ་མི་འབྱུང་བའི་ཕྱིར་ཏེ། དབྱར་ཞག་གཅིག་བྱིན་གྱིས་རླབས་ནས་ཞག་གཅིག་མཚམས་ཀྱི་ཕྱི་རོལ་དུ་ལུས་པ་ལ་དབྱར་རལ་བའི་ཉེས་པ་མི་བྱུང་བའི་ཕྱིར་ཏེ། དབྱར་ཞག་གཅིག་ཏུ་བྱིན་གྱིས་རླབས་པ་ལ་དགོས་པ་ཡོད་པའི་ཕྱིར་ན་མ་ཁྱབ་སྟེ། དེ་ལྟར་བྱིན་གྱིས་རླབས་ནས་ཞག་གཅིག་གི་སྐྱ་རེངས་ཤར་གོང་དུ་མཚམས་ཀྱི་ནང་དུ་སླེབས་ན་ལྟུང་བ་མི་སྐྱེད་པའི་ཕྱིར། དེས་ན་དབྱར་ཞག་གཅིག་བྱིན་གྱིས་རླབས་པ་ན། ཞག་གཅིག་མཚམས་ཀྱི་ཕྱི་རོལ་དུ་གནས་མི་རིགས་ཏེ། ཞག་གཅིག་གི་སྐྱ་རེངས་ཤར་ཁ་ཚུན་དུ་མཚམས་ཀྱི་ཕྱི་རོལ་དུ་གནས་པ་ལ་ལྟུང་བ་མི་བྱུང་། དེ་ཤར་ནས་མཚམས་ཀྱི་ཕྱི་རོལ་དུ་གནས་པ་ན་ལྟུང་བ་སྐྱེད་ཅིང་། དེ་འཆར་ཀར་མཚམས་ཀྱི་ཕྱི་རོལ་དུ་གནས། དེ་ཤར་མ་ཐག་ཏུ་མཚམས་ནང་དུ་སླེབས་པའི་བཅས་ལྡན་གྱི་རབ་བྱུང་མེད་པའི་ཕྱིར། མཚན་མོ་མཐའི་སྐད་ཅིག་མ་དེ་ཇི་ལྟ་བུ་ཞེ་ན། སྐྱ་རེངས་འཆར་ཁ་དེ་དེ་ཡིན། སྐྱ་རེངས་ཤར་བའི་དུས་ཇི་ལྟ་བུ་ཞེ་ན། མཚན་མོ་ལ། སྲོད། གུང་། ཐོ་རངས་གསུམ་ཡོད་ཅིང་། དེ་རེ་རེ་ལ་ཐུན་གསུམ་གསུམ་ཡོད་པའི་ཐོར་ཐུན་དང་པོ་ཕྱེད་པ་ན་སྐྱ་རེངས་ཤར་བ་ཡིན་ཏེ། དགེ་སློང་མའི་རྣམ་འབྱེད་ལས། མཚན་མོའི་ཐུན་ཐ་མའི་དང་པོ་ཕྱེད་པ་

ན་ཛ་བརྟུང་དུ་ཉེ་བ་ན་སྐྱ་རེངས་ཤར་བའོ། ཞེས་གསུངས་པའི་ཕྱིར། དེ་ལྟར་ན་བྱེ་བྲག་བཤད་མཛོད་ཆེན་མོ་ལས།མཚན་མོའི་སྔ་ཆ་ལུས་པ་ན་སྐྱ་རེངས་ཤར་བར་གསུངས་པ་དང་། འགལ་ལོ་ཞེ་ན། འོད་ལྡན་ལས། དེ་སྒྲ་ཇི་བཞིན་པ་མ་ཡིན་པར་བསྟན་ཞིང་། རང་ལུགས་ནི། དེ་ནི་མཚན་རིང་བའི་དུས་ལ་དགོངས། རྣམ་འབྱེད་ཀྱི་དེ་མཚན་ཐུང་བའི་དུས་ལ་དགོངས་པ་ཡིན་ཏེ། མཚན་རིང་བའི་དུས་སུ་གླིང་དེའི་སྐྱ་རེངས་ཤར་མ་ཐག་པ་ནས་ཉི་མའི་འོད་ཟེར་འཆར་བའི་ཡུན་ལ་མཚན་མོ་ལྔ་ཆ་ལུས་པ་ཡིན་ཅིང་། མཚན་ཐུང་བའི་དུས་སུ་དེའི་ཡུན་ལ་མཚན་མོའི་གསུམ་ཆ་བཅུ་ཡང་མེད་གཅིག་ལུས་པའི་ཕྱིར་ཏེ། སྐྱ་རེངས་ཤར་བ་ནས་ཉི་མའི་འོད་ཟེར་ཤར་བའི་བར་ལ་དུས་རྒྱུན་དུ་རིང་ཐུང་མི་འགྱུར་ཞིང་། མཚན་མོ་ལ་རིང་ཐུང་འགྱུར་བའི་ཕྱིར། སྐྱ་རེངས་ཤར་བ་ན་ནམ་མཁའ་ལ་མཚན་མ་འབྱུང་ཚུལ་ནི། འོད་ལྡན་དུ། སྐར་མའི་བསྟན་བཅོས་དྲངས་པ་ལས། །སྐྱ་རེངས་དང་པོ་ཤར་ནས་ནི། །ཤར་ཕྱོགས་སུ་ནི་སྔོར་སྣང་ཞིང་། །སྐར་མའི་གདོང་གི་འོད་ཉམས་ལ། །ནམ་མཁའ་སྔོ་སྐྱར་འགྱུར་བ་ཡིན། །སྐྱ་རེངས་བར་པ་ཤར་ནས་ནི། །དེ་ནས་ཤར་ཕྱོགས་སྐྱ་ཞིང་དམར། །རྒྱུ་སྐར་འོད་ནི་ཆུང་བ་དང་། །ནམ་མཁའ་སེར་སྐྱར་འགྱུར་བ་ཡིན། །སྐྱ་རེངས་ཐ་མ་ཤར་ནས་ནི། །རྒྱུ་སྐར་འོད་ནི་མེད་པ་དང་། །སྐྱ་རེངས་ཐ་མ་འོ་ཟེར་བཤད། །འོ་ཟེའང་ཉི་མ་ཤར་བར་དུ། །ཞེས་དང་།

མའི་རྣམ་འགྲེལ་ལས། སྐྱ་རེངས་དང་པོ་ཤར་བ་ན། ནམ་མཁའ་དཀར་པོར་སྣང་ངོ་། །གཉིས་པ་ཤར་བ་ན། ནམ་མཁའ་སེར་པོ་སྣང་ངོ་། གསུམ་པ་ཤར་ན་ནམ་མཁའ་དམར་པོར་སྣང་ངོ་། ཞེས་གསུངས་པ་ལྟར་རོ།།

གླིང་འདིའི་སྟེང་གི་བར་སྣང་(༥༥ན)གི་ཤར་མཐའ་ལ་ཉི་མའི་འོད་ཟེར་ཤར་བ་ན་ནམ་མཁའ་སྔོན་པོར་འགྱུར་ཞིང་། དེའི་དུས་སྐྱ་རེངས་དང་པོ་ཤར་བ་ཡིན་ཏེ། ཤེས་རབ་བྱེད་པ་ལས། སྐྱ་རེངས་གསུམ་གྱི་སྔོ་རེང་ནི། ཉི་མའི་འོད། འཛམ་བུའི་གློར་བབས་པ་ན། དེའི་ལོ་མའི་འོད་ཀྱིས་ནམ་མཁའ་མདོག་སྔོ་བར་འགྱུར་ཞིང་། སེར་རེང་ནི་ཉི་མའི་འོད་འཛམ་བུ་ལ་ཕོག་པ་ན་འཛམ་བུའི་འོད་ཀྱི་ནམ་མཁའི་མདོག་སེར་པོར་འགྱུར་བ་དང་། དམར་རེང་ནི་ཉི་མ་ནམ་མཁའ་ལ་བྱུང་བ་ན་ནམ་མཁའི་མདོག་དམར་པོར་འབྱུང་བ་ཡིན་གསུངས། དེ་སྒྲ་ཇི་བཞིན་པ་མ་ཡིན་ཏེ། ཉི་མའི་འོད་ཀྱི་འཛམ་བུའི་གློར་བབས་པ་ན་གླིང་འདིའི་ཤར་མཐའ་ལ་འོད་སྔོན་པོར་འབྱུང་བ་ལ་འགྲེལ་མེད་པའི་ཕྱིར་ཏེ། འཛམ་བུ་གླིང་འདིའི་དབུས་ན་གནས་པའི་ཕྱིར། གླིང་འདིའི་སྐྱ་རེངས་དང་པོ་འཆར་བ་དེ། འདིའི་མཚན་གྱི་ཐ་མ་དང་། སྐྱ་རེངས་ཤར་མ་ཐག་པ་འདིའི་ཉིན་གྱི་ཐོག་མར་འཛིན་པ་མི་འཐད་དེ། འདིའི་སྐྱ་རེངས་ཤར་མ་ཐག་པ་དེ་འདིའི་མཚན་མོར། མའི་རྣམ་འགྲེལ་དང་། བྱེ་བྲག་བཤད་མཛོད་ཆེན་མོས་བཤད་པའི་ཕྱིར། ཁོ་ན་རེ། དེའི་དང་པོ་ནི་སྐྱ་རེངས་དང་པོ་དེའོ།།

ཞེས་པས། གླིང་འདིའི་བར་སྣང་གི་ཤར་མཐའ་ལ་ཉི་མའི་འོད་ཟེར་ཤར་བ་འདིའི་ཉིན་གྱི་ཐོག་མ་བསྟན་པ་ཇི་ལྟར་ཡིན་ཟེར་ན། སྐྱོན་མེད་དེ། དེ་དུས་འབྲེལ་གྱི་ལྟུང་བ་སྐྱེད་པ་ལ་དགོངས་པའི་ཕྱིར། གླིང་འདིའི་བར་སྣང་གི་ཤར་མཐའ་ལ་ཉི་མའི་འོད་ཟེར་ཤར་བ་སྐྱ་རེངས་དང་པོ་ཤར་བ་ཡིན་ཡང་། དེ་ནས་གླིང་འདིའི་ཉིན་མོའི་ཐོག་མ་འཛིན་པ་མི་འཐད་དེ། གླིང་འདིའི་བར་སྣང་གི་ཤར་མཐའ་ལ་ཉི་མའི་འོད་ཟེར་ཤར་བ་དང་། གླིང་འདིའི་ཉི་མའི་འོད་ཟེར་ཤར་བ་དུས་མི་མཉམ་པ་གང་ཞིག གླིང་འདིའི་ཉིན་མོའི་ཐོག་མ་ཉི་མའི་འོད་ཟེར་ཤར་བ་ལ་བལྟོས་པའི་ཕྱིར། གསུམ་པ་སེལ་བ་ལ་བརྟེན་ནས་ཅིར་འགྱུར་བཤད་པ་ནི་སྤྱིར། དུས་འབྲེལ་གྱི་ལྟུང་བ་རྣམ་གཞག་ཡན་ལག་ཏུ་དགོས་པའི་ཞག་ཐ་མ་དེའི་མཚན་མོའི་ཐའི་སྐད་ཅིག་མའི་སྔ་ལོགས་རྣམས་དུས་འབྲེལ་གྱི་ལྟུང་བ་དེ་དང་དེའི་སེལ་བ་ཡིན་ཏེ། དེའི་མཚན་མོའི་མཐའི་སྐད་ཅིག་རྣམས་དུས་འབྲེལ་གྱི་ལྟུང་བ་དེ་དང་དེའི་ཡན་ལག་ཡིན་པའི་ཕྱིར། སེལ་བ་ལ་བརྟེན་ནས་ཅིར་འགྱུར་དང་པོ་ནི། དངོས་བསྟན་གྱི་དུས་འབྲེལ་གྱི་ལྟུང་བ་བརྒྱད་པོའི་ཡན་ལག་གི་སེལ་བའི་སྐབས་སུ་ལྟུང་བ་མི་སྐྱེད་དེ། དེ་རྣམས་གཞན་ལ་ཚད་བཟུང་གི་ལྟུང་བ་ཡིན་པའི་ཕྱིར། ཞག་བཅུ་འཆང་སྤང་གི་ལྟུང་བ་སྣང་ལ་ཚད་བཟུང་གི་ལྟུང་བ་ཡིན་ཏེ། བཅས་ལྡན་དགེ་སློང་གིས་གོས་བྱིན་གྱིས་མ་རླབས་བར་ཞག་བཅུ་པའི་

སྐྱ་རེངས་འཆར་ཁ་ཚུན་དུ་འཆང་དུ་རུང་ཞིང་། དེ་ཤར་བ་ན་ལྡང་བ་བསྐྱེད་པ་ལ་ཚད་བཟུང་བའི་ཕྱིར། དེས་ཕྱི་མ་རྣམས་ལ་རིགས་འགྲེའོ།། དུས་འབྲེལ་གྱི་ལྡང་བ་ཕྱི་མ་བདུན་པོ་དེའི་ཡན་ལག་གི་སེལ་བའི་སྐབས་སུ་སྦྱོར་ལྡང་སྐྱེད་དེ།དེ་རྣམས་མ་སྣང་ལ་ཚད་བཟུང་གི་ལྡང་བ་ཡིན་པའི་ཕྱིར། དམག་ནང་དུ་གནས་པའི་ལྡང་བ་དེ་མ་གནང་ལ་ཚད་བཟུང་གི་ལྡང་བ་ཡིན་ཏེ། དམག་ནང་དུ་གནས་པར་མ་གནང་ཞིང་། ཞག་དེའི་སྐྱ་རེངས་ཤར་བ་ན་ལྡང་བ་བསྐྱེད་པར་ཚད་བཟུང་བའི་ཕྱིར། དེས་ཕྱི་མ་རྣམས་ལ་ཡང་རིགས་འགྲེའོ། ཁོ་ན་རེ། གོས་བྱིན་གྱིས་མ་རླབས་པར་ཞག་བཅུ་པའི་སྐྱ་རེངས་འཆར་ཁ་ཚུན་དུ་བཅང་རུང་ན། འདུལ་བ་བསྡུས་པ་ལས། ཉིན་རེ་བཞིན་ཉེས་བྱས་རེ་རེ་འབྱུང་ངོ་། ཞེས་པའི་དོན་གང་ཡིན་ཞེ་ན། ཡོད་དེ། བྱིན་གྱིས་རླབས་པ་ཡལ་བར་དོར་བའི་སྒོ་ནས་བྱིན་གྱིས་མ་རླབས་ན་ཉིན་རེ་བཞིན་ཉེས་བྱས་རེ་རེ་བསྐྱེད་པར་བསྟན་པའི་ཕྱིར། གཞུང་འགྲེལ་ནི་བསྒོ་གྲུར་གྱི་ལྡང་བའི་སྐབས་སུ་བརྗོད་པ་གསུམ་པའི་མཐར་མ་བཏང་བ་ལ་བརྟེན་ནས། བསྒོ་གྲུར་གྱི་དངོས་གཞིའི་ལྡང་བ་བསྐྱེད་པར་བསྟན་པ་ལ་དུས་འབྲེལ་གྱི་ལྡང་བ་སྐྱེད་པའི་དུས་མཚམས་གང་ཞེ་ན། དེ་འཆད་པ་ལ། ཉིན་མཚན་གྱི་ཞེས་སོགས་གསུངས། ངག་དོན་ནི། ཞག་བཅུ་འཆང་སྤང་གི་ལྡང་བ་བསྐྱེད་པ་ལ་ཞག་དང་པོ་དེའི་ཉིན་མཚན་གྱི་ཆ་ཐམས་ཅད་ཡན་ལག་

(༥༥བ)དུ་མི་དགོས་ཏེ། དེའི་མཚན་མོའི་མཐའི་སྐད་ཅིག་ལས་ཞག་གཅིག་གི་ཚོད་པའི་ཕྱིར། འོ་ན་ཞག་དང་པོ་དེའི་ཉིན་མཚན་གྱི་ཆ་རྣམས་ཡན་ལག་ཏུ་དགོས་པའི་དུས་འབྲེལ་གྱི་ལྟུང་བ་མེད་དམ་ཞེ་ན། དེ་ཡོད་དེ། དམག་ནང་དུ་གནས་པ་ན་ཞག་དེའི་སྐྱ་རེངས་འཆར་ཁ་ཚུན་དུ་སྤྱོར་ལྟུང་སྐྱེད་པའི་ཕྱིར། ཞེས་བཤད་པ་ལ། གནས་པ་ལ་ནི་ ཞེས་སོགས་གསུངས། དུས་འབྲེལ་གྱི་ལྟུང་བ་སྐྱེད་པའི་དུས་མཚམས་དེ་ལྟར་ཡིན་ན། ཉིན་གྱི་ཐོག་མ་ཇི་ལྟ་བུ་ཞེ་ན། སྐྱ་རེངས་དང་པོ་ཤར་བ་དེ་གང་ཤར་བའི་གནས་དེའི་ཉིན་གྱི་ཐོག་མ་ཡིན་ཏེ། དེ་དུས་འབྲེལ་གྱི་ལྟུང་བ་སྐྱེད་པའི་ཉིན་གྱི་ཐོག་མ་ཡིན་པའི་ཕྱིར། ཞེས་བཤད་པ་ལ་དེའི་དང་པོ་ནི་སྐྱ་རེངས་དང་པོ་དེའོ། །ཞེས་པ་འདི་འབྱུང་། ཞག་བཅུ་གཅིག་གི་སྐྱ་རེངས་ཤར་བ་ན་ཞག་བཅུ་འཆང་གི་ལྟུང་ སྐྱེད་ ན་ ཆོས་ བཅོ་ ལྔའི་ ཉིན་ སྤྲུབ་དགོས་པའི་གསོ་སྦྱོང་། ཆོས་བཅོ་ལྔའི་ཉིན་ཞག་དེའི་སྐྱ་རེངས་འཆར་ཁ་ཚུན་དུ་སྤྲུབ་དགོས་སམ་ཞེ་ན། མིདགོས་ཏེ། དེའི་ཉི་མ་འཆར་ཁ་ཚུན་དུ་སྤྲུབ་པས་འགྲུབ་པའི་ཕྱིར། ཞེས་བཤད་པ་ལ་ལས་ལ་ནི་འདས་ན་ཉི་མ་ཤར་བའི་འོ། །ཞེས་པ་འདི་གསུངས། ༼ གཉིས་པ་བདག་འབྲེལ་གྱི་ལྟུང་བ་འཆད་པ་ལ། བདག་འབྲེལ་གྱི་ལྟུང་བས་ལྟུང་བ་དུ་ལ་ཁྲབ་པའི་ཚུལ། བདག་འབྲེལ་གྱི་ལྟུང་བའི་ཐུན་མོང་བའི་ཡན་ལག་གི་ངོ་བོ། སེལ་བ་ལ་བརྟེན་ནས་ཅིར་འགྱུར་བཤད་པ་དང་གསུམ། དང་པོ་ནི།

བདག་འབྲེལ་གྱི་ལྟུང་བ་དེས། འཆང་གཉིས། འཇོག་གཉིས། ཕྱིས་གཉིས། ཐུག་འཛུགཐག་པ་སྐྱིད་པའི་ལྟུང་བ། བཅུ་ཚན་བར་པ་བཅུ་དེ་བཅོ་བརྒྱད་ལ་ཁྲབ་བོ། །གཉིས་པ་ནི། བཅས་ལྡན་དགེ་སློང་གི་རྫས་ལ་རང་གི་རྫས་སུ་འདུ་ཤེས་པ་་དེ་བདག་འབྲེལ་གྱི་ལྟུང་བའི་ཐུན་མོང་པའི་ཡན་ལག་གི་ངོ་བོ་ཡིན། གསུམ་པ་ནི། རང་གི་རྫས་ལ་གཞན་གྱི་རྫས་སུ་འདུ་ཤེས་པ། གཞན་གྱི་རྫས་ལ་གཞན་གྱི་རྫས་སུ་འདུ་ཤེས་པ། གཞན་རྫས་ལ་རང་གི་རྫས་སུ་འདུ་ཤེས་པ་རྣམས་བདག་འབྲེལ་གྱི་ལྟུང་བའི་སེལ་བ་ཡིན། རང་གི་རྫས་ལ་གཞན་གྱི་རྫས་སུ་འདུ་ཤེས་པ་དང་། གཞན་གྱི་རྫས་ལ་གཞན་གྱི་རྫས་སུ་འདུ་ཤེས་པ་གཉིས་ལ་བརྟེན་ནས།འཆང་གཉིས།འཇོག་གཉིས། ཕྱིས་གཉིས། མཐོ་གང་གིས་མ་གླན་པའི་ལྟུང་བ་རྣམས་ནི་མི་འབྱུང་། དེ་ལ་བརྟེན་ནས་གསེར་དངུལ་ལ་རེག་པ་ན། སྐབས་དེར་གཏོགས་ཀྱིས་ལྟུང་བ་མི་འབྱུང་ཡང་། ཡོངས་པ་གཞིར་གཏོགས་ཀྱི་ལྟུང་བ་འབྱུང་། དེ་གཉིས་ལ་བརྟེན་ནས་ལྟུང་བ་གཞན་བཅུ་པོའི་རྒྱུ་ལ་དཔྱད་ན་ལྟུང་བ་དེ་དང་དེའི་དངོས་གཞི་མི་སྐྱེད་ཀྱང་། དེ་དང་དེ་ལ་ཉ་སྨད་ཀྱི་ལྟུང་བ་སྐྱེད། གཞན་གྱི་རྫས་ལ་རང་གི་རྫས་སུ་འདུ་ཤེས་པ་ལ་བརྟེན་ནས་ལྟུང་བ་བཅོ་བརྒྱད་པོའི་རྒྱུ་ལ་སྤྱད་ན། ཉེས་བྱས་རེ་སྐྱེད་དེ། རྫས་ལ་མངོན་ཞེན་དགག་ཕྱིར་དུ་བདག་འབྲེལ་གྱི་ལྟུང་བ་བཅས་པའི་ཕྱིར། ༈ གསུམ་པ་ཤན་འབྲེལ་གྱི་ལྟུང་བ་བཤད་པ་ལ། སྤྱི་

དོན་དང་། གཞུང་དོན་གཉིས། དང་པོ་ལ། དགོས་དོན་དང་། བསྡུས་དོན་གཉིས། དང་པོ་ནི། ཞག་ཤན་བཅས་པ་ལ་དགོས་པ་ཡོད་དེ། ཤན་ལྟུང་དགག་ཕྱིར་དུ་ཡོ་བྱད་བྱིན་གྱིས་རླབས་པ་ལ་བརྟེན་པའི་ཆེད་ཡིན་པའི་ཕྱིར། སྤང་ཤན་བཅས་པ་ལ་དགོས་པ་ཡོད་དེ། སྤང་ལྟུང་ དགག་ཕྱིར་ དུ་ སྤང་ ལྟུང་ ཕྱིར་ བཅོས་ ལ་ བརྟེན་པའི་ཆེད་ཡིན་པའི་ཕྱིར། གཉིས་པ་བསྡུས་དོན་ལ། ཤན་འབྱུང་བའི་གཞི། དབྱེ་བ། བསྡུ་བ། ངོ་བོ། ཤན་འབྲེལ་བའི་དུས། ཤན་བཛེགས་པའི་ ཚུལ། མཐའ་ དཔྱད་ མུ་བཞི་ བསྐྱེ་བའི་ ཚུལ་ དང་ བདུན། དང་པོ་ལ་ཞག་ཤན་འབྱུང་བའི་གཞི་དང་། སྤང་ཤན་ འབྱུང་བའི་གཞི་(༥༨ན)གཉིས་ ལས། འཆང་ གཉིས། འཇོག་གཉིས། དགེ་སློང་མས་ཟླ་བ་ཕྱེད་ཕྱེད་ནས་ཆོས་གོས་བྱིན་གྱིས་མི་རློབ་པ་རྣམས་དང་པོ་ཡིན། གཉིས་པ་ལ་ཁ་ཅིག སྤང་ལྟུང་སུམ་ཅུ་པོ་རྣམས་གཉིས་པ་ཡིན་ཟེར་བ་མི་འཐད་དེ། དེ་སུམ་ཅུ་པོ་གང་རུང་ཡིན་ན། སྤང་ཤན་ཛེག་བྱེད་ཡིན་པས་མ་ཁྱབ་པའི་ཕྱིར་ཏེ། ཁྱད་པར་ཅན་གྱི་དགེ་སློང་གི་རྒྱུད་ཀྱི་སྤང་ལྟུང་དེ་དེ་མ་ཡིན་པའི་ཕྱིར་ཏེ། ཁྱད་པར་ཅན་གྱི་དགེ་སློང་དེ་སྤང་ལྟུང་ཕྱིར་བཅོས་ལ་བརྟེན་པའི་ཕྱིར་དང་། དེའི་རྒྱུད་ཀྱི་སྤང་ལྟུང་ཕྱིར་བཅོས་བྱེད་པའི་ཚེ། དེ་འབྱུང་བའི་གཞིར་གྱུར་པའི་ཡོ་བྱད་སྤང་མི་དགོས་པའི་ཕྱིར་ཏེ། འདི་ཉིད་ལས། ངོ་ཚ་དང་ལྡན་པ་དང་། མདོ་སྡེ་འཛིན་པ་དང་། འདུལ་བ་འཛིན་པ་དང་། མ་མོ་འཛིན་པ་དང་།

ཞེས་པས་ནི་གཅིག་གི་མདུན་དུ་བཤགས་པས་དགེ་འདུན་ལྷག་མ་ལས་ལྡོག་ཞེས་གསུངས་པའི་ཕྱིར། ༈ རང་ལུགས་ནི། ཁྱད་པར་ཅན་མ་ཡིན་པའི་དགེ་སློང་གི་རྒྱུད་ཀྱི་སྤང་ལྟུང་སུམ་ཅུ་པོ་དེ་དེ་ཡིན་ནོ། །གཉིས་པ་ནི། ཤན་ལ་དབྱེ་ན། གོས་ཤན། ལྟུང་བཟེད་ཀྱི་ཤན། སྨན་ཤན། ལྟུང་ཤན་དང་བཞི་ཡོད། དང་པོ་ལ། ཞག་བཅུ་པའི་གོས་ཤན་དང་། ཟླ་འཛོག་གི་གོས་ཤན་གཉིས་ཡོད། གསུམ་པ་ནི། ཤན་དེ་རྣམས་བསྡུ་ན། ཞག་ཤན་དང་། ལྟུང་ཤན་གཉིས་སུ་འདུ་ཏེ། དང་པོ་གསུམ་ཞག་ཤན་ཡིན། དེས་ན་ཞག་ཤན་དང་རྫས་ཤན་གཉིས་དོན་གཅིག་བཞི་པ་ངོ་བོ་ལ་ཁོ་ན་རེ། གཙོ་བོར་གཞན་སྟོབས་ཀྱི་གོས་པར་བྱས་པའི་ཉེས་པ་དེ་ཤན་གྱི་མཚན་ཉིད་ཡིན་ཟེར་བ་མི་འཐད་དེ། ཤན་ཡིན་ན་ཤན་ལྟུང་ཡིན་པས་མ་ཁྱབ་པའི་ཕྱིར་ཏེ། ཤན་ལྟུང་ཡིན་ན་རང་གི་བྱེད་པ་པོར་གྱུར་པའི་ཤན་སྟོན་དུ་འགྲོ་དགོས་པའི་ཕྱིར། དཔེར་ན་རྫས་ཤན་ཡིན་ན་རང་གི་བྱེད་པ་པོའི་རྫས་སྟོན་དུ་འགྲོ་དགོས་པའི་དཔེ་དེ་བཞིན་ནོ། །རང་ལུགས་ནི། སྤྱིར་ཤན་ཡིན་ན་རྟེན་བྱེད་ཀྱི་རྗེས་ཞུགས་དེ། བརྟེན་བྱ་དེ་ལ་གོས་པར་བྱས་པའི་སྟོབས་ཀྱིས་རང་གི་འབྲས་བུར་གྱུར་པའི་ལྟུང་བ་དེའི་རྒྱུའམ་ནུས་པ་ཡིན་པས་ཁྱབ་བོ། །དེ་ཡང་ཤན་ལ་ཞག་ཤན་གྱི་ངོ་བོ་རྣམ་གྲངས་དང་བཅས་པ་བཤད་པ་དང་། ལྟུང་ཤན་གྱི་དེ་གཉིས་བཤད་པ། དང་པོ་ནི། རྟེན་བྱེད་ཀྱི་ཡོ་བྱད་ལ་རང་གི་ཡིན་པར་

འདུ་ཤེས་པའི་རྗེས་ཞུགས་དེ་བརྗེག་བྱའི་ཡོ་བྱད་དེ་ལ་གོས་པར་བྱས་པའི་སྟོབས་ཀྱིས་བརྗེག་བྱའི་ཡོ་བྱད་དེ་རང་སྟོབས་ཀྱིས་ཤན་སྐྱེད་པའི་ནུས་མིན་ཡང་། ཤན་སྟོབས་ཀྱིས་ལྡང་བ་སྐྱེད་པའི་རྒྱུའམ་རྒྱུའི་རིགས་སུ་གནས་པ་དེ་ཞག་ཤན་གྱི་ངོ་བོ་ཡིན་། ཞག་ཤན་ཡིན་པ་གང་ཞིག ཕྱིན་རླབས་ཅན་དང་མ་འབྲེལ་བའི་བརྗེག་བྱའི་ཡོ་བྱད་ལ་གོས་པར་བྱས་པའི་ནུས་པ་དེ་ཞག་ཤན་ཁྱད་པར་ཅན་མ་ཡིན་པའི་ངོ་བོ་ཡིན། དེ་གང་ཞིག བརྗེག་བྱ་ཕྱིན་རླབས་ཅན་ལ་གོས་པར་བྱས་པའི་ནུས་པ་དེ་ཞག་ཤན་ཁྱད་པར་ཅན་གྱི་ངོ་བོ་ཡིན། དེས་ན་རྣམས་གྲངས་ནི། ཤན། རྗེས་ཞུགས། རྒྱུ་འབྲེལ། ཤུགས་རྣམས་རྣམས་གྲངས་ཡིན། བྱེ་བྲག་ཏུ་ཞག་ཤན། རྫས་ཤན། དུས་ཤན་གསུམ་པོ་མིང་གི་རྣམས་གྲངས་ཡིན། གཉིས་པ་སྨྲང་ཤན་གྱི་ངོ་བོ་བཤད་པ་ལ། ཁ་ཅིག་སྨྲང་ལྡང་སྔ་མའི་སྟོབས་ཀྱིས་གོས་པའི་ཉེས་པ་གང་ཞིག །སྨྲང་བའི་གཞི་ལས་ལྡང་བར་མ་གྱུར་པ་དེ་སྨྲང་ཤན་གྱི་ངོ་བོ་ཡིན་ཟེར་བ་མི་འཐད་དེ། སྨྲང་ཤན་ཡིན་ན་སྨྲང་ཤན་བསྐྱེད་པའི་ཤན་ལྡང་ཡིན་པས་མ་ཁྱབ་པའི་ཕྱིར་ཏེ། སྨྲང་ཤན་དང་སྨྲང་ཤན་གྱི་སྐྱེད་པའི་ཤན་ལྡང་གཉིས་སྐྱེད་དུས་སོ་སོར་ངེས་པའི་ཕྱིར། གཞན་ཡང་སྨྲང་ཤན་གྱིས་སྐྱེད་པའི་ཤན་ལྡང་དེ་སྨྲང་པའི་གཞི་ལས་མི་གྱུར་པའི་ལྡང་བ་ཡིན་པར་ཐལ། དམ་བཅའ་དེ་ཕྱིར། འདོད་མི་ནུས་ཏེ། ཤན་ལྡང་ཡིན་ན་རང་གི་ཡན་ལག་ཏུ་གྱུར་པའི་སྨྲང

བའི་གཞི་ལས་གྱུར་པའི་ལྟུང་བ་ཡིན་དགོས་པའི་ཕྱིར། ཁ་ཅིག་སྤང་ཤན་ལ་དེ་རྟེག་བྱེད་དང་། དེ་བརྟེག་བྱ་(༥༨བ)གཉིས་སུ་ངེས་ཞིང་། ཞག་ཤན་ལ་ཡང་དེ་བརྟེག་བྱ་དང་། དེ་རྟེག་བྱེད་གཉིས་སུ་ངེས་སོ་ཟེར་ན་མི་འཐད་དེ། སྤང་ཤན་རྟེག་བྱེད་དང་དེ་བརྟེག་བྱ་གང་རུང་ཡིན་ན་སྤང་ཤན་མི་དགོས་པའི་ཕྱིར་ཏེ། ལྟུང་བ་དེ་འབྱུང་བའི་ཡན་ལག་ཡིན་ན་ལྟུང་བ་དེ་མི་དགོས་པ་གང་ཞིག རིགས་པ་སྟོབས་མཚུངས་པའི་ཕྱིར། ཞག་ཤན་ལའང་ཡང་རིགས་འགྲེའོ། །

༄ རང་ལུགས་ནི། རྟེག་བྱེད་ཀྱི་སྤང་ལྟུང་གི་སྟོབས་ཀྱིས་བརྟེག་བྱའི་ཡོད་བྱད་དེ་ལ་ད་ལྟ་སྤང་འོས་སུ་གནས་པ་རྒྱུན་ཆགས་སུ་འབྲེལ་བའི་ནུས་པ་དེ་སྤང་ཤན་གྱི་ངོ་བོ་ཡིན་ཅིང་། ལྟུང་ཤན་གྱི་ངོ་བོ་ཡིན་ཡང་སྤང་ལྟུང་དངོས་གང་ཞིག ཁྱད་པར་ཅན་མ་ཡིན་པའི་དགེ་སློང་གི་རྒྱུད་ལ་རྒྱུ་འབྲེལ་དུ་ཡོད་པའི་རང་གི་ངོ་བོ་ཤེས་ཞིང་དྲན་པར་ནུས་པ་དེ་སྤང་ཤན་རྟེག་བྱེད་ཀྱི་ངོ་བོ་ཡིན། རྟེག་བྱེད་སྤང་ལྟུང་ལས་ཕྱི་སྐྱེད་པའི་བརྟེག་བྱའི་ཡོ་བྱད་གང་ཞིག །ད་ལྟ་སྤང་འོས་སུ་གནས་པ་དེ་སྤང་ཤན་བརྟེག་བྱའི་ངོ་བོ་ཡིན། །ཁ་ཅིག་སྤང་ལྟུང་ལས་གཞན་པའི་ལྟུང་བ་ཕྱི་མ་རྣམས་སྤང་ཤན་བརྟེག་བྱ་ཡིན་ཟེར་བ་མི་འཐད་དེ། སྤང་ལྟུང་ལས་ཕྱི་སྐྱེད་ཀྱི་ཡོ་བྱད་ཐམས་ཅད་སྤང་ཤན་བརྟེག་བྱ་ཡིན་པའི་ཕྱིར་ཏེ། འདི་ཉིད་ལས། ལྟུང་བ་དེ་ཡོད་ན་ཡོ་བྱད་ཙམ་བདག་གིར་བྱས་པ་ལ་སྤང་བ་ཉིད་དོ་ཞེས་གསུངས་པའི་ཕྱིར། དེ་ཡང་

ལྟུང་བ་དེ་ཡོད་ན་ཞེས་པས་སྤྱང་ཤན་ཧེག་བྱེད་དེ་བསྟན། དེ་མན་གྱིས་སྤྱང་ཤན་བཧེག་བྱ་དེ་བསྟན། ཅིའི་ཕྱིར་ཤན་ཞེས་བྱ་ཞེ་ན། ཧེག་བྱེད་ཀྱི་ཉེས་དམིགས་དེ་བཧེག་བྱ་དེ་ལ་གོས་པར་བྱེད་པའི་རྒྱུ་མཚན་གྱིས་དེ་ལྟར་དུ་བརྗོད། ཅིའི་ཕྱིར་རྫས་ཤན་ཞེས་བྱ་ཞེ་ན་རྒྱུ་གྱུར་གྱི་རྫས་དེ་རང་གི་ཡིན་པར་འདུ་ཤེས་པའི་ཉེས་དམིགས་དེ་བཧེག་བྱ་དེ་ལ་གོས་པར་བྱེད་པའི་རྒྱུ་མཚན་གྱིས་དེ་ལྟར་བརྗོད། ཅི་ཕྱིར་ལྟུང་ཤན་ཞེས་བྱ་ཞེས་ན། ཧེག་བྱེད་ཀྱི་སྤྱང་ལྟུང་ཕྱིར་བཅོས་མ་བྱས་པའི་ཉེས་དམིགས་དེ་བཧེག་བྱ་དེ་ལ་གོས་པར་བྱེད་པའི་རྒྱུ་མཚན་གྱིས་དེ་ལྟར་བརྗོད། ལྔ་པ་ནི། རང་རང་གི་ཞག་གྲངས་ཐ་མའི་མཚན་མོའི་མཐའི་སྐད་ཅིག་མའི་དུས་སུ་ཤན་ཧེག་པར་བྱེད་དེ། དེའི་ཞག་ཕྱི་མའི་སྐྱ་རེངས་ཤར་བ་ན་ཤན་ལྟུང་སྐྱེད་པར་བྱེད་པའི་ཕྱིར། ༈ དྲུག་པ་ཤན་བཧེག་པའི་ཚུལ་ལ། ཞག་ཤན་བཧེག་པའི་ཚུལ་དང་། ལྟུང་ཤན་བཧེག་པའི་དེ་གཉིས། དང་པོ་ལ། གོས་ཤན་བཧེག་པའི་ཚུལ། ལྟུང་བཞེད་ཀྱི་དེ། སྨན་ཤན་བཧེག་པའི་དེ་དང་གསུམ། དང་པོ་ལ། ཞག་བཅུ་པའི་གོས་ཤན་བཧེག་པའི་ཚུལ་དང་། ཟླ་འཛོག་གི་དེ་གཉིས། དང་པོ་ལ་ཞག་བཅུ་པའི་ཁྲིད་པར་ཅན་མ་ཡིན་པའི་དེ་དང་། ཞག་བཅུ་པའི་ཁྲིད་པར་ཅན་གྱི་དེ་གཉིས་ཡོད། དང་པོ་ནི། བྱིན་གྱིས་མ་རླབས་པའི་གོས་སྔ་མས་བྱིན་གྱིས་མ་རླབས་པའི་གོས་ཕྱི་མ་ལ་ཤན་ཧེག་པར་བྱེད་པ་ཡིན་ཏེ། དཔེར་ན།

བཅས་ལྡན་དགེ་སློང་གིས་ཆོས་གཅིག་གི་ཉིན་གོས་རྙེད་པ་བྱིན་གྱིས་མ་རླབས་པར་བཞག ཆོས་གཉིས་ནས་བཅུའི་བར་ལ་གོས་རྙེད་པ་རྣམས་ཀྱང་བྱིན་གྱིས་མ་རླབས་པར་བཞག་པ་ན། བཞག་བཅུ་པའི་མཚན་མོའི་མཐའི་སྐད་ཅིག་མའི་དུས་སུ་གོས་སྔ་མས་ཕྱི་མ་རྣམས་ལ་ཤན་རྡེག་པར་བྱེད་པ་ཡིན་ཞིང་། ཞག་བཅུ་གཅིག་པའི་སྐྱ་རེངས་ཤར་བ་ན་གོས་སྔ་མ་དེས་རང་སྟོབས་ཀྱིས་ཤན་ལྟུང་སྐྱེད་པར་བྱེད། ཕྱི་མ་རྣམས་ཀྱིས་ཤན་སྟོབས་ཀྱིས་ལྟུང་བ་བསྐྱེད་པར་བྱེད་པ་ཡིན། དེས་ན་འདི་ལ་དུས་མཉམ་པས་དུས་མཉམ་པ་ལ་ཤན་བརྡེག་པ་ནི་མ་ཡིན་ནོ། །གཉིས་པ་ནི། བྱིན་གྱིས་མ་རླབས་པའི་གོས་ཀྱིས་བྱིན་གྱི་རླབས་པའི་གོས་ལ་ཤན་བརྡེག་པར་བྱེད་པ་ཡིན་ཅིང་། དེའི་ཚུལ་ལ་གོས་སྔ་མས་ཕྱི་མ་ལ་ཤན་བརྡེག་པའི་ཚུལ་དང་། དུས་མཉམ་པས་དུས་མཉམ་པ་ལ་ཤན་བརྡེགས་པའི་ཚུལ་གཉིས། དང་པོ་ནི། བཅས་ལྡན་(༥༧ན)དགེ་སློང་གིས་ཆོས་གཅིག་ཉིན་གོས་རྙེད་པ་བྱིན་གྱིས་མ་རླབས་པར་བཞག །ཆོས་གཉིས་ནས་བཅུའི་བར་གང་ཡང་རུང་བའི་གོས་རྙེད་པ་བྱིན་གྱིས་རླབས་ཏེ་བཞག་པ་ན་ཆོས་བཅུ་གཅིག་གི་སྐྱ་རེངས་ཤར་བའི་ཚེ་སྔ་མས་རང་སྟོབས་ཀྱིས་ལྟུང་བ་སྐྱེད། ཕྱི་མས་ཤན་སྟོབས་ཀྱིས་ལྟུང་བ་སྐྱེད། དེའི་ཚེ་ཕྱི་མ་དེས་རང་སྟོབས་ཀྱིས་ཤན་ལྟུང་སྐྱེད་པ་མ་ཡིན་ཏེ། དེའི་ཚེ་དེས་རང་ངོས་ནས་ཤན་ལྟུང་སྐྱེད་པའི་ཞག་གྲངས་མ་ཚང་བ་ཡིན་པའི་ཕྱིར།

གཉིས་པ་ནི། བཅས་ལྡན་དགེ་སློང་གིས་ཆོས་གཅིག་ཉིན་གོས་གཉིས་དུས་སྐམ་དུ་རྙེད་པ་ན་གོས་གཅིག་བྱིན་གྱིས་རླབས་གཅིག་ཤོས་བྱིན་གྱིས་མ་རླབས་པར་བཞག་པ་ན། ཆོས་བཅུ་གཅིག་པའི་སྐྱ་རེངས་ཤར་བའི་ཚེ་བྱིན་གྱིས་མ་རླབས་པའི་གོས་དེས་རང་སྟོབས་ཀྱིས་ལྟུང་བ་སྐྱེད་པར་བྱེད། བྱིན་གྱིས་རླབས་པའི་གོས་དེས་ཤན་སྟོབས་ཀྱིས་ལྟུང་བ་སྐྱེད་པར་བྱེད་ཅིང་། རང་སྟོབས་ཀྱིས་ལྟུང་བ་སྐྱེད་པ་མ་ཡིན་ཏེ། དེ་བྱིན་གྱིས་རླབས་པའི་གོས་ཡིན་པའི་ཕྱིར། གཉིས་པ་ཟླ་འཇོག་པའི་གོས་ཤན་བཛེག་པའི་ཚུལ་ལ། ཁྱད་པར་ཅན་མ་ཡིན་པའི་དེ་དང་ཁྱད་པར་ཅན་གྱི་ཟླ་འཇོག་གི་གོས་ཤན་ཛེག་པའི་ཚུལ་གཉིས། དང་པོ་ནི། བཅས་ལྡན་དགེ་སློང་གིས་ཆོས་གཅིག་གི་ཉིན་འཁོར་གསུམ་ཁེབས་པའི་མཐའ་ཚད་དུ་མ་ལོང་ཞིང་། ཁྲུ་གང་གི་ཚད་དུ་ལོངས་པ་ཡན་ཆད་ཀྱི་དགོས་སྙེད་པ་བྱིན་གྱིས་མ་རླབས་པར་བཞག ཆོས་གཉིས་ནས་སུམ་ཅུ་པའི་བར་གང་ཡང་རྙེད་པ་ལ་དེ་ལྟ་བུའི་གོས་སྙེད་པ་བྱིན་གྱིས་མ་རླབས་པར་བཞག་པ་ན། ཞག་སོ་གཅིག་པའི་སྐྱ་རེངས་ཤར་བའི་ཚེ་སྔ་མ་དེས་རང་སྟོབས་ཀྱིས་ཟླ་འཇོག་གི་སྤང་ལྟུང་སྐྱེད་པར་བྱེད། ཕྱི་མ་དེས་ཤན་སྟོབས་ཀྱི་ཟླ་འཇོག་གི་ སྤང་ལྟུང་སྐྱེད་པར་བྱེད་ཅིང་། རང་སྟོབས་ཀྱི་ཟླ་འཇོག་གི་སྤང་ལྟུང་སྐྱེད་པར་བྱེད་པ་མ་ཡིན་ཏེ། དེས་རང་ངོས་ནས་ཟླ་འཇོག་གི་སྤང་ལྟུང་སྐྱེད་པ་ལ་ཞག་མ་ཚང་བ་ཡིན་པའི

ཕྱིར། འདི་ལ་དུས་མཉམ་པས་དུས་མཉམ་པ་ལ་ཤན་བཛེག་པ་མེད་དོ།། གཉིས་པ་ནི། བྱིན་གྱིས་མ་རླབས་པའི་གོས་ཀྱིས་བྱིན་གྱིས་རླབས་པའི་གོས་ལ་ཤན་བཛེག་པ་ཡིན་ཞིང་། དེ་ལ་དུས་མི་མཉམ་པས་དུས་མི་མཉམ་པ་ལ་ཤན་བཛེག་པའི་ཚུལ་དང་། དུས་མཉམ་པས་དུས་མཉམ་པ་ལ་ཤན་བཛེག་པའི་ཚུལ་གཉིས། དང་པོ་ནི། བཅས་ལྡན་དགེ་སློང་གིས་ཆོས་གཅིག་གི་ཉིན་འཁོར་གསུམ་ཁེབས་པའི་མཐའ་ཚད་དུ་མ་ལོང་ཤིང་། ཁྲུ་གང་གི་ཚད་དུ་ལོངས་པ་ཡན་ཆད་ཀྱི་གོས་སྣེད་པ་བྱིན་གྱིས་མ་རླབས་པར་བཞག ཆོས་གཉིས་ནས་སུམ་ཅུ་པའི་བར་གང་ཡང་རུང་བ་ལ་དེ་ལྟ་བུའི་གོས་སྣེད་པ་བྱིན་གྱིས་རླབས་ཏེ་བཞག་པ་ན་ཞག་སོ་གཅིག་པའི་སྐྱ་རེངས་ཤར་བ་ན་སྔ་མ་དེས་རང་སྟོབས་ཀྱིས་ཟླ་འཛོག་གི་སྤང་ལྟུང་སྐྱེད་པར་བྱེད། ཕྱི་མ་དེས་ཤན་སྟོབས་ཀྱི་ཟླ་འཛོག་གི་སྤང་ལྟུང་སྐྱེད་པར་བྱེད་པ་ཡིན། གཉིས་པ་ནི། བཅས་ལྡན་དགེ་སློང་གིས་ཆོས་གཅིག་གི་ཉིན་སྔར་གྱི་དེ་ལྟ་བུའི་གོས་གཉིས་དུས་མཉམ་དུ་རྙེད་པ་ན། གཅིག་བྱིན་གྱིས་རླབས་ཏེ་བཞག གཅིག་ཤོས་བྱིན་གྱིས་མ་རླབས་པར་བཞག་པ་ན། ཞག་སོ་གཅིག་པའི་སྐྱ་རེངས་ཤར་བ་ན་ཕྱི་མ་དེས་རང་སྟོབས་ཀྱི་ཟླ་འཛོག་གི་སྤང་ལྟུང་སྐྱེད་པར་བྱེད། སྔ་མ་དེས་ཤན་སྟོབས་ཀྱི་ཟླ་འཛོག་གི་སྤང་ལྟུང་སྐྱེད་པར་བྱེད་པ་ཡིན་གྱི། དེས་རང་སྟོབས་ཀྱིས་ཟླ་འཛོག་གི་སྤང་ལྟུང་སྐྱེད་པར་བྱེད་པ་མ་ཡིན་ཏེ། སྔ་

མ་དེ་བྱིན་གྱིས་རླབས་པའི་གོས་ཡིན་པའི་ཕྱིར། གཉིས་པ་ལྷུང་བཟེད་ཀྱི་ཤན་བརྡེག་པའི་ཚུལ་ལ་ཁྱད་པར་ཅན་གྱི་དེ་དང་། ཁྱད་པར་ཅན་མ་ཡིན་པའི་དེ་གཉིས་ཡོད། དང་པོ་ལ་ཡང་དུས་མཉམ་པ་དང་མི་མཉམ་པ་ཤན་རྡེག་པའི་(༥༧བ)ཚུལ་གཉིས་ཡོད་ཅིང་། འདིར་སྐབས་སུ་གོས་དང་ལྷུང་བཟེད་གཉིས་པོ་འདོན་པ་བརྗེ་བ་མ་གཏོགས་དེ་རྣམས་ཀྱི་ཁྱད་པར་གོས་ཞག་བཅུའི་ཆང་སྤྱང་ལྟ་བུར་ཤེས་པར་བྱའོ། དོན་བསྡུ་ན་སྐབས་འདི་དག་ཏུ་གོས་དང་ལྷུང་བཟེད་ཀྱི་ཤན་བརྡེག་བྱ་རྡེག་བྱེད་གཉིས་པོ་དེ་སྤྱོད་རིགས་གཅིག་པ་གཅིག་དགོས་ཀྱི། གོས་དང་ལྷུང་བཟེད་ལྟ་བུ་སྤྱོད་རིགས་མི་མཐུན་པས་གཅིག་གིས་གཅིག་ལ་ཤན་བརྡེག་པར་མི་བྱེད་དོ། །དེས་ན་གོས་དང་སྣམ་བུ་དང་འཕྱིང་པ་གསུམ་པོ་དེ་སྤྱོད་རིགས་གཅིག ལྕགས་ཀྱི་ལྷུང་བཟེད་དང་རྫའི་ལྷུང་བཟེད་གཉིས་པོ་དེ་ཡང་སྤྱོད་རིགས་གཅིག སྨན་གྱི་ཤན་བརྡེག་བྱ་རྡེག་བྱེད་གཉིས་པོ་དེ་ལ་རྫས་རིགས་གཅིག་པ་གཅིག་དགོས་ཀྱི། དཔྱད་རིགས་གཅིག་པས་ནི་མི་ཆོག་ཏེ། སྨན་བྱིན་རླབས་ཅན་དེ་ནད་པ་ལ་གནང་དུ་རུང་བ་ནི་གང་ཞིག དེ་ལྟར་ན་ཧ་ཅང་ཐལ་བའི་སྐྱོན་དུ་འགྱུར་བའི་ཕྱིར་ཏེ། གནང་སེལ་གྱི་སྐབས་སུ་བཅས་པ་འགའ་ཞིག་ནད་པ་ལ་བག་ཡང་སུ་གནང་དུ་རུང་བ་ཡིན་པའི་ཕྱིར། དེས་ན་བུ་རམ་སྔ་མ་དང་བུ་རམ་ཕྱི་མ་གཉིས་པོ་རྫས་རིགས་གཅིག བུ་རམ་དང་ཞུན་མར་གཉིས་པོ་དེ་རྫས་

རིགས་མི་གཅིག་པ་ཡིན། གོས་དང་ལྷུང་བཟེད་ཀྱི་ཤན་རྗེག་བྱེད་དེ་བྱིན་རླབས་ཅན་མ་ཡིན་པ་དང་། བརྗེག་བྱ་ཁྱད་པར་ཅན་ལ་བྱིན་རླབས་ཅན་དང་། བརྗེག་བྱ་ཁྱད་པར་ཅན་མ་ཡིན་པ་ལ་བྱིན་རླབས་ཅན་མ་ཡིན་པ་དགོས་ཤིང་། བརྗེག་བྱ་ཁྱད་པར་ཅན་ལ་ནི་རྗེག་བྱེད་ལས་ཞག་གཅིག་ཕན་ཆད་ཀྱི་ཕྱི་བ་ཡང་ཡོད། དེ་དང་དུས་མཉམ་པ་ཡང་ཡོད། བརྗེག་བྱ་ཁྱད་པར་ཅན་མ་ཡིན་པ་ལ་ནི་རྗེག་བྱེད་ལས་ཞག་གཅིག་ཕན་ཆད་ཀྱིས་ཕྱི་བ་ངེས་པར་དགོས་པ་ཡིན་ནོ། །གསུམ་པ་སྨན་ཤན་བརྗེག་པའི་ཚུལ་ལ། ཞག་བདུན་པའི་དེ་དང་། ཐུན་ཚོད་དུ་རུང་བའི་དེ་དང་། ཇི་སྲིད་འཚོ་བཅང་གི་དེ་དང་གསུམ། དང་པོ་ལ། ཁྱད་པར་ཅན་གྱི་སྨན་ཞག་བདུན་པའི་སྨན་ཤན་བརྗེག་པའི་ཚུལ་དང་། ཁྱད་པར་ཅན་མ་ཡིན་པའི་དེ་བརྗེག་པའི་ཚུལ་གཉིས། དང་པོ་ལ་ཡང་དུས་མཉམ་པ་དང་དུས་མི་མཉམ་པའི་ཤན་བརྗེག་པའི་ཚུལ་གཉིས། དང་པོ་ནི། བཅས་ལྡན་དགེ་སློང་གིས་ཆོས་གཅིག་གི་ཉིན་བུ་རམ་གཉིས་རྙེད་པ་གཅིག་སྨན་ཞག་བདུན་པར་བྱིན་གྱི་རླབས། གཅིག་ཤོས་དེར་བྱིན་གྱིས་མ་རླབས་པར་བཞག་པ་ན། ཞག་བརྒྱད་པའི་སྐྱ་རེངས་ཤར་བའི་ཚེ་སྔ་མས་རང་སྟོབས་ཀྱིས་སྨན་ཞག་བདུན་པའི་བསོག་འཇོག་གི་སྤང་ལྟུང་སྐྱེད། ཕྱི་མས་ཤན་སྟོབས་ཀྱི་དེ་ལྟ་བུའི་བསོག་འཇོག་གི་སྤང་ལྟུང་སྐྱེད་དོ། །གཉིས་པ་ནི། བཅས་ལྡན་དགེ་སློང་གིས་ཆོས་གཅིག་གི་ཉིན་བུ་རམ་རྙེད་པ་སྨན་ཞག

བདུན་པར་བྱིན་གྱིས་མ་རླབས་པར་བཞག ཆོས་གཉིས་ནས་བདུན་གྱི་བར་ལ་བུ་རམ་སྙིང་པ་སྨན་ཞག་བདུན་པར་བྱིན་གྱིས་མ་རླབས་པར་བཞག་པ་ན། ཞག་བརྒྱད་པའི་སྐྱ་རེངས་ཤར་བའི་ཚེ་སྔ་མས་རང་སྟོབས་ཀྱིས་སྨན་ཞག་བདུན་པའི་བསོག་འཇོག་གི་སྤང་ལྟུང་སྐྱེད་པར་བྱེད། ཕྱི་མས་ཤན་སྟོབས་ཀྱིས་དེ་ལྟ་བུའི་བསོག་འཇོག་གི་སྤང་ལྟུང་སྐྱེད་པར་བྱེད་དོ། །གཉིས་པ་ཁྱད་པར་ཅན་མ་ཡིན་པའི་སྨན་ཞག་བདུན་པའི་ཤན་རྗེག་པའི་(༥༢༤)ཚུལ་ནི། བཅས་ལྡན་དགེ་སློང་གི་ཆོས་གཅིག་གི་ཉིན་བུ་རམ་ཤིག་སྙིང་པ་སྨན་ཞག་བདུན་པར་བྱིན་གྱི་རླབས་ཏེ་བཞག ཆོས་གཉིས་ནས་བདུན་གྱི་བར་ལ་བུ་རམ་གཞན་ཞིག་སྙིང་པ་བྱིན་གྱིས་རླབས་ཏེ་བཞག་པ་ན་ཆོས་བརྒྱད་པའི་སྐྱ་རེངས་ཤར་བའི་ཚེ་སྔ་མས་རང་སྟོབས་ཀྱི་སྨན་ཞག་བདུན་པའི་བསོག་འཇོག་གི་སྤང་ལྟུང་བསྐྱེད་པར་བྱེད་ཕྱི་མས་ཤན་སྟོབས་ཀྱིས་དེ་ལྟ་བུའི་བསོག་འཇོག་གི་སྤང་ལྟུང་བསྐྱེད་པར་བྱེད་དོ། །གཉིས་པ་ལ། དུས་མཉམ་པ་དང་དུས་མི་མཉམ་པའི་ཤན་བརྗེག་པའི་ཚུལ་གཉིས། དང་པོ་ནི། བཅས་ལྡན་དགེ་སློང་གིས་ཚ་བའི་སྔ་རོལ་དུ་སྐྱུ་རུ་རའི་ཁུ་བ་གཉིས་སྙིང་པ་ན། གཅིག་བྱིན་གྱིས་རླབས་ཏེ་བཞག གཅིག་ཤོས་བྱིན་གྱིས་མ་རླབས་པར་བཞག་པ་ན། རང་གི་ཐུན་ཚོད་ལས་འདས་པའི་ཚེ། སྔ་མས་རང་སྟོབས་ཀྱི་བསོག་འཇོག་གི་སྤང་ལྟུང་སྐྱེད་པར་བྱེད། ཕྱི་མས་ཤན་སྟོབས་ཀྱི་བསོག་འཇོག་

སྤང་ལྟུང་སྐྱེད་པར་བྱེད་དོ། །གཉིས་པ་ནི། བཅས་ལྡན་དགེ་སློང་གིས་ཚ་བའི་སྔ་རོལ་དུ་སྐྱུ་རུ་རའི་ཁུ་བ་རྙེད་པ་བྱིན་གྱིས་རླབས་ཏེ་བཞག གུང་ཚིག་གི་རྗེས་ནས་སྐྱུ་རུ་རའི་ཁུ་བ་རྙེད་པ་བྱིན་གྱིས་མ་རླབས་པར་བཞག་པ་ན་རང་གི་ཐུན་ཚོད་ལས་འདས་པའི་ཚེ་སྔ་མས་རང་སྟོབས་ཀྱིས་བསོག་འཇོག་གི་སྤང་ལྟུང་སྐྱེད། ཕྱི་མས་ཤན་སྟོབས་ཀྱི་བསོག་འཇོག་གི་སྤང་ལྟུང་སྐྱེད་པར་བྱེད་དོ། །འདི་ལ་ཁྱད་པར་ཅན་མ་ཡིན་པའི་ཤན་བཏེག་ཚུལ་མེད་དེ། ཐུན་ཚོད་དུ་རུང་བའི་སྨན་བྱིན་གྱིས་རླབས་པའི་དུས་ནི་ཚ་བའི་སྔ་རོལ་ཁོ་ནར་ངེས་ཤིང་། བཅས་ལྡན་དགེ་སློང་གིས་ཚ་བའི་སྔ་རོལ་དུ་སྐྱུ་རུ་རའི་ཁུ་བ་གཉིས་རྙེད་པ་བྱིན་གྱི་རླབས་ཏེ་བཞག་པ་ན། དེ་གཉིས་ཕན་ཚུན་གཅིག་གིས་གཅིག་ལ་ཤན་མི་བཏེག་པར་རང་གི་ཐུན་ཚོད་ལས་འདས་པའི་ཚེ་རང་སྟོབས་ཀྱི་བསོག་འཇོག་གི་སྤང་ལྟུང་སྐྱེད་པར་བྱེད་པ་ཡིན་པའི་ཕྱིར། གསུམ་པ་ལ། ནད་ཇི་སྲིད་འཚོ་བཅང་གི་སྨན་གྱི་ཤན་བཏེག་པའི་ཚུལ་དེ་ལ། ཁྱད་པར་ཅན་གྱི་དེ་དང་། དེ་མ་ཡིན་པའི་དེ་གཉིས། དང་པོ་ལ་དུས་མཉམ་པའི་དེ་དང་། དུས་མི་མཉམ་པའི་དེ་གཉིས། དང་པོ་ནི། བཅས་ལྡན་དགེ་སློང་གིས་ཚེས་གཅིག་གི་ཉིན་ཨ་རུ་ར་གཉིས་རྙེད་པ་ན། གཅིག་བྱིན་གྱི་རླབས་ཏེ་བཞག གཅིག་པོ་བྱིན་གྱིས་མ་རླབས་པར་བཞག་པ་ན། ནད་ཕན་པའི་ཚེ་སྔ་མས་རང་སྟོབས་ཀྱིས་བསོག་འཇོག་གི་སྤང་ལྟུང་

སྐྱེད་པར་བྱེད། ཕྱི་མས་ཤན་སྟོབས་ཀྱི་བསོག་འཇོག་གི་སྤང་ལྟུང་སྐྱེད་པར་བྱེད་དོ། །གཉིས་པ་ནི། བཅས་ལྡན་དགེ་སློང་གིས་ཚེས་གཅིག་གི་ཉིན་ཨ་རུ་ར་སྐྱེད་པ་བྱིན་གྱི་རླབས་ཏེ་བཞག ཚེས་གཉིས་ནས་ནད་ཡན་པའི་སྔ་རོལ་དུ་ཨ་རུ་ར་སྐྱེད་པ་བྱིན་གྱིས་མ་རླབས་པར་བཞག་པ་ན། ནད་ཡན་པའི་ཚེ་སྔ་མ་རང་སྟོབས་ཀྱི་བསོག་འཇོག་གི་སྤང་ལྟུང་སྐྱེད་པར་བྱེད། ཕྱི་མས་ཤན་སྟོབས་ཀྱི་བསོག་འཇོག་གི་སྤང་ལྟུང་སྐྱེད་པར་བྱེད་དོ། །གཉིས་པ་ཁྱད་པར་ཅན་མ་ཡིན་པའི་ནད་ཇི་སྲིད་འཚོ་བཅང་གི་སྨན་ཤན་བརྟེག་པའི་ཚུལ་ནི། བཅས་ལྡན་དགེ་སློང་གིས། ཚེས་གཅིག་གི་ཉིན་ཨ་རུ་ར་སྐྱེད་པ་བྱིན་གྱིས་རླབས་ཏེ་བཞག ཚེས་གཉིས་ནས་ནད་ཡན་པའི་སྔ་རོལ་དུ་ཨ་རུ་ར་སྐྱེད་པ་བྱིན་གྱིས་རླབས་ཏེ་བཞག་པ་ན་ནད་ཡན་པའི་ཚེ། སྔ་མས་རང་སྟོབས་ཀྱི་བསོག་འཇོག་གི་སྤང་ལྟུང་སྐྱེད་པར་བྱེད། ཕྱི་མས་ཤན་སྟོབས་ཀྱི་བསོག་འཇོག་གི་སྤང་ལྟུང་སྐྱེད་པར་བྱེད་དོ། །ཚེ་ཇི་སྲིད་འཚོ་བཅང་གི་སྨན་ལ་ཤན་བརྟེག་པ་ནི་མེད་དེ། དགེ་སློང་ལ་ཚེ་འཕོས་མ་ཐག་ཏུ་ལྟུང་བ་མི་བྱུང་བའི་ཕྱིར། དེས་ན་སྨན་ཤན་རྟེག་བྱེད་ཡིན་ན་སྨན་བྱིན་རླབས་ཅན་ཡིན་དགོས་ཏེ། བྱིན་གྱིས་མ་རླབས་པའི་སྨན་གྱིས་སྨན་གཞན་ལ་ཤན་བརྟེག་པ་མེད་པའི་ཕྱིར་ཏེ། རྒྱ་ཆེར་འགྲེལ་ལས། (༥༢བ)དེ་ནི་བྱིན་གྱིས་མ་རླབས་སུ་ཟིན་ན། དེ་ལ་ཉེས་པ་ཅུང་ཟད་ཀྱང་མེད་དེ། རུང་བའི་གསེར་བཞིན་ནོ། །

ཞེས་གསུངས་པའི་ཕྱིར། གཞན་ཡང་། ཡང་སྨན་ཤན་བརྡེག་བྱ་ལ། སྨན་བྱིན་རླབས་ཅན་དང་བྱིན་རླབས་ཅན་མ་ཡིན་པ་གཉིས་ཀ་ཡོད་དོ།།

བདུན་པ་ལ་གོས་ཀྱི་རིགས་ངོས་བཟུང་བ་དང་། སྨུ་བཞིར་བསྐྱེ་བའི་ཚུལ་དངོས་གཉིས། དང་པོ་ལ། ཞག་བཅུ་འཆང་སྤྱང་གི་གོས་ཀྱི་རིགས་ངོས་བཟུང་བ་དང་། ཟླ་འཇོག་གི་སྤྱང་བའི་གོས་ཀྱི་རིགས་ངོས་བཟུང་བ་གཉིས། དང་པོ་ནི་གནས་སྐབས་རང་དབང་ཞིང་བདག་གིར་བྱས་པ་བྱིན་གྱིས་མ་རླབས་པར་འཁོར་གསུམ་ཁེབས་པའི་ཁྲུ་གང་ཡན་གྱི་ཚད་དུ་ལོང་བའི་གོས་དེ་ནི། ཞག་བཅུ་འཆང་སྤྱང་གི་གོས་ཀྱི་རིགས་ཡིན་ཏེ། འདི་ཉིད་ལས། ཡོད་ནའོ། །རང་གི་ཉིད་དོ། །ཞག་བཅུར་རྗེས་སུ་ཞུགས་པ་ཉིད་དོ། །གཞན་གྱི་ཉི་མའི་དང་པོ་ལའོ། །གོས་ལའོ། །འཁོར་གསུམ་ཁེབས་པའི་མཐའི་ཚད་ལའོ། །བྱིན་གྱིས་རླབས་པ་དང་མ་འབྲེལ་བ་ལའོ། །ཞེས་གསུངས་པའི་ཕྱིར། གཉིས་པ་ནི། སྤྱིར་གཏང་ལ་འཁོར་གསུམ་ཁེབས་པའི་མཐའི་ཚད་དུ་མ་ལོངས་ཤིང་། ཁྲུ་གང་ཙམ་གྱི་ཚད་དུ་ལོངས་པ། ཁ་སྐོང་གི་རེ་བ་དང་བཅས་པའི་གོས་དེ་ཟླ་འཇོག་གི་སྤྱང་བ་སྐྱེད་པའི་གོས་ཀྱི་རིགས་ཡིན། དམིགས་ཀྱིས་གསལ་ན་ཆོས་གོས་རྣམ་གསུམ་བྱིན་གྱིས་རླབས་རུང་། ལོངས་སྤྱོད་བཟོད་དུ་ཡོད་པའི་ཁྲུ་གང་ཙམ་གྱི་ཚད་དུ་ལོངས་པའི་གོས་དེ་ནི་ཞག་བཅུ་འཆང་སྤྱང་གི་གོས་ཀྱི་རིགས་ཡིན་གྱི་ཟླ་འཇོག་གི་གོས་ཀྱི་རིགས་མ་ཡིན་ཏེ། འདི་ཉིད་

ལས། ཁ་བསྐང་བ་ལ་རེ་བ་མེད་ན་ཆུང་བ་ཁྲུ་གང་ཡན་ཆད་ཀྱང་ཆོག་པ་དང་འདྲའོ། །བྱིན་གྱིས་རླབས་པར་བྱ་བ་ཡོད་པ་ཉིད་ན་ཡང་ངོ་། །གཞན་དུ་ན་དེ་ནི་ཞག་སུམ་ཅུ་འདས་ནའོ། །ཞེས་གསུངས་པའི་ཕྱིར། གཉིས་པ་ལ་བཞི་ལས། དང་པོ་ནི། བཅས་ལྡན་དགེ་སློང་གིས། ཆོས་གཅིག་གི་ཉིན་ཁྲུ་གང་གི་ཚད་དུ་ལོངས་པའི་ཁ་སྐོང་གི་རེ་བ་དང་བཅས་པའི་ཁ་སྐོང་གི་གོས་གཅིག་རྙེད། ཆོས་གཉིས་ནས་བཅུ་པའི་བར་ལ་ཆོས་གོས་ཡོངས་རྫོགས་རྙེད་པའི་སྔོ་ནས་ཁ་སྐོང་གི་རེ་བ་དང་བྲལ་བའི་ཚེ་ན་གོས་སྔ་མ་དེ་རིགས་ལྡོག་ཤན་འབྱུང་བའི་གོས་ཡིན་ཏེ། དེ་སྔར་ཟླ་འཛོག་གི་སྐྱང་བ་སྐྱེད་པའི་གོས་ཀྱི་རིགས་ཡིན་པ་ལས་ལོག་ནས། ཞག་བཅུ་འཆང་སྐྱང་སྐྱེད་པའི་གོས་ཀྱི་རིགས་སུ་སོང་ཞིང་། བཅུ་གཅིག་པའི་སྐྱ་རེངས་ཤར་བ་ན། སྔ་མས་རང་སྟོབས་དང་། ཕྱི་མས་ཤན་སྟོབས་ཀྱིས་ཞག་བཅུ་འཆང་སྐྱང་སྐྱེད་པའི་ཕྱིར། གཉིས་པ་ནི། བཅས་ལྡན་དགེ་སློང་གིས་ཆོས་གཅིག་གི་སྔ་དྲོའི་དུས་སུ་སྔར་གྱི་དེ་འདྲའི་གོས་གཅིག་རྙེད། ཆོས་གཅིག་གི་ཕྱི་དྲོའི་དུས་སུ་ཆོས་གོས་ཡོངས་རྫོགས་རྙེད་པའི་སྔོ་ནས་ཁ་སྐོང་གི་རེ་བ་དང་བྲལ་བའི་ཚེ་ན་གོས་སྔ་མ་དེ་རིགས་ལྡོག་ཤན་མི་འབྱུང་བའི་གོས་ཡིན་ཏེ། དེ་སྔར་ཟླ་འཛོག་གི་སྐྱང་བ་སྐྱེད་པའི་གོས་ཀྱི་རིགས་ཡིན་པ་ལས་ལོག་ནས། ཞག་བཅུ་འཆང་སྐྱང་སྐྱེད་པའི་གོས་ཀྱི་རིགས་སུ་སོང་ཞིང་། བཅུ་གཅིག་པའི་སྐྱ་རེངས་ཤར་བ་ན་གོས་སྔ་ཕྱི་

གཉིས་ཀས་རང་སྟོབས་ཀྱི་ཞག་བཅུ་འཆང་སྤང་བསྐྱེད་པའི་ཕྱིར། གསུམ་པ་ནི། བཅས་ལྡན་དགེ་སློང་གིས་ཆོས་གཅིག་གི་ཉིན་སྔར་གྱི་དེ་འདྲའི་གོས་གཅིག་རྙེད། ཆོས་གཉིས་ནས་སུམ་ཅུའི་བར་ལ་གོས་གཞན་གཏན་མ་རྙེད་པའི་ཚེ་ན་སྔར་གྱི་གོས་དེ་རིགས་མི་ལྡོག་ཅིང་ཤན་མི་འབྱུང་བའི་གོས་ཡིན་ཏེ། དེ་སྔར་ཟླ་འཛོམ་གི་སྤང་བ་སྐྱེད་པའི་གོས་ཀྱི་རིགས་ཡིན་ཅིང་། ད་ལྟ་ཡང་རིགས་དེ་ཉིད་དུ་གནས།ཕྱིས་ནས་ཤན་བཏེག་པའི་གོས་མ་རྙེད་པའི་ཕྱིར། བཞི་པ་ནི། བཅས་ལྡན་དགེ་སློང་གིས་ཆོས་གཅིག་གི་ཉིན་དེ་འདྲའི་གོས་གཅིག་རྙེད། ཆོས་གཉིས་ནས་སུམ་ཅུའི་བར་ལ། ད་དུང་ཁ་སྐོང་གི་རེ་བ་དང་བཅས་པའི་གོས་གཅིག་རྙེད་པའི་ཚེ། གོས་སྔ་མ་དེ་རིགས་མི་ལྡོག་ལ་ཤན་འབྱུང་བའི་གོས་ཡིན་ཏེ། དེ་སྔར་ཟླ་འཛོམ་གི་སྤང་ལྟུང་(༥༩ན)སྐྱེད་པའི་གོས་ཀྱི་རིགས་ཡིན་པ་ལས་མི་ལྡོག་པར་རིགས་དེ་ཉིད་དུ་གནས་ཅིང་། སོ་གཅིག་པའི་སྐྱ་རེངས་ཤར་བ་ན་གོས་སྔ་མས་རང་སྟོབས་དང་། ཕྱི་མས་ཤན་སྟོབས་ཀྱི་ཟླ་འཛོམ་གི་སྤང་ལྟུང་སྐྱེད་པའི་ཕྱིར། གཉིས་པ་གཞུང་དོན་ནི། དེ་ནི་བསྔོས་པ་ཉིད་ན་བྲལ་བ་ཉིད་དོ། །ཞེས་སོགས་བཤད་པ་ལ། འོ་ན་ཡོ་བྱད་དེ་དག་གཞན་ལ་བསྔོས་པ་དང་། རྣམ་བརྟགས་བྱས་པ་ལ་དགོས་པ་ཅི་ཡོད་ཞེ་ན། དེ་ཡོད་དེ་ཡོ་བྱད་འདི་ལ་རང་གི་རྗེས་ཞུགས་རྙེད་པའི་སྒོ་ནས་ཤན་མི་འབྱུང་བར་བྱ་བའི་ཆེད་ཡིན་པའི་ཕྱིར། ཞེས་བཤད་པ་ལ།

འདི་ལ་རྗེས་སུ་ཞུགས་པ་ཉིད་ཀྱང་ཞེས་སོགས་གསུངས། ཤན་མི་འབྱུང་བའི་ཚུལ་དེ་ཙམ་དུ་ཟད་དམ་ཞེ་ན། མི་ཟད་དེ། དགེ་སློང་བསམ་པ་རང་བཞིན་དུ་མི་གནས་པ་ལ་ཡང་དེ་མི་བྱུང་བའི་ཕྱིར། ཞེས་བཤད་པ་ལ། རང་བཞིན་ལས་ཉམས་ན་ཡང་ངོ་ཞེས་པ་འདི་གསུངས་པའི་ཕྱིར། འོ་ན་ཤན་འབྱུང་བའི་ཉེས་དམིགས་དེ་གང་ཡིན་ཟེར་ན། དེ་ཡོད་དེ། ཡོ་བྱད་བྱིན་གྱིས་མ་རླབས་པ་དེ་ཡོད་ན། དེ་དང་རིགས་མཐུན་གྱི་དངོས་པོ་གཞན་ལ་ཡང་ཤན་འབྱུང་བའི་ཕྱིར། ཞེས་བཤད་པ་ལ་དེ་ཡོད་ན་དངོས་པོ་ དེ་ ལྷ་ བུ་ ཞེས་ སོགས་ དང་ ། ཞག་ བདུན་ པ་ ལ་ ནི། ཞེས་སོགས་གསུངས་པའི་ཕྱིར། དེ་ཡོད་ན། ཞེས་སོགས་བཤད་པ་ལ། འོ་ན་སྤང་ཤན་འབྱུང་བའི་ཚུལ་དེ་གང་ཞེ་ན། དེའི་ལན་དུ་བཅས་ལྡན་དགེ་སློང་རྣམས་ ཀྱིས་ སྤང་ ལྟུང་ ཕྱིར་ བཅོས་ ལ་ བརྟེན་ དགོས་ ཏེ། སྤང་ ལྟུང་ གི་དངོས་གཞི་རང་རྒྱུད་ལ་ཡོད་ན་རང་དབང་བའི་དངོས་པོ་རང་གི་ཡིན་པར་འདུ་ཤེས་པའི་སྒོ་ནས་ཕྱི་སྣོད་ཀྱི་དངོས་པོ་རིགས་མཐུན་མི་མཐུན་ཐམས་ཅད་ལ་སྤང་ཤན་བཏེག་པའི་ཕྱིར། ཞེས་བཤད་པ་ལ། ལྟུང་བ་དེ་ཡོད་ན་ཡོ་བྱད་ཙམ་བདག་གིར་བྱས་པ་ལ་སྤང་བ་ཉིད་དོ། ཞེས་པ་འདི་འབྱུང་། བཞི་པ་ཕྱིར་བཅོས་དང་འབྲེལ་བའི་ཐུན་མོང་བའི་ཡན་ལག་བཤད་ པ་ ནི་ འོ་ ན་ སྤང་ ལྟུང་ ཕྱིར་ བཅོས་ བྱེད་ པའི་ ཚེ་ ཕྱིས་ སྙེད་ ཀྱིས་དངོས་པོ། རྣམས་སྤོང་དགོས་སམ་ཞེ་ན། དེའི་ཚེ་ཁྲུ་གང་ཡན་ཆད་ཀྱི་

ཚད་དུ་མ་ཡོངས་པ་དང་། ལྷུང་བཟེད་ཚད་དུ་མ་ཡོང་པ་རྣམས་སྤང་མི་དགོས་ཏེ། དེ་ལ་སྤང་རིན་མེད་པའི་ཕྱིར། ཞེས་བཤད་པ་ལ། ཆུང་བ་ཉིད་ཀྱི་དུམ་བུ་དེ་ནི་མི་འགྱུར་རོ། །ཞེས་པ་འདི་གསུངས། འོ་ན་དེའི་ཚེ་ཚད་དུ་ཡོངས་པ་ཐམས་ཅད་སྤང་དགོས་སམ་ཞེ་ན། དེའི་ཚེ་དགེ་འདུན་དང་ཐུན་མོང་དུ་དབང་བའི་ཆོས་གོས་སྤང་མི་དགོས་ཏེ། དེ་ལ་རང་ཉིད་འབའ་ཞིག་དབང་བའི་རྫས་ལུགས་མེད་པའི་ཕྱིར། ཞེས་བཤད་པ་ལ། དགེ་འདུན་གྱི་ཡང་ངོ་། །འོ་ན་དེའི་ཚེ་ཤན་འཕོག་པའི་གཞི་གྱུར་པའི་དངོས་པོ་དེ་མེད་ན་དོད་རྒྱལ་ནས་སྤང་དགོས་སམ་ཞེ་ན། དེ་མི་དགོས་ཏེ། དེའི་ཚེ་ཡོ་བྱད་དེ་མེད་པར་སོང་བ་དེ་ཀ་སྤང་བྱའི་གཙོ་བོ་ཡིན་པའི་ཕྱིར། ཞེས་བཤད་པ་ལ། འདི་ལ་མེད་པ་དེ་ཉིད་གཙོ་བོའོ། ཞེས་པ་འདི་བྱུང་། ལྟ་བ་སྤང་བ་དང་པོ་གསུམ་དང་འབྲེལ་བའི་ཐུན་མོང་བའི་ཡན་ལག་བཤད་པ་ནི་འོ་ན་དགེ་སློང་ཐམས་ཅད་ལ་སྤང་ལྟུང་གསུམ་ཙུ་པོ་ཐམས་ཅད་འབྱུང་བས་ཁྱབ་བམ་ཞེ་ན། འཆང་འབྲལ་འཇོག་གསུམ་གྱི་སྤང་བ་རྣམས་ནི། སྲ་བརྐྱང་བཏིང་ཚག་དང་ལྡན་པའི་དགེ་སློང་ལ་མི་འབྱུང་ཏེ། དེ་འདྲའི་དགེ་སློང་དེ་ལ་དེ་གསུམ་བག་ཡངས་ཀྱི་ཚུལ་དུ་གནང་བའི་ཕྱིར། ཞེས་བཤད་པ་ལ། འདི་གསུམ་ནི་སྲ་བརྐྱང་བཏིང་བ་ལ་མི་འབྱུང་ངོ་། །ཞེས་པ་འདི་འབྱུང་། ༼ ཕྱིར་བཅོས་དང་འབྲེལ་བའི་ཐུན་མོངས་པའི་ཡན་ལག་གི་སྤྱི་དོན་བཤད་པ་ལ། དགོས་དོན་དང་།

བསྡུས་དོན་གཉིས། དང་པོ་ནི་སྤྱང་འབྲལ་སྟོན་དུ་བཏང་བའི་སྒོ་ནས་སྤྱང་ལྟུང་ཕྱིར་བཅོས་བྱས་པ་ལ་དགོས་པ་ཡོད་དེ།(༥༨བ) སྤྱང་ལྟུང་དགག་པར་བྱ་བའི་ཆེད་ཡིན་པའི་ཕྱིར། གཉིས་པ་ལ། ཡུལ་གང་ལ། རྟེན་གྱི་གང་ཟག་གང་གིས། དངོས་པོ་གང་། གནས་གང་དུ། དུས་ཇི་སྲིད་དུ་སྤྱང་བར་བྱ་བ་ཡིན་ཞེ་ན། ཡུལ་ནི། གང་ཟག་དང་དགེ་འདུན་ལ་སྤྱང་བར་བྱ་བ་ཡིན་ཏེ། ལྟུང་བཟེད་ལྷག་པོ་བཅང་བ་ནི་དགེ་འདུན་ལ་སྤྱང་བར་བྱ་བ་ཡིན་ཅིང་གཞན་རྣམས་གང་ཟག་རེ་རེ་བ་ལ་སྤྱང་བར་བྱ་བ་ཡིན་པའི་ཕྱིར། ཡུལ་དགེ་སློང་དེ་ཡང་ཁྱད་ཆོས་བརྒྱད་དང་ལྡན་པ་གཅིག་དགོས་ཏེ། དགེ་སློང་ཆོས་དྲུག་ལྡན་གྱི་སྟེང་དུ་མིང་རིགས་མཐུན་པའི་ལྟུང་བ་དེ་དང་དེས་མ་དགོས་པ། སྤྱང་མ་སྤྱང་གི་ཁྱེ་བྲག་ཤེས་པ་གཅིག་དགོས་པའི་ཕྱིར། རྟེན་དགེ་སློང་དེ་ཡང་ཁྱད་ཆོས་ལྔ་དང་ལྡན་པ་གཅིག་དགོས་ཏེ། བསྙེན་རྫོགས་ཀྱི་སྡོམ་པ་གསོ་རུང་ཡན་ཆད་དང་ལྡན་པ། ལུས་ཐ་མལ་དུ་གནས་པ། བསམ་པ་རང་བཞིན་དུ་གནས་པ། གནས་ནས་ཕྱུངས་པ་མ་ཡིན་པ། ཁྱད་པར་ཅན་མ་ཡིན་པའི་དགེ་སློང་ཡིན་པ་གཅིག་དགོས་པའི་ཕྱིར། དངོས་པོ་ནི་གང་ལས་སྤྱང་ལྟུང་འབྱུང་བའི་གཞི་གྱུར་པའི་དངོས་པོ་དེའམ། དེའི་རྗེས་སུ་ཤན་གྱིས་གོས་པའི་དངོས་པོ་དེ་སྤྱང་བར་བྱ་བ་ཡིན། གནས་ནི་གནས་ཁང་ཐ་དད་དུ་སྤྱང་བར་བྱ་བ་ཡིན་པའི་ཕྱིར། དུས་ནི་ལྟུང་བཟེད་ལྷག་པོ་འཆང་བ་དང་།

བྱིན་འཕྲོག་ནི་ཚེ་ཀེ་སྲིད་འཚོའི་བར་དུ་སྲུང་བར་བྱ་ཞིང་། གཞན་རྣམས་ཞག་གཅིག་སྲུང་བར་བྱ་བ་ཡིན་ནོ། །

༄ སྲུང་ལྟུང་སོ་སོའི་དོན་བཤད་པ།

གཉིས་པ་སོ་སོའི་དོན་བཤད་པ་ལ། ངོ་བོ་དང་དབྱེ་བ་གཉིས། དང་པོ་ལ་ཁ་ཅིག ལྟུང་བྱེད་ཡིན་པ་གང་ཞིག རང་གི་རྒྱུར་གྱུར་པའི་རྫས་དེ་གཞན་ལ་སྲུང་བའི་སློ་ནས་ཕྱིར་བཅོས་བྱ་དགོས་པ་དེ་སྲུང་ལྟུང་གི་མཚན་ཉིད་ཡིན་ཟེར་བ་མི་འཐད་དེ། ཁྱད་པར་ཅན་གྱི་དགེ་སློང་གི་རྒྱུད་ཀྱི་སྲུང་ལྟུང་གིས་མ་ངེས་པ་འཇུག་པའི་ཕྱིར་ཏེ། དེས་ཕྱིར་བཅོས་བྱེད་པའི་ཚེ་རྫས་དེ་སྲུང་འབྲལ་སྔོན་དུ་བཏང་བ་ལ་རག་མ་ལས་པའི་ཕྱིར།།

༄ རང་ལུགས་ནི། དེ་གང་ཞིག་རང་གི་རྒྱུར་གྱུར་པའི་རྫས་དེ་སྲུང་འབྲལ་སྔོན་དུ་བཏང་བའི་སློ་ནས་ཕྱིར་བཅོས་བྱེད་དགོས་པའི་རིགས་སུ་གནས་པ་དེ། དེའི་མཚན་ཉིད་ཡིན། གཉིས་པ་ལ་སུམ་ཅུ་ཡོད་པའི་ནང་ནས། བཅུ་ཚན་དང་པོ་ལ་བསྡོམས་སུ་བསྟུས་པའི་ཚུལ་དང་། དེ་དོན་བཤད་པ་གཉིས། དང་པོ་ནི། སོ་ཐར་གྱི་མདོ་ལས། འཆང་བ་འབྲལ་བ་འཇོག་པ་དང་། །འབྲུར་འཇུག་པ་དང་ལེན་པ་དང་། །སློང་དང་སྟོད་གཡོགས་སྨད་གཡོགས་བཅས། །རིན་ཐང་སོ་སོར་བསྒྱུར་བའོ། །ཞེས་གསུངས། ༄ གཉིས་པ་ལ་བསྟུ་བ་དང་། སོ་སོའི་རང་བཞིན་བཤད་པ་གཉིས། དང་པོ་ནི། བཅུ་ཚན་དང་པོ་འདི་དག་བསྟུ་ན། གོས་དང་དུས་ལ

བརྟེན་པ། དགེ་སློང་མ་ལ་བརྟེན་པ། ཁྱིམ་པ་ལ་བརྟེན་པའི་སྤང་བ་དང་གསུམ་དུ་འདུ་ཏེ། དང་པོའི་དབང་དུ་བྱས་ནས་འཆང་འབྲལ་འཇོག་གསུམ། གཉིས་པའི་དབང་དུ་བྱས་ནས། འཁྲུར་འཇུག་པ་དང་གོས་ལེན་པ་གཉིས། གསུམ་པའི་དབང་དུ་བྱས་ནས་སློང་བ་དང་སློང་བ། རིགས་པ་སློང་བ་དང་། སྤྱགས་པ་སློང་བ་དང་། སོ་སོ་ནས་སྤྱགས་པ་སློང་བ་དང་། བསྐུར་བའི་སྤང་བ་ལྔ་རྣམས་བཞག་པ་ཡིན་པའི་ཕྱིར། གཉིས་པ་ལ་བཅུ་ཡོད་པའི་ནང་ནས། ༈ དང་པོ་གོས་ཞག་བཅུ་འཆང་སྤང་བཤད་པ་ལ། གླེང་གཞི། རྒྱུ་མཚན། ངོ་བོ། ཡན་ལག་གི་བརྩི་བ་རྣམ་པར་གཞག་པ་དང་བཞི། དང་པོ་ནི། ཡུལ་མཉན་ཡོད་དུ་དགེ་སློང་རབ་ཏུ་མང་པོས། འདོད་ཆེན་གྱིས་ཀུན་ནས་སླངས་ཏེ་གོས་ཕྲུགས་མང་པོ་བཅངས་པ་ལ་བརྟེན་ནས་བཅོམ་ལྡན་འདས་ཀྱི་བསླབ་པ་འདི་བཅས་སོ། (༨༠ན)གཉིས་པ་ནི། བསམ་གཏན་དང་ཀློག་པའི་བར་ཆད་དུ་འགྱུར་བའི་རྒྱུ་མཚན་གྱིས་སོ། གསུམ་པ་ནི། བཅས་ལྡན་དགེ་སློང་གིས་རང་དབང་བའི་བྱིན་གྱིས་མ་རླབས་པའི་གོས་རང་སྟོབས་དང་ཤན་སྟོབས་གང་རུང་གི་སྒོ་ནས་ཞག་བཅུ་ལས་ལྷག་པ་བཅངས་པ་ལ་བརྟེན་ནས་བྱུང་བའི་དངོས་གཞི་ཡོངས་རྫོགས་ཀྱི་ལྟུང་བ་དེ། དེའི་ངོ་བོ་ཡིན་ནོ། བཞི་པ་ལ། གཞི། བསམ་པ། སྦྱོར་བ། མཐར་ཐུག་གི་ཡན་ལག་དང་བཞི། དང་པོ་ལ་གང་འཆང་བའི་དངོས་པོ་དང་། གང་གིས་འཆང་བའི་

རྟེན་གཉིས། དང་པོ་ནི། ཁྲུ་གང་ཡན་ཆད་ཀྱི་ཚད་དུ་ལོང་བའི་གོས་ཡིན་པ་རང་དབང་ཞིང་གནས་སྐབས་བདག་ཏུ་བཟུང་བ་བྱིན་གྱིས་མ་རླབས་པའམ། རླབས་ཀྱང་ཤན་རྗེས་སུ་ཞུགས་པ་ཁ་སྐོང་གི་རེ་བ་དང་བཅས་པའི་ཁ་བསགས་ཀྱི་གོས་མ་ཡིན་པ་གཅིག་དགོས། གཉིས་པ་ནི། སྲ་བརྐྱང་བཏིང་བ་མ་ཡིན་པའི་གོས་ཡིན་པ་གཅིག་དགོས། གཉིས་པ་ལ་གཉིས་ལས་འདུ་ཤེས་ནི་གཞི་ལ་མ་འཁྲུལ་བ་གཅིག་དགོས། ཀུན་སློང་ནི། བྱིན་གྱིས་མ་རླབས་པའི་གོས་ཞག་བཅུ་ལས་ལྷག་པ་འཆང་འདོད་ཀྱི་བསམ་པ་རྒྱུན་མ་ཆད་པ་གཅིག་དགོས་སོ། གསུམ་པ་ནི། བྱིན་གྱིས་མ་རླབས་པའི་གོས་ཞག་བཅུར་བཅངས་པ་དེ་ཡིན། བཞི་པ་ནི། རང་སྟོབས་དང་ཤན་སྟོབས་གང་རུང་གི་སྒོ་ནས་ཞག་བཅུ་པའི་མཚན་མོ་མཐའི་སྐད་ཅིག་ཙམ་འདས་པ་གཅིག་དགོས་སོ། །༄ གཉིས་པ་འཕྲལ་སྤྱང་བཤད་པ་ལ་བཞི་ལས། དང་པོ་གླེང་གཞི་ནི་ཡུལ་གཉན་ཡོད་དུ་གང་ཟག་དགེ་སློང་རབ་ཏུ་མང་པོས་བྱིན་གྱི་རླབས་པའི་ཆོས་གོས་རྣམ་གསུམ་ཡོད་བཞིན་དུ་སྟོད་གཡོགས་དང་སྨད་གཡོགས་ཙམ་ལ་བརྟེན་ནས་ལྗོངས་རྒྱུར་ཕྱིན་ཏེ། ཆོས་གོས་དང་ཞག་ཏུ་བྲལ་བ་ན་ཁྱིམ་པ་དང་མུ་སྟེགས་ཅན་རྣམས་ཀྱིས་འཕྱ་བ་ལ་བརྟེན་ནས་བསླབ་པ་འདི་བཅས་སོ། །གཉིས་པ་ནི། དགེ་སློང་གི་ཐུན་མོང་མ་ཡིན་པའི་རྟགས་ཉམས་པར་འགྱུར་བ་དང་། ཆོས་གོས་ཚུད་ཟོས་པའི་དགག་བྱ་ཡོད་པའི་རྒྱུ་མཚན་

གྱིས་སོ། །གསུམ་པ་རིགས་འགྲེ། བཞི་པ་ལ་བཞི་ལས། དང་པོ་ལ་གང་དང་བྲལ་བའི་གོས། གང་དུ་བྲལ་བའི་གནས། གང་གིས་བྲལ་བའི་རྟེན་དང་གསུམ། དང་པོ་ནི། བྱིན་གྱིས་རླབས་པའི་ཆོས་གོས་རྣམ་གསུམ་གང་རུང་ཡིན་པ། རུང་བ་ཚད་དང་ལྡན་པ་འཛིགས་པ་དང་བཅས་པའི་དབང་གིས་སྣམ་སྦྱར་གྲོང་དུ་བཞག་པའི་དགོན་པ་པའི་རྣམ་སྦྱར་མ་ཡིན་པ་གཅིག་དགོས། གཉིས་པ་ནི། རང་གང་དུ་གནས་པའི་ཉེ་འཁོར་དང་བཅས་པ་ལས་གཞན་ཡིན་པ་གཅིག་དགོས། གསུམ་པ་ནི། སྲ་བརྐྱང་བཏིང་བ་མ་ཡིན་པ། རྣམ་སྦྱར་དང་བྲལ་བའི་ཚེ་དེ་དང་མི་བྲལ་བའི་གནང་བ་ཐོབ་པ་མ་ཡིན་པ་འཛིགས་པ་དང་བཅས་པའི་དབང་གིས་སྣམ་སྦྱར་གྲོང་དུ་ལུས་པའི་དགོན་པ་པའི་སྣམ་སྦྱར་མ་ཡིན་པ་ཉེ་ཁྲིད་ཆོས་གསུམ་དང་ལྡན་པ་གཅིག་དགོས། གཉིས་པ་ནི། འདུ་ཤེས་གཞི་ལ་མ་འཁྲུལ་བ་གཅིག་དགོས། ཀུན་སློང་ནི་བྱིན་གྱིས་རླབས་པའི་ཆོས་གོས་དང་ཞག་ཏུ་འབྲལ་འདོད་ཀྱི་བསམ་པ་རྒྱུན་མ་ཆད་པ་གཅིག་དགོས། གསུམ་པ་ནི། ཞག་ཏུ་བྲལ་བར་བྱེད་པ་དེ་ཡིན། བཞི་པ་ནི། ཞག་གཅིག་གི་མཚན་མོའི་མཐའི་སྐད་ཅིག་མ་འདས་པ་དེ་ཡིན། འོ་ན་སྐབས་འདིར་སྣམ་སྦྱར་དང་མི་འབྲལ་བའི་གནང་བ་སྟེར་བའི་ཚུལ་དེ་གང་ཡིན་ཞེ་ན། འདི་ལ་ཡུལ་གང་ལ་སྦྱིན་པ། རྟེན་གྱིས་གང་ཟག་གང་གིས་སྦྱིན་པ། དངོས་པོ་གང་སྦྱིན་པ། ཚོ་ག་ཇི་ལྟ་བུས་སྦྱིན་པ། དེ་འཛིགས་

པའི་དུས། སྤྱིན་པའི་དགོས་པ་བཤད་པ་(༤༠བ)དང་དྲུག དང་པོ་ནི་ནད་པ་དང་། རྒན་པོ་དང་། སྤར་གནང་བ་དང་མ་འབྲེལ་བ་དེ་ལ་དེ་སྤྱིན་པར་བྱ་བ་ཡིན་ནོ། །གཉིས་པ་ནི་དགེ་འདུན་གྱི་སྤྱིན་པར་བྱ་བ་ཡིན། གསུམ་པ་ནི། སྣམ་སྦྱར་ལྤྱི་བ་ལ་སྤྱིན་པར་བྱ་བ་ཡིན་གྱི་ དེ་ཡང་བ་དང་། བླ་གོས་དང་ཐང་གོས་སོགས་ལ་སྤྱིན་པར་བྱ་བ་མ་ཡིན་ཏེ། དེ་སྤྱིན་ཀྱང་གནང་བ་མི་ཆགས་པའི་ཕྱིར། བཞི་པ་ལ་གསུམ་ལས། དང་པོ་སྦྱོར་བ་ནི། དགེ་འདུན་བསྡུ་བའི་སྐབས་རྗེས་སུ་སྒྲུབ་པ་དང་། ཕྱག་འཚལ་བ་སོགས་སྦྱོད་ལམ་སྟེན་པ་དང་། དགེ་འདུན་ལ་སྣམ་སྦྱར་བསྟན་ཏེ། གསོལ་བ་ལན་གསུམ་འདེབས་པ་དེ་ཡིན། གཉིས་པ་དངོས་གཞི་ནི་གསོལ་གཉིས་ཀྱི་ལས་བརྗོད་པ་དེ་ཡིན། གསུམ་པ་རྗེས་ནི། ལས་ཀྱི་འཇུག་བསྡུས་བརྗོད་པ་དེ་ཡིན་ནོ། །ལྔ་པ་ནི་རྟེན་མཚན་གྱུར་པ་དང་ཤི་འཕོས་པ་དང་། ནད་ལས་གྲོལ་བ་རྣམས་ཡིན། དྲུག་པ་ནི་གནང་བ་སྟེར་ཡུལ་གྱི་གང་ཟག་ལ་སྣམ་སྦྱར་དང་བྲལ་བའི་ཉེས་པ་མི་བྱུང་བར་བྱ་བ་དང་། བཅོམ་ལྡན་འདས་ཀྱི་བཅས་པའི་མཚམས་ཤེས་པའི་ཕྱིར་དུ་ཡིན་ནོ། ། ༈ གསུམ་པ་ཟླ་འཛོག་གི་སྤང་བ་བཤད་པ་ལ་བཞི་ལས། དང་པོ་གླེང་གཞི་ནི། ཡུལ་མཉན་ཡོད་དུ་གང་ཟག་དགེ་སློང་རབ་ཏུ་མང་པོས་ཁ་སྐོང་གི་རེ་བ་དང་བཅས་པའི་ཁ་བསོག་གི་གོས་དུ་མ་ཟླ་བ་ལས་ལྷག་པ་བཅངས་པ་ལ་བརྟེན་ནས་བསླབ་པ་འདི་བཅས་སོ། །གཉིས་པ་ནི།

འདོད་པ་ཆེས་པ་དང་། ཁ་སྐོང་གི་རེ་བ་དང་བཅས་ཏེ་འབད་རྩོལ་ཆེས་པའི་སྟོབས་ཀྱིས་ཐོས་བསམ་གྱི་བྱ་བ་ལ་གནོད་པའི་རྒྱུ་མཚན་གྱིས་སོ།། གསུམ་པ་རིགས་འགྲེ། བཞི་པ་ལ་བཞི་ལས། དང་པོ་བཞིའི་ཡན་ལག་ནི། རེ་བ་དང་བཅས་པའི་ཁ་བསོག་གི་གོས་ཡིན་པ་འཁོར་གསུམ་ཁེབས་པའི་ཐའི་ཚད་དུ་མ་ལོངས་ཤིང་། ཁྲུ་གང་ཡན་ཆད་ཀྱི་མཐའི་ཚད་དུ་ལོངས་པའི་གོས་རུང་བ་ཡིན་པ། རང་དབང་ཞིང་གནས་སྐབས་བདག་གིར་བྱས་པ་བྱིན་གྱིས་མ་རློབས་པའམ། བརླབས་ཀྱང་ཤན་ཧྲེས་སུ་ཞུགས་པ་དེ་ཡིན། གཉིས་པ་ལ་འདུ་ཤེས་ནི་གཞི་ལ་མ་འཁྲུལ་བ་གཅིག་དགོས། ཀུན་སློང་ནི། དེ་ལྟ་བུའི་གོས་བླ་བ་ལས་ལྷག་པ་འཆང་འདོད་ཀྱི་བསམ་པ་རྒྱུན་མ་ཆད་པ་གཅིག་དགོས། གསུམ་པ་ནི། དེ་ལྟ་བུའི་གོས་བླ་བ་ལས་ལྷག་པ་འཆང་བ་དེ་ཡིན། བཞི་པ་ནི། ཞག་པོ་གཅིག་པའི་སྐྱ་རེངས་ཤར་བ་དེ་ཡིན་ནོ། །

༄ བཞི་པ་འགྱུར་འཇུག་གི་སྤང་བ་བཤད་པ་ལ། གླེང་བཞི་དང་། ལྟུང་བའི་རྣམ་གཞག་གཉིས། དང་པོ་ནི། ཡུལ་མཉན་ཡོད་དུ་གང་ཟག་འཆར་ཀས་ཉོན་མོངས་པ་འདོད་ཆགས་ཀྱི་ཀུན་ནས་བསླངས་ཏེ། ཉེས་པ་རང་གི་ས་བོན་གྱིས་གོས་པའི་ཆོས་གོས་སྙིང་པ་དགེ་སློང་མ་སྤྲེད་མ་ལ་འཁྲུར་བཅུག་པས། འདོད་ཆགས་ཀྱི་དབང་གིས་ཆོས་གོས་ལ་གོས་པའི་ས་བོན་རང་གི་མངལ་དུ་ཐླུག་པས་ཁྱིའུ་གཙས་པ་ལ་བརྟེན་ནས་བསླབ་པ་འདི་བཅས་སོ། །

གཉིས་པ་ལ་བཞི་ལས། དང་པོ་གཞི་ཡུལ་ནི། བསྙེན་རྫོགས་སྡོམ་པ་གསོ་རུང་ཡན་ཆད་དང་ལྡན་པ། ལྷ་བ་མཐུན་པ། ཐ་སྙད་གསུམ་དང་ལྡན་པ། ལུས་བརྟེན་དུ་རུང་བ། ལུས་ཐ་མལ་དུ་གནས་པ། རྫུ་འཕྲུལ་མ་ཐོབ་པ། ཉེ་དུ་མ་ཡིན་པ་སྟེ་དགེ་སློང་མ་ཆོས་བདུན་དང་ལྡན་པ་གཅིག་དགོས། དངོས་པོ་ནི་བཅས་ལྡན་དགེ་སློང་རང་དབང་པའི་ཆོས་གོས་རྣམ་གསུམ་དང་གདིང་བ་སྙིང་པ་གང་ཡང་རུང་བ། རུང་ཞིང་ཚད་དང་ལྡན་ པ། འཕྲུར་ འཇུག་ པར་ འོས་ པ་ གཅིག་ དགོས། གཉིས་ པ་ ལ་ (༤༧ན)འདུ་ ཤེས་ ནི་ སྔར་ བཞིན། ཀུན་ སློང་ ནི། དེ་ འཕྲུར་ འཇུག་ འདོད་ཀྱི་བསམ་པ་རྒྱུན་མ་ཆད་པ་གཅིག་དགོས། གསུམ་པ་ནི། ངག་མཚན་ཉིད་ལྡ་ལྡན་གྱིས་འཕྲུར་བཅུག་པ་དེ་ཡིན། བཞི་པ་ནི། འཕྲུ་བའི་བྱ་བ་རྫོགས་པ་དེ་ཡིན། ༈ ལྔ་པ་དགེ་སློང་མ་ལ་གོས་ལེན་པའི་སྤང་བ་བཤད་པ་ལ་གཉིས་ལས། དང་པོ་གླེང་གཞི་ནི། ཡུལ་མཉན་ཡོད་དུ་གང་ཟག་ཉེར་དགས་ཉོན་མོངས་པ་འདོད་ཆེན་གྱིས་ཀུན་ནས་སླངས་ཏེ། ཉེས་པ་དགེ་སློང་མ་ཨུད་པ་ལའི་མདོག་ཅན་ལ་ཁྲིམ་བདག་ཞིག་གིས་ཆོས་གོས་ཀྱི་རྒྱུའི་རས་ཡུག་ཕུལ་བ་ནན་གྱི་སླངས་པས། དགེ་སློང་མའི་ཆོས་གོས་སྙིང་པ་ལེན་པ་ལ་བརྟེན་ནས་བསླབ་པ་འདི་བཅས་སོ།། གཉིས་པ་ལྟུང་བའི་རྣམ་གཞག་ནི། བཅས་ལྡན་དགེ་སློང་གིས་ཉེ་དུ་མ་ཡིན་པའི་དགེ་སློང་མ་ལ་འཁོར་གསུམ་ཁེབས་པའི་མཐའ་ཚད་དུ་ལོང་

བའི་གོས་ནན་གྱིས་སླངས་པ་ན་སྤང་བ་འདིར་འགྱུར་བ་ཡིན་ནོ། །དྲུག་པ། གོས་སློང་བའི་སྤང་བ་ལ་གཉིས་ལས། དང་པོ་གླེང་གཞི་ནི་ཡུལ་རྒྱལ་བྱེད་ཚལ་དུ་གང་ཟག་ཉེར་དགས་ཉོན་མོངས་པ་འདོད་ཆེན་གྱིས་ཀུན་ནས་སླངས་ཏེ་ཉེས་པ་ཁྱིམ་བདག་གཅིག་སྟོན་པའི་དྲུང་དུ་ཉེ་བར་འོངས་པ་ལ་ཁ་ཆོས་ཀྱིས་བསླུས་ཏེ་རས་ཡུག་ནན་གྱིས་སླངས་པས། ཁྱིམ་པ་དེ་མ་དད་བར་གྱུར་པ་ལ་བརྟེན་ནས་བསླབ་པ་འདི་བཅས་སོ།།

གཉིས་པ་ནི། བཅས་ལྡན་དགེ་སློང་གིས་རང་ལ་ཆོས་གོས་རྣམ་གསུམ་ཡོད་བཞིན་དུ་རང་གི་ཉེ་དུ་མ་ཡིན་པའི་ཁྱིམ་པ་ལ་འཁྲུར་གསུམ་ཁེབས་པའི་མཐའི་ཚད་དུ་ལོངས་པའི་གོས་ནན་གྱི་སློང་བ་ན་སྤང་བ་འདིར་འགྱུར་རོ། །བདུན་པ། སློང་བ་རིགས་པའི་སྤང་བ་བཤད་པ་ལ་གཉིས་ལས། དང་པོ་གླེང་གཞི་ནི་ཡུལ་མཉན་ཡོད་དུ་གང་ཟག་ཉེར་དགས། གྲོང་ཁྱེར་ཕྲེང་བ་ཅན་གྱི་དགེ་སློང་བཞི་བཅུ་ཆོམ་རྐུན་པས་བཅོམས་པ་ལ་གོས་སློང་བ་གནང་བའི་ཚེ། ཉེར་དགས་འདི་ལ་བརྟེན་ནས་རྙེད་པ་རྒྱ་ཆེན་པོ་སློང་སྙམ་དུ་བསམ་ནས། དགེ་སློང་དེ་དག་དང་བཅས་དེ་གོས་མང་དུ་སླངས་ནས་དགེ་སློང་སོ་སོ་ལ་སྟོད་གཡོགས་དང་སྨད་གཡོགས་ཙམ་རེ་བྱིན་ནས། གཞན་རྣམས་ཉེར་དགའ་རང་གིས་ཁྱེར་བ་ན། དགེ་སློང་རྣམས་ཀྱིས་སྨད་པ་དང་ཁྱིམ་པ་རྣམས་མ་དད་པར་གྱུར་པ་ལ་བརྟེན་ནས་བསླབ་པ་འདི་བཅས་སོ། །གཉིས་པ་ནི། ཆོས་གོས་རྣམ་

གསུམ་མེད་པའི་བཙས་ལྡན་དགེ་སློང་གིས་རང་གི་ཉེ་དུ་མ་ཡིན་པའི་ཁྱིམ་པ་ལ་སྟོད་གཡོགས་དང་སྨད་གཡོགས་ཟུང་ལས་ལྷག་པ་སློང་བ་ན་སློང་བ་རིགས་པའི་སྤྱང་བ་འདིར་འགྱུར་རོ། །བརྒྱད་པ། སྤྱགས་པ་སློང་བའི་སྤྱང་བ་ལ་གཉིས་ལས། དང་པོ། གླེང་གཞི་ནི་ཡུལ་མཉན་ཡོད་དུ་གང་ཟག་ཉེར་དགས་ཉོན་མོངས་པ་འདོད་ཆེན་གྱི་ཀུན་ནས་སླངས་ཏེ་ཉེས་པ་ཁྱིམ་པ་ཕོ་མོ་གཉིས་ལ་རང་གི་བློས་དཔགས་པའི་རས་ཡུགས་ལས་བཟང་པའི་རས་ཡུགས་གཉིས་པ་སླངས་པ་ལ་བརྟེན་ནས་བསླབ་པ་འདི་བཅས་སོ། །གཉིས་པ་ནི། བཙས་ལྡན་དགེ་སློང་གིས་རང་གི་ཉེ་དུ་མ་ཡིན་པའི་ཁྱིམ་བདག་ལ་རང་གི་བློས་དཔགས་པའི་ཡོ་བྱད་ལས་ལྷག་པ་སླངས་པ་ན་སྤྱང་བ་འདིར་འགྱུར་རོ། །དགུ་པ། སོ་སོ་ནས་དཔགས་པ་སློང་བ་ལ་གཉིས་ལས། དང་པོ་སྔར་དང་འདྲ་ཤིང་། གཉིས་པ་ནི། བཙས་ལྡན་དགེ་སློང་གིས་རང་གི་ཉེ་དུ་མ་ཡིན་པའི་ཁྱིམ་པ་ཕོ་མོ་སོ་སོ་བ་རེ་རེ་བ་ལ་རས་ཡུགས་ལྔ་བུའི་ཡོ་བྱད་རེ་རེ་བ་བློས་དཔགས་པ་ལས་ལྷག་པ་སླངས་པ་ན་སྤྱང་བ་འདིར་འགྱུར་རོ། །བཅུ་པ། བསྐུར་བའི་སྤྱང་བ་བཤད་པ་ལ་གཉིས་ལས། དང་པོ་གླེང་གཞི་ནི་ཡུལ་མཉན་ཡོད་དུ་གང་ཟག་ཉེར་དགས་ཉོན་མོངས་པ་འདོད་ཆེན་གྱིས་ཀུན་ནས་སླངས་ཏེ། ཉེས་པ་བྲམ་ཟེ་གཅིག་གི་པ་ཊ་དྲུག་ཅུ(༦༠)བ)རྒྱུས་བཏབ་ཏེ། སྤྱོས་འཚོང་གི་ཁྱིའུ་དད་པ་དང་ལྡན་པ་གཅིག་ལ་བཙོལ་དེས་རྒྱུ་

བྱས་ནས། ཁྲི་འུ་དེ་ལ་པ་ཊ་དྲུག་ཅུའི་ཚད་པ་ཡོག་ཏེ། ཁྲིམ་པ་རྣམས་ཀྱི་བསྐུར་བ་བཏབ་པ་ལ་བརྟེན་ནས་བསླབ་པ་འདི་བཅས་སོ། །གཉིས་པ་ནི། བཅས་ལྡན་དགེ་སློང་གིས་ཞལ་ཏ་པ་ལ་བསྐུལ་བ་གསུམ་དང་བསྡོད་པ་གསུམ་ལས་ལྷག་པ་བྱས་ནས་ཡོ་བྱད་སླངས་པ་ན་སྤང་བ་འདིར་འགྱུར་བ་ཡིན་ནོ། ། ༈ བཅུ་ཚན་གཉིས་པ་བཤད་པ་ལ། སྡོམ་དུ་བསྡུས་པའི་ཚུལ་དང་། སོ་སོའི་རང་བཞིན་བཤད་པ་གཉིས། དང་པོ་ནི། སོ་སོར་ཐར་པ་ལས། །སྲིན་བལ་འབའ་ཞིག་ཆ་གཉིས་དང་། །དྲུག་དང་མཐོ་གང་ལམ་དང་ནི། །འབྲུ་བ་དང་ནི་གསེར་དངུལ་ལེན། །མངོན་མཚན་ཅན་དང་ཉོ་ཚོང་ངོ་། །ཞེས་གསུངས། གཉིས་པ་ལ་བཅུ་ཡོད་པའི་ནང་ནས། དང་པོ་གོས་ལ་བརྟེན་པའི་སྤང་བ་དང་པོ་གསུམ་ལ་གླེང་གཞི་དང་ལྟུང་བ་རྣམ་གཞག་གཉིས། དང་པོ་ནི། ཡུལ་མཉན་ཡོད་དུ་གང་ཟག་དགེ་སློང་རབ་ཏུ་མང་པོས། ཉོན་མོངས་པ་མངོན་ཞེན་གྱིས་ཀུན་ནས་སླང་ཏེ་ཉེས་པ་དང་པོ་སྲིན་བལ་ལས་བྱས་པའི་སྟན་བྱས། དེ་བཀག་རྗེས་སུ་ལུག་བལ་ནག་པོ་འབའ་ཞིག་ལས་བྱས་པའི་སྟན་བྱས། དེ་བཀག་པའི་རྗེས་སུ་ཆ་གསུམ་ནག་པོ་དང་། ཆ་གཅིག་དཀར་པོ་ལས་བྱས་པའི་སྟན་བྱས་པས་ཁྲིམ་པ་རྣམས་མ་དད་པར་གྱུར་པ་ལ་བརྟེན་ནས་བསླབ་པ་གསུམ་པོ་འདི་རིམ་པ་བཞིན་དུ་བཅས་སོ། །གཉིས་པ་ནི། བཅས་ལྡན་དགེ་སློང་གིས་སྲང་བཅུ་ལས་ལྷག་པའི་ཚད་དུ་ལོང་པའི་

སྲིན་བལ་ལས་བྱས་པའི་འཁོར་གསུམ་ཁེབས་པའི་མཐའི་ཚད་དུ་ལོངས་པ་ལས་ལྷག་པའི་སྟན་བཅངས་པ་ལ་སྲིན་བལ་ལས་བྱས་པའི་སྟན་བཅངས་པའི་སྤང་བ་འདིར་འགྱུར་རོ། །དེས་ལུག་བལ་ནག་པོ་འབའ་ཞིག་ལས་བྱས་པའི་ཚད་ལས་ལྷག་པའི་སྟན་བཅངས་པ་ན་ལུག་བལ་ནག་པོ་འབའ་ཞིག་ལས་བྱས་པའི་སྟན་བཅངས་པའི་སྤང་བ་འདིར་འགྱུར་རོ། །དེས་ལུག་བལ་ནག་པོ་ཆ་གཉིས་ལས་ལྷག་པ་དང་དཀར་པོ་ཆ་གཅིག་སྲེས་པའི་ཚད་ལས་ལྷག་པའི་སྟན་བཅངས་པ་ལ་ཆ་གཉིས་བསྲེས་པའི་སྤང་བ་འདིར་འགྱུར་རོ། །འོན་ཀྱང་ཆ་གཉིས་ནག་པོ་དང་ཆ་གཅིག་དཀར་པོ་དང་ཆ་གཅིག་ཁོལ་བལ་ཏེ་བཞི་བསྲེས་པའི་སྟན་བཅངས་པ་ལ་ནི་ལྟུང་བ་མེད་དོ། །བཞི་པ་ལོ་དྲུག་གི་ནང་དུ་སྟན་བཅངས་པའི་སྤང་བ་བཤད་པ་ལ་གཉིས་ལས། དང་པོ་གླེང་གཞི་ནི། ཡུལ་མཉན་ཡོད་དུ་གང་ཟག་དགེ་སློང་རབ་ཏུ་མང་པོ་ཉེས་པ་ལོ་དྲུག་གི་ནང་དུ་སྟན་གསར་པ་རིང་ཐུང་མང་པོ་བྱས་པས། ཀློག་པ་དང་ཐོས་བསམ་གྱི་བར་ཆད་དུ་གྱུར་པ་ལ་བརྟེན་ནས་བསླབ་པ་འདི་བཅས་སོ།། གཉིས་པ་ནི། བཅས་ལྡན་དགེ་སློང་གིས་ལོ་དྲུག་གི་ནང་དུ་སྟན་ནང་ཚངས་ཅན་གསར་པ་གཉིས་ཕན་ཆད་བཅངས་པ་ན་ལོ་དྲུག་གི་ནང་དུ་སྟན་བཅངས་པའི་སྤང་བ་འདིར་འགྱུར་རོ། །ལྔ་པ་གནས་མལ་སྐྱོབ་པ་གདིང་བ་ལས་གྱུར་པའི་སྤང་བ་བཤད་པ་ལ་གཉིས་ལས། དང་པོ་ནི།

ཡུལ་གཉན་ཡོད་དུ་གང་ཟག་དགེ་སློང་རབ་ཏུ་མང་པོས་གདིང་བ་གསར་པ་བཅངས་ཏེ། རྙིང་པ་རྣམས་ལྟོས་མེད་དུ་དོར་བ་རྒྱལ་བ་དང་། སྲིན་བུའི་རང་བཞིན་དུ་གྱུར་པ་སྟོན་པས་གཟིགས་ནས་གདིང་བ་རྙིང་པ་རྣམས་ཆུད་མི་ཟ་བར་བྱ་བ་དང་། གསར་པ་མི་རྫོལ་བར་བྱ་བའི་ཕྱིར་གདིང་བ་རྙིང་པ་ནས་གསར་པ་ལ་བདེ་བར་གཤེགས་པའི་མཐོ་གང་གིས་གླན་པར་བྱའོ། །ཞེས་བསླབ་པ་འདི་བཅས་སོ། །གཉིས་པ་ནི། བཅས་ལྡན་དགེ་སློང་གིས་གདིང་བ་རྙིང་པ་ནས་གསར་པ་ལ་བདེ་བར་གཤེགས་པའི་ (༥༢ན)མཐོ་གང་གིས་མ་གླན་པ་ལ་སྤང་བ་འདིར་འགྱུར་རོ། དྲུག་པ་བལ་ཁུར་ཐོག་པའི་སྤང་བ་བཤད་པ་ལ་གཉིས་ལས། དང་པོ་གླེང་གཞི་ནི། ཡུལ་མཉན་ཡོད་དུ་གང་ཟག་དྲུག་སྡེ་ཉོན་མོངས་པ་འདོད་ཞེན་གྱིས་ཀུན་ནས་བསླངས་ཏེ། ལམ་དུ་བལ་གྱི་ཁུར་ཆེན་པོ་ཐོགས་པས་འགའ་ཞིག་སྐྲག་པ་དང་། འགའ་ཞིག་མ་དད་པར་གྱུར་པ་ལ་བརྟེན་ནས་བསླབ་པ་འདི་བཅས་སོ། །གཉིས་པ་ནི། བཅས་ལྡན་དགེ་སློང་གིས་མངོན་ཞེན་གྱིས་ཀུན་ནས་བསླངས་ཏེ་རང་དོན་དུ་བལ་ལ་སོགས་པའི་ཁུར་ཆེན་པོ་ཉི་མ་གཅིག་ལ་རྒྱང་གྲགས་གཅིག་ལས་རིང་བ་ཁུར་བ་ན་སྤང་བ་འདིར་འགྱུར་རོ། །བདུན་པ། བལ་འཁྲུ་བའི་སྤང་བ་བཤད་པ་ལ་གཉིས་ལས། དང་པོ་གླེང་གཞི་ནི། ཡུལ་མཉན་ཡོད་དུ་གང་ཟག་དྲུག་སྡེ་ཉོན་མོངས་པ་འདོད་ཞེན་གྱིས་ཀུན་ནས་བསླངས་ཏེ། རང་

གི་ཉེ་དུ་མ་ཡིན་པའི་དགེ་སློང་མ་ལ་བལ་འབྲུ་བ་དང་། རྨེལ་བ་སོགས་བྱེད་དུ་བཅུག་པ་ལ་བརྟེན་ནས་བསླབ་པ་འདི་བཅས་པ་ཡིན། གཉིས་པ་ནི། བཅས་ལྡན་དགེ་སློང་གིས་རང་གི་ཉེ་དུ་མ་ཡིན་པའི་བུད་མེད་ལ་འདོད་ཞེན་གྱིས་ཀུན་ནས་བསླངས་ཏེ་བལ་བྲུ་བ་དང་རྨེལ་བ་སོགས་བྱེད་དུ་བཅུག་པ་ན་སྤང་བ་འདིར་འགྱུར་རོ། །བརྒྱད་པ་རིན་པོ་ཆེ་ལ་རེག་པའི་སྤང་བ་བཤད་པ་ལ་གཉིས་ལས། དང་པོ་གླེང་གཞི་ནི། ཡུལ་མཉན་ཡོད་དུ་གང་ཟག་དྲུག་སྡེས་གསེར་དངུལ་ལ་སོགས་པའི་རིན་པོ་ཆེ་ལ་རང་གི་དངོས་སུ་རེག་པའམ། གཞན་རེག་ཏུ་བཅུག་པས་མུ་སྟེགས་ཅན་རྣམས་ཀྱིས་འཕྱ་བར་གྱུར་པ་ལ་བརྟེན་ནས་བསླབ་པ་འདི་བཅས་སོ། གཉིས་པ་ནི། བཅས་ལྡན་དགེ་སློང་གིས་གསེར་དངུལ་ལ་སོགས་པའི་རིན་པོ་ཆེ་ལ་ཆུད་ཟ་བའི་དགག་བྱ་མེད་པར་མངོན་ཞེན་གྱིས་ཀུན་ནས་བསླངས་ཏེ། རང་གིས་རེག་པའམ་གཞན་རེག་ཏུ་བཅུག་པ་ན་སྤང་བ་འདིར་འགྱུར་རོ། །དགུ་པ་མངོན་མཚན་ཅན་གྱི་སྤང་བ་བཤད་པ་ལ་གཉིས་ལས། དང་པོ་གླེང་གཞི་ནི། ཡུལ་མཉན་ཡོད་དུ་གང་ཟག་དྲུག་སྡེས་གསེར་དངུལ་ལ་སོགས་པའི་རིན་པོ་ཆེ་ལ་ཉོ་ཚོང་བྱས་པས་མུ་སྟེགས་ཅན་རྣམས་ཀྱིས་འཕྱ་བར་གྱུར་པ་ལ་བརྟེན་ནས་བསླབ་པ་འདི་བཅས་སོ། །གཉིས་པ་ནི། བཅས་ལྡན་དགེ་སློང་གིས་དངོས་ཞེན་གྱིས་ཀུན་ནས་བསླངས་ཏེ། གསེར་དངུལ་ལ་སོགས་པའི་རིན་པོ་ཆེ་ལ་ཁེ་

བོགས་བྱུས་པས་མཐར་ཐུག་སྙིང་ཐོབ་པ་ན་སྤྱང་བ་འདིར་འགྱུར་རོ།།

བཅུ་པ་ཉོ་ཚོང་བྱེད་པའི་སྤྱང་བ་བཤད་པ་ལ་གཉིས་ལས། དང་པོ་གླེང་གཞི་ནི། ཡུལ་གཉན་ཡོད་དུ་གང་ཟག་དྲུག་སྡེས་རིན་པོ་ཆེ་ལས་གཞན་པའི་ཡོ་བྱད་ལ་ཉོ་ཚོང་བྱས་པས་མུ་སྟེགས་ཅན་རྣམས་ཀྱིས་འཕྱ་བར་གྱུར་པ་ལ་བརྟེན་ནས་བསླབ་པ་འདི་བཅས་སོ། །གཉིས་པ་ནི། བཅས་ལྡན་དགེ་སློང་གིས་དངོས་ཞེན་གྱིས་ཀུན་ནས་བླངས་ཏེ་རིན་པོ་ཆེ་ལས་གཞན་པའི་ཡོ་བྱད་ལ་ཁེ་བོགས་བྱུས་ཏེ། མཐར་ཐུག་སྙིང་ཐོབ་པ་ན་སྤྱང་བ་འདིར་འགྱུར་རོ། །བཅུ་ཚན་བར་པ་འདི་ཡང་བསྡུ་ན་དོན་ཚན་བཞིར་འདུས་པ་ཡིན་ཏེ། སྟན་གྱི་གཞི་ལས་གྱུར་པ། གནས་མལ་སྐྱོབ་པ་གདིང་བའི་གཞི་ལས་གྱུར་པ། གོས་ཀྱི་རྒྱུ་ལས་གྱུར་པ། ནོར་ལས་གྱུར་པ་དང་བཞིར་འདུས་པའི་ཕྱིར། དེ་སྟ་མ་བཞི་དང་པོར་འདུས། ལྔ་པ་དེ་གཉིས་པར་འདུས། དྲུག་པ་དང་། བདུན་པ་གཉིས་གསུམ་པར་འདུས། བརྒྱད་པ་དང་། དགུ་པ། བཅུ་པ་གསུམ་བཞི་པར་འདུས་པ་ཡིན་ནོ། །

༄ བཅུ་ཚན་གསུམ་པ་བཤད་པ་ལ། སྡོམས་སུ་བསྡུས་པའི་ཚུལ་དང་། སོ་སོའི་དོན་(༤༢བ)བཤད་པ་གཉིས། དང་པོ། སོ་ཐར་ལས། །ལྷུང་བཟེད་གཉིས་དང་ཐ་ག་གཉིས། །བྱིན་འཕྲོག་སྟོན་ཟླ་ཐ་ཚུང་དང་། །དགོན་པ་པ་དང་རས་ཆེན་དང་། །བསྔོས་པ་དང་ནི་བསོག་འཇོག་གོ །ཞེས་གསུངས། གཉིས་པ་ལ། སོ་སོར་བཤད་པ་དང་། བསྡུ་བ་བཤད་པ་

གཉིས། དང་པོ་ལ་བཅུ་ཡོད་པའི་ནང་ནས། དང་པོ་ལྟུང་བཟེད་ཞག་བཅུ་འཆང་སྤང་བཤད་པ་ལ་གཉིས་ལས། དང་པོ་གླེང་གཞི་ནི། ཡུལ་མཉན་ཡོད་དུ་གང་ཟག་དྲུག་སྡེས་ལྟུང་བཟེད་ལྷག་པོ་གྲངས་མང་བ་བཅངས་ཤིང་ལོངས་དཔྱད་པས་ཁྱིམ་པ་རྣམས་མ་དད་པར་གྱུར་པ་ལ་བརྟེན་ནས་བསླབ་པ་འདི་བཅས་སོ། །གཉིས་པ་ནི། བཅས་ལྡན་དགེ་སློང་གིས་ལྟུང་བཟེད་ལྷག་པོ་རང་དོན་དུ་ཞག་བཅུ་བཅངས་ཞིང་། བཅུ་གཅིག་པའི་སྐྱ་རེངས་ཤར་བ་ན་སྤང་བ་འདིར་འགྱུར་རོ། །བཅང་རྒྱུའི་ལྟུང་བཟེད་དེའང་ཁྲུད་ཆོས་དུ་མ་དང་ལྡན་པ་གཅིག་དགོས་ཏེ། རང་དབང་ཞིང་བྱིན་གྱིས་མ་བརླབས་པའམ། བརླབས་ཀྱང་ཤན་རྗེས་སུ་ཞུགས་པ་འབྲེལ་མེད་ཀྱི་ལྟུང་བཟེད་མ་ཡིན་པ་གཅིག་དགོས་པའི་ཕྱིར། གཉིས་པ་ལྟུང་བཟེད་ལྷག་པོ་བཅངས་པའི་སྤང་བ་བཤད་པ་ལ་གཉིས་ལས། དང་པོ་གླེང་གཞི་ནི། ཡུལ་མཉན་ཡོད་དུ་གང་ཟག་ཉེར་དགས་ལྟུང་བཟེད་གཉིས་པ་འབད་པས་རྩལ་ཏེ་ཐོབ་པ་ན། མི་མཛེས་པ་སྣ་ཚོགས་བྱས་པས་གཞན་རྣམས་མ་དད་པར་གྱུར་པ་ལ་བརྟེན་ནས་བསླབ་པ་འདི་བཅས་སོ། །གཉིས་པ་ནི། བཅས་ལྡན་དགེ་སློང་གིས་དངོས་ཞེན་གྱིས་ཀུན་ནས་སླངས་ཏེ་འབད་པས་ལྟུང་བཟེད་གཉིས་པ་རྩལ་ཏེ་ཐོབ་པ་ན་སྤང་བ་འདིར་འགྱུར་རོ། །གསུམ་པ་འཕག་ཏུ་འཇུག་པའི་སྤང་བ་བཤད་པ་ལ་གཉིས་ལས། དང་པོ་གླེང་གཞི་ནི། ཡུལ་མཉན་ཡོད་དུ་གང་ཟག་

ཉེར་དགས་འཕག་མཁན་སྐྱི་ཅེར་བའི་དྲུང་དུ་ཕྱིན་ཏེ་གོས་ཀྱི་རྒྱུ་དོག་པ་མང་པོ་འཐག་ཏུ་བཅུག་ནས་གླ་རྔན་མ་བྱིན་པ་དང་། གཞན་མ་དད་པར་གྱུར་པ་ལ་བརྟེན་ནས་བསླབ་པ་འདི་བཅས་སོ། །གཉིས་པ་ནི། བཅས་ལྡན་དགེ་སློང་གིས་གོས་ཀྱི་རྒྱུ་དོག་པ་མང་པོ་འཐག་ཏུ་བཅུག་ཏེ་གླ་རྔན་མ་བྱིན་པར་མཐར་ཐུག་གོས་གྲུབ་པ་ན་ལྟུང་བ་འདིར་འགྱུར་རོ།།

བཞི་པ་ཐག་པ་སྐྱེད་དུ་འཇུག་པའི་ལྟུང་བ་བཤད་པ་ལ་གཉིས་ལས། དང་པོ་གླེང་གཞི་ནི། ཡུལ་མཉན་ཡོད་དུ་གང་ཟག་ཉེར་དགས་ཁྱིམ་པ་ཕོ་མོ་ཞིག་གིས་རང་ལ་བློས་དཔགས་ཏེ་གོས་ཀྱི་རྒྱུ་རས་ཡུག་འཐག་ཏུ་བཅུག་པ་ན་འཐག་མཁན་གྱི་དྲུང་དུ་ཕྱིན་ཏེ་གླ་རྔན་བྱིན་ནས་རས་ཡུག་དཀྱུས་རིང་བ་དང་ཞེང་ཆེ་བ་གྱིས་ཤིག་ཅེས་ཐག་པ་སྐྱེད་དུ་བཅུག་པ་ལ་བརྟེན་ནས་བསླབ་པ་འདི་བཅས་སོ། །གཉིས་པ་ནི། བཅས་ལྡན་དགེ་སློང་གིས་རང་གི་ཉེ་དུ་མ་ཡིན་པའི་ཁྱིམ་པས་རང་ལ་བློས་དཔགས་ཏེ་རས་ཡུག་འཐག་ཏུ་བཅུག་པ་ན་འཐག་མཁན་གྱི་དྲུང་དུ་ཕྱིན་ཏེ་གླ་རྔན་བྱིན་ན་ཐག་པ་སྐྱེད་དུ་བཅུག་སྟེ་མཐར་ཐུག་གྲུབ་པ་ན་ལྟུང་བ་འདིར་འགྱུར་རོ། །ལྔ་པ་བྱིན་འཕྲོག་གི་ལྟུང་བ་བཤད་པ་ལ་གཉིས་ལས། དང་པོ་གླེང་གཞི་ནི། ཡུལ་མཉན་ཡོད་དུ་གང་ཟག་ཉེར་དགས་རང་དང་ལྡན་ཅིག་གནས་པའི་དགེ་སློང་ཆོས་ཞེས་བྱ་བ་ལ་གོས་བྱིན་ཏེ། ཕོ་ཕྱི་བཞིན་འབྲང་མ་འདོད་པ་ན་མི་ཟློད་པའི་བློས་གོས་བྱིན་པ་སླང་ཞིང་ཕྲོགས་པ

ལ་བརྟེན་ནས་བསླབ་པ་འདི་བཅས་སོ། །གཉིས་པ་ནི། བཅས་ལྡན་དགེ་སློང་གིས་གཞན་ལ་གོས་དང་ལྷུང་བཟེད་ལ་སོགས་པ་དང་པོར་བྱིན་པ་སླངས་ཤིང་ཁྲོགས་པ་ན་ལྟུང་(༥༣ན)བ་འདིར་འགྱུར་རོ། །དྲུག་པ་བརྟད་པ་ལས་བྱུང་བའི་ལྟུང་བ་བཤད་པ་ལ་གཉིས་ལས། དང་པོ་གླེང་གཞི་ནི། ཡུལ་མཉན་ཡོད་དུ་གང་ཟག་དྲུག་སྡེས་ཚོང་པས་ཕུལ་བའི་དགེ་འདུན་གྱི་དབྱར་རྐྱེད་ཁ་ཟས་སུ་བྱས་ནས་བདག་གིར་བྱས་པ་ལ། ཚོང་པ་རྣམས་མ་དད་པར་གྱུར་པ་ལ་བརྟེན་ནས་བསླབ་པ་འདི་བཅས་པ་ཡིན་ནོ། །དེ་ལྟར་རྒྱུ་མཚན་ཡང་ཡོད་དེ། དབྱར་རྐྱེད་བགོད། དུས་ནི་དགག་དབྱེའི་ཕྱི་དེ། ཉིན་པར་ཡིན་ལ། དབྱར་གྱི་ནང་དུ་དབྱར་རྐྱེད་བདག་གིར་བྱས་པ་ན་ཐོས་སོགས་ཀྱི་བར་ཆད་དུ་འགྱུར་བའི་ཕྱིར། གཉིས་པ་ནི། བཅས་ལྡན་དགེ་སློང་གི་དུས་མ་ཡིན་པར་དགེ་འདུན་གྱི་དབྱར་རྐྱེད་བདག་གིར་བྱས་པ་ན་ལྟུང་བ་འདིར་འགྱུར་རོ། །བདུན་པ་དགོན་པ་པའི་འབྲལ་ལྟུང་བཤད་པ་ལ་གཉིས་ལས། དང་པོ་གླེང་གཞི་ནི་སྟོན་པ་འཁོར་བཅས་མཉན་ཡོད་ན་བཞུགས་པའི་ཚེ། དགེ་སློང་འགའ་ཞིག་གི་རི་ནགས་སུ་དབྱར་ཁས་ལེན་བྱས་ཏེ་རྐྱེད་པ་རྒྱ་ཆེན་པོ་བྱུང་བ་ཆོམ་རྐུན་པས་ཁྲོགས་ནས་དགེ་སློང་རྣམས་བསྒྲེན་མོར་མཉན་ཡོད་དུ་ལྷགས་པ་སྟོན་པས་བསན་པ་ན། དེང་ཕྱིན་ཆད་དགེ་སློང་དགོན་པ་བ་རྣམས་ཀྱི་ཆོས་གོས་ཞག་དྲུག་ཚུན་དང་བྲལ་བ་ན་ཉེས་པ་མེད་པར

གནང་ངོ་ཞེས་གནང་བའི་བཅས་པ་མཛད་པ་ན། དྲུག་སྡེ་དེ་ལས་ལྷག་
པ་བྲལ་བ་ལ་བརྟེན་ནས་བསླབ་པ་འདི་བཅས་སོ། །གཉིས་པ་ནི།
བཅས་ལྡན་དགེ་སློང་དགོན་པ་པས་བྱིན་རླབས་ཅན་གྱི་ཆོས་གོས་རྣམ་
གསུམ་ཅི་རིགས་པ་ཞག་བདུན་ལས་ལྷག་པ་དེ་དང་བྲལ་བ་ན་སྤང་བ
འདིར་འགྱུར་རོ། །བརྒྱད་པ་རས་ཆེན་གྱི་སྤང་བ་བཤད་པ་ལ་གཉིས
ལས། དང་པོ་གླེང་གཞི་ནི། ཡུལ་མཉན་ཡོད་དུ་དགེ་སློང་རབ་ཏུ་མང་
པོས། དབྱར་ཁས་ལེན་གྱི་གོང་གི་ཟླ་བ་གཅིག་གི་སྔ་རོལ་དུ་དབྱར་གྱི་
གོས་རས་ཆེན་བཙལ་བ་དང་། དགག་དབྱེ་གྲོལ་ནས་ཟླ་བ་ཕྱེ་ལས་ལྷག་
པ་རས་ཆེན་བཅངས་པས་གཞན་རྣམས་མ་དད་པར་གྱུར་པ་ལ་བརྟེན་
ནས་བསླབ་པ་འདི་བཅས་སོ། །གཉིས་པ་ནི། བཅས་ལྡན་དགེ་སློང་གིས་
རས་ཆེན་དུས་མ་ཡིན་པར་བཙལ་བ་དང་དུས་ལས་འདས་ནས་བཅང་
བ་ན་སྤང་བ་འདིར་འགྱུར་རོ། །དགུ་པ་བསྔོས་པ་གཞན་དུ་བསྒྱུར་པའི་
སྤང་བ་བཤད་པ་ལ་གཉིས་ལས། དང་པོ་གླེང་གཞི་ནི། ཡུལ་མཉན་ཡོད་
དུ་ཁྱིམ་བདག་ཞིག་གི་རས་ཡུག་དགེ་འདུན་ལ་བསྔོས་པ། ཉེར་དགས་
བདག་ཉིད་ལ་བསྒྱུར་བས། གཞན་རྣམས་ཁ་ཟེར་བ་ལ་བརྟེན་ནས་བསླབ
པ་འདི་བཅས་སོ། །གཉིས་པ་ནི། བཅས་ལྡན་དགེ་སློང་གིས་དགེ་འདུན་
ལ་བསྔོས་པའི་ཡོ་བྱད་བདག་ཉིད་བསྒྱུར་བ་ན་སྤང་བ་འདིར་འགྱུར་རོ།།
བཅུ་པ་བསོག་འཛོག་གི་སྤང་བ་བཤད་པ་ལ་གཉིས་ལས། དང་པོ་གླེང་

གཞི་ནི། ཡུལ་རྒྱལ་པོའི་ཁབ་ཏུ་གང་ཟག་དགེ་སློང་རབ་ཏུ་མང་པོས་སྨན་མང་པོ་བྱིན་གྱིས་བརླབས་ནས་ཡུན་རིང་པོར་(༤༣བ)བཞག་པས་རུལ་བ་དང་ཉམས་པ་ལ་བརྟེན་ནས་བསླབ་པ་འདི་བཅས་སོ།།

གཉིས་པ་ནི། བཅས་ལྡན་དགེ་སློང་གིས་བྱིན་ལེན་བྱས་པའི་སྨན་བཞི་པོ་གང་ཡང་རུང་བ་རང་རང་གི་དུས་ལས་འདས་པ་ན་སྤང་བ་འདིར་འགྱུར་རོ། །དེ་ཡང་བྱིན་ལེན་བྱས་པའི་དུས་རུང་གི་སྨན་དུས་རུང་ལས་འདས་པ་དང་། ཐུན་ཚོད་དུ་རུང་བའི་སྨན་ཐུན་ཚོད་ལས་འདས་པ་དང་། ཞག་བདུན་པའི་སྨན་ཞག་བདུན་པའི་ཐ་ལས་འདས་པ་དང་། ནད་ཇི་སྲིད་འཚོ་བཅང་གི་སྨན་ནད་ལས་གྲོལ་ནས་བཅང་བ་ན་སྤང་བ་འདིར་འགྱུར་རོ། །ཚེ་ཇི་སྲིད་འཚོ་བཅང་གི་སྨན་ལ་བསོག་འཇོག་གི་སྤང་བ་སྐྱེད་པ་མེད་དེ། སྨན་དེ་བཅས་ལྡན་དགེ་སློང་གིས་ཚེ་ཇི་སྲིད་འཚོའི་བར་དུ་བཅང་དུ་རུང་བ་ནི་གང་ཞིག བཅས་ལྡན་དགེ་སློང་ཚེ་འཕོས་པ་ན་ལྟུང་བ་སྐྱེད་པའི་གཞི་སོ་ཐར་གྱི་སྡོམ་པ་མེད་པའི་ཕྱིར། ། གཉིས་པ་ནི། བཅུ་ཚན་ཐ་མ་འདི་ཡང་བསྡུ་ན། སྣོད་སྤྱད་ལ་བརྟེན་པ། གོས་ལ་བརྟེན་པ། སྨན་ལ་བརྟེན་པ་དང་གསུམ་དུ་འདུ་སྟེ། དང་པོ་གཉིས་སུ་མར་འདུས། བར་པ་བདུན་གཉིས་པར་འདུས། ཐ་མ་བསོག་འཇོག་སྤང་བ་གསུམ་པར་འདུས་པའི་ཕྱིར། རྣམ་བཤད་རྣམ་པ་གཉིས་ཀྱི་སྐབས་ནས་འབྱུང་བའི་སྤང་ལྟུང་གི་རྣམ་བཞག་བཤད་ཟིན་ཏོ།། །།

༄༅། །ཀུན་མཁྱེན་ཆེན་པོ་བློ་གྲོས་ལེགས་བཟང་གིས་
མཛད་པའི་འདུལ་བའི་དུས་ཚིགས་ཀྱི་རྣམ་གཞག
སླ་བའི་རྒྱན་ཞེས་བྱ་བ་བཞུགས་སོ།།

(1ན)གང་གི་ཐུགས་བསྐྱེད་སྨོན་པའི་ཚ་ཟེར་གྱིས། །བློ་གྲོས་བསིལ་ལྡན་རི་བོ་བཞུ་བ་ལས། །ལེགས་བཤད་ཡན་ལག་བརྒྱད་ལྡན་བདུད་རྩིའི་ཆབ། །བཟང་པོའི་སྐལ་ལྡན་གདུལ་བྱར་འཁྲིད་ལ་འདུད།།

༈ ལོ་ཟླ་ཞག་གསུམ་གྱི་རྣམ་གཞག་བཤད་པ།

དེ་ལ་འདིར་འདུལ་བའི་དུས་ཚིག་གི་རྣམ་གཞག་སླ་བའི་རྒྱན་འཆད་པ་ལ་དྲུག ལོ་ཟླ་ཞག་གསུམ་གྱི་རྣམ་གཞག་བཤད་པ། ལོ་ལ་དུས་ཚིགས་ཀྱི་རྣམ་གཞག་བཤད་པ། དུས་ཚིགས་ཀྱི་རྣམ་གཞག་ལ་བརྟེན་ནས་ལོ་མགོ་འཛིན་ཚུལ་བཤད་པ། དེ་ལ་བརྟེན་ནས་གསོ་སྦྱོང་བཅུ་བཞི་པ་དང་དབྱར་ཁས་ལེན་དགག་དབྱེ་བསྲ་བརྐྱང་འདིང་བའི་དུས་རྣམས་འབྱུང་ཚུལ་བཤད་པ། ཞར་ལ་ཟླ་ཤོལ་འདོན་ཚུལ་བཤད་པ། དུས་ཚིགས་ཀྱི་རྣམ་གཞག་ལ་མཁས་པར་བྱས་པའི་དགོས་པ་བཤད་པ་དང་དྲུག ༈ དང་པོ་ལ་ཡང་། ཞག་གི་རྣམ་གཞག་བཤད་པ། ཟླ་བའི་རྣམ་གཞག་བཤད་པ། ལོའི་རྣམ་གཞག་བཤད་པ་དང་གསུམ་ལས། དང་པོ་

ལ། ཞག་གི་དབྱེ་བ། ཞག་གྲུབ་ཚུལ། ཞག་གི་ཡུན་ཚད་ཀྱི་ཁྱད་པར་བཤད་པ་དང་གསུམ་ལས། དང་པོ་ནི། སྤྱིར་ཞག་ལ་སྨྲས་བརྗོད་རིགས་ཀྱི་སྒོ་ནས་དབྱེ་ན། ཆོས་ཞག ཉིན་ཞག ཁྱིམ་ཞག་དང་གསུམ་ཡོད་ཅིང་། ཞག་ལ་ཉིན་ཞག་དབང་བཙན་པས་ན། ཆོས་ཞག་དང་། ཁྱིམ་ཞག་གཉིས་ཞག་བཏགས་པ་བ་ཡིན་ནོ། །དེ་ཡང་། ཟླ་བ་གཅིག་གི་(༢ན)ཡར་ངོ་ལ་དཀར་ཆ་འཕེལ་ཞིང་། ནག་ཆ་འགྲིབ་པའི་ཆ་བཅོ་ལྔ། མར་ངོ་ལ་ནག་ཆ་འཕེལ་ཞིང་། དཀར་ཆ་འགྲིབ་པའི་ཆ་བཅོ་ལྔ་སྟེ་སུམ་ཅུ་ཡོད་པའི་སུམ་ཅུའི་ཆ་གཅིག་ལ་ཆོས་ཞག་གཅིག་ཏུ་བྱེད་པས། ཆོས་ཞག་ནི་ཟླ་བ་ལ་ལྟོས་པའི་ཞག་ཡིན། ཡང་ཉི་མའི་འོད་ཟེར་ཤར་མ་ཐག་པ་ནས། སླར་ཡང་དེ་འཆར་ཁ་ཚུན་ལ་ཉིན་ཞག་གཅིག་ཏུ་བྱེད་པས་ན། ཉིན་ཞག་ནི་ཉི་མ་ལ་བལྟོས་པའི་ཞག་ཡིན་ནོ། །ཡང་ལུག་སྣང་འབྲིག་པ་ཀརྐ་ཊས། །སེང་གེ་བུམ་པ་སྲང་སྡིག་པ། །གཞུ་དང་ཆུ་སྲིན་བུམ་པ་ཉ། །ཞེས་བཤད་པ་ལྟར། ཉི་ཁྱིམ་བཅུ་གཉིས་པོ་རེ་རེར་ཉི་མ་ཇི་ཙམ་གནས་པའི་ཡུན་ཚད་གཅིག་ལ་ཆ་སུམ་ཅུར་བྱས་པའི་ཆ་གཅིག་ལ་ཁྱིམ་ཞག་གཅིག་ཏུ་བྱེད་དོ། ། ༄ གཉིས་པ་ཞག་གི་གྲུབ་ཚུལ་ནི། སྤྱིར་རྡུལ་ཕྲ་རབ་དེ་གཟུགས་ཀྱི་ཆུང་མཐའ་ཡིན། ཨ་ཐུང་དེ་མིང་གི་ཐུང་མཐའ་ཡིན། དུས་མཐའི་སྐད་ཅིག་མ་དེ་དུས་ཀྱི་ཐུང་མཐའ་ཡིན་ཏེ། མཛོད་ལས། གཟུགས་མིང་དུས་མཐའ་རྡུལ་ཡིག་དང་། །སྐད་ཅིག་ཕྲ་རབ་རྡུལ་དང་

ནི། །ཞེས་གསུངས་པའི་ཕྱིར། བྱས་པ་ལ་ཁོ་ན་རེ། འོ་ན། དུས་མཐའི་སྐད་ཅིག་མའི་ཡུན་ཚད་ཇི་ལྟ་བུ་ཞེ་ན། དེ་ལ་མངོན་པ་ནས་འབྱུང་བའི་ཚུལ་དང་། གཙུག་ལག་གི་གཞུང་ནས་འབྱུང་བའི་ཚུལ་གཉིས(༢བ) ཡོད་པ་ལས། དང་པོ་ནི། སྐྱེས་པ་དར་མས་སེ་གོལ་གྱི་སྒྲ་གཅིག་གཏོགས་པའི་རིང་ལ་དུས་མཐའི་སྐད་ཅིག་མ་དྲུག་ཅུ་རྩ་ལྔ་འགག་པར་ལུང་གི་མངོན་པ་ནས་བཤད་ཅིང་། རིགས་པའི་མངོན་པ་ནས། རྡུལ་གཅིག་བསྒྲིས་དུས་ཆུང་བ་ཡི། །མཐར་ཐུག་དུས་ཀྱང་སྐད་ཅིག་འདོད། །ཅེས་གསུངས་པ་ལྟར། རྡུལ་ཕྲ་རབ་གཅིག་བླ་འོག་བསྒྲིས་པའི་ཡུན་ཚད་ལ་དུས་མཐའི་སྐད་ཅིག་མ་གཅིག་གིས་ཡུན་ཚད་དུ་བཤད་ལ། དུས་མཐའི་སྐད་ཅིག་མ་བརྒྱ་དང་ཉི་ཤུའི་ཡུན་ཚད་ལ་དེའི་སྐད་ཅིག་མ་གཅིག་དང་། དེའི་སྐད་ཅིག་མ་དྲུག་ཅུའི་ཡུན་ཚད་ལ་ཐེངས་གཅིག་དང་། ཐེངས་གཅིག་སུམ་ཅུ་ལ་ཡུད་ཙམ་གཅིག་དང་། ཡུད་ཙམ་སུམ་ཅུ་ལ་ཉིན་ཞག་གཅིག ཉིན་ཞག་སུམ་ཅུ་ལ་ཉིན་ཞག་གི་དབང་དུ་བྱས་པའི་ཟླ་བ་གཅིག་ཏུ་འཇོག་པ་ཡིན་ཏེ། མཛོད་ལས། སྐད་ཅིག་མ་བརྒྱ་ཉི་ཤུ་ལ། །དེ་ཡི་སྐད་ཅིག་དེ་དག་ཀྱང་། །དྲུག་ཅུ་ལ་ནི་ཐེངས་གཅིག་གོ །ཡུད་ཙམ་ཉིན་ཞག་ཟླ་གསུམ་ནི། །གོང་ནས་གོང་དུ་སུམ་ཅུར་བསྒྱུར། །ཞེས་གསུངས་པའི་ཕྱིར། གཉིས་པ་ནི། སྐྱེས་པ་དར་མ་ནད་མེད་པ་གཅིག་གི་དབུགས་འབྱུང་རྔུབ་ཁྱུག་པ་གཅིག་ལ་དབུགས་གཅིག་ཏུ་བྱས་པའི་

དབུགས་དབྱུག་གི་ཡུན་ཚད་ལ་ཆུ་སྲང་གཅིག་དང་། ཆུ་སྲང་དབྱུག་ཅུའི་ཡུན་ཚད་ལ་ཆུ་ཚོད་གཅིག ཆུ་ཚོད་དབྱུག་ཅུའི་ཡུན་ཚད་ལ་ཉིན་ཞག་གཅིག་ཏུ་བྱེད་པར་བཤད་དོ། །གསུམ་པ་ནི། ཉིན་ཞག་གཅིག་ལ་ཡུད་ཙམ་སུམ་ཅུ་དང་ཆུ་ཚོད་དབྱུག་ཅུ་ཡོད། ཚེས་ཞག་གཅིག་ལ་ཡུད་ཙམ་ཕྱེད་དང་སུམ་ཅུ་དང་། ཆུ་ཚོད་ལྔ་བཅུ་ང་དགུ་ཡོད་དོ། །དེས་ན། ཉིན་ཞག་ལས་ཚེས་ཞག་ཆུ་ཚོད་རེ་རེའམ་ཡུད་ཙམ་ཕྱེད་རེས་ཚེས་ཞག་རྫོགས་པར་མྱུར་བའི་རྒྱུ་མཚན་གྱིས་ཚེས་ཞག་དྲུག་ཅུ་སོང་བའི་ཚེ་ཉིན་ཞག་ང་དགུ་ལས་མ་སོང་བས་ན་ཞག་མི་ཐུབ་ཅེས་བྱ་བ་ཡིན་ཏེ། རྒྱ་ཆེར་འགྲེལ་ལས། ཉི་མ་གཅིག་ཆད(ཉན)་པ་དེ་ཉིད་ས་སྐྱོང་དུ་དོར་བར་ཟད། ཅེས་གསུངས་གསུངས་པའི་ཕྱིར། ༄ གཉིས་པ་ཟླ་བའི་རྣམ་གཞག་བཤད་པ་ནི། ཉི་ཟླ་གཉིས་སུ་ཕྱེ་བའི་ཟླ་བ་དེ་ཟླ་བ་དངོས་ཡིན་ཞིང་། ཟླ་བ་ལ་སྒྲས་བརྗོད་རིགས་ཀྱི་སྒོ་ནས་དབྱེ་ན། ཚེས་ཞག་གི་དབང་དུ་བྱས་པའི་ཟླ་བ། ཉིན་ཞག་གི་དབང་དུ་བྱས་པའི་ཟླ་བ། ཁྱིམ་ཞག་གི་དབང་དུ་བྱས་པའི་ཟླ་བ་དང་གསུམ་ཡོད་པ་ལས། གོང་དུ་བཤད་པའི་ཚེས་ཞག་གསུམ་ཅུ་ལ་ཚེས་ཟླ་གཅིག་ཏུ་འཇོག་ཅིང་། དེ་བཞིན་དུ་ཉིན་ཞག་སུམ་ཅུ་ལ། ཉིན་ཞག་གི་དབང་དུ་བྱས་པའི་ཟླ་བ་དང་། ཁྱིམ་ཞག་སུམ་ཅུ་ལ། ཁྱིམ་ཞག་གི་དབང་དུ་བྱས་པའི་ཟླ་བར་འཇོག དེར་མ་ཟད་ཉི་ཁྱིམ་བཅུ་གཉིས་པོ་རེ་རེར་ཉི་མ་ཇི་ཙམ་གནས་པའི་ཡུན་ཚད་རེ་རེ་ལ་ཡང་ཁྱིམ་ཟླ་རེ་རེ་

འཇོག་པ་ཡིན་ནོ། །ཡང་ཟླ་བ་ལ་སྦྲུས་བརྗོད་རིགས་ཀྱི་སྒོ་ནས་དབྱེ་ན། དབྱར་ཟླ་ར་བ། འབྲིང་པོ། ཐ་ཆུང་གསུམ། སྟོན་ཟླ་ར་བ་འབྲིང་པོ་ཐ་ཆུང་གསུམ། དགུན་ཟླ་ར་བ་འབྲིང་པོ་ཐ་ཆུང་གསུམ། དཔྱིད་ཟླ་ར་བ་འབྲིང་པོ་ཐ་ཆུང་གསུམ་གྱི་ཟླ་བ་རྣམས་སུ་ཡོད་དེ། གསེར་འོད་ལས། ཟླ་གསུམ་དབྱར་དེ་ཟླ་གསུམ་སྟོན་དུ་ཤེས། །གསུམ་ནི་དགུན་ཡིན་གསུམ་ནི་དཔྱིད་ཡིན་ནོ། །ཞེས་གསུངས་པའི་ཕྱིར། དེ་ཡང་། རྒྱ་ནག་གི་རྩིས་པ། ཧོར་གྱི་རྩིས་པ། བོད་ཀྱི་རྩིས་པ་རྣམས་ནི། དཀར་ཕྱོགས་ཀྱི་ཚེས་གཅིག་ནས་གནམ་སྟོང་གི་བར་ཚེས་ཟླ་གཅིག་ཏུ་བྱེད་པས་དེ་རྣམས་ཀྱི་ལུགས་ལ་ཡར་ངོ་སྔོན་འགྲོའི་ལུགས་སམ། རིལ་ཚེས་པའི་ལུགས་ཞེས་བྱ། རྒྱ་གར་འཕགས་པའི་ཡུལ་གྱི་དམ་ཆོས་འདུལ་བ་དང་། མངོན་པ་བ་རྣམས་ཀྱི་ལུགས་ལ། ནག་ཕྱོགས་ཀྱི་ཚེས་གཅིག་ནས་ཉའི་བར་ཚེས་ཟླ་གཅིག་ཏུ་བྱེད་པའི་དེ་རྣམས་ཀྱི་ལུགས་ལ་མར་ངོ་སྔོན་འགྲོའི་ལུགས་སམ། ཕྱེད་ཚེས་པའི་ལུགས་ཞེས་བྱ་སྟེ། ཚེས་ཟླ་ཐམས་ཅད་མར་ངོ་སྔོན་འགྲོའི་ཟླ་བ་ཡིན་པའི་ཕྱིར། མཛོད་འགྲེལ་ལས། ཟླ་བ་རྣམས་ཀྱི་མར་ངོ་སྔ་སྟེ། (༣བ)ཞེས་གསུངས་པའི་ཕྱིར་དང་། ཧོར་ཟླ་དགུ་པའི་ནག་ཕྱོགས་ཀྱི་ཚེས་གཅིག་ནས། ཧོར་ཟླ་བཅུ་པའི་ཚེས་བཅོ་ལྔ་བར་ལ་ཚེས་ཟླ་གཅིག་ཏུ་བྱེད་པའི་ཕྱིར་ཏེ། མདོ་སྡེ་ཉི་མའི་སྙིང་པོ་ལས། བདག་གིས་རྒྱུ་སྐར་སྨིན་དྲུག་བརྗོད། །ཟླ་བ་ཉ་ཚེས་ཟླ་རེང་

འགྱུར། །སྔོན་ཟླ་ཕ་ཚུང་ཞེས་བྱ་བ། །དེ་ནི་རབ་ཏུ་བསྒྲགས་པ་ཡིན།། ཞེས་གསུངས་པའི་ཕྱིར་དང་། འདུལ་བ་མེ་ཏོག་འཕྲེང་རྒྱུད་ལས། གྲོ་བཞིན་ཟླ་བའི་ཆོས་གཅིག་གི་སྔ་མའི་ དབྱར་ནི་དེ་གཙོ་ཡིན། །དེ་བཞིན་ཁྲུམ་གྱི་ཟླ་བ་ཡི། །ཆོས་གཅིག་ཅེས་ནི་ཕྱི་མར་གྲགས། །ཞེས་གསུངས་པ་གང་ཞིག་ཡར་ངོའི་ཆོས་གཅིག་ལ་དབྱར་ཁས་ལེན་བྱེད་པ་མི་སྲིད་པའི་ཕྱིར། བྱས་པ་ལ་ཁོ་ན་རེ། འོ་ན། མདོ་རྩ་བར། དབྱར་གནས་པར་ཁས་བླངས་པར་བྱའོ། །ཟླ་བ་གསུམ་དུའོ། །ཆོས་བཅུ་དྲུག་ལའོ། །ཞེས་ཡར་ངོ་སྔོན་འགྲོ་ལྟར་གསུངས་པ་དེ་གང་ཡིན་སྙམ་ན། མདོ་རྩ་བའི་རྒྱ་དཔེ་ལས། མར་ངོ་སྔོན་འགྲོ་ཤ་སྟག་བཤད་པ་ཡིན་ལ། བོད་ཀྱི་རྒྱལ་པོ་རྣམས་ལ་ཡར་ངོ་སྔོན་འགྲོ་གྲགས་ཆེ་བས། ལོ་ཙཱ་བས་དོན་འགྱུར་དུ་མཛད་པ་ཡིན་ནོ། །འོ་ན། མདོ་རྩ་བའི་རྒྱ་དཔེར་མར་ངོ་སྔོན་འགྲོ་ཇི་ལྟར་གསུངས་ཞེ་ན། དེ་ལས་གསུངས་ཚུལ་ཡོད་དེ། དེ་འདྲའི་རྒྱ་དཔེ་ལས། ཆོས་གཅིག་ལའོ། །ཚུ་སྟོད་ཅན་གྱི་བར་མ་ཆད་པའོ། །ཡང་ན་གྲོ་བཞིན་ཅན་ལས་སོ། །ཞེས་གསུངས་པ་གང་ཞིག ཡར་ངོའི་ཆོས་གཅིག་ལ་དབྱར་ཁས་ལེན་བྱེད་པ་མི་སྲིད་པའི་ཕྱིར། འོ་ན། ལོ་ཟླ་གཉིས་སུ་ཕྱེ་བའི་ཟླ་བ་དེ་རྣམས་ཀྱི་མིང་གི་ཐ་སྙད་དེ་གང་གི་སྒོ་ནས་བྱེད་པ་ཡིན། ཞེ་ན་རང་རང་གི་ཉ་སྐར་གྱི་སྒོ་ནས་བྱེད་པ་ཡིན་ཏེ། བོད་རྣམས་ནི། དཔྱིད་གསུམ་རྒྱལ་ཧ་དབོ་ལ་ཉ། །དབྱར་གསུམ་མ་རྟུས་རྩེ་བྲེ། །སྔོན་

གསུམ་སྤྱི་སྡོག་ཁྲིམ་ལ་ཉ། །ཞེས་པའི་སྡོམ་ཚིག་ལྷར་ཁས་ལེན། དཀར་ནག་གི་རྩིས་པ་རྣམས་ནི། དཔྱིད་འབྲིང་ནག་པ་ལུག་གི་ཁྱིམ། །དཔྱིད་ཐ་ས་ག་གླང་གི་ཁྱིམ། །དབྱར་ར་སྟྲོན་ཟླ་འཁྲིག་པའི་ཁྱིམ། །དབྱར་འབྲིང་ཆུ་སྟོད་ཀརྐ་ཊ། །དབྱར་ཐ་གྲོ་བཞིན་སེང་གེའི་ཁྱིམ། །སྟོན་ར་ཁྲུམ་ཟླ་བུ་མོའི་ཁྱིམ། །སྟོན་འབྲིང་དབྲུག་པ་སྲང་གི་ཁྱིམ། །སྟོན་ཟླ་སྨིན་དྲུག་སྡིག་པའི་ཁྱིམ། །དགུན་ར་མགོ་(ཉན)ཟླ་གཞུའི་ཁྱིམ། །དགུན་འབྲིང་རྒྱལ་ཟླ་ཆུ་སྲིན་ཁྱིམ། །དགུན་ཐ་ཧ་ནི་བུམ་པའི་ཁྱིམ། །དཔྱིད་ར་དབོ་ནི་ཉ་ཡི་ཁྱིམ། །ཞེས་པའི་སྡོམ་ཚིག་ལྟར་འདོད། ཧོར་ལུགས་པ་རྣམས་ནི་ཧོར་ཟླ་དང་པོ་ཧའི་ཟླ་བ་ལ་འདོད་པ་ནས་ཧོར་ཟླ་བཅུ་གཉིས་པ་རྒྱལ་གྱི་ཟླ་བའི་བར་ཐ་སྙད་འདོད་པའི་ཕྱིར་དང་། འདུལ་མཛོད་གཉིས་ཀྱི་ལུགས་ལ། མགོ་ཟླ་བ་ནས་སྨིན་དྲུག་ཟླ་བའི་བར་གྱི་ཚེས་ཟླ་བཅུ་གཉིས་པོ་འདི་རང་རང་གི་ཉ་སྐར་གྱི་སྒོ་ནས་དེ་དང་དེའི་ཐ་སྙད་བྱས་པ་ཡིན་ཏེ། དགུན་ཟླ་ར་བ་འབྲིང་པོ་ཐ་ཆུང་གསུམ་ནས། སྟོན་ཟླ་ར་བ་འབྲིང་པོ་ཐ་ཆུང་གསུམ་གྱིས་བར་གྱི་ཚེས་ཟླ་བཅུ་གཉིས་པོ་འདི་རང་རང་གི་ཉ་སྐར་གྱི་སྒོ་ནས་དེ་དང་དེའི་ཐ་སྙད་བྱས་པ་ཡིན་པའི་ཕྱིར་ཏེ། མགོ་དང་རྒྱལ་དང་ཧ་ནི་དགུན། །དབོ་དང་ནག་པ་ས་ག་དཔྱིད། །སྟྲོན་དང་ཆུ་སྟོད་གྲོ་བཞིན་དབྱར། །ཁྲུམ་དང་ཐ་སྐར་སྨིན་དྲུག་སྟོན། །ཞེས་པའི་སྡོམ་ཚིག་ལྟར་ཡིན་ནོ། །གསུམ་པ་ལ། ལོ་གྲུབ་ཚུལ། ལོའི་དབྱེ་བ། མིང་གི་ཐ་སྙད་

འདོགས་ཚུལ་དང་གསུམ། དང་པོ་ནི། ཞག་མི་ཐུབ་འདོར་རྒྱུ་དང་བཅས་པའི་ཆོས་ཟླ་བཅུ་གཉིས་ལ་ཆོས་ལོ་གཅིག་ཏུ་འཇོག་པ་ཡིན་ཏེ། མཛོད་ལས། ཞག་མི་ཐུབ་དང་བཅས་པ་ཡི། །ཟླ་བ་བཅུ་གཉིས་ལ་ལོ་གཅིག །ཅེས་གསུངས་པའི་ཕྱིར། ཉིན་ཞག་གི་དབང་དུ་བྱས་ན། ནམ་ལངས་མ་ཐག་པ་ནས་སྐར་ཡང་ནམ་ལངས་མཁའི་བར་ལ་ཉིན་ཞག་གཅིག་ཏུ་བྱེད་པ་ཡིན་ཏེ། ཏིཀ་ཆེན་རིན་ཆེན་འཕྲེང་བ་ལས། ནམ་ལངས་ནས་ནམ་ལངས་ཀྱི་བར་རོ། །ཞེས་གསུངས་པའི་ཕྱིར་དང་། གླིང་འདིར་ནམ་ལངས་མ་ཐག་པ་དང་། འདིར་ཉི་མའི་འོད་ཟེར་ཤར་མ་ཐག་པ། འདིར་ཉིན་མོའི་ཐོག་མ་གྲུབ་པ་རྣམས་དུས་མཉམ་པའི་ཕྱིར་ཏེ། མདོ་ཕལ་པོ་ཆེ་ལས། ཉིན་མཚན་ལ་ཉིན་མཚན་གྱི་གྲངས་སུ་བྱ་བ་མེད་ཅིང་མི་སྲིད་ཀྱང་། ཉི་མའི་དཀྱིལ་འཁོར་ནུབ་ན་ནི་ནུབ་མོར་སྣང་ངོ་། །ཉི་མའི་དཀྱིལ་འཁོར་ཤར་ན་ནི་ཉིན་མོར་སྣང་ཞིང་བརྗོད་པ་ཡོད་དོ། །ཞེས་གསུངས་པའི་ཕྱིར། དེས་ན། ཉིན་ཞག་གི་དབང་དུ་བྱས་པའི་ཟླ་བ་བཅུ་གཉིས་ལ་དེའི་དབང་དུ་བྱས་པའི་ལོ་གཅིག་ཏུ་འཇོག་གོ །ཡང་ཁྲིམ་ཟླ་བཅུ་གཉིས་སམ། ཉི་མ་བྱང་བགྲོད་མཐར་ཕྱུག་པ་ནས། སླར་ཡང་བྱང་བགྲོད་མཐར་ཕྱུག་ཁ་ཚུན་ལ་ཁྲིམ་ལོ་གཅིག་ཏུ་(༩བ)འཇོག་པ་ཡིན་ཞིང་། ཆོས་ཟླ་བཅུ་གཉིས་ལ་ཆོས་ལོ་གཅིག ཆོས་ལོ་གཅིག་དང་ཆོས་ཞག་བཅུ་གཅིག་ལྷག་ཙམ་ལ་ཁྲིམ་ལོ་གཅིག་གྲུབ་པས། ཉིན་ཞག་གི་

དབང་དུ་བྱས་པའི་ཟླ་བ་བཅུ་གཉིས་ལ། དེའི་དབང་དུ་བྱས་པའི་ལོ་གཅིག་དང་། ཉིན་ཞག་གི་དབང་དུ་བྱས་པའི་ཟླ་བ་བཅུ་གཉིས་དང་ཉིན་ཞག་ལྔ་ལྷག་ཙམ་ལ་ཁྱིམ་ལོ་གཅིག་གྲུབ། ཁྱིམ་ཞག་སུམ་བརྒྱ་དང་དྲུག་ཅུ་འམ། ཁྱིམ་ཟླ་བཅུ་གཉིས་ལ་ཁྱིམ་ལོ་གཅིག་ཏུ་གྲུབ་པ་ཡིན་ནོ།།

གཉིས་པ་ནི། ལོ་ལ་སྒྲས་བརྗོད་རིགས་ཀྱི་སྒོ་ནས་དབྱེ་ན། ཚེས་ལོ་དང་། ཉིན་ཞག་གི་དབང་དུ་བྱས་པའི་ལོ་དང་། ཁྱིམ་ལོ་དང་གསུམ་དུ་ཡོད་པ་ལས། ཚེས་ལོ་དེ་ལོ་བཏགས་པ་བ་ཡིན་ཏེ། ལོ་གཅིག་རྫོགས་པ་ལ་ཚེས་ཟླ་བཅུ་གཉིས་དང་། ཚེས་ཞག་བཅུ་གཅིག་ལྷག་ཙམ་ཞིག་རྫོགས་དགོས་པའི་ཕྱིར་དང་། ཚེས་ལོ་གསུམ་རེ་རེ་ལ་ཟླ་ཐེབ་རེ་མི་འབྱུང་བར་ཐལ་བའི་སྐྱོན་ཡོད་པའི་ཕྱིར་རོ། །དེར་མ་ཟད་ཉིན་ཞག་གི་དབང་དུ་བྱས་པའི་ལོས་ཀྱང་ལོའི་གོ་མི་ཆོད་དེ། ལོ་གཅིག་རྫོགས་པ་ལ་ཉིན་ཞག་སུམ་བརྒྱ་དང་དྲུག་ཅུ་རེ་ལྔ་ལྷག་ཙམ་གཅིག་རྫོགས་དགོས་པའི་ཕྱིར་ཏེ། ལོ་གཅིག་རྫོགས་པ་ལ་ཉིན་ཞག་གི་དབང་དུ་བྱས་པའི་ཟླ་བ་བཅུ་གཉིས་དང་ཉིན་ཞག་ལྔ་ལྷག་ཙམ་ཞིག་རྫོགས་དགོས་པའི་ཕྱིར། དེས་ན་ལོ་ལ་ཁྱིམ་ལོ་དབང་བཙན་པ་ཡིན་ཏེ། ལོ་གཅིག་རྫོགས་པ་ལ་ཁྱིམ་ལོ་གཅིག་རྫོགས་དགོས་པའི་ཕྱིར་ཏེ། དེ་ལ་དགུན་གྱི་ཐོག་མ་ནས་སྟོན་གྱི་ཐ་མའི་བར་རྫོགས་དགོས་པའི་ཕྱིར་ཏེ། དེ་ལ་དུས་བཞི་ཚང་བར་རྫོགས་དགོས་པའི་ཕྱིར། གཞན་ཡང་། རྒྱ་བའི་དམ་བཅའ་འཐད་

དེ། བསྟན་པའི་གནས་ཚད་བཅུ་པའི་ལོ་དང་། མིའི་ཚེ་ཚད་བཅུ་པའི་ལོ་རྣམས་ཁྲིམ་ལོ་ཁོ་ནའི་སྟེང་ནས་བརྩི་བ་ཡིན་པའི་ཕྱིར། དེས་ན་ལྷའི་ཞག་དང་ཟླ་བ་དང་ལོ་གསུམ་གྱིས་རིམ་པ་བཞིན་ཞག་དང་ཟླ་བ་དང་ལོའི་གོ་མི་ཆོད་དེ། མི་ལོ་ལྔ་བཅུ་ལ་རྒྱལ་ཆེན་རིགས་བཞིའི་ལྷའི་ཉིན་ཞག་གཅིག་ཏུ་འཇོག་པ་ཡིན་པའི་ཕྱིར་ཏེ། མཛོད་ལས། མི་རྣམས་ཀྱི་ལོ་ལྔ་བཅུ་ལ། །འདོད་པ་དག་གི་ལྷ་རྣམས་ལས། །འོག་མ་དག་གི་ཉིན་ཞག་གཅིག །ཅེས་གསུངས་པའི་ཕྱིར། གསུམ་པ་མིང་གི་ཐ་སྙད་འདོགས་ཚུལ་ལ། འདུལ་བ་ལུང་ལས། རྒྱལ་པོ་འདི་ཞེས་བྱ་བས་རྒྱལ་སྲིད་བསྐྱངས་(༥ན)ནས་ལོ་འདི་ཙམ་ཞེས་སོང་པ་མ་གཏོགས་ལོ་ལ་རང་མིང་གི་སྒོ་ནས་སྨྲས་ཟིན་ལ་མ་གསུངས་ལ། འོན་ཀྱང་། དགེ་ཚུལ་གྱི་ལོ་དྲི་བ་ལས་དུས་གོ་བརྗོད་པའི་ཚེ་ལོ་བརྗོད་དགོས་པར་གསུངས་པས། བྱི་ལོ་ལ་སོགས་པའི་མིང་གིས་བཏགས་པའི་ལོ་བཅུ་གཉིས་ཀྱི་ཐ་སྙད་བྱའོ། །འདི་སྐབས་སུ་དུས་འཁོར་ནས་བཤད་པའི་ལོ་འདི་དང་། ཕྱུག་རྗེར་བསྐྱོད་འགྲེལ་ནས་འདི་བཤད་སོགས་ཀྱི་བཤད་པ་བྱེད་པ་ནི། སྐབས་འདིར་ཐེག་ཆེན་ཁས་མི་ལེན་པ་དང་འགལ་ལམ་སྙམ་དཔྱད་དགོས་སོ། །

༄ ལོ་ལ་དུས་ཚིགས་ཀྱི་རྣམ་གཞག་བཤད་པ།

རྩ་བའི་གཉིས་པ་ལོ་དེ་ལ་དུས་ཚིགས་ཀྱི་རྣམ་བཞག་བཤད་པ་ལ།

དུས་ཚིགས་ལ་ལུང་ལས་བསྟན་ཚུལ་གྱི་སྒོ་ནས་དབྱེ་ན། དེ་ལ་ལྔར་འབྱེད་ཚུལ། དྲུག་ཏུ་འབྱེད་ཚུལ། གསུམ་དུ་འབྱེད་ཚུལ། བཞིར་འབྱེད་ཚུལ་དང་བཞིར་ཡོད། དང་པོ་ལ། དབྱེ་བ་དངོས་དང་། དེལ་ཡུན་ཚད་ཀྱི་ཁྱད་པར། དེ་ལ་ལྔར་ཕྱེ་བའི་དགོས་པ། ཞར་ལ་དུས་སྒོ་བརྗོད་ཚུལ་བཤད་པ་དང་བཞི་ཡོད། དང་པོ་ནི། རབ་བྱུང་གི་གཞི་ལས། དུས་ཚིགས་ལ་དགུན་གྱི་དུས་དང་། དཔྱིད་ཀྱི་དུས་དང་། དབྱར་གྱི་དུས་དང་། དབྱར་ཐུང་ངུའི་དུས་དང་། དབྱར་རིང་པོའི་དུས་དང་ལྔ་ཡོད་དེ། འདི་ཉིད་ལས། དེ་དག་ནི་ལྔའོ། །དགུན་གྱི་དུས་དང་། དཔྱིད་ཀྱི་དུས་དང་། དབྱར་གྱི་དུས་དང་། དབྱར་ཐུང་ངུའི་དུས་དང་། དབྱར་རིང་པོའི་དུས་སོ། །ཞེས་གསུངས་པའི་ཕྱིར། གཉིས་པ་ནི། དགུན་དཔྱིད་གཉིས་ལ་ཚེས་ཟླ་བཞི་བཞི་དང་། དབྱར་ལ་ཚེས་ཟླ་གཅིག་དང་། དབྱར་ཐུང་ངུ་ལ་ཉིན་ཞག་གཅིག་དང་། དབྱར་རིང་པོ་ལ་ཚེས་ཟླ་གསུམ་དུ་ཉིན་ཞག་གཅིག་གིས་མ་ལོངས་པ་ཡོད་དེ། འདི་ཉིད་ལས། དང་པོ་གཉིས་ནི་ཟླ་བ་བཞི་བཞིའོ། །འོག་མ་ནི་ཟླ་བ་གཅིག་གོ །དེའི་འོག་མ་ནི་ཉིན་ཞག་གཅིག་གོ །ཐ་མ་ནི་དེས་ཟླ་བ་གསུམ་དུ་མ་ཚང་བའོ། །ཞེས་གསུངས་པའི་ཕྱིར། དེས་ན། དགུན་ཟླ་གསུམ་དང་དཔྱིད་ཟླ་ར་བ་སྟེ་བཞི་པོ་དེ། དུས་ཚིགས་ལ་ལྔར་ཕྱེ་བའི་དགུན་གྱི་དུས་ཡིན། དཔྱིད་ཟླ་ཕྱི་མ་གཉིས་དང་དབྱར་ཟླ་དང་པོ་གཉིས་ཏེ་བཞི་པོ་དེ། དེ་ལྟར་ཕྱེ་བའི་དཔྱིད་ཀྱི་

དུས་ཡིན། དབྱར་ཟླ་ར་ཆུང་དེ་དེ་ལྟར་ཕྱེ་བའི་དབྱར་གྱི་དུས་ཡིན། སྟོན་ཟླ་ར་བའི་མར་ངོའི་ཚེས་གྲངས་དང་པོ་དེ། དེ་ལྟར་ཕྱེ་བའི་དབྱར་ཐུང་ངུའི་དུས་ཡིན། སྟོན་ཟླ་ར་བའི་མར་ངོའི་ཚེས་གྲངས་གཉིས་པ་ནས (༥བ)སྟོན་ཟླ་ར་ཆུང་རྫོགས་པའི་བར་དེ། དེལྟར་ཕྱེ་བས་དབྱར་རིང་པོའི་དུས་ཡིན་ནོ། །གསུམ་པ་ནི། དུས་ཚིགས་ལ་ལྟར་ཕྱེ་བ་ལ་དགོས་པ་ཡོད་དེ། དབྱར་ཐུང་ངུའི་དུས་ཤི་བ་རོ་ལྟ་ཐུར་རྫོགས་ནས། རབ་བྱུང་རྣམས་ཀྱིས་འཆི་བ་མི་རྟག་པ་དྲན་པར་བྱ་བ་དང་། སྟོན་ཟླ་ར་བའི་མར་ངོའི་ཚེས་གྲངས་དང་པོའི་ཉིན་དབྱར་ཕྱི་མ་ཁས་ལེན་ཚུལ་དེ་རྫོགས་པར་བྱ་བའི་ཆེད་ཡིན་པའི་ཕྱིར། བཞི་པ་ནི། ད་ལྟར་གྱི་ཚོག་ལ་བརྟེན་ནས་རབ་བྱུང་བསྙེན་རྫོགས་བསྒྲུབས་ཟིན་མ་ཐག་ཏུ་གྲིབ་ཚོད་གཞལ་དགོས་ཏེ། འདི་ཉིད་ལས། དེ་མ་ཐག་ཏུ་གྲིབ་ཚོད་རིགས་པར་བྱའོ། ཞེས་གསུངས་པའི་ཕྱིར། དེ་ཡང་། ཐུར་མ་སོར་བཞི་པས་གཞལ་ན་བཟང་སྟེ། དེ་ལ་བརྟེན་ནས་རྫོགས་སླ་བ་ཡིན་པའི་ཕྱིར་ཏེ། འདི་ཉིད་ལས། དེ་ནི་ཐུར་མ་སོར་བཞི་པས་བཟང་ངོ་། །ཐུར་མ་སོར་བཞི་པ་དང་། དེའི་གྲིབ་མ་སོར་བཞི་པ་གཉིས་ལ། སྐྱེས་བུ་ཞེས་པའི་ཐ་སྙད་དང་། གྲིབ་མ་སོར་གཅིག་ལ་སྐྱེས་བུའི་རྐང་པ་ཞེས་ཐ་སྙད་བྱས་ནས་གཞལ་བར་བྱ་སྟེ། འདི་ཉིད་ལས། དེ་ནི་སྐྱེས་བུ་ཉིད་ཅེས་ཐ་སྙད་བྱའོ། །ཞེས་གསུངས་པའི་ཕྱིར། དེ་འདྲའི་ཐ་སྙད་བྱེད་པའི་རྒྱུ་མཚན་ཡོད་དེ། སྐྱེས་བུའི་སྐད་དོད

ཕུ་རྟུ་ཁ་ཞེས་པ་ནུས་ལྡན་ལ་འཇུག་ལ། ཐུར་མ་སོར་བཞི་པ་དེ་ཡང་རང་འབྲས་གྲིབ་མ་སྐྱེད་པའི་ནུས་པ་དང་ལྡན་པའི་རྒྱུ་མཚན་གྱིས་དེ་ལྟར་དུ་བརྗོད་པའི་ཕྱིར་རོ། །དེ་འདྲའི་ཐ་སྙད་བཏགས་པ་ལ་དགོས་པ་ཡོད་དེ། བརྒྱུ་ཐབས་སུ་གནས་པ་སོགས་ཀྱི་ཐ་སྙད་དེ་མི་ཤེས་པར་བྱ་བའི་ཆེད་ཡིན་ཕྱིར། གྲིབ་ཚོད་རིག་པའི་རྗེས་སུ་བསྙེན་བཀུར་གྱི་གནས་དང་གནས་མིན་པ། བསྙེན་བཀུར་རང་གི་ངོ་བོ་བརྗོད་ནས། དེ་རྗེས་མདོ་རྒྱ་ལས། ཕྲ་རིམ་ནས་གསུངས་ཀྱང་། རྗོད་པ་པོ་བརྗོད་སླ་བ་དང་། ཉན་པ་པོ་ཉན་སླ་བའི་ཕྱིར་དུ་རགས་རིམ་ནས་བརྗོད་པར་བྱ་སྟེ། དེ་ཡང་བྱེ་བ་ལྟ་བུའི་ལོ་འདི་ལ། དགུན་གྱི་དུས་ལ་སོགས་པ་གོང་དུ་བཤད་པའི་དུས་ཚིགས་ལྔ་ཡོད་པའི་འདི་ཡིན། དེ་ལ་ཚེས་ཟླ་བཅུ་གཉིས་ཡོད་པའི་འདི་ཡིན། དེ་ལ་ཡར་ངོ་དང་མར་ངོ་གཉིས་ཡོད་པའི་འདི་ཡིན། དེ་ལ་ཚེས་གྲངས་བཅོ་ལྔ་རེ་ཡོད་པའི་འདི་ཡིན། དེ་ལ་ཉིན་མཚན་གྱི་ཆ་ཉེར་གཉིས་ཡོད་པའི་འདི་ཡིན། ཉིན་མོ་ཡིན་ན། གྲིབ་ཚོད་སྐྱེས་བུའམ། སྐྱེས་བུའི་རྐང་པ་འདི་ཙམ་དང་། མཚན་མོ་ཡིན་ན། མཚན་(ཙན)མོའི་ཆ་འདི་ཙམ་གྱི་དུས་སུ་ཁྱིད་རབ་ཏུ་བྱུང་ཞིང་བསྙེན་པར་རྫོགས་པ་ཡིན་ནོ། །ཞེས་བརྗོད་དགོས་པའི་ཕྱིར་ཏེ། ཊཱི་ཀ་ཆེན་རིན་ཆེན་འཕྲེང་བ་ལས། རྒྱ་བར་ཕྲ་རིམ་ནས་བཤད་ཀྱང་། གོ་བར་བྱེད་པའི་ཚེ་བརྗོད་པ་པོ་བརྗོད་བདེ་ཞིང་། ཉན་པ་པོས་བདེ་བླག་ཏུ་རྟོགས་པར་བྱ་བའི་ཕྱིར་དུ།

ཞེས་པ་ནས། དེ་ཙམ་ལ་བསྙེན་པར་རྫོགས་སོ་ཞེས་བརྗོད་པར་བྱའོ།། ཞེས་པའི་བར་གསུངས་པའི་ཕྱིར། གྲིབ་ཚོད་སོགས་བརྗོད་པ་ལ་དགོས་ཡོད་དེ། བསྙེན་བཀུར་གྱི་གནས་དང་། གནས་མ་ཡིན་པ་ཤེས་པར་བྱ་བའི་ཆེད་ཡིན་ཕྱིར། གཉིས་པ་དབྱེ་བ་ལ། ཟླ་བའི་གྲངས་ངེས་འཇོག་ཚུལ། ཡུན་ཚད་ཀྱི་ཁྱད་པར། དགོས་པ་དང་གསུམ། དང་པོ་ནི། གསོ་སྦྱོང་གི་གཞི་ལས་དུས་ཚིགས་ལ་དྲུག་གསུངས་པ་ཡིན་ཏེ་དགུན་སྟོད། དགུན་སྨད། དཔྱིད་ཀ །གསོས་ཀ །དབྱར་སྔོན་གྱི་དུས་དང་དྲུག་ཏུ་གསུངས་པའི་ཕྱིར་ཏེ། དུས་ཚིགས་དྲུག་པོ་དེ་རང་རང་ཚེས་ཟླ་ཕྱེད་དང་གཉིས་གཉིས་འདས་ནས། ཚེས་ཟླ་ཕྱེད་ཕྱེད་རེ་ལུས་པའི་མཚམས་སུ་གསོ་སྦྱོང་བཅུ་བཞི་པོ་རེ་རེ་འབྱུང་བར་གསུངས་པའི་ཕྱིར་ཏེ། འདི་ཉིད་ལས། དུས་ཚིགས་རྣམས་ཀྱི་ཟླ་བ་ཕྱེད་ལུས་པ་ཉིད་ལའོ། །ཞེས་དང་། དེའི་རྒྱ་ཆེར་འགྲེལ་ལས་ཀྱང་། དུས་ཚིགས་དྲུག་པོ་དེ་རེ་རེ་ལ་ཟླ་བ་གཉིས་གཉིས་ཏེ། ཟླ་བ་ཕྱེད་པ་བཞི་ཡོད་པ་ལས། ཕྱེད་དང་པོ་གཉིས་དང་ཐ་མ་གསུམ་ལ་ནི་ཞག་བཅོ་ལྔ་བཅོ་ལྔ་ཐུབ་པར་བརྩིའོ། །ཕྱེད་གསུམ་པ་ལ་ནི་ཞག་རེ་རེ་ཆད་ཅིང་། བཅོ་ལྔ་མི་ཐུབ་པར་བཅུ་བཞི་ཐུབ་པར་བརྩི་སྟེ། དེ་དག་ནི་གསོ་སྦྱོང་བཅུ་བཞི་པ་ཡིན་པར་རིག་པར་བྱའོ། ཞེས་གསུངས་པའི་ཕྱིར་དང་། དེ་དང་མཐུན་པར་མཛོད་འགྲེལ་ལས་ཀྱང་། དགུན་དང་དཔྱིད་དང་དབྱར་རྣམས་ཀྱི། །ཟླ་བ་ཕྱེད་དང་གཉིས

འདས་ནས། །ཕྱིད་ནི་སྐད་དུ་ལུས་པ་ན། །མཁས་པས་ཞག་མི་ཐུབ་པ་ོར། །ཞེས་གསུངས་པའི་ཕྱིར། གཉིས་པ་ནི། དུས་ཚིགས་དྲུག་པོ་རེ་རེ་ལ་ཚེས་ཟླ་གཉིས་གཉིས་ཡོད། གསུམ་པ་ནི། དུས་ཚིགས་ལ་དྲུག་གསུངས་པ་ལ་དགོས་པ་ཡོད་དེ། ཚེས་ལོ་གཅིག་ལ་གསོ་སྦྱོང་བཅུ་བཞི་པ་དྲུག་འབྱུང་བ་དེ་རྟོགས་པར་བྱ་བའི་ཕྱིར་དུ་ཡིན་པའི་ཕྱིར། གསུམ་པ་དབྱེ་བ་ལ། ཟླ་བའི་གྲངས་ངེས། འཇོག་ཚུལ། དགོས་པ་དང་གསུམ་ལས། དང་པོ་ནི། ཟླ་འཇོག་གི་སྐྱང་བའི་སྐབས་སུ། དུས་ཚིགས་ལ། དགུན་གྱི་དུས། དཔྱིད་ཀྱི་དུས། དབྱར་གྱི་དུས་དང་གསུམ་དུ་གསུངས་པ་ཡིན་ཏེ། འདི་ཉིད་ལས། (༨བ)དུས་ཚིགས་སུ་བཅད་པ་ལ་ནི་ཉིས་འགྱུར་དུའོ། །ཞེས་དང་། དེའི་རྒྱ་ཆེ་འགྲེལ་ལས། དུས་ཚིགས་གསུམ་པོ་དེ་དག་ལས། དུས་ཚིགས་གང་ཡང་རུང་བའི་ཚིགས་སུ་བཅད་པ་གང་ཡིན་པའོ། །ཞེས་དང་། ཏིཀ་ཆེན་རིན་ཆེན་འཕྲེང་བ་ལས། ཟླ་བ་བཞི་ཙམ་གྱིས་དུས་ཚིགས་སུ་བཅད་པ་ལས། རྣམ་སྦྱར་སོགས་བྱེད་ན། གསར་པ་ལ་ཇི་སྐད་བཤད་པའི་རིམ་པ་ལས་ཉིས་འགྱུར་དུ་བྱའོ། །ཞེས་གསུངས་པའི་ཕྱིར། གཉིས་པ་ནི། དུས་ཚིགས་གསུམ་པོ་རེ་རེ་ལ་ཟླ་བ་བཞི་བཞི་སྟེ། ཏིཀ་ཆེན་རིན་ཆེན་འཕྲེང་བ་ལས། དུས་གསུམ་ཡང་ཡོད་དེ། དགུན་དང་དཔྱིད་དང་དབྱར་ཏེ། དེ་རེ་རེ་ལ་ཟླ་བཞི་བཞི་ཡོད་ལ། ཞེས་གསུངས་པའི་ཕྱིར། གསུམ་པ་ནི། དུས་ཚིགས་གསུམ་དུ་གསུངས

པ་ལ་དགོས་པ་ཡོད་དེ། ཕྱག་དར་ཁྲོད་ཀྱི་གོས་ངོ་ཤེས་པར་བྱ་བའི་ཆེད་ཡིན་པའི་ཕྱིར་ཏེ། ཊཱི་ཀ་ཆེན་རིན་ཆེན་འཕྲེང་བ་ལས། དེ་ནི་དམན་པ་ཕྱག་དར་ཁྲོད་ཀྱི་ཚད་རྟོགས་པར་བྱ་བའི་ཕྱིར་རོ། །ཞེས་གསུངས་པའི་ཕྱིར། དུས་ཚོགས་ལ་གསུམ་དུ་ཕྱེ་བ་ལ་བརྟེན་ནས། ཕྱག་དར་ཁྲོད་ཀྱི་གོས་ངོ་ཤེས་པར་ཡང་འགྱུར་ཏེ། ཁྱིམ་པས་ཚེས་ཟླ་བཞིན་ལོངས་སྤྱོད་ནས་དོར་བའི་གོས་གཅིག་གི་སྟེང་ནས་ཕྱག་དར་ཁྲོད་ཀྱི་གོས་འཛོག་པ་ཡིན་པའི་ཕྱིར། ཕྱག་དར་ཁྲོད་ཀྱི་གོས་ངོ་ཤེས་པ་ལ་ཡང་དགོས་པ་ཡོད་དེ། ཕྱག་དར་ཁྲོད་ཀྱི་གོས་ལས་བྱས་པའི་རྣམ་སྦྱར་དང་བླ་གོས་དང་། མཐང་གོས་སོགས་མཐའ་གཉིས་རིམ་སུ་བྱས་ཀྱང་ཟླ་འཛོག་གི་ལྟུང་བར་མི་འགྱུར་རོ། །ཞེས་ཤེས་པར་བྱ་བའི་ཆེད་ཡིན་པའི་ཕྱིར་ཏེ། རྒྱ་ཆེར་འགྲེལ་ལས། གལ་ཏེ་གོས་དུས་ཚོགས་གཅིག་ཏུ་སྤྱོད་པ་ལས། དེ་དག་བྱེད་ན་ཉེས་འགྱུར་དུ་བྱའོ། །ཞེས་གསུངས་པའི་ཕྱིར། བཞི་པ་ལ། དབྱེ་ན། ཟླ་བའི་གྲངས་ངེས། འཛོག་ཚུལ། དགོས་པ། དུས་ཚོགས་འབྱེད་ཚུལ་བཞི་པོ་དེ་གཙོ་གང་ཆེ་བཤད་པ། འཕྲོས་དོན་བཤད་པ་དང་ལྔ་ལས། དང་པོ་ནི། མདོ་དང་བསྟན་བཅོས་ཕལ་ཆེ་བ་ནས། དུས་ཚོགས་ལ་བཞིར་གསུངས་པ་ཡིན་ཏེ། དགུན་གྱི་དུས། དཔྱིད་ཀྱི་དུས། དབྱར་གྱི་དུས། སྟོན་གྱི་དུས་དང་བཞིར་གསུངས་པའི་ཕྱིར། གཉིས་པ་ནི། དུས་ཚོགས་བཞི་པོ་རེ་རེ་ལ་རབ་འབྲིང་པོ་ཐ་ཆུང་གི་ཟླ་བ་གསུམ་གསུམ་

ཡོད་དེ། གསེར་འོད་དམ་ཅན་ལས། ཟླ་གསུམ་དབྱར་(༧ན)ངོ་ཟླ་གསུམ་སྟོན་དུ་ཤེས། །གསུམ་ནི་དགུན་ཡིན་གསུམ་ནི་དཔྱིད་ཡིན་ནོ། །ཞེས་གསུངས་པའི་ཕྱིར་དང་། ཊཱི་ཀ་ཆེན་རིན་ཆེན་འཕྲེང་བ་ལས། དེ་ནི་འཇིག་རྟེན་གྱི་ཐ་སྙད་དང་མཐུན་པར་བསྟན་པའོ། །ཞེས་གསུངས་པའི་ཕྱིར། གསུམ་པ་ནི། དུས་ཚིགས་ལ་བཞིར་གསུངས་པའི་དགོས་པ་ཡང་ཡོད་དེ། འཇིག་རྟེན་ན་ར་བ་འབྲིང་པོ་ཐ་ཆུང་གི་ཟླ་བའི་རྣམ་གཞག་གྲགས་ཆེ་བས་འཇིག་རྟེན་གྱི་ཐ་སྙད་དང་མཐུན་པར་བྱ་བའི་ཆེད་ཡིན་པའི་ཕྱིར་ཏེ། མདོ་རྒྱའི་ཊཱི་ཀ་ཆེན་ལས། དེ་ནི་འཇིག་རྟེན་གྱི་ཐ་སྙད་དང་མཐུན་པར་བསྟན་པའོ། །ཞེས་གསུངས་པའི་ཕྱིར། དེ་དང་མཐུན་པར་བྱས་པ་ལ་དགོས་པ་ཡོད་དེ། ཉི་འགོ་ཚེས་འགོ་འགྲིག་པ་གཞིར་བཞག་པའི་དགུན་ཟླ་འབྲིང་པོ་དང་། དབྱར་ཟླ་འབྲིང་པོ་གཉིས་ཀྱི་ནང་དུ་དེ་གཉིས་ཀྱི་ཉི་མ་ལྡོག་པ་ཡོད་པ་དང་། སྟོན་ཟླ་འབྲིང་པོ་དང་དཔྱིད་ཟླ་འབྲིང་པོ་གཉིས་ཀྱི་ནང་དུ་དེ་གཉིས་ཀྱི་ཉིན་མཚན་མཉམ་པ་སྲིད་པས་དེ་རྣམས་རྟོགས་པར་བྱ་བའི་ཆེད་ཡིན་པའི་ཕྱིར། བཞི་པ་ནི། དུས་ཚིགས་འབྱེད་ཚུལ་དེ་རྣམས་ཀྱི་ནང་ནས་བཞིར་འབྱེད་ཚུལ་དེ་གཙོ་ཆེ་བ་ཡིན་ཏེ། གླིང་བཞིར་དབྱར་དབྱར་མཉམ་དང་། དགུན་དགུན་མཉམ་དུ་འདོད་པ་རྣམས་དང་། དུས་བཞི་འཁོར་བར་འདོད་པ་རྣམས་ཀྱི་དུས་ཚིགས་ལ་བཞིར་འབྱེད་ཚུལ་དེ་ཁས་ལེན་པའི་ཕྱིར། རྒྱུ་མཚན་དེས་ན་

དཀྲུན་གྱི་དུས་དང་། དུས་ཚིགས་ལ་བཞིར་ཕྱེ་བའི་དཀྲུན་གྱི་དུས་དོན་གཅིག དེ་བཞིན་དུ་དཔྱིད། དབྱར་དང་སྟོན་གསུམ་ལ་རིགས་འགྲེའོ།།

དུས་ཚིགས་ལ་དྲུག་ཏུ་འབྱེད་ཚུལ་དང་བཞིར་འབྱེད་ཚུལ་གཉིས་བསྟན་བཅོས་ལས་བཤད་པར་མ་ཟད། འཛིག་རྟེན་གྱི་ཐ་སྙད་ལ་ཡང་གྲགས་ལ། དེ་ལ་ལྔར་འབྱེད་ཚུལ་དང་། གསུམ་དུ་འབྱེད་ཚུལ་གཉིས་བསྟན་བཅོས་ལས་བཤད་པ་ཙམ་ཡིན་གྱི་འཛིག་རྟེན་གྱི་ཐ་སྙད་ལ་མ་གྲགས་ཏེ། འགྲེལ་བཤད་རྒྱལ་སྲས་མ་ལས། གསུང་རབ་ལས་ནི་དུས་གསུམ་ཁོ་ན་ཡིན་གྱི །འཛིག་རྟེན་པའི་ལྟ་བུར་དྲུག་ཏུ་མ་ཡིན་ཏེ། ཞེས་གསུངས་པའི་ཕྱིར་ཏེ། ལྔ་པ་ལ། ཉི་ཟླ་རྒྱུ་ཚུལ་བཤད་པ། ནམ་ཕྱེད་ཉི་མ་ནུབ་པ་སོགས་དུས་མཉམ་དུ་འབྱུང་ཚུལ་བཤད་པ། ཉིན་མཚན་རིང་ཐུང་དུ་འགྲོ་ཚུལ་བཤད་པ། དེ་ལ་བརྟེན་ནས་དུས་བཞི་གྲུབ་ཚུལ་བཤད་པ་དང་བཞི་ལས། དང་པོ་ནི། ལྷོ་གླིང་འདིར་(༧བ)ཉི་མ་ལོག་ནས། གླིང་གཞན་དུ་ཉི་མ་མ་ལོག་པའི་ཁྱད་པར་མི་འབྱེད་དེ། ཉི་མའི་དཀྱིལ་འཁོར་དེ། ཉི་མ་ལྷོ་བགྲོད་མཐར་ཐུག་པའི་རྒྱུ་ལམ་དུ་སླེབས་ནས། སྐར་ཡང་རྒྱུ་ལམ་གཉིས་པར་སླེབས་པ་ན། དཀྲུན་ཉི་ལྡོག་པའི་ཐ་སྙད་བྱེད་ཅིང་། ཉི་མའི་དཀྱིལ་འཁོར་ཉི་མ་བྱང་བགྲོད་མཐར་ཐུག་པའི་རྒྱུ་ལམ་དུ་སླེབས་ནས། སྐར་ཡང་རྒྱུ་ལམ་གཉིས་པར་སླེབས་པ་ན་དབྱར་ཉི་ལྡོག་པའི་ཐ་སྙད་འཇོག་པ་ཡིན་པའི་ཕྱིར་ཏེ། ཉི་མའི་རྒྱུ་ལམ་དེ་ཕྱུབ་ཀྱི་

སྤྱི་རིམ་ལྟར་དུ་གནས་པའི་ཕྱིར། ཉི་ཟླ་གཉིས་ལྡན་པོ་ཆུ་མཚམས་ནས་ཐོན་པའི་ཕྱེད་ཐད་ནས་རྒྱུ་བ་ཡིན་ཏེ། མཛོད་ལས། ཉི་ཟླ་ལྡན་པོའི་ཕྱེད་ནའོ། །ཞེས་གསུངས་པའི་ཕྱིར་དང་། ཉི་ཟླ་གཉིས་གསེར་རི་ནང་མའི་རྩེ་ཐད་ལ་རྒྱུ་བའི་རྒྱུ་མཚན་གྱིས། གསེར་རི་ནང་མ་ལ་གཉའ་ཤིང་འཛིན་རི་ཞེས་ཐ་སྙད་བཏགས་པའི་ཕྱིར། གཉིས་པ་ནི། ལྷོ་གླིང་དབུས་ཀྱི་ལྷོ་གླིང་གི་ཐད་དྲངས་ཀྱི་ས་ཚིགས་དེ་ལ། ལྷོ་གླིང་གི་ཚངས་ཐིག་གི་ཐ་སྙད་བྱེད་ལ། དེས་ན་ལྷོ་གླིང་འདིར་ཉི་མ་ཕྱེད་པ། ཤར་གླིང་དུ་ཉི་མ་ནུབ་པ་སོགས་དུས་མི་མཉམ་སྟེ། ལྷོ་གླིང་དུ་ཉི་མ་ཕྱེད་པ། བྱང་གླིང་དུ་ནམ་ཕྱེད་པ། ཤར་གླིང་དུ་ཉི་མ་ནུབ་པ། ནུབ་གླིང་དུ་ཉི་མ་ཤར་བ་རྣམས་དུས་མཉམ་དུ་དུས་རྒྱུན་དུ་འབྱུང་བ་མ་ཡིན་པའི་ཕྱིར་ཏེ། ལྷོ་གླིང་འདིར་ཉི་མ་ཕྱེད་པ་ནི། འདིའི་ཚངས་ཐིག་གི་སྟེང་དུ་ཉི་མའི་དཀྱིལ་འཁོར་སླེབ་པ་ལ་བྱེད་པའི་ཕྱིར་ཏེ། ལྷོ་གླིང་ཤར་མ་ལ་ཉི་མ་ཕྱེད་པས། ལྷོ་གླིང་དུ་ཉི་མ་ཕྱེད་པའི་གོ་མི་ཆོད་པའི་ཕྱིར་ཏེ། ལྷོ་གླིང་ཤར་མ་ལ་ཉི་མ་ཤར་བས། ལྷོ་གླིང་དུ་ཉི་མ་ཤར་བའི་གོ་མི་ཆོད་པའི་ཕྱིར། དེས་ལྷོ་གླིང་ནུབ་མ་སོགས་ལ་རིགས་འགྲེ་གསུངས་ཏེ་དཔྱད་པར་བྱའོ། །ལྷོ་གླིང་འདིར་སྟོན་དཔྱིད་ཉི་མཚན་མཉམ་པའི་ཚེ། ལྷོ་གླིང་འདིའི་ཉི་མ་ཕྱེད་པ་དང་། བྱང་གླིང་དུ་ནམ་ཕྱེད་པ། ཤར་གླིང་དུ་ཉི་མ་ནུབ་པ། ནུབ་གླིང་དུ་ཉི་མ་ཤར་བ་བཞི་པོ་དུས་མཉམ་དུ་འབྱུང་བ་ཡིན་ཏེ། ལྷོ་གླིང་འདིར་ཉིན་མཚན་མཉམ་

པའི་ཚེ་ཤར་གླིང་དུ་ཉི་མ་ཕྱེད་པ་དང་། ལྷོ་གླིང་འདིར་ཉི་མ་ཤར་བ་དུས་མཉམ་དུ་འབྱུང་བའི་ཕྱིར་ཏེ། མཛོད་ལས། ནམ་ཕྱེད་ཉི་མ་ནུབ་པ་དང་། །ཉི་མ་ཕྱེད་དང་འཆར་དུས་གཅིག །ཅེས་དང་། དེའི་རང་འགྲེལ་དུ། གང་གི་ཚེ་བྱང་གི་སྒྲ་མི་སྙན་དུ་ནི་ནམ་ཕྱེད་པ་(‹ན)དེའི་ཚེ། ཤར་ལུས་འཕགས་སུ་ནི་ཉི་མ་ནུབ་བོ། །འཛམ་བུ་གླིང་དུ་ཉི་མ་ཕྱེད་དོ། བ་གླང་སྤྱོད་དུ་ནི་ཉི་མ་ཤར་ཏེ། ཞེས་གསུངས་པའི་ཕྱིར། ཉིན་མཚན་རིང་ཐུང་མི་མཉམ་པའི་ཚེ། དེ་ལྟར་མི་འབྱུང་སྟེ། སའི་སྟོད་འགྲེལ་ལས། དེ་ཡང་ཉིན་མཚན་མཉམ་པ་དེ་ལྟར་འགྱུར་གྱི། གཞན་དུ་ནི་ཆ་ཡོད་པར་བལྟའོ། །ཞེས་གསུངས་པའི་ཕྱིར། གསུམ་པ་ནི། ཉི་མ་བྱང་བགྲོད་མཐར་ཐུག་པའི་ཚེ། ཉིན་མོ་ལ་ཡུད་ཙམ་བཅོ་བརྒྱད་དང་། མཚན་མོ་ལ་ཡུད་ཙམ་བཅུ་གཉིས་ཡོད་ལ། ཡང་ཉི་མ་ལྷོ་བགྲོད་མཐར་ཐུག་པའི་ཚེ། ཉིན་མོ་ཡུད་ཙམ་བཅུ་གཉིས་དང་། མཚན་མོ་ལ་ཡུད་ཙམ་བཅོ་བརྒྱད་ཡོད་དེ། ཉི་མ་བྱང་བགྲོད་མཐར་ཐུག་པའི་ཚེ་ཉིན་མོ་ཆེས་རིང་ལ། དེ་ལྷོ་བགྲོད་མཐར་ཐུག་པའི་ཚེ་དེ་ལས་ལྡོག་པ་ཡིན་པའི་ཕྱིར། ཉིན་མཚན་མཉམ་པའི་ཚེ་གཉིས་ཀ་ལ་ཡུད་ཙམ་བཅོ་ལྔ་རེ་ཡོད་དེ། ཉི་མ་བྱང་བགྲོད་མཐར་ཐུག་པའི་ཚེ་འདིའི་སྔ་དྲོའི་ཉི་མའི་དཀྱིལ་འཁོར་ཤར་གླིང་གི་ཚངས་ཐིག་གི་སྟེང་དུ་ཡུད་ཙམ་ཕྱེད་དང་གཉིས་ཀྱིས་མ་སླེབས་པ་ནས། འདིར་ཉི་མའི་འོད་ཟེར་འཆར་བ་ཡིན་ཅིང་། དེའི་ཚེ་འདིའི་ཕྱི་

དྲོ་ཉི་མའི་དཀྱིལ་འཁོར་ནུབ་གླིང་གི་ཚངས་ཐིག་གི་སྟེང་ནས་ཡུད་ཙམ་ཕྱེད་དང་གཉིས་ཀྱིས་བརྒལ་བ་ནས་འདིར་ཉི་མའི་འོད་ཟེར་ནུབ་པ་ཡིན་ལ། ཉི་མ་ལྷོ་བགྲོད་མཐར་ཐུག་པའི་ཚེ་ཉི་མའི་དཀྱིལ་འཁོར་ཤར་གླིང་གི་ཚངས་ཐིག་གི་སྟེང་དུ། སླེབས་པ་ན། བྱང་གླིང་གི་ཉི་མའི་འོད་ཟེར་ནུབ་པ་ཡིན་ལ། ཉི་མ་ལྷོ་བགྲོད་མཐར་ཐུག་པའི་ཚེ་ལྷོ་གླིང་འདིའི་སྔ་དྲོའི་ཉི་མའི་དཀྱིལ་འཁོར་ཤར་གླིང་གི་ཚངས་ཐིག་གི་སྟེང་དུ་ཡུད་ཙམ་ཕྱེད་དང་གཉིས་ཀྱིས་བརྒལ་བ་ནས། འདིར་ཉི་མའི་འོད་ཟེར་འཆར་བ་ཡིན་ཞིང་། དེའི་ཚེ་འདིའི་ཕྱི་དྲོ་ཉི་མའི་དཀྱིལ་འཁོར་ནུབ་གླིང་གི་ཚངས་ཐིག་གི་སྟེང་ན་ཡུད་ཙམ་ཕྱེད་དང་གཉིས་མ་སླེབས་པ་ན། འདིར་ཉི་མའི་འོད་ཟེར་ནུབ་པ་ཡིན་ཏེ། ཉི་མ་བྱང་བགྲོད་མཐར་ཐུག་པའི་ཚེ། ཉི་མའི་དཀྱིལ་འཁོར་གླིང་རྣམས་ཀྱི་དབུས་ཀྱི་དྲང་ཐད་ལ་ཉེ་བའི་སྟེང་ནས་རྒྱུ་བ་ཡིན་ཅིང་། ལྷོ་བགྲོད་མཐར་ཐུག་པའི་ཚེ། ཉི་མའི་དཀྱིལ་འཁོར་གླིང་རྣམས་ཀྱི་ཕྱིའི་རྒྱ་མཚོའི་སྟེང་ཐད་ལ་རྒྱུ་བ་ཡིན་པ་གང་ཞིག གླིང་རྣམས་ཀྱི་དབུས་(༤བ)ཀྱི་སྟེང་ཐད་ལས། དེ་རྣམས་ཀྱི་ཕྱིའི་རྒྱ་མཚོའི་སྟེང་ཐད་རྒྱ་ཆེ་བ་ཡིན་པའི་ཕྱིར། བྱས་པ་ལ་ཁོ་ན་རེ། ཉི་མ་བྱང་བགྲོད་མཐར་ཐུག་པའི་ཚེ། ཉི་མའི་དཀྱིལ་འཁོར་གླིང་རྣམས་ཀྱི་དབུས་ཀྱི་དྲང་ཐད་ལ་རྒྱུ་བ་དང་། ཉི་མ་ལྷོ་བགྲོད་མཐར་ཐུག་པའི་ཚེ། ཉི་མའི་དཀྱིལ་འཁོར་གླིང་རྣམས་ཀྱི་ཕྱིའི་རྒྱ་མཚོའི་སྟེང་ཐད་ལ་རྒྱུ་བ་དེ་

མི་འཐད་པར་ཐལ། དེ་གཉིས་ཀའི་ཚེ་ཉི་མའི་དཀྱིལ་འཁོར་གྱིས་རི་རབ་ལྷུན་པོ་ལ་སྐོར་བ་ཉིན་ཞག་རེ་ལ་མཐོང་བའི་ཕྱིར་ན་མ་ཁྱབ་སྟེ། དང་པོའི་ཚེ་ཉི་མའི་དཀྱིལ་འཁོར་བགྲོད་བུལ་ཞིང་། ཕྱི་མའི་ཚེ་ཉི་མའི་དཀྱིལ་འཁོར་བགྲོད་མྱུར་བ་ཡིན་ཕྱིར། ཕྱི་མ་གྲུབ་སྟེ། དེའི་ཚེ་ཉི་མའི་དཀྱིལ་འཁོར་རླུང་གི་དཀྱིལ་འཁོར་དང་ཉེ་ཞིང་འདྲེན་བྱེད་ཀྱི་རླུང་ཤུགས་དྲག་པའི་ཕྱིར། བཞི་པ་དེ་ལ་བརྟེན་ནས་དུས་བཞི་གྲུབ་ཚུལ་བཤད་པ་ནི། གླིང་འདིར་དབྱར་གྲུབ་པའི་དུས་སུ། གླིང་གཞན་གསུམ་དུ་ཡང་དབྱར་གྲུབ་དགོས་པ་ཡིན་ཏེ། འདིར་ཉི་མ་བྱང་བགྲོད་མཐར་ཐུག་པ་འབྱུང་བའི་སྔ་དྲོ། ཤར་གླིང་གི་སྟེང་ཐད་ལ་ཉི་མ་བྱང་བགྲོད་མཐར་ཐུག་པ་འབྱུང་བ་ཡིན་ཞིང་། དེ་བྱུང་བ་ན། དེའི་ཕྱི་དྲོ་ནུབ་གླིང་གི་སྟེང་ཐད་ལ་ཉི་མ་བྱང་བགྲོད་མཐར་ཐུག་པ་འབྱུང་བའི་ཕྱིར། འདིར་དེ་འབྱུང་གི་སྔ་དྲོ་ཉི་མ་ཤར་མ་ཐག་པའི་ཚེ། ཉི་མའི་དཀྱིལ་འཁོར་ཤར་གླིང་གི་སྟེང་ཐད་ལ་ཉི་མ་བྱང་བགྲོད་མཐར་ཐུག་པའི་ཚུལ་གྱིས་གནས་ཤིང་། འདིར་དེ་འབྱུང་གི་ཕྱི་དྲོ་འདིའི་ཉི་མའི་དཀྱིལ་འཁོར་ནུབ་ཁའི་ཚེ། འདིའི་ཉི་མའི་དཀྱིལ་འཁོར་ནུབ་གླིང་གི་སྟེང་ཐད་ལ་ཉི་མ་བྱང་བགྲོད་མཐར་ཐུག་པའི་ཚུལ་གྱིས་གནས་པར་མིག་ཤེས་མངོན་སུམ་གྱིས་གྲུབ་པའི་ཕྱིར། ཡང་འདིར་དགུན་གྲུབ་པའི་དུས་སུ། གླིང་གཞན་གསུམ་དུ་ཡང་དགུན་གྲུབ་པ་ཡིན་ཏེ། འདིར་ཉི་མ་ལྷོ་བགྲོད་མཐར་ཐུག་པ་འབྱུང་

བའི་སྔ་དྲོ། ཤར་གླིང་དུ་ཉི་མ་ལྷོ་བགྲོད་མཐར་ཐུག་པ་དང་། དེ་ཕྱུང་བའི་ཕྱི་དྲོ་ནུབ་གླིང་དུ་ཉི་མ་ལྷོ་བགྲོད་མཐར་ཐུག་པ་ཡིན་ཏེ། དེ་ཕྱུང་བའི་སྔ་དྲོ་ཉི་མའི་འོད་ཟེར་ཤར་མ་ཐག་པའི་ཚེ། འདིའི་ཉི་མའི་དཀྱིལ་འཁོར་འདིའི་ཤར་གླིང་གི་སྟེང་ཐད་ལ་ཉི་མ་ལྷོ་བགྲོད་མཐར་ཐུག་པའི་ཚུལ་གྱིས་གནས་ཤིང་། དེ་ཕྱུང་བའི་ཕྱི་དྲོ་ཉི་མ་ནུབ་ཁའི་ཚེ། འདིའི་ཉི་མའི་དཀྱིལ་འཁོར་འདིའི་ནུབ་གླིང་གི་སྟེང་ཐད་ལ་ཉི་མ་ལྷོ་བགྲོད་མཐར་ཐུག་པའི་ཚུལ་(༩ན)གྱིས་གནས་པར་མིག་དབང་གིས་གྲུབ་པའི་ཕྱིར། རྒྱ་སྐར་ཉེར་བརྒྱད་ཀྱི་ཕྱེད་ལྷག་ཙམ་ཞིག་འདི་ནས་མིག་དབང་གིས་དཀྲུས་ཐོག་གཅིག་ལ་མཐོང་བའི་ཕྱིར་རོ། །རིགས་པ་དེ་ལ་བརྟེན་ནས་གླིང་འདིར་དཔྱིད་ཉིན་མཚན་མཉམ་པའི་ཚེ། གླིང་གཞན་དུ་ཡང་དཔྱིད་ཉིན་མཚན་མཉམ་པ་གྲུབ་ལ། དེ་བཞིན་དུ་སྟོན་ལ་ཡང་རིགས་འགྲེ་ཤེས་པར་བྱའོ། །

༄། དུས་ཚིགས་ཀྱི་རྣམ་གཞག་ལ་བརྟེན་ནས་ལོ་འགོ་འཛིན་ཚུལ་བཤད་པ།

རྩ་བའི་གསུམ་པ། དེ་ལ་བརྟེན་ནས་ལོ་འགོ་འཛིན་ཚུལ་བཤད་པ་ནི། ཧོར་ལུགས་པ་རྣམས་ནི་ཧོར་ཟླ་དང་པོ་ཧའི་ཟླ་བ་དང་། ཧོར་ལ་དང་པོའི་ཡར་ངོའི་ཚེས་གྲངས་དང་པོ་ནས་ཚེས་ལོ་གཅིག་གི་འགོ་འཛིན་རིགས་པར་འདོད་ལ། སོ་ནམས་པ་རྣམས་ནི་ཧོར་ཟླ་བཅུ་གཉིས་པ་

རིལ་པོ་རྒྱལ་གྱི་ཟླ་བ་དང་། དེའི་ཡར་ངོའི་ཚེས་གྲངས་དང་པོ་ནས་ཚེས་ལོའི་འགོ་འཛིན་རིགས་པར་འདོད། ༈ འདུལ་བ་རང་ལུགས་ནི། རང་ཅག་དགེ་ཚུལ་སློང་རྣམས་ཀྱིས་འདུལ་བའི་ལུགས་ཀྱི་ཚེས་ལོའི་འགོ་འཛིན་ཚུལ་ཤེས་དགོས་ཏེ། དེ་མ་ཤེས་ན་དབྱར་ཁས་ལེན། དགག་དབྱེ། སྲ་བརྐྱང་འདིང་བ། དབྱར་གྱི་གོས་རས་ཆེན། རྟ་ལ་བཞགས། ཁྲུས་ལ་སོགས་པའི་དུས་མི་ཤེས་ལ། དེ་དག་མི་ཤེས་བཞིན་དུ་གསོ་སྦྱོང་དང་དབྱར་ཁས་ལེན་སོགས་ཀྱི་ལག་ལེན་བྱས་ན་ལས་མི་ཆགས་པའི་ཕྱིར་ཏེ། འདི་ཉིད་ལས། མི་ཆགས་པ་མི་བྱའོ། །ཆོས་མ་ཡིན་པ་མི་བྱའོ། མི་མཐུན་པས་མི་བྱའོ། །ཞེས་གསུངས་པའི་ཕྱིར། དེས་ན་ཧོར་ཟླ་བཅུ་པའི་ཚེས་བཅུ་དྲུག་ནས་ཚེས་ལོའི་འགོ་འཛིན་རིགས་པ་ཡིན་ཏེ། དེ་ནས་ཚེས་ལོའི་དགུན་གྱི་ཐོག་མ་འཛིན་རིགས་པའི་ཕྱིར་ཏེ། དེ་ནས་ཚེས་ལོ་གཅིག་གི་དགུན་ཟླ་ར་བའི་ཐོག་མ་འཛིན་རིགས་པ་གང་ཞིག ཚེས་ལོ་གཅིག་གི་དགུན་གྱི་ཐོག་མ་དེ། ཚེས་ལོ་གཅིག་གི་དགུན་ཟླ་ར་བའི་ཐོག་མ་ནས་འཛིན་རིགས་པའི་ཕྱིར། དང་པོ་གྲུབ་སྟེ། མདོ་སྡེ་ཉི་མའི་སྙིང་པོ་ལས། བདག་གི་རྒྱུ་སྐར་སྨིན་དྲུག་བརྗོད། །ཟླ་བ་ཉ་ཚེ་ཟླ་རངས་འགྱུར།། སྟོན་ལ་ཐ་ཆུང་ཞེས་བྱ་བ། །འདི་ནི་རབ་ཏུ་བརྗོད་པ་ཡིན། །ཞེས་གསུངས་པའི་ཕྱིར། རྟགས་གཉིས་པ་གྲུབ་སྟེ། ཧོར་ཟླ་བཅུ་པའི་ཡར་ངོའི་ཚེས་བཅོ་ལྔ་པ་དེ་རྫོགས་པ་དང་། ཚེས་ལོ་གཅིག་གི་སྟོན་ཟླ་ཐ་ཆུང་

རྫོགས་པ། ཆོས་ལོ་གཅིག་གི་སྨིན་དྲུག་ཟླ་བ་རྫོགས་པ་རྣམས་དུས་མཉམ་པའི་ཕྱིར་ཏེ། འགྲེལ་(༩བ)བཤད་རྒྱལ་སྲས་མ་ལས། སངས་རྒྱས་པ་ཐམས་ཅད་ཀྱི་དུས་ཀྱི་དང་པོ་ནི་དགུན་དག་ཡིན་ནོ། །ཞེས་གསུངས་པའི་ཕྱིར་དང་། ཆོས་ལོ་གཅིག་གི་གསོ་སྦྱོང་བཅུ་བཞི་པའི་ཐོག་མ་དེ། ཆོས་ལོ་གཅིག་གི་དགུན་དུས་ཀྱི་གསོ་སྦྱོང་བཅུ་བཞི་པའི་ཐོག་མ་ནས་འཛིན་རིགས་པའི་ཕྱིར་ཏེ། མཛོད་འགྲེལ་ལས། དགུན་དང་དཔྱིད་དང་དབྱར་རྣམས་ཀྱི། །ཞེས་སོགས་གསུངས་པའི་ཕྱིར། །

༄ དེ་ལ་བརྟེན་ནས་གསོ་སྦྱོང་བཅུ་བཞི་པ་དང་དབྱར་ཁས་ལེན་

དགག་དབྱེ་ཟླ་བརྒྱད་འདིང་བའི་དུས་རྣམས་འབྱུང་ཚུལ་བཤད་པ།

རྩ་བའི་བཞི་པ་ལ། གསོ་སྦྱོང་བཅུ་བཞི་པ་འབྱུང་ཚུལ་བཤད་པ་དང་། དབྱར་ཕྱི་མ་ཁས་ལེན་ཚུལ་བཤད་པ། ཟླ་བརྒྱད་འདིང་བའི་དུས་བཤད་པ་གསུམ་ལས། དང་པོ་ནི། དུས་ཚིགས་ཀྱི་དབང་དུ་བྱས་ན། དུས་ཚིགས་དྲུག་པོ་རེ་རེའི་ཟླ་བ་ཕྱེད་དང་གཉིས་གཉིས་འདས་ནས། ཟླ་བ་ཕྱེད་རེ་ལུས་པ་ན་གསོ་སྦྱོང་བཅུ་བཞི་པ་འབྱུང་སྟེ། མཛོད་འགྲེལ་ལས། དགུན་དང་དཔྱིད་དང་དབྱར་རྣམས་ཀྱི་ཞེས་སོགས་རྐང་པ་བཞི་དང་། འདི་ཉིད་ལས། དུས་ཚིགས་རྣམས་ཀྱི་ཟླ་བ་ཕྱེད་ལུས་པ་ཉིད་ལའོ། །ཞེས་གསུངས་པའི་ཕྱིར། ཊཱི་ཀ་ཆེན་རིན་ཆེན་འཕྲེང་བ་ལས། དུས་ཚིགས་

དྲུག་པོ་དགུན་དང་། དགུན་སྨད། དཔྱིད་དང་། སོས་ཀ་དང་། དབྱར་དང་སྟོན་རྣམས་ལ་ཟླ་བ་གཉིས་གཉིས་ཡོད། སྟོན་ཟླ་ཐ་ཆུང་གི་བཅོ་ལྔའི་ཕྱི་དེ་ཉིན་ཚེས་བཅུ་དྲུག་ནས། དགུན་ཟླ་འབྲིང་པོའི་ཚེས་བཅོ་ལྔའི་བར་ནི་དགུན་གྱི་དུས་སོ། །དེའི་ཚེ་ཚེས་བཅུ་དྲུག་ནས་དཔྱིད་ཟླ་ར་བའི་ཚེས་བཅོ་ལྔའི་བར་ནི་དགུན་སྨད་ཀྱི་དུས་སོ། །ཞེས་པ་ནས། ལྷག་མ་རྣམས་བཅོ་ལྔ་ཐུབ་པར་བྱའོ། །ཞེས་པའི་བར་གསུངས་པའི་ཕྱིར། ཉ་སྐར་གྱི་དབང་དུ་བྱས་ཏེ་དགེ་ཚུལ་གྱི་ལོ་དྲི་བ་ལས། རྒྱལ་དང་དབོ་དང་ས་ག་ཅན། །ཆུ་སྟོད་ཁྲུམ་སྨད་སྨིན་དྲུག་ཅན། །འདི་རྣམས་ཀྱི་ནི་ནག་པོའི་ཕྱོགས། །ཟླ་ཕྱེད་གསོ་སྦྱོང་བཅུ་བཞི་པ། ཞེས་བཤད་པ་ལྟར་ཡིན་པའི་ཕྱིར། འོ་ན་གསོ་སྦྱོང་བཅུ་བཞི་པ་དང་དེ་བཅོ་ལྔ་པའི་ཁྱད་པར་གང་ཞེ་ན། དེ་གཉིས་ཀྱི་ཁྱད་པར་ཡོད་དེ། དེ་བཅུ་བཞི་པ་རྣམས་དེ་བཅོ་ལྔ་པ་ སྔ་མ་འདས་པ་ནས་ཚེས་ཞག་བཅོ་ལྔ་ལོན་ཀྱང་། ཉིན་ཞག་བཅུ་བཞི་ལས་མ་ལོན་པའི་གསོ་སྦྱོང་ཡིན་པས་ན་དེ་བཅུ་བཞི་པ་དང་། གསོ་སྦྱོང་སྔ་མ་འདས་ནས་ཉིན་ཞག་བཅོ་ལྔ་ལོན་པའི་དུས་ཀྱི་གསོ་སྦྱོང་གཅིག་ལ་དེ་བཅོ་ལྔ་པ་ཞེས་བརྗོད་པ་ཡིན་པའི་ཕྱིར། དེས་ན། དེ་བཅོ་ལྔ་པ་ལ་ཐུབ་པའི་དེ་དང་། དེ་བཅུ་བཞི་པ་ལ་མི་ཐུབ་པའི་དེ་ཞེས་བརྗོད་པའི་རྒྱུ་མཚན་ཡོད་དེ། ཚེས་ཞག་གིས་ཉིན་ཞག་གི་དོད་མི་ཐུབ་པ་ལ་བརྟེན་པའི་གསོ་(༡༠ན)སྦྱོང་ཡིན་པའི་རྒྱུ་མཚན་གྱིས་མི་ཐུབ་པའི་གསོ་སྦྱོང་

ཞེས་བརྗོད་པ་ཡིན་པའི་ཕྱིར་ཏེ། ཉིན་ཞག་གཅིག་ལ་ཡུད་ཙམ་སུམ་ཅུ་ཡོད་ལ། ཆོས་ཞག་གཅིག་ལ་ཡུད་ཙམ་ཕྱེད་དང་སུམ་ཅུ་ལས་མེད་པའི་ཕྱིར་ཏེ། ཊཱི་ཀ་ཆེན་ལས། ཟླ་བའི་ངོ་ལ་ཉིན་ཞག་གཅིག་གིས་ཞག་བཅོ་ལྔ་མ་ཆོག་པར་བྱའོ། །ཆོས་ཞག་གིས་ཉིན་ཞག་གི་དོད་མི་ཐུབ་པའི་ཕྱིར་ཏེ། ཉིན་ཞག་ནི་ཐམས་ཅད་དུ་ཡུད་ཙམ་སུམ་ཅུ་ཚང་བ་ཡིན་ལ། ཆོས་ཞག་ནི་ཡུད་ཙམ་ཕྱེད་དང་སུམ་ཅུ་ཡིན་པའི་ཕྱིར། ཞེས་གསུངས་པའི་ཕྱིར་རོ། །འོན་ཀྱང་གསོ་སྦྱོང་བཅུ་བཞི་པ་རྣམས་ཆོས་ཞག་གི་དབང་དུ་བྱས་པའི་གསོ་སྦྱོང་བཅོ་ལྔ་པ་ཡིན་ཏེ། དེ་རྣམས་གསོ་སྦྱོང་སྔ་མ་འདས་ནས། ཆོས་ཞག་བཅོ་ལྔ་ལོན་པའི་གནས་སྐབས་ཀྱི་གསོ་སྦྱོང་ཡིན་པའི་ཕྱིར་ཏེ། རྒྱ་ཆེར་འགྲེལ་ལས། ཉི་མ་གཅིག་ཆད་པ་དེ་ཉིད། ས་སྟེང་དུ་ངོར་བར་ཟད་ཅེས་དང་། ཡང་དེ་ཉིད་ལས། ཉི་མ་དེ་ཉིད་ཚེ་བཅོ་ལྔ་པ་ཡིན་པའི་ཕྱིར་རོ། །ཞེས་དང་། བམ་པོ་ལྔ་བཅུ་པ་ལས། ཆོས་གྲངས་ཀྱི་ཡང་དག་པ་ལ་ལྟོས་ནས་ནི་ཐམས་ཅད་བཅོ་ལྔ་པ་ཡིན་ནོ། །ཞེས་གསུངས་པའི་ཕྱིར། དེས་ན་གསོ་སྦྱོང་བཅོ་ལྔ་པ་ཡིན་ན། ཉིན་ཞག་གི་དབང་དུ་བྱས་པའི་དེ་བཅོ་ལྔ་པ་ཡིན་པས་ཁྱབ་སྟེ། གསོ་སྦྱོང་དེ་གཉིས་ཀྱི་ཁྱད་པར་ཉིན་ཞག་ལ་ལྟོས་ནས་བཞག་པ་ཡིན་པའི་ཕྱིར་ཏེ། དེ་བཅུ་བཞི་པ་རྣམས། དེ་སྔ་མ་འདས་ནས་ཉིན་ཞག་བཅུ་བཞི་ཙམ་ལོན་པའི་དུས་ཀྱི་གསོ་སྦྱོང་ཡིན་པ་གང་ཞིག དེ་བཅོ་ལྔ་པ་རྣམས་གསོ་སྦྱོང་སྔ་མ་

འདས་ནས། ཉིན་ཞག་བཅོ་ལྔ་ལོན་པའི་དུས་ཀྱི་གསོ་སྦྱོང་ཡིན་ཕྱིར། འོ་ན། ཐོལ་ཟླ་ལ་གསོ་སྦྱོང་བཅུ་བཞི་པ་མི་འབྱུང་ངམ་ཞེ་ན། ཊཱི་ཀ་ཆེན་རིན་ཆེན་འཕྲེང་བ་ལས། ཐོལ་ཟླ་དང་བཅས་པའི་ཚེ། གསོ་སྦྱོང་ཉི་ཤུ་རྩ་དྲུག་ཡིན། ཐོལ་ཟླ་དེ་ཐུབ་བམ་མི་ཐུབ། ཅེ་ན། ཁ་ཅིག ཐུབ་པར་ངེས་ཟེར། ཁ་ཅིག་ན་རེ། དངོས་ཟླས་ཐུབ་ན་ཐོལ་ཟླས་ཐུབ། དངོས་ཟླས་མི་ཐུབ་ན་ཐོལ་ཟླས་མི་ཐུབ་ཟེར། ཁ་ཅིག དངོས་ཟླས་མི་ཐུབ་ན་ཐོལ་ཟླས་མི་ཐུབ་ཅེས་ཟེར་བ་མ་གཏོགས་གསལ་ཁ་མ་གསུངས་ལ། རང་ལུགས་ནི། དངོས་ཟླ་ལ་དེ་བཅུ་བཞི་པ་བྱུང་ན། ཐོལ་ཟླ་ལ་ཡང་དེ་བཅུ་བཞི་པ་འབྱུང་། དངོས་ཟླ་ལ་དེ་བཅུ་བཞི་པ་མི་འབྱུང་ན་ཐོལ་ཟླ་ལ་ཡང་དེ་བཅུ་བཞི་པ་མི་བྱུང་སྟེ། གཞི་གསུམ་གྱི་ཚིག་ལས། དངོས་ཟླས་ཐུབ་ན་ཐོལ་ཟླས་ཐུབ། །དངོས་ཟླས་(༡༠བ)མི་ཐུབ་ན་ཐོལ་བཟླས་མི་ཐུབ། །ཅེས་གསུངས་པའི་ཕྱིར། གཉིས་པ་ནི། ཧོར་ཟླ་དྲུག་པའི་མར་ངོའི་ཚེས་གྲངས་དང་པོ་ནས་གྲོ་བཞིན་གྱི་ཟླ་བ་དང་། དབྱར་ཟླ་ཐ་ཆུང་གཉིས་ཚེས་འགོ་འཛིན་པ་ཡིན་ཏེ། ཟླ་བ་དེ་གཉིས་ཀྱི་མར་ངོའི་ཚེས་གྲངས་དང་པོ་ནས། དབྱར་སྔ་མ་གནས་པར་ཁས་ལེན་རིགས་པ་གང་ཞིག ཧོར་ཟླ་བདུན་པའི་ཚེས་བཅུ་དྲུག་ནས་ཁྲུམ་གྱི་ཟླ་བ་དང་། སྟོན་ཟླ་ར་བ་གཉིས་ཀྱི་ཚེས་འགོ་འཛིན་པ་ཡིན་ཅིང་། ཟླ་བ་དེ་གཉིས་ཀྱི་མར་ངོའི་ཚེས་གྲངས་དང་པོ་ནས། དབྱར་ཕྱི་མ་གནས་པར་ཁས་ལེན་རིགས་པའི་

ཕྱིར་ཏེ། མདོ་རྩ་བའི་རྒྱ་དཔེ་ལས། དབྱར་གནས་པར་ཁས་བླང་བར་བྱའོ། །ཚེས་གཅིག་ལའོ། །ཆུ་སྨོད་ཅན་གྱི་བར་མ་ཆད་པའོ། །ཡང་ན་གྲོ་བཞིན་ཅན་ལས་སོ། །ཞེས་དང་། མེ་ཏོག་འཕྲེང་རྒྱུད་ལས། གྲོ་བཞིན་ཟླ་བའི་ཚེས་གཅིག་ནས། ཞེས་སོགས་རྐང་པ་བཞི་གསུངས་པའི་ཕྱིར། འོ་ན་དགག་དབྱེ་རྣམས་ནམ་གྱི་ཚེ་བྱ་ཞེ་ན། སྤྱིར་བཏང་ལ་དབྱར་སྔ་མ་ཟླ་བ་གསུམ་གནས་པར་ཁས་བླངས་པ་དེས་ཧོར་ཟླ་དགུ་པའི་ཚེས་བཅོ་ལྔའི་ཉིན་དུས་ཀྱི་དགག་དབྱེ་བྱ་ཤིང་། དབྱར་ཕྱི་མ་ཟླ་བ་གསུམ་གནས་པར་ཁས་ལེན་དགོས་ལ། དེ་ལྟར་ཁས་བླངས་པ་དེས་ཧོར་ཟླ་བཅུ་པའི་ཚེས་བཅོ་ལྔའི་ཉིན་དུས་ཀྱི་དགག་དབྱེ་བྱ་དགོས་ཏེ། སྔ་མ་དེས་སྟོན་ཟླ་འབྲིང་པོའི་ཉ་ལ་དུས་ཀྱི་དགག་དབྱེ་བྱ་དགོས། ཕྱི་མ་དེས་སྟོན་ཟླ་ཐ་ཆུང་གི་ཉ་ལ་དུས་ཀྱི་དགག་དབྱེ་བྱེད་དགོས་པའི་ཕྱིར་ཏེ། ཊཱི་ཀ་ཆེན་རིན་ཆེན་འཕྲེང་བ་ལས། དུས་གང་གི་ཚེ་བྱ་ན། དབྱར་ཟླ་གསུམ་པོ་རྣམས་ཀྱི་ཐ་མའི་ཉི་མ་སྟོན་ཟླ་འབྲིང་པོ་ཉའམ། སྟོན་ཟླ་ཐ་ཆུང་ཉ་ལ་བྱའོ། ཞེས་དང་། དབྱར་ཕྱི་མ་ལ་དབྱར་ཕྱི་མ་ཟླ་བ་གསུམ་མོ། །ཞེས་འདོན་པ་བསྒྱུར་རོ་ཞེས་དང་། མདོ་རྩ་བར། དབྱར་གནས་པའི་དགེ་འདུན་ལ། མཐོང་བ་དང་ཐོས་པ་དང་། དོགས་པ་དག་གིས་དགག་དབྱེ་བྱའོ། །དབྱར་རྣམས་ཀྱི་ཐ་མ་ཉ་ལའོ། ཞེས་གསུངས་པའི་ཕྱིར། གཞན་ཡང་རྩ་བའི་དམ་བཅའ་འཐད་དེ། ཁྲིམ་ཟླ་བའི་མར་ངོའི་ཚེས་ལ་དབྱར

ཕྱི་མ་གནས་པར་ཁས་བླངས་ན། སྨིན་དྲུག་ཟླ་བའི་ཡར་ངོའི་ཚེས་བཅོ་ལྔ་ལ་དུས་ཀྱི་དགག་དབྱེ་བྱེད་དགོས་པའི་ཕྱིར་ཏེ། དེའི་ཚེ་ཤིང་གི་འདབ་མ་སྐྱ་བོར་འགྱུར་ལ། དགེ་སློང་མའི་རྣམ་འབྱེད་ལས། ཤིང་རྣམས་འདབ་མ་སྐྱ་བོར་གྱུར་ཀྱང་། ད་དུང་དགེ་འདུན་གྱི་དགག་དབྱེ་ལ་འབྱུང་དུས་མེད། ཅེས་གསུངས་པའི་ཕྱིར་དང་། དུས་དེའི་(༡༡ན)ཚེ་དགག་དབྱེ་ལ་གཏད་ནས་ཆོམ་རྐུན་པས་དགེ་སློང་འཛོམ་པ་ཡོད་པའི་ཕྱིར་ཏེ། འདུལ་བ་ལུང་ལས། སྟོན་ཟླ་ཐ་ཆུང་གི་ཆོམ་རྐུན་པ་ཞེས་གསུངས་པའི་ཕྱིར། དམིགས་བསལ་ནི། དབྱར་སྔ་ཕྱི་གང་རུང་ཞིག་ཁས་བླངས་པའི་གང་ཟག་དེས། བྱ་བའམ་དགོས་པ་འགའ་ཞིག་གི་དོན་དུ་དུས་ཀྱི་དགག་དབྱེའི་དུས་ལ་མ་བབ་པར། དབྱར་གྱི་ནང་ནས་འགྲོ་དགོས་པའི་ཚེ། གསོ་སྦྱོང་གཅིག་དང་བསྡུན་ནས་དགག་དབྱེ་ཚུལ་བཞིན་དུ་བྱས་ནས་འགྲོ་དགོས་ཏེ། མདོ་རྩ་འདི་ཉིད་ལས། དབྱར་གྱི་ནང་དུ་བྱ་བས་འགྲོ་དགོས་ན། དགག་དབྱེ་བྱའོ། །ཞེས་དང་། ཊཱི་ཀ་ཆེན་རིན་འཕྲེང་བ་ལས། དགག་དབྱེའི་དུས་ལ་མ་བབ་པར་དབྱར་གྱི་ནང་དུ་བྱ་བའི་དབང་གིས་གཞན་དུ་འགྲོ་དགོས་ན་གསོ་སྦྱོང་གཅིག་དང་སྦྱར་ཏེ། དགག་དབྱེ་ཚུལ་བཞིན་དུ་བྱས་ནས་འགྲོ་བར་བྱའོ། ཞེས་གསུངས་པའི་ཕྱིར། གསུམ་པ་ནི། ཁོ་ན་རེ། འོ་ན། སྲ་བརྐྱང་འདིང་བའི་དུས་དེ་གང་ཞེ་ན། དབྱར་སྔ་མ་ཁས་བླངས་པའི་དབང་དུ་བྱས་ན། སྨིན་དྲུག་ཟླ་

པ་ནས། ཁྲ་ཟླ་བའི་བར་གྱི་ཟླ་བ་ལ་འདིང་བ་ཡིན་ཏེ། མེ་ཏོག་འཕྲེང་བརྒྱུད་ལས། སྨིན་དྲུག་ནས་ནི་ཁྲ་ཡི་བར། །སྲ་བརྐྱང་འདིང་བའི་དུས་ཡིན་ནོ། །ཞེས་གསུངས་པའི་ཕྱིར། དབྱར་ཕྱི་མ་ཁས་བླངས་པ་རྣམས་ཀྱིས་སྲ་བརྐྱང་འདིང་དུ་མི་རུང་སྟེ། རྒྱ་ཆེར་འགྲེལ་ལས། འདི་ལྟར་དབྱར་ཕྱི་མ་ཁས་བླངས་པ་ལ་སྲ་བརྐྱང་འདིང་བ་མི་འབྱུང་ངོ་། །ཞེས་གསུངས་པའི་ཕྱིར།

༄། ཞར་ལ་ཟླ་ཤོལ་འདོན་ཚུལ་བཤད་པ།

རྩ་བའི་ལྔ་པ། ཞར་ལ་ཟླ་ཤོལ་འདོན་ཚུལ་བཤད་པ་ལ། སྐར་བཅས་ཀྱི་དབང་དུ་བྱས་པ་དང་། རྩིས་བཅས་ཀྱི་དབང་དུ་བྱས་པ་གཉིས་ལས། དང་པོ་ནི། ཆོས་ལོ་རེ་རེའི་ནང་དུ་ཞག་མི་ཐུབ་དྲུག་འབྱུང་བའི་རྒྱུ་མཚན་གྱིས། ཆོས་ལོ་རེ་རེ་ལ་ཆོས་ཞག་དྲུག་དྲུག་ལྷག་པོ་འབྱུང་ལ། དེས་ན་ཆོས་ལོ་ལྔ་ལ་ཆོས་ཞག་སུམ་ཅུར་ལོངས་པ་ནས་ཆོས་ཟླ་གཅིག་ལྷག་ས་པ་འདི་ཆོས་ལོ་དྲུག་པའི་ནང་དུ་འདོན་པའམ། ཡང་ཉིན་ཞག་ལྔ་ལྔ་ལྷག་ས་པ། ཁྱིམ་ལོ་དྲུག་པའི་ནང་དུ་འདོན་པའི་བཅས་པ་མཛད་པ་ཡིན་ཏེ། ལུང་གླེང་གཞི་ལས། དེ་ལྟ་བས་ན་ལོ་རེ་རེ་བཞིན་ཤོལ་མ་དོར་བར་ལོ་དྲུག་དྲུག་ཅིང་ཤོལ་དོར་གཅིག དྲུག་ལ་སུམ་ཅུ་སྟེ། དེ་ལྟ་བུར་ཞག་དང་ཟླ་བ་ཕྱེད་པ་དང་ལོ་སྦྲེལ་ནས་མཉམ་པར་འགྱུར་ཏེ། མུ་སྟེགས་ཅན་རྣམས་ཀྱིས་གླགས (༡༡བ) བཙལ་ཀྱང་གླགས་རྙེད་པར་མི་འགྱུར

རོ། །ཞེས་དང་། ལུང་དེའི་དོན་འཆད་པ་ན། ཊཱི་ཀ་ཆེན་ལས། ལོ་ལྔ་ལྔའི་ཆོས་ཞག་དྲུག་དྲུག་ཏུ་ལྷགས་པ་ལོ་དྲུག་པ་ལ་ཟླ་བར་ལོངས་པ་འདོན་པའམ། ཡང་ན་ཞག་ལྔ་ལྔ་ལྷག་པ། ཁྱིམ་ལོ་དྲུག་པ་ལ་འདོན་པར་མདོན་ནོ། །ཞེས་གསུངས་པའི་ཕྱིར། གཉིས་པ། སྔར་བཅས་ལྟར་གྲོལ་དོར་བ་ན། དུས་ཚོད་མ་འཁྲིག་ཅིང་། རྒྱལ་པོ་དང་ཡང་མ་མཐུན་པ་ལ་བརྟེན་ནས། བློན་པོ་རྣམས་ཀྱིས་འཕྲོ་བ་ན། རྩིས་པ་མཁས་པ་དྲུང་ན་སྡོད་པའི་རྒྱལ་པོའི་རྗེས་སུ་འབྲངས་ནས་དེས་ནམ་གྲོལ་དོར་བའི་དུས་སུ་འདོར་བའི་བཅས་པ་མཛད་པ་ཡིན་ཏེ། མདོ་རྩ་འདི་ཉིད་ལས། ཟླ་བ་གྲོལ་དོར་བ་ནི་རྒྱལ་པོའི་རྗེས་སུ་འབྲངས་པས་སོ། །ཞེས་དང་། དེའི་ཐད་ཀྱི་ཊཱི་ཀ་ཆེན་ལས་ཀྱང་། གྲོལ་དེ་དུས་ནམ་གྱི་འབྱུང་སྐབས་ན། ལུང་ལྟར་ན་ལོ་དྲུག་དྲུག་ནས་འབྱུང་བར་གསུངས་ལ། འོན་ཀྱང་རྒྱལ་པོ་དང་མ་མཐུན་པས་བློན་པོ་རྣམས་ཀྱིས་འཕྲོ་བ་ལ་བརྟེན་ནས། ཟླ་བ་ལྷག་མ་གྲོལ་དོར་བ་ནི། རྒྱལ་པོའི་དུས་ཚོད་ལ་མཁས་པའི་རྩིས་པ་དྲུང་ན་རྟག་ཏུ་སྡོད་པ། དེའི་རྗེས་སུ་འབྲངས་ནས་དོར་བར་བྱའོ། །ཞེས་གསུངས་པའི་ཕྱིར་དང་། འདུལ་བ་ཚིག་ལེའུར་བྱས་པ་མེ་ཏོག་འཕྲེང་རྒྱུད་ལས་ཀྱང་། ལོ་དང་ཟླ་བ་ཟླ་གྲོལ་དག །རྒྱལ་པོའི་བཀའ་ཡི་ཀྱང་ནི་བསྒྲགས། །བཀའ་བཙན་གྲགས་ལྡན་ཤེས་རབ་ཅན། །དབྱུང་ལྡན་དེ་ཡི་རྗེས་འབྲང་བྱ། །ཞེས་གསུངས་པའི་ཕྱིར། ཆོས་གྲངས་འདི་ལ་རྒྱ་སྐར་འདི་རྒྱུ་བའི་རྣམ་

གཞག་ནི། སྐར་མཁན་མཁས་པའི་རྗེས་སུ་འབྲང་བའི་རྣམ་གཞག་མཛད་པ་ཡིན་ཏེ། འདི་ཉིད་ལས། རྒྱུ་སྐར་ནི་སྐར་མཁན་གྱི་རྗེས་སུ་འབྲང་བས་ཤེས་པར་བྱའོ། །ཞེས་གསུངས་པའི་ཕྱིར། ཁ་ཅིག་ན་རེ། ཟླ་ཤོལ་བསགས་ནས་ལོ་ཤོལ་འདོན་པ་ནི་མི་འཐད་དེ། ཟླ་ཤོལ་གྱི་ཞག་རྣམས་ལོའི་ཁོངས་སུ་ཐིམ་ནས་ཚུང་ཟད་ཀྱང་ལྷག་ལུས་པ་མེད་པའི་ཕྱིར་ཏེ། བླ་མ་ཡེ་ཤེས་འོད་ཀྱིས་བོད་ཀྱི་རྒྱལ་པོའི་ལུགས་རྩིས་པ་ལ། ལོ་གསུམ་གསུམ་ནས་ཟླ་ཤོལ་རེ་རེ་འབྱུང་བ་ཡིན་ཏེ། རྟ་ལོ་ལ་སྟོན་ཟླ་འབྲིང་པོ་གཉིས། བྱ་ལོ་ལ་དགུན་ཟླ་འབྲིང་པོ་གཉིས། བྱི་ལོ་ལ་དཔྱིད་ཟླ་འབྲིང་པོ་གཉིས། ཡོས་ལོ་ལ་དབྱར་ཟླ་འབྲིང་པོ་གཉིས་རྣམས་འབྱུང་བའི་ཕྱིར། ལྷ་བླ་མ་ཡེ་ཤེས་འོད་ཀྱི་(༡༢ན)སྒོམ་ཚིག་ལས། རྟ་བྱ་བྱི་བ་ཡོས་ལ་ཤོལ། །སྟོན་དབྱར་དཔྱིད་དགུན་འབྲིང་པོ་གཉིས། །སྟ་མ་ཤོལ་དེ་ཐུབ་པར་ངེས། །ཞེས་བཤད་པའི་ཕྱིར་ན་མི་འཐད། ལུགས་དེ་ནི་རྩིས་པ་མཁས་པ་དྲུང་ན་སྡོད་པའི་རྒྱལ་པོའི་ལུགས་དང་མི་མཐུན་པའི་ཕྱིར། རྩིས་པ་མཁས་པའི་ལུགས་ལ་སྟར་གྱི་ཟླ་བ་འབྲིང་པོ་དེ་རྣམས་ལ་ཤོལ་འབྱུང་བའི་ངེས་པ་མེད་པའི་ཕྱིར་རོ། །

༄ དུས་ཚིགས་ཀྱི་རྣམ་གཞག་ལ་མཁས་པར་བྱས་པའི་དགོས་པ་བཤད་པ།

རྩ་བའི་དྲུག་པ་དུས་ཚིགས་ཀྱི་རྣམ་གཞག་ལ་མཁས་པར་བྱས་པ་ལ

དགོས་པ་ཡོད་དེ། འཇིག་རྟེན་གྱི་ཐ་སྙད་དང་མཐུན་པར་བྱ་བའི་ཆེད་ཡིན་པའི་ཕྱིར་ཏེ། མདོ་རྒྱ་འདི་ཉིད་ལས། འདི་ལ་དགོས་པ་ནི་ཐ་སྙད་ལ་མཁས་པར་བྱའོ། །ཞེས་པ་དང་། འདིའི་ཐད་ཀྱི་ཊཱི་ཀ་ཆེན་རིན་ཆེན་འཕྲེང་བ་ལས་ཀྱང་། ཉིན་རེ་བཞིན་ཚེས་གྲངས་བརྗོད་པ་ལ་སོགས་པ་འདི་ལ་དགོས་པ་ནི། འཇིག་རྟེན་གྱི་ཐ་སྙད་ལ་མཁས་པར་བྱ་བ། ཞེས་གསུངས་པའི་ཕྱིར། དགོས་པ་ཁྱད་པར་ཅན་གཞན་ཡང་ཡོད་དེ། ཉིན་མཚན་འཕེལ་འགྲིབ་སོགས་ལ་བརྟེན་ནས། རང་གི་ཚེ་དང་ལུས་ལོངས་སྤྱོད་སོགས་ཀྱིས་མཚོན་ནས། སྲིད་རྩེའི་བདེ་བ་མན་ཆད་སྐད་ཅིག་རེ་རེ་བཞིན་འཇིག་པའི་ཕྲ་བའི་མི་རྟག་པ་དྲན་པར་བྱ་བ་དང་། དེ་ལྟར་འཇིག་པས་འཁོར་བའི་ཕུན་ཚོགས་མཐའ་དག་ལ་ཡིད་བརྟན་མི་རུང་བའི་ཁྱབ་པ་འདུ་བྱེད་ཀྱི་སྡུག་བསྔལ་དྲན་པའི་སྒོ་ནས་ཐར་པ་དང་ཐམས་ཅད་མཁྱེན་པའི་གོ་འཕང་ཐོབ་པར་བྱ་བའི་ཆེད་ཡིན་པའི་ཕྱིར་རོ། །འདིར་སྨྲས་པ། དུས་གསུམ་མཁྱེན་པའི་བླ་མའི་བཀའ་དྲིན་ལས། དུས་ཚིགས་རྣམ་གཞག་སླ་བའི་རྒྱན་འདི་ནི། དུས་བཞི་རྣམ་གཞག་ལེགས་པར་ཤེས་འདོད་པའི། དུས་འདིར་བློ་གསལ་རྣམས་ཀྱི་ཆེད་དུ་བཀོད། ཅེས་དུས་ཚིགས་ཀྱི་རྣམ་གཞག་སླ་བའི་རྒྱན་ཞེས་བྱ་བ་འདི་ནི་བསྟི་ཏ་ཆེན་པོ་ལེགས་པ་དོན་གྲུབ་ཀྱི་གསུང་རྒྱུན་གཞིར་བཞག་པའི་སྟེང་དུ་ཊཱི་ཀ་ཆེན་རིན་ཆེན་འཕྲེང་བ་སོགས་ནས་ཅུང་ཟད་ཁ་བསྐངས་སྟེ་

སློམ་ལས་པ་བློ་གྲོས་ལེགས་བཟང་གིས་དཔལ་ལྡན་ཤར་རྩེའི་གཟིམ་ཁང་དུ་སྦྱར་བ་འདིས་ཀྱང་རང་གཞན་ལ་ཕན་པ་རྒྱ་ཆེན་པོ་འབྱུང་བར་གྱུར་ཅིག འདི་ལྟར་བྲིས་པའི་རྣམ་དཀར་དགེ་བའི་ཆ། །ཡོངས་རྫོགས་ཟླ་བ་གསར་པའི་འོད་སྣང་གིས། །གྲོལ་ངན་སྨྲ་བའི་པདྨོ་ཟུམ་པ་དང་། །དཔྱོད་ལྡན་ས་མོས་དགའ་ཚལ་བཞད་གྱུར་ཅིག །བཀྲ་ཤིས།

དད་གུས་སྒྲོ་གསུམ་གྱི་ངང་ནས་རྒྱུ་སྦྱོར་བ་དཀའ་ཆེན་དགེ་སློང་ཕུན་ཚོགས་ཆོས་འཕེལ་དང་དགེ་སློང་བློ་བཟང་ཆོས་འཕེལ་དང་དགེ་ཚུལ་ཤེས་རབ་བཟང་པོ་དང་ཚེ་འདས་ཕ་ཉི་མ་ཚེ་རིང་དང་ཚེ་དང་ལྡན་པ་མ་ཆོས་སྒྲོན་ཁྱིམ་ཚང་ཐུན་མོང་ནས་རབ་བྱུང་བཅུ་བདུན་ཤིང་བྱ་ལོར་གསར་དུ་དཔར་འདེབས་ཀྱི་མཐུས་ལས་རྒྱལ་བའི་བསྟན་པ་རིན་པོ་ཆེ་ཕྱོགས་དུས་ཀུན་ཏུ་དར་ཞིང་རྒྱས་ལ་ཡུན་རིང་དུ་གནས་པ་ཁོ་ནའི་རྒྱུར་གྱུར་ཅིག། །།སརྦ་མངྒ་ལཾ། བཀྲ་ཤིས།

༄། །ཤེས་བྱའི་གཏེར་ཐུམ་དཔེ་ཚོགས་ཀྱི་རྩོམ་སྒྲིག་ཁང་གི་མཚན་ཐོ།

བློ་འདྲིའི་སློབ་དཔོན། གཟན་དཀར་ཐུབ་བསྟན་ཉི་མ།
གཙོ་འགན་རྩོམ་སྒྲིག་པ། སྐྲ་བ་ཤེས་རབ་བཟང་པོ།
རྩོམ་སྒྲིག་པ་གཞོན་པ། ཀརྨ་བདེ་ལེགས། མཁན་པོ་ཧ་མགྲིན་རྡོ་རྗེ།
མཁན་པོ་འགྲོ་འདུལ་རྡོ་རྗེ། བསྟན་འཛིན་བློ་གྲོས།
ཁོངས་མི། དཀའ་ཆེན་བློ་བཟང་ཚེ་རིང་། ངག་དབང་བཟང་པོ།
བསྟན་འཛིན་འཕྲིན་ལས། བློ་བཟང་ཆོས་འབྱོར།
བློ་བཟང་སྟོབས་བརྒྱ། ཐུབ་བསྟན་སྨོན་ལམ།

ཞུ་དག་མཁན།
དཀའ་ཆེན་རྡོ་རྗེ་རྒྱལ་མཚན་ལགས་ནས་ཞུས་གཏན་གནང་ཞིང་། ཆོས་གྲྭ་ཚོས་ཁྲིམས་པ་དཀའ་ཆེན་བློ་བཟང་ཕུན་ཚོགས་དང་། དཀའ་ཆེན་བློ་བཟང་ཚེ་རིང་། ཏེཀྣ་བློ་བཟང་ཆོས་འཕེལ་བཅས་ནས་ཞུས་དག་མཛད།

གློག་ཀླད་ལག་བསྟར་བ། རིན་ཆེན། ཚེ་རིང་སྒྲོལ་མ།

སྤྱི་ཁྱབ་ཧྲུས་འགོད་པ། ཐུབ་བསྟན་ཉི་མ། བློ་བཟང་རྡོ་རྗེ། དབྱངས་ཅན་ལྷ་མོ།
ཤེས་རབ་བཟང་པོ། ཀརྨ་བདེ་ལེགས།
དཔེ་སྒྲིག་འགན་འཁུར་པ། པདྨ་ཚུལ་ཁྲིམས།
མདུན་ཤོག་འཆར་འགོད་པ། བཀྲ་ཤིས། པདྨ་ཚུལ་ཁྲིམས།

གངས་ལྗོངས་རིག་གནས་གཏེར་མཛོད་ལས་ཤེས་བྱའི་གཏེར་བུམ་དཔེ་ཚོགས།

འདུལ་བའི་སྤྱི་དོན་ནོར་བུའི་འཕྲེང་བ།

ལེགས་པ་དོན་གྲུབ་ཀྱིས་མཛད།
དཔལ་བརྩེགས་བོད་ཡིག་དཔེ་རྙིང་ཞིབ་འཇུག་ཁང་ནས་བསྒྲིགས།
སི་ཁྲོན་དཔེ་སྐྲུན་ཚོགས་པ། སི་ཁྲོན་མི་རིགས་དཔེ་སྐྲུན་ཁང་གིས་པར་དུ་བསྐྲུན།
ཁྲིང་ཏུའུ་རྡུའུ་ཐུང་པར་འདེབས་འགན་འཁྲི་ཚད་ཡོད་ཀུང་སིས་དཔར།
༢༠༠༥ལོའི་ཟླ ༡༢ པར་པར་གཞི་དང་པོ་བསྒྲིགས།
༢༠༠༦ལོའི་ཟླ ༨ པར་པར་ཐེངས་གཉིས་པ་དཔར།
པར་གྲངས། ༣༠༠༡~༥༠༠༠
དཔེ་རྟགས། ISBN 7-5409-3214-7/B · 87
དཔེ་རིན་སྒོར། ༢༠.༠༠